STUDIEN ZUR HISTORISCHEN POETIK

Herausgegeben von
Stephan Fuchs-Jolie
Sonja Glauch
Bernhard Spies
Uta Störmer-Caysa

Band 4

ANDREAS MARTIN WIDMANN

Kontrafaktische Geschichtsdarstellung

Untersuchungen an Romanen
von Günter Grass, Thomas Pynchon,
Thomas Brussig, Michael Kleeberg,
Philip Roth und Christoph Ransmayr

Universitätsverlag
WINTER
Heidelberg

Bibliografische Information der Deutschen Nationalbibliothek
Die Deutsche Nationalbibliothek verzeichnet diese Publikation
in der Deutschen Nationalbibliografie;
detaillierte bibliografische Daten sind im Internet
über *http://dnb.d-nb.de* abrufbar.

ISBN 978-3-8253-5610-1

Dieses Werk einschließlich aller seiner Teile ist urheberrechtlich geschützt.
Jede Verwertung außerhalb der engen Grenzen des Urheberrechtsgesetzes ist ohne
Zustimmung des Verlages unzulässig und strafbar. Das gilt insbesondere für
Vervielfältigungen, Übersetzungen, Mikroverfilmungen und die Einspeicherung und
Verarbeitung in elektronischen Systemen.

© 2009 Universitätsverlag Winter GmbH Heidelberg
Imprimé en Allemagne · Printed in Germany
Druck: Memminger MedienCentrum, 87700 Memmingen

Gedruckt auf umweltfreundlichem, chlorfrei gebleichtem
und alterungsbeständigem Papier

Den Verlag erreichen Sie im Internet unter:
www.winter-verlag-hd.de

Vorwort

Die Begegnung zwischen dem Eroberer und Beherrscher eines antiken Weltreichs und einem griechischen Philosophen, der seine Tage in einer Tonne liegend zubrachte, gehört zu den bekanntesten Zusammentreffen historischer Personen, die die Geschichte kennt, obwohl sie mit an Sicherheit grenzender Wahrscheinlichkeit nicht wirklich stattgefunden hat: Alexander der Große soll, nachdem er in Korinth zum Feldherrn gewählt wurde, an Diogenes herangetreten sein und ihn gefragt haben, ob dieser eine Bitte an ihn habe. Was Diogenes sich wünschte, ist allgemein bekannt.

Plutarch, der diese Anekdote erzählt, beging schon zu seiner Zeit eine Grenzüberschreitung, besteht doch nach Aristoteles die Aufgabe des Geschichtsschreibers darin, zu erzählen, was gewesen ist, wohingegen das, was sein könnte, Gegenstand der Literatur ist. Alexander hat Diogenes wohl nie angeboten, ihm einen Wunsch zu erfüllen, Diogenes hat Alexander nie gebeten, ihm ein wenig aus der Sonne zu gehen. Trotzdem hat die erfundene Begegnung sich im kollektiven Gedächtnis erhalten und die Popularität, die sie noch im 21. Jahrhundert genießt, zeigt die Anziehungskraft, die historische Personen und Ereignisse für die literarische Phantasie immer schon hatten. Dass auch Klio dichtet, erweist sich bis heute ständig von Neuem. Welche Wege die Literatur dabei genommen hat und nimmt, wenn sie Geschichte kontrafaktisch darstellt, ist Thema der vorliegenden Studie.

Die Arbeit wurde im Jahr 2008 vom Fachbereich 05 (Philosophie und Philologie) der Johannes-Gutenberg-Universität Mainz als Dissertation zur Erlangung des akademischen Grades eines Doktors der Philosophie (Dr. phil.) angenommen, für den Druck wurde sie geringfügig überarbeitet. Wenn sie auch als wissenschaftliche Leistung eines Einzelnen als Buch erscheint, hat doch die Hilfe vieler dazu beigetragen, dass der Name des Verfassers nun auf dem Titelblatt stehen kann. Ihnen möchte ich an dieser Stelle danken: Dr. Jürgen Kost, der geholfen hat, das Projekt auf den Weg zu bringen, und Prof. Bernhard Spies, der es ans Ziel geführt hat, der jederzeit als Gesprächspartner und Leser auch unfertiger Textmassen zur Verfügung stand und der mit fachlichem und kritischem Rat, Humor und Herzlichkeit die Arbeit auch über das hinaus, was der Beruf verlangt, betreut hat. Prof. Thomas Michael Stein, dessen Interesse mich motiviert hat. Maren Lickhardt, mit der das Promovieren zur

Parallelaktion geworden ist, Christine Waldschmidt und Ulrike Weymann, die sachlichen Rat gegeben und persönlichen Anteil genommen haben. Ulrich Eschborn, mit dem die Diskussionen dank weltanschaulicher Verbundenheit jederzeit nicht nur fachlich, sondern auch menschlich anregend gewesen sind. Meinen Kolleginnen und Kollegen an der School of Modern Languages am Royal Holloway College der University of London, Dr. Jon Hughes, Dr. Anja Peters und Heide Kunzelmann, deren Rücksichtnahme mir die Überarbeitung erleichtert hat, und Frank Engelmann, der zudem durch seine Kompetenz im Umgang mit Computern einen wichtigen Beitrag geleistet hat. Michael Kleeberg, der bereitwillig und bei unterschiedlicher Gelegenheit Auskunft gegeben hat. Noch einmal Prof. Bernhard Spies und den anderen Herausgebern der *Studien zur historischen Poetik*, Prof. Stephan Fuchs-Jolie, Prof. Sonja Glauch und Prof. Uta Störmer-Caysa für die Aufnahme der Dissertation in die Reihe. Der Landesgraduiertenförderung Rheinland-Pfalz, die die Arbeit durch ein Promotionsstipendium finanziell gefördert hat. Meinen Eltern Werner und Jutta Widmann, für die es am Sinn und am Gelingen des mehrjährigen Unternehmens nie einen Zweifel gab, und die durch ihre materielle und ideelle Unterstützung maßgeblich zu seinem Erfolg beigetragen haben, ebenso meiner Großmutter Anni Dawin, die mit Zuspruch und Zuwendungen das Ihre geleistet hat. Schließlich Simone Schröder für die gründliche Lektüre des Manuskripts und mehr noch für alles andere.

In einer Arbeit über die kontrafaktische Darstellung von Geschichte vorweg über Nichteingetretenes zu spekulieren, ist vielleicht nicht weniger müßig als in Arbeiten zu anderen Themen, aber immerhin naheliegend. Was gewesen wäre, wenn ich diese Unterstützung nicht gehabt hätte, lässt sich nicht beweisen, sicher erscheint mir jedoch, dass das Buch in der vorliegenden Form nicht geschrieben worden wäre. Diese Gewissheit genügt, um meinen herzlichen Dank auszusprechen.

London, Juni 2009
Andreas Martin Widmann

Inhalt

Einleitung 11
Aufbau, Vorgehensweise und Erkenntnisinteresse 18

Erster Teil

1. Unscharfe Größen: Geschichte, Referentialität, Leser 27
   1.1 Geschichte und Realität: Ist Geschichte per definitionem faktisch? 27
   1.2 Referentialität 31
   1.3 Leser 36

2. Kontrafaktizität – Qualität und Dimension kontrafaktischer Aussagen in literarischen Texten 41
   2.1 Saleem Sinais Irrtümer 41
   2.2 Thesen 49
   2.3 Benachbarte Schreibweisen: Gemeinsamkeiten, Überschneidungen und Differenzen 55

3. Zur Forschungslage: Geschichte im Roman 63
   3.1 Ansätze der Forschung zur Periodisierung und Typologisierung des historischen Romans 67
   3.2 Zur Erforschung kontrafaktischer Geschichtsentwürfe in der Erzählliteratur und zum Problem der Abgrenzung 82
   3.3 Kontrafaktische Geschichtsdarstellung in der Literatur als postmodernes Phänomen? 95

4. Geschichtsphilosophische und -theoretische Diversifikationen 103
   4.1 Das mehrfache Ende der Geschichte: Gehlen, Fukuyama, Lyotard 103
   4.2 Paradigmenwechsel in der Geschichtsschreibung 109
       4.2.1 Dezentralisierung 109
       4.2.2 Geschichte und Gedächtnis 112
       4.2.3 Sprache und Narrativität 115

4.3 Zum Erkenntniswert des Ungeschehenen 122

5. Bausteine des Kontrafaktischen – Methodologische Zwischenüberlegung 133
    5.1 *Story* vs. *Plot* – Ebenen der Geschichtserzählung 133
    5.2 *Nuclei* und *Katalysen* im historischen Stoff 136
    5.3 Der Stellenwert des Subjekts 139

Zweiter Teil

6. Der Weltgeist als Fisch – Günter Grass' *Der Butt* 145
    6.1 Genauere Fakten erfinden: Grass' Umgang mit der Geschichte 149
    6.2 Geschichte von unten: *Der Butt* als Gegengeschichte 155
    6.3 Vorgeschichte: Charakter und Ende des Matriarchats 160
    6.4 Mythische Zeit und Mythenrevision 162
    6.5 Die Verkörperung des Weltgeists 167
    6.6 Mensch und Butt 171
    6.7 Sinn des Widersinns: Die Funktion des Kontrafaktischen im *Butt* 174

7. Geschichte als Verschwörung – Thomas Pynchons *Gravity's Rainbow* ... 177
    7.1 Geheime Geschichte: Das Schwarzkommando 183
    7.2 »... but it's all theatre«: Die inszenierte Geschichte 189
    7.3 Komplott als *emplotment* 192
    7.4 All in the mind: Sinnbildung durch Paranoia 195
    7.5 Entropie: Auflösung als physikalisches Gesetz der Geschichte 201
    7.6 Technologieskepsis und Wirtschaftskritik als Motivation des Kontrafaktischen 205
    7.7 Zur Funktion des Phantastischen in *Gravity's Rainbow* 207

8. Das fehlende Glied der Geschichte – Thomas Brussigs *Helden wie wir* 213
    8.1 Zeitgenossenschaft und Medien 216
    8.2 Die Sicht des Pikaro 222
    8.3 Zäsuren: Die Historizität der DDR als Gegenstand der Reflexion 226
    8.4 Ursache und Effekt: Die kontrafaktische Version des Mauerfalls und ihr reales

Resultat 230
8.5 Der Phallus als Farce 234
8.6 Legendenberichtigung: Brussigs kontrafaktische Geschichtsdarstellung
    als Kritik am Wende-Diskurs 237

9. Das andere Deutschland – Michael Kleebergs *Ein Garten im Norden* 241
9.1 »Ich will nur eine andere Erinnerung« 242
9.2 Das Neuschreiben der Geschichte: Metafiktionale Reflexionen
    und ihre Funktion 247
9.3 Paradeisos: Der Garten Kleins als utopischer Nicht-Ort 252
9.4 Schlüsselfiguren 255
    9.4.1 Konjekturalbiographien: Heidegger und Wagner 255
    9.4.2 Luther 260
9.5 Die Geschichte des anderen Deutschlands 262
9.6 Tagtraum: Geschichtsrevision als Wunscherfüllungsphantasie 265

10. Geschichte als Alptraum – Philip Roths *The Plot Against America* 273
10.1 »…a thought experiment.« 276
10.2 Autobiographie 282
10.3 Konjekturalbiographien 286
10.4 Folie und Erfindung: Roths Verfahren der Informationsvergabe im Text 290
    10.4.1 »Spelling it out« 290
    10.4.2 Wochenschauen 293
10.5 Verschwörungen gegen Amerika 297
10.6 Dystopie 300
10.7 Alptraum: Die Motivstruktur als Gerüst des kontrafaktischen Entwurfs 304

11. Alternativgeschichte im Nirgendwo – Christoph Ransmayrs
Morbus Kitahara 309
11.1 Ransmayrs (postmoderne) Geschichtsbilder 312
11.2 Krieg, Frieden und Stellamours Friedensplan 317
11.3 Moor und Brand: Der Chronotopos als Landkarte des Kontrafaktischen 322
11.4 »Seine Gegenwart war die Vergangenheit«: Entgrenzung der Zeiten

  als Signatur des Kontrafaktischen 328
 11.5 Gedächtnis und Wiederholung 332
  11.5.1 Kopie und Duplikation der Geschichte 332
  11.5.2 Erinnerung und Ritual 336
 11.6 Der Frieden von Nagoya: Das Ende des kontrafaktischen Entwurfs
  als Ende der Geschichte 339

Dritter Teil

12. Spielarten kontrafaktischer Geschichtsdarstellung 345
 12.1 Entwurf einer Typologie des deviierenden historischen Romans 345
 12.2 Aussageweisen 350

Schlussbemerkungen 355

Anhang

Literaturverzeichnis 369
 1. Siglen 369
 2. Romane, Erzählungen und Gedichte 369
 3. Essayistik, theoretische und poetologische Schriften 371
 4. Rezensionen und Zeitungsbeiträge 373
 5. Interviews und Werkstattgespräche 374
 6. Forschungsliteratur 375

Index 397

History may be, in a philosophical sense, a fiction, but it does not feel like that when we miss a train or somebody starts a war.
(David Lodge)

Einleitung

Mehr als zehn Jahre lang arbeitete der Niederländer Harry Mulisch an einem Romanprojekt, dessen Erzählhandlung auf der Prämisse basiert, Deutschland habe den Zweiten Weltkrieg gewonnen, bis er schließlich, von der Unmöglichkeit seines Unterfangens überzeugt, 1972 stattdessen einen Bericht über die Arbeit an diesem ungeschriebenen Buch vorlegte.[1] Was Mulisch aus einer Reihe von Gründen nicht fertigbrachte – einen Roman zu schreiben, in dem Geschichte erkennbar im Widerspruch zu etablierten Fakten erzählt wird – gelang anderen Autoren wenig später: In seinem monumentalen Roman *Terra Nostra* entwirft der Mexikaner Carlos Fuentes 1975 eine alternative Geschichte Spaniens und Lateinamerikas, in welcher Elizabeth Tudor den spanischen König Philip II heiratet und die Neue Welt erst ein Jahrhundert später entdeckt wird als tatsächlich geschehen. 1976 erscheint in Großbritannien Kingsley Amis' *The Alteration*. Der Roman spielt in einer Welt, in der die Reformation nicht stattgefunden hat, weil Martin Luther Papst geworden ist, und in der das streng katholische England nach wie vor von Monarchen regiert wird und die Straßen durch Gaslaternen beleuchtet werden.[2]

---

[1] Vgl. Mulisch, Harry: *Die Zukunft von gestern. Betrachtungen über einen ungeschriebenen Roman*. Mulisch schildert, wie er, nachdem er als Berichterstatter über den Eichmannprozess geschrieben hatte, »ein neues Projekt in Angriff nahm: *Die Zukunft von gestern*. Dieses Buch sollte von einer Welt handeln, in der Deutschland den Krieg gewonnen hätte. [...] Ich begann also mit Notizen zu meinem Roman – und bereits nach kurzer Zeit fing auch meine Hauptfigur an, Notizen für eine Erzählung zu machen. In dem Roman, d.h. in einer Welt, in der Deutschland den Krieg gewonnen hätte, würde der Protagonist in seiner Erzählung eine Welt erstehen lassen, in der Deutschland den Krieg verloren hätte. Nun hat Deutschland den Krieg tatsächlich verloren, und was mich an diesem Projekt faszinierte, war die Konfrontation dieser beiden Welten, in denen Deutschland den Krieg verloren hatte: in der realen und der Welt der Utopie« (Zukunft 16f.). Die Handlung seines eigenen ungeschriebenen Romans fasst Mulisch kapitelweise zusammen. Mulischs Bericht wird im Folgenden als Referenztext wichtig bleiben.

[2] Vgl. Amis, Kingsley: *The Alteration*. Wie Luthers Ernennung zum Papst vor sich gegangen ist, malt sich eine der Figuren folgendermaßen aus: »He went to Rome and said, ›If you burn me you'll have to burn thousands of other folks too, not only in my country. But if you make me Pope and promise the English it's their turn next and so on,

Jorge Semprún erzählt 1981 in *Algarabía oder Die neuen Geheimnisse von Paris* die Geschehnisse eines einzigen Tages im Oktober 1975 in Paris, wo sich nach der erfolgreich verlaufenen Revolution von 1968 eine von einer Mauer umschlossene autonome Zone gebildet hat, die von Anarchisten, Intellektuellen, Kriminellen und anderen Abenteurern bevölkert wird.[3] In *An meine Völker* montiert der Italiener Francesco Burdin 1987 fiktive Dokumente so, dass der ebenfalls fiktive Herausgeber dieser Schriftstücke zu dem Schluss gelangt, der 1914 in Sarajevo ermordete österreichische Thronfolger habe selbst an der Planung und Inszenierung dieses Attentats mitgewirkt.[4] Der

all my followers will come round – and if I have to I'll declare a Holy War on Henry and restore Prince Stephen.‹ It must have been like that. Something like that« (TA 28).

[3] In Semprúns Roman beginnt die Vorgeschichte der Erzählhandlung mit einem Hubschrauberabsturz Charles de Gaulles 1968, dessen Umstände ungeklärt sind und zu verschiedenen Verschwörungsspekulationen Anlass geben. Diese Vorgeschichte wird im Text von einer Fremdenführerin anhand der wichtigsten Stationen erläutert, als eine Touristengruppe die Zone in Paris besucht. »Sie berichtet gerade, wie im Lauf jenes denkwürdigen Monats Mai vor sieben Jahren (schon!), nach dem abrupten Verschwinden General de Gaulles – weisen wir beiläufig darauf hin, daß die historische Version von der euphorisierenden Stimme der blonden Ciceroness einschmeichelnd vorgetragen, das Hubschrauberunglück nicht in Zweifel zu ziehen scheint – und nach dem darauf folgenden politischen Vakuum, mit stürmischen, geradezu malstromhaften Folgen, eine provisorische Regierung unter dem Vorsitz von Mendès eingesetzt wurde« (Semprún: Algarabía, S. 63). Die innenpolitische Instabilität und die Rivalität der zersplitterten Parteien und Bündnisse, die einander gegenseitig stürzen, »lieferte damit das schöne Land von Jeanne d'Arc und Jacquou-le-Croquant, von d'Estienne d'Orves und Gabriel Péri der reinen und bloßen Anarchie, der Wucherung der Kommunen von Paris, Lyon, Lille, Marseille, Grenoble, Nantes und Saint-Étienne aus, um nur die wichtigsten zu zitieren« (Semprún: Algarabía, S. 63), bis sich schließlich die USA »zu einem Programm wirtschaftlichen Wiederaufschwungs herbeiließen, einer Art Marshall-Plan, was übrigens umso notwendiger war, als die Ölkrise von den Vereinigten Staaten eine Neustrukturierung des Weltmarktes verlangte« (Semprún: Algarabía, S. 64).

[4] Vgl. Burdin, Francesco: *An meine Völker*. Die Folgerung, die der Sammler der Dokumente formuliert, lautet: »Die Vermutung geht dahin, daß die oben dargestellte Abfolge häufig unerklärlicher Ereignisse und widersprüchlicher Reaktionen als Meisterwerk an präziser Kombination von Handlungen erscheint, deren eine sich aus der anderen erklären läßt, falls man annimmt, daß ein einziger Regisseur oder Puppenspieler die Fäden gezogen und alles von Anfang bis Ende gelenkt hat. Demnach wären *Franz Ferdinand und seine Gemahlin am 28. Juni 1914 in Sarajevo nicht gestorben*, sondern vielmehr zu einem späteren Datum, das man nicht kennt und auch nicht kennen muß, da das Schicksal der Protagonisten offiziell ja dem gleich bleibt, das ihnen die Geschichte auferlegt hat. Dieser Vermutung liegt, abgesehen von den dargelegten Indizien, die Überlegung zugrunde, daß das ›perfekte Gelingen‹ des Attentats – zwei Kugeln, zwei Leichen – bei all den unlogischen Ereignissen, die ihm vorausgingen und nachfolgten, nur dann eine

Erste Weltkrieg wird dadurch zum Resultat eines Komplotts erklärt. Der internationale Erfolg von Robert Harris' Roman *Fatherland* (1992), in welchem eine Kriminalhandlung in eine Geschichtskulisse eingebettet wird, innerhalb derer das Deutsche Reich als Siegermacht aus dem Zweiten Weltkrieg hervorgegangen ist[5], rückte schließlich einen Roman ins Bewusstsein eines breiteren Publikums, der dem Wissen der Leser über historische Tatsachen deutlich sichtbar widerspricht.

Während Erzähltexte, in denen Geschichte in einer signifikant von den historischen Daten und Fakten abweichenden Weise dargestellt wird, lange eher verstreut und vereinzelt vorkamen – als das erste Beispiel, das entsprechende Merkmale aufweist, gilt ein 1836 erschienener Roman, der Napoleons Russlandfeldzug für die Franzosen siegreich verlaufen und Napoleon zuletzt Amerika erobern lässt[6] – haben sie seit einiger Zeit, wie es scheint, in zahlreichen Sprachen und Nationalliteraturen Konjunktur.[7] Mit der Behaup-

---

Erklärung findet, wenn man die Mitwisserschaft der Opfer voraussetzt. Alle Rätsel lösen sich aufs einfachste durch die Annahme, Franz Ferdinand habe von der Verschwörung gewußt, und zwar nicht nur von der Verschwörung der *Schwarzen Hand,* sondern auch vom Komplott, das die Krone zur Herbeiführung eines handfesten Kriegsgrunds gegen Serbien geschmiedet hatte; und er habe dieses Komplott auch unterstützt« (Burdin: An meine Völker, S. 72f.).

[5] Neuartig war Harris' zentrale Idee keinesfalls. In Philip K. Dicks Roman *The Man in the High Castle* (1962) findet bereits eine ähnliche Verkehrung statt. Hier endet der Zweite Weltkrieg 1947 mit dem Sieg der Achsenmächte. Die USA haben, nachdem Roosevelt 1933 bei einem Attentat ums Leben kam, die wirtschaftliche Depression nie überwinden können und das Territorium der Vereinigten Staaten wird zwischen den Siegermächten Deutschland und Japan aufgeteilt. Zahlreiche historische Personen des Naziregimes bekleiden politische Ämter, Adolf Hitler ist jedoch, an Syphilis leidend, als Reichskanzler von Bormann abgelöst worden. Dicks Roman besetzt einen Bereich zwischen E-und U-Literatur und kann mit einiger Berechtigung als Grenzgänger zwischen Texten mit primär unterhaltender Ambition und solchen, die kontrafaktische Aussagen zur Vermittlung von über diesen Unterhaltungswert hinausweisenden Anliegen einsetzen, gelten.

[6] Es handelt sich um Louis Geoffroys *Napoléon et la conquête du monde – 1812 à 1832 – Hist. de la monarchie universelle.*

[7] Zwei Beispiele, die während der Arbeit an der vorliegenden Studie erschienen, sind Michael Chabons *The Yiddish Policemen's Union* und Christian Krachts *Ich werde hier sein im Sonnenschein und im Schatten.* In Chabons Roman erfolgt die Staatsgründung Israels nach dem Zweiten Weltkrieg in Alaska und zum Zeitpunkt, zu dem die Erzählhandlung einsetzt, werden die Siedlerrechte der Bewohner erneut in Frage gestellt, weil ein Abkommen mit den USA nach 60 Jahren ausläuft. Der Roman des Schweizers Kracht erzählt unter anderem »die Geschichte des großen Eidgenossen Lenin, der, anstatt in einem plombierten Zug in das zerfallende, verstrahlte Russland zurückzukehren, in der Schweiz geblieben war, um dort nach Jahrzehnten des Kriegs den Sowjet zu gründen, in

tung konfrontiert, die Achsenmächte hätten den Zweiten Weltkrieg gewonnen, würden die meisten Leser vermutlich zurückgeben, diese Behauptung sei falsch. Die Geschichtswissenschaft bezeichnet solche Aussagen als kontrafaktisch, im englischsprachigen Raum als »counterfactual«[8] und die Hypothesenbildung über ungeschehene Geschichte kennt sie in Form des konjekturalhistorischen Szenarios. Dass in der Literatur kontrafaktische Geschichtsdarstellungen besonders im Populärbereich anzutreffen sind, zeigt Harris' *Fatherland* paradigmatisch.[9] Einer unüberschaubar gewordenen Zahl von literarischen Erzeugnissen, die aufgrund ihrer Machart weitgehend einwandfrei der Unterhaltungsliteratur zuzurechnen sind, steht jedoch eine kleinere Zahl von Romanen gegenüber, die kontrafaktische Darstellungen dokumentierter Geschichte auch für ästhetische Innovationen nutzen. Insofern, als sie den Konflikt zwischen den dargestellten historischen Ereignissen und der überlieferten Version außerdem zum Instrument und Anlass für die Verhandlung von Anliegen machen, die über das textinterne Potential der kontrafaktischen Abweichung zur Entwicklung einer Romanhandlung hinausweisen, unterscheiden sich diese wenigen Romane von den literarischen Erzeugnissen, in denen die unterhaltende Absicht deutlich dominiert.

Dass kontrafaktische Geschichtsdarstellung keine Erfindung des späten zwanzigsten Jahrhunderts ist, kann als erwiesen gelten; dass ihre Produktion seit den 1960er Jahren geradezu sprunghaft angestiegen ist, lässt sich ebenfalls zeigen. Hier sind die Beispiele, die als Beleg angeführt werden könnten, weit zahlreicher und die oben genannten stellen nur einen schmalen Ausschnitt dar. Es handelt sich um Erzähltexte, die bis dato nur schwer einem bestimmten, allein thematisch oder rein formal definierten Genre zuzuordnen sind und die nach wie vor keine eigentliche Traditionslinie kennen. Was sie verbindet, ist das erkennbare Abweichen von tradierten Auffassungen über Verlauf und Hergang vergangener Ereigniskonstellationen bei der erzählenden Darstellung von Geschichte. Zu ihrer Bezeichnung hält die Forschung so verschiedene Termini wie ›Uchronie‹, ›uchronian fiction‹, ›alter-

---

Zürich, Basel und Neu-Bern« (Kracht: Ich werde hier sein im Sonnenschein und im Schatten, S. 58.)

[8] Vgl. BURG, PETER: *Die Funktion kontrafaktischer Urteile am Beispiel der Bauernkriegsforschung*, S. 768.

[9] Für eine Übersicht über den Nationalsozialismus und den Zweiten Weltkrieg betreffende Beispiele kontrafaktischer Geschichtsdarstellung aus dem Bereich der Unterhaltungs- und Trivialliteratur vgl. TIGHE, CARL: *Pax Germanica in the future-historical* und FRIEDRICH, HANS-EDWIN: *»Das deutsche Volk schlief schlecht seit dem größten Sieg seiner Geschichte«. Drittes Reich und Nationalsozialismus im alternativhistorischen Roman (Otto Basil, Helmut Heißenbüttel, Thomas Ziegler).*

native history‹ oder ›parahistorischer Roman‹ bereit[10], um vorab nur einige zu benennen, und erkennt darin zumeist eine dezidiert postmoderne Schreibweise. Die vorliegende Arbeit versteht sie als Vertreter einer literarischen Ausdrucksform, in der die Darstellung und Verhandlung von Geschichte als wesentlicher, auch formgebender Impetus wirkt, und situiert sie deshalb im Kontext der Gattung des historischen Romans. Wie aber unterscheiden sich Romane, deren Erzählhandlungen auf kontrafaktischen Annahmen aufbauen, von anderen literarischen Werken, in denen auf Geschichte Bezug genommen oder in denen Geschichte thematisiert wird? An der gegenwärtig noch immer prosperierenden Produktion historischer Romane gemessen, stellen sie auch weiterhin ›schwarze Schafe‹ dar, denn auch wenn das Ideal des so genannten Professorenromans für die Einschätzung historischer Romane seit langem nicht mehr maßgeblich ist, werden sie als Ausnahmefälle registriert, die die landläufige Erwartung an das Genre unterlaufen. Obschon sich auch die Forschung seit einiger Zeit ihrer angenommen hat, mangelt es

---

[10] CHRISTOPH RODIEK, der den Terminus *Uchronie* bevorzugt, führt ohne Fundstellenangabe ›allohistory‹, ›alternative history‹, ›politique fiction‹, ›historia fiction‹, ›Gegengeschichte‹ an, nicht aber ›parahistorischer Roman‹, die von WILHELM FÜGER und JÖRG HELBIG gebrauchte Bezeichnung, deren Signifikat mit dem der Uchronie großenteils übereinstimmen dürfte, und nimmt für seine Wahl in Anspruch, dass sich der Ausdruck im romanischen Sprachraum durchgesetzt habe und auch in englischsprachigen Ländern gelegentlich verwendet werde (vgl. RODIEK: Uchronie, S. 25). HELBIG seinerseits nennt, ebenfalls ohne nähere Angaben, »Begriffe wie *Alternate History, Paralleltime Novel, What if...-Story, Quasi-historical Novel, Political Fantasy, Historical Might-Have-Been, ›As if‹ Narrative* oder *Counterfeit World*« (Helbig: Der parahistorische Roman, S. 13) und für den deutschen Sprachraum *Was wäre, wenn-Roman* oder *Alternativwelt-* und *Parallelweltroman* als »schmale Auswahl aus der umfangreichen Nomenklatur zu diesem Erzähltypus« (HELBIG: Der parahistorische Roman, S. 13), so dass zusammengenommen rund ein Dutzend Benennungen zur Verfügung stehen. Vgl. hierzu auch das Kapitel 3.2 der vorliegenden Arbeit. Dass die Diskussion um die angemessene Benennung fast genauso alt ist wie die Erscheinung selbst, zeigt *The Alteration*. Amis integriert hier eine Debatte unter Lesern entsprechender Romane in die Erzählhandlung und lässt sie am Beispiel von Dicks *The Man in the High Castle* verschiedene Ausdrücke vergleichen und gegeneinander abwägen: »TR, or Time Romance was a type of fiction that appealed to a type of readers. [...] Its name was the subject of unending debate among its followers, many of whom would point to the number of stories offered as TR in which time as such played no significant part. The most commonly suggested alternative, Invention Fiction, made a beguiling acronym, but was in change vulnerable to the charge that invention was no necessary ingredient of TR. [...] CW, or Counterfeit World, a class of tale set more or less at the present date, but portraying the results of some momentous change in historical fact, was classified as a form of TR by plenty of others beside Decuman, if on no firmer grounds than that writers of the one sometimes ventured into the other« (TA 26).

nach wie vor an einer überzeugenden Beschreibung dieses literarischen Phänomens. Ist die wissenschaftliche Literatur zum Sachkomplex ›Geschichte und Literatur‹ mittlerweile nahezu unüberschaubar geworden, so sind ausführlichere Untersuchungen zu kontrafaktischen Geschichtsentwürfen an zehn Fingern abzuzählen. Insbesondere Arbeiten, in denen es zu einer Verbindung von Einzelinterpretationen mit strukturvergleichenden Überlegungen kommt, liegen nicht vor und ebenso wenig finden sich Untersuchungen, die deutschsprachige Texte gleichberechtigt neben anderen behandeln. Diese Lücke will die Arbeit schließen, indem sie systematisch der Frage nach den Verfahren kontrafaktischer Geschichtsdarstellung und ihrer Funktionalisierung nachgeht.

GAVRIEL D. ROSENFELD, der selbst auf frühere Ansätze rekurriert, sie in seiner Studie übernimmt und gewissermaßen destilliert, nennt einige der Parameter, die bei der Verortung eine Rolle spielen, sofern Romane, in denen es zur kontrafaktischen Darstellung von Geschichte kommt, als eigenes Genre wahrgenommen werden: Die Beziehungen zur Geschichtsforschung auf der einen Seite, die literarischen Bezugspunkte historischer Roman und Science-Fiction auf der anderen Seite. Schließlich verweist er auf die Flexibilität hinsichtlich narrativer Modi und bringt die vorherrschende Auffassung von der Beschaffenheit des Genres so auf den Punkt:

> As a genre of narrative representation, alternate history resists easy classification. It transcends traditional cultural categories, being simultaneously a sub-field of history, a sub-genre of science fiction, and a mode of expression that can easily assume literary, cinematic, dramatic, or analytical forms. At the most basic level, however, tales of alternate history – or what have been termed ›allohistorical‹ or ›uchronian‹ narratives – investigate the possible consequences of ›what if‹ questions within special historical contexts. What if Jesus had escaped crucifixion? What if Columbus had never discovered the New World? What if the South had won the American Civil War? In posing and answering such questions, alternate histories assume a variety of narrative forms. [...] What links such ›analytical‹ and ›fictional‹ alternate histories is their exploration of how the alteration of some variable in the historical record would have changed the overall course of historical events.[11]

Die Bekanntheit und Verbreitung von *Fatherland* trugen sicher nicht unwesentlich dazu bei, dass auch in der literaturwissenschaftlichen Diskussion das in Harris' Roman angewandte Verfahren, den Ausgang eines historischen

---

[11] ROSENFELD, GAVRIEL D.: *The World Hitler Never Made*, S. 4. Zur Forschungslage vgl. Kapitel 3.2 der vorliegenden Arbeit.

Konflikts in der Fiktion abzuändern und die Folgen auszumalen, das Verständnis kontrafaktischer Geschichtsdarstellung bestimmt. Dass ein solches Verständnis insgesamt unzureichend ist, hängt nicht nur damit zusammen, dass ihre Erforschung vornehmlich von Anglisten, Amerikanisten und Romanisten betrieben wurde, die den Blick vor allem auf die in ihren Zuständigkeitsbereich fallenden Nationalliteraturen gerichtet haben, wodurch deutschsprachige Texte großenteils unbeachtet geblieben sind. Die Verfasser der entsprechenden Beiträge erkennen das Kontrafaktische jeweils nur in Romanen, die die oben genannten Kriterien erfüllen und setzen, ähnlich wie eine Reihe von Beiträgen aus der Geschichtswissenschaft, kontrafaktische Geschichtsdarstellung mit Schilderungen hypothetischer, alternativer historischer Ereignisverläufe gleich. Dass Gegenentwürfe zu offiziellen Überlieferungen und Deutungen von Geschichte auch im Werk von Günter Grass, Salman Rushdie oder Thomas Pynchon eine wichtige Rolle spielen, ist in der Forschung zwar schon häufig festgestellt worden, doch bleiben die Romane dieser Autoren bislang von der Betrachtung innerhalb des Spektrums kontrafaktischer Aussagemodi ausgenommen.[12]

Die vorliegende Studie unternimmt den Versuch, zu einem genaueren Bild zu gelangen. Dies geschieht nicht mittels einer extensiven Materialschau, sondern durch die exemplarische Betrachtung und Analyse repräsentativer Einzeltexte, in denen Geschichte kontrafaktisch erzählt wird. Indem hier Romane unterschiedlicher Form und Provenienz nebeneinander gestellt werden, ist ein Zusammenhang behauptet, der nicht von einem genealogischen Verständnis der literarischen Textsorte ausgeht, sondern von einer Verwandtschaft, die sich aus dem Verhältnis der Darstellung historischer Sachverhalte zum Wissen der Historiographie und zu intersubjektiv gültigen Annahmen über die tatsächliche Beschaffenheit der erzählten Vorgänge, mithin aufgrund eines bestimmten Umgangs mit Geschichte erkennen lässt und die Romane vergleichbar macht. Die Differenz zwischen dem als bekannt und faktisch vorausgesetzten Wissen über historische Vorgänge und Zusammenhänge und der im fiktionalen Erzähltext dargestellten Version ebendieser Vorgänge und Zusammenhänge macht die Wirkungsweise entsprechender Texte aus. Von einem bestimmten Standpunkt aus kann diese Differenz als Deviation (englisch: deviation) beschrieben werden: Das fiktional entworfene Geschichtsbild weicht stark von dem ab, welches explizit oder

---

[12] Eine Ausnahme bildet die Arbeit von ELISABETH WESSELING, die jedoch, wie zu zeigen sein wird, ebenfalls von einem unzureichenden Verständnis des Kontrafaktischen in der Literatur ausgeht, und die Romane für eine Form vereinnahmt, deren Bestimmungskriterien sie nicht erfüllen.

implizit beim Rezipienten vorausgesetzt wird, zentrale Aspekte der dargestellten historischen Vorgänge und Zusammenhänge erscheinen als kontrafaktisch. In verkürzter Form kann diese im Text zu beobachtende Deviation von der konsensgestützten Verarbeitung historischer Verläufe und Personen als der grundlegende Impuls der betreffenden Werke angesehen werden. Zur Bezeichnung der hier unter einem gemeinsamen Erkenntnisinteresse gelesenen Romane soll deshalb, aufgrund der in den entsprechenden Texten anzutreffenden Abweichung von der überlieferten Geschichte, der Terminus deviierendes historisches Erzählen[13] dienen. Wenn hier den schon vorhandenen Termini ein weiterer hinzugefügt beziehungsweise gegenübergestellt wird, so hat dies den Zweck, die äußerlich verschiedenartigen Texte anhand eines gemeinsamen Merkmals konzeptionell zu bündeln, und dies in einer Weise, die dem hier entwickelten Verständnis der dadurch bezeichneten literarischen Form Rechnung trägt. Die genaue Beschaffenheit dieses Fiktionstyps und damit die Reichweite des ihn bezeichnenden Terminus sollen sich in den einzelnen Textanalysen erschließen, so dass sich am Ende ein konsistentes und anschlussfähiges Bild ergibt.

Aufbau, Vorgehensweise und Erkenntnisinteresse

Die Rede von kontrafaktischen Aussagen verweist auf den Gegensatz zwischen einem nicht leicht einzugrenzenden Bereich des Faktischen und einem zweiten, häufig ebenso schwer genau zu bestimmenden Bereich, der von dem Bereich des Faktischen unterschieden werden kann. Kontrafaktische Aussagen stimmen inhaltlich nicht mit dem als faktisch akzeptierten Wissen über die Welt überein. Im besonderen Fall kontrafaktischer Aussagen bei der Darstellung von Geschichte decken sie sich nicht mit dem überprüfbaren Wissen über historische Sachverhalte. Was aber bedeutet kontrafaktisch in fiktionalen Texten, die von vornherein nicht faktisch sind? Eine fundierte Auseinandersetzung mit dem Kontrafaktischen in fiktionalen Erzählungen wirft Fragen auf, die sowohl an fundamentale Probleme der Geschichtsschreibung als auch der Literatur rühren. Die vorliegende Arbeit bemüht sich um Antworten, indem sie zunächst nach einer Bestimmung des Kontrafaktischen sucht, die kontrafaktische Aussagen innerhalb fiktionaler Äußerungen als bestimmte Form der sprachlichen Bezugnahme auf außersprachliche

---

[13] Zur Herleitung dieser Bezeichnung aus einem theoretischen Referenzmodell vgl. Kapitel 1.2 der vorliegenden Arbeit.

Sachverhalte beschreibt. Im Zuge dieser Überlegungen werden solche Aussagen hinsichtlich ihrer Bezugspunkte, ihrer Beschaffenheit und Intention von anderen fiktionalen Aussagen unterschieden und anschließend in ihrer besonderen Ausprägung und Bedeutung als zentrales Merkmal des deviierenden historischen Romans vorgeschlagen. Da die Arbeit davon ausgeht, dass es sich dabei um eine Sonderform historischen Erzählens handelt, gilt es anschließend zu klären, wo der behandelte Typus innerhalb der Gattung des historischen Romans anzusiedeln ist, ob eine klare Abgrenzung zu eng verwandten Formen möglich ist und welche dahingehenden Ansätze in der deutsch- und englischsprachigen Forschung existieren. Hierzu werden vorliegende literaturwissenschaftliche Typologien der Gattung aufgegriffen und die bestehenden Möglichkeiten zur Integration der hier zu untersuchenden Sonderform diskutiert.

Vorwegnehmend ist zu sagen, dass nach wie vor auf Seiten der Forschung erhebliche Unsicherheit darüber besteht, inwieweit scheinbar dezidiert antihistorische Aussagen in der Literatur mit den bestehenden Paradigmen historischen Erzählens vereinbar sind. Häufig werden entsprechende Romane der Postmoderne subsumiert, tatsächlich sind in Kritik und Forschung alle der im Folgenden behandelten Romane mit dem Attribut ›postmodern‹ belegt oder in die Nähe desselben gerückt worden,[14] und es besteht Anlass, solche Zuschreibungen, die sich aufgrund ihrer Menge schwerlich als Ausnahmen abtun lassen, nicht leichtfertig zu übergehen.[15] Auch die Einsicht,

---

[14] Zu Grass vgl. WESSELING, ELISABETH: *Writing History as a Prophet. Postmodernist Innovations of the Historical Novel*, S. 162ff.; GASSER, MARKUS: *Die Postmoderne*; zu Pynchon vgl. u. a. IRMER, THOMAS: *Metafiction, Moving Pictures, Moving Histories*; zu Brussig vgl. LANGER, PHIL C.: *Mittendrin ist voll daneben*; zu Kleeberg vgl. AREND, INGO: *Offener Garten*; zu Philip Roth vgl. ROSENFELD, GAVRIEL D.: *The World Hitler Never Made*, S. 152ff.; zu Ransmayr vgl. u.a. NIEKERK, CARL: *Vom Kreislauf der Geschichte*, S. 171ff. Siehe hierzu im Einzelnen die Kapitel zu den jeweiligen Romanen.

[15] Günter Grass und Christoph Ransmayr etwa verwehren sich gegen die Einordnung ihrer Romane als postmodern. Vgl. hierzu die Kapitel 6.1 und 11.1. So bleibt es fraglich, ob es zu rechtfertigen ist, literarische Werke als postmodern zu klassifizieren, wenn ihr Autor sich ausdrücklich dagegen verwehrt, weil er die damit einhergehenden Implikationen und das mit der Bezeichnung postmodern assoziierte Weltverständnis ablehnt. Zwar darf die Autorenintention nicht zur Messlatte für die Interpretation eines Textes gemacht werden, eine behutsame Berücksichtigung von Selbstzeugnissen kann trotzdem deutlich machen, dass ein unreflektierter Gebrauch hier nicht unproblematisch ist. Die Schwierigkeiten, die eine Vereinnahmung kontrafaktischer Geschichtsdarstellungen für die Postmoderne aufgrund des unsicheren Status dieses Konzepts auf der einen und der Verschiedenheit der behandelten Primärtexte auf der anderen Seite mit sich bringt, dürfen folglich nicht übersehen werden.

dass kontrafaktische Geschichtsdarstellung an sich keine Innovation der Postmoderne ist, entlastet nicht von der Aufgabe, einen Modus zu finden, der es gestattet, Argumente und Ideen zu integrieren, welche spätestens seit den 1960er Jahren virulent sind und offenbar auch Einfluss auf einige der hier behandelten Texte oder gar auf die darin erkennbare Sonderform historischen Erzählens genommen haben.[16] Ohne eine Berücksichtigung solcher Überlegungen müsste eine Diskussion einer an der Schnittstelle diverser zeitgenössischer kultureller, theoretischer und ästhetischer Strömungen angesiedelten literarischen Erscheinung unvollständig erscheinen, unabhängig davon, ob die vorgetragenen Argumente postmodernen Denkens anerkannt und mit Zustimmung bedacht, abgelehnt und für unschlüssig angesehen werden oder ob sogar die Postmoderne als solche für eine Chimäre erachtet wird. Bei der anstehenden Untersuchung ist es allerdings notwendig, die ästhetische und bereits literaturgeschichtliche Klassifikation der Texte und die Diskurse um ein seit mehreren Jahrzehnten im Wandel begriffenes Geschichtsverständnis, in die sie zugleich hineinspielen, prinzipiell zu entkoppeln. Inwieweit die Romane jeweils Ideen aus diesem Kontext aufnehmen, sie verhandeln, illustrieren oder reflektieren, wird in den Einzelanalysen zu klären sein.

Etwa zeitgleich mit dem dichteren Auftreten solcher Romane kommt es von Seiten der Geschichtswissenschaft vermehrt zum Nachdenken über alternative Geschichtsverläufe und einige Historiker legen ihre Ergebnisse in Aufsätzen und Monographien vor. Es zeigt sich, dass die behandelten Texte nicht losgelöst von übergreifenden Diskursen vorkommen, sondern dass einiges dafür spricht, sie gleichermaßen als Teil wie als Produkt derselben zu denken. Sie repräsentieren nicht nur verschiedene Möglichkeiten, Geschichte abweichend von kanonisierten Überlieferungen innovativ zu erzählen, sie reflektieren außerdem vielfach diese Möglichkeiten und die theoretischen beziehungsweise geschichtsphilosophischen Strömungen, auf die sie treffen. Es ist somit angebracht, kontrafaktische Geschichtsdarstellung in der

---

[16] Vgl. hierzu ROSENFELD, der befindet: »It is fittingly enough, still a matter of speculation why the fascination with alternate history has grown in recent years, but it seems to be the byproduct of broader political and cultural trends. [...] Closely tied to the death of political ideologies in promoting the upsurge of alternate history is the emergence of the cultural movement of postmodernism. While alternate history clearly predates the rise of postmodernism, the latter movement has certainly enabled the former to move into the mainstream« (ROSENFELD: The World Hitler Never Made, S. 6f.). ROSENFELDS Befund bezieht sich ebenfalls ausschließlich auf What-if...?-Konstruktionen.

Literatur auch vor dem Hintergrund der Geschichtstheorie und -philosophie zu betrachten. Die synoptischen Kapitel zum Paradigmenwechsel in der Geschichtswissenschaft und zur postmodernen Geschichtstheorie dienen dazu, solche Diskurse zu beleuchten, die ein Nachdenken über nicht eingetretene historische Möglichkeiten oder Verläufe beförderten und weiter befördern und die wenigstens mittelbar auch die hier behandelte Spielart historischen Erzählens beeinflussen. Dass dieser Seitenblick auf die geschichtsphilosophische und -wissenschaftliche Theoriebildung nur kursorisch sein kann, liegt auf der Hand. Er versteht sich in erster Linie als Orientierungshilfe bei der Verortung bestimmter, in den Romanen reflektierter Positionen.

In den Analysen im zweiten Teil der Arbeit stehen Romane in Mittelpunkt, in welchen Charakteristika deviierenden historischen Erzählens sichtbar werden – Romane also, deren Handlungen um kontrafaktische Aussagen zentriert sind. Da es sich um eine in verschiedenen Nationalliteraturen auftretende Erscheinung handelt, eröffnet die Untersuchung von sechs deutschen, österreichischen und amerikanischen Romanen die Möglichkeit, Einsichten nicht allein vor dem Hintergrund nur eines Sprachraums zu gewinnen. Die Behandlung geschieht in einer Reihenfolge, die das Spektrum deviierenden historischen Erzählens dokumentieren und so seine Variationsbreite bewusst machen soll. Hierdurch soll eine bloße Reihung untereinander zusammenhangsloser Einzelanalysen vermieden werden.

Am Anfang steht mit Günter Grass' *Der Butt* (1977) ein Roman, dessen Geschichtsentwurf auf der Idee aufbaut, ein unsterblicher, sprechender Fisch sei als Verantwortlicher für die katastrophale Entwicklung der Menschheitsgeschichte zu identifizieren. Es handelt sich um einen Text, der mittels märchenhafter und kunstmythologischer Elemente eine Sinngebung für menschheitsgeschichtliche Entwicklungen vorführt, die im Widerspruch zu evolutionswissenschaftlichen und historiographischen Erkenntnissen steht. Thomas Pynchons hochkomplexer Roman *Gravity's Rainbow* (1973) entwickelt ebenfalls ein genuines Deutungsverfahren für eine historische Konstellation. Bei Pynchon erscheint, durch den paranoiden Argwohn seiner Figuren perspektiviert, der Zweite Weltkrieg als Ausgeburt eines globalen Komplotts. Thomas Brussig erzählt in *Helden wie wir* (1995) eine kontrafaktische Version vom Fall der Berliner Mauer im Herbst 1989. Brussigs Roman suggeriert eine abweichende Kausalität für ein verbürgtes politisches Ereignis mit Hilfe einer scheinbar minimalen Manipulation an den historischen Fakten. In Michael Kleebergs *Ein Garten im Norden* (1998) mündet der Versuch des Erzählers, retrospektiv eine bessere Geschichte zu erfinden, in der die soziokulturellen Verhältnisse, welche die Machtübernahme der Nationalsozialisten in Deutschland vorbereiteten, umgeschrieben werden, ebenfalls in die tatsächlichen Geschehnisse. Die kontrafaktische Konstellation in Philip Roths *The Plot Against America* (2004) betrifft zunächst die amerikanische Nationalgeschichte, die sich auf eine globale, historisch-politische Konstellation im 20. Jahrhundert auswirkt, bevor zuletzt die fiktive Präsidentschaft Charles Lindberghs in den USA und dessen Politik während der Jahre 1940 bis 1942 in der überlieferten Historie aufgeht. Eine bis zum Ende durchgehaltene kontrafaktische Geschichtskonstruktion findet sich in Christoph Ransmayrs *Morbus Kitahara* (1995). Hier handelt es sich um die narrative Simulation eines Szenarios, das auf der Prämisse eines Plans zur vollständigen Deindustrialisierung Europas nach einem Krieg basiert.

Zu Anfang wurde die in der Erzählhandlung zu beobachtende Deviation vom Wissen der Historiographie als wesentliches Merkmal deviierender historischer Romane identifiziert. Diese Bestimmung bleibt vorläufig bewusst so weit gefasst, damit sie der Heterogenität der analysierten Texte gerecht werden kann und diese nicht a priori auf ein normatives Muster beschränkt. Im Zuge einiger methodologischer Überlegungen werden jedoch im Vorfeld der Textanalysen verschiedene Bausteine kontrafaktischer Geschichtsdarstellungen ermittelt, auf deren Gewichtung und Funktionalisierung sich die Betrachtungen konzentrieren und anhand derer die jeweilige Poetik des Kontrafaktischen nachgezeichnet werden soll. Das Hauptinteresse der vergleichenden Betrachtung richtet sich auf die Gestaltung und den Aufbau, den Gehalt sowie auf die Motive und Motivationen der in den Texten enthaltenen kontrafaktischen historischen Entwürfe. Im Rahmen dieser Untersuchung ist es weder notwendig noch sinnvoll, jede einzelne Aussage mit den Angaben der Geschichtsschreibung zu vergleichen. Ein solches Vorgehen könnte kaum mehr als eine additive Auflistung deckungsgleicher und abweichender Propositionen zum Ergebnis haben, deren Aussagewert für sich genommen vergleichsweise gering sein dürfte. Zu fragen ist vielmehr nach der Eigenlogik, der die kontrafaktischen Entwürfe folgen, nach den literarischen Strategien, die bei der Darstellung kontrafaktischer Geschichte zur Anwendung gelangen, sowie nach der Textintention, in deren Dienst sie stehen. Dieses Untersuchungsinteresse ist wiederum kaum zu lösen von der Frage, in welcher Weise sich die Autoren in den Romanen mit existierenden Geschichtsbildern auseinandersetzen und welche eigenen Geschichtsbilder sie im Gegenzug dazu entwerfen. Da kontrafaktische Darstellungen historischer Konstellationen sowohl textintern als auch von Seiten des Autors unterschiedlich motiviert sein können und in dem narrativen Kontext, in den sie eingebunden sind, unterschiedlichen ästhetischen und diskursiven

Zwecken dienen, soll also danach gefragt werden, welche Funktionen die Abweichungen von der Überlieferung erkennen lassen.

Die untersuchten Texte weisen nicht nur formale und inhaltliche Wesenszüge historischen Erzählens auf, sondern auch Merkmale anderer Gattungen, Genres, Textsorten oder Schreibweisen. Die Integration von Auseinandersetzungen mit Phänomenen wie utopischem oder autobiographischem Schreiben ist daher an Ort und Stelle notwendig, um die Charakteristika der kontrafaktischen Geschichtsentwürfe erschließen zu können. Sie dient dabei jedoch primär dazu, zu fundierten Einsichten über die literarische Form zu gelangen, die hier Gegenstand der Untersuchung ist, nicht umgekehrt dazu, die verschiedenen genannten Phänomene – Autobiographie, Utopie etc. – selbst grundlegender zu erforschen. Dass es für kontrafaktische Geschichtsdarstellungen in Erzähltexten einen nahezu unbegrenzten narrativen Spielraum gibt, wird hieran bereits vorab deutlich. Entsprechend eröffnen die einzelnen Romane vielfältige und oftmals recht unterschiedliche Diskussionsmöglichkeiten und erfordern eine Flexibilität der Schwerpunktsetzung. Eine durchgängig angewandte Mustergliederung erschien aus diesem Grund nicht sinnvoll.[17]

Im dritten Teil der Studie wird es schließlich darum gehen, auf den anhand der Textuntersuchungen gewonnenen Befunden aufbauend, innerhalb der untersuchten Spielart historischen Erzählens bestimmte Strukturen und Tendenzen aufzuzeigen, anhand derer ersichtlich wird, was die Texte unterhalb der jeweils erzählten, individuellen Handlung verbindet, aber auch was sie unterscheidet. Abschließend wird es so möglich sein, den Spielraum deviierenden historischen Erzählens auszumessen und eine Binnentypologie dieser Schreibform zur Diskussion zu stellen.

Insgesamt verfolgt die Studie also drei weiträumige und eng auf einander bezogene Fragestellungen: Erstens geht es darum, Merkmale und Funktionsweisen kontrafaktischer Aussagen in der Literatur zu ermitteln und zu beschreiben. Zweitens sollen anhand des darin maßgeblich angewandten poetologischen Verfahrens zur Konstituierung kontrafaktischer Aussagen in

---

[17] So gilt auch für diese Untersuchungen, was BORGMEIER und REITZ für ihre Studie zum historischen Roman in der englischen Literatur in Anspruch genommen haben, nämlich dass es »bei einer Gattung, die sowohl bezüglich der Inhalte als auch der Darstellungsweisen so weite Spielräume eröffnet wie der historische Roman und die deshalb im Vergleich mit anderen literarischen Textsorten keine sehr ausgeprägte Kohärenz in der Gattungsentwicklung zeigt, [...] legitim und angebracht [ist], die Perspektive des Einzelwerks als beherrschenden Untersuchungsansatz zu wählen« (BORGMEIER, RAIMUND/REITZ, BERNHARD: *Einleitung*, S. 22).

narrativ-fiktionalen Kontexten beziehungsweise Erzählhandlungen verschiedene Spielarten deviierenden historischen Erzählens beschrieben werden. Dies geschieht auf Grundlage der an konkreten Beispielen gewonnenen Einsichten. Schließlich und drittens sollen die Charakteristika – die Eigenlogik der Geschichtsentwürfe und die literarischen Mittel ihrer Darbietung – und die Wirkungsabsichten einzelner Romane in einem Miteinander von Deskription und Interpretation dargestellt werden, um hieraus wiederum Rückschlüsse auf das Phänomen deviierenden historischen Erzählens im Allgemeinen zu gewinnen.

Erster Teil

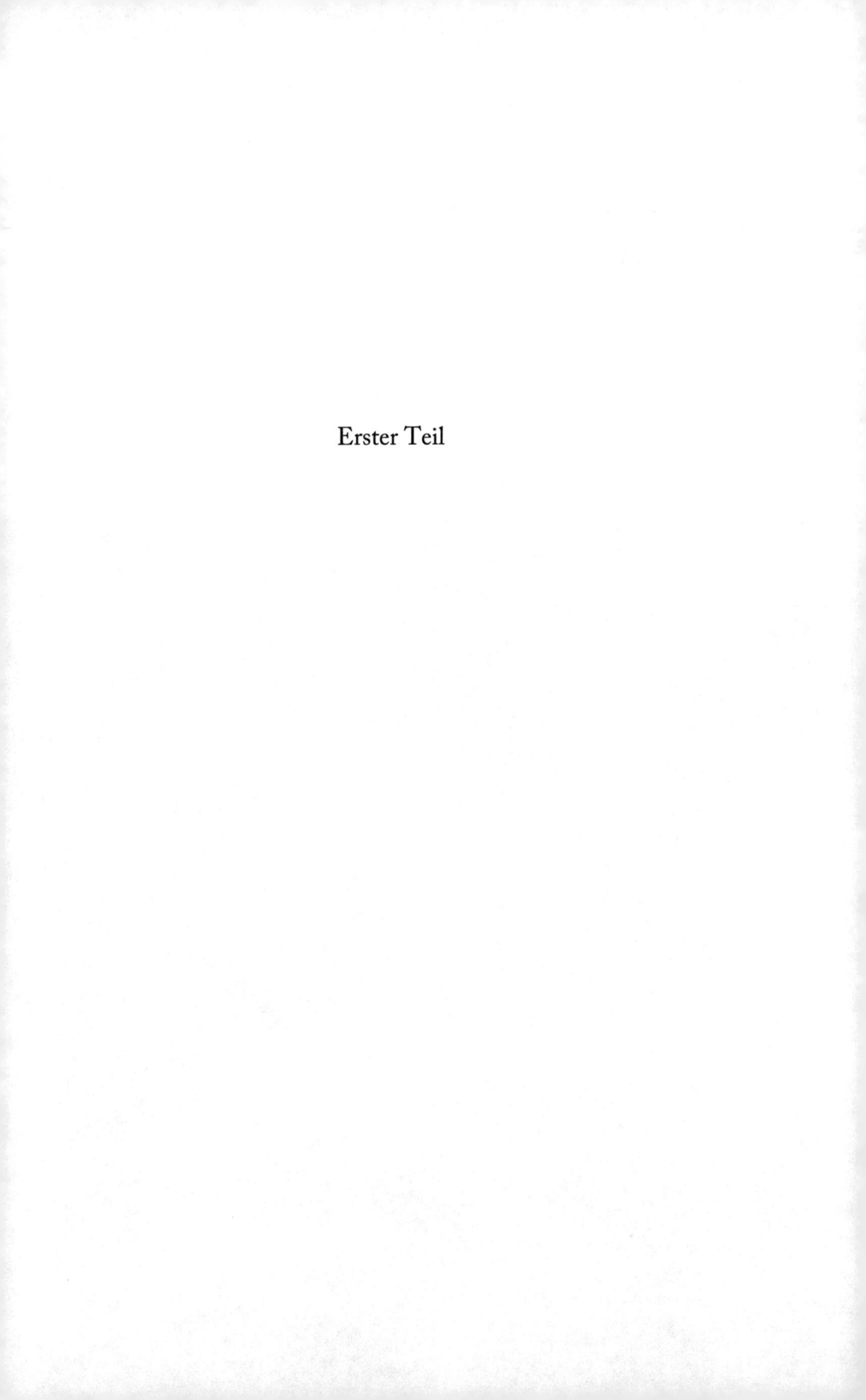

1. Unscharfe Größen. Geschichte, Referentialität, Leser

1.1 Geschichte und Realität: Ist Geschichte per definitionem faktisch?

Der Ausdruck *Geschichte* und dessen auf altgriechischen Ursprung zurückführbare Entsprechung *Historie*, die heute im Deutschen üblicherweise synonym gebraucht werden, gehören aus linguistischer Sicht zu den Abstrakta. Bei dem Phänomen, das sie bezeichnen, hat man es mit einem reichlich unscharfen Gegenstand zu tun, der sehr individuell und unterschiedlich semantisch gefüllt werden kann. Das altgriechische Wort ἱστορίη findet sich in den erhaltenen Quellen zum ersten Mal im 5. Jahrhundert vor unserer Zeit bei Herodot und bezeichnet dort sowohl Wissen als auch Erkundung und Forschung sowie das Forschungsergebnis. Diese Doppelbedeutung, die sich auch im Deutschen erhalten hat, wurde von Hegel in seinen *Vorlesungen über die Philosophie der Geschichte* folgendermaßen expliziert: »*Geschichte* vereinigt in unserer Sprache die objektive sowohl als subjektive Seite und bedeutet ebensogut die *historiam rerum gestarum* als die *res gestas* selbst; sie ist das Geschehene nicht minder wie die Geschichtserzählung.«[1] *Geschichte* kann also im Deutschen sowohl vergangene Realität als auch die Erforschung und Repräsentation derselben bezeichnen. Beide Designate hängen untrennbar miteinander zusammen. Um dieser terminologischen Mehrdeutigkeit zu entgehen, wird in der vorliegenden Untersuchung ausschließlich für die erstgenannte Bedeutung der Ausdruck Geschichte verwendet; letztere soll mit Geschichtsschreibung beziehungsweise Historiographie benannt werden. Dies bietet sich als ein einfacher, aber praktikabler Ausweg an.[2]

Traditionell gilt Geschichte im oben eingegrenzten Sinn des Wortes als das, was sich in der Vergangenheit ereignet hat, wobei impliziert wird, dass man es mit tatsächlichem Geschehen zu tun hat. »Begriffsgeschichtlich zeichnet sich das Wort Geschichte gerade dadurch aus, daß sich dessen Bedeutungen stets durch etwas außerhalb der Sprache Gegebenes und empirisch Ermittelbares bestimmt

---

[1] Hegel, Georg Wilhelm Friedrich: *Vorlesungen über die Philosophie der Geschichte*, S.83.

[2] In der Forschung ist ein doppeldeutiger, mitunter unklarer Gebrauch gelegentlich anzutreffen. Dies gilt es im Folgenden bei wörtlichen Zitaten aus anderen Forschungsbeiträgen zu berücksichtigen.

haben. Der Begriff der Geschichte ist an Ereignisse gebunden, die sich zeitlich und räumlich angeben und beobachten lassen oder ließen.«[3] Dieses Verständnis und die dahinter stehenden Prämissen reichen weit zurück, denn seit »der Entstehung der europäischen Gesellschaften – die traditionellerweise im antiken Griechenland (Herodot im 5. Jh. v. Chr. sei, wenn schon nicht der erste Historiker, so doch der ›Vater der Geschichte‹) angesiedelt wird, [...] bestimmt sich Geschichte hinsichtlich einer Wirklichkeit.«[4] Ähnlich befindet HUGO AUST: »Niemand kommt umhin, unter Geschichte das zu verstehen, was tatsächlich geschehen ist, und zwar nicht nur hinsichtlich eines raum-zeitlich bestimmten Vorfalls, sondern auch hinsichtlich seiner Ursachen, Gründe, Zwecke und Auswirkungen.«[5] AUST erkennt im Miteinander von Ereignissen, ihren Ursachen und Folgen das Wesen des als Geschichte konzeptionalisierten Kontinuums, mit dessen Auswertung und Repräsentation sich Historiker befassen. Seit LEOPOLD VON RANKE hat sich der Anspruch an seriöse Darstellungen von Geschichte mit wissenschaftlichen Mitteln nicht von Grund auf geändert: Ziel ist es, zu wahren Aussagen zu gelangen, und hierfür ist wiederum die Ermittlung von historischen Fakten unerlässlich, denn, so CHRIS LORENZ, die

> Fakten sind es, die eine wahre Behauptung wahr machen, denn eine Behauptung ist nur dann wahr, wenn sie mit ihnen übereinstimmt. In diesem Sinn sind Fakten die Ursache dafür, daß Behauptungen wahr sein können, denn allein durch ihre Existenz machen sie Behauptungen wahr oder unwahr; die *Existenz von Fakten* ist also eine *Bedingung für das Sprechen über Wahrheit*. Daß Hitler 1945 starb, ist für die meisten Historiker ein Faktum, und dieses Faktum ist die Ursache dafür, daß die Aussage ›Hitler starb 1945‹ ihrer Ansicht nach wahr ist und die Aussagen ›Hitler starb 1944‹ und ›Hitler starb 1946‹ unwahr sind; die erste Aussage ist wahr, da sie ihnen zufolge mit einem Faktum übereinstimmt, was bei den anderen beiden Aussagen nicht der Fall ist.[6]

Sofern Geschichte sich aus Aussagen über historische Fakten ergibt, erscheint kontrafaktische Geschichte demnach als *contradictio in adjecto*. So steht auch die Rede von kontrafaktischer Geschichtsdarstellung in der Literatur zunächst in deutlichem Widerspruch zur Semantik des Ausdrucks Geschichte und es stellt sich die Frage, ob das, was in den zur Untersuchung vorgesehenen Romanen dargestellt wird, eigentlich Geschichte ist.

Damit einher geht die Frage nach dem Status des historischen Faktums, welcher längst nicht mehr als stabil gelten kann. Zwischen die Vergangenheit und

---

[3] WACHHOLZ, MICHAEL: *Entgrenzung der Geschichte*, S. 33.
[4] LE GOFF, JAQUES: *Geschichte und Gedächtnis*, S. 18.
[5] AUST, HUGO: *Der historische Roman*, S. 6.
[6] LORENZ, CHRIS: *Konstruktion der Vergangenheit*, S. 22.

deren Repräsentation hat sich seit längerem die Reflexion über den Diskurs geschoben, der sich mit ebendieser Repräsentation befasst. Die Pluralisierung der Diskurse und des Geschichtsbegriffes ist eine unverkennbare Signatur des 20. Jahrhunderts, durch die die Natur historischen Wissens eine Neubestimmung erfährt. Es besteht ein Bewusstsein darüber, dass Geschichte nicht die tatsächlichen Ereignisse der Vergangenheit, sondern das angehäufte Wissen einer Zunft meint.[7] Dieses wiederum ergibt sich aus der von Historikern getroffenen Selektion. PAUL RICŒUR spricht diesbezüglich von der »unvollständige[n] Objektivität« des Historikers im Vergleich zu jener Objektivität, »die in den anderen Wissenschaften erreicht oder zumindest annähernd erreicht wird«[8], und schreibt: »Die Geschichte bewahrt, analysiert und verbindet durch den Historiker nur die wichtigen Ereignisse. An dieser Stelle greift die Subjektivität des Historikers, verglichen mit derjenigen des Physikers in einem originären Sinne ein: in der Form von Interpretationsmustern.«[9] Auch die geschichtsphilosophischen Veröffentlichungen von ARTHUR C. DANTO, HAYDEN WHITE und anderen haben der Einsicht zum Durchbruch verholfen, dass historische Fakten stets Produkte einer Deutung sind. »Geschichte ist nicht identisch mit der objektiven Tatsächlichkeit eines vergangenen Geschehens, sondern konstituiert sich als das Ergebnis einer narrativen und konstruktiven Organisation vergangenen Geschehens unter bestimmten bedeutungsverleihenden Gesichtspunkten der Gegenwart.«[10] Neuere Versuche, Geschichte begrifflich zu erfassen, zeichnen sich, wie auch diese Definition FRIEDRICH JAEGERS zeigt, gerade dadurch aus, dass sie nicht die substantielle Existenz und Evidenz realer Vorgänge zur Bedingung machen. Stattdessen akzentuieren sie die Leistung des Beobachters, die Rolle des Gedächtnisses und der sprachlichen Vermittlung.

Solche Definitionen sind mehr als rhetorische Umgehungen. Sie sind deshalb an dieser Stelle bedenkenswert, weil sie selbst Reaktionen auf eine Infragestellung der vom Betrachter unabhängigen Existenz und Erkennbarkeit von Geschichte darstellen, wie sie seit einigen Jahrzehnten zu verzeichnen ist. JAN ASSMANN definiert Geschichte, beziehungsweise Vergangenheit, auf MAURICE HALBWACHS rekurrierend, entsprechend als »soziale Konstruktion, deren Beschaffenheit sich aus den Sinnbedürfnissen und Bezugsrahmen der jeweiligen Gegenwarten her ergibt. Vergangenheit steht nicht naturwüchsig an, sie ist eine kulturelle Schöpfung.«[11] Diese und andere Antworten auf die Frage »Was ist

---

[7] Vgl. WHITE, HAYDEN: *Literaturtheorie und Geschichtsschreibung*, S. 67.
[8] RICŒUR, PAUL: *Geschichte und Wahrheit*, S. 45.
[9] Ibid., S. 46.
[10] JAEGER, FRIEDRICH: *Geschichtstheorie*, S. 737.
[11] ASSMANN, JAN: *Das kulturelle Gedächtnis*, S. 48.

Geschichte?« reflektieren bereits die noch näher zu beschreibenden Umbrüche im Verständnis vom Wesen der Geschichte, die, wie ebenfalls zu zeigen sein wird, auch im Kontext der Postmoderne-Diskussion zu sehen sind. Als Definitionen kommen sie ohne Referenz auf den Bereich konkreter, außersprachlicher Ereignisse aus, sie lassen den ontologischen Status von Geschichte gezielt offen und betonen zugleich den Aspekt der deutenden Auslegung und den kreativ-konstruktiven Anteil als Gegengewicht zur Annahme einer tunlichst einwandfrei verifizierbaren Geschichte. Das Verhältnis zwischen Geschichte im Sinne vergangener Wirklichkeit und ihrer nachträglichen sprachlichen Darstellung erscheint damit nicht mehr als objektive Rekonstruktion. Als Gegenstand einer Konstruktion wird Geschichte vielmehr zu einem eigenständigen Artefakt, dessen Relation zu einer der Beschreibung vorgängigen Wirklichkeit erst bestimmt werden muss. Diese Einsicht scheint symptomatisch für eine Haltung gegenüber der Geschichte, die in der Postmoderne virulent ist, und die LINDA HUTCHEON in ihrer einflussreichen Studie *A Poetics of Postmodernism* benennt: »History is not made obsolete: it is, however, rethought – as a human construct.«[12] Diese Verschiebung birgt weitreichende Implikationen.

> Mit der Einsicht in die Konstruktivität aller Beschreibungen wird dem Glauben an die Möglichkeit, vergangene oder gegenwärtige Wirklichkeit könne originalgetreu dargestellt werden, eine eindeutige Absage erteilt. In dieser Hinsicht bestehen unverkennbare Parallelen zwischen der Entwicklung der modernen Literatur und der Geschichtswissenschaft[13],

so ANSGAR NÜNNING. Die Überzeugung von der Faktizität der Geschichte ist als Fundament der Geschichtswissenschaft somit brüchig geworden, weil erkannt worden ist, dass die Fakten selbst keine gegebenen und feststehenden Größen sind, sondern an die Beobachtung und Interpretation gebunden sind. Damit soll keineswegs die Möglichkeit zur Rekonstruktion mit dem Ziel und Ergebnis einer überzeugenden Version vom Hergang vergangener Ereignisse und der Beschaffenheit historisch gewordener Lebensumstände generell in Abrede gestellt werden. Die hier diskutierten Romane streben jedoch gerade keine wahrheitsgemäße Rekonstruktion an, sondern erweitern die Möglichkeiten der Konstruktion mit den Mitteln der Fiktion. Sie legen eigenständige Geschichtsentwürfe vor, die mit als gesichert geltenden Angaben spielen, Teile der historischen Überlieferung verwenden und in Abweichung von der Faktizität neu modellieren, um Geschichte so kontrafaktisch zu erzählen.

---

[12] HUTCHEON, LINDA: *A Poetics of Postmodernism*, S. 16.
[13] NÜNNING, ANSGAR: *Von historischer Fiktion zu historiographischer Metafiktion*, S. 52.

1.2 Referentialität

Eine für die Beschreibung des im Folgenden behandelten literarischen Phänomens grundlegende Problematik besteht naturgemäß in der Frage nach der Unterscheidung zwischen fiktionalen und kontrafaktischen Aussagen. Die Beziehung zwischen faktischen und fiktionalen Anteilen beschäftigt die Forschung zum historischen Erzählen von Beginn an, ohne dass sich bislang eine einwandfreie Bestimmung ihres Zusammenspiels gefunden hätte. Obwohl eine generelle Unterscheidbarkeit außer Zweifel steht, enthalten fiktionale Texte üblicherweise zahlreiche Referenzen auf die textexterne Realität, die eine Korrespondenz zwischen der im Text geschilderten Welt mit jener Realität suggerieren. Gerade zur Konvention der Gattung des historischen Romans gehört es, in besonders starkem Maße mit Referenzen auf außerliterarische Wirklichkeit zu arbeiten, weshalb JÜRGEN H. PETERSEN ihr in seiner Erzähltheorie den Platz eines Sonderfalls einräumt: »Solche Zwischenbereiche, wie sie etwa vom historischen Roman besetzt werden, sind freilich Sonderfälle, die sich ihrerseits der Tatsache verdanken, daß ein und dieselbe Sprache fiktionale wie reale Gegenstände benennen kann.«[14] Auch NÜNNING verweist auf den exzeptionellen Status des historischen Romans innerhalb literarischer Gattungen, da historische Romane sich dadurch auszeichnen, »daß sie die ontologische Grenze zwischen Fiktion und Wirklichkeit überschreiten, indem sie Referenzen auf reale Elemente in einen fiktiven Kontext integrieren, wobei zwischen beiden variable Mischungsverhältnisse vorliegen können.«[15] Die Wirklichkeitsbezüge, die von historischen Romanen gesetzt werden, fordern bei der Rezeption eine Rückbeziehung der fiktionalen Erzählhandlung auf außerliterarisches Wissen, genauer gesagt: auf ein Wissen und auf Vorstellungen historischer Abläufe und Zusammenhänge ein, indem sie gezielt auf diese referieren. »Für gewöhnlich senden historische Romane Geschichtssignale aus; das sind Daten, Namen (von Personen, Stätten, Ereignissen, Epochen), kultur- und sittengeschichtliche Einzelheiten, amtliche Dokumente.«[16] Historische Romane sind somit Hybride, die, um als ›historisch‹ erkannt zu werden, in der Erzählhandlung auf außerliterarische Realität verweisen müssen, als Romane aber dennoch fiktionale Erzeugnisse sind.

---

[14] PETERSEN, JÜRGEN H.: *Erzählsysteme*, S. 9.
[15] NÜNNING, ANSGAR: *Von historischer Fiktion zu historiographischer Metafiktion*, S. 46
[16] AUST, HUGO: *Der historische Roman*, S. 22.

Anders jedoch als Verfasser historiographischer Abhandlungen sind Autoren historischer Romane nicht der Faktizität verpflichtet; sie unterliegen nicht dem Gebot, dass ihre Aussagen überprüfbar und durch Belege gesichert sein müssen. In dieser Hinsicht unterscheiden sich historische Romane wiederum grundsätzlich nicht von sonstigen Texten, deren Fiktionalität anerkannt und unstrittig ist, so dass auch der Anspruch der Verifizierbarkeit von Aussagen über die Wirklichkeit, die sich in den entsprechenden Texten finden, ins Leere geht, da, wie SIEGFRIED J. SCHMIDT unterstreicht, »die Aussagen in ästhetischen Texten nicht den in anderen Kommunikationssystemen üblichen Verifikationsbedingungen unterliegen und [...] nicht erwartet wird, daß sie ihnen unterworfen werden«[17] und da weiterhin »die Aussagen in ästhetischen Texten nicht ausschließlich als Anweisungen an Kommunikationspartner fungieren, sie in Referenzakten an außerkontextuelle Korrelate anzubinden.«[18] Dass auch fiktionale Texte sich auf etwas beziehen, lässt sich indessen kaum bestreiten. Kennzeichen der im Folgenden untersuchten Romane ist eine spezifische Form der Referentialität bei der Darstellung historischen Geschehens, nämlich eine, die im Bereich des enzyklopädischen Wissens über Geschichte in bestimmten Punkten nicht anschlussfähig ist.

Auf die Beschaffenheit dieser Punkte wird noch genauer einzugehen sein. An dieser Stelle soll die Art der Referentialität genauer beschrieben werden. Dies geschieht unter Rückgriff auf ein Modell, das die Narratologie unter Verwendung linguistischer Kategorien entwickelt hat. Es geht von der Polarität von Fiktion und Realität aus und unterscheidet, wie BENJAMIN HRUSHOVSKI ausführt, zwischen zwei verschiedenen so genannten *Fields of Reference*, die sich wiederum aus so genannten ›frames of reference‹ zusammensetzen. »A frame of reference (fr) is any semantic continuum of two or more referents that we may speak about: it may be a scene in time and space, a character, an ideology, a mood, a state of affairs, a plot, a policy, a theory, psychoanalysis, the wind in

---

[17] SCHMIDT, SIEGFRIED J.: *Fiktionalität als texttheoretische Kategorie*, S. 527. Ähnlich MARTINEZ und SCHEFFEL, die feststellen, Werke der Dichtung seien »fiktional in dem Sinne, daß sie grundsätzlich keinen Anspruch auf unmittelbare Referenzialisierbarkeit, d.h. Verwurzelung in einem empirisch-wirklichen Geschehen erheben« (MARTINEZ/SCHEFFEL: Einführung in die Erzähltheorie, S. 13). PETERSEN geht so weit, zu erklären, die in fiktionalen Texten behaupteten Vorgänge würden »eine eigene, gegen die empirische Wirklichkeit abgeschlossene Sphäre bilden« (PETERSEN: Erzählsysteme, S. 7) und seien daher der Überprüfbarkeit entzogen. Zum Problem der Fiktionalität vgl. auch SCHMIDTS Beiträge *Ist ›Fiktionalität‹ eine linguistische oder texttheoretische Kategorie*; *Fictionality in Literary and Non-Literary Discourse* und *The Fiction is that Reality Exists: A Constructivist Model of Reality, Fiction and Literature*.

[18] Ibid., S. 527.

autumn trees, the mountains of Corsica, etc.«[19] Aus solchen Referenzrahmen konstituieren sich in fiktionalen Texten, genauso wie in nicht-fiktionalen, größere Referenzfelder. »A *Field of Reference* (FR) is a large universe containing a multitude of crisscrossing and interrelated *frs* of various kinds. We may isolate such Fields as the USA, the Napoleonic Wars, Philosophy, the ›world‹ of Tolstoy's *War and Peace*, the world today etc.«[20] Ein Spezifikum literarischer Texte besteht nun darin, »that they construct their own Internal Field of Reference (IFR) while referring to it at the same time«[21] – ein literarisches Werk lässt sich demgemäß definieren als »a verbal text which projects at least one *Internal Field of Reference* (IFR) to which meanings in the text are related. At least some of the referents – personal names, times, places, scenes and episodes – are unique to this text and make no claim for external, factual existence.«[22] Dass Aussagen in fiktionalen Texten keinen Anspruch auf Verifizierbarkeit außerhalb ihres Kontextes erheben, wurde schon festgestellt, und so bemessen sich die Bezugnahmen innerhalb eines fiktionalen Textes zunächst nur hinsichtlich ihrer Stimmigkeit innerhalb des internen Referenzfeldes. Allerdings beschränken sich literarische Texte in der Regel nicht auf die ihnen eigene Welt, vielmehr nehmen sie gewöhnlich zusätzlich Bezug auf Namen, Orte oder Sachverhalte außerhalb ihrer selbst. Hierdurch überschneiden sich die Bezugnahmen mit einem zweiten externen Referenzfeld, welches HRUSHOVSKI folgendermaßen beschreibt:

> *External Fields of Reference* (ExFR) are any FRs outside of a given text: the real world in time and space, history, a philosophy, ideologies, views of human nature, other texts. A literary text may either refer directly to or invoke referents from such External FRs. This category includes not only such obvious external referents as names of places and streets, historical events and dates or actual historical figures, but also various statements about human nature, society, technology, national character, psychology, religion etc.[23]

Bereits KÄTE HAMBURGER weist in *Die Logik der Dichtung* darauf hin, dass als

> Gegenstand eines historischen Romans [...] auch Napoleon ein fiktiver Napoleon [wird]. Und dies nicht darum, weil der historische Roman von der historischen Wahrheit abweichen darf. Auch historische Romane, die sich ebenso genau wie ein historisches Dokument an die historische Wahrheit halten, verwandeln die historische

---

[19] HRUSHOVSKI, BENJAMIN: *Fictionality and Fields of Reference*, S. 230.
[20] Ibid., S. 231.
[21] Ibid., S. 232.
[22] Ibid., S. 235.
[23] Ibid., S. 243.

Person in eine nicht-historische, fiktive Figur, versetzen sie aus einem möglichen Wirklichkeitssystem in ein Fiktionssystem.[24]

Ähnlich argumentiert LUBOMIR DOLEŽEL, wenn er ausführt, dass innerhalb der fiktionalen Welt eines Textes unter den Figuren ontologische Homogenität herrsche, dass mithin Tolstoys Napoleon nicht weniger fiktional sei als sein Pierre Bezuchov.[25] Allerdings räumt er ebenfalls ein, dass »persons, places, events, and so forth, with actual-world background [...] a distinct semantic class«[26] konstituieren. Sie treffen, ohne dass jedoch eine Identität bestünde, auf Korrelate außerhalb des Textes, verweisen also auf Sachverhalte, deren Tatsächlichkeit vorausgesetzt wird.

Ein erzählender Prosatext setzt sich aus Bezugnahmen auf interne und externe Referenzfelder zusammen. CARL DARRYL MALMGREN hat in seiner Studie *Fictional Space in the Modernist and Postmodernist American Novel* jene Einteilung benutzt, um Referenzen hinsichtlich ihres Status zu bestimmen. Nach MALMGREN setzen sich Texte aus verschiedenen sogenannten *sign-vehicles*, d.h. aus Wörtern und Sätzen, zusammen, für welche zwei mögliche Referenzmodi existieren, nämlich *factual* oder *fictional*.

> A sign-vehicle with a factual referent (+ FACT) designates an entity with some sort of verifiable extratextual existence (person, place, thing, event, idea); sign-vehicles with a fictional referent (+ FICTION) refer to ›non-existent states of affairs‹ (events, objects) with truth value only in imaginative representation.[27]

Werden solche *sign-vehicles* in einer Narration verknüpft, kreieren sie »a semantic continuum or ›frame of reference‹ (*fr.*)[28], wobei es vom Faktizitätsstatus der *sign-vehicles* abhängt, ob sie entweder als »factually ›true‹« oder als »fictionally justified« eingestuft werden. Auf einer höheren Ebene organisiert eine Erzählung ihre diversen *frames of reference* wiederum in sogenannte *Fields of Reference (FRs)*. »A prose narrative thus consists of mutually intersecting Fields of Reference, and these Fields (depending on their constituent frames of reference) can be either out-referential (if its frames can be verified and validated by-comparison with the ›originals‹ outside the text) or in-referential (if its frames create an internally consistent and self-contained fictional microcosm).«[29] Diese

---

[24] HAMBURGER, KÄTE: *Die Logik der Dichtung*, S. 94f.
[25] Vgl. DOLEŽEL, LUBOMIR: *Heterocosmica*, S. 18.
[26] DOLEŽEL, LUBOMIR: *Possible Worlds*, S. 788.
[27] MALMGREN, CARL DARRYL: *Fictional Space in the Modernist and Postmodernist American Novel*, S. 27.
[28] Ibid., S. 27.
[29] Ibid., S. 27. Die Verteilung ist üblicherweise textsortenabhängig.

Einteilung entspricht der in interne und externe Referenzfelder. Je nach dem, ob außenreferentielle (*out-referential*) ›Fields of Reference‹ die erzählend entworfene Welt konstituieren oder dominieren, oder ob sie umgekehrt den innenreferentiellen (*in-referential*) ›Fields of Reference‹ untergeordnet und in diese integriert sind, lässt sich die Erzählung entweder als »modally factual« oder als »modally fictional« kategorisieren.[30]

Jene Einteilungen, sowohl in interne und externe Referenzfelder, als auch in fiktionale und faktuale Aussagemodi, mögen schematisierend und verkürzend wirken, doch eignen sie sich zur terminologischen Fundierung dessen, was in der im Folgenden betrachteten Schreibform passiert. Geht man also davon aus, dass historische Romane per definitionem auf Geschichte und damit auf ein jenseits der Grenzen des Textes situiertes Phänomen referieren, dass sie sich, wie INA SCHABERT schreibt, auf »epochenspezifische, kollektiv vorgewußte Wirklichkeit«[31] beziehen, genauer auf eine in der Vergangenheit situierte Wirklichkeit und zwar durch »Angaben von Jahreszahlen, mit Zeitangaben gekoppelte geographische Festlegungen, Benennung von Personen, von denen der Leser weiß, daß sie tatsächlich gelebt haben, Hinweise auf authentische Ereignisse«[32], referieren sie, wenn auch unter anderen kommunikativen Bedingungen, wesentlich auf Sachverhalte, die einem externen oder außenreferentiellen Bereich angehören. Traditionelle historische Romane vermeiden nach Möglichkeit Kollisionen zwischen den fiktionalen Geschichtsbildern, die sie entwerfen, und den externen Sachverhalten, die historisches Wissen betreffen. Im Fall der hier untersuchten Spielart historischen Erzählens treten hingegen Referenzen auf historisches Geschehen auf, die im Vergleich mit den Vorlagen außerhalb des Texts klar nicht verifizierbar sind, sondern faktische Vorlagen mit alternativen Darstellungen überschreiben. Es werden Realitätssignale gesetzt und historische Fakten aufgerufen, die der Autor in seiner Romanfiktion gegenüber der Überlieferung abwandelt, so dass sie nicht länger ›factual‹ sind, jedoch auch nicht – da sie ja von Fakten ausgehen und anschließend gegen dieselben Fakten schreiben – lediglich fiktional im allgemeineren Sinne zu nennen sind. Aus dieser Über-

---

[30] MALMGREN räumt ein, dass zu diesen Varianten eine dritte Alternative hinzukommt, nämlich »a prose narrative that neutralizes the relation between out-referential and in-referential FRs, either by keeping them separate but equal or by confusing the difference between them« (MALMGREN: Fictional Space, S. 28). Hieraus resultiert eine Mischung, die MALMGREN als *bi-referential narratives* bezeichnet. Als Beispiele führt er die *nonfiction novel* und *postmodern pseudo-autobiography* an. Diese Schreibformen sind nach MALMGRENS Ansicht »anomalous and cause no end of problems for the narrative typologist« (ibid.).
[31] SCHABERT, INA: *Der historische Roman in England und Amerika*, S. 1.
[32] Ibid., S. 1.

schreibung beziehungsweise Überlagerung bei der Referenz auf faktische Sachverhalte resultieren kontrafaktische Propositionen, die sich von anderen fiktionalen Aussagen unterscheiden lassen. Bei kontrafaktischen Aussagen handelt es sich somit um fiktionale Aussagen besonderer Art. Kontrafaktizität wird durch das ›Überschreiben‹ von die Geschichte betreffenden Erkenntnissen, An- oder Einsichten erzeugt und ist auch beschreibbar als eine Art der Referentialität, mittels welcher Texte auf Sachverhalte außerhalb ihrer selbst Bezug nehmen und dabei Propositionen über dieselben Sachverhalte aufstellen, die gegen Vorstellungen des Lesers von geschichtlichen Abläufen und gegen Geschichtsbilder mit Objektivitätsanspruch verstoßen. Es kommt zu einer Deviation, die erkennbar ist und eine Interpretation herausfordert:

> A statement about the External FR may be slanted or false; we do not judge the aesthetic value of the novel by the truth value of such statements. But its external truth value is not immaterial for an interpretation. If it clearly deviates from some normal view of the given External FR but is coherent with the Internal FR, it may then expose the particular view of the world it represents.[33]

In diesem Sinne sind Romane, die mit kontrafaktischen historischen Aussagen arbeiten, **deviierende** historische Romane und die besonderen Sichtweisen auf die Welt und auf Geschichte, die in diesen kontrafaktischen Aussagen zum Ausdruck kommen, gilt es durch Interpretationen zu erschließen.

1.3 Leser

Will man die Diskrepanz zwischen faktischer, d. h. hier: überlieferter und dokumentierter Geschichte, und kontrafaktischer Darstellung im Vergleich sichtbar machen, so ist für die im Roman narrativ entfalteten Versionen eine Vergleichsgröße nötig. Die Lösung, die hier vorgeschlagen werden soll, zielt darauf ab, nicht allein einen kaum einhellig bestimmbaren außenreferentiellen Bereich des Faktischen den kontrafaktischen Entwürfen gegenüberzustellen, sondern zunächst die in den Romanen implizit oder explizit thematisierten Folien, gegen die sich die kontrastierenden Konstruktionen wenden, als Vergleichsgrößen zu nutzen. Hierdurch kann die Analyse über weite Strecken textimmanent erfolgen. Allerdings ist noch ein weiterer Gesichtspunkt nötig. Jean-Paul Sartres Bemerkung, dass »alle Werke des Geistes in sich selbst das Bild des Lesers, für den sie bestimmt sind«[34], enthalten, verweist nicht bloß

---

[33] HRUSHOVSKI, BENJAMIN: *Fictionality and Fields of Reference*, S. 247.
[34] Sartre, Jean-Paul: *Was ist Literatur?*, S. 58.

allgemein auf die Rolle des Rezipienten, der den literarischen Text beim Lektürevorgang nachvollzieht, sondern auch darauf, dass die Texte selbst Rückschlüsse auf die Art des ihnen gemäßen Rezipienten zulassen. Für die hier untersuchten Romane sind dies Leser, die die Deviation der Referenzen auf historische Sachverhalte als solche erkennen.

Deviierende historische Romane setzen also eine bestimmte Art des Modell-Lesers voraus, wie UMBERTO ECO ihn entworfen hat: »Der Modell-Leser ist ein Zusammenspiel glücklicher Bedingungen, die im Text festgelegt worden sind und die zufriedenstellend sein müssen, damit ein Text vollkommen in seinem möglichen Inhalt aktualisiert werden kann.«[35] Dabei bestimmen Faktoren wie die Art des Textes, die inhaltlichen Aspekte und die ästhetische Beschaffenheit, wie diese Bedingungen im Einzelnen auszusehen haben. »Mit anderen Worten, es gibt nicht nur einen Modell-Leser für *Finnegans Wake*, sondern auch einen für das amtliche Kursbuch, und jeder Text verlangt eine andere Art von Kooperation.«[36] RUTH KLÜGER, auf deren poetologische Überlegungen noch zurückzukommen sein wird, liefert hierzu folgende Beobachtung: »Der Autor einer historischen Erzählung rechnet damit, daß die Leser schon wissen, worum es sich handelt.«[37] Dies gilt auch für die Verfasser historischer Erzählungen, die diese von KLÜGER benannte Erwartung unterlaufen und kontrafaktische Aussagen zu integralen Komponenten der Erzählhandlung machen. In ihren Poetikvorlesungen konstatiert KLÜGER dementsprechend, dass der Verfasser einer historischen Erzählung durch sein Wissen um die Überlieferung und um das Wissen des Lesers

> sich eine eigentümliche Beschränkung auf[erlegt]. Er darf Napoleon nicht Russland erobern lassen. Einerseits: Wenn er das Geschehene kühn und nicht ganz belegbar ausdeutet, so ist das sein Privileg als Autor. Trotzdem, wenn er Napoleons Feldzug in Rußland verwendet, so muß er sich daran halten, daß Napoleon geschlagen wurde. Ließe er ihn gewinnen und stellte somit das Schulwissen seiner Leser auf den Kopf, so täte er es im Bewußtsein, das Publikum aufzuschrecken oder zu erheitern, auf jeden Fall auch hier mit der Absicht, die wirkliche Historie als Folie im Bewußtsein der Leser zu erhalten.[38]

---

[35] ECO, UMBERTO: *Lector in fabula*, S. 76. Vgl. auch ECO, UMBERTO: *Im Wald der Fiktionen*, S. 18f. Zur Entwicklung der Reader-Response-Theorie vgl. u.a. PUGLIATTI, PAOLA: *Readers' Stories Revisited. An Introduction*.

[36] ECO, UMBERTO: *Im Wald der Fiktionen*, S. 28.

[37] KLÜGER, RUTH: *Wie wirklich ist das Mögliche?*, S. 144.

[38] Ibid. KLÜGER folgert: »Der Autor tauscht also ein schon vorhandenes Interesse am Gegenstand für eine Beschränkung ein, die er nicht hat, wenn er frei erfindet. Je größer das vorhandene Interesse, desto größer die Beschränkung, die er oder sie sich auferlegen muß. Man kann sich mehr Freiheiten mit einem obskuren Pferdehändler namens

Auch KLÜGER geht dabei von einem Modell-Leser aus, der ein bestimmtes Schulwissen über Geschichte bei der Lektüre abrufen kann. Es handelt sich um ein Wissen über Sachverhalte, die unter den Bezugnahmen innerhalb eines Erzähltextes dem außenreferentiellen Feld zugehören, um ein Wissen, welches als Folie disponibel ist.

Auf die zur Untersuchung ausgewählten Texte wie auf die von diesen repräsentierte Spielart historischen Erzählens insgesamt bezogen, lässt sich der für die Aktualisierung der Textinhalte adäquat ausgerüstete Modell-Leser nun noch genauer als Rezipient beschreiben, der über das notwendige enzyklopädische Wissen verfügt, um erkennen zu können, dass die in den Romanen vorgelegten Geschichtskonstruktionen nicht mit dem übereinstimmen, was aufgrund von Überlieferung und Konvention den Stellenwert historischer Fakten besitzt. Er muss nicht nur die Codes und Regeln narrativ-fiktionaler Texte kennen, sondern auch bemerken können, dass die Referenzen auf historisches Geschehen in entscheidenden Punkten nicht anschlussfähig sind. Als das ›Faktische‹, gegen das das Kontrafaktische in den Romanen gestellt wird, ist daher das Leserwissen anzusehen und die Signale im Text, die daran appellieren, können als Indikatoren für einen produzentenseitig vorausgesetzten Kenntnishorizont aufgefasst werden. Abstrakt ist dieser Leser vergleichsweise leicht zu beschreiben, empirisch dagegen ist er nicht fassbar.[39] So kommt die Untersuchung nicht umhin, immer auch einen grundlegenden *common sense* vorauszusetzen. Dieser ist wiederum wissenschaftlich nicht verbindlich feststellbar, denn der vorausgesetzte überindividuelle Wissensstand über Geschichte kann notwendigerweise nur als eine Art virtueller Prototyp gedacht werden, der gewisse Merkmale bündelt und als elementar anerkennt, andere hingegen als weniger wesentlich voraussetzt. THOMAS IRMER findet in seiner Arbeit zum postmodernen historischen Roman in der amerikanischen Literatur für dieses Phänomen den Ausdruck ›herrschendes Geschichtsbild‹: »In einem realen Sinn ist *Geschichte* der (die) einem einzelnen oder Gruppe zugänglichen oder von ihnen getragene(n) Diskurs(e), oder

---

Kohlhaas nehmen, auch wenn er wirklich gelebt hat, als mit dem Kaiser Franz Josef, der vielleicht aus gerade diesem Grunde in Joseph Roths *Radetzkymarsch* zwar wiederholt, aber immer etwas schemenhaft auftaucht« (ibid., S. 162).

[39] Wie schwierig es tatsächlich ist, innerhalb des Sachgebietes Geschichte einen allgemein verbindlichen Wissenshorizont zu finden, wird von ERIC HOBSBAWM pointiert formuliert. HOBSBAWM konstatiert, dass sich zumindest »jeder, der je von einem intelligenten amerikanischen Studenten gefragt wurde, ob die Bezeichnung ›Zweiter Weltkrieg‹ bedeute, daß es auch einen ›Ersten Weltkrieg‹ gegeben habe, bewußt sein muß, daß nicht einmal die Kenntnis der grundlegendsten Fakten dieses Jahrhunderts vorausgesetzt werden kann« (HOBSBAWM: Das Zeitalter der Extreme, S. 17).

anders: ein herrschendes Geschichtsbild.«[40] Die Formulierung vom herrschenden Geschichtsbild impliziert letztlich auch dessen Anerkennung und Konsensfähigkeit. Demnach hat man es zu tun mit einem von einer Gruppe geteilten und nicht angezweifelten Wissen über die Vergangenheit und deren sinngebender Deutung, einem Wissen also, welches als wahr angenommen wird. »Intersubjektivität ist also in der Praxis das Kriterium für Wahrheit, ohne daß dieses eine Garantie bietet: [...] Auch bei der Wahrheit besteht also nie Gewissheit, sondern lediglich eine fehlbare intersubjektive Übereinstimmung.«[41] Von dieser Übereinstimmung, an der die Modell-Leser partizipieren, weichen die zu untersuchenden Romane ab und ihre Rezeption kann als Vorgang der Metalektüre bezeichnet werden, bei dem der Leser *in* Kenntnis dessen, wie es eigentlich gewesen ist, eine kontrafaktische Darstellung *zur* Kenntnis nimmt.

---

[40] IRMER, THOMAS: *Metafiction, Moving Pictures, Moving Histories*, S. 40.
[41] LORENZ, CHRIS: *Konstruktion der Vergangenheit*, S. 55.

2. Kontrafaktizität – Qualität und Dimension kontrafaktischer Aussagen in literarischen Texten

2.1 Saleem Sinais Irrtümer

In Salman Rushdies *Midnight's Children* (1981) wird die Lebensgeschichte des Ich-Erzählers und Protagonisten Saleem Sinai in hochkomplexer Weise mit der Geschichte Indiens verflochten. Teile dieser Verflechtung suggerieren eine enge Interdependenz, so dass nicht nur die Biographie des Erzählerhelden durch die politische Entwicklung des Landes beeinflusst wird, sondern umgekehrt letztere auch von seiner Person abhängt. Saleem Sinai, der sich am Ende seines Lebens wähnt, konstatiert in seinen Aufzeichnungen: »[...] I had been mysteriously handcuffed to history, my destinies indissolubly chained to those of my country« (MC 9). An späterer Stelle reflektiert er dieses Verhältnis eingehender:

> How, in what terms may the career of a single individual be said to impinge on the fate of a nation? I must answer in adverbs and hyphens: I was linked to history both literally and metaphorically, both actively and passively, in what our (admirably modern) scientists might term ›modes of connection‹ composed of dualistically-combined configurations of the two adverbs given above. This is why hyphens are necessary: actively-literally, passively-metaphorically, actively-metaphorically and passively-literally, I was inextricably entwined with my world. (MC 238)

Die Besonderheit jener Verbindung zwischen Subjekt und Geschichte besteht in diesem Fall darin, dass das erzählende Subjekt, die Romanfigur Saleem Sinai, die »at the precise instant of India's arrival at independence« (MC 9) geboren wurde – in der gleichen Stunde, in der Indien als Staat seine Souveränität erlangte – sich und seine Familie für belegte historische Geschehnisse für verantwortlich hält. »By the combination of ›active‹ and ›literal‹ I mean, of course, all actions of mine which directly – *literally* – affected, or altered the course of, seminal historical events [...]« (MC 238), dies ist die Behauptung des Erzählers.

Nachträglich erläutert Rushdie selbst diesen Konnex zwischen seiner Figur und dem historischen Geschehen so: »Then Saleem, ever a striver for meaning, suggested to me that the whole of modern Indian history happened as it did because of him; that history, the life of his nation-twin, was somehow *all his fault.*«[1] Jene Verknüpfung ist von integraler Bedeutung für die Anlage des Romans und für die Geschichtsdarstellung im Text. Zwar sind die Schilderungen als Produkte der Erinnerung Saleem Sinais markiert, die Erzählsituation macht dies deutlich, doch stellt dies nicht die Gesamtanlage, die der fiktionalen Figur eine integrale Rolle in einem tatsächlichen historischen Prozess zuweist, in Frage.

Die Unzuverlässigkeit des Erzählers bedingt und motiviert mitunter falsifizierbare Referenzen auf historisches Geschehen, die in die rückblickende Darstellung seiner Lebensgeschichte integriert sind. Rushdie hat in einem poetologischen Essay auch einige der ›Irrtümer‹ im Text zum Gegenstand der Reflexion gemacht:

> In *Midnight's Children*, Saleem Sinai makes a reference, at one point, to this old tradition. But his version is a little different. According to Saleem, Ganesha sat at the feet of the poet Valmiki and took down the *Ramayana*. Saleem is wrong.
> It is not his only mistake. […] And how could Lata Mangeshkar have been heard singing on All-India Radio as early as 1946? And does Saleem not know that it was not General Sam Manekshaw who accepted the surrender of the Pakistan Army at the end of the Bangladesh War – the Indian officer who was Tiger Niazi's old chum being, of course, Jagjit Singh Arora? And why does Saleem allege that the brand of cigarettes, State Express 555, is manufactured by W.D. & H.O. Wills?
> I could continue. Concrete tetrapods have never been used in Bombay as part of any land reclamation scheme, but only to shore up and protect the sea wall along the Marine Drive promenade. Nor could the train that brings Picture Singh and Saleem from Delhi to Bombay possibly have passed through Kurla, which is on a different line. Etcetera. It is by now obvious, I hope, that Saleem Sinai is an unreliable narrator, and that *Midnight's Children* is far from being an authoritative guide to the history of post-independence India.[2]

Rushdie selbst macht klar, dass sein Roman keine zuverlässige Geschichtswiedergabe im Sinne einer durch Belege gesicherten Darstellung bietet. Dennoch ist der Text mit diesem Anspruch wiederholt konfrontiert worden.

> Saleem Sinai is not an oracle; he's only adopting a kind of oracular language. His story is not history, but it plays with historical shapes. Ironically, the book's success – its Booker Prize, etc – initially distorted the way in which it was read. Many readers wanted it to be the history, even the guidebook, which it was never meant to be; […]. […]. These variously disappointed readers were judging the book not as a novel, but as some sort of inadequate reference book or encyclopedia.[3]

---

[1] Rushdie, Salman: *Introduction*, S. x.
[2] Rushdie, Salman: ›*Errata*‹: *Or, Unreliable Narration in Midnight's Children*, S. 22f.
[3] Ibid., S. 25.

Gerade am Beispiel von *Midnight's Children* lassen sich einige Probleme explizieren, die auftreten, wenn es darum geht, kontrafaktische Geschichtsdarstellungen beziehungsweise deviierende historische Romane von anderen zu unterscheiden. Als formales Kriterium wurde eingangs die Überschreibung von außenreferentiellen Sachverhalten durch abweichende Darstellungen derselben Sachverhalte im Text zum Merkmal erklärt. Dies geschieht auch in *Midnight's Children*. Offensichtlich sind es jedoch nur bestimmte Aspekte, bei denen die Kritik an der historischen Genauigkeit oder der mangelnden Faktizität ansetzt. Es gibt Passagen, in denen die Diskrepanz zwischen der dokumentierten Geschichte und der Version, die der Erzähler liefert, unmittelbar ins Auge fällt – etwa dann, wenn ein Zusammenhang zwischen dem Körper des Erzählerprotagonisten und der Geschichte behauptet wird[4] – doch die Leser, von denen Rushdie berichtet, beanstandeten nicht diesen Umstand, sondern der Autor erhielt »letters arguing about Bombay bus routes, and informing me that certain ranks used in the Pakistan Army in the text are not in fact used by the Pakistan Army in Pakistan.«[5]

Die Rezeption, die *Midnight's Children* zuteil wurde[6], trägt Züge, die paradigmatisch erscheinen für die Diskussion über das Verhältnis fiktionaler Texte zur historischen Faktizität, die die literarische Tradition der ›Geschichtsdichtung‹ seit ihren Anfängen begleitet. Sie können auch dazu beitragen, die

---

[4] Rushdies Erzählerheld erläutert diesen Zusammenhang folgendermaßen: »And finally there is the ›mode‹ of the ›active-metaphorical‹, which groups together those occasions on which things done by or to me were mirrored in the macrocosm of public affairs, and my private existence was shown to be symbolically at one with history. The mutilation of my middle finger was a case in point, because when I was detached from my fingertip and blood (neither Alpha nor Omega) rushed out in fountains, a similar thing happened to history, and all sorts of everywhichthing began pouring out all over us« (MC 238). Vgl. hierzu u. a. KANE, JEAN M.: *The Migrant Intellectual and the Body of History: Salman Rushdies Midnight's Children*.

[5] Rushdie, Salman: ›Errata‹: *Or, Unreliable Narration in Midnight's Children*, S. 23. THOMAS KULLMANN hat die faktische Unmöglichkeit einer jener Busrouten durch den symbolischen Zugewinn plausibel erklärt: »Rushdie nennt hier wohl einige Namen zuviel: Nachdem der Schulbus vom Marine Drive nach links abbiegt, fährt er sicher an Churchgate Station vorbei, in Richtung Flora Fountain im ›old Fort district‹, kaum jedoch an den abseits gelegenen Victoria Terminus und Crawfort Market. Rushdie schmuggelt diese berühmten Namen offensichtlich wegen der Vielfalt ihrer Bezüge ein, die sich mit ihnen verbinden« (KULLMANN: *Rushdies Bombay* S. 369).

[6] Fünfundzwanzig Jahre nach Erscheinen von *Midnight's Children* konstatiert Rushdie, anlässlich einer Jubiläumsausgabe des Romans: »In the West people tended to read *Midnight's Children* as a fantasy, while in India people thought of it as pretty realistic, almost a history book« (Rushdie: Introduction, S. xv).

Frage nach den Spezifika des Kontrafaktischen zu erhellen. Ausgehend von *Midnight's Children* und von Essays, in denen Rushdie sich mit Reaktionen auf seinen Roman auseinandersetzt, sei an dieser Stelle folgende Hypothese aufgestellt: Die Abweichung von der Überlieferung wird an diesen Punkten, obschon den Fakten widersprechend, vom Leser, nicht als kontrafaktisch empfunden, sondern als Ergebnis unterlassener oder ungenauer Recherchearbeit des Autors. Wo dies bemerkt wird, kommt es zur Enttäuschung einer (traditionellen) Erwartungshaltung, die mit einer Konvention der Gattung zusammenhängt, nämlich mit der, dass historische Romane sich durch ihren hohen Grad der Übereinstimmung mit außerliterarischer Wirklichkeit auszeichnen, durch einen hohen Anteil an Bezugnahmen auf Entsprechungen in einen externen Referenzfeld. Es scheint, als werde nicht jeder Verstoß gegen die Faktizität als kontrafaktisch angesehen und als sei umgekehrt nicht jede abweichende Darstellung dem Bemühen um Richtigstellung ausgesetzt. Manche Abweichungen sind hierfür zu eklatant und werden daher ohne weiteres als beabsichtigt erkannt, und nicht mit etwas verwechselt, was sie nicht sind, nämlich Fehler oder Fälschungen. In den Geschichtswissenschaften gilt zunächst jede Aussage, die mit den ermittelten und anerkannten Fakten nicht übereinstimmt, als kontrafaktisch; es erscheint demgegenüber erforderlich, für die Literatur und den Bereich des historischen Romans im Speziellen ein gesondertes Verständnis des Kontrafaktischen zu entwickeln.

Hierzu sollen nun, in Vertretung zahlreicher in eine ähnliche Richtung weisender Aussagen, einige weitere poetologische Bemerkungen über die literarische Verarbeitung historischer Themen aus voneinander getrennten Epochen betrachtet werden. Die erste ist einem Brief Friedrich Schillers entnommen. An Caroline von Beulwitz schreibt Schiller 1788:

> Was sie von der *Geschichte* sagen ist gewiß ganz richtig, und der Vorzug der Wahrheit, den die Geschichte vor dem Roman voraushat, könnte sie schon allein über ihn erheben. Es fragt sich nur, ob die *innre Wahrheit*, die ich die philosophische und Kunstwahrheit nennen will, und welche in ihrer ganzen Fülle im Roman oder in einer anderen poetischen Darstellung herrschen *muß*, nicht eben so viel Wert hat als die historische. [...] Ich werde immer eine schlechte Quelle für einen künftigen Geschichtsforscher seyn, der das Unglück hat, sich an mich zu wenden. Aber ich werde vielleicht auf Unkosten der historischen Wahrheit Leser und Hörer finden und hie und da mit jener ersten philosophischen zusammentreffen. Die Geschichte ist überhaupt nur ein Magazin für meine Phantasie, und die Gegenstände müssen sich gefallen laßen, was sie unter meinen Händen werden.[7]

---

[7] Schiller, Friedrich: *An Caroline von Beulwitz, 10. und 11. Dezember 1788*, S. 349f.

Was Schiller hier, im Bewusstsein einer grundlegenden Unterscheidbarkeit von Historiographie und Dichtung, sicherlich stark zugespitzt konstatiert, als eigene Methode reflektiert und als Dramatiker in die Praxis übertrug, nämlich Geschichte als Stoffquelle für die literarische Phantasie nutzbar zu machen, wird von anderen deutschsprachigen Autorinnen und Autoren nahezu zeitgleich im Roman ausgeführt[8] und seit den 1810er Jahren durch Walter Scotts Romane in der englischen Literatur etabliert. Entsprechend lassen sich die Werke von Friedrich Schiller und Walter Scott als Beispiele dafür anführen, dass schon sehr früh Autoren bei der literarischen Be- und Verarbeitung historischer Stoffe im Verhältnis zur dokumentierten Geschichte mitunter recht frei verfuhren, dass es also in fiktionalen Texten zu zahlreichen intentionalen Abweichungen von der Überlieferung kommt.

Bereits Heinrich Heine, im deutschen Sprachraum ein Rezipient der Romane Scotts der ersten Generation, zeigt ein Bewusstsein hierfür und betrachtet die Möglichkeiten der Fiktion als Vorzug der Literatur beim Umgang mit historischen Stoffen. Heine plädiert ausdrücklich für die Freiheit der Imagination, da so die Veranschaulichung, aber auch die ›Begreifbarmachung‹ der Bedeutung eines Ereignisses weit besser gelingen könne als in der bloß an Faktizität orientierten Geschichtsschreibung. In den *Reisebildern* heißt es 1828:

> Die Geschichte wird nicht von den Dichtern verfälscht. Sie geben den Sinn derselben ganz treu, und sei es auch durch selbsterfundene Gestalten und Umstände. [...] In gleicher Hinsicht möchte ich behaupten, Walter Scotts Romane gäben zuweilen den Geist der englischen Geschichte weit treuer als Hume; wenigstens hat Sartorius sehr recht, wenn er in seinen Nachträgen zu Spittler jene Romane zu den Quellen der englischen Geschichte rechnet.[9]

---

[8] LIESELOTTE E. KURTH hat 1964 gezeigt, dass bereits in den 1780er Jahren Romane in deutscher Sprache verfasst wurden, die aufgrund ihrer Poetologie als historische Romane zu gelten haben. Diese von Benedikte Naubert seit 1785 anonym und von Leonhard Wächter seit 1787 unter dem Pseudonym Veit Weber veröffentlichten Werke zeichnen sich durch eine Methode aus, in der »drei wesentliche Züge vereint werden. Wo die Historiographie als Quelle dient, wird sie gewissenhaft benutzt; wo die Geschichte schweigt, stützt man sich auf alte Chroniken; wo beide Lücken aufweisen, wird das Fehlende durch Erdichtungen ergänzt« (KURTH: Historiographie und Historischer Roman, S. 357). KURTH gelingt es im Zuge ihrer Aufarbeitung der Anfänge historischen Erzählens nachzuweisen, dass Scott die auch ins Englische übersetzten Romane Nauberts gekannt hat. Vgl. KURTH, LIESELOTTE E.: *Historiographie und Historischer Roman*, S. 361f.

[9] Heine, Heinrich: *Reisebilder: Italien. Reise von München nach Genua*, S. 251f.

Der Bruch mit quellengestütztem Wissen ist im historischen Roman nicht nur gängige Praxis, er wird offenbar auch gebilligt und häufig um der ästhetischen Wirkung willen sogar eingefordert.

Peter Härtling findet circa 130 Jahre später das Spannungsverhältnis zwischen durch Dokumente vorgegebener Historie und Imagination (von den Anfängen postmoderner Theoriebildung scheinbar nicht tangiert) im literarischen Text noch immer ungelöst vor, und legitimiert die Phantasie des Autors gegenüber einer als Daten- und Quellentreue begriffenen historischen Genauigkeit, ohne ihre Erzeugnisse als Verstoß gegen die historische Wahrheit anzusehen. 1968 schreibt er aus Sicht eines Autors in seinem Aufsatz *Das Ende der Geschichte. Über die Arbeit an einem ›historischen Roman‹*:

> Manche Anfänge haken sich, Zahlen auswerfend, scheinbar fest in die Geschichte ein: ›Am 22. Juli 1833 kehrte Nikolaus von Niembsch . . . auf dem Schiff Atalanta aus Amerika zurück.‹ So fing ich meinen Roman *Niembsch oder Der Stillstand* an. Das Datum statuiert Wirklichkeit, die sich offenkundig mit der Historie deckt. Es brüstet sich. Es täuscht Chronik vor. Doch mit eben diesen Zahlen stemmte ich mich gegen die Geschichte. In der ersten Fassung hatte ich die Heimkehr Niembschs korrekt datiert, es war im Oktober 1832. [...] Ich retuschierte Wirklichkeit zu Wirklichkeit. Diese Fälschung ist nicht erkannt worden, da sie keine ist, sondern die Angleichung an den Weg einer Gestalt, den Philologie und Historie nicht bestimmen, der in die Phantasie führt [...]. *Niembsch* ist kein historisches Buch, es spielt mit der Geschichte, es nimmt Geschichte wahr als Reminiszenz vieler.[10]

Härtling hebt hervor, dass die Abweichung vom korrekten Datum nicht bemerkt worden sei. Augenscheinlich hängt dies im Falle von Härtlings Roman nicht damit zusammen, dass hierzu keine Möglichkeit bestanden hätte, denn der Vergleich des fiktionalen Texts mit verfügbaren Dokumenten und Texten zur Biographie der realen historischen Person, die hinter seiner Figur steht, hätte die Diskrepanz offenkundig werden lassen. Die falsifizierbare Proposition in Härtlings *Niembsch oder Der Stillstand* verstößt gegen ein enzyklopädisches historisches Wissen, welches vorhanden ist – Härtling füllt keine Dokumentationslücke mit fiktionalen Aussagen –, doch ist dieses, wie sich herausgestellt hat, nicht ohne weiteres beim Rezipienten abrufbar und wurde daher nicht bemerkt, wie Härtling hervorhebt. Da sein Roman so oder so keine wissenschaftliche

---

[10] Härtling, Peter: *Das Ende der Geschichte. Über die Arbeit an einem ›historischen Roman‹*, S. 39. Eine ähnliche Argumentation führt wiederum knapp 40 Jahre später Daniel Kehlmann, wenn er in *Wo ist Carlos Montúfar?* die Entstehung seines historischen Romans *Die Vermessung der Welt* (2005) skizziert und die Schreibentscheidungen reflektiert, die zur Loslösung von den Quellen geführt haben. Vgl. Kehlmann, Daniel: *Wo ist Carlos Montúfar?*

Genauigkeit beansprucht, ist diese Retuschierung durch die poetische Freiheit des Autors gewissermaßen lizensiert.

Dass nicht jede Abweichung gleichermaßen geeignet ist, einen literarischen Erzähltext als kontrafaktisch zu bestimmen, wurde bereits anhand von Rushdies Roman ersichtlich. Zwischen den Aussagen Heines und denen Härtlings und Rushdies, zwischen der ersten Hälfte des neunzehnten und der zweiten Hälfte des zwanzigsten Jahrhundert liegen selbstverständlich zahlreiche für die Gattung des historischen Romans konstitutive Texte, doch erscheint eine umfängliche Materialzusammenschau weder durchführbar noch notwendig, um zu veranschaulichen, dass bei aller ästhetischen Innovation bestimmte Erscheinungen keineswegs neu sind und sich andererseits die Wahrnehmung und Gewichtung der Freiräume, die der Imagination zugestanden werden, nicht grundlegend geändert haben.

Auf der einen Seite wird die gestaltende Freiheit bei der Bearbeitung geschichtlicher Stoffe in Anspruch genommen, auf der anderen Seite gibt es ein relativ klares Bewusstsein davon, wo die Grenzen dieser Freiheit liegen. RUTH KLÜGERS poetologische Äußerungen demonstrieren dies paradigmatisch. In ihrem Vortrag über *Fakten und Fiktionen* nimmt sie das Verhältnis beider Größen in der Literatur in den Blick und erläutert dessen Relevanz für den historischen Roman:

> Die historischen Fakten, wenn sie überhaupt verwendet werden, ändern die Spielregeln. Man muß sie ernst nehmen [...] Denn es ist doch gerade unser Wissen um die Tatsachen, das uns begierig macht, zu erfahren, was der Dichter damit angefangen hat. Wir haben schon eine Interpretation und vergleichen sie mit dem neu Gebotenen. Wir wissen schon, daß Napoleon in Rußland besiegt wurde und wollen sogar im Roman nicht das Gegenteil lesen. Um die Fakten kommt man nicht herum.[11]

Auch Milan Kundera wählt in seinen unter dem Titel *Der Vorhang* erschienenen poetologischen Betrachtungen Napoleon als Beispiel, wenn er im Zusammenhang mit Beobachtungen über die Subjektivität der Erinnerung schreibt:

> Hinter dem schmalen Rand des Unbestreitbaren (es steht außer Zweifel, daß Napoleon die Schlacht bei Waterloo verloren hat) erstreckt sich ein endloser Raum, der Raum des Approximativen, des Erfundenen, des Entstellten, des Vereinfachten,

---

[11] KLÜGER, RUTH: *Fakten und Fiktionen*, S. 72. Im gleichen Kontext beschränkt sie den Spielraum für die Poiesis in historischen Romanen: »Wenn ein Dichter Geschichte zu Hilfe nimmt, so setzt er sich meinem Urteil über sein Geschichtsbewußtsein, also seine historiographischen Fähigkeiten, aus. Er kann sich gewisse Freiheiten nehmen. Aber er ist nicht frei« (ibid., S. 74f.).

des Übertriebenen, des Mißverstandenen, ein unendlicher Raum von Unwahrheiten, die kopulieren, sich vermehren wie Ratten und unsterblich werden.[12]

Kunderas Bemerkung kann komplementär gelesen werden, gewissermaßen als Beschreibung des dem Autor für die Fiktion offen stehenden Spielraums. UMBERTO ECO macht in *Lector in Fabula* die rezeptionsästhetische Dimension dieses Problems bewusst:

> Ein historischer Roman erfordert, daß man ihn auf die Welt der historischen Enzyklopädie bezieht, während ein Märchen höchstens auf die Enzyklopädie gemeinsamer Erfahrungen bezogen werden will, um mit den verschiedenen Unwahrscheinlichkeiten, mit denen es aufwartet, Leid oder Freud bereiten zu können. Infolgedessen akzeptiert man, daß ein Märchen erzählt, wie unter der Herrschaft des Königs Roncisbaldo (der historisch niemals existiert hat; doch diese Tatsache ist irrelevant) sich ein Mädchen in ein Zuckerstück verwandelt [...]. Wenn ich hingegen einen historischen Roman lese und finde darin einen König Roncisbaldo von Frankreich, wird sich bei dem Vergleich zur [...] historischen Enzyklopädie ein Gefühl des Unbehagens einstellen, welches eine Korrektur der kooperativen Aufmerksamkeit einleitet: offenkundig handelt es sich nicht um einen historischen Roman, sondern um eine Phantasieerzählung.[13]

Bestimmte Referenzen im Text auf die außerliterarische Realität werden als Signale wahrgenommen, die die Einordnung der gelesenen Texte in Genres bedingen, deren Merkmale und Gepflogenheiten bekannt sind.

Dass KLÜGER und Kundera mit Napoleon einen Kaiser anführen, um ihre Überlegungen zu illustrieren, und ECO einen fiktiven König ins Feld führt, ist kaum Zufall, sondern zur Verständigung mit ihren Adressaten geradezu notwendig. Dieser Umstand kann auch als Argument dafür gelten, dass die Klassifikation eines historischen Romans als deviierend aufgrund des Merkmals ›Deviation vom Kenntnisstand der Historiographie und vom enzyklopädischen Wissen der Leser‹ nicht rein intuitiv erfolgen muss. Das enzyklopädische Wissen, mit dem Autoren entsprechender Texte operieren, gilt überprüfbaren und weithin bekannten Momenten der Geschichte; ihre personale Dimension ist auch auf die Ereignisse übertragbar. Was sich in den wiedergegebenen Textauszügen von Heine, Härtling und Rushdie andeutete, lässt sich nun abstrahieren und konkretisieren: Die Deviation von der Überlieferung betrifft nicht Fehler oder Abweichungen im Detail, wie sie gegebenenfalls – so wie im Fall von *Midnight's Children* – nur von Rezipienten mit hinreichendem Spezialwissen bemerkt werden können. Vielmehr zielt sie auf historische Sachverhalte, die im

---

[12] Kundera, Milan: *Der Vorhang*, S. 197.
[13] ECO, UMBERTO: *Lector in fabula*, S. 204.

Bewusstsein einer großen Zahl von Zugehörigen desselben Kulturkreises als präsent angenommen werden dürfen. Die Deviation muss sich also an Belangen von kollektiver Relevanz vollziehen, über die ein annähernd ähnliches kollektives enzyklopädisches Wissen angenommen wird. Dies geschieht durch die Referenz auf historische Sachverhalte, über die aufgrund ihrer Größenordnung ein Leserwissen vorausgesetzt wird, so dass dieses als Folie genutzt werden kann. Diese Folie wird, wiederum bildlich ausgedrückt, in den betreffenden Romanen durch literarische Darstellungen *über*-schrieben, und zwar so, dass die literarische Darstellung von der vorgegebenen Version desselben Sachverhalts signifikant abweicht und die fiktionalen Texte als kontrafaktisch erkannt und angesehen werden.

2.2 Thesen

Die Trennlinie zwischen historischen Romanen, in denen die Imagination in üblicher Weise eingesetzt wird, und solchen, die bei der Gestaltung historischer Stoffe so verfahren, dass das Ergebnis als kontrafaktische Darstellung angesehen wird, ist, wie sich gezeigt hat, nur schwer und nicht einwandfrei zu ziehen und muss daher, wenn nicht unscharf, so doch zumindest als flexible Linie gedacht werden. An dieser Stelle geht es um eine vorläufige Formulierung dessen, was im Folgenden das Verständnis der zu erfassenden Spielart historischen Erzählens bedingt und leitet, um die Formulierung einiger hypothetischer Überlegungen zu ihrer Beschaffenheit und um eine Abgrenzung und Unterscheidung von verwandten oder ähnlichen literarischen Erscheinungen. Da dies noch ohne Verweis auf konkrete Untersuchungsbefunde geschieht, sind die nachstehend angestellten Überlegungen als Thesen gedacht und als solche zu verstehen. Natürlich besteht hierbei das Risiko des Zirkels, mithin die Gefahr, bei der Untersuchung der Primärtexte nur zu finden, was in eine vorgefertigte Vorstellung zu passen scheint, doch ohne ein solches Vorverständnis kann auch eine einem induktiven Ansatz verpflichtete Arbeit kaum auskommen, wenn nicht allenthalben Erklärungen nachgereicht werden sollen.

Zentrales nachvollziehbares Merkmal der behandelten Sonderform historischen Erzählens ist insgesamt die Deviation von einer explizit oder implizit evozierten historischen Folie, über die ein, allerdings immer den Zeitumständen geschuldetes und auf diese zurückbeziehbares, Wissen vorausgesetzt wird. Am Beispiel von *Midnight's Children* ist en passant auch ein Phänomen deutlich geworden, das für die Bestimmung des Untersuchungsgegenstandes wie für den weiteren Gang der Untersuchung relevant ist und aus welchem sich eine erste These ergibt: Innerhalb eines Romans können die fiktionalen Aussagen und

Bezugnahmen auf außenreferentielle historische Sachverhalte, die nicht als kontrafaktisch einzustufen sind, bei weitem überwiegen, eng miteinander verbunden sein und zu einem gemeinsamen Zweck eingesetzt werden. Dennoch lässt sich ein Erzähltext insgesamt als kontrafaktische Geschichtsdarstellung ansehen, wenn im Text enthaltene Referenzen auf Geschichte an einem oder an mehreren entscheidenden Punkten nicht an außerhalb des Textes situierte Geschichtsbilder anschließen. Deviation kommt also durch die fehlende Übereinstimmung der Referenzen mit enzyklopädischem, historischen Wissen zustande, durch nicht verifizierbare Aussagen, an Punkten, die nach MALMGREN eigentlich in ein *Field of Reference* fallen, welches *out-referential* ist. Die entstehenden Geschichtsentwürfe könnten so etwas sein wie die Einlösung des von Robert Musil im *Mann ohne Eigenschaften* beschriebenen Möglichkeitssinns:

> Wer ihn besitzt, sagt beispielsweise nicht: Hier ist dies oder das geschehen, wird geschehen, muß geschehen; sondern er erfindet: Hier könnte, sollte oder müßte geschehn; und wenn man ihm von irgend etwas erklärt, daß es so sei, wie es sei, dann denkt er: Nun, es könnte wahrscheinlich auch anders sein. So ließe sich der Möglichkeitssinn geradezu als die Fähigkeit definieren, alles, was ebenso gut sein könnte, zu denken und das, was ist, nicht wichtiger zu nehmen als das, was nicht ist.[14]

Entworfen wird eine andere historische Möglichkeit, und zwar eine, die von der tatsächlich eingetretenen abweicht. Legt man als Strukturmuster die eingangs angesprochene Denkfigur des ›Was wäre geschehen, wenn...?‹ zugrunde, die durch eine literarische Konstruktion ausgefüllt und fiktional durchgespielt wird, kommen kontrafaktische Geschichtsentwürfe zustande, wenn ein Text sich bei der Darstellung zentraler historischer Ereignisse nicht mit der überlieferten Geschichte deckt, sondern von einem bestimmten historischen Punkt an einen anderen Verlauf konstruiert und erzählt.

Harry Mulischs zu Beginn genanntes Projekt *Die Zukunft von gestern* ließe sich als, freilich ungeschriebenes, Beispiel dieser Was-wäre-wenn...-Spielart anführen. Die Überlegungen zur Poetik des Kontrafaktischen, die Mulisch in seinem Text formuliert, führen zwei Möglichkeiten vor Augen, das historische Material, auf das er sich bezieht, zu einer kontrafaktischen Geschichte umzugestalten. Als Ausgangspunkt für sein Erzählvorhaben dient Mulisch die Annahme, Deutschland sei als militärische Siegermacht aus dem Zweiten Weltkrieg hervorgegangen und habe die von den Nationalsozialisten angestrebte Großmachtstellung erlangt. »Voraussetzung für das Entstehen dieses Reiches war, daß Deutschland den Zweiten Weltkrieg gewonnen hatte. Wie? Das war Hitlers Problem, und es war logisch, daß ich mich vor der Beantwortung der

---

[14] Musil, Robert: *Der Mann ohne Eigenschaften*, S. 16.

Frage zunächst einmal zu ihm aufmachte« (Zukunft 136), so Mulisch. Zunächst geht Mulisch hiernach von militärhistorischen Einzelheiten aus und ermittelt Mussolinis Überfall auf Griechenland, welcher wiederum eine Verzögerung des deutschen Überfalls auf Russland nach sich gezogen habe, als ›Ursache‹ der deutschen Niederlage. »Das war es also, was ich [...] zu tun hatte: den Charakter Mussolinis eine Spur zu verändern. Eine *Nuance* weniger gekränkte Eitelkeit in seinem Charakter (z.B. indem ich eine kleine Bettnässerszene aus dem Anfang der Biographie über Benito herausnahm), eine Spur weniger Kinn für den Duce, und schon hätte Hitler den Krieg gewonnen« (Zukunft 138). Die Veranlagung und das Wirken einer historischen Person spielen in Mulischs Erwägungen eine integrale Rolle. Von diesen Beobachtungen ausgehend soll hier die These aufgestellt werden, dass historische Personen für die Poetiken kontrafaktischer Geschichtsentwürfe zentrale Komponenten bereitstellen können. Die Bedeutung einer tatsächlichen Person kann der herrschenden Interpretation folgend Bedingung für eine kontrafaktische Aussage und Handlungskonstruktion sein oder durch eine solche umgewertet werden

Weiter gelangt Mulisch zu der Auffassung, dass, »hätte Deutschland den Krieg gewonnen, keiner je genau hätte wissen können, wie Deutschland den Krieg gewonnen hatte. [...] Sogar in unserer Welt wissen die meisten zwar, daß Deutschland den Krieg verloren hat, aber kaum einer weiß wie und warum: höchstens, daß die Alliierten die ›Stärkeren‹ waren« (Zukunft 138f.). Denkbar ist also eine Ausgestaltung der von der kontrafaktischen Annahme ausgehenden Erzählhandlung, die die kontrafaktische Entwicklung auf einsichtige Weise zu begründen sucht. Ebenso denkbar ist indessen eine Ausführung, die auf Erläuterungen und Begründungen verzichtet und das kontrafaktische Geschehen in der Fiktion lediglich konstatiert. Was sich daran ablesen lässt, soll hier als weitere These formuliert werden: Die Explizierung und Plausibilisierung des kontrafaktischen Ereignisverlaufs aus realen historischen Umständen bilden zwar eine Möglichkeit, doch weder eine Notwendigkeit noch eine Voraussetzung kontrafaktischer Geschichtsdarstellung.

Dass diese Forderung nach der kaum hinlänglich messbaren Plausibilität des kontrafaktischen Entwurfs von der Forschung dennoch weithin vertreten wird[15], ist wohl durch das Verständnis des Kontrafaktischen zu erklären, das dabei zu-

---

[15] Eine andere Auffassung vertritt allenfalls HOLGER KORTHALS, der einräumt, selbst »die plausibelsten alternate histories sind deshalb hochgradig defizitär und können bei aller Recherche und planerischer Scharfsinnigkeit nicht die Reaktionen sämtlicher öffentlicher Personen und Interessengruppen der unmittelbar betroffenen und der – zunächst – außenstehenden Staaten auf ein verändertes historisches Ereignis berücksichtigen« (KORTHALS: Spekulationen mit historischem Material, S. 164). Zur Forschungslage vgl. das Kapitel 3.2 der vorliegenden Arbeit.

grunde gelegt wird. Vorwegnehmend soll deshalb hier schon ein kurzer Blick auf die wissenschaftliche Literatur geworfen werden. Die bislang gründlichsten Untersuchungen haben JÖRG HELBIG und CHRISTOPH RODIEK vorgelegt. Bei unterschiedlicher Nomenklatur und verschiedenem Untersuchungsmaterial gelangen sie zu ähnlichen Auffassungen über die Beschaffenheit des Kontrafaktischen. Kontrafaktische Geschichtsdarstellungen werden von beiden weitgehend gleichgesetzt mit konjekturalhistorischen Entwürfen. Bei RODIEK ergibt sich dies bereits aus der Begriffswahl, die keine weiter gefasste inhaltliche Füllung gestattet.

> Unter ›Uchronie‹ ist nicht eine willkürlich erzeugte ›imaginäre‹ Geschichte zu verstehen, sondern eine möglichst plausible ›hypothetische‹ Vergangenheit. [...] Ausgehend vom Entwicklungspotential einer realen historischen Situation verfaßt der Uchronist eine narrativ kohärente Alternative zum tatsächlichen Geschichtsverlauf.[16]

HELBIG, der den Terminus *parahistorischer Roman* verwendet, schreibt: »Parahistorische Romane schildern alternative Welt- und Gesellschaftsstrukturen, die aus einer hypothetischen historisch-immanenten Abwandlung des faktischen Geschichtsverlaufs resultieren.«[17] Einen wesentlichen Gesichtspunkt lässt die Forschung bislang außer Acht, wenn kontrafaktische Geschichtsdarstellung in literarischen Texten mit Ausgestaltungen historischer ›Was-wäre-wenn…?‹-Spekulationen gleichgesetzt werden: Dass Geschichte sich nicht allein aus linear-chronologisch geordneten Ereignissen zusammensetzt, sondern dass zusätzlich Kausalitäten und sinngebende Konnexionen eine Verknüpfung der Ereignisse herstellen. Geschichte, als nicht materielles, sondern gedankliches Konstrukt, manifestiert sich, jedenfalls so lange man es mit sprachlichen Repräsentationen

---

[16] RODIEK, CHRISTOPH: *Erfundene Vergangenheit*, S. 25f.
[17] HELBIG, JÖRG: *Der parahistorische Roman*, S. 31. HOLGER KORTHALS, der selbst die Bezeichnung ›alternative history‹ favorisiert, kritisiert sowohl RODIEKS als auch HELBIGS Begriffswahl. Unter Hinweis auf die Etymologie des Ausdrucks erklärt er gegen RODIEK gewendet: »›Uchronie‹ wörtlich übertragen ist ›Nicht-‹ oder ›Nirgend-Zeit‹ und somit relativ offen für verschiedene Zuordnungen. Unter diesem Namen kann sich sowohl noch nicht ausgefüllte Zeit (Zukunft) als auch nicht so ausgefüllte Zeit (alternative Vergangenheit oder Gegenwart) verbergen, vielleicht sogar Zeit, deren Ausfüllung lediglich unüberprüfbar ist (die unbestimmte, vorgeschichtliche Vergangenheit des Mythos). Wie man an diesen Formulierungen sehen kann, zwingt die Bezeichnung ›Uchronie‹ dem zu beschreibenden Sachverhalt überdies eine räumliche Metaphorik auf, die zu Mißverständnissen geradezu einlädt« (KORTHALS: Spekulationen mit historischem Material, S. 159). Den Terminus parahistorischer Roman lehnt er wegen seiner negativen Konnotationen ab, die von analog gebildeten Adjektiven wie ›parapsychologisch‹ herrühren. Vgl. KORTHALS, HOLGER: *Spekulationen mit historischem Material*, S. 158.

von Geschichte zu tun hat, im Miteinander von Ereignis und Kausalität – dies gilt für historiographische Darstellungen wie für fiktionale Narrationen.

Da historische Romane, wie NÜNNING bemerkt hat, »kein vergangenes Geschehen reproduzieren, sondern mit literarischen Darstellungsmitteln fiktionale Geschichtsbilder erzeugen«[18], repräsentieren beziehungsweise konstruieren sie Geschichte im Gerüst von Narrationen, sowohl indem sie sie im Kontext einer Romanhandlung thematisieren als auch indem sie auf einander folgende historische Vorgänge mit ursächlichen Konnexionen versehen. Damit gelangt ein Aspekt in den Blick, der auch die literarische Konstruktion von Geschichte stets mitbestimmt. Entsprechend muss auch bei der Betrachtung und Bestimmung des deviierenden historischen Romans das Augenmerk beiden Aspekten gelten, den Ereignissen und ihrer kausalen Verknüpfung und damit der erklärenden Sinngebung, denn, so die vierte hier vertretene These, auch hierüber können fiktionale Texte so augenfällig dem als gesichert geltenden Wissen widersprechen, dass dieser Widerspruch als Deviation vom enzyklopädischen Geschichtswissen und als kontrafaktisch wahrgenommen wird. In diesem Sinne stellen Romane, die in der Fiktion historische Kausalitäten verändern, nicht die Frage ›Was wäre geschehen, wenn...?‹, sondern sie illustrieren erzählend die Behauptung, dass was tatsächlich geschehen ist, nicht auf diese, sondern auf jene Weise zusammenhänge und zu erklären sei. So weichen sie bei den jeweils entfalteten Deutungen historischer Konstellationen von faktengestützten Erklärungen ab. Auch hier gilt als Bedingung, dass diese historische Sinngebung einen geschichtlichen Ausschnitt von kollektiver Bedeutung und großer Bekanntheit betrifft, denn auch hier ist das Wissen des Lesers die Voraussetzung dafür, dass die kontrafaktische Aussage erkannt werden kann.

Dass das Erkennen des Kontrafaktischen eine wesentliche Komponente der Textintention ist, lässt sich als fünfte These festhalten – es wurde bereits im Zusammenhang mit den Überlegungen zur Rolle des Lesers vermerkt und am Fall von *Midnight's Children* exemplifiziert. Wie bereits festgestellt, ist mit dem Erkennen der kontrafaktischen Behauptungen die Textintention jedoch noch nicht eingelöst. Um angemessen rezipiert zu werden, müssen die kontrafaktischen Anteile und Aussagen nicht allein identifiziert, sondern auch als intendierte Abweichungen verstanden werden. Zur Identifikation kommt es, weil einem vorhandenen Vorwissen des Lesers durch bestimmte Aussagen im Text nicht entsprochen wird. Eine Erwartung an den Text wird gestört, und indem dieser Verstoß nicht als Fehler gewertet wird, eröffnet sich die Möglichkeit zur Auseinandersetzung mit der Funktion der kontrafaktischen Aussagen. Hieran

---

[18] NÜNNING, ANSGAR: *Von historischer Fiktion zu historiographischer Metafiktion*, S. 56.

anschließend lässt sich eine sechste These formulieren: Autoren, die kontrafaktische Aussagen für die Erzählhandlung eines Romans nutzbar machen, meinen eigentlich etwas anderes – kontrafaktische Aussagen in Erzähltexten sind zu verstehen als ein bestimmtes Verfahren uneigentlicher fiktionaler Rede, als ein Verfahren, um Aussagen über Geschichte zu tätigen. Autorinnen und Autoren, die sich ihrer bedienen, wollen in Wirklichkeit keine neuen Aussagen über die bekannten Fakten vorlegen. Sie zweifeln nicht das belegte Material der historischen Chronik grundsätzlich an und ersetzen es durch eigene Aussagen. Dies findet zwar äußerlich im Rahmen der Erzählhandlung statt; was in den Romanen grundsätzlich passiert, ist jedoch Folgendes: Ausgehend von einer dominanten Interpretation bestimmter Fakten kehrt der Autor dieses Verfahren um, und indem er eine kontrafaktische Aussage zur zentralen Komponente seines literarischen Textes macht, wendet er sich gegen diese Interpretation. Auf diese Weise wird ihr Anspruch, die alleingültige und objektive Aussage über die historischen Fakten zu sein, zurückgewiesen.

Die Skepsis gegenüber einem positivistischen Faktenglauben ist an sich kein Novum des späten zwanzigsten Jahrhundert. Bereits Friedrich Nietzsche notiert: »Gegen den Positivismus, welcher bei dem Phänomen stehen bleibt ›es gibt nur Tatsachen‹, würde ich sagen: nein, gerade Tatsachen gibt es nicht, nur Interpretationen. Wir können keine Fakten an sich feststellen: vielleicht ist es Unsinn, so etwas zu wollen.«[19] Nähert man sich dem Problem des Kontrafaktischen über die Deutungskomponente des Faktums, so widersprechen die kontrafaktischen Entwürfe den geläufigen Deutungen und den sie bedingenden Sinnbedürfnissen. »Eine Interpretation, der alle mehr oder weniger zustimmen würden, ist eine Möglichkeit, eine Tatsache zu definieren«[20] schreibt TERRY EAGLETON. Der Satz lässt sich auch auf die Interpretationen historischer Vorgänge und Zusammenhänge anwenden, die in den im Folgenden untersuchten Romanen im Rahmen kontrafaktischer Erzählhandlungen mit widersprechenden Interpretationen überschrieben werden. So treten die Romane mit den präsentierten Versionen insofern in Konkurrenz zur wissenschaftlichen Forschung und deren Aussagen, als sie – so lautet die abschließende These – ›symbolische‹ Aussagen über Geschichte machen.

---

[19] Nietzsche, Friedrich: *Der Wille zur Macht. Versuch einer Umwertung aller Werte*, S. 337.

[20] EAGLETON, TERRY: *Einführung in die Literaturtheorie*, S. 54.

2.3 Benachbarte Schreibweisen: Gemeinsamkeiten, Überschneidungen und Differenzen

Die bis hierhin gewonnenen Einsichten und die darauf aufbauenden Thesen erlauben es, im Folgenden eine Reihe von Abgrenzungen vorzunehmen und auf diese Weise ex negativo das Bild des deviierenden historischen Romans zu ergänzen. Hierbei ist zunächst zu unterstreichen, dass ausschließlich Texte gemeint sind, deren Status als literarische Fiktion außer Frage steht. Texte mit demagogischem Gehalt und entsprechender Intention, etwa die sogenannten ›*Protokolle der Weisen von Zion*‹[21], und andere, mit der Absicht der Geschichtsfälschung hervorgebrachte Aussagen gehören nicht zum untersuchten Phänomen, da hierbei gezielt das Wissen über historische Sachverhalte unterdrückt oder durch fingierte Dokumente manipuliert wird.[22] E. L. Doctorow führt in seinem Essay *False Documents* Beispiele hierfür an: »We all know examples of history that doesn't exist. We used to laugh at the Russians who in their encyclopedias attributed every major industrial invention to themselves. We knew how their great leaders who had fallen out of favor were erased from their history texts.«[23] Der Unterschied zu kontrafaktischen Geschichtsdarstellungen besteht darin, dass diese als kontrafaktisch erkannt werden sollen. Dies gilt für

---

[21] Dass es sich bei diesen angeblichen Dokumenten, die zu Beginn des 20. Jahrhunderts gezielt in Umlauf gebracht wurden, um ein fiktives Komplott zu enthüllen, durch das die Juden die Weltherrschaft an sich zu bringen versuchten, um Fälschungen handelt, ist einwandfrei erwiesen. Zur wissenschaftlichen Aufarbeitung vgl. u.a. COHN, NORMAN: *Warrant for Genocide: The Myth of the Jewish World-Conspiracy and the Protocols of the Elders of Zion*. Vgl. darüber hinaus ECO, UMBERTO: *Im Wald der Fiktionen*, S. 174ff. ECO weist nach, dass die Verfasser der fiktiven Protokolle verschiedene Konstellationen aus Unterhaltungs- und Trivialromanen des 19. Jahrhunderts übernommen haben, darunter eine Szene des 1868 von Hermann Goedsche unter dem Pseudonym Sir John Retcliffe veröffentlichten Schauerromans *Biarritz*, in welchem Goedsche wiederum als Kopie einer Szene aus Alexandre Dumas' *Joseph Balsamo* »die Vertreter der zwölf Stämme Israels auftreten [lässt], die sich auf dem Prager Friedhof versammeln, um die Eroberung der Welt vorzubereiten, wie der Großrabbiner ohne Umschweife enthüllt« (ibid., S. 178f.).

[22] Ähnliche Abgrenzungen trifft RODIEK unter Verweis auf vorwiegend andere als die hier gebrauchten Beispiele. Vgl. RODIEK, CHRISTOPH: *Erfundene Vergangenheit*, S. 41ff.

[23] Doctorow, E. L.: *False Documents*, S. 23. Doctorow beschränkt das Phänomen der Geschichtsfälschung nicht auf die genannten Retuschierungen und Umschreibungen, sondern konstatiert, aus Sicht eines US-Amerikaners: »We were innocent then: our own school and university historians had done just the same thing to whole peoples who lived and died in this country but were seriously absent from our texts: black people, Indians, Chinese. There is no history except as it is composed« (ibid., S. 23f.).

literarische wie für nicht-literarische Erscheinungsformen. Da in den zu untersuchenden literarischen Texten das Erkennen der Diskrepanz zwischen der dargestellten Version eines historischen Geschehens und dem außerhalb des Textes verfügbaren Wissen zur Textintention gehört, werden auch gegebenenfalls auffindbare literarische Erzeugnisse, in denen die Erzählfiktion dem Versuch der Geschichtsfälschung[24] dient, ausgenommen.

Eine weitere Abgrenzung soll gegenüber der phantastischen Literatur vorgenommen werden, obschon zur literarischen Phantastik, verstanden in jenem weiteren Sinne einer gängigen Handbuchdefinition als »jede Art von Lit[eratur], die dem empirisch überprüfbaren Weltbild des Lesers ein anderes entgegenstellt«[25], eine strukturelle Verwandtschaft darin zu erkennen ist, dass jeweils das Weltbild beziehungsweise Weltwissen des Lesers durch Vorgänge in der Erzählhandlung des Texts kontrastiert wird. TZVETAN TODOROV bestimmt das Phantastische in seiner wegweisenden Studie als »die Unschlüssigkeit, die ein Mensch empfindet, der nur die natürlichen Gesetze kennt und sich einem Ereignis gegenübersieht, das den Anschein des Übernatürlichen hat.«[26] Die Haltung der Unschlüssigkeit bezieht sich gleichermaßen auf die literarischen Figuren innerhalb der fiktionalen Handlung als auch auf den Rezipienten des Textes. Dieser – der oben postulierte Modell-Leser, der die maßgeblichen Deviationen bei den Referenzen auf Geschichte identifiziert – nimmt in deviierenden historischen Romanen aufgrund seines enzyklopädischen Wissens den Bruch zwischen dem vom Text vorgestellten Geschichtsentwurf und dem Geschichtsbild, an dem er partizipiert, wahr. Allerdings wird sein Weltbild nicht durch Handlungselemente gestört, die den Anschein des Übernatürlichen haben, sondern durch bestimmte, nicht anschlussfähige Propositionen über außenreferentielle historische Sachverhalte. Auf der Inhaltsebene, figurenseitig oder aus Sicht des Erzählers innerhalb des Textes, ist eine ähnliche Haltung der Unschlüssigkeit oder

---

[24] In fiktionalen Geschichtsdarstellungen begegnet man solchen Manipulationen gehäuft in nationalsozialistischen historischen Romanen, deren ideologische und tendenziöse Wirkungsabsicht hierdurch unterstützt wird. FRANK WESTENFELDERS Arbeit zur nationalsozialistischen Literatur liefert eine umfassende Wiedergabe der Erzählhandlungen vieler entsprechender Erzeugnisse. Als Beispiel ließe sich Wolfgang Schreckenbachs *Die Stedinger* (1936) herausgreifen, über das Westenfelder schreibt: »Um den Mythos dieses ›ewigen‹ Volksschicksals aufrechtzuerhalten, unterschlägt Schreckenbach, daß die Stedinger erst um die Jahrtausendwende das Land besiedelten und sich dann von der Herrschaft des Erzbischofs befreien wollten; seine Stedinger leben ›seit unvordenklicher Zeit‹, viel länger als die christliche Kirche« (WESTENFELDER: Genese, Problematik und Wirkung nationalsozialistischer Literatur, S. 208f.).

[25] GREIN, BIRGIT: *Phantastik*, S. 524. Zu Elementen des Phantastischen in deviierenden historischen Romanen vgl. unten, Kapitel 7.7.

[26] TODOROV, TZVETAN: *Einführung in die fantastische Literatur*, S. 26.

Verstörung angesichts der kontrafaktisch erzählten historischen Sachverhalte hingegen in der Regel nicht festzustellen. Dass Elemente des Phantastischen im Einzelfall integrierbar sind, wird zu zeigen sein, doch ergibt sich die kennzeichnende Abweichung vom Weltwissen des Lesers, die den Text als deviierenden historischen Roman qualifiziert, primär aus kontrafaktischen historischen Aussagen.

Die Abgrenzung zur Science Fiction Literatur, kann, wenn diese als die Zukunft imaginativ antizipierende Schreibform verstanden wird, durch das Kriterium des Vergangenheitsbezugs noch vergleichsweise einfach vorgenommen werden. Die Vereinnahmung durch eine Auffassung von Science Fiction, die technologische Innovationen und Zukunftsbezug nicht zum unerlässlichen Genremerkmal macht, ist indessen schwerer zurückzuweisen. ULRICH SUERBAUM etwa definiert Science Fiction 1981 als

> die Gesamtheit jener fiktiven Geschichten, in denen Zustände und Handlungen geschildert werden, die unter den gegenwärtigen Verhältnissen nicht möglich und daher nicht glaubhaft darstellbar wären, weil sie Veränderungen und Entwicklungen der Wissenschaft, der Technik, der politischen und gesellschaftlichen Strukturen oder gar des Menschen selbst voraussetzen. Die Geschichten spielen in aller Regel, aber nicht mit Notwendigkeit in der Zukunft.[27]

Diese exemplarisch gewählte Bestimmung vermag einige der hier besprochenen literarischen Erzeugnisse einzuschließen, wenn man den Aspekt der gesellschaftlich-strukturellen Veränderungen hervorhebt, allerdings ist sie nicht geeignet, alle Spielarten deviierenden historischen Erzählens zu integrieren, wohingegen sie andere, in der Zukunft handelnde Texte einbezieht, die hier bewusst nicht als Vertreter der untersuchten Schreibweise angesehen werden. Während nämlich Gestaltungen noch nicht eingetretener Ereignisse oder Entwicklungen zum Zeitpunkt ihrer Entstehung allenfalls durch konkurrierende Zukunftsentwürfe kontrastiert werden können, ohne dadurch falsifizierbar zu sein, setzen kontrafaktische historische Entwürfe immer eine schon etablierte, verifizierte Version voraus. Eine Abweichung hiervon kann nur in der Darstellung von Sachverhalten erfolgen, die in der Vergangenheit situiert sind. Über den Verlauf und die Bedeutung noch nicht eingetretener Ereignisse lassen sich keine kontrafaktische Aussagen treffen, da die Zukunft prinzipiell nicht beobachtet werden kann und sich somit einer empirischen Überprüfbarkeit, die zur Bestimmung des Kontrafaktischen gegeben sein muss, entzieht. Jene Bedingung, nämlich die Projektion der geschichtlichen Konstruktion in die Vergangenheit muss dementsprechend

---

[27] SUERBAUM, ULRICH/ULRICH BROICH/RAIMUND BORGMEIER: *Science Fiction.*, S. 10.

gegeben sein, so dass rein prospektive Entwürfe nicht als deviierende historische Romane zu werten sind.[28]

Ebenfalls ausgenommen sind Zeitreiseromane nach Art und in der Nachfolge von Mark Twains *A Connecticut Yankee in King Arthur's Court* (1889) oder H. G. Wells *The Time Machine* (1895), in denen Angehörige eines bestimmten Zeitalters in ein anderes versetzt werden. Das Zeitreisemotiv, das in den anglophonen Literaturen eine weitere Verbreitung und stärker ausgeprägte Tradition aufweist als in der deutschsprachigen, kontrastiert keine historischen Zusammenhänge mit einer kontrafaktischen Aussage, sondern basiert auf dem gedanklichen Spiel mit einer technischen Möglichkeit zur Transgression des Zeitkontinuums. Diese Möglichkeit steht im Widerspruch zur Erfahrungswirklichkeit der Modell-Leser, kontrastiert alleine jedoch kein enzyklopädisches historisches Wissen. Dass sich Zeitreiseerzählungen mit kontrafaktischen Geschichtsdarstellungen äußerst produktiv kombinieren lassen, steht außer Frage und wird in Ward Moores *Bring the Jubilee* (1953) oder Stephen Frys *Making History* (1996), in denen die Idee einer Zeitreise genutzt wird, um a posteriori eine Abänderung eines bekannten, als negativ eingeschätzten historischen Verlaufs einzuleiten, unter Beweis gestellt.[29] Der strukturell-narratologische Prozess des Eingreifens in das als Geschichte überlieferte historische Kontinuum und die Folgen des Eingriffes ließen sich anhand der noch zu erläuternden theoretischen Parameter ebenfalls sichtbar machen, wenn auf der Inhaltsebene eines Romans ein mit dem Wissen seiner Zeit ausgerüsteter Zeitreisender intentional eine Änderung in der Vergangenheit herbeiführt, deren Folgen sich in einem nicht der tatsächlichen Geschichte entsprechenden historischen Ereignisverlauf manifestieren. Da die physikalische Unmöglichkeit des Zurückkreisens in der Zeit die entsprechenden literarischen Erzeugnisse aber automatisch für die Science Fiction oder die phantastische Literatur qualifiziert, bleibt die hier vorgeschlagene Bestimmung

---

[28] In die Zukunft gerichteten Fortschreibungen der Geschichte widmet sich HANS KRAHS Studie *Weltuntergangsszenarien und Zukunftsentwürfe. Narrationen vom ›Ende‹ in Literatur und Film 1945 – 1990*. Vgl. auch STEINMÜLLER, KARLHEINZ: *Zukünfte, die nicht Geschichte wurden*.

[29] Ein frühes Beispiel in der deutschsprachigen Literatur, in dem die kontrafaktische Geschichtsdarstellung innerhalb der Erzählhandlung eines Romans als Resultat einer Zeitreise erscheint, ist Oswald Levetts Roman *Verirrt in den Zeiten* (1933). Vgl. dazu WINTHROP-YOUNG, GEOFFREY: *Am Rand der Uchronie: Oswald Levetts Verirrt in den Zeiten und die Frühphase der alternate history*.

des als der Gattung des historischen Romans zugehörigen Phänomens auf Romane beschränkt, die ohne Zeitreisehandlung auskommen.[30]

Hiervon ausgehend kann eine weitere Abgrenzung vorgenommen werden, die die Homogenität der kontrafaktischen historischen Welt zur Voraussetzung hat: Da trotz mitunter phantastischer Elemente in sich weitgehend konsistente Geschichtsentwürfe behandelt werden, ist das Vorhandensein von technischen Anachronismen kein Erkennungsmerkmal für deviierendes historisches Erzählen. Dezidiert postmoderne historische Romane, die mit solchen Anachronismen spielen, wie Christoph Ransmayrs *Die letzte Welt* (1988), in dem Kinoprojektoren und Filme in der römischen Antike vorkommen, oder Ishmael Reeds *Flight to Canada* (1976), in welchem ein Schwarzer im Virginia des 19. Jahrhunderts der Sklaverei entkommt, indem er per Bus und Flugzeug nach Kanada flieht, sind demgemäß nicht gemeint.

Es erscheint weiter folgerichtig, Texte nicht dazuzurechnen, die die Biographien historisch verbürgter Personen abschnittsweise kontrafaktisch erzählen, ohne dass diese erfundenen Änderungen für kollektive historische Belange von Bedeutung sind. Ein Beispiel soll dies auch an dieser Stelle illustrieren: In Harry Mulischs Roman *Siegfried* (2001) entdeckt ein niederländischer Schriftsteller, dass Adolf Hitler einen Sohn hatte. Als der Protagonist des Romans hiervon erfährt, erscheint ihm diese Neuigkeit »nicht welthistorisch, auf jeden Fall aber welterschütternd.«[31] Durch den kontrafaktischen Anteil an Hitlers Biographie kommt es innerhalb der Fiktion weder zu einer neuen Kausalität dokumentierter Ereignisse noch zu einer Abänderung historischer Ereignisverläufe. Diese Eigenschaft lässt sich als Kriterium zur Unterscheidung zwischen literarischen Texten, in denen Biographien historischer Personen fiktional verändert werden, und deviierenden historischen Erzähltexten nutzen, da in letzteren, wie mittlerweile mehrfach betont wurde, die kontrafaktischen Anteile zentrale geschichtliche Konstellationen betreffen müssen. Dass genau dies durchaus auch mittels sogenannter konjekturalbiographischer Entwürfe geschehen kann, wird zu zeigen sein. Entsprechend werden nur Texte als deviierende historische Romane behandelt, in denen die Abänderung der Biographie einer historischen Person auch an die kontrafaktische Darstellung der überindividuellen Geschichte geknüpft ist. In Mulischs *Siegfried* ist dies nicht der Fall.

---

[30] Zum Motiv der Zeitreise vgl. besonders LEHNERT-RODIEK, GERTRUD: *Zeitreisen. Untersuchungen zu einem Motiv der erzählenden Literatur des 19. und 20. Jahrhunderts.*

[31] Mulisch, Harry: *Siegfried*, S. 93.

Eine weitere Abgrenzung, die hier in Übereinstimmung mit früheren Forschungsbeiträgen vorgenommen werden soll[32], betrifft Erzähltexte, in denen mehrere kontrafaktische Varianten historischer Ereignisse erzählt werden. In seiner Erzählung *Der Garten der Pfade, die sich verzweigen* (1941, dt. 1970) spielt Jorge Luis Borges mit der Idee einer Geschichte, in der sämtliche historischen Alternativen zugleich verwirklicht wurden. Als Teil seines Pastiches einer Spionagegeschichte beschreibt Borges die Existenz eines Buches, das eine vollständige Ausarbeitung ausnahmslos aller historischer Möglichkeiten zum Inhalt hat. Bei Borges erfährt die Anlage dieses als Roman verfassten Buches eine poetologische Reflexion:

> In allen erdichteten Werken entscheidet sich ein Mensch angesichts verschiedener Möglichkeiten für eine und scheidet die anderen aus; im Werk des schier unentwirrbaren Ts'ui Pên entscheidet er sich – gleichzeitig – für alle. Er erschafft so verschiedenerlei Zukünfte, verschiedenerlei Zeiten, die ebenfalls auswuchern und sich verzweigen. Daher die Widersprüche im Roman.[33]

Die Idee wird zum Lebenswerk des Dichters Ts'ui Pên und führt als virtueller Intertext die fundamentale Problematik eines derartigen hochkomplexen Erzählunternehmens vor Augen, die in dessen prinzipieller Unabschließbarkeit besteht.

Was bei Borges als Verweis auf einen nichtexistenten und nicht ausgeführten Text im Text vom dahinterstehenden empirischen Autor unausgeführt bleibt, verwirklicht Dieter Kühn zumindest in Ansätzen bereits 1970 in seinem Erzählprojekt *N*. Kühn konstruiert darin, immer wieder von neuem ansetzend, die Lebensgeschichte Napoleon Bonapartes mit komplementären Alternativen und ihren Folgen. Natürlich kann hierbei nicht jede einzelne biographische Station und deren denkbare Variationen Berücksichtigung finden. Kühn sondiert daher solche Momente, die als Entscheidungssituationen begriffen werden können und jeweils Entwicklungen in diverse Richtungen erlaubten. Beginnend mit der Zeugung, respektive deren Ausbleiben, zeigt der Erzähler zahlreiche Optionen auf, die beim historischen Werdegang der Person Napoleon bestanden hätten, etwa aufgrund anderer Begabungen oder aufgrund von anders getroffenen Entschlüssen in seinem Umfeld. Der Erzähler imaginiert Biographien einer Figur N in verschiedenen Berufen und sozialen Stellungen, deren Leben jeweils keine weitreichende politische Relevanz erlangt hätte. Die entscheidende Differenz zu deviierenden historischen Romanen besteht darin, dass in diesen die Entscheidung für eine Variante der Entstehung des Textes vorhergeht. In der Erzähl-

---

[32] Vgl. RODIEK, CHRISTOPH: *Erfundene Vergangenheit*, S. 57f.
[33] Borges, J. W. L.: *Der Garten der Pfade, die sich verzweigen*, S. 207.

handlung wird diese Variante dann mit den Mitteln der Narration einsträngig entwickelt.³⁴

Anhand der bis hierhin vorgetragenen Argumente und Überlegungen ergibt sich ein erstes Rasterbild dessen, was unter deviierendem historischen Erzählen verstanden wird. Ein Vorverständnis dieses Typus historischen Erzählens ist damit formuliert. Inwiefern sich dieses Verständnis mit zur bislang geleisteten Erforschung des historischen Romans in Übereinstimmung oder Differenz bringen lässt, gilt es im Anschluss zu überprüfen.

---

³⁴ Dagegen beschreibt Kühn die Poetik seines Romans folgendermaßen: »Ich habe den Fall Napoleon Bonaparte als Modell genommen. Dieses Modell soll zeigen, wie geschichtliche Entwicklungen verlaufen können. Dabei bin ich von diesem Bild ausgegangen: ein Zug fährt auf einer Strecke und kann dabei nur jeweils *einer* Weichenstellung folgen; ich lasse den Zug aber wieder ein Stück zurückfahren, lege die Weiche um und lasse ihn versuchsweise auch in eine Richtung fahren, die nicht tradiert ist. Im Rückblick sieht die Entwicklung stets konsequent und folgerichtig aus. Ich will aber zeigen, wie viele biographische Möglichkeiten es gegeben hat, die nicht realisiert wurden. [...] Ich nehme die nicht verwirklichten Möglichkeiten in das Buch herein, erzähle, was nicht historisch geworden ist. Also die Wirklichkeit des Hauptwegs und die Möglichkeiten der Nebenwege« (SCHULTZ, UWE: »Die Wirklichkeit des Hauptwegs und die Möglichkeiten der Nebenwege«. Ein Gespräch zwischen Dieter Kühn und Uwe Schultz, S. 327). Zu *N.* vgl. außerdem SCHEUER, HELMUT: *N – Dieter Kühn und die Geschichte* und CIFRE WIBROW, PATRICIA: *N: Denn es hätte ja ebenso gut auch ganz anders kommen können.*

3. Zur Forschungslage: Geschichte im Roman

Einen literarischen Text aufgrund des darin verarbeiteten Stoffes und der Erzählhandlung als historischen Roman zu klassifizieren, ist eine Praktik, die sich in der literaturwissenschaftlichen Forschung weit zurückverfolgen lässt. Da sie sich erzählend mit Geschichte auseinandersetzen, weisen die hier behandelten literarischen Werke dieses zentrale Gattungsmerkmal des historischen Romans auf. Als Ausgangspunkt für ihre Integration in das Korpus historischer Erzählprosa ist allerdings nur ein Verständnis des historischen Romans geeignet, welches hinsichtlich der Faktentreue im Sinne einer Übereinstimmung mit dem enzyklopädischen Weltwissen der Rezipienten von einer Lizenz des Verfassers ausgeht, auch die großen und dokumentierten geschichtlichen Zusammenhänge abweichend von der Überlieferung zu erzählen und dadurch eine fiktionale Auseinandersetzung mit Geschichte zu leisten.

Dass ein solches Verständnis nicht unumstritten ist, zeigt der Blick auf die wissenschaftliche Literatur zum historischen Roman. Die Definition und Abgrenzung dieser Gattung ist traditionell in hohem Maße abhängig von stofflichen Kriterien. Wie diese formuliert werden, lässt sich anhand von drei aus der Fülle von Beiträgen exemplarisch herausgegriffenen Beispielen ermessen. »Ein historischer Roman definiert sich zunächst von seinem Thema her: Es handelt sich um einen Roman, der historische Personen und Ereignisse schildert oder anhand von erfundenen Figuren das Bild einer vergangenen Epoche einzufangen versucht«[1], erklärt PETRA GALLMEISTER zu Beginn ihres Gattungsabrisses und nach INA SCHABERT gilt ein Roman »als ›historischer‹ Roman, wenn er sich auf Geschehen oder Zustände bezieht, die in einer bestimmten, dem Leser bekannten Epoche zu lokalisieren sind. Historisch meint hier demnach ›epochenspezifische, kollektiv vorgewußte Wirklichkeit betreffend‹.«[2] HARRO MÜLLER postuliert einen, wie er einräumt, nicht unumstrittenen Minimalkonsens, der sich folgendermaßen zusammenfassen ließe:

---

[1] GALLMEISTER, PETRA: *Der historische Roman*, S. 160. Auch HARRO MÜLLER erklärt, dass es sich bei dem Begriff Historischer Roman um eine thematische Kategorie handelt. Vgl. MÜLLER, HARRO: *Schreibmöglichkeiten historischer Romane im 19. und 20. Jahrhundert*, S. 14f.
[2] SCHABERT, INA: *Der historische Roman in England und Amerika*, S. 1.

> Historische Romane sind dadurch bestimmt, daß sie nicht ohne personale, zeitliche und räumliche Referenz auskommen, d. h. es werden historisch verbürgte Figuren, in Geschichte bzw. Geschichten verstrickt, im Rahmen eines ästhetisch strukturierten fiktionalen Textes präsentiert, der die Anforderung an räumliche und zeitliche *historische* Lokalisierung zumindest partiell erfüllt.[3]

Es sind demnach Referenzen auf eine nicht mehr gegenwärtige, außerhalb des Textes zu situierende Welt, die in den oben genannten Studien den Ausgangspunkt für eine literaturwissenschaftliche Erfassung historischen Erzählens bilden.

Hinter diesen Bestimmungen werden Gesichtspunkte erkennbar, die auf GEORG LUKÁCS zurückgehen. LUKÁCS entwickelte eine Theorie des historischen Romans, mit der die moderne Forschung auf diesem Gebiet ihren Anfang nimmt. LUKÁCS' Theorie hat eine Trennung zwischen der Gegenwart und einer wie auch immer gearteten Vergangenheit zur Voraussetzung – eine Trennung, welche die Klassifikation des in der vergangenen Zeit Geschehenen als Geschichte erst bedingt. Dies setzt die Annahme voraus, dass sich historische Epochen durch besondere, erkennbare Eigenarten auszeichnen. LUKÁCS formuliert diese Bedingung und gibt damit gleichzeitig eine pointierte Benennung der Schlüsselstellung Walter Scotts für die Genese der Gattung, die in der Forschung bis heute nahezu unumstritten ist: »Es fehlt dem sogenannten historischen Roman vor Walter Scott gerade das spezifisch Historische: die Ableitung der Besonderheit der handelnden Menschen aus der historischen Eigenart ihrer Zeit.«[4] Sofern Figuren innerhalb der Erzählhandlung eines fiktionalen Textes Verhältnissen ausgesetzt sind, die sich von denen der Gegenwart des Autors signifikant unterscheiden, und sofern die Motivationen der Figuren als an eben jene früheren Umstände angebunden gezeigt werden, impliziert dies eine Trennung der eigenen Zeit von der beschriebenen. Sie wird von der Forschung zum historischen Roman auch nach LUKÁCS als bestimmender Faktor im Verhältnis eines Autors zu seinem Material angesehen.[5]

Die Wahrnehmung solcher Diskrepanzen ist das Produkt einer ideengeschichtlichen Entwicklung. So werden erst seit einer um 1800 zu datierenden

---

[3] MÜLLER, HARRO: *Zwischen Kairos und Katastrophe*, S. 11f.

[4] LUKÁCS, GEORG: *Der historische Roman*, S. 23.

[5] So etwa bei BORGMEIER und REITZ, die feststellen: »Vielmehr ist der historische Roman aufgrund seiner intentionalen Hinwendung zur Geschichte durch ein Bewußtsein der Zeitdifferenz gekennzeichnet, die zwischen dem Prozeß der Darstellung und jener geschichtlichen Wirklichkeit gegeben ist, die er mit seinen fiktionalen Möglichkeiten und innerhalb des Regelsystems der ihm immanenten Poetik zur Anschauung bringen, d. h. vergegenwärtigen will« (BORGMEIER/REITZ: Einleitung S. 13). Vgl. auch SCHABERT, INA: *Der historische Roman in England und Amerika*, S. 4.

Epochenzäsur, mit welcher dieses Differenzbewusstsein einherging, historische Romane im oben eingegrenzten Verständnis der Gattung geschrieben.[6] Wie aber dieses Bewusstsein in kalendarisch messbaren Zeiteinheiten anzugeben ist, darüber kann es keine allgemein verbindliche Festlegung geben, eher geht es darum, »die qualitative Veränderung von einem unmittelbaren zu einem mittelbaren Verhältnis zur Vergangenheit festzustellen.«[7] Somit »wird der Tatbestand, daß nicht Selbsterlebtes und Erinnertes dargestellt, sondern eine über Quellen, Relikte und historische Literatur rekonstruierte Welt fiktional erfaßt und vermittelt wird, zum Genrespezifikum.«[8] Diese Bestimmung grenzt die zur Entstehungszeit bereits historische Schreibweise von historisch gewordenen Zeitromanen ab, die in späteren Epochen als gesellschaftlich und geschichtlich relevante Zustandsdiagnosen eines vergangenen Zeitalters neu gelesen werden können. Auch impliziert sie die Trennung von Vergangenheit und Gegenwart, welche für das historische Denken in der Neuzeit kennzeichnend ist, schließt aber nicht aus, dass sich das Bewusstsein einer Zeitdifferenz innerhalb einer Autorenbiographie ausbildet und seinen Niederschlag in Romanen findet, deren Handlungszeit in die Gegenwart der Leser hineinreicht.

Die genrebildende Innovation Walter Scotts ist in seiner Wirkung für die Entwicklung des historischen Romans im 19. Jahrhundert enorm.[9] Scotts Prinzip sei es, so WALTER SCHIFFELS, »die Geschichte im Hintergrund seiner Spielhandlungen zu belassen, die erzählte Zeit als beliebig verfügbaren Bestandteil des Zeitkontinuums zu wählen und Probleme der Historiographie oder Hermeneutik nicht in die fraglos vorhandene Welt seiner Fiktionen einzulassen.«[10] Die Konzentration liegt bei Scott eher auf dem allgemeinen kulturellen und sozialen Milieu, nicht so sehr auf spezifischen historischen Ereignissen. Tatsächliche historische Persönlichkeiten spielen nur untergeordnete Rollen, ihnen zugeschriebene Handlungsanteile innerhalb eines Romans spielen sich in Überlieferungslücken ab. Dieses Modell Scotts, in dem ein fiktiver, volkstümlicher, d. h. mittlerer Held zum Zeuge nationaler histori-

---

[6] Als geradezu programmatisch galt lange der Untertitel von Walter Scotts *Waverly, or 'tis Sixty Years Since* (1814), der einen Abstand von mindestens zwei Generationen zwischen den geschilderten Geschehnissen und der Gegenwart des Lesepublikums einzufordern schien.

[7] SCHABERT, INA: *Der historische Roman in England und Amerika*, S. 4.

[8] Ibid.

[9] Zur Wirkung Scotts in der deutschsprachigen Literatur des 19. Jahrhunderts vgl. MEYER, MICHAEL: *Die Entstehung des historischen Romans in Deutschland und seine Stellung zwischen Geschichtsschreibung und Dichtung*, S. 212ff. und LIMLEI, MICHAEL: *Geschichte als Ort der Bewährung*, S. 100ff.

[10] SCHIFFELS, WALTER: *Geschichte(n) Erzählen*, S. 35.

scher Konflikte gemacht wird, erklärte LUKÁCS zur alleingültigen Form – eine Folgerung, die sich insbesondere darauf stützt, dass Scott in der deutschsprachigen Literatur zahlreiche Nachahmer fand, so etwa in Willibald Alexis und Wilhelm Hauff.

Obgleich die durchaus vorhandenen, nicht der klassischen Ausprägung subsumierbaren Produkte bei LUKÁCS unberücksichtigt bleiben, hat sich die Forschung zum historischen Erzählen lange in den von LUKÁCS vorgezeichneten Bahnen bewegt. Kontrafaktische Darstellungen von Geschichte lassen sich mit dem hierdurch entstandenen Bild der Gattung nicht ohne weiteres vereinbaren, denn wenn die Anschließbarkeit an jenseits des Romantextes existierende Vorstellungen von historisch gewordener Wirklichkeit nicht gegeben ist, greifen die gängigen Bestimmungen historischen Erzählens nicht mehr. Mittlerweile reagiert die Forschung jedoch auf den Umstand, dass insbesondere innovative zeitgenössische historische Romane häufig die Prämissen positivistischer Historiographie in Zweifel ziehen, indem sie sich unter anderem mit den Prozessen historischer Sinnbildung, dem Zusammenhang zwischen Erzählung und Erklärung sowie den Problemen historischer Erkenntnis auseinandersetzen.[11] Gedankliche Vorarbeit haben in dieser Hinsicht unter anderem WALTER SCHIFFELS (1975) und EWALD MENGEL (1986) geleistet. »Wir verstehen aber unter ›Historischem Erzählen‹ alle Texte epischer Erzählweise, die Geschichte und Geschichtlichkeit überhaupt thematisieren oder als bestimmenden Inhalt aufweisen [...]«[12] schreibt SCHIFFELS und MENGEL unterstreicht, dass die Preisgabe eines objektivistischen Geschichtsverständnisses und die Erkenntnis, dass der historische Roman nicht auf die Stilprinzipien des Realismus festgelegt ist, die Voraussetzungen für ein adäquates Verständnis der Gattung im 20. Jahrhundert bilden.[13] ANSGAR NÜNNING gelangt in seinen Arbeiten zu einem erweiterten Begriff des historischen Romans, der der in verschiedenen Nationalliteraturen zu beobachtenden innovativen Entwicklung der Gattung angemessen ist:

> Die Veränderungen innerhalb des historischen Romans lassen sich beschreiben als ein Prozeß fortschreitender Hybridisierung, der gleichsam den ›Motor‹ der Gattungsentwicklung konstituiert. Im Zuge dieses Prozesses hat sich die Fiktion nicht nur den Gegenstandsbereich der Geschichte angeeignet, sondern auch die Spezialdiskurse der Historiographie und Geschichtstheorie. Eine Gattungstheorie, die diesem Entwicklungsprozeß und den daraus resultierenden innovativen Erscheinungsformen fiktionaler Geschichtsdarstellung gerecht werden will, muß von einer erweiterten De-

---

[11] Vgl. NÜNNING, ANSGAR: *Von historischer Fiktion zu historiographischer Metafiktion*, S. 4.
[12] SCHIFFELS, WALTER: *Geschichte(n) Erzählen*, S. 177.
[13] Vgl. MENGEL, EWALD: *Geschichtsbild und Romankonzeption*, S. 31.

finition des Genres des historischen Romans ausgehen, wenn sie die ›real existierende‹ Vielfalt der Textlandschaft erfassen will.[14]

Im Zentrum seiner Überlegungen steht das Konzept der Poiesis, als Kontrapunkt zur Mimesis, die lange die Auffassung von der Aufgabe und Möglichkeit historischen Erzählens bestimmte.

> Mit dem Terminus ›Poiesis‹ soll somit schlagwortartig hervorgehoben werden, daß historische Romane nicht ein ihnen zeitlich oder sachlich vorausliegendes Geschehen abbildend darstellen, sondern eigenständige Manifestationsformen gesellschaftlichen Geschichtsbewußtseins darstellen und mit ihren erzählerischen Gestaltungsmitteln selbst neue mentale Modelle oder Vorstellungen von Geschichte erzeugen können.[15]

Die Einsicht, dass sprachliche Repräsentationen nie originalgetreue Abbildungen vergangener Wirklichkeit sind, sondern vielmehr als narrative Konstrukte aufgefasst werden müssen, ist die wesentliche konzeptionelle Basis dieser Bestimmung, die sich in Auseinandersetzung mit der neueren Geschichtstheorie entwickelt hat. Die vorliegende Studie knüpft an die hier skizzierte erweiterte Auffassung des historischen Romans an, wenn sie Texte, deren Erzählhandlung von kontrafaktischen Aussagen bestimmt ist, der Gattung des historischen Romans zurechnet.

3.1 Ansätze der Forschung zur Periodisierung und Typologisierung des historischen Romans

Welche Schwierigkeiten bestehen, deviierende historische Romane mit den bestehenden Paradigmen zur Spezifizierung historischen Erzählens zu vereinbaren, kann der folgende Überblick über vorhandene Typologien des historischen Erzählens verdeutlichen. Dabei kommt es auch darauf an, die Verschiedenartigkeit der Ansatzpunkte herauszuarbeiten und darzulegen, mit welchen Begriffen und theoretischen Konzepten die Literaturwissenschaft historisches Erzählen zu beschreiben und zu rubrizieren versucht hat. Ziel des folgenden Abrisses ist es nicht, diese im Detail vorzustellen, sondern zu erörtern, inwieweit diese von der Forschung bereitgestellten Typologien geeignet sind, deviierende historische Romane zu integrieren. Im Hinblick auf die Auswahl deutsch- und englisch-

---

[14] NÜNNING, ANSGAR: *Von der fiktionalisierten Historie zur metahistoriographischen Fiktion*, S. 545.
[15] NÜNNING, ANSGAR: *Von historischer Fiktion zu historiographischer Metafiktion*, S. 57.

sprachiger Autoren werden dabei die Forschungsansätze beider Philologien[16] berücksichtigt und ausgewertet.[17] Auf eine Charakterisierung einzelner Untersuchungen spezifischer literarischer Werke wird aus naheliegenden Gründen ebenso verzichtet wie auf die Wiedergabe von Forschungsergebnissen, die weit vor dem Entstehungszeitraum der hier behandelten Primärtexte formuliert wurden.[18]

Nach wie vor hat HUGO AUSTS Befund Gültigkeit, dass sich die »germanistische Gattungsforschung eher zurückhaltend ihres Gegenstandes angenommen«[19] habe, ein Umstand, der wohl mit einer literaturgeschichtlichen Konstellation zu tun hat, und auch daher rührt, dass die Produktion innovativer Texte auf diesem Gebiet nach 1945 zunächst abriss, so dass FRITZ MARTINI noch 1981 seiner Überzeugung Ausdruck verleiht, der historische Roman sei weitgehend »in die Trivialliteratur und in die Film- und Fernsehproduktion abgedrängt worden«[20]. Erst seit den 1970er Jahren ist der historische Roman auch in der Germanistik wieder verstärkt ins Bewusstsein gerückt.[21] Es ist die

---

[16] Die Grenzen zwischen Einzelphilologien und ihren Sachgebieten werden mitunter bewusst aufgelöst, entsprechend sind in der Forschung zum historischen Erzählen Arbeiten, die über Sprachgrenzen hinweg vergleichend vorgehen, keine Seltenheit. Vgl. u. a. die germanistischen Studien von HANS-VILMAR GEPPERT und WALTER SCHIFFELS, sowie die von der englischen und amerikanischen Philologie ausgehenden Arbeiten von RICHARD HUMPHREY, MARINA ALLEMANO und zuletzt GERHARD KEBBEL. INA SCHABERT schreibt ausdrücklich: »Letztlich läßt sich der historische Roman nur im komparatistischen Vorgehen kompetent erfassen. Erst wenn untersucht wird, wie sich das Genre in verschiedenartigen historisch-politischen Umfeldern realisiert, kann klar gesehen werden, auf welche Weise jeweils nationale, ideologische oder stoffliche Vorgaben, genrespezifische Bedingtheiten und ein individueller Aussagewille zusammenwirken« (SCHABERT: Der historische Roman in England und Amerika, S. Xf.).

[17] Nicht eingegangen wurde auf NEUMANN, FRITZ WILHELM: *Der englische historische Roman im 20. Jahrhundert. Gattungsgeschichte als Diskurskritik*. NEUMANNS Studie, die historische Romane als Reaktionen auf die Diskurse ihrer Entstehungszeit interpretiert, bietet keine Anknüpfungsmöglichkeiten für die Situierung deviierender historischer Romane in schon bestehenden Typologien.

[18] Entsprechende Sekundärliteratur verzeichnet HUGO AUST im der Forschungsgeschichte gewidmeten Kapitel seiner Monographie *Der historische Roman*. Vgl. AUST, HUGO: *Der historische Roman*, S. 35ff.

[19] AUST, HUGO: *Der historische Roman*, S. 38.

[20] MARTINI, FRITZ: *Über die gegenwärtigen Schwierigkeiten des historischen Erzählens*, S. 202f. MARTINIS These scheint insbesondere das traditionelle historische Erzählen, das sich um »die Fiktion der Echtheit des faktisch-historisch Gegebenen und Überlieferten bemüht« (MARTINI: Über die gegenwärtigen Schwierigkeiten des historischen Erzählens, S. 206) zu betreffen.

[21] Es erscheint zulässig, einen Zusammenhang zwischen parallelen Entwicklungen in der Historiographie, insbesondere aufgrund des neu erwachten Interesses an narrativen

Theorie von GEORG LUKÁCS, welche die Auffassung über Form und Funktion historischen Erzählens bis dahin bestimmte und eine am Modell Walter Scotts orientierte wissenschaftliche Auseinandersetzung mit dem Genre bis in die 1970er Jahre hinein transportierte. LUKÁCS Buch erschien 1962 in englischer Übersetzung und dominierte in der Folgezeit auch die anglo-amerikanische Forschung, wohl nicht zuletzt deshalb, weil es über viele Jahre hinweg die einzige Monographie war, die zum Genre des historischen Romans zur Verfügung stand, obwohl LUKÁCS Name, wie IRVING HOWE in seiner Einleitung zu *The Historical Novel* 1965 vermerkt, in den Vereinigten Staaten kaum bekannt war.[22] Dadurch nimmt die wissenschaftliche Beschäftigung nach 1945 einen ähnlichen Ausgangspunkt. LUKÁCS' Gattungstheorie genügte jedoch den innovativen Spielarten historischen Erzählens, die sich seit den 1960er Jahren ausgebildet haben, nicht mehr.[23] So resümiert AGNES HELLER: »It is no surprise that while Lukács's central concept (both theoretically and politically outdated) was suitable for the subtle analysis of the classical historical novel, it never worked in the analysis of postclassical, modern historical novels.«[24] Seit den 1970er Jahren machen sich die Abkehr von der normativen Theorie LUKÁCS' sowie die sukzessive Erweiterung des Spektrums dessen, was als historisches

Strukturen, und der Literaturwissenschaft zu vermuten. Eine Reihe von interdisziplinären Symposien, Aufsatzsammlungen, Monographien und Artikeln hat sich seitdem den Überschneidungen und Unterschieden zwischen Historiographie und Literatur beziehungsweise Literaturwissenschaft gewidmet. Hervorzuheben sind für den deutschsprachigen Raum u. a. *Geschichte – Ereignis – Erzählung.* Hg. v. REINHARD KOSELLECK u. WOLF DIETER STEMPEL; *Erzählforschung. Ein Symposion.* Hg. v. EBERHARD LÄMMERT; *Poetik und Geschichte. Viktor Zmegac zum 60. Geburtstag.* Hg. v. DIETER BORCHMEYER; STARK, GARY D.: *Vom Nutzen und Nachteil der Literatur für die Geschichtswissenschaft: A Historian's View;* HÖYNG, PETER: »*Erzähl doch keine Geschichte«. Zum Verhältnis von Geschichtsschreibung und erzählender Literatur* und *Literatur und Geschichte. Neue Perspektiven.* Hg. v. MICHAEL HOFMANN u. HARTMUT STEINECKE. Vgl. hierzu auch Kapitel 4.2.3 dieser Arbeit.

[22] Vgl. ALDRIDGE, A. OWEN: *Some Aspects of the Historical Novel after Lukács,* S. 677.

[23] Dass LUKÁCS die Umbrüche im historischen Denken nach 1945 zur Kenntnis genommen hat, zeigt das Vorwort zur deutschen Ausgabe von *Der historische Roman.* Dort schreibt LUKÁCS, sich offenbar auf ARNOLD GEHLEN beziehend: »Diese Lage wird von einem angesehenen Soziologen unserer Tage dahin verallgemeinert: das Ende der Geschichte sei bereits eingetreten; künftige Zustände könnten nur noch Formen und Inhalte der Gegenwart variierend abhandeln« (LUKÁCS: Vorwort, S. 11).

[24] HELLER, AGNES: *History and the Historical Novel in Lukács,* S. 30f. Zu LUKÁCS' Konzeption des historischen Romans vgl. außerdem u. a. ALDRIDGE, A. OWEN: *Some Aspects of the Historical Novel after Lukács,* S. 677ff. und das Kapitel ›*Georg Lukács and the Historical Novel – A Bond Honoured?*‹ in HUMPHREY, RICHARD: *The Historical Novel as Philosophy of History,* S. 56ff.

Erzählen erkannt beziehungsweise eingestuft wird, bemerkbar.[25] Mit dem Wiedererwachen des Interesses am historischen Roman gehen neue Ansätze zu einer Typologie desselben einher. Bevor diese näher betrachtet werden, empfiehlt sich ein Blick auf die von HUGO AUST in seiner Monographie *Der historische Roman* (1994) zusammengestellten Aspekte, die die typologische Rubrizierung historischen Erzählens leiten können. Nach AUST sind es inhaltliche, formale und intentionale Kriterien, die üblicherweise zur Ausdifferenzierung von Formen des historischen Romans herangezogen werden. Die Resultate der sich hieraus ergebenden Systematisierungsmöglichkeiten sind binäre Einteilungen, die nur knapp aufgezeigt werden. Schon im Werk von Walter Scott sieht AUST eine Spaltung angelegt, von deren zwei Linien die eine eher in eine realistisch-zeitgeschichtliche Richtung weist, die andere zurück zu einem exotisch entlegenen Zeitraum. Weiterhin sieht AUST das Geschichtsbild eines Autors als prägend für dessen literarische Werke und darüber hinaus als einflussreichen Faktor für die Ausbildung verschiedener Typen historischen Erzählens an. Es ermöglicht etwa die Unterscheidung zwischen Romanen, in denen die ›eigentliche‹ Geschichte thematisiert wird, und solchen, deren Sujet eine mythologische oder zumindest mythologisierte vergangene Zeit ist. Dagegen ließe der Gesichtspunkt der Darstellungsintention eine Gliederung des historischen Romans in eine rekonstruktive und eine parabolische Ausprägung zu. Ziel der rekonstruktiven Variante ist eine möglichst authentische Nachbildung einer historischen Person oder Epoche, der parabolischen Form hingegen dient die Geschichte als Spiegel der Gegenwart. Zuletzt führen formale Kriterien bei der Bestimmung von Subtypen zur Auffächerung in einen illusionistischen und einen desillusionistischen Typus.[26] AUSTS Entscheidung, Typologisierungskriterien zu identifizieren, ohne sie in eine eigene Typologie fortzuführen, trägt wohl der Einsicht Rechnung, dass noch kein exklusiver Gesichtspunkt gefunden worden ist, durch den eine präzise Binnendifferenzierung der Gattung ermöglicht würde. Dies erweist sich beim Blick auf frühere diesbezügliche Versuche.

---

[25] Den meisten seitdem entstandenen germanistischen Arbeiten gemeinsam ist, dass sie sich kritisch mit LUKÁCS auseinandersetzen und dessen Autorität relativieren. Eine neuerliche kritische Stellungnahme zu LUKÁCS' Ästhetik des historischen Romans wäre an dieser Stelle redundant. Eine Ausnahme bildet MICHAEL LIMLEI, der angibt, seine Arbeit *Geschichte als Ort der Bewährung* sei »der Fragestellung und den Ergebnissen von Lukács' Analyse in manchem verpflichtet« (LIMLEI: Geschichte als Ort der Bewährung, S. 17). Auch LIMLEI löst sich von LUKÁCS' präskriptiven Wertungen (vgl. ibid., S. 20), stellt aber die Haltbarkeit von GEPPERTS Kritik an LUKÁCS in einigen Punkten in Frage (vgl. ibid., S. 23).
[26] Vgl. AUST, HUGO: *Der historische Roman*, S. 32ff.

Gegenüber dem relativ einsinnigen Gattungsbegriff von LUKÁCS betonen die parallel entstandenen Monographien von WALTER SCHIFFELS (1975) und HANS VILMAR GEPPERT (1976) gerade die enorme Variationsfähigkeit historischen Erzählens seit Beginn des 19. Jahrhunderts.[27] SCHIFFELS Arbeit *Geschichte(n) Erzählen. Über Geschichte, Funktionen und Formen des historischen Erzählens* ist diachronisch angelegt, eine Typologie wird analog zu einer Darstellung der Genese des historischen Romans als literarische Form expliziert. Beginnend mit Scotts klassischem, auf die Erlebnisse und das Erleben eines mittleren Helden zugeschnittenen Typ, sucht SCHIFFELS Veränderungen an dessen Nachfolgern, die schließlich mit dem von Theodor Fontanes *Schach von Wuthenow* verkörperten Erzählmodell einen vage gekennzeichneten neuen Typ konstituieren, in welchem Geschichte als Privatbegebenheit gestaltet werde. Als nächste Stufe sieht SCHIFFELS aufgrund seiner besonderen Entstehungsbedingungen den historischen Roman der deutschsprachigen Exilautoren an, dessen Neigung zur Analogiebildung wiederum auf einen Typ verweist, in dem die dargestellte historische Epoche zur Projektionsfläche für die Anliegen der Gegenwart und zu deren idealistischer Kontrastierung gebraucht wird. Dem gegenüber steht nach SCHIFFELS der Zeitroman. Erkennbar daran, dass er die Sprache seiner Zeit spricht, wird die Form auch dann als zeittypisches Erzählen eingestuft, wenn geschichtliche Inhalte thematisiert sind. Als Beleg dieser Einschätzung dient SCHIFFELS Rilkes *Die Weise von Liebe und Tod des Cornets Christoph Rilke*, dessen Erfolg nicht zuletzt auf seinem stilistischen Repertoire beruht habe.[28] Die Wiedergabe von SCHIFFELS Überlegungen kann auf diese knappe Zusammenfassung beschränkt bleiben, erweist sich seine Typologie doch für die Rubrizierung deviierenden historischen Erzählens als ungeeignet.

Auch HANS VILMAR GEPPERTS Dissertation *Der andere historische Roman* (1976) spannt einen Bogen vom 19. bis ins 20. Jahrhundert. GEPPERT geht dabei von einer in der Entwicklung von Anfang an zu verzeichnenden Tendenz zur »Spaltung der Gattung in zwei gegensätzliche Traditionen«[29] aus und beschreibt diese erstmals ausführlich. Zur Unterscheidung beider Ausprägungen innerhalb des Genres führt er die Termini ›üblicher‹ und ›anderer‹ historischer

---

[27] Dass bisweilen auch im wissenschaftlichen Diskurs noch traditionell anmutende Auffassungen über die Möglichkeiten und Funktionen historischen Erzählens vertreten werden, zeigen die Beiträge eines Sammelbandes zur Dokumentation einer Tagung zum Verhältnis von Literatur und Geschichtsschreibung in der Evangelischen Akademie Meißen: *Vergangenheit vergegenwärtigen. Der historische Roman im 20. Jahrhundert.* Hg. v. MATTHIAS FLOTHOW und FRANK-LOTHAR KROLL.

[28] Vgl. SCHIFFELS, WALTER: *Geschichte(n) Erzählen*, S. 179f.

[29] GEPPERT, HANS VILMAR: *Der ›andere‹ historische Roman*, S. 1.

Roman ein. GEPPERTS Dichotomie stützt sich besonders auf formale Faktoren. In der Ausarbeitung seiner Gattungstheorie legt er dar, dass im sogenannten ›üblichen‹ historischen Roman die erzählende Darstellung von Vergangenheit mit Mitteln des realistischen Erzählens erfolgt, wohingegen im sogenannten ›anderen‹ historischen Roman die Möglichkeit der Darstellung als problematisch angesehen und erzählend mitreflektiert wird. Ersterer ist gekennzeichnet durch die Verdeckung dessen, was GEPPERT als den aus der Autonomie des Historischen gegenüber dem Fiktiven resultierenden »Hiatus von Fiktion und Historie«[30] bezeichnet, letzterer durch Akzentuierung desselben. Eine solche Hiatusmarkierung, wie sie im ›anderen‹ historischen Roman stattfindet, wirkt zugleich als Mittel der Illusionsstörung. Die dabei zur Anwendung gelangenden Strategien sind häufig solche, die unter dem Oberbegriff ›*Metafiktion*‹ Eingang in die Erzähltheorie gefunden haben.

> Wenn nun die Mitdarstellungs- bzw. Repräsentationsfunktion im historischen Roman die Nichtidentität von Repräsentierendem und Repräsentiertem, Bedeutetem und ›vermeintlich Realem‹, Fiktivem und Historischem sichtbar macht, wenn sie damit zugleich gerade die Erzählstruktur auch der Historie betont, und zwar mittelbar, durch die Dominanz des Fiktiven, so ergibt sich stringent die Möglichkeit, daß im ganzen auch dieser Realitätsbezug des Historischen kompliziert wird.[31]

Kennzeichen des üblichen historischen Romans ist nach GEPPERT epochenübergreifend eine auf Objektivitätsillusion zielende Ästhetik, wohingegen im ›anderen‹ historischen Roman die Dichotomie zwischen den sprachlichen Zeichen und den zur Darstellung gebrachten Gegenständen fruchtbar gemacht und der intendierte Leser gleichsam aktiviert werde, so dass die Romane einer »bloß gegenständlich-aufnehmende[n], passive[n] Lektüre«[32] entgegenarbeiten. Erzähltexte, in denen kontrafaktische Versionen als Gegenbilder zu dokumentierten und als bekannt vorausgesetzten historischen Sachverhalten konstruiert werden, würden in GEPPERTS zweigliedrigem Schema wohl in die Spalte des ›anderen‹ historischen Romans fallen, doch findet sich bei GEPPERT für entsprechende literarische Erzeugnisse keine eigene Kategorie und auch keine Erwägung und Erwähnung ihrer Möglichkeit.

Ähnlich wie GEPPERT skizziert auch HARRO MÜLLER eine binäre Typologie. Unter den *Schreibmöglichkeiten historischer Romane im 19. und 20. Jahrhundert* können nach MÜLLER zwei große Gruppen unterschieden werden. Auf der einen Seite steht der im weitesten Sinne traditionelle historische Roman. Der

---

[30] Ibid., S. 34.
[31] Ibid., S. 33.
[32] Ibid., S. 146.

Form nach tendiert diese Ausprägung zur Bevorzugung illusionistischer narrativer Techniken. Im dadurch vermittelten Geschichtsbild dominieren personell-individuelle Triebkräfte in der Geschichte über externe systemische Prozesse. Die durch Sprache mimetisch abbildbaren Geschehensabläufe sind klar gegliedert und kausal aufschlüsselbar, dabei überwiegend diachron erzählt. Als typisch gilt ferner die Präferenz historisch bedeutsamer Ereignismomente für die Stoffwahl. Ihre Schilderung lässt eine Zusammenfügung zu einer Sinntotalität zu. Demgegenüber steht die Gruppe historischer Romane, in denen illusionsverweigernde poetische Verfahrensweisen überwiegen, in denen der konstruktive Zugriff des Autors, etwa durch reflexive, metahistorische Erzählweise, hervorgehoben wird und die identifikationsstiftenden Effekte des herkömmlichen historischen Romans gezielt unterlaufen werden.[33] Es handelt sich um einen Typus des historischen Romans, der sich typologisch so beschreiben lässt: Vorherrschend ist die Dominanz systemischer Prozesse über individuell-subjektive Triebkräfte in der Geschichte. Die fiktionalen Geschichtsbilder sind von der Tendenz zur Subjektdezentrierung und von allegorischen Deutungsverfahren bestimmt. Ausgehend von einer prinzipiellen Umerzählbarkeit von Geschichte, da Texte und Kontexte stets für Ergänzungen, Umschreibungen oder Dementierungen offen sind, wird Diskontinuität vor Kontinuität, Heterogenität vor Homogenität gesetzt. Zudem unterlaufen Differenzannahmen zwischen Schreibsituation und selegiertem Schreibabschnitt traditionelle Linearitätskonzepte.

MÜLLER scheint mit seinen gattungstheoretischen Überlegungen einer normativen Bestimmung historischen Erzählens entgegenarbeiten zu wollen, zielt dabei jedoch auf die Vereinnahmung jeden historischen Romans, der Kennzeichen moderner oder postmoderner literarischer Ästhetik aufweist, für eine typologische Großgruppe ab. Diese kann den höchst unterschiedlichen Ausprägungen innerhalb dieser Gruppe nicht mehr im Einzelnen Rechnung tragen und subsumiert somit auch deviierende historische Romane einem Typus, der zu weit gefasst ist, als dass er das Spezifikum dieser Spielart historischen Erzählens eigens berücksichtigen und somit ihre Besonderheit anerkennen könnte.

Eine einzige Monographie konzentriert sich bislang auf Tendenzen im historischen Erzählen der Gegenwartsliteratur: *Der historische Roman der Gegenwart in der Bundesrepublik Deutschland* (1993) von RALPH KOHPEIß. KOHPEIß ist nicht an einer Unterteilung in eng umgrenzte Typen interessiert, sondern an einer »differenzierte[n] Beschreibung von Werkprofilen, die sich an folgenden Untersuchungskriterien orientiert: Umgang mit der Geschichte; Geschichts-

---

[33] Vgl. MÜLLER, HARRO: *Schreibmöglichkeiten historischer Romane im 19. und 20. Jahrhundert*, S. 17f.

auffassung; gesellschaftspolitische Aktualität und Historizität; Wirkungsintention und ästhetische Strategie.«[34] Hierüber erbringt er zwar ein anschauliches Bild von unterschiedlichen, sich in individuellen Werken niederschlagenden Haltungen, doch arbeitet er es nicht zu einer über die selbst vorgenommene Korpusbildung hinausweisenden Theorie aus.

Die der Postmoderne zugeschriebenen Krisenerfahrungen in der Wahrnehmung von Geschichte und deren literarisch-ästhetische Auswirkungen in der deutschsprachigen Erzählprosa berücksichtigt RALF SCHNELL in seinem Aufsatz *Zwischen Geschichtsphilosophie und ›Posthistoire‹. Geschichte im deutschen Gegenwartsroman*. SCHNELL konzentriert sich auf deutschsprachige Romane der 1970er und 1980er Jahre und gelangt zu fünf unterschiedlichen, nicht stofflich-inhaltlichen, sondern als Formbestimmungen gedachten Kategorien: »a) authentische Geschichtserzählung, b) Neuentwurf von Geschichte, c) Geschichtsschreibung als Selbstreflexion des Erzählens, d) Re-Mythisierung der Historie, e) Historisierung des Mythos«.[35] Mit Ausnahme der erstgenannten – bei SCHNELL vertreten durch Siegfried Lenz' Roman *Exerzierplatz*, in dem gewissermaßen klassisch erzählt wird, »als ob Sprache über Wirklichkeit ungebrochen noch verfügen könnte«[36] – lassen sich diese Varianten der von GEPPERT sogenannten ›anderen‹ Ausprägung des historischen Romans zuordnen. Sie problematisieren in unterschiedlicher Weise das Verhältnis zwischen vergangener, nicht mehr zugänglicher Wirklichkeit und ihrer sprachlichen Repräsentation. Am nächsten kommt dem hier freilich noch immer vorläufig konturierten Typus des deviierenden historischen Erzählens bei SCHNELL der sogenannte Neuentwurf von Geschichte. »Das Moment der Neuerschaffung und Neuschöpfung von Geschichte teilt unterderhand zugleich Energien mit, die sich gegen die Geschichte wenden, ›wie sie wirklich war‹, und gegen die Realität, ›wie sie einmal ist‹«[37], so SCHNELLS Beschreibung dessen, was den Impuls entsprechender Romane ausmacht. Von dieser knappen und relativ vagen Aussage abgesehen, erläutert SCHNELL die besondere Beschaffenheit dieser Erzählform nicht. SCHNELL führt Wolfgang Hildesheimers fiktive Biographie *Marbot* (1981) als Vertreter dieser Spielart an und geht implizit von Neuentwürfen in den Zwischenräumen und Leerstellen der Überlieferung aus, sieht also nicht die Unterscheidung von Romanen vor, deren abweichende Darstellungen von Ge-

---

[34] KOHPEIß, RALPH: *Der historische Roman der Gegenwart in der Bundesrepublik Deutschland*, S. 23.
[35] SCHNELL, RALF: *Zischen Geschichtsphilosophie und ›Posthistoire‹*, S. 344f.
[36] Ibid., S. 345.
[37] Ibid., S. 345f.

schichte sich gerade auf zentrale Konstellationen verlegen und diese überschreiben.

Dem hat auch FLORIAN GRIMMS Monographie *Reise in die Vergangenheit – Reise in die Fantasie?* nichts Wesentliches hinzuzufügen, vielmehr folgt sie einigen von einschlägigen Postmoderne-Theorien vorgegebenen Parametern, indem sie Gestaltungsmittel wie Ironie, Intertextualität und Metafiktionalität an ausgewählten Romanen aufzeigt. Auch GRIMM konstatiert, in der Literatur der Postmoderne sei »es offensichtlich notwendig, Geschichte zu ›konstruieren‹«[38], seine »neue Definition der Gattung«[39] mutet allerdings wenig neu an: »Der (postmoderne) historische Roman benutzt Namen und Daten geschichtlicher Personen, Ereignisse und Orte zum Zweck ästhetisch anspruchsvollen, lehrreichen oder unterhaltsamen Erzählens, ohne sich an geschichtswissenschaftliche Kriterien gebunden zu fühlen.«[40] Unter den Tendenzen des postmodernen Geschichtsromans, denen Grimm nachgeht, ist der Modus des Kontrafaktischen nicht zu finden.

Dass GRIMM seine oben wiedergegebene Bestimmung des historischen Romans selbst für neuartig erachten kann, hängt auch damit zusammen, dass er die Forschungserträge anderer Philologien als der Germanistik nicht ausgewertet hat. Insbesondere von Seiten der Anglistik und Amerikanistik sind Vorschläge eingebracht worden, den historischen Roman typologisch zu erfassen.[41] 1971 erschien AVROM FLEISHMANS Studie *The English Historical Novel*, die die Herausbildung und Entwicklung des historischen Romans seit Scott mit Entwicklungen der Historiographie und der Geschichtstheorie parallelisiert und unter Rückbezug auf diese rekonstruiert.[42] Sowohl die theoretisch-poetologische Fundierung als auch die Begrenzung des gewählten Untersuchungszeitraums weisen darauf hin, dass FLEISHMANS Arbeit sich im Wesentlichen an derjenigen von LUKÁCS orientiert und dabei zwar stärker die englische Literatur in den Blick nimmt, nicht jedoch deren nach 1945 entstandene, innovative Erscheinungen. FLEISHMANS Studie beginnt mit der Betrachtung des Werks von Walter Scott und schließt mit der Untersuchung zweier Romane, welche die Tradition

---

[38] GRIMM, FLORIAN: *Reise in die Vergangenheit – Reise in die Fantasie?*, S. 199.
[39] Ibid., S. 202.
[40] Ibid.
[41] Eine ausführliche bibliographische Aufarbeitung erübrigt sich hier angesichts des umfangreichen kommentierenden Artikels von GERHILD SCHOLZ WILLIAMS und des Forschungskapitels in NÜNNINGS Studie. Vgl. SCHOLZ WILLIAMS, GERHILD: *Geschichte und die literarische Dimension* und NÜNNING, ANSGAR: *Von historischer Fiktion zu historiographischer Metafiktion*, S. 21ff.
[42] Vgl. SCHABERT, INA: *Der historische Roman in England und Amerika*, S. 141.

historischen Erzählens in der englischen Literatur, wie FLEISHMAN befindet, zu einem »self-conscious close«[43] führen und sie dadurch beschließen: Virginia Woolfs *Orlando* (1928) und *Between the Acts* (1941). Dass der bearbeitete Stoff der Überlieferung entnommen wurde und in einer mehr als zwei Generationen zurückliegenden Vergangenheit situiert ist, kennzeichnet ihn nach FLEISHMAN als historisch, weiterhin die Präsenz einer wiedererkennbaren historischen Figur innerhalb der fiktionalen Handlung: »It is necessary to include at least one such figure in a novel if it is to qualify as historical. [...] The historical novel is distinguished among novels by the presence of a specific link to history: not merely a real building or a real event but a real person among the fictitious ones.«[44] Die Nähe zu LUKÁCS zeigt sich zunächst etwa in folgender poetologischer Bestimmung: »For the historical novelist, if not always for the historian, the structure of a historical story must become a heroic (or anti-heroic) plot: the form of an individual's career.«[45] Über den Verfasser historischer Romane konstatiert er »that his conception of a past age will be represented in the development of individuals as well as in that of the group.«[46] FLEISHMAN macht die Akzeptanz der Grenzen, welche die Faktizität der Bearbeitung des historischen Stoffes auferlegt, zur Schreibbedingung für historische Romane. »The genre is unashamedly a hybrid: it contemplates the universal but does not depart from the rich factuality of history in order to reach that elevation.«[47] Hierin zeigt sich noch einmal paradigmatisch das Bewusstsein der Forschung in dieser Zeit.

Seitdem traten einige literaturwissenschaftliche Arbeiten mit Typologisierungsvorschlägen hervor. Innovative literarische Neuerscheinungen wie John Barths *The Sot-Weed Factor* (1960), Thomas Pynchons *V.* (1963) oder John Fowles' *The French Lieutenant's Woman* (1969) gaben Anlass zur Überwindung des vom klassischen Typus geprägten Formmodells, welches als der Variationsbreite der Gattung nicht angemessen erkannt werden musste. JOSEPH

---

[43] FLEISHMAN, AVROM: *The English Historical Novel*, S. 233.
[44] Ibid., S. 3f.
[45] Ibid., S. 10.
[46] Ibid. Noch deutlicher erweist sich die Abhängigkeit vom LUKÁCS'SCHEN Modell in einer Forderung, die die Auswahl und Beschaffenheit der darzustellenden historischen Personen betrifft. Vgl. ibid., S. 10f.: »The individuals selected by the novelist for heroic (or at least specially marked) status are not likely to be world-historical figures, for such figures are by definition exceptional, since they realize in themselves the tensions and direction of history at a particular time. The typical man of an age is one whose life is shaped by world-historical figures and other influences in a way that epitomizes the processes of change going forward in the society as a whole.«
[47] Ibid., S. 8.

W. TURNER argumentiert 1979 in *The Kinds of Historical Fiction* für drei mehr oder weniger große Gruppen historischen Erzählens, die er entlang eines Kontinuums anordnet. TURNER vertritt die Auffassung, dass formale Eigenarten kein zur Unterscheidung von anderen Genres hinreichendes Charakteristikum des historischen Romans ausmachen. »[I]t is the content more than the form, after all, that sets historical novels off from other fiction.«[48] Ein eminentes inhaltliches Kennzeichen ist für TURNER die Präsenz einer historischen Person im Roman. »Generally speaking then, novels with an actual historical character can be considered historical fiction. Novels of this type I should like to call documented historical novels, to emphasize their direct links with recorded history.«[49] Als zweite Kategorie führt TURNER *disguised historical novels* ein, in denen nicht auf tatsächliche Charaktere oder Ereignisse referiert wird, wenngleich diese im Text durchscheinen, etwa weil der Leser im Stande ist, klare Übereinstimmungen zwischen realer und in kaschierter Form erzählter Geschichte zu erkennen.[50] Die letzte Gruppe bildet »the invented historical novel. [...] Here, since the principal characters and events are all invented, any insistence on a generic distinction must contend with the fact that most novels are presented as if they were history.«[51] Folglich bleibt als einziges Unterscheidungsmerkmal, die Handlung weit genug in die Vergangenheit zu verlegen »as to claim for themselves the status of a historical reconstruction.«[52] Es erweist sich schnell, dass TURNERS Systematik, so flexibel sie dank ihres nicht-präskriptiven Anspruchs sein mag, keinen Raum lässt für deviierende historische Romane.

INA SCHABERT unterscheidet in ihrer Monographie zum englischen und amerikanischen historischen Roman 1981 im Wesentlichen ebenfalls drei große Gruppen. Den ersten Typus konstituiert die fiktionale Biographie, in welcher das historische Material einem Roman dessen Personal und wesentliche Abschnitte der Handlung liefert. Zweitens identifiziert sie den historischen Gesellschaftsroman. In diesem Typ wird eine größtenteils fiktive Haupthandlung in einen bestimmten historischen Chronotopos integriert, wobei tatsächliche historische Ereignisse nur peripher in die *story* hineinragen. Schließlich und drittens

---

[48] TURNER, JOSEPH W.: *The Kinds of Historical Fiction*, S. 335.
[49] Ibid., S. 337.
[50] Als (einziges) Beispiel für diesen Typus nennt TURNER Robert Penn Warrens *All the King's Men* (1946). Dieser Roman enthält keine realen historischen Persönlichkeiten, doch die Lebensgeschichte einer vom Autor erfundenen, zentralen Figur weist so deutliche Ähnlichkeiten zu derjenigen einer wirklichen Person und zur ›recorded history‹ auf, dass der Text den Rezipienten aufgrund dieser Ähnlichkeiten animiert, die Fiktion auf die ihm bekannte Geschichte zu beziehen.
[51] TURNER, JOSEPH W.: *The Kinds of Historical Fiction*, S. 339.
[52] Ibid., S. 340.

kann an Stelle eines fiktionalen, in die Vergangenheit verlagerten Geschehens gerade die nachzeitige, also retrospektive und rekonstruierend-entdeckende Beschäftigung mit Geschichte zum Handlungsträger eines historischen Romans werden. SCHABERT bezeichnet diese Spielart als reflektiven historischen Roman.[53] Dass auch SCHABERTS Typologie eine Integration deviierender historischer Romane schwerlich zulässt, belegt die gesonderte Behandlung von Grenzgängerformen, auf die noch zurückzukommen sein wird.

EWALD MENGEL schlägt in seiner Habilitationsschrift 1986 eine Einteilung englischer historischer Romane des 19. und 20. Jahrhunderts aufgrund der den erzählenden Darstellungen inhärenten Geschichtsbilder vor. MENGEL geht davon aus, dass das Geschichtsverstehen eines Autors seinen Niederschlag in der Romankonzeption findet und unterscheidet zwischen der Auffassung der Geschichte als Fortschritt, einem zyklischen Geschichtsmodell und der Kontingenz der Geschichte. Die ersten beiden Varianten leiten sich ab aus ihrem Verhältnis gegenüber der historischen Chronologie, die sie entweder linear-teleologisch oder als in sich selbst zurückkehrend deuten. Die linear-teleologische Entwicklung kann wiederum als Prozess der Höherentwicklung oder auch als Abstieg bis zum Untergang gedeutet werden. Demgegenüber basiert das zyklische Geschichtsdenken auf der Vorstellung von der Wiederholbarkeit von Ereignissen und Konstellationen. Beiden Modellen gemeinsam ist, dass sie Geschichte als objektiv erkennbares, dem Betrachtenden vorgegebenes Phänomen ansehen. Im Gegensatz zu diesen objektivistischen Geschichtsmodellen begreift ein die Kontingenz historischer Phänomene betonender Geschichtsbegriff Geschichte nicht als von sich aus sinnvollen Ereigniszusammenhang, welcher der Erkenntnis zugänglich ist, sondern als ein erst nachträglich generiertes Konstrukt, dessen Sinngebungen durch narrative Einschreibungen zustande kommen. Ein solches Konstrukt muss nicht eindeutig, sondern für Revisionen offen sein.[54] Hiernach müssten Beispiele deviierenden historischen Erzählens jenem letztgenannten Geschichtsbild entspringen, handelt es sich bei den präsentierten Geschichtsentwürfen doch um Revisionen im Rahmen genuin narrativer Konstruktionen. Genauere Einsichten in deren Beschaffenheit lassen sich aus MENGELS Arbeit allerdings nicht gewinnen.

DAVID COWART begreift in seiner Studie *History and the Contemporary Novel* (1989) »historical fiction simply and broadly as fiction in which the past figures with some prominence.«[55] Zur Klassifikation historischen Erzählens setzt er vier Kategorien an, die er wie folgt bezeichnet und erläutert:

---

[53] Vgl. SCHABERT, INA: *Der historische Roman in England und Amerika*, S. 35f.
[54] Vgl. MENGEL, EWALD: *Geschichtsbild und Romankonzeption*, S. 47ff.
[55] COWART, DAVID: *History and the Contemporary Novel*, S. 6.

(1) The Way It Was – fictions whose authors aspire purely or largely to historical verisimilitude.
(2) The Way It Will Be – fictions whose authors reverse history to contemplate the future.
(3) The Turning Point – fictions whose authors seek to pinpoint the precise historical moment when the modern age or some prominent feature of it came into existence.
(4) The Distant Mirror – fictions whose authors project the present into the past.[56]

COWARTS Typenbezeichnungen enthalten, in nuce, Erläuterungen ihrer selbst. Erstgenannter Typus definiert sich über das Bemühen eines Autors, in einem historischen Roman ein Bild der Vergangenheit zu zeichnen, das sich nicht nur weitgehend mit der Überlieferung deckt, sondern vor allem ein vergangenes Zeitalter in seinem Denken und in seinen Wertvorstellungen, die sich deutlich von der Gegenwart des Autors (und Lesers) unterscheiden, präsent werden lässt. Die *turning point fictions* kaprizieren sich jeweils auf die Frage, wann und wie die Gegenwart zur Gegenwart wurde, und ob ein signifikantes Ereignis als Epochenschwelle zu identifizieren ist. Kriterium für die Zugehörigkeit zur vierten Kategorie ist das Verfahren der Projektion, durch das die Verfasser entsprechender Romane ihre eigene Zeit in der Vergangenheit zu durchleuchten versuchen und im Zuge dessen etwa eine ungewohnte Perspektive auf die Gegenwart eröffnen und allegorisch erzählen, indem sie Analogien zwischen historischen Konstellationen etablieren oder ein zyklisches Geschichtsmodell illustrieren, welches die Vorstellung historischen Fortschritts als Illusion erscheinen lässt.[57] Wohingegen die bisher benannten Typen Geschichte rückwärtsgewandt erzählen, extrapolieren Vertreter der zweiten Kategorie eine zum Zeitpunkt der Textgenese noch nicht stattgefundene Zukunft. Eine Gemeinsamkeit mit deviierenden historischen Romanen besteht offenkundig in der literarischen Gestaltung ungeschehener Geschichte. Allerdings weichen solche prospektiven Entwürfe, selbst wenn sie, wie COWART es formuliert, sich aus der Gegenwart entwickeln und die Vergangenheit spiegeln, nicht von der historischen Überlieferung ab, da keine Folie existiert, die sich fiktional kontrastieren ließe. COWART räumt ein, »that the four categories are not imagined to be absolute or definitive. They do, however, serve to classify a wide variety of historical fictions; moreover, they define a temporal spectrum with the present at its center.«[58] Zudem seien Mehrfachzuordnungen eines einzigen Romans mitunter möglich. Die

---

[56] Ibid., S. 8f.
[57] Vgl. ibid., S. 10f.
[58] Ibid., S. 27.

Voraussetzungen für eine typologische Erfassung deviierender historischer Romane scheinen indessen nicht gegeben zu sein.[59]

Die umfassendste und hinsichtlich der berücksichtigten Texte fundierteste typologische Beschreibung des englischen historischen Romans nach 1945 stammt von ANSGAR NÜNNING. NÜNNING argumentiert ausführlich gegen stofforientierte Gattungsbestimmungen und für ein Verfahren der Mehrebenenklassifikation. Hiernach sollen bei einer wissenschaftlichen Einordnung eines historischen Romans in eine das Spektrum des Genres möglichst in seiner Gesamtheit erfassende Typologie die Faktoren Selektionsstruktur (d. h. Dominanzverhältnisse zwischen hetero- und autoreferentiellen Bezügen), Relationierung und Gestaltung der Erzählebenen, Zeitbezug, Vermittlungsformen, das Verhältnis zum Wissen der Historiographie und schließlich das Funktionspotential Berücksichtigung finden. Auf diese Weise nimmt NÜNNING eine skalierbare Differenzierung von fünf Typen des historischen Romans vor und versieht sie mit den Bezeichnungen *dokumentarischer, realistischer, revisionistischer* und *metahistorischer Roman* sowie *historiographische Metafiktion*. Diese Typen repräsentieren Ausprägungen und Zwischenstadien auf einer gedachten Skala mit einander diametral entgegengesetzten Polen der Geschichtsdarstellung. Texte, die sich auf verbürgtes geschichtliches Geschehen beziehen und dieses vornehmlich diegetisch wiedergeben, nähern sich dem einen Ende oder Pol an. Auf der anderen Seite sind solche Texte angesiedelt, deren Charakter stark autoreferentiell ist, und in denen die fiktionalen Anteile im Vergleich mit den faktischen Anteilen überwiegen.

Eingehendere Berücksichtigung erfordert an dieser Stelle NÜNNINGS Wesensbestimmung des ›revisionistischen historischen Romans‹.[60] »Zu den Merkmalen dieses Typus zählen etwa kontrafaktische Realitätsreferenzen, Anachronismen und Referenzen, die logische und/oder physikalische Gesetze der empirischen Welt durchkreuzen.«[61] An anderer Stelle fasst NÜNNING die Kennzeichen dieser Spielart konzis zusammen:

---

[59] Dass deviierende historische Romane ebenfalls historische ›turning points‹ thematisieren und literarisch kommentieren können, wird zu zeigen sein.

[60] NÜNNING lehnt sich in Bezeichnung und Bestimmung an BRIAN MCHALES ›postmodernist revisionist historical novel‹ an, die MCHALE so charakterisiert: »The postmodernist historical novel is revisionist in two senses. First, it revises the *content* of the historical record, reinterpreting the historical record, often demystifying or debunking the orthodox *version* of the past. Secondly, it revises, indeed transforms, the conventions and norms of historical fiction itself« (MCHALE: Postmodernist Fiction, S. 90).

[61] NÜNNING, ANSGAR: *Von historischer Fiktion zu historiographischer Metafiktion*, S. 272.

> Solche Romane stellen überkommene Sinnmuster in Frage, betonen den Gegensatz
> zwischen Vergangenheit und Gegenwart und überschreiten in thematischer und for-
> maler Hinsicht die Grenzen, die für den traditionellen historischen Roman charak-
> teristisch sind. [...] Erstens behandelt der revisionistische historische Roman vor-
> nehmlich Stoffe, die von einer kritischen Haltung gegenüber der Vergangenheit bzw.
> überkommenen Deutungsmustern und einem veränderten Geschichtsverständnis zeu-
> gen. Mit der Erzählung kritischer Gegengeschichten durchbricht dieser Typus zwei-
> tens jene Beschränkungen, denen die Geschichtsdarstellung im realistischen Roman
> und in der Geschichtsschreibung unterliegt. Drittens verwendet der revisionistische
> historische Roman in verstärktem Maße spezifisch fiktionale und innovative Formen
> der Geschichtsdarstellung, die veränderten Auffassungen von Geschichte, Erinnerung,
> Gedächtnis, Zeit und historischer Erkenntnis entsprechen.[62]

Bei dieser enormen Reichweite wäre eine Erfassung des deviierenden historischen Romas zulässig. NÜNNING sieht dies wohl vor, da er mit Kingsley Amis'
The Alteration (1976) einen der ersten Vertreter als Beispiel anführt. Die Klassifikation als revisionistischer historischer Roman kann in diesem Fall erkennbar
nur um den Preis der generalisierenden Abstraktion und damit der Vernach-
lässigung spezieller Merkmale der Form geschehen. In einer Fußnote verweist
NÜNNING auf HELBIGS Arbeit *Der parahistorische Roman* (1988), auf die noch
näher einzugehen sein wird, und verzichtet selbst auf eine genauere Betrachtung
dieser Sonderform, deren Existenz er damit gleichwohl einräumt. Eines der
Verdienste NÜNNINGS – soweit sie die vorliegende Studie betreffen – besteht in
seiner systematischen Erweiterung der Auffassung des ›Historischen‹ im Roman,
die bereits nutzbar gemacht wurde. Dass die ebenfalls wegweisende Bestimmung
eines ›revisionistischen historischen Romans‹ noch eine genauere
Differenzierung zulässt, wird im Weiteren deutlich werden.

---

[62] NÜNNING, ANSGAR: *Beyond the Great Story*, S. 27f. Vgl. auch NÜNNINGS
Merkmalsmatrix in seiner Arbeit *Von historischer Fiktion zu historiographischer Metafiktion*,
S. 262ff.

3.2 Zur Erforschung kontrafaktischer Geschichtsentwürfe in der Erzählliteratur und zum Problem der Abgrenzung

Der vorhergehende Forschungsaufriss hat gezeigt, dass innerhalb der bis dato entwickelten und auf unterschiedlichen Kriterien basierenden Typologien des historischen Erzählens eine einwandfreie Situierung der hier behandelten Ausprägung nicht erfolgt ist und dass eine nachträgliche Einordnung selten durchführbar ist, weil die literarischen Beispiele in vielen Fällen quer zu den ausgewiesenen Sparten liegen. Die Romane müssten, je nach Gewichtung der einzelnen Ebenen oder Merkmale, unterschiedlichen Kategorien zugeordnet werden. Dies spricht vorab gegen eine formale, am Erzählverhalten orientierte Erfassung des deviierenden historischen Romans. Wenngleich dieser Umstand nicht zwangsläufig die Eloquenz der jeweiligen Typologie unterminiert, belegt er doch die Berechtigung der Annahme einer eigenen literarischen Spielart und deren literaturwissenschaftlicher Erfassung. Das folgende Kapitel rückt wieder näher an ebendiesen Untersuchungsgegenstand heran. Es stellt bisherige Beschreibungsansätze außerhalb breiterer typologischer Gruppenbildungen und Definitionsversuche vor. Als Charakteristikum der zu erfassenden Romane wurde eingangs die Deviation vom beim Leser vorausgesetzten Geschichtswissen und Geschichtsbild in signifikanten Punkten bestimmt. Demgemäß werden im Folgenden nur solche Forschungsbeiträge berücksichtigt, in deren Fokussierung auf ihren Untersuchungsgegenstand Schnittpunkte mit der hier zugrunde gelegten Auffassung zu erkennen sind.

Auch literaturgeschichtliche Überblicksdarstellungen registrieren mittlerweile eine Häufung von Verstößen gegen die Überlieferung in historischen Erzähltexten, beschränken sich bei deren Bewertung indessen naturgemäß auf vergleichsweise allgemein gehaltene Aussagen. So stellt INGO R. STOEHR im Zusammenhang mit der Konjunktur historischer Sujets im postmodernen Roman fest: »[...] the counterhistorical novel presents its version of events as a direct challenge to official history [...]. Some novels propose to revise the official interpretation of historical developments.«[63] Hier soll nicht ein als Überblick gedachter Abriss mit einem überhöhten, spezialwissenschaftlichen Anspruch konfrontiert werden, STOEHRS Aussagen sollen vielmehr vor Augen führen, dass eine zustimmungsfähige, abstrakt formulierte Gemeinsamkeit einer bestimmten Variante historischen Erzählens gefunden werden kann. Die Bemühungen um weitere Ausdifferenzierung sind jedoch höchst unterschiedlich ausgefallen. Dabei lässt sich feststellen, dass auch die Auffassungen über den Untersuchungsgegenstand recht uneinheitlich sind, wobei eine Schwierigkeit

---

[63] STOEHR, INGO R.: *German Literature of the Twentieth Century*, S. 407.

darin besteht, die Verfasser ihr Vorverständnis desselben nicht immer offen legen. Auf die Fülle an Termini, die im Umlauf sind, um jene Erzähltexte zu benennen, die Geschichte in bewusster Abweichung vom intersubjektiv vorauszusetzenden Wissen eines Kultur- und Rezeptionskreises darstellen, wurde bereits eingangs kurz hingewiesen. Zu kritisieren ist durchweg, dass die vorhandenen Arbeiten das Spezifikum kontrafaktischer Aussagen im Vergleich zu anderen fiktionalen Aussagen über Geschichte nur unzureichend bestimmen. Dort, wo kontrafaktische Geschichtsdarstellung als Wesensmerkmal einer unterscheidbaren literarischen Textart verstanden wird, bleibt die Frage nach dem Verfahren zur Generierung kontrafaktischer Propositionen innerhalb eines symbolischen sprachlichen Gebildes entweder unberücksichtigt oder sie wird vage und unsystematisch erörtert. Bezeichnend scheint weiter die lückenhafte Vernetzung der Beiträge. Es findet sich eine Reihe verstreuter Aufsätze, die meist anhand von zwei oder mehr Beispielen Überlegungen allgemeiner Art anstellen und, ohne zwischen Vergangenheits- und Zukunftsorientierung der Romane zu differenzieren, die Form mit dem ›What-if...?‹-Muster gleichsetzen und additiv-auflistend auf weitere Texte verweisen.[64] Daneben stehen Überlegungen, die in Studien zum historischen Roman integriert sind.

Innerhalb der Forschungsgeschichte sind es Anglistik und Amerikanistik, die zuerst Anlass für eine Berücksichtigung jener Spielart historischen Erzählens sehen. Zur Bezeichnung bestimmter »fashionable hybrids of historical fact and literary fiction«[65], deren Aufkommen in der amerikanischen Literatur der 1970er Jahre zu vermerken ist, wählt CUSHING STROUT den Terminus ›*Antihistorical Novel*‹.[66] E. L. Doctorows *Ragtime* (1974) und Robert Coovers *The Public Burning* (1977) sind Beispiele jener häufig als postmodern eingestuften Variante. Sie stellen eine in der Vergangenheit angesiedelte Handlung in von der Überlieferung abweichender Weise dar, wobei das ostentative Spiel mit Anachronismen die Eigenart dieser Texte ausmacht. STROUTS Begriffswahl zeigt an, dass Erzählprojekte in den Blick der Forschung geraten, die von gegen

---

[64] Vgl. u. a. DOSE, GERD: *Alternate Worlds: Kingsley Amis' The Alteration und Keith Roberts' Pavane*; HUSEMANN, HARALD: *When William Came; If Adolf Had Come* und HUSEMANN, HARALD: *If Adolf Had Come; If Helmut Were to Come*; MILLER, LAURA: *Imagine*.

[65] STROUT, CUSHING: *The Fortunes of Telling*, S. 14. Im gleichen Zusammenhang vermerkt STROUT: »[...] the traditional distinction between the actual and the possible as the dividing line between a history and a novel ignores the role of possibility in historical analysis and the role of actuality in the writing of novels« (ibid., S. 21f). STROUT zieht demnach auch eine problemlose Unterscheidbarkeit historiographischer und literarischer Darstellungstechniken in Zweifel.

[66] Vgl. STROUT, CUSHING: *The Antihistorical Novel*, S. 183ff.

geschichtswissenschaftliche Übereinkünfte gerichteten Aussagen geprägt sind, und deshalb als distinkt wahrgenommen werden. Dies belegt auch INA SCHABERTS Monographie zum historischen Roman in England und Amerika, deren Typologie bereits skizziert wurde. SCHABERT berücksichtigt die ›Alternative Geschichte‹ in ihrer Abhandlung, wenngleich sie unter der leicht pejorativ zu verstehenden Kapitelüberschrift als den »Parasitäre[n] Formen«[67] zugehörig deklariert wird. Für SCHABERT sind literarische Gestaltungen dessen,

> was bei anderen äußeren und inneren Bedingungen, bei anderen Fügungen des Zufalls, bei anderem Verhalten bestimmter Personen eingetreten wäre [...] nicht als Geschichtsversionen zu rezipieren, die das orthodoxe Geschichtsbild revidieren oder ergänzen, sondern erscheinen vor einem gesicherten historischen Tatbestand als Erfindungen, die das, was gewesen ist, konfrontieren mit etwas, das hätte sein können.[68]

Benachbarte Schreibweisen, insbesondere phantastische Romane und Science Fiction, in denen der Bezug auf Potentialitäten konkreter historischer Epochen und Personen nicht gewahrt ist, sollen hingegen nicht als Thematisierung von Geschichte aufgenommen und folglich nicht dem Genre des historischen Romans zugeordnet werden.[69] Durch diese Abgrenzung unternimmt SCHABERT einen Schritt, um kontrafaktische Geschichtsdarstellungen in den Bereich des historischen Erzählens zu integrieren.

Daneben stehen, ebenfalls seit den 1970er Jahren, Klassifikationsversuche, die solche literarischen Produkte dem Bereich der Science Fiction zuordnen.[70] In dieser Weise äußert sich etwa UMBERTO ECO, der die fraglichen Romane als Ableger der Science Fiction-Literatur behandelt und deren Beitrag zum Verständnis der tatsächlichen Geschichte würdigt, dabei allerdings die Auffassung vertritt, das, was daran interessiere, sei »nicht so sehr die modifizierte Historie als die Mechanik ihrer Modifikation, das heißt die kosmologische Möglichkeit einer Reise zurück, das ›wissenschaftliche‹ Problem einer Projektion der möglichen Geschichte, ausgehend von den Tendenzen der aktuellen Welt.«[71] Für ECO sind Allotopie, Utopie und Uchronie Ausprägungen der phantastischen Literatur, zu welcher auch die in diesem Bereich häufig anzutreffenden Zeitreiseromane zäh-

---

[67] Vgl. das Kapitel ›Parasitäre Formen‹ in SCHABERTS Monographie.
[68] SCHABERT, INA: *Der historische Roman in England und Amerika*, S. 86.
[69] Vgl. ibid., S. 86.
[70] Diverse Beiträge in der Sekundärliteratur zur Science Fiction ließen sich hier anführen. Vgl. u. a. ALDISS, BRIAN W.: *Alternate Worlds and Alternate Histories* und SUVIN, DARKO: *Victorian Science Fiction, 1871 – 85: The Rise of the Alternative History Sub-Genre*.
[71] ECO, UMBERTO: *Die Welten der Science Fiction*, S. 218.

len. Auch KAREN HELLEKSONS Studie *The Alternate History. Refiguring Historical Time* (2001) behandelt Romane, in denen kontrafaktische Geschichtsdarstellungen eine integrale Rolle spielen, als dem Bereich der Science Fiction zugehörig. HELLEKSON stellt dies ausdrücklich klar: »One important point I wish to stress is that the alternate history is a subgenre of the genre of science fiction, which is itself a subgenre of fantastic (that is, not realistic) literature.«[72] Als durchaus fragwürdiges Argument für diese Zuordnung führt sie an, dass die Autoren entsprechender Texte sich häufig einen Namen als Verfasser von Science Fiction-Romanen gemacht hätten.[73] Auch HELLEKSONS Verständnis der untersuchten Spielart legt das ›What-if...?‹-Muster zugrunde und beschreibt ihren Untersuchungsgegenstand als »the branch of literature that concerns itself with history's turning out differently than what we know to be true.«[74] Anliegen ihrer Studie ist zu zeigen »that the best kind of alternate history is the one concerned most intimately with plausible causal relationships«[75], sie erhebt also den Gesichtspunkt der Plausibilität zum ästhetischen Qualitätsmerkmal. Insgesamt unterscheidet sie drei Kategorien alternativer Geschichtserzählung, nämlich

> (1) the nexus story, which includes time-travel–time-policing stories and battle stories; (2) the true alternate history, which may include alternate histories that posit different physical laws; and (3) the parallel world story. Nexus stories occur at the moment of the break. The true alternate history occurs after the break, sometimes a long time after. And the parallel worlds story implies that there was no break – that all events that could have occurred did occur.[76]

An Helleksons Arbeit lässt sich insgesamt in der vorliegenden Untersuchung ebenso wenig anschließen wie an andere Arbeiten, in denen das Verständnis der behandelten literarischen Form Zeitreiseromane, in der Zukunft und in Paralleluniversen angesiedelte fiktionale Texte einschließt.[77]

---

[72] HELLEKSON, KAREN: *The Alternate History*, S. 3
[73] HELLEKSONS Materialkorpus setzt sich erkennbar aus populärliterarischen Romanen zusammen. Genauer untersucht werden Ward Moores *Bring the Jubilee*, Philip K. Dicks *The Man in the High Castle*, William Gibson und Bruce Sterlings *The Difference Engine*, Brian Aldiss' *The Malacia Tapestry* sowie Poul Andersons *Time Patrol*-Texte.
[74] HELLEKSON, KAREN: *The Alternate History*, S. 1.
[75] Ibid.
[76] Ibid., S. 5. Die eigene Einteilung relativierend, merkt sie an: »I divide the alternate history into these categories because I see the alternate history as querying historical concerns about time, including the notion of sequence that is so integral to the concept of time. There are so many different kinds of alternate histories that I had to limit myself to ones I felt really queried historicity« (ibid.).
[77] Zuletzt wurde diese Position von GEOFFREY WINTHROP-YOUNG vertreten, der daraus zugleich einen Beleg dafür ableitet, ›alternate history‹ sei ein Genre, das aus der

WILHELM FÜGER führt 1984 in seinem Aufsatz *Streifzüge durch Allotopia* für den deutschen Sprachraum den Terminus ›parahistorischer Roman‹ ein. FÜGER gebraucht diese Benennung für das allotopische Subgenre der ›alternate history‹ und erklärt: »Wo Romanciers solche Denkansätze aufgreifen und zu einem Stück Alternativgeschichte ausbauen, kreieren sie den Typus des parahistorischen Romans, den man generell der Disziplin einer *history fiction* zurechnen könnte, die zu den historischen Wissenschaften im gleichen Bezugsverhältnis steht wie die Science Fiction zu den Naturwissenschaften.«[78] Insgesamt tendiert die Allotopieforschung ihrem Gegenstand entsprechend dazu, kontrafaktische Geschichtsdarstellungen als Gestaltungen paralleler Welten anzusehen. Entsprechend postuliert FÜGER folgende Bedingung: »Allotopien dürfen überall angesiedelt sein, nur nicht im Hier bzw. im Dort eines empirisch zugänglichen Heute oder Gestern, genaugenommen nicht einmal im Morgen [...].«[79] Auch BRIAN MCHALE sieht alternative Ereignisgeschichten als Gestaltungen paralleler Welten an, wenn er sie in seiner Studie zur *Postmodernist Fiction* folgendermaßen beschreibt:

Science Fiction Literatur entstanden sei. Vgl. WINTHROP-YOUNG: *Fallacies and Thresholds*, S. 115: »With regard to Alternate History, the most important devices were time-travel and the multiple-timeline scenario. The refunctionalization of these devices is instrumental when it comes to explaining why Alternate History arose from SF rather than elsewhere.« Zuvor findet sich eine ähnliche Auffassung bei GERD DOSE, der erklärt: »Eine neue Variante gegenweltlicher Literatur in der Verschmelzungszone von Utopie und SF-Literatur entsteht in England seit den siebziger Jahren. Die Autoren ersetzen bei Wahrung eines konstanten historischen Grundkontextes bestimmte Schlüsselereignisse, -faktoren oder -personen durch erfundene Ereignisse, Faktoren oder Personen, deren Eintritt bzw. Vorhandensein auch plausibel gewesen wäre. Sie konstruieren auf diese Weise mehr oder weniger eng oder weit gefaßte Parallel- oder Analoggeschichten zur Realgeschichte« (DOSE: Alternate Worlds, S. 318). Die Zeiträume, die als Entstehungsphase des Genres genannt werden, variieren dabei deutlich, denn nach WINTHROP-YOUNG dauerte »the genre's first, formative period, roughly, from the early 1930s to the early 1940s« (WINTHROP-YOUNG: Fallacies and Thresholds, S. 102). Nicht ohne Überzeugungskraft ist WINTHROP-YOUNGS an Zeitreisetexten illustriertes Argument, dass eine »increased sensitivity to the mutablity of history hardly existed in literature prior to the 1930s« (ibid., S. 108). So lässt sich am Beispiel von Wells *The Time Machine* und Ray Bradburys *The Sound of Thunder* zeigen, dass erst in letzterer, rund 40 Jahre nach der ersten entstandenen Erzählung die Konsequenzen einer Zeitreise in die Vergangenheit für die Gegenwart in Betracht gezogen und zum Thema gemacht werden.

[78] FÜGER, WILHELM: *Streifzüge durch Allotopia*, S. 371. Auch CARL TIGHE behandelt die von ihm zusammengestellten populärliterarischen Texte gleichermaßen als historische Romane wie als Science Fiction-Produkte. Vgl. TIGHE, CARL: *Pax Germanica in the future-historical*.

[79] Ibid., S. 355.

> But what if things had gone differently, what if one of the other forks had been chosen? What kind of world would have resulted if, for instance, the Axis Powers instead of the Allies had won the Second World War? This speculation generates the world of Philip K. Dick's classic parallel-world story, *The Man in the High Castle* (1962). Inevitably, such a story invites the reader to compare the real state of affairs in our world with the hypothetical state of affairs projected for the parallel world; implicitly it places our world and the parallel world in confrontation.[80]

MCHALE rechnet entsprechende Texte zur Science Fiction-Literatur und behandelt sie im Kontext derselben, er hält demgemäß den Unterschied zwischen einer in die Zukunft projizierten Welt und einer alternativen, in die Vergangenheit verlegten Welt für zweitrangig. Derselbe Einwand gilt gegenüber HELLEKSON, die diese Trennung in ihrer Studie gleichfalls nicht vornimmt und dadurch eine Grenze zwischen historischem Erzählen und Science Fiction-Literatur noch weiter aufweicht.

Beide Richtungen der Forschung, nämlich die mit Augenmerk auf Science Fiction und die, die die Nähe zum historischen Roman erkennt, versucht JÖRG HELBIG zu einer Synthese zu führen. HELBIG übernimmt in seiner anglistischen Dissertation von 1988 den Terminus ›parahistorischer Roman‹, entwickelt ihn weiter und verortet die Alternativgeschichte ebenfalls im Bereich der Allotopie. HELBIG »versteht den parahistorischen Roman [...] als eigenständiges Subgenre einer ostentativ amimetischen Erzählliteratur«[81] und bezieht sich dabei nicht auf die erzählerischen Mittel, die in den in Rede stehenden Romanen anzutreffen sind, sondern im weitesten Sinne auf das Sujet der Texte, die die als bekannt angenommene Wirklichkeit durch kontrafaktische Entwürfe eher verfremden und transzendieren als abbildend nachahmen. Parahistorische Romane entwerfen nach HELBIGS Bestimmung alternative Welt- und Gesellschaftsstrukturen, die aus einer hypothetischen Abänderung des faktischen Geschichtsverlaufs entstehen.[82] Die Schlüssigkeit einer im Roman vorgelegten Schilderung des Ungeschehenen bemisst sich für HELBIG nach deren Wahrscheinlichkeit.[83] Die Gesichtspunkte zur Abwägung historischer Erwartbarkeit findet er bei ALEXANDER DEMANDT, der in seinem Buch *Ungeschehene Geschichte. Ein Traktat über die Frage: Was wäre geschehen, wenn...?* zahlreiche nicht eingetretene historische Möglichkeiten durchspielt und zugleich verschiedene methodische Regeln und Methoden aufstellt, derer sich Historiker

---

[80] MCHALE, BRIAN: *Postmodernist Fiction*, S. 61.
[81] HELBIG, JÖRG: *Der parahistorische Roman*, S. 24.
[82] Vgl. ibid., S. 31
[83] Vgl. ibid., S. 75.

bei der Konstruktion kontrafaktischer Szenarien zu heuristischen Zwecken bedienen sollten.[84] An DEMANDTS Argumentation orientiert sich HELBIG insbesondere in seinen Ausführungen zu potentiellen und erfolgversprechenden Ansatzpunkten für eventualhistorische Erzähltexte. Unter den im faktischen Geschichtsverlauf chronologisch angeordneten Ereignismomenten eignen sich, so befindet er, besonders Konfliktsituationen, deren Ausgang mit weit reichenden Konsequenzen verbunden ist.

HELBIG unternimmt den Versuch einer deduktiven Poetik des parahistorischen Romans, in die er insbesondere drei für wesentlich erachtete Aspekte einbezieht, nämlich erstens die Identifizierung und gedachte Art der Veränderung möglicher historischer Wendepunkte, zweitens die Überprüfung der Durchsetzungschancen ebendieser Veränderung und drittens die Mechanismen der Ableitung einer alternativen Zukunft.[85] Hiernach sieht HELBIG verschiedene Optionen: Der Autor kann durch Negation eines faktischen Ereignisses in den vorgefundenen Verlauf eingreifen oder durch die Substitution eines tatsächlichen durch ein fiktives Ereignis. Von diesem Moment an wird im Roman jeweils der nicht eingetretene, aber hypothetisch annehmbare Fortgang durchgespielt. Ferner bestünde noch die Option, ein überliefertes Ereignis zum exakt gleichen Zeitpunkt und mit identischer personaler Besetzung wie in der Realität stattfinden zu lassen, dabei jedoch einige der das Ereignis umgebenden, kulturellen, wirtschaftlichen, sozialen oder technologischen Rahmenbedingen abzuwandeln. Schließlich komme die Spekulation darüber in Frage, welche alternativen historischen Konstellationen sich hätten ergeben können, wenn zentrale Figuren der Geschichte mehr oder weniger Einfluss hätten ausüben können.[86]

Schwierigkeiten treten auf, wenn es gilt, diese deduktiv erarbeitete Poetik auf eine quantitativ solide Textbasis zu stellen, die zugleich den selbst eingeführten Auswahlkriterien genügen soll. HELBIGS Ausführungen sind auch weniger hilfreich, wenn es darum geht, den ästhetischen Spielraum des untersuchten Phänomens einzuschätzen; zudem ignoriert seine Untersuchung die durchaus erkennbaren Unterschiede, die hinsichtlich ihrer Referentialität zwischen prospektiven und retrospektiven Geschichtsentwürfen besteht.

Abgesehen von einem bis ins 19. Jahrhundert zurückreichenden historischen Überblick über die Entwicklung dessen, was er als *alternative history* bezeichnet und als »a fictional genre defined by speculation about what the present would be

---

[84] Vgl. hierzu Kapitel 4.2.4 der vorliegenden Arbeit.
[85] Vgl. HELBIG, JÖRG: *Der parahistorische Roman*, S. 66.
[86] Vgl. ibid., 71.

like had historical events ocurred differently«[87] definiert, liefert EDGAR VERNON MCKNIGHTS Dissertation von 1994 gegenüber HELBIG keine neuen Einsichten oder Argumente. Auch MCKNIGHT beschränkt seine Untersuchung auf den englischen und amerikanischen Sprach- und Literaturraum und wählt ähnliche Texte wie HELBIG zur Betrachtung aus, darunter Philip K. Dicks *The Man in the High Castle*, Ward Moores *Bring the Jubilee*, Keith Roberts *Pavane* und Kingsley Amis' *The Alteration*. Den Operations- und Wirkungsmodus dieser Romane kennzeichnet MCKNIGHT wie folgt: »By deliberately changing the past, and consequently the present, in a logical and recognizable way, alternative history liberates fiction from the restraints of historical verisimilitude without abandoning the substance and richness of an otherwise realistic historical context.«[88] MCKNIGHT beschränkt die Form auf Darstellungen alternativer Geschichtsverläufe und nimmt *Gravity's Rainbow* und *Midnight's Children* sogar ausdrücklich aus.[89]

CHRISTOPH RODIEK, der sich über einen längeren Zeitraum ausführlich und wiederholt mit kontrafaktischer Geschichtsdarstellung beschäftigt hat, liefert 1997 in seinem Buch *Erfundene Vergangenheit* eine Darstellung des Phänomens, die ihre Beispiele vornehmlich aus der französischen und spanischsprachigen Literatur bezieht. Er gebraucht in Anlehnung an den französischen Philosophen Charles Renouvier den Terminus ›Uchronie‹: »Zur Bezeichnung der umfassendsten Form kontrafaktischer Geschichtsdarstellung steht seit Mitte des 19. Jahrhunderts der Ausdruck ›Uchronie‹ zur Verfügung.«[90] Anderen, konkurrierenden Benennungen gegenüber nimmt RODIEK für seine Wahl in Anspruch, dass sich der Ausdruck im romanischen Sprachraum durchgesetzt habe und auch in englischsprachigen Ländern gelegentlich verwendet werde.[91] Nach RODIEKS Begriffsbestimmung ist ›Uchronie‹ keine Gattung, sondern ein »textsortenunabhängiges Darstellungsmuster«[92], welches »als Element in ganz unterschiedliche Textsorten integriert werden kann. Als ›Uchronien‹ im engeren Sinne sollten nur jene Darstellungen bezeichnet werden, in denen das konjektural-historische Moment dominant ist.«[93] Es handelt sich um literarische

---

[87] MCKNIGHT JR., EDGAR VERNON: *Alternative History*, S. iii.
[88] Ibid., S. 2.
[89] Vgl. ibid., S. 4f.
[90] RODIEK, CHRISTOPH: *Erfundene Vergangenheit*, S. 25.
[91] Vgl. ibid., S. 25.
[92] RODIEK, CHRISTOPH: *Prolegomena zu einer Poetik des Kontrafaktischen*, S. 268. Als mögliche Realisierungsformen neben dem Roman nennt RODIEK Gedicht, Skizze, Essay, Erzählung, Drama, Satire, Trivialroman, Gattungsparodie und Histoire secrète (vgl. RODIEK: Erfundene Vergangenheit, S. 123).
[93] RODIEK, CHRISTOPH: *Prolegomena zu einer Poetik des Kontrafaktischen*, S. 268.

Texte, in denen bestimmte Abschnitte der Vergangenheit neu erzählt werden, indem sie von Ereignisfolgen berichten, die sich zu keiner Zeit tatsächlich zugetragen haben. Dabei erfolgt die Umschreibung einer Vorlage, in diesem Falle der Realität. Dieser Vorgang lässt sich als intertextuelle Operation auffassen, die, um zu gelingen, d. h. um angemessen gelesen und verstanden werden zu können, die Kenntnis des Originals voraussetzt. Die Vertrautheit mit der Realhistorie ist demnach eine Bedingung sowohl für die Hervorbringung wie auch für die Rezeption uchronischer Texte.[94] RODIEK betont deren inhaltliche Offenheit und weist darauf hin, dass sowohl ›verschlechternde‹ als auch ›verbessernde‹ Uchronien vorkommen.[95] Formal zeichnet sich die von RODIEK beschriebene Uchronie dadurch aus, dass sie nur eine einzige konjekturalhistorische Variante und deren Auswirkungen über einen längeren Zeitraum hinweg verfolgt und sich dabei um Homogenität bemüht, indem ein kohärentes Ganzes gestaltet wird – im Gegensatz zu solchen Texten, die verschiedene historische Alternativen und deren Folgen kontrastiv erörtern oder schildern, ohne hierbei die Illusionswirkung einer in sich geschlossenen möglichen Welt aufrecht zu erhalten.[96]

RODIEKS Definition von Uchronie weist – ähnlich wie HELBIGS Anspruch an den parahistorischen Roman – signifikante Parallelen zu den von DEMANDT für die Historiographie im Umgang mit ungeschehenen geschichtlichen Verläufen eingeforderten Maßstäben auf. Auch RODIEK beruft sich mehrfach auf DEMANDT. So erklärt er:

> Vor allem aber beachtet die historische Korrektur konsequent die Grenzen des Plausiblen, denn das Ethos des Uchronisten besteht darin, mit einer – literarisch möglichst angemessenen – Verfremdung von Geschichte eine Faktizität zweiten Grades zu erzeugen und dadurch Vergangenheit begreifbar zu machen.[97]

RODIEK bezeichnet uchronische Schreibweisen als intertextuelle Praktik im Sinne GENETTES. »Bei diesem konjekturalhistorischen Gegenentwurf handelt es sich um eine ›pratique hypertextuelle‹, also ein Verfahren der Bezugnahme auf eine Vorlage«[98]. Er vergleicht die Schreibform mit einem Schachspiel und nimmt

---

[94] Vgl. RODIEK, CHRISTOPH: *Erfundene Vergangenheit*, S. 11f..
[95] Vgl. ibid., S. 30.
[96] Vgl. ibid., S. 26.
[97] Ibid., S. 164. An anderer Stelle formuliert RODIEK noch rigoroser: »Oberste Maxime bei diesem Neuschreiben der Ereignisgeschichte ist das Prinzip strikter Plausibilität.« (RODIEK: Prolegomena, S. 268). Vgl. auch RODIEK, CHRISTOPH: *Erfundene Vergangenheit*. Dort lautet sein poetologisches Diktum: »Entscheidend bei der Erzeugung kontrafaktischer Varianten ist nun freilich das Prinzip strikter Plausibilität als oberste Maxime […]« (RODIEK: Erfundene Vergangenheit, S. 41).
[98] Ibid., S. 10.

an, das Verfahren bestehe darin, »den potentiellen Geschichtsverlauf wie eine Kontrafaktur Zug um Zug auf das historische Original zurückzubeziehen und so zu plausibilisieren«[99]. Beide, die Metapher und die Kennzeichnung des Verfahrens, sind schon deshalb nicht unproblematisch, weil sie der Erläuterung entbehren, wie nach einem ersten veränderten Zug der weitere Rückbezug auf die Vorlage oder Originalpartie erfolgen soll.[100] Dass RODIEK unter Uchronie nicht eine willkürlich erzeugte, imaginäre Geschichte, sondern eine möglichst plausible nicht eingetretene Vergangenheit verstanden wissen will, beschränkt klar den Gültigkeitsbereich dieser Bezeichnung. Wie sinnvoll diese Beschränkung erscheint, mag letztlich von der Perspektive des Interpreten und vom gewählten Untersuchungsmaterial abhängen und kann hier dahingestellt bleiben. Für RODIEK dient sie zusätzlich als Argument für die Unterscheidung zur Science Fiction, da Science Fiction-Autoren angeblich keine plausible Vergangenheitsrevision anstreben. Es ist ersichtlich, dass der Spielraum hier sehr weit ist und dass das enge Konzept der Uchronie lediglich einen Ausschnitt des Spektrums deviierenden historischen Erzählens abdeckt, der sich bei RODIEK dadurch eingrenzen lässt, dass ›kontrafaktisch‹ mit ›konjekturalhistorisch‹ gleichgesetzt wird.

ELISABETH WESSELING übernimmt in *Writing History as a Prophet* (1991) von RODIEK die Benennung Uchronie, die dieser in einem Artikel eingeführt hatte, noch ehe seine eigentliche, umfangreichere Arbeit zu dieser literarischen Form vorlag. WESSELING verwendet sie jedoch falsch und überträgt sie auf ein gänzlich anderes Textkorpus. Sie beurteilt die uchronische Variante als eine von zwei postmodernen Erscheinungsformen historischen Erzählens.[101] Sie erweitert ihre Beobachtungen zu einem Konzept, welches sie als *uchronian fantasy* bezeichnet. Im Gegensatz zum konventionellen historischen Erzählen, das sich darauf beschränkt, Handlungen vor dem überlieferten Gerüst historischer Fakten zu erfinden und auszumalen, formen solche alternative Geschichtserzählungen das Gerüst selbst um. »Changes are wrought upon canonized history by effecting shifts among the various factors that played a role in a given historical situation

---

[99] RODIEK, CHRISTOPH: *Potentielle Historie (Uchronie)*, S. 48.

[100] Berechtigte Kritik übt diesbezüglich auch HOLGER KORTHALS, der bemerkt: »Wie schön, wenn man noch an Spielregeln in der Geschichte glauben könnte« (KORTHALS: Spekulationen mit historischem Material, S. 163). Damit wendet er sich gegen RODIEKS Postulat, ernsthafte Uchronien müssten gewisse Spielregeln beachten.

[101] Die andere, selbstreflexive Variante »enlarges the generic repertoire of the historical novel with strategies that turn epistemological questions concerning the nature and intelligibility of history into a literary scheme« (WESSELING: Writing History as a Prophet, S. vii).

or series of events.«[102] Jene Basisannahme führt zur Formulierung einer Glückensbedingung für die durch die entsprechenden Texte angestrebte literarische Kommunikationshandlung: »One cannot properly understand conjectures about potential history without a general knowledge of actual history.«[103] Die wesentlichen Aspekte ihrer modifizierten typologischen Bestimmung finden sich in folgender Passage:

> Uchronian fantasy locates utopia in history, by imagining an apocryphal course of events, which clearly did not really take place, but which might have taken place. [...] Uchronian fiction may be regarded as a subspecies of counterfactual historical fiction, that is, fiction which deliberately departs from canonized history.[104]

Sie nimmt an, dass postmoderne historische Romane sich der Geschichte von Menschengruppen annehmen, »who have been relegated to insignificance by official history. In this way, unrealized possibilities that lie dormant in certain historical situations are brought to our attention (›What would have happened, if ...?‹).«[105] Viele einflussreiche Autoren neigten folglich dazu, Geschichte nicht nach Belieben neu zu erdenken und zu verändern: »Rather, they rewrite history from the perspective of the loosers [sic] of historical struggles for power, which

---

[102] WESSELING, ELISABETH: *Writing History as a Prophet*, S. 100.
[103] Ibid., S. 105.
[104] Ibid., S. 102. WESSELING bezieht damit Stellung gegen DEMANDT, für den konjekturalhistorische Modelle ihren Wert verlieren, sobald sie von utopischen Idealvorstellungen geleitet sind: »However, Demandt's verdict on wishful historical thinking does not apply to the novelist, whose counterfactual conjectures tend to be guided quite emphatically by clearcut utopian ideals« (WESSELING: Writing History as a Prophet, S. 105). Dass dem so ist, sucht WESSELING zu begründen, indem sie erklärt, es sei sehr schwierig, die Vorstellungskraft von den Banden der kanonisierten Geschichte zu befreien, ohne dabei von utopischen Visionen inspiriert zu sein (vgl. ibid., S. 102). Es scheint, als wolle Wesseling durch Betonung der utopischen Qualität zugleich ein Kohärenzkriterium einführen, mit dessen Hilfe sie die als ›uchronian fantasies‹ ausgewiesenen Romane von solchen unterscheiden möchte, die Geschichte in willkürlicher Manier transformieren. In ähnlicher Weise, wenn auch verknappt, greift ASTRID HERHOFFER das Konzept als Möglichkeit, Geschichte gegen den Strich zu lesen, auf und verweist auf die »uchronische Darstellung von Geschichte in ihrer Beantwortung der Frage ›Was wäre, wenn...?‹. Hier sollen Vergangenheiten ergründet werden, die keine waren, aber durchaus hätten sein können. Dieser Umgang mit Geschichte entspringt dem Bedürfnis nach einer Standortbestimmung in der Jetzt-Zeit, dem Bedürfnis nach Hoffnungspotential, das, in die Zukunft transportiert, eine Vergangenheit herstellen könnte, in der wir uns wiederfinden« (HERHOFFER: Geschichte gegen den Strich, S. 344). Auch HERHOFFER insistiert sichtlich auf dem Moment des Utopischen.
[105] WESSELING, ELISABETH: *Writing History as a Prophet*, S. viii.

expresses an involvement with emancipatory causes.«[106] Diese Annahme wird bei Wesseling stark generalisierend formuliert; ob sie sich jedoch empirisch ähnlich flächendeckend nachweisen lässt, ist fraglich, auch bleibt sie eine überzeugende Begründung dafür schuldig, warum kontrafaktische Verläufe notwendigerweise mit positiven utopischen Vorstellungen kombiniert auftreten sollen. Dass die vorhandenen Beispiele dieser Regel keineswegs immer entsprechen, ließe sich auch im an utopischen Romanen reichen englischsprachigen Raum unter Verweis auf Amis' *The Alteration* belegen, dessen Vision einer von einer übermächtigen katholischen Kirche beherrschten westlichen Welt nicht den Entwurf eines besseren Geschichtsverlaufs darstellt. WESSELING widmet sich besonders den politischen Implikationen dieser Romane, orientiert sich also letztlich an ihrem gesellschaftlichen Wirkungs- und Funktionspotential und schränkt damit automatisch den Gültigkeitsbereich der von ihr beschriebenen Spielart ein. Ihre Akzentuierung des den Romanen inhärenten utopischen Moments führt zudem von der funktionellen Offenheit kontrafaktischer Geschichtsdarstellungen weg.

Abschließend[107] zu nennen ist HOLGER KORTHALS' Aufsatz *Spekulationen mit historischem Material*, der die Ansätze von HELBIG, RODIEK und WESSELING auswertet. KORTHALS bevorzugt den Terminus ›Alternate History‹ und hebt deutlich die Affinität zum historischen Roman hervor, denn er konstatiert, die Texte teilten »die Verwendung vornehmlich denotativer Referenzen auf reale Personen, Orte und Ereignisse [...] mit dem historischen Roman.«[108] KORTHALS schlägt folgende Definition vor: »Alternate History ist eine Form der Allotopie, in der mittels einer hinreichenden Anzahl kohärenter historischer Referenzen eine fiktionale Welt entworfen wird, die innerhalb der Fiktion das Resultat eines kontrafaktischen Geschichtsverlaufs ist.«[109] Auch KORTHALS beschränkt die Gültigkeit ausdrücklich auf kontrafaktische Ereignisverläufe. So gelangt er, auch wenn er die literarischen Texte vom Anspruch auf Plausibilität

---

[106] ibid.
[107] Nach Abschluss dieser Studie erschien der Aufsatz *Counterfactual Narrative Explanation* von DANIEL DOHRN. DOHRNS These besagt, dass die Hervorbringung von fiktionalen Handlungsabläufen in Texten auf vergleichbaren gedanklichen Prozessen und Prämissen basiert wie kontrafaktische Szenarien. Vgl. DOHRN, DANIEL: *Counterfactual Narrative Explanation*, S. 40: »The author may be regarded as making a thought experiment: What would be the case if…? The if-clause fixes antecedet conditions within a paradigm scenario (›If there were a family with such and such [...] features...‹). But describing this scenario also involves the then-clause stating what would be the case if the antecedent conditions were satisfied [...].« Für das hier verfolgte Erkenntnisinteresse und für die Verortung devierender historischer Romane in bestehenden Genreparadigmen ist DOHRNS Ansatz insgesamt nicht relevant.
[108] KORTHALS, HOLGER: *Spekulationen mit historischem Material*, S. 168.
[109] Ibid., S. 169.

weitgehend entbindet,[110] zu einer Auffassung des Kontrafaktischen, die eine hier für wesentlich erachtete Ausprägung nicht berücksichtigt.

Die vorliegende Arbeit knüpft in einigen Punkten an die oben skizzierten, von der Forschung zusammengetragenen Befunde an, wenn sie erstens die Bedeutung des Lesers und des Leserwissens als ein tragendes Element in jeder Poetik kontrafaktischer Schreibweisen ansieht. Anschließen lässt sich also an die von RODIEK formulierte Einsicht über die Bedeutung des Rezipienten für die Funktionsweise solcher kontrafaktischer Darstellungen, die hierdurch als eine der Intertextualität verwandte und vergleichbare Praktik der Bezugnahme auf als bekannt vorausgesetzte Folien kenntlich wird. Zweitens bewertet sie die Bedeutung ›zentraler‹ historischer Konstellationen, insbesondere politischer Entscheidungssituationen als Material für kontrafaktische Geschichtsdarstellungen ähnlich wie RODIEK, HELBIG oder HELLEKSON. Die integrale Funktion dieses zweiten Faktors ergibt sich zum einen aus dem Potential, das historische Entscheidungssituationen auch für kontrafaktische Entwürfe bieten können, zum anderen ebenfalls aus dem üblicherweise weit verbreiteten Basiswissen über die betreffenden historischen Geschehnisse, welches schon ein Produkt und Ergebnis eines der kontrafaktischen Darstellung vorausgegangenen Selektions- und Interpretationsprozesses ist.

Da diese Studie insgesamt jedoch von einer vielschichtigeren und variableren Poetik des Kontrafaktischen ausgeht als die Arbeiten der oben erwähnten Autorinnen und Autoren, besteht Grund dazu, einige in der Forschung vertretene Anschauungen für modifikationsbedürftig zu erklären. In mindestens zwei ähnlich wichtigen Aspekten unterscheidet sich der hier verfolgte Ansatz von vorhergehenden. Als Gemeinsamkeit ist bei aller mangelnden Koordination und Heterogenität der bisherigen Ansätze und des einbezogenen Materials die in der verwendeten Begrifflichkeit durchscheinende Gleichsetzung (und damit Einschränkung) des Kontrafaktischen auf konjekturalhistorische Verläufe zu erkennen, entsprechend konzentrieren sich die Forschungsbeiträge auf die Beispiele in der Literatur, in denen dieses Muster auffindbar ist. In dieser Hinsicht sind, wie zu zeigen sein wird, Parallelen zur Geschichtswissenschaft erkennen, aus der die literaturwissenschaftliche Erforschung des Phänomens diverse Impulse erhalten hat. Dass kontrafaktische Geschichtsdarstellung bislang ausnahmslos mit historisch verankerten ›Was-wäre-wenn…?‹-Erzähltexten assoziiert worden sind, hat zu einer Bestimmung des Kontrafaktischen geführt, die unzureichend erscheint und daher im Folgenden erweitert werden soll.

---

[110] Vgl. ibid., S. 164. Der entsprechende Passus wurde bereits in Kapitel 2.2 als Zitat wiedergegeben.

Weiterhin ist durchgängig die Relevanz erkennbar, die der Plausibilität der literarischen Ausarbeitungen solcher Konjekturalhistorien zuerkannt wird. Wohingegen der erste Gesichtspunkt das Blickfeld notwendigerweise limitieren muss und den Untersuchungsbereich beschränkt, ist letzterer problematisch, weil gerade das ›Plausible‹, welches für die wissenschaftliche Betrachtung von nicht verwirklichten historischen Möglichkeiten notwendig ist, in der Literatur keineswegs a priori Gültigkeit hat. Die Adaption von Maßgaben der um Exaktheit bemühten Geschichtsforschung für Romanautoren lässt sich schwerlich rechtfertigen. Sieht man davon ab, bleibt die Frage, wie Plausibilität zu messen ist. Die Forderung nach der unbedingten Plausibilität der kontrafaktischen Geschichtsentwürfe wird deshalb hier nicht aufrecht erhalten.

3.3 Kontrafaktische Geschichtsdarstellung in der Literatur als postmodernes Phänomen?

Dass kontrafaktische Geschichtsdarstellung vielfach innerhalb der Postmoderne kontextualisiert wird, wurde eingangs bereits angesprochen. »Die bereits mehrere Jahrzehnte andauernde Konjunktur kontrafaktischer Schreibweisen hat vielmehr mit einer gesamtstrukturellen Situation zu tun, in der Begriffe wie ›Poststrukturalismus‹, ›Postmoderne‹ und ›Posthistoire‹ eine nicht unerhebliche Rolle spielen«[111], so RODIEK. Entsprechend ließen sich »Affinitäten und Analogien ermitteln, die den Schluß nahelegen, daß kontrafaktische Geschichtsdarstellung im Rahmen der sogenannten ›postmodernen Konstellation‹ auf besonders günstige Rezeptionsbedingungen gestoßen ist.«[112] Für eine Verortung in der Postmoderne plädiert auch MCKNIGHT:

> Alternative History, while maintaining the conventions of realism, clearly participates in the postmodernist reformulation of history and fiction. By presenting historical reality as an internal fiction and creating a fictional present from which to view the actual past alternative history undermines the sometimes arbitrary distinction between fiction and history. Because it rewrites known history it is also inherently intertextual, drawing upon the reader's textually derived knowledge of actual history as well as other allohistorical texts for its own contextual significance, a factor that further identifies alternative history as a postmodern genre.[113]

---

[111] RODIEK, CHRISTOPH: *Erfundene Vergangenheit*, S. 12. Vgl. auch RODIEK, CHRISTOPH: *»Las cosas que pudieron ser y no fueron«*, S. 1648.

[112] Ibid., S. 12.

[113] MCKNIGHT JR., EDGAR VERNON: *Alternative History*, S. 211. Auch HELBIG sieht, wie aus einer dahingehend lautenden Kapitelüberschrift hervorgeht, den vom ihm

Während sich dieses Plädoyer natürlich auf die von ihm beschriebene Spielart kontrafaktischer Geschichtsdarstellung beschränkt, umfasst MCHALE ein breiteres Spektrum literarischer Texte, wenn er die bewusste und absichtsvolle Verletzung der Grenzen zwischen Realität und Fiktion oder zwischen internem und externem[114] ›field of reference‹, wie sie kontrafaktische Geschichtsdarstellungen betreiben, als Wesensmerkmal postmodernen Schreibens ausweist:

> Postmodernist fiction, by contrast, seeks to foreground this seam by making the transition from one realm to the other as jarring as possible. This it does by violating the constraints on ›classic‹ historical fiction: by visibly contradicting the public record of official history; by flaunting anachronisms; and by integrating history and the fantastic. Apocryphal history, creative anachronism, historical fantasy – these are typical strategies of the postmodernist revisionist historical novel.[115]

Dass MCHALE in derselben Arbeit ›What-if...?‹-Erzählungen, wie gezeigt wurde, nicht als historische Romane, sondern als Science Fiction-Texte behandelt, muss einige Verwirrung verursachen, scheint doch eine vergleichbare Grenzverletzung vorzuliegen, wie bei literarischen Erzeugnissen, die MCHALE als »Apocryphal history«[116] benennt. Vernachlässigt man diese Irritation einmal, geht es MCHALE um das in den Texten angewandte Verfahren, »to juxtapose the officially-accepted version of what happened and the way things were, with another, often radically dissimilar version of the world«.[117] Wo dieses als spezifisch postmodern angesehen wird, hat man es mit einem an die betreffenden Texte herangetragenen Attribut zu tun, welches ästhetische, philosophische und mitunter sogar politische Aspekte umfasst und benennt.

Es scheint, als tangiere die Postmoderne-Debatte kontrafaktische Geschichtsdarstellung in zweifacher Hinsicht: Zum einen ist es die Nähe zu Entwicklungen in der Historiographie und der Geschichtsphilosophie, zum anderen sind es auf literarische Aspekte, d. h. auf die Ästhetik der Texte bezogene Argumente, die deren postmoderne Eigenart annehmen lassen. Die Interdependenzen zwischen beiden Bereichen sind selbstverständlich zahlreich: »Sodann und als paradoxe Konsequenz hieraus: Geschichte wird verfügbar für poetische Deutung

---

beschriebenen »parahistorische[n] Roman als postmoderne Ausprägungsform des historischen Romans« (HELBIG: Der parahistorische Roman, S. 169).

[114] MCHALE verwendet die von HRUSHOVSKI übernommenen Bezeichnungen ›internal‹ und ›external‹, die mit ›in-referential‹ und ›out-referential‹ übereinstimmen.

[115] MCHALE, BRIAN: *Postmodernist Fiction*, S. 90.

[116] Vgl. ibid., S. 90

[117] Ibid., S. 90.

und Neudeutung, wird zum Material poetischer Rekonstruktion und Neukonstruktion, zum Substrat von Gegengeschichte und Gegengeschichten«[118] schreibt RALF SCHNELL und verweist damit auf das literarische Echo auf die postmoderne Theorie. Über den Geltungsbereich dessen, was die Benennung ›postmodern‹ erfassen soll, herrscht allerdings, trotz mittlerweile beträchtlich angewachsener Forschungsliteratur, erhebliche Unklarheit. »Right from the start of the debate, postmodernism has been a particularly unstable concept. No single definition of postmodernism has gone uncontested [...]«[119], wie HANS BERTENS bemerkt. Die Theoriebildung produzierte zwar »eine Unzahl von Definitionsversuchen, doch letztlich keinen tragfähigen Begriff«.[120] Entsprechend sieht sich eine kontextbezogene Studie über kontrafaktische Geschichtsdarstellung mit dem Dilemma konfrontiert, einen unüberschaubar gewordenen Diskurs integrieren zu müssen, dessen Konturen zusehends undeutlicher werden und dessen Relevanz für den als Untersuchungsmaterial gewählten Textkorpus changiert. Eine alle Facetten würdigende Auseinandersetzung, selbst eine annähernd adäquate Zusammenschau der wesentlichen Komponenten und Facetten der äußerst komplexen und noch immer nicht abgeschlossenen Postmoderne-Debatte[121] muss daher an dieser Stelle von vornherein ausgeschlossen

---

[118] SCHNELL, RALF: *Zischen Geschichtsphilosophie und ›Posthistoire‹*, S. 353.

[119] BERTENS, HANS: *The Idea of the Postmodern. A History*, S. 12.

[120] KOPP-MARX, MICHAELA: *Zwischen Petrarca und Madonna. Der Roman der Postmoderne*, S. 26. WOLFGANG WELSCH beginnt seinen Aufsatz ›*Postmoderne‹. Genealogie und Bedeutung eines umstrittenen Begriffs* demgemäß mit der Diagnose: »Seit einigen Jahren macht ein neuer Begriff die Runde: ›Postmoderne‹. Kein Feuilleton, keine Tagung, kein informierter Zeitgenosse kommt ohne ihn mehr aus. Und doch weiß kaum einer so recht, wovon er eigentlich spricht, wenn er ›Postmoderne‹ sagt« (WELSCH: ›Postmoderne‹. Genealogie und Bedeutung eines umstrittenen Begriffs, S. 9). WELSCH zeichnet hiernach zwar die Herausbildung des Terminus nach und sondiert einige Bedeutungsfacetten, kann hieraus indessen selbst keine Trennschärfe für seine Gültigkeit gewinnen.

[121] Eine ausführlichere Würdigung der die Postmoderne betreffenden Anliegen leisten u. a. RENNER ROLF GÜNTER: *Die postmoderne Konstellation*; GASSER, MARKUS: *Die Postmoderne* und ZIMA, PETER V.: *Moderne/Postmoderne*. Eine Auseinandersetzung unter besonderer Berücksichtigung der deutschsprachigen Beiträge bieten die Aufsätze im Band *Roman oder Leben. Postmoderne in der Deutschen Literatur*. Hg. v. UWE WITTSTOCK. Insgesamt hat es derzeit den Anschein, als seien gewisse Saturierungserscheinungen eingetreten und die Postmoderne-Diskussion im Abebben begriffen. In einem *Nach der Postmoderne* betitelten Essay zog ERNST SCHULIN schon 1993 das Fazit: »Aber gibt es noch eine Postmoderne? Wahrscheinlich ist sie vor kurzem wie so vieles andere, ›vom Leben überholt‹ worden: [...]. Wir haben faktisch und auch geistig eine ganz neue Situation« (SCHULIN: Nach der Postmoderne, S. 367). Die Zeitschrift *Merkur* widmete der Postmoderne 1998 ein Sonderheft, das bereits als Bilanz angelegt war und somit

werden[122], was jedoch vertretbar erscheint angesichts der Tatsache, dass sich maßgebliche Theoretiker der Postmoderne selbst gegen Bemühungen verwehren, die Postmoderne als in sich konsistente Tendenz anzusehen und fassbar werden zu lassen. Stattdessen betonen sie, das besagte Phänomen und mithin der Terminus ›Postmoderne‹ habe unscharfe Grenzen.[123] Dies gilt gleichermaßen für seine Anwendung auf die Architektur, die Philosophie und die Literatur. Nach PAUL MICHAEL LÜTZELER bedeutet eine »fixed definition of the poetics of the postmodern novel« sogar eine »contradiction in terms.«[124] Dem entspricht die Feststellung LINDA HUTCHEONS, die Postmoderne sei »a contradictory phenomenon, one that uses and abuses, installs and then subverts, the very concepts it challenges […].«[125] Die Kontroverse beginnt schon damit, dass die Postmoderne von manchen als Epoche, von anderen als eine Stilrichtung angesehen wird, die epochenübergreifend anzutreffen ist. LESLIE FIEDLER proklamierte in *Cross the Border – Close the Gap*, einem Essay, dem vielfach die Wirkung einer Initialzündung der Debatte zuerkannt wird:

> The kind of literature which had arrogated to itself the name Modern (with the presumption that it represented the ultimate advance in sensibility and form, that beyond it newness was not possible), and whose moment of triumph lasted from a point just before World War I until just after World War II, is dead, i.e. belongs to history not actuality.[126]

Dagegen erklärt etwa UMBERTO ECO in seiner ebenfalls als programmatisch eingestuften *Nachschrift zum ›Namen der Rose‹* (1984, dt. 1986), er glaube, »daß

---

eine prinzipielle Abgeschlossenheit der Debatte suggerierte. Vgl. *Postmoderne. Eine Bilanz.* Hg. v. KARL-HEINZ BOHRER u. KURT SCHEEL. Ähnliches deutet der Titel eines 2003 von KLAUS STIERSTORFER herausgegebenen Sammelbandes an: *Beyond Postmodernism. Reassessments in Literature, Theory, and Culture.* Darin formuliert IHAB HASSAN, gleichsam in Abwandlung der besagten Unschärfe des behandelten Gegenstandes: »What lies beyond postmodernism? Of course, no one knows; we hardly know what postmodernism was« (HASSAN: Beyond Postmodernism. Toward an Aesthetics of Trust, S. 199). Kritiker wie JÜRGEN HABERMAS oder PEREZ ZAGORIN bemängeln zudem und von Beginn an die fehlende Originalität dessen, was von Befürwortern als postmodernes Denken ausgegeben wird.

[122] Auch von dem Bemühen, die landläufig bekannten Namen der für relevant anzusehenden Theoretiker auf diesem Gebiet möglichst vollzählig zu versammeln, wird in diesem Rahmen bewusst Abstand genommen.

[123] Vgl. u. a. RENNER, ROLF GÜNTER: *Die postmoderne Konstellation* und PETERSEN, CHRISTER: *Der postmoderne Text.*

[124] LÜTZELER, PAUL MICHAEL: *The postmodern German Novel,* S. 269.

[125] HUTCHEON, LINDA: *A Poetics of Postmodernism. History, Theory, Fiction,* S. 3

[126] FIEDLER, LESLIE: *Cross the Border – Close the Gap,* S. 32

›postmodern‹ keine zeitlich begrenzbare Strömung ist, sondern eine Geisteshaltung oder, genauer gesagt, eine Vorgehensweise, ein Kunstwollen. Man könnte geradezu sagen, daß jede Epoche ihre eigene Postmoderne hat, so wie man gesagt hat, jede Epoche habe ihren eigenen Manierismus [...].«[127] Allerdings sei »›postmodern‹ heute ein Passepartoutbegriff, mit dem man fast alles machen kann.«[128] Als Merkmal der postmodernen Kondition bezeichnet LÜTZELER ganz allgemein »die endgültige Einsicht in die Unwiederbringbarkeit geschlossener, auf Totalitätsvorstellungen basierender Weltbilder, die alle Teile einer Kultur umgreifen und als sinnvoll zu erklären versuchen.«[129] In ähnlicher Weise erklärt HANS BERTENS die fundamentale Krise der Repräsentation zum kleinsten gemeinsamen Nenner der postmodernen Literatur[130], wobei gerade in dieser Formulierung deutlich wird, dass es sich dabei um eine schon in der klassischen Moderne auftretende Erscheinung handelt, die in Hugo von Hofmannsthals *Ein Brief* ihren symptomatischen Ausdruck erhielt. Die Opposition, die zwischen beiden ästhetischen Richtungen besteht, muss, wie sich daran zeigt, in der Literatur also keineswegs als fundamental angesehen werden.

JEAN-FRANCOIS LYOTARD beantwortet in seinem Programmatik suggerierenden Text *Beantwortung der Frage: Was ist postmodern?* die im Titel aufgeworfene Frage nicht im Sinne eines Manifests, sondern integriert den Gegenstand seiner Betrachtung in die ästhetische Bewegung, von der er sich durch die Vorsilbe Post- zunächst abzugrenzen scheint, wenn er schreibt: »Ein Werk ist nur modern, wenn es zuvor postmodern war. So gesehen bedeutet der Postmodernismus nicht das Ende des Modernismus, sondern dessen Geburt, dessen permanente Geburt.«[131] An Versuchen, postmoderne Literatur anhand

---

[127] ECO, UMBERTO: *Nachschrift zum ›Namen der Rose‹*, S. 77.
[128] Ibid.
[129] LÜTZELER, PAUL MICHAEL: *Von der Präsenz der Geschichte*, S. 95.
[130] Vgl. BERTENS, HANS: *The Idea of the Postmodern*, S. 11: »If there is a common denominator to all these postmodernisms, it is that of a crisis in representation: a deeply felt loss of faith in our ability to represent the real, in the widest sense.«
[131] LYOTARD, JEAN-FRANCOIS: *Beantwortung der Frage: Was ist postmodern?*, S. 45. Dabei geht LYOTARD jedoch nicht, wie HABERMAS von der Moderne als unvollendetem Projekt aus. Vielmehr besteht seine Annahme darin, »daß das Projekt der Moderne (die Verwirklichung der Universalität) nicht aufgegeben, vergessen, sondern zerstört, ›liquidiert‹ worden ist. Es gibt mehrere Modi der Zerstörung, mehrere Namen, die sie symbolisieren. ›Auschwitz‹ kann als ein paradigmatischer Name für die tragische ›Unvollendetheit‹ der Moderne genommen werden« (LYOTARD: Randbemerkungen zu den Erzählungen, S. 50). In *Die Moderne – ein unvollendetes Projekt* tritt HABERMAS schon 1980 insbesondere gegen die von LYOTARD vertretene Position ein. HABERMAS wirft darin die Frage auf: »Ist ›postmodern‹ ein Schlagwort, unter dem sich unauffällig

formaler und ästhetischer Merkmale zu bestimmen, fehlt es ebenfalls nicht, wobei die prinzipielle Offenheit der literarischen Kunstwerke, ihre Aufgeschlossenheit für Stilmittel und Inhalte populärkultureller Erscheinungen und Intertextualität sowie die generelle Vielfalt der Ausdrucksformen sicherlich zu den am häufigsten genannten gehören. CHRISTER PETERSEN etwa geht davon aus, dass »sich mit der *Offenheit*, der *Immanenz*, der *Selbstreflexivität* und der *Intertextualität* vier Signa rekonstruieren lassen, die in der Lage scheinen, eine postmoderne Ästhetik hinreichend zu definieren«[132], und verficht, in ausdrücklicher Abgrenzung von WOLFGANG WELSCH, vehement eine Postmodernekonzeption, die nicht als Verlängerung und Fortsetzung der Moderne gedacht ist.[133] Nach THEO D'HAEN geht die Literatur der Moderne nicht »beyond the boundaries of ›reality‹ as constituted by the conventions of contemporary metanarratives.«[134] Hingegen gilt für Exponenten postmoderner Literatur: »Postmodern novelists not only challenge their period's norms and values, but likewise current views of ›reality‹ itself.«[135] Dazu zählen Auffassungen vom tatsächlichen Hergang der Geschichte, die, wie bereits ausgeführt, als vergangene Realität gedacht wird. Gegenentwürfe hierzu fordern somit dominante Auffassungen von Realität heraus. Indem sie eigene, literarisch gestaltete Wirklichkeitsansichten vermitteln, die mit maßgeblichen Konventionen und wissenschaftlichen Diskurse ihrer Zeit dezidiert nicht übereinstimmen, scheinen Romane, die kontrafaktische Geschichtsentwürfe transportieren, die Auflösung repräsentativer Weltwiedergabe zugunsten einer uneingeschränkten Konstruktion zu spiegeln. Darin lassen sie eine Verwandtschaft zu postmodernen Wirklichkeitskonzeptionen erkennen. Die wesentlichste Voraussetzung für kontrafaktische Geschichtsdarstellungen scheint jedoch die zu sein, dass sich die postmoderne Literatur aus dem Konkurrenzverhältnis zur Historiographie löst und sich, anders als letztere, offen zu ihrem fiktionalen Anteil bekennt.[136] Dieser Gesichtspunkt kann als wesentlich für die nachstehenden Untersuchungen fest-

---

jene Stimmungen beerben lassen, die die kulturelle Moderne seit der Mitte des 19. Jahrhunderts gegen sich aufgebracht hat?« (HABERMAS: Die Moderne – ein unvollendetes Projekt, S. 445) und spricht sich selbst für die Fortführung des Projekts der Moderne aus. In anderem Zusammenhang erklärt HABERMAS 1984, er »halte diese These vom Anbruch der Postmoderne für unbegründet« (HABERMAS: Die neue Unübersichtlichkeit, S. 145.). Zu HABERMAS' Rolle innerhalb der postmodernen Theoriebildung vgl. BERTENS, HANS: *The Idea of the Postmodern*, S. 114ff.

[132] PETERSEN, CHRISTER: *Der postmoderne Text*, S. 313.
[133] Vgl. dazu das Kapitel ›*Wider eine moderne Postmoderne*‹, S. 304ff.
[134] D'HAEN, THEO: *Postmodern Fiction: Form and Function*, S. 144.
[135] Ibid., S. 145.
[136] Vgl. LÜTZELER, PAUL MICHAEL: *Von der Präsenz der Geschichte*, S. 105.

gehalten werden, auch wenn er die Verortung kontrafaktischer Geschichtsdarstellung in der postmodernen Literatur insgesamt keineswegs notwendig macht.

4. Geschichtsphilosophische und -theoretische Diversifikationen

4.1 Das mehrfache Ende der Geschichte: Gehlen, Fukuyama, Lyotard

Auch in der wissenschaftlichen Geschichtsschreibung ist es die Postmoderne-Debatte, mit der eine Reihe von Neuerungen in Verbindung gebracht wird. »The uncomfortable situation of historical studies has been considered for a long time by the discourse on postmodernism. This brought about a radical doubt in the cognitive principles of historical thinking and historiography in its specific ›modern‹ form of historical studies«[1], so JÖRN RÜSEN. In diesem Befund ist schon ein Hinweis darauf enthalten, dass die Geschichtswissenschaft im 20. Jahrhundert von einer Reihe von Verschiebungen betroffen gewesen ist, die gleichermaßen das Selbstverständnis des Faches wie ihren Gegenstand angehen und eine Reihe grundlegender Annahmen ins Wanken oder zum Einsturz gebracht haben.

Spätestens nach 1945 werden die Brüche mit den Prämissen des 19. Jahrhunderts evident. Die Geschichtswissenschaft, die sich am Ausgang des 18. Jahrhunderts im Zuge eines »epochalen historiographischen Sprung[s] [...] zwischen ›Aufklärungshistorie‹ und ›Historismus‹«[2] konstituierte, ging von einem Geschichtsbild aus, dem, wie dem neuzeitlichen Geschichtsbegriff überhaupt, »der Übergang vom heilsgeschichtlichen zum weltgeschichtlichen Denken zugrunde«[3] liegt, der sich im 18. Jahrhundert vollzogen hatte. In diesem Zeitraum kam es, wie etwa MICHEL FOUCAULT gezeigt hat, zu einem wissenschafts- und mentalitätsgeschichtlichen Raptus. Bis dahin war ein Geschichtsdenken vorherrschend, auf dessen Grundlage man »eine große, glatte, in jedem ihrer Punkte uniforme Geschichte konzipierte, die in einer gleichen Verschiebung, einem gleichen Fall oder einem gleichen Abstieg, einem gleichen Zyklus alle Menschen und mit ihnen die Dinge, die Tiere, jedes lebendige oder unbewegliche Wesen bis hin zu den ruhigsten Gesichtern der Erde mit sich gezogen hätte.«[4] Fortan wurde Geschichte nicht mehr, wie bis dahin üblich, als einem göttlichen Schöpfungsplan folgend, sondern als von Menschen gestaltet gedacht. So fällt

---

[1] RÜSEN, JÖRN: *History. Narration – Interpretation – Orientation*, S. 130.
[2] FULDA, DANIEL: *Wissenschaft aus Kunst*, S. 10f.
[3] AUST, HUGO: *Der historische Roman*, S. 7.
[4] FOUCAULT, MICHEL: *Die Ordnung der Dinge*, 440.

die Entwicklung, welche »das gesamte politisch-soziale Beziehungsgeflecht auf dieser Erde in allen seinen zeitlichen Erstreckungen als ›Geschichte‹«[5] begreift, zusammen mit dem Beginn der Neuzeit und wo »früher Recht oder Strafe, Gewalt, Macht, Vorsehung oder Zufall, Gott oder das Schicksal beschworen werden mochten, konnte man sich seit dem Ende des 18. Jahrhunderts auf die Geschichte berufen.«[6] Diese Neuerung impliziert auch »das Vermögen zu ›historisieren‹, d. h. ein vermeintlich Dauerndes als Vergängliches auszuweisen. Tatbestände und Ereignisse als Geschichte zu interpretieren bedeutet demnach: Vergangenheit als einmalig und unwiederholbar aufzufassen und Zeitfolgen als Prozeß (Fortschritt, Verfall) auszulegen.«[7] Dieses intellektuelle Projekt brachte ein neues wissenschaftliches Selbstverständnis und die Einrichtung der Geschichtsschreibung als akademische Disziplin mit sich. Nach ihrer bewussten Loslösung von der Rhetorik und ihrer Konstitution als Wissenschaft mit einer eigenen Methodik, ging die Historiographie zunächst lange von einem objektiven Wirklichkeitsbegriff aus. LEOPOLD VON RANKES 1824 formulierter und seither viel zitierter Anspruch, bei der Darstellung von Geschichte zeigen zu wollen, »wie es eigentlich gewesen«[8] ist, gilt gemeinhin als Ausdruck einer neu definierten Ambition des Fachs und als Beleg eines lange gültigen Selbstverständnisses, welches darauf abzielte, eine akkurate und adäquate Wiedergabe historischen Geschehens zu bieten, ohne es zu beurteilen. Zweierlei unterlag im historischen Denken des 19. Jahrhunderts keinem Zweifel, nämlich »daß es eine kohärente Kontinuität der Geschichte der okzidentalen Welt gibt und daß eine wissenschaftliche Beschäftigung mit dieser Welt möglich und intellektuell sinnvoll ist.«[9] In der Praxis wurde die Geschichtsschreibung dabei streng von der fiktionalen Literatur abgegrenzt. »Und so war der Traum von einem historischen Diskurs geboren, der aus nichts als faktengetreuen Aussagen über ein Gebiet von Ereignissen bestehen würde, die im Prinzip beobachtbar sind (oder waren), deren Anordnung in der Reihenfolge ihres ursprünglichen Geschehens ihre wahre Bedeutung oder ihren wahren Sinn offenbar werden ließe.«[10] Eine der wirkungs-

---

[5] KOSELLECK, REINHART: *Geschichte, Historie*, S. 594.
[6] Ibid.
[7] AUST, HUGO: *Der historische Roman*, S. 7.
[8] RANKE, LEOPOLD VON: *Geschichten der romanischen und germanischen Völker von 1494 bis 1514. Vorrede zur ersten Auflage*, S. vii.
[9] IGGERS, GEORG C.: *Geschichtswissenschaft im 20. Jahrhundert*, S. 34.
[10] WHITE, HAYDEN: *Die Fiktionen der Darstellung des Faktischen*, S. 147. Dass es dabei keineswegs eine einsinnige Geschichtsauslegung und Methodik gab, welcher sich die Historiker des 19. Jahrhunderts bedienten, sondern dass die Konzeption Hegels und Marx' derjenigen RANKES eher diametral gegenübersteht, tat diesem Traum keinen Abbruch.

vollsten Projektionen, mit denen die Vergangenheit belegt wurde, bestand darin, das »Geschehen auf der Welt in seiner Gesamtheit als eine progressive Entwicklung hin zu mehr Vernunft und Freiheit zu begreifen.«[11] Diese ebenfalls aus dem idealistischen Denken der Aufklärung hervorgegangene Konzeption, die das Wesen der Geschichte zu erfassen suchte, manifestiert sich in ihrer wohl bekanntesten Ausprägung in Hegels Geschichtsphilosophie, die Geschichte als das Produkt einer ewigen Vernunft interpretiert: »Der einzige Gedanke, den die Philosophie mitbringt, ist aber der einfache Gedanke der *Vernunft*, daß die Vernunft die Welt beherrsche, daß es also auch in der Weltgeschichte vernünftig zugegangen sei.«[12] Dies konstatiert Hegel nicht a priori, sondern als erwartetes Ergebnis einer eingehenden Auseinandersetzung mit dem Verlauf der Weltgeschichte, die seiner These erst ein Fundament verleihen muss: »Es hat sich also erst aus der Betrachtung der Weltgeschichte selbst zu ergeben, daß es vernünftig in ihr zugegangen sei, daß sie der vernünftige, notwendige Gang des Weltgeistes gewesen, des Geistes, dessen Natur zwar immer eine und dieselbe ist, der aber in dem Weltdasein diese seine eine Natur expliziert.«[13] Es ist somit eine notwendigerweise zielgerichtete Entwicklung, die Hegel in der Geschichte am Werk sieht, und obwohl die Geschichtswissenschaften »ihr Selbstverständnis durchweg in Opposition zu Hegels Geschichtsphilosophie definierten«[14], gingen Wissenschaft und Philosophie der Geschichte von einer prinzipiellen Erkennbarkeit ihres Gegenstandes aus.

Beide, die zentrale Geschichte und deren Auslegung als vorstrukturierter, durchschaubarer und sinnvoller Prozess, geraten im 20. Jahrhundert zusehends in die Kritik. Der Zweite Weltkrieg mit den darin entfesselten Kräften und schließlich der durch keinerlei historische Motivation als sinnvoll zu legitimierende Holocaust lassen die Idee eines vernunftgeleiteten Geschichtsverlauf als nicht länger haltbar erscheinen. Die geschichtsphilosophischen Reaktionen, die zu Fragen nach den nun brüchigen Grundlagen historischen Denkens Stellung beziehen, münden in ein Krisenbewusstsein und in eine kulturanalytische Diagnose, die unter der weit verbreiteten Etikettierung ›Posthistoire‹ wiederum sehr divergente gedankliche Konzeptionen bündelt.

Das inhaltliche Programm von der Posthistoire bildete sich zunächst vor dem Hintergrund der weltpolitischen Situation nach 1945 heraus und wurde seit den 1950er Jahren von dem Soziologen ARNOLD GEHLEN eingeführt, der mit Blick

---

[11] WACHHOLZ, MICHAEL: *Entgrenzung der Geschichte*, S. 15.
[12] Hegel, Georg Wilhelm Friedrich: *Vorlesungen über die Philosophie der Geschichte*, S. 20.
[13] Ibid., S. 22.
[14] SCHNÄDELBACH, HERBERT: *Georg Wilhelm Friedrich Hegel*, S. 112.

auf die globale Mächtekonstellation, in welcher die USA und die UDSSR durch ihr nukleares Zerstörungspotential die Weltgeschichte scheinbar zum Stillstand brachten, das Ende der Geschichte postulierte. Zugleich war nach GEHLEN die Ideengeschichte so zu ihrem Abschluss gelangt, da »auch die Ideologien ins Stagnieren gekommen sind«[15] und fortan keine neue Ideologie mehr zu erwarten sei.[16] In diesem Sinne ist nach GEHLEN die Geschichte an ihr Ende gelangt. GEHLEN schreibt, nach einem schnellen Durchmarsch durch die abendländische Geschichte und Geschichtsschreibung:

> Aber lassen Sie uns zurückkehren zu dem großen Geschehen. Sollte sich in näherer oder fernerer Zukunft eine Weltherrschaft herausbilden, dann wäre sie im Unterschied zu früheren Epochen von außen her nicht mehr störbar. Ich sagte schon, daß die Geschichte Roms von Livius im Jahre 9 v. Chr. abschließt. Im Jahre 9 n. Chr. ereignete sich die Schlacht im Teutoburger Walde, das heißt, es kündigte sich eine Bedrohung des Weltreiches von außen her an. [...] Hätten wir aber in naher oder ferner Zukunft ein Universalreich zu erwarten oder ein Gleichgewicht weniger Großmächte, dann wären solche Überraschungen ausgeschlossen, denn die Spionage-Satelliten sehen alles, und bis auf absehbare Zeit wäre dann die Großgeschichte, wenn Sie mir diesen Ausdruck erlauben, zu Ende.[17]

Nach dem politischen Ende des Sowjetblocks und dem Zusammenbruch des Kommunismus in Osteuropa 1989 stellte FRANCIS FUKUYAMA in seinem Buch *The End of History and the Last Man* (1992) bekanntlich erneut die These auf, das Ende der Geschichte sei erreicht, nicht um auszudrücken, dass sich fortan keine Ereignisse von historischem Belang mehr zutragen sollten, sondern in einem direkt auf Hegel Bezug nehmenden Sinn: »And yet, what I suggested had come to an end was not the occurence of events, even large and grave events, but History: that is, history understood as a single, coherent, evolutionary process, when taking in account the experience of all peoples in all times.«[18] FUKUYAMA sah im Verschwinden einer kommunistischen Weltmacht den Sieg eines westlichen Liberalismus amerikanischer Prägung, den er mit dem Ziel und Ende der Geschichte gleichsetzte. Wenn die Frage, ob die Geschichte vorbei sei, in der westlichen Welt häufig bejaht wurde, so geschah dies, wie LUTZ NIETHAMMER betont, weil Anlass zu der Annahme bestand, »daß sich die Weltzivilisation zunehmend vereinheitliche und ihre Grundsatzalternativen, mithin die Geschichte, verstanden als eine sinnbildende Konstruktion der menschlichen Ge-

---

[15] GEHLEN, ARNOLD: *Ende der Geschichte?*, S. 47.
[16] Vgl. ZIMA, PETER V.: *Moderne/Postmoderne*, S. 14f. Zur Begriffsgeschichte von ›Posthistoire‹ vgl. NIETHAMMER, LUTZ: *Posthistoire. Ist die Geschichte zu Ende?*, S. 8f.
[17] GEHLEN, ARNOLD: *Ende der Geschichte?*, S. 43f.
[18] FUKUYAMA, FRANCIS: *The End of History and the Last Man*, S. xii.

samterfahrung für die Zukunft, ihre existentielle Orientierungsfunktion verliere.«[19]

Gerade diese kollektive Erfahrung wird mitunter wiederum als ein zentrales Signum der von ROLF GÜNTER RENNER so genannten ›postmodernen Konstellation‹ ausgewiesen. »Probably, one of the most important points on which the descriptions of the postmodern condition agree – no matter how different they are from other points of view – is the consideration of postmodernity in terms of ›the end of history‹«[20] schreibt GIANNI VATTIMO und stellt damit die durchaus umstrittene Verknüpfung zwischen Postmoderne und Posthistoire her. Zwar spricht sich WOLFGANG WELSCH gegen eine pauschalisierende Identifikation beider Programme aus[21], auch für LÜTZELER verbietet sich eine Gleichsetzung, wenn er schreibt »Posthistoire und Postmoderne werden nicht selten in einem Atem genannt, haben aber wenig miteinander gemein«[22], gleichwohl bestehen offenbar Berührungspunkte.[23]

Der französische Philosoph JEAN-FRANCOIS LYOTARD hat entscheidenden Anteil an der Absage an die etablierten Vorstellungen von Geschichte und hat seine dahingehende Einschätzung mit der Formulierung von der ›grand récit‹ in ein prägnantes Bild gebracht. Mit diesem Bild von der großen Erzählung findet er eine Metapher für das abendländische Geschichtsdenken und postuliert zugleich dessen Ende. LYOTARD führt eine ideologiekritische Perspektive ein, die auf die Vorstellung von der Geschichte als Text rekurriert, hierbei jedoch die Unterstellung eines teleologischen Zusammenhangs der Ereignisse als Illusion entlarvt. Charakteristisch für das postmoderne Denken ist nach LYOTARD der Verlust des Glaubens an die großen ›Meta-Erzählungen‹: »Die große Erzählung hat ihre Glaubwürdigkeit verloren, welche Weise der Vereinheitlichung ihr auch immer zugeordnet wird: Spekulative Erzählung oder Erzählung der Emanzipation.«[24] Eine gleichermaßen konzise wie explizierende Zusammenfassung dieses Gedankens LYOTARDS nimmt Dieter Wellershoff in seinen Poetikvorlesungen vor. LYOTARD, der, wie Wellershoff schreibt, als

> Interpret der postmodernen Bewußtseinslage, das Welken und Absterben der heilsgeschichtlichen Geschichtsdeutungen einschließlich der Hegelschen Philosophie und

---

[19] NIETHAMMER, LUTZ: *Die postmoderne Herausforderung*, S. 37.
[20] VATTIMO, GIANNI: *The End of (Hi)story*, S. 132.
[21] Vgl. hierzu WELSCH, WOLFGANG: *›Postmoderne‹. Genealogie und Bedeutung eines umstrittenen Begriffs*, S. 10ff.
[22] LÜTZELER, PAUL MICHAEL: *Postmoderne und postkoloniale deutschsprachige Literatur*, S. 10f.
[23] Vgl. ZIMA: PETER V.: *Moderne/Postmoderne*, S. 14.
[24] LYOTARD, JEAN FRANCOIS: *Das postmoderne Wissen*, S. 112.

vor allem des Marxismus-Leninismus resümiert [...] [,] nennt diese universalistischen Philosophien ›Erzählungen‹, um damit auszudrücken, daß es sich bei ihnen, ganz im Sinne von Nietzsche, nicht um wahre, realitätsgerechte Beschreibungen des Geschichtsverlaufs, sondern um einheitstiftende und handlungsfördernde Fiktionen handele.[25]

Grand récit im engeren Sinne meint bei LYOTARD also, ebenfalls bildlich ausgedrückt, eine Klammer, deren domestizierende und integrative Wirkung einen Zusammenhalt im Denken der Vergangenheit gewährleistet, und zwar um den Preis der Inkaufnahme einer einheitlichen zentralen Perspektive und der Ausgrenzung konträrer Interpretationen. In der Postmoderne werden nach LYOTARD die durch die Meta-Erzählungen stabilisierte und legitimierte Totalität und Einheit substituiert durch Vielfalt und Dissens, die er als positive, schöpferische Kräfte begreift. Als eine »Infragestellung des gesamten neuzeitlichen Denkens, seiner Logik, seiner Teleologie und seines Anspruchs auf Totalität«[26] bezeichnet daher JUTTA GEORG-LAUER das Projekt LYOTARDS.

Die Vereinnahmung poststrukturalistischer und dekonstruktivistischer Theorien vornehmlich französischer Provenienz seit den 1970er Jahren gilt manchen als nicht unzweifelhafte Weiterentwicklung des Postmodernediskurses, da die Vertreter dieser theoretischen Ansätze mit Ausnahme LYOTARDS selbst nicht in die Debatte involviert waren.[27] Im Zuge der Expansion des Konzept ›Postmoderne‹ sind gerade JACQUES DERRIDA und MICHEL FOUCAULT dennoch integriert worden. Die Berührungspunkte, die hierzu geführt haben, liegen auf der Hand: In der poststrukturalistischen Theorie artikuliert sich die Skepsis gegenüber der zentralen Geschichte, der im 19. Jahrhundert herrschenden Vorstellung von der ›einen‹ Geschichte und der Repräsentierbarkeit derselben, deren Ende schließlich verkündet wurde. Hierzu bemerkt RENNER:

> Ausgerechnet die Erfahrung vom Ende der teleologischen Geschichte der Emanzipation setzt die Diversifikation und spielerische Entfaltung von Sinn im ungebundenen Spiel der Bedeutungszuweisungen frei und allererst das Gefühl, nach der Geschichte zu sein, ermöglicht es, Entwürfe der Dekonstruktion und der Rekonstruktion von Sinn nebeneinander zu stellen. Kennzeichen der postmodernen Konstellation scheint deshalb zu sein, daß weder eine eindeutige noch eine einheitliche Beurteilung und Eigenart und Rolle der Geschichte vorherrscht.[28]

---

[25] Wellershoff, Dieter: *Das Schimmern der Schlangenhaut*, S. 26.
[26] GEORG-LAUER, JUTTA: *Das ›postmoderne Wissen‹ und die Dissenstheorie von Jean-Francois Lyotard*, S. 191.
[27] Vgl. BERTENS, HANS: *The Idea of the Postmodern. A History*, S. 16f.
[28] RENNER, ROLF GÜNTER: *Die postmoderne Konstellation*, S. 24.

Mit der fragwürdig gewordenen Einheitlichkeit ändert sich das Verhältnis zu Quellen als Grundlage vermeintlich unwandelbarer Fakten und weicht einem Verständnis, in dem stärker als zuvor der Anteil der Fiktion für Konzeptionalisierungen der Historie als konstitutiv angesehen wird. Inwieweit sich solche Aporien in der historiographischen Methodik niederschlagen können und welche Resultate sie nach sich ziehen, wird zu zeigen sein. In der Praxis bedeutet dies indessen keineswegs einen generellen Abschied von der Geschichte. »Posthistoire meint das Ende politischer und kultureller Gültigkeit materialer Geschichtsphilosophie, nicht das Ende von Beschäftigung mit Geschichte«[29] konstatiert LUTZ NIETHAMMER. Welche Paradigmenwechsel diese Beschäftigung prägen, soll nachfolgend ausgeführt werden.

4.2 Paradigmenwechsel in der Geschichtsschreibung

4.2.1 Dezentralisierung

Traditionell widmete sich die Geschichtsschreibung den Aspekten der Vergangenheit, die innerhalb der Staaten- und Nationalgeschichte bestimmend wirkten. Der Staat und staatstragende Persönlichkeiten bildeten den Gegenstand der Forschung, entsprechend richtete sich der Fokus in der Geschichtsschreibung auf historische Quellen, »die jene Bereiche der menschlichen Geschichte erhellen, welche als würdig galten bewahrt, überliefert und erforscht zu werden. Zu diesen zählten die Geschichte der großen Ereignisse (das Leben großer Männer, militärische und diplomatische Ereignisse: Schlachten und Verträge), die politische Geschichte und die Institutionengeschichte.«[30] Seitdem sind, nicht zuletzt befördert durch politische Entwicklungen, eine Reihe eigenständiger Forschungsrichtungen sichtbar geworden, die Geschichte ohne Zentrum zu schreiben scheinen. Es kommt zu Verschiebungen im Interesse, die zwar in verschiedene Richtungen verlaufen, doch jeweils vom Bereich des Institutionellen weg zu streben scheinen und den verschiedenen Geschichten, die über verschiedene (oder gleiche) Ereignisse existieren können, mehr Raum einräumen.

Erforderten die Darstellungen von Ereignissen, die für einen Zeitraum als bedeutsam angesehen wurden, in der Regel einen entsprechend weitgesteckten geographischen Rahmen, findet in Studien, deren Interesse abseits der großen politischen Geschichte liegt, häufig eine Konzentration auf enger begrenzte Räume statt. RÜSEN hält diese Verlagerung ebenfalls für ein Charakteristikum

---

[29] NIETHAMMER, LUTZ: *Die postmoderne Herausforderung*, S. 42.
[30] LE GOFF, JAQUES: *Geschichte und Gedächtnis*, S. 229.

postmoderner Geschichtsschreibung. »Another specific trait of postmodern historiography is microhistory. As the very postmodern form of presenting history it is opposed to macrohistory.«[31] Anstöße kamen bereits seit den 1930er Jahren aus Frankreich, von einer Strömung innerhalb der Disziplin, die gemeinhin mit dem Namen eines Publikationsorgans, nämlich der 1929 gegründeten Zeitschrift *Annales* in Verbindung gebracht wird, und die sogar, wenngleich es sich auch im Selbstverständnis ihrer Vertreter nicht um eine Bewegung mit eigener, einheitlicher Programmatik handelt, als ›Annales-Schule‹ firmiert.[32] Als Avantgarde in den Reihen der Historiker nehmen diese Beiträge die nach 1945 einsetzende thematische Zergliederung vorweg. Sie begünstigten die Herausbildung der sogenannten Strukturgeschichte und leisteten einer Relativierung der Ereignisgeschichte Vorschub, indem sie das Interesse auf Strukturebenen des gesellschaftlichen Zusammenlebens, Ökonomie und Mentalität richteten.[33] Unter Zuhilfenahme typologisierender und quantifizierender Verfahren beschreiben und analysieren ihre Vertreter Langzeitstrukturen und Zyklen, unternehmen synchrone Querschnittuntersuchungen und legen dabei anthropologische Perspektiven an. Die solchermaßen betriebene Mikrohistorie basierte dennoch auch auf dem Bestreben, auf diese Weise den Anspruch auf die Totalität des Erfassens und Erkennens in der historischen Forschung zu verwirklichen.

Als eine der nachhaltigsten Ausprägungen hat sich weiterhin die an einer Schnittstelle zwischen Geschichtsschreibung und Literaturwissenschaft operierende Richtung des *New Historicism* erwiesen, dessen Vertreter, obwohl sie keine einheitliche theoretische Fundierung ihrer Arbeitsweise verbindet, bei der Quellenkritik methodisch eine Vernetzung von Dokumenten betreiben und die Textualität von Geschichte betonen. In der akademischen Geschichtsschreibung brach sich in den frühen 1980er Jahren, vom angloamerikanischen Raum aus-

---

[31] RÜSEN, JÖRN: *History. Narration – Interpretation – Orientation*, S. 139.

[32] Vgl. hierzu u. a. BURKE, PETER: *Die Geschichte der ›Annales‹. Die Entstehung der neuen Geschichtsschreibung*. BURKE weist darauf hin, dass schon im 19. Jahrhundert Positionen, wie diejenigen von BURCKHARDT und MICHELET, erkennbar sind, die in ihren Untersuchungen über die Renaissance im Vergleich zu den Anhängern RANKES eine breitere Geschichtsauffassung erkennen ließen, doch sei im Bemühen der Historiker, ihrem Beruf offizielle Anerkennung zu verschaffen, nahezu alles jenseits der politischen Geschichte aus der noch neuen akademischen Disziplin ausgeschlossen worden (vgl. BURKE: Die Geschichte der ›Annales‹, S. 14f.).

[33] FERNAND BRAUDELS Studie über *Das Mittelmeer und die mediterrane Welt in der Epoche Philipp II* (1949), welche nahezu ohne Referenz auf die bis dahin in den Geschichtsbüchern zu findenden Eckdaten und Ereignisse auskommt und das Interesse stattdessen unter anderem auf soziale, agrarkulturelle oder ernährungsspezifische Faktoren verlagert, gilt üblicherweise als erstes Beispiel einer wissenschaftlichen Geschichtsdarstellung von unten.

gehend, diese Richtung Bahn, deren früheste und namhafteste Exponenten wie STEPHEN GREENBLATT oder LOUIS MONTROSE in Opposition zum positivistisch orientierten Historismus einen *New Historicism* einforderten. Auch sie treten gegen das Bild einer zentralen Geschichte an.

> Earlier historicists, so new historicists argued, upheld a quasi-positivist belief in the objectivity and the unproblematic representability of the historical past which new historicists, as staunch believers in poststructuralist theories of representation and signification, no longer could. Also, earlier historicists reduced history to a single, massive monolith that left no room for the dissonant voices new historicists wanted to listen to and converse with.[34]

Betont wird die produktive Interdependenz zwischen literarischen Werken und der außerliterarischen Realität ihrer Entstehungszeit. Erstere bilden letztere nicht bloß ab, sondern Literatur wird im New Historicism als Konstituente der Kontexte, in die sie eingebettet ist und denen sie angehört, begriffen. Entscheidend für diese Neubewertung ist die Einsicht, dass literarische Texte zum einen zwar auf die gesellschaftlichen und kulturellen Diskurse und Probleme ihrer Zeit Bezug nehmen und reagieren, zum anderen jedoch auf diese zurückwirken, da sie neue und eigene Wahrnehmungsweisen der Wirklichkeit mitproduzieren. Aufgrund dieser Qualität wurde der New Historicism insbesondere von Literaturwissenschaftlern als Chance begriffen, um in der Literaturgeschichtsschreibung an postmoderne Theorien in der Historiographie anzuknüpfen und sie auf den eigenen Forschungsgegenstand zu übertragen und umzusetzen. Thematisches Interesse und die Formen und Bedingungen der Darstellung des jeweiligen Themas verknüpfen sich dabei. Auf der

> *Inhaltsebene* geht es dem New Historicism um die Zirkulation von Repräsentationen innerhalb und außerhalb des literarischen Bereichs, dessen Grenzen selbst problematisiert werden. Im Zeichen des New Historicism nimmt sich die Literaturwissenschaft wieder das Recht, über Repräsentationen von Bereichen zu sprechen, die eine soziale (ebenso wie textuelle) Dimension haben: Wie werden zu einem konkreten Zeitpunkt Krankheit, Seuchen und der Tod dargestellt? Wie werden Sexualität, Armut, Macht, Strafsystem und Krieg, Arbeit und Freizeit, Körper, Geschlecht und Identität repräsentiert?[35]

---

[34] PIETERS, JURGEN: *New Historicism: Postmodern Historiography between Narrativism and Heterology*, S. 21f.

[35] KAES, ANTON: *New Historicism: Literaturgeschichte im Zeichen der Postmoderne*, S. 263. Zum New Historicism und seiner Aufnahme in Deutschland vgl. auch MORITZ BAßLERS Einleitung in demselben Band, sowie u. a. PIETERS, JURGEN: *New Historicism: Postmodern Historiography between Narrativism and Heterology*.

Die bewusste Annäherung zwischen Literaturwissenschaft und historiographischer Quellenkunde hat auch eine Angleichung der jeweils behandelten Textdokumente, deren Status nicht mehr zwangsläufig nach dem Kriterium der Fiktionalität entschieden werden muss, zur Bedingung – eine Relativierung, die sich wiederum mit bestimmten Annahmen in Verbindung bringen lässt, die im postmodernen Geschichtsdenken virulent sind.

> The postmodernist concept of history radically and totally negates the idea that there is anything like one single and comprising historical process of the development of humankind. History is not a factual entity at all: it is nothing but a fictional image. [...] Since there is no real entity called ›the‹ history, this historical imagination is constituted by elements of fiction[36]

konstatiert RÜSEN. Dieser Paradigmenwechsel, der gekennzeichnet ist von einer Tendenz zur Dezentralisierung und Pluralisierung, mag die Akzeptanz eines spielerischen Umgangs mit historischen Fakten befördern, die Unterscheidung beider Bereiche in der Wahrnehmung, in Theorie und Praxis lässt er jedoch nicht hinfällig werden.

4.2.2 Geschichte und Gedächtnis

Zeitgenössische Historiker und Philosophen wie PAUL RICŒUR, JAQUES LEGOFF und JAN ASSMANN tendieren dazu, Geschichte in Abhängigkeit von dem höchst komplexen Phänomen des Gedächtnisses zu bestimmen, und zwar weil, wie RICŒUR mit Bezug auf die *Confessiones* des Augustinus feststellt, im Gedächtnis »die ursprüngliche Verbindung des Bewußtseins zur Vergangenheit«[37] wurzele. Das Gedächtnis wird als Medium, mithin als Informationsträger neu bewertet, seine Rolle im historischen Überlieferungsprozess erforscht. »Sowohl die Erinnerung an die Vergangenheit als auch das Schreiben darüber besitzen wohl kaum noch jene Unschuld, die ihnen einst zugestanden worden ist. Wir haben erkannt, daß in beiden Verfahren bewußte und unbewußte Auswahlmechanismen, aber auch Deutung und Entstellung zu bedenken sind«[38], schreibt PETER BURKE und setzt hinzu: »Aber weder Auswahl noch Deutung, noch Entstellung sind allein vom Individuum zu verantworten, sie sind vielmehr gesellschaftlich bedingt.«[39] BURKE verweist auch auf die Arbeit des französischen

---

[36] RÜSEN, JÖRN: *History. Narration – Interpretation – Orientation*, S. 137.
[37] RICŒUR, PAUL: *Das Rätsel der Vergangenheit*, S. 75.
[38] BURKE, PETER: *Geschichte als soziales Gedächtnis*, S. 289.
[39] Ibid.

Soziologen MAURICE HALBWACHS, der als erster während der 1920er Jahre Untersuchungen zur gesellschaftlichen Bedingtheit des Gedächtnisses anstellte und den Anteil sozialer Gruppen am Gedächtnis hervorhob, da er Erinnerung zwar einerseits als etwas Individuelles und Unteilbares erkannte, andererseits jedoch davon ausging, dass soziale Gruppen darüber bestimmten, was wert sei, erinnert und im Andenken bewahrt zu werden und wie dies geschehe.[40]

An HALBWACHS anknüpfend, haben insbesondere JAN und ALEIDA ASSMANN das Konzept des kulturellen Gedächtnisses entwickelt. JAN ASSMANN beschreibt dieses Phänomen wie folgt:

> Unter dem Begriff des kulturellen Gedächtnisses fassen wir den jeder Gesellschaft und jeder Epoche eigentümlichen Bestand an Wiedergebrauchs-Texten, -Bildern und -Riten zusammen, in deren ›Pflege‹ sie ihr Selbstbild stabilisiert und vermittelt, vorzugsweise (aber nicht ausschließlich) über die Vergangenheit, auf das eine Gruppe ihr Bewußtsein von Einheit und Eigenart stützt.[41]

Geschichte als kulturelles Substrat und als enzyklopädischer Wissensbereich fällt innerhalb des kollektiv Gewussten in den Bereich des kulturellen Gedächtnisses. RICŒUR erläutert diesbezüglich:

> Die erste Tatsache – der hauptsächliche Gesichtspunkt – ist, daß man sich nicht allein erinnert, sondern mit Hilfe der Erinnerungen anderer. Darüber hinaus sind unsere angeblichen Erinnerungen sehr oft Erzählungen entlehnt, die wir von anderen gehört haben. Schließlich, und das ist der vielleicht entscheidende Punkt, fügen sich unsere Erinnerungen in kollektive Erzählungen ein, die ihrerseits durch Gedenkfeiern unterstützt werden, öffentliche Feiern anläßlich prägender Ereignisse, von denen der Lauf der Geschichte der Gruppen, denen wir angehören, abhing.[42]

Auch die Forschung zum kollektiven und kulturellen Gedächtnis betont die Konstruktivität von Vorstellungen der Vergangenheit, die im Gedächtnis bewahrt werden. So verfährt das kulturelle Gedächtnis als Medium der Dokumentation zwangsläufig selektiv. »Das kulturelle Gedächtnis hat seine Fixpunkte, sein Horizont wandert nicht mit dem fortschreitenden Gegenwartspunkt mit. Diese Fixpunkte sind schicksalhafte Ereignisse der Vergangenheit, deren Erinnerung durch kulturelle Formung (Texte, Riten, Denkmäler) und institutionalisierte Kommunikation (Rezitation, Begehung, Betrachtung) wachgehalten wird.«[43] Dass neben den Mechanismen der Selektion solche der Konstruktion

---

[40] Vgl. ibid., S. 290.
[41] ASSMANN, JAN: *Kollektives Gedächtnis und kulturelle Identität*, S. 15.
[42] RICŒUR, PAUL: *Das Rätsel der Vergangenheit*, S. 78.
[43] ASSMANN, JAN: *Kollektives Gedächtnis und kulturelle Identität*, S. 12.

entscheidend sind für die Herausbildung solcher »Versionen einer gemeinsamen Vergangenheit in sozialen und kulturellen Kontexten«[44], betont etwa ASTRID ERLL, die feststellt:

> Die Praxis kollektiven Erinnerns ist eng verbunden mit kreativen Konstruktionsprozessen. Ausgerichtet ist das Gedächtnis weniger auf die Vergangenheit, als auf gegenwärtige Bedürfnisse, Belange und Herausforderungslagen von sozialen Gruppen oder Gesellschaften. Die hochgradige Selektivität bei der Auswahl der Erinnerungsgegenstände, die Überformung vergangenen Geschehens durch kulturell verfügbare Anordnungsschemata sowie die erstaunliche Wandlungsfähigkeit von Erinnerungsversionen lassen den kollektiven Bezug auf Vergangenheit als eines der zentralen ›poietischen‹ – d. h. aktiv und kreativ Wirklichkeit erzeugenden – Verfahren der Kultur erscheinen. Abbilder eines vergangenen Geschehens bietet das kollektive Gedächtnis daher nicht.[45]

Es ergibt sich auch hier eine Diskrepanz zwischen dem als ›Wissen‹ angesehenen Geschichtsbild einer Gesellschaft und dem eigentlichen Gegenstand dieses Bildes, der Geschichte, so dass der Träger dieses Bildes selbst zum Untersuchungsobjekt gemacht und auf seine Eigenschaften, Voraussetzungen und auf seine Bedeutung innerhalb von generationenübergreifenden Informationsüberlieferungsvorgängen hin befragt wird. Die Erforschung des kollektiven und kulturellen Gedächtnisses so wie der mnemotechnischen Praktiken in verschiedenen Kulturen und zivilisatorischen Stadien betrifft somit die Voraussetzungen der Geschichtswissenschaften, die sich auf Dokumente stützen, da die für die Speicherung und Dokumentation integrale Technik des Bewahrens selbst zum Untersuchungsgegenstand wird.

---

[44] ERLL, ASTRID: *Medium des kollektiven Gedächtnisses*, S. 4.
[45] Ibid.

4.2.3 Sprache und Narrativität

Neben den inhaltlichen, methodischen und diskursiven Verschiebungen sind solche zu verzeichnen, die mit den epistemologischen Vorraussetzungen zusammenhängen und zu einer Selbstreflexion der Geschichtsschreibung hinsichtlich ihres Instrumentariums geführt haben. Wie die Entwicklung der Geisteswissenschaften überhaupt ist sie betroffen von Rekonzeptualisierungen des Verhältnisses zwischen Sprache und Wirklichkeit. Die unter dem Schlagwort ›*linguistic turn*‹ bekannt gewordene

> Debatte dreht sich um den Begriff der ›Realität‹ als sprachlich konstruiertes oder sprachlich repräsentiertes Phänomen; um den Charakter von Geschichtsschreibung als Erzählung; um das Verhältnis von Text und Kontext; und um die Unterscheidbarkeit von literarischen und historischen Texten hinsichtlich ihrer Aussagekraft und Gültigkeit.[46]

So wird die Möglichkeit, eine Wirklichkeit außerhalb der Grenzen der Sprache objektiv zu erkennen und zu erforschen, im 20. Jahrhundert, insbesondere in seiner zweiten Hälfte, infolge einiger die Traditionen und Postulate des abendländischen Denkens erschütternden philosophischer Beiträge generell in Zweifel gezogen oder in Abrede gestellt.

Eine Wende in der Geschichtsphilosophie und -theorie bereitete ARTHUR C. DANTOS *Analytical Philosophy of History* (1964) vor.[47] DANTO akzentuiert die konstruktiven Aspekte historiographischer Texte und deren narrative Prägung.[48] Diese wird für DANTO dadurch evident, dass sich in diesen Texten eine Ebene der Chronologie als unkommentierte Reihung von Ereignissen von einer Ebene der Narration trennen lässt, auf welcher die Ereignisse durch erzählende Sätze

---

[46] CONRAD, CHRISTOPH/MARTINA KESSEL: *Geschichte ohne Zentrum*, S. 19.

[47] Vgl. außerdem DANTO, ARTHUR C.: *Erzählung, Erkenntnis und die Philosophie der Geschichte*, S. 643ff.

[48] Eine entgegengesetzte Tendenz vertrat im deutschsprachigen Raum der Literaturwissenschaftler PETER SZONDI, der zugleich als Befürworter des strukturgeschichtlichen Ansatzes gelten kann. SZONDI zog aus der Überwindung der Ereignisgeschichte, die mit dem Historismus und dessen Vorstellung, dass Geschichte von einzelnen, herausragenden Individuen geprägt werde, gleichgesetzt wurde, die Konsequenz, auch der erzählenden Geschichte eine Absage zu erteilen. SZONDI vertrat die Auffassung, dass sich die Geschichtsschreibung, um »unserer Erfahrung von Geschichte als anonymen Prozeß, als Folge von Zuständen und Veränderungen von Systemen gerecht« zu werden ihres narrativen Charakters zu entledigen habe und »in Beschreibung überführt werden« müsse (SZONDI: *Für eine nicht mehr narrative Historie*, S. 540f.).

verknüpft werden. Charakteristikum solcher »narrative sentences«[49] ist nach DANTO deren doppelte zeitliche Referenz – »that they refer to at least two time-separated events though they only *describe* (are only *about*) the earliest event to which they refer.«[50] Dass für das abendländische Geschichtsdenken der Modus der Erzählung von zentraler Bedeutung ist, ist ein Befund, aus dem hiernach neue Folgerungen gezogen werden. Beruhten diese in allen Kultur- und Lebensbereichen auffindbaren Erzählungen lange Zeit auf einer unausgesprochenen Überzeugung davon, dass vermittels Sprache eine verlässliche Verbindung zur Wirklichkeit hergestellt werden könne, Realität also durch Sprache angemessen wiederzugeben sei, treten nun Zweifel auf und es bricht sich die Auffassung Bahn, dass auch die soziale Wirklichkeit nicht mehr dem sprachlichen Zeichensystem vorgängig, sondern vielmehr selbst Resultat semiotischer Prozesse sei. Von DANTO ausgehend wandten sich Geschichtstheoretiker vermehrt den Affinitäten zwischen fiktionalen Erzähltexten und historiographischen Texten zu, in welchen Wirklichkeit jeweils durch Sprache erzählend konstruiert wird.[51]

Vor dem Hintergrund des Objektivitätspostulats, das die Geschichtsschreibung als Wissenschaft aufstellte, lässt die erzählende Eigenschaft historiographischer Texte dieselben als Teil der Literatur erscheinen. Es ist daher daran zu erinnern, dass die Trennung beider Bereiche in der Praxis ursprünglich erst vollzogen werden musste. »As late as the eighteenth century, and probably beyond, history was still a literary genre. Voltaire and Gibbon had no doubt that they were ›writers‹ in a genre with a pedigree as noble and almost as long as epic or tragedy«[52], schreibt LIONEL GOSSMAN und erläutert an anderer Stelle: »It was not until the meaning of the world [sic] *literature*, or the institution of literature itself, began to change, toward the end of the eighteenth century, that history came to appear as something distinct from literature.«[53] Im Verlauf des 19. Jahrhunderts veränderte sich das Verhältnis dergestalt, dass Geschichte und Literatur fortan als zwei getrennte Systeme angesehen wurden. Damit einher ging die Institutionalisierung des Faches innerhalb der Universität »and thus, history, like

---

[49] Vgl. das entsprechend betitelte Kapitel in DANTO, ARTHUR C.: *Analytical Philosophy of History*, S. 143ff.
[50] DANTO, ARTHUR C.: *Analytical Philosophy of History*, S. 143.
[51] Vgl. u. a. BURKE, PETER: *History of Events and the Revival of Narrative*.
[52] GOSSMAN, LIONEL: *Between History and Literature*, S. 3. Zur Herausbildung der Geschichtsschreibung als eigenständige Disziplin und deren Grundlagen und Voraussetzungen in der Literatur seit dem 18. Jahrhundert vgl. FULDA, DANIEL: *Wissenschaft aus Kunst. Die Entstehung der modernen deutschen Geschichtsschreibung 1760 – 1860*.
[53] Ibid., S. 227.

literary scholarship, passed from the hands of the poet and man of letters into those of the professor.«[54]

Mit der Berufung auf die Narrativität als Merkmal der Geschichtsschreibung wird diese Trennung neuerlich in Frage gestellt. Seit den 1960er Jahren lässt sich ein verstärktes Interesse an narrativen Strukturen bei der Geschichtsdarstellung feststellen. Die Betonung von Narrativität in Texten über Geschichte ist an sich keine Innovation in der Methodenreflexion der Geschichtswissenschaft. Neu ist indessen, dass das sprachlich Dargestellte im postmodernen Denken von seinem Objekt separiert wird. »Die postmoderne Auffassung betont die Gestaltungskraft, mit der Autoren historisches Wissen formen und ihr Publikum ansprechen und die der Geschichtsschreibung eine primär poetische oder rhetorische Qualität verleiht.«[55] Sie »sieht die entscheidende Sinnbildungsleistung des historischen Denkens und der Historiographie nicht in den kognitiven Prozessen methodisch geregelter Erkenntnis, sondern in den rhetorisch geregelten Prozessen narrativer Vergegenwärtigung zeitlicher Vorgänge.«[56] Prominentester Exponent jener geschichtsphilosophischen Bewegung ist HAYDEN WHITE[57], mit dessen Namen die Debatte um den Erzählcharakter historiographischer Arbeiten vielfach assoziiert wird.[58] WHITE geht in *Metahistory* (1973) und in einigen seiner Essays

---

[54] GOSSMAN, LIONEL: *Between History and Literature*, S. 230.

[55] RÜSEN, JÖRN: *Rhetorik und Ästhetik der Geschichtsschreibung: Leopold von Ranke*, S. 1.

[56] RÜSEN, JÖRN: *›Moderne‹ und ›Postmoderne‹ als Gesichtspunkte einer Geschichte der modernen Geschichtswissenschaft*, S. 23.

[57] Zur Rezeption von und Kritik an HAYDEN WHITE vgl. u. a. VANN, RICHARD T.: *The Reception of Hayden White*. VANN hebt hervor, dass die Nivellierung zwischen Geschichtsschreibung und Literatur, die WHITE oft zum Vorwurf gemacht worden ist, zu einem Gutteil auf Missverständnissen beruht und zudem von WHITES Weigerung, einmal publizierte Aussagen nachträglich zu kommentieren, befördert wurde. VANNS Statistik über Zitate für die Jahre 1973 bis 1993 zeigt außerdem, dass WHITES Arbeiten vor allem außerhalb des von ihm vertretenen Faches zur Kenntnis genommen wurden. Vgl. hierzu u.a. LÜSEBRINK, HANS-JÜRGEN: *Tropologie, Narrativik, Diskurssemantik. Hayden White aus literaturwissenschaftlicher Sicht*, S. 355ff.

[58] WHITES herausragende Stellung innerhalb dieser Debatte, deren einzelne Beiträge eine fast unerfassbare Zahl erreicht haben, sollte nicht vergessen lassen, dass bereits früher Geschichtstheoretiker verschiedentlich auf die Abhängigkeit der Geschichtsschreibung von sprachlichen Voraussetzungen, rhetorischen Mitteln und narrativen Verfahren hingewiesen haben, so unter anderem MICHAEL OAKESHOTT 1923 in seinem Essay *History Is a Fable*. OAKESHOTT verneint keineswegs die Existenz historischer Ereignisse jenseits des Bewusstseins des Historikers, doch stellt er fest: »But I think it is fair to say that these events are not historical events until they have been recollected in the mind of an historian. [...] History as far as we are concerned, is written history« (OAKESHOTT:

bei der Betonung der Ähnlichkeiten zwischen Literatur und Geschichtsschreibung so weit, die Unterschiede in der Verfahrensweise nahezu vollständig zu negieren. Zentral ist dabei wie schon bei DANTO die Vorstellung, dass Geschichte, wenn sie sprachlich vermittelt wird, eine Textur aufweist, die der einer Fabel gleicht, d. h. dass sie einen Anfang, eine Mitte und ein Ende besitzt und dass sich zwischen der Ebene der chronologisch angeordneten Ereignisse und ihrer kausalen Verknüpfung trennen lässt. »Romanautoren mögen sich nur mit vorgestellten Ereignissen befassen, während Historiker sich mit realen befassen, aber der Prozeß ihres Zusammenfügens, seien sie real oder vorgestellt, zu einer verständlichen Totalität, die als Gegenstand einer Darstellung dienen kann, ist ein dichterischer Prozeß«[59], schreibt WHITE. Diese Grenzverschiebung beziehungsweise -verwischung, mit der WHITE die Darstellungsmethoden der Historiographie neuerlich mit denen der Fiktion gleichsetzt, bedingt die Autonomie des Historikers gegenüber seinem Gegenstand, wie CHRIS LORENZ herausstellt:

> Auch White postuliert also – anknüpfend an Roland Barthes und mit Derrida und Ankersmit – daß historische Erzählungen *autonom* sind: Der Weise der Darstellung der Vergangenheit in historischen Erzählungen – beziehungsweise ihrer ›Repräsentation‹, um es einmal postmodern zu sagen – werden seiner Ansicht nach also von der faktischen historischen Forschung *keine* Zügel angelegt.[60]

Historiker gelangen zu einer kohärenten Darstellung von Ereignisfolgen oder Handlungsabläufen, indem sie einzelne vorgefundene und überlieferte Komponenten, die andernfalls nur unverbunden existierten, nach bestimmten Prinzipien anordnen und verknüpfen. WHITE zufolge handelt es sich dabei um literarische Operationen. Über historische Ereignisse schreibt er: »Sie werden in den gleichen Weisen zusammengesetzt, wie die Romanautoren die einzelnen Produkte ihrer Einbildungskraft zusammenfügen, um eine geordnete Welt, einen Kosmos zu zeigen, wo sonst nur Unordnung oder Chaos erscheinen würde.«[61] Für WHITE ist also, wie GEORG IGGERS erläutert, »jeder Versuch, auf Grund von Tatsachen eine zusammenhängende Geschichte zu schreiben, mit einer Reihe metawissenschaftlicher Entscheidungen verknüpft. Diese sind, ähnlich wie bei einem Roman, von einer bestimmten Anzahl literarischer Möglichkeiten be-

---

History Is a Fable, S. 32). OAKESHOTT trennt indessen durchaus zwischen Geschichtsschreibung und Literatur.
[59] WHITE, HAYDEN: *Die Fiktionen der Darstellung des Faktischen*, S. 149.
[60] LORENZ, CHRIS: *Konstruktion der Vergangenheit*, S. 172.
[61] WHITE, HAYDEN: *Die Fiktionen der Darstellung des Faktischen*, S. 149f.

dingt, die bestimmen, wie der Historiker die Geschichtsdarstellung gestaltet.«[62] WHITE geht es darum, die empiristisch-objektivistischen Beschränkungen der faktengeleiteten Geschichtsschreibung aufzubrechen und ein Bewusstsein zu wecken für die kreativen Möglichkeiten historischer Sinnbildungen.

WHITES Überlegungen zufolge bestehen die dem Historiker beim Verfassen von Texten über die Vergangenheit zu Gebote stehenden Möglichkeiten zur sinnbildenden Erklärung des thematisierten Geschehens »aus einem begrenzten Kanon von literarischen Konventionen, prägenerischen Plot-Strukturen und archetypische[n] Geschichten-Typen, die sich wiederum auf vier grundlegende Tropen zurückführen lassen.«[63] WHITE schreibt:

> I do not offer these reflections on the relation between historiography and narrative as aspiring to anything other than an attempt to illuminate the distinction between story elements and plot elements in the historical discourse. Common opinion has it that the plot of a narrative imposes meaning on the events that make up the story level by revealing at the end a structure that was immanent in the events all along. [...] In order, however, for an account of them to be a historical account, it is not enough that they be recorded in the order of their original occurrence. It is the fact that they can be recorded otherwise, in an order of narrative, that makes them, at one and the same time, questionable as to their authenticity and susceptible to being tokens of reality. In order to qualify as historical, an event must be susceptible to at least two narrations of its occurrence.[64]

Um jene letztgenannten Erzählweisen zu spezifizieren, hat WHITE ein theoretisches Konzept erarbeitet. In *Metahistory* unterscheidet WHITE »the following levels of conceptualization in the historical work: (1) chronicle; (2) story; (3) mode of emplotment; (4) mode of argument; and (5) mode of ideological implication.«[65] Bei der sprachlichen Aneignung und Vermittlung des vorderhand völlig unorganisierten historischen Materials – dessen, was WHITE mit »the unprocessed historical record«[66] umschreibt – kommt es zunächst zur Selektion und Anordnung von Elementen in der chronologischen Reihenfolge ihres Auftretens. Diese erste Konzeptualisierung entspricht der ›chronicle‹. »[T]hen the chronicle is organized into a story by the further arrangement of the events into the components of a ›spectacle‹ or process of happening, which is thought to possess a discernible beginning, middle and end.«[67] Schließlich erfolgt die Sinn-

---

[62] IGGERS, GEORG C.: *Geschichtswissenschaft im 20. Jahrhundert*, S. 91.
[63] WACHHOLZ, MICHAEL: *Entgrenzung der Geschichte*, S. 62f.
[64] WHITE, HAYDEN: *The Value of Narrativity in the Representation of Reality*, S. 20.
[65] WHITE, HAYDEN: *Metahistory*, S. 5.
[66] Ibid.
[67] Ibid.

bildung für die solchermaßen erzählend arrangierten historischen Ereignisse. Historische Erzählungen erfahren ihre Bedeutung, wie WHITE darlegt, auf drei Ebenen. Die erste Ebene ist die der Interpretation, die sich in der Erzählstruktur narrativer Texte findet. WHITE nennt sie ›explanation by emplotment‹. Für seine Studien greift WHITE auf die Literaturtheorie zurück und entwickelt eine Typologie historischen Erzählens, die an die Gattungssystematik NORTHOP FRYES und dessen *Anatomy of Criticism* angelehnt ist. Hiernach sind Romanze, Komödie, Tragödie und Farce beziehungsweise Satire die Basisschemata, nach denen jeder Stoff organisiert werden kann und auf die nach WHITE auch historische Sachtexte des 19. Jahrhunderts rekurrieren. WHITE findet sie in dieser Reihenfolge jeweils in großen historischen Darstellungen von MICHELET, RANKE, TOCQUEVILLE und BURCKHARDT.[68]

WHITES Wirkung besteht gerade darin, das Bewusstsein für den Umstand geschärft zu haben, dass die Darstellung von Geschichte nicht, wie es dem wissenschaftlichen Objektivitätsideal der Historiographie entspräche, ein selbstgenerierender Vorgang ist, sondern deutlich von erzähltechnischen Verfahren geprägt ist, dass es mithin jenseits der Ereigniskette eine weitere Ebene der Sinngebung gibt, die für dieselben außersprachlichen Ereignisse heterogene Deutungen liefern kann. Die wohl wesentlichste Folgerung jener Debatte ist jedoch die Aufhebung der gedanklichen Dichotomie zwischen einer objektiv und substantiell gegebenen außersprachlichen Realität auf der einen und der Sprache als Instrumentarium zur Repräsentation eben jener ›Welt‹ auf der anderen Seite. »Sprachliche Vermittlung bedeutet nicht mehr, daß eine beschreibbare ›Realität‹ außerhalb der Sprache abgebildet wird, sondern daß Sprache Realität konstruiert.«[69] Auch die Praxis der Quellenforschung und -auswertung ist hiervon betroffen, seit sich Historiker »zunehmend bewußt geworden [sind], daß durch ihre Quellen bestenfalls frühere Konstruktionen von Wirklichkeit nachzu-

---

[68] Als weitere Ebenen der Sinnbildung führt WHITE die oben genannten ›mode of argument‹ und ›mode of ideological implication‹ an. Die Ebene der ›explanation by formal argument‹ charakterisiert WHITE als Erklärung der Ereignisse in der story »by construction of a nomological-deductive argument« (WHITE: Metahistory, S. 11) und unterscheidet erneut vier Arten der Argumentation, die jeweils einem anderen Weltbild entspringen und entsprechen. Von einer genaueren Paraphrasierung jener modes of argument – WHITE nennt sie ›Formist‹, ›Mechanistic‹, ›Organicist‹ und ›Contextualist‹ (vgl. WHITE: Metahistory, S. 13) – kann hier deshalb abgesehen werden, weil sie sehr stark WHITES eigener, spezialisierter Theorie verhaftet sind. Diese Theorie erhält dadurch zwar eine eigene argumentative Mehrschichtigkeit, aber in diesem Zusammenhang sind sie nicht relevant. Selbiges gilt für die dritte Ebene der ›explanation by ideological implication‹. Mit ihr »zielt WHITE auf die politische und ethische Dimension der Historiographie«, so LORENZ (LORENZ: Konstruktion der Vergangenheit, S. 174).

[69] CONRAD, CHRISTOPH/MARTINA KESSEL: *Geschichte ohne Zentrum*, S. 19f.

vollziehen oder zu enthüllen sind, aber die Sache selbst nicht abbildbar ist.«[70] Die zum Schlagwort avancierte Aussage von JACQUES DERRIDA »*Ein Text-Äußeres gibt es nicht*«[71] ließe sich gleichsam als Motto jener poststrukturalistischen Strömung einsetzen. Sprache verweist demnach, auch wenn sie als Zugang zur Geschichte dienen soll, letztlich auf Sprache zurück. Nicht mehr die Bezugnahme auf eine außersprachliche Realität wird als Leistung der Sprache und eines Textes angesehen, vielmehr treten Verweise auf andere Texte in den Vordergrund und bestimmen nach DERRIDA über die Bedeutungen eines Textes.[72] DERRIDA versucht in *Grammatologie* unter anderem den Nachweis zu erbringen, dass die auf FERDINAND DE SAUSSURE zurückgehende Trennung zwischen Signifikat und Signifikant, zwischen Bedeutungs- und Ausdrucksseite sprachlicher Zeichen nicht haltbar sei:

> Das Signifikat fungiert [...] seit je als ein Signifikant. Die Sekundarität, die man glaubte der Schrift vorbehalten zu können, affiziert jedes Signifikat im allgemeinen, affiziert es immer schon, das heißt, *von Anfang, von Beginn des Spieles an*. Es gibt kein Signifikat, das dem Spiel aufeinander verweisender Signifikanten entkäme, welches die Sprache konstituiert, und sei es nur, um ihm letzten Endes wieder anheimzufallen.[73]

Da die Kette der Verweisungen unabschließbar ist, gelangt sie nie zur Fixierung eines Ausschnitts der Realität, der sprachlich und schriftlich bezeichnet werden soll. Aus der Unabschließbarkeit der Verweiskette des Textes ergibt sich für DERRIDA der Schluss, dass Sprache Realität nicht repräsentiere, sondern konstituiere. Wenn so letztlich das Konzept Realität in ihrer objektiven Erfassbarkeit und in ihrem materiellen Vorhandensein selbst in Zweifel gezogen wird, ist damit zugleich das Konzept von Geschichte als vergangener Wirklichkeit desavouiert. Wer diese Einschätzung teilt, verliert damit den eine zeitlang sicher geglaubten Zugang zu den Sachverhalten außerhalb des zu ihrer Encodierung gebrauchten Zeichensystems, i. e. der Sprache. Die in der positivistischen Geschichtsforschung und auch von den Vertretern der Strukturgeschichtsschreibung als real existent angenommene vergangene Erfahrungswirklichkeit geht hiernach zur Gänze auf in sprachlichen Konstruktionen, die die einzige greifbare Erscheinungsform von Geschichte bilden. Realität, erst recht nicht mehr gegenwärtige, erscheint somit immer als sprachlicher Entwurf.

In ihrer extremen Ausprägung weist diese Geschichtsauffassung Ähnlichkeiten zu Positionen des Konstruktivismus auf, dessen grundlegendes Postulat

---

[70] Ibid., S. 16.
[71] DERRIDA, JACQUES: *Grammatologie*, S. 274.
[72] Vgl. LORENZ, CHRIS: *Konstruktion der Vergangenheit*, S. 167.
[73] DERRIDA, JACQUES: *Grammatologie*, S. 17.

HEINZ VON FOERSTER auf die Formel zuspitzt: »Die Umwelt, wie wir sie wahrnehmen, ist unsere Erfindung.«[74] Mit dieser Position teilt sie die Aufkündigung der Vorstellung einer von der Wahrnehmung unabhängigen Faktizität und stellt in letzter Konsequenz Geschichtsentwürfe, die sich auf die Überlieferung berufen mit solchen, die es nicht tun, auf eine (Erkenntnis)stufe. Jene Verabsolutierung bedeutet freilich eine wirkungsvolle Provokation, doch kaum einen Ausgangspunkt historiographischer Forschungsarbeit. So kann insgesamt »die Geschichtsschreibung allen Rhetorisierungsanstrengungen zum Trotz [...] nicht auf die Vorstellung einer faktischen Repräsentation von Sachverhalten verzichten.«[75] Dieses Spannungsverhältnis, welches zwischen der Notwendigkeit einer kollektiven Vorstellung über faktische historische Verläufe und dem Wissen um ihre sprachliche Konstruiertheit besteht, ist auch in den literarischen Beispielen einer kontrafaktischen Geschichtsdarstellung beziehungsweise in deviierenden historischen Romanen von Bedeutung.

4.3 Zum Erkenntniswert des Ungeschehenen

Geschichte im Widerspruch zu den Fakten zu denken und mit Mitteln der Sprache und im Gerüst einer Narration darzustellen, ist, wie eingangs schon festgestellt wurde, eine Operation, die auch an die Fundamente der Geschichtsforschung als einer der Faktizität verpflichteten Disziplin rührt. Die radikalen Angriffe auf den Gegenstand der Geschichtsforschung von Seiten der postmodernen Theorie begünstigten, wie zu zeigen sein wird, wenn nicht die Akzeptanz, so doch die Häufung kontrafaktischer Hypothesenbildung seitens der Historiographie. So »entspricht der Ansatz der Konjekturalhistorie einigen methodischen Aspekten der Postmoderne: Ende der großen Entwürfe, Auflösung der Einheit in Vielfalt, unendliche Verästelung, Verwischung der Grenzen von Faktischem und Fiktion, von Realität und Simulation.«[76]

Spekulationen über die Frage, was geschehen wäre, wenn eine bestimmte Konstellation in der Vergangenheit einen anderen Verlauf oder Ausgang ge-

---

[74] FOERSTER, HEINZ VON: *Das Konstruieren einer Wirklichkeit*, S. 40. Auch in der Literaturtheorie sind seit längerem Reaktionen hierauf zu verzeichnen. ANSGAR NÜNNING zitiert stellvertretend für diese Position ROBERT SCHOLES: »All writing, all composition, is construction. We do not imitate the world, we construct versions of it. There is no mimesis, only poeisis. No recording, only constructing« (zitiert nach NÜNNING: Von historischer Fiktion zu historiographischer Metafiktion, S. 56f.).

[75] WACHHOLZ, MICHAEL: *Entgrenzung der Geschichte*, S. 14.

[76] STEINMÜLLER, KARLHEINZ: *Zukünfte, die Geschichte wurden. Zum Gedankenexperiment in Zukunftsforschung und Geschichtswissenschaft*, S. 51.

nommen hätte, lassen sich seit den Anfängen der Geschichtsschreibung in der Antike belegen[77], doch genauso früh wurde Kritik an solchen Gedankenspielen artikuliert. Kontrafaktische Überlegungen laufen der auf Aristoteles zurückgehenden Maßgabe zuwider, nach welcher der Historiker zu beschreiben habe, was geschehen ist, wohingegen der Dichter das beschreibe, was geschehen könnte. Lange haftete ihnen das Etikett des Unseriösen an, denn seit »den Anfängen der Geschichte wird der Historiker am Maßstab der Wahrheit gemessen.«[78] Dies musste sich mit der Einrichtung als akademische Disziplin an den Universitäten im 19. Jahrhundert verstärken. Der Versuch, ähnlich wie die als exakt geltenden Naturwissenschaften vorzugehen, ließ die Beschäftigung mit dem nicht fassbaren Irrealen nicht gelten. So erstaunt es wenig, dass solche Überlegungen gemeinhin eher *en passant* angestellt wurden und versteckt eingeflossen sind. Ihr heuristischer Wert und ihre Funktion werden allerdings anders bemessen, seit die Historiographie durch die postmoderne Unterminierung ihrer Grundlagen in eine Krise geriet und neue theoretische Selbstreflexionen durchlief.

Wenn die Geschichtswissenschaft ihr Konzept der Wirklichkeit verabschiede, habe sie keine eigentliche Funktion, so PEREZ ZAGORIN, der sich als Kritiker der Postmoderne vehement gegen dekonstruktivistische Tendenzen in der Historiographie wendet.[79] Ungeachtet solcher Einsprüche sind innerhalb der Disziplin Zweifel am ontologischen Status und an der generellen Erkennbarkeit ihres Forschungsgegenstands als Symptome einer Krise wahrgenommen worden. Als Reaktion hierauf finden in den letzten Jahrzehnten vermehrt kontrafaktische Überlegungen Eingang die Geschichtsschreibung. Die Vorstellung, es gebe überhaupt nur Konstruktionen von Wirklichkeit und keine verbindliche Realität, hat in der Historiographie hierfür gewissermaßen den Boden bereitet. Die Ablösung eines deterministischen Geschichtsverständnisses bildet eine weitere Voraussetzung, da kontrafaktische Urteile auf der Annahme beruhen, Geschichte sei

---

[77] GREGOR WEBER führt, um dies unter Beweis zu stellen, einen Abschnitt aus Herodots *Historien* an, in welchem Herodot, mit dem Ziel, die militärische Verteidigungsleistung der Athener hervorzuheben, Hypothesen über alternative Wendungen in den Perserkriegen aufstellt. Vgl. WEBER, GREGOR: *Vom Sinn kontrafaktischer Geschichte*, S. 11f. In denselben Sammelband ist in Übersetzung ein Text des römischen Chronisten Titus Livius aufgenommen worden, so dass der Herausgeber KAI BRODERSEN im Vorwort ankündigt, der Band könne »Beiträge von Autorinnen und Autoren der Jahrgänge 59 v. Chr. bis 1969 n. Chr. bieten« (BRODERSEN: Vorwort, S. 8).
[78] LE GOFF, JACQUES: *Geschichte und Gedächtnis*, S. 151.
[79] Vgl. ZAGORIN, PEREZ: *Historiography and Postmodernism. Reconsiderations*, S. 274.

die Realisierung einer unter mehreren Möglichkeiten.[80] In der Diskussion um die Zulässigkeit des konjekturalhistorischen Ansatzes haben sich Befürworter[81] und Gegner[82] auf MAX WEBER berufen. Von ersteren wird WEBER als eine der ersten wissenschaftlichen Autoritäten, die auf das erkenntniserweiternde Potential kontrafaktischen Denkens aufmerksam gemacht haben, in Anspruch genommen. WEBER scheint davon auszugehen, dass Historiker, so lange sie ihr Fach als Wissenschaft betreiben, jederzeit die Kontemplation nicht eingetretener Möglichkeiten implizit einfließen lassen müssen, wenn er schreibt:

> In jeder Zeile jeder historischen Darstellung, ja in jeder Auswahl von Archivalien und Urkunden zur Publikation, stecken ›Möglichkeitsurteile‹ oder richtiger: müssen sie stecken, wenn die Publikation ›Erkenntniswert‹ haben will. Was heißt es denn nun aber, wenn wir von mehreren ›Möglichkeiten‹ sprechen, zwischen denen jene Kämpfe [die Schlacht bei Marathon, A. M. W.] ›entschieden‹ haben sollen? Es bedeutet zunächst jedenfalls die Schaffung von – sagen wir ruhig: – Phantasiebildern durch Absehen von einem oder mehreren der in der Realität faktisch vorhanden gewesenen Bestandteile der ›Wirklichkeit‹ und durch die denkende Konstruktion eines in bezug auf eine oder einige ›Bedingungen‹ abgeänderten Herganges.[83]

WEBERS Argumenten ist innerhalb des fachwissenschaftlichen Diskurses jedoch insofern keine Wirkung beschieden gewesen, als sie zunächst keine Publikationen nach sich zogen, in welchen die kontrafaktische Überlegung als Instrument historischer Wahrheitsfindung etabliert worden wäre. Erst seit den 1960er Jahren finden sich mit wissenschaftlichem Interesse durchgeführte Gedankensimulationen alternativer historischer Verläufe.[84] PETER BURG führt den

---

[80] Vgl. BURG, PETER: *Die Funktion kontrafaktischer Urteile am Beispiel der Bauernkriegsforschung*, S. 772.

[81] Vgl. DEMANDT, ALEXANDER: *Ungeschehene Geschichte*, S. 18f. und BURG, PETER: *Die Funktion kontrafaktischer Urteile am Beispiel der Bauernkriegsforschung*, S. 768. BURG gibt an, WEBER habe geschrieben, »der Versuch, positiv das Mögliche zu konstruieren, könne zu monströsen Resultaten führen«, sein Hauptanliegen sei es jedoch gewesen, »die Berechtigung und Unentbehrlichkeit der kontrafaktischen Fragestellung zu demonstrieren« (BURG: Die Funktion kontrafaktischer Urteile am Beispiel der Bauernkriegsforschung, S. 768).

[82] Vgl. KIESEWETTER, HUBERT: *Irreale oder reale Geschichte? Ein Traktat über Methodenfragen der Geschichtswissenschaft*, S. 17ff.

[83] WEBER, MAX: *Kritische Studien auf dem Gebiet der kulturwissenschaftlichen Logik*, S. 275.

[84] Mittlerweile ist die metatheoretische Reflexion der Auseinandersetzung mit kontrafaktischen Szenarien in der Geschichtswissenschaft so weit fortgeschritten, dass GREGOR WEBER eine weitere Spezifizierung vorschlägt. Essentiell sei »die Unterscheidung zwischen alternativer Geschichte auf der einen und ungeschehener Geschichte auf der anderen; [...]. *Alternative* Geschichte betrifft die Konstruktion von Handlungsalter-

amerikanischen Ökonom ROBERT FOGEL als Beleg dafür an, dass die Beschäftigung mit hypothetischen historischen Konstellationen von englischen und amerikanischen Vertretern des Faches als erstes angeregt wurde. FOGEL stellte 1964 eine experimentelle Untersuchung über die Bedeutung des Eisenbahnbaus in den USA und dessen Auswirkungen auf das Wirtschaftswachstum an und unternahm dazu Berechnungen, in welchen er die ökonomische Entwicklung ohne die Eisenbahn zu kalkulieren versuchte.

Dass auch im englischsprachigen Raum keineswegs eine reibungslose Integration der kontrafaktischen Geschichte in die Praxis der Historiker erfolgte, zeigt sich daran, dass FOGEL methodisch keine Nachfolger gefunden zu haben scheint und dass 1980 der britische Historiker HUGH TREVOR-ROPER noch immer aus einer Außenseiterposition für eine Nutzbarmachung kontrafaktischer Theorie für die Geschichtswissenschaften argumentierte. In seinem Beitrag *History and Imagination* erläutert TREVOR-ROPER:

> [A]t any given moment of history there are real alternatives, and to dismiss them as unreal because they were not realised [...] is to take the reality out of the situation. How can we ›*explain*‹ what happened and ›*why*‹ if we only look at what happened and never consider the alternatives, the total pattern of forces whose pressure created the event?[85]

Die vielen historischen Darstellungen unausgesprochen zugrundeliegende Annahme, dass was geschehen ist, so und nicht anders habe geschehen müssen, resultiert aus der Perspektive einer nachträglichen Rückschau. Diese verengt allerdings notwendigerweise die in jeder Situation angelegten Entwicklungsmöglichkeiten. So setzt er hinzu: »History is not merely what happened: it is what happened in the context of what might have happened. Therefore it must incorporate, as a necessary element, the alternatives, the might-have-beens.«[86] Entsprechend räumt TREVOR-ROPER den von ihm in Anlehnung an FRANCES YATES so bezeichneten ›lost moments of history‹ in der Arbeit des Historikers

nativen für spezifische Situationen, meist Entscheidungen, was für die Situation selbst gelten oder auch danach stattfinden kann; [...]. *Ungeschehene* Geschehensverläufe sind dagegen allein durch einen gemeinsamen Punkt, nämlich ihren Ausgangspunkt, mit ›unserer‹ Welt verbunden, entwickeln sich dann aber anders weiter; die Abgrenzung ist dort vorzunehmen, wo die Loslösung von der empirischen Realität beginnt« (WEBER: Vom Sinn kontrafaktischer Geschichte, S. 15). Dass dieser Unterschied sehr oft übergangen werde, konstatiert WEBER allerdings selbst und lässt dadurch erkennen, wie uneinheitlich auch in wissenschaftlichen Beiträgen Terminologie und Vorgehensweise nach wie vor sind.

[85] TREVOR-ROPER, HUGH: *History and Imagination*, S. 363.
[86] Ibid., S. 364.

einen wichtigen Platz ein. »To ignore such lost moments, to erase them impatiently from the page of history as mere non-events, is surely not only an error but a vulgar error: an error, because, even though abortive, they explain the motives of historical persons and contain a historical lesson [...].«[87] Ihre Bedeutung bleibe erhalten, auch wenn die Optionen, die zu einem Moment in der Vergangenheit bestanden haben, nicht mehr aktuell sind. Schließlich erklärt er sie ausdrücklich zur unabdingbaren Komponente in RANKES häufig missverstandenem programmatischen Vorhaben, das ›wie es eigentlich gewesen ist‹ nachvollziehbar werden zu lassen. Die Kontemplation des nicht Eingetretenen, aber Denkbaren wird zum Objektivitätsfaktor der Analyse: »Only if we see events in the setting of competing alternatives can our history claim to be objectively true«[88], schreibt TREVOR-ROPER an anderer Stelle.

PETER BURG greift 1981 die Ansätze von britischen und amerikanischen Wissenschaftlern auf und erörtert *Die Funktion kontrafaktischer Urteile am Beispiel der Bauernkriegsforschung*. Er unterscheidet dabei drei Varianten kontrafaktischer Urteilsformen und bestimmt sie nach ihrer primären Funktion. Demnach können kontrafaktische Urteile erstens der Ermittlung kausaler Zurechnung dienen. Sie sollen dann die Beziehungen zwischen zwei historischen Gegebenheiten näher bestimmen, indem von der Ursache abstrahiert und die Frage gestellt wird, was ohne dieselbe Ursache geschehen wäre – sie wird in Gedanken aus dem historischen Verlauf gestrichen. »Ein Beispiel für das kontrafaktische Verfahren ist der Satz: Ohne die Reformation wäre es nicht zum Bauernkrieg gekommen.«[89] Zweitens dienen kontrafaktische Urteile zur Ermittlung des Spielraums, der sich für historische Handlungen und Ereignisse eröffnete. Die grundlegende Frage ist in diesem Fall, ob es in entscheidenden geschichtlichen Konstellationen auch anders hätte kommen können. Sie ist »das zentrale heuristisch-methodische Instrument, um Handlungsspielräume in der Geschichte zu erforschen. Dabei sind Entscheidungssituationen, in denen Faktisches und alternative Möglichkeiten auf der Kippe standen (z.B. Schlacht von Marathon), von besonderem Interesse.«[90] Schließlich und drittens lassen sich kontrafaktische Urteile fällen, um die Folgen einer nicht realisierten Möglichkeit zu identifizieren. Zu diesem Zweck werden die Modalitäten vergangener, nicht eingetretener Möglichkeiten beschrieben und ausgemalt. Auf diese Weise lasse sich die Be-

---

[87] Ibid., S. 365.
[88] TREVOR-ROPER, HUGH: *The Lost Moments of History*, S. 61.
[89] BURG, PETER: *Die Funktion kontrafaktischer Urteile am Beispiel der Bauernkriegsforschung*, S. 777.
[90] Ibid.

deutung dieser Folgen verdeutlichen und einschätzen.[91] Äußerst konzise legt BURG an anderer Stelle Ergebnisse seiner Überlegungen noch einmal vor. Er abstrahiert und erläutert dabei das Verfahren kontrafaktischer Überlegungen in der Geschichtswissenschaft. Es empfiehlt sich, dieses hier in Burgs eigenen Worten wiederzugeben:

> Welche Denkschritte enthält ein kontrafaktisches Urteil? Ein historisches Faktum, ein Phänomen vergangener Wirklichkeit, wird nachträglich manipuliert, eine veränderte Realität wird simuliert, aus dem realen Zustand wird dabei ein fiktiver Zustand, aus dem Faktum ein Fiktum. In welcher Richtung können solche Manipulationen erfolgen? Es kann
> 1. ein Element der Realität weggedacht, substrahiert werden,
> 2. ein fiktionales Element zur Realität hinzugedacht, addiert werden und
> 3. ein reales Element gegen ein fiktionales ausgetauscht werden, eine Kommutation vorliegen.
>
> Alle drei Vorgänge bilden nur eine Seite der kontrafaktischen Aussage, das Antecedens, den mit ›wenn...‹ oder ›ohne...‹ eingeleiteten Vordersatz bzw. präpositionalen Ausdruck. Auf das Antecendens folgt das Consequens. Folgerungen aus der anders gedachten Realität zu ziehen ist ja das wesentliche Anliegen kontrafaktischer Urteile. Wie können, abstrakt gesprochen, die Consequentien aussehen? Denkbar sind vier Möglichkeiten:
> 1. Der kontrafaktischen Vorannahme wird keine Folgewirkung zuerkannt. Die drei weiteren Möglichkeiten sind den Antecedentien analog, das heißt
> 2. die fiktive Folgewirkung besteht in der Substraktion eines Elements der Realität oder
> 3. in der Addition eines Fiktums oder
> 4. in der Kommutation eines Faktums gegen ein Fiktum oder umgekehrt.
>
> Die sprachlich-grammatische Form, in der Antecedens und Consequens miteinander verbunden werden, sind irreale Bedingungssätze.[92]

BURG stützt sich selbst auf eine im deutschsprachigen Raum wegweisende Monographie, auf das erstmals 1984 erschienene und mehrfach überarbeitete und wieder aufgelegte Buch von ALEXANDER DEMANDT: *Ungeschehene Geschichte. Ein Traktat über die Frage: Was wäre geschehen, wenn ...?* DEMANDT führt darin ein programmatisches Plädoyer für die Zulassung dieser Fragestellung, die er selbst als Wagnis bezeichnet, eine Wortwahl, die die Unberechenbarkeit des Unternehmens ausdrücklich betont. DEMANDT beruft sich auf Nietzsche und zitiert diesen mit den Worten: »Die Frage: ›Was wäre geschehen, wenn das und das nicht eingetreten wäre?‹ wird fast einstimmig abgelehnt, und doch ist sie gerade die kardinale Frage.«[93] Dieser Satz habe weiterhin unveränderte Gültig-

---

[91] Vgl. ibid.
[92] BURG, PETER: *Kontrafaktische Urteile in der Geschichtswissenschaft*, S. 213.
[93] DEMANDT, ALEXANDER: *Ungeschehene Geschichte*, S. 9.

keit, so DEMANDT, denn: »Wenn wir ungeschehene Möglichkeiten nicht konstruieren dürfen, können wir geschichtliche Wirklichkeit nicht rekonstruieren. Das Nachdenken über Alternativen ist ein unentbehrliches Geschäft der Geschichtswissenschaft.«[94] DEMANDT stellte sogar in Aussicht, die durch die Regeln der Wahrscheinlichkeit gezügelte historische Phantasie könnte ein Novum Organum der Wissenschaft werden.[95] Die Schwierigkeiten und Risiken liegen dabei allerdings auf der Hand. Dies räumt DEMANDT selbst ein, wenn er konzediert: »Für die Ermittlung dessen, was beinahe passiert wäre, steht uns keine Methode zur Verfügung.«[96] DEMANDT betont wie bereits TREVOR-ROPER den Wert des Ungeschehenen für das Verstehen des verbürgten Verlaufs und für die Bewertung einer historischen Situation, wobei die nicht eingetretenen Möglichkeiten als notwendige Folie fungieren. Auch das wachsende und sich ändernde Wissen biete »keinen Freibrief für jene, die gerne die Wunderberichte aus mirakelsüchtigen Zeiten retten wollen. Bis zum Erweis des Gegenteils empfiehlt es sich immer, den Stand der Naturwissenschaft als Filter für das historisch Akzeptable zu verwenden.«[97] Dieser Maxime entspricht DEMANDTS Verfahren, in Gedanken die stärkste Kraft in einer historischen Entscheidungssituation zu streichen und an ihrer Stelle die zur gleichen Zeit zweitstärkste Kraft einzusetzen und die Folgen zu erwägen, die hätten eintreten können, wenn sich ebendiese Kraft durchgesetzt hätte.

DEMANDT entwickelt und demonstriert seine Theorie zur wissenschaftlichen Kontemplation nicht eingetretener historischer Konstellationen anhand verschiedener Fallstudien zu historischen Entscheidungskonflikten, in denen er unter Einbeziehung des etablierten Wissens über die jeweiligen historischen Umstände alternative Optionen abwägt und diejenige benennt, die nach seinem Dafürhalten am ehesten hätte eintreten können.[98] Der heuristische Zweck be-

---

[94] Ibid., S. 33.
[95] Vgl. ibid., S. 10. Vgl. u.a. auch TELLENBACH, GERD: ›Ungeschehene Geschichte‹ und ihre heuristische Funktion und RITTER, HERMANN: Kontrafaktische Geschichte. Unterhaltung versus Erkenntnis.
[96] Ibid., S. 12.
[97] Ibid., S. 37.
[98] Solche Fallstudien sind die am häufigsten anzutreffende Erscheinungsform kontrafaktischer Überlegungen, die mit wissenschaftlichem Anspruch und Erkenntnisinteresse geführt werden. Schon 1907 stellte der britische Historiker GEORGE MACAULAY TREVELYAN Überlegungen darüber an, was geschehen wäre, hätte Napoleon die Schlacht von Waterloo gewonnen. Vgl. TREVELYAN, GEORGE MACAULAY: *If Napoleon Had Won the Battle of Waterloo*. Vgl. außerdem u.a. JÄCKEL, EBERHARD: *Wenn der Anschlag gelungen wäre* ... JÄCKELS Beitrag erschien erstmals 1974 und setzt sich mit den möglichen Folgen eines geglückten Attentats auf Adolf Hitler auseinander. 1997 legte auch NIALL FERGUSON einen Sammelband vor, in dem ebenfalls im Nachhinein als zentral

steht darin, die Bedeutung bestimmter geschichtlicher Konfliktmomente und handelnder Personen[99] argumentativ zu belegen. Die von DEMANDT ausgewählten Szenarien lesen sich z.B. folgendermaßen: »Wäre den Spaniern die geplante Eroberung Londons gelungen, so hätten sich möglicherweise die Gegner der Tudors in Schottland, Wales und Irland erhoben und eine Rekatholisierung Englands ermöglicht. Der Großinquisitor befand sich auf der Flotte.«[100] Die Überlegung, welche Konsequenzen eine Landung der spanischen Armada 1588 in England langfristig mit sich gebracht hätte, beschließt er mit der Feststellung: »An ein British Empire wäre nicht mehr zu denken.«[101] DEMANDTS Ausführungen zielen darauf ab, Historikern bei der Spekulation klare Grenzen zu setzen, die durch die Prinzipien der Plausibilität und der Wahrscheinlichkeit einer Konstruktion ungeschehener Verläufe in ihrem realen Kontext markiert werden sollen.

bewertete historische Konstellation negiert und alternative Konsequenzen durchgespielt werden. Ohne sich auf DEMANDT zu beziehen, erhebt FERGUSON einen vergleichbaren Anspruch und setzt ähnliche Prinzipien bei wissenschaftlich durchgeführten Entwürfen voraus. Damit grenzt er sich ab von der bereits 1931 unter dem Titel *If It Had Happened Otherwise* erschienen Anthologie, welche den Autoren bei der Ausführung ihrer Beiträge in dieser Hinsicht freie Hand ließ. Die von FERGUSON edierten kontrafaktischen Szenarien haben historische Konstellationen des 20. Jahrhunderts, vom Beginn des Ersten Weltkriegs bis zum Zusammenbruch des Kommunismus und dem Ende des Kalten Krieges zum Inhalt. In diesen Fallbeispielen wird das historisch Denkbare durch die im Umfeld einer geschichtlichen Situation tatsächlich vorhandenen Faktoren und Optionen markiert. Vgl. außerdem den schon genannten Sammelband *Virtuelle Antike. Wendepunkte der Alten Geschichte*, ferner den Sammelband *What If? America: Eminent Historians Imagine What Might Have Been*.

[99] Für die Arbeit des Historikers ist dabei die private Biographie einer historischen Person nur im Hinblick auf ihre Berührungspunkte mit historisch-politischen Wegmarken relevant. Vgl. hierzu auch den Sammelband *The Napoleon Options. Alternate Decisions of the Napoleonic Wars*. JONATHAN NORTH schreibt in der Einleitung: »The Napoleonic Wars recast Europe and the world by turning upside down the established order of politics, society, expectation and geography. No other conflict in history produced so many reverberations and indisputable legacies. The very importance of that global conflict means that, inevitable, historians have been asking the compelling question ›what if things had been different?‹ ever since the final shots died away. That basic question was the genesis of this book« (NORTH: Introduction, S. 9). In *The Napoleon Options* interessiert nicht das Schicksal des Privatmanns, dessen historische Rolle eine andere hätte sein können, es interessieren die Konsequenzen, die sich hieraus für die kollektive Geschichte ergeben hätten, die historischen Entscheidungssituationen also, deren Ausgang von der Handlung des Individuums abhingen. Entsprechend gehen die Verfasser in ihren Beiträgen ausschließlich Feldzügen und Schlachten nach.

[100] DEMANDT, ALEXANDER: *Ungeschehene Geschichte*, S. 80.
[101] Ibid.

Versuche zu einer kontrafaktischen Methodologie sind nicht nur von DEMANDT unternommen worden. GEOFFREY PARKER postuliert im Zusammenhang mit Ausführungen über nicht eingetretene, aber denkbare geschichtliche Wendungen seinerseits zwei Prinzipien, die er gewahrt wissen möchte:

> But counterfactual thought experiments must be done according to rigorous protocols. Two of them are critical: first, the minimal-rewrite rule. In considering potential causes for insertion as antecedents into counterfactual arguments, we should give priority to those that require rewriting as little as possible the actual historical record, yet still achieve some significant re-routing of subsequent events. We cannot give the Aztecs machine guns or smallpox vaccine to resist the Spanish conquest; but we can let them kill Hernán Cortés after he was wounded and captured on the retreat from Tenochtitlán during the ›Night of Sorrow‹ in 1520, in order to assess what might have happened without his leadership. Next, the ›second order‹ counterfactual. The clock of history does not stop if and when a hypothetical change occurs: subsequent developments can return history to the course from which the antecedent was intended to divert it. So even if Archduke Franz Ferdinand had somehow escaped assassination in Sarajevo in June 1914, his reckless bravery combined with Serbian intransigence would probably have soon led to his murder at some other place, provoking the same confrontation between Austria and Serbia that produced the First World War.[102]

Die sogenannte ›minimal rewrite rule‹ gilt gemeinhin als die grundlegende Faustregel für kontrafaktische historische Operationen und wird selten in Frage gestellt. PARKERS zweite Maxime gründet auf der (auch von DEMANDT vertretenen) Auffassung, gewisse historische Konstellationen hätten aufgrund der sie konstituierenden Bedingungen einen bestimmten Ausgang gewissermaßen in sich getragen, so dass sich dieser über kurz oder lang auf jeden Fall durchgesetzt hätte. Eine Gewährleistung können die zu Methoden erhobenen Prinzipien freilich nicht bieten, wie auch DEMANDT einräumt. »Wohl wüßten wir gerne, welche Folgen es gehabt hätte, wenn Tell den Apfel verfehlt hätte, doch gibt uns die Quellenkritik darüber keine Auskunft. Hier eröffnet sich das uferlose Reich der privaten Mutmaßung, die eher den Charakter des Spekulierenden als die wahrscheinlichen Folgen offenbart.«[103] Ferner wäre es nur folgerichtig, das begonnene Spiel auch seinen Regeln gemäß fortzusetzen: »Nicht nur zu jedem tatsächlichen, sondern auch zu jedem gedachten Ereignis gibt es eine Mehrzahl von Varianten, und so verästeln sich die Alternativen in der Potenz. Schließlich wären wir genötigt, Abertausende von ungeschehenen Geschichtsabläufen zu entwerfen.«[104] In dieser letzten Konsequenz erübrigt sich jedoch die

---

[102] PARKER, GEOFFREY: *What if ... Philip II Had Gone to the Netherlands?*, S. 44.
[103] DEMANDT, ALEXANDER: *Ungeschehene Geschichte*, S. 12.
[104] Ibid., S. 13.

Durchführbarkeit, da die Konstruktion sämtlicher denkbarer Alternativen die Grenzen dessen überschreitet, was die wissenschaftliche Praxis zu leisten vermag.

Die nachhaltige Wirkung, die DEMANDTS Vorstoß beschieden war, zeigt sich nicht zuletzt daran, dass seine Publikation noch knapp 20 Jahre nach ihrem Erscheinen eine Antwort hervorrief. Der Historiker HUBERT KIESEWETTER nennt sein Buch *Irreale oder reale Geschichte?* (2002) im Untertitel entsprechend *Ein Traktat über Methodenfragen der Geschichtswissenschaft*. Gegen DEMANDT gewendet schreibt er, »[s]tatt eines größeren Verständnisses für Entscheidungssituationen scheint der Konjunktivismus tatsächlich darauf hinauszulaufen, Wert- und/oder Vorurteile zu begründen und damit alle Ansätze einer objektiven Geschichtswissenschaft zu verschütten.«[105] Auch KIESEWETTER unternimmt Fallstudien, mit dem Ziel, DEMANDT zu widerlegen, und zwar nicht, indem er eigene kontrafaktische Szenarien mit dem Anspruch auf höhere Wahrscheinlichkeit und historische Fundiertheit vorlegt, sondern um DEMANDTS Methodik und seinem Plausibilitätsanspruch insgesamt eine Absage zu erteilen. So erklärt er:

> Natürlich können wir zu jedem historischen Ereignis, etwa dem Zusammenbruch der kommunistischen und sozialistischen Gesellschaftssysteme in Osteuropa, uns angenehmere oder unangenehmere Alternativen denken – unserer Phantasie sind keine Grenzen gesetzt –, aber zu glauben, wir könnten dies mit unterschiedlicher Plausibilität, beruht auf einem großen Mißverständnis wissenschaftlicher Erkenntnistheorie.[106]

Die Folgerung, die Kiesewetter aus seinen Argumenten zieht, lautet: »Wir müssen uns bewußt machen, daß die denkbaren Möglichkeiten historischer Abläufe unendlich sind [...]«.[107] Jede wissenschaftliche Form der Beschäftigung mit diesen Möglichkeiten wäre damit ausgeschlossen.[108]

---

[105] KIESEWETTER, HUBERT: *Irreale oder reale Geschichte?*, S. 69. KIESEWETTER ist erklärtermaßen kein Anhänger des postmodernen Relativismus und der Auffassung, es gebe keine objektiven Kriterien für die Richtigkeit oder Falschheit historischer Interpretationen (vgl. KIESEWETTER: Irreale oder reale Geschichte, S. 189f.).

[106] Ibid., S. 25.

[107] Ibid., S. 28.

[108] Gegenwärtig mehren sich neuerlich die Stimmen der Befürworter. Im Editorial eines Sonderheftes von *Historical Social Research* zum Thema ›Kontrafaktisches Denken als wissenschaftliche Methode‹ kündigt ROLAND WENZLHUEMER im Februar 2009 an, »counterfactual thinking currently stages a comeback as a scientific method« (WENZLHUEMER: Editorial, S. 9). Das Heft versammelt Beiträge aus Psychologie, Rechts-, Wirtschafts-, Literatur- und Geschichtswissenschaft, die mit mehreren Fallstudien vertreten ist. Wenzlhuemer stellt eine Verbindung zu aktuellen globalen Krisen her und sieht darin eine Ursache des neu erwachten Interesses.

Zweierlei wird aus den angeführten Beispielen deutlich. Erstens behauptet sich auf dem Feld der kontrafaktischen Theorie und Hypothesenbildung weiterhin die zentrale Geschichte mit ihrer Konzentration auf ›große Männer‹ und Schlachten. Es sind die führenden Persönlichkeiten und ihre Entscheidungen, die zum Ausgangspunkt von Thesen und Überlegungen werden.[109] LUBOMIR DOLEŽEL resümiert diesen Umstand, der gleichermaßen Kennzeichen und Bedingung konjekturalhistorischer Konstruktionen ist: »The focus of alternative history is simple yes/no situations: win/lose a battle, war, election, a power struggle; a leader assassinated/not assassinated.«[110] So richtet sich das Interesse bei konjekturalhistorischen Modellbildungen auf die Anteile der Geschichte, die auch traditionell den Gegenstand der Historiographie bilden. Die Verlagerung der Aufmerksamkeit von den Zentren an die Randgebiete findet nicht statt. Zweitens kommen als kontrafaktische Überlegungen nur realistische, also den allgemeinen Kriterien der Vernunft genügende Entwürfe in Betracht, wenngleich sich zeigt, dass für die Einschätzung von Plausibilität und Wahrscheinlichkeit im Hinblick auf die Geschichte kaum verbindliche und objektive Parameter bereitstehen. Mit ihrem Beharren auf den Gesetzen der Ratio und der Wahrscheinlichkeit möchten die Befürworter also ungezügelte Phantasiegeburten als irrelevant ausschließen und von sachlichen und seriösen Betrachtungen trennen. Hierin besteht der wohl wichtigste Unterschied zu kontrafaktischen Propositionen, die im Rahmen der Erzählhandlung literarischer Texte gestaltet werden.

---

[109] Dies zeigen neben den von DEMANDT thematisierten historischen Situationen u. a. die Beiträge in FERGUSONS Band sowie die – fraglos populärwissenschaftliche – ›Alternate History‹-Reihe des Greenhill Books Verlag, in der neben *The Napoleon Options* Titel wie *Gettysburg. An Alternate History*, *The Hitler Options. Alternate Decisions of World War II*, *Invasion. The Alternate History of the German Invasion of England, July 1940* oder *Disaster at D-Day. The Germans Defeat the Allies, June 1944* erschienen sind.

[110] DOLEŽEL, LUBOMIR: *Possible Worlds of Fiction and History*, S. 802.

5. Bausteine des Kontrafaktischen – Methodologische Zwischenüberlegung

5.1 *Story* vs. *Plot* als Ebenen der Geschichtserzählung

Aus den im vorhergehenden Kapitel skizzierten Theorien HAYDEN WHITES lässt sich die Einsicht übernehmen, dass bei der sprachlichen Vermittlung von Vergangenheit nicht allein die Ereignisse, auf die referiert wird, in ihrer zeitlichen Abfolge eine Rolle spielen, sondern insbesondere deren sinnvolle Anordnung mit narrativen Mitteln. Beiden Formen – wissenschaftlichen und fiktionalen Texten – gemeinsam ist der Modus der Narration. Ohne Berücksichtigung narrativer Strukturen und Erzählverfahren kann eine angemessene Diskussion historischer Erzähltexte kaum erfolgen. Da es sich bei den hier behandelten Texten um fiktionale Literatur handelt, scheint es angemessen, die in einem Roman dargestellte Historie selbst als eine Art Erzählung zu denken, mit den verschiedenen Ebenen, die dazu gehören. Obwohl die von HAYDEN WHITES Thesen suggerierte Einebnung der Differenzen zwischen Historiographie und Literatur, wie dargelegt wurde, sowohl von Seiten der Literatur- als auch der Geschichtswissenschaft vielfach und nicht zu unrecht kritisiert worden ist, eignet sich der Hinweis auf die Narrativität schriftlicher Geschichtsdarstellungen hier als Ausgangspunkt für einige weitere, die Textanalyse vorbereitende Überlegungen.

Über Narrationen als Strukturmodelle sprachlicher Geschichtsverarbeitung und -vermittlung schreibt HARRO MÜLLER, seinerseits in Anlehnung an WHITE, diese seien »notwendig für die Erfassung der diachronen Dimension von Geschichte [...]«[1], ferner seien sie »notwendig als konstruktive Verfahren, die Anfangs-, Mittel- und Endpunkte im zeitlich sich erstreckenden Ereignis-Verlauf markieren [...].«[2] In sprachlichen Repräsentationen von Geschichte lassen sich, wie verschiedene Geschichtstheoretiker bereits vor WHITE herausgearbeitet haben, zumindest zwei verschiedene Ebenen beziehungsweise Stadien unterscheiden, nämlich zum einen die der Daten und Ereignisse in ihrer Chronologie, zum anderen die der kausalen Verknüpfung als Ebene der Sinngebung für die Ereignisfolge. ARTHUR C. DANTO hat, obgleich er sie selbst ablehnt,

---

[1] MÜLLER, HARRO: *Schreibmöglichkeiten historischer Romane*, S. 17.
[2] Ibid.

diese Unterscheidung präzise beschrieben, und hierzu die ›chronicle‹ der ›proper history‹ gegenübergestellt. »Chronicle is said to be just an account of what happened, and nothing more than that«[3], so DANTO. Zwar dürfte schnell deutlich werden, dass eine reine, vollkommen objektive Chronik der Ereignisse schlechterdings nicht vorkommt, so dass es eher um einen tendenziellen Unterschied gehen muss, welcher darin besteht, »that one kind of narrative explains, where the other merely describes.«[4] Als Modell erscheint die Unterscheidung dennoch hilfreich, denn davon ausgehend lassen sich verschiedene epische Verfahren zur Konstruktion kontrafaktischer Geschichte benennen. »There is, I think, little doubt that one can draw a distinction between perceiving that x is the case, and explaining why it is so«[5], wie DANTO konzediert. Auf geschichtliche Ereignisse übertragen, bedeutet dies: »[O]ne might surely argue that there is a difference between saying only that Napoleon lost at Waterloo, and going on to explain why he did lose.«[6] Die Feststellung von Ereignissen und die begründete Angabe von Ursachen verbinden sich zu Geschichtsbildern, in denen es zu kausalen Verknüpfungen kommt.

Derartige gedankliche Operationen können für historische Sachverhalte indessen nur gelingen, sofern eine gewisse Distanz der Perspektive gewahrt bleibt. Diese Notwendigkeit rührt hier an eine grundlegende methodische Schwierigkeit der Geschichtsschreibung, denn, so PAUL RICŒUR, »die vollständige Zusammenstellung von Kausalitäten, die wenig Homogenität aufweisen und selbst erst durch die Analyse eingeführt und recht eigentlich konstruiert worden sind, stellt ein so gut wie unlösbares Problem.«[7] MAX WEBER hat diesbezüglich dargelegt, dass die Zurechnung eines Erfolges zu einer einzelnen Ursache nur durch Auslese und Abstraktion ermöglicht wird. So kommt es bei der Darstellung historischer Zusammenhänge nach WEBER »ausschließlich auf die kausale Erklärung derjenigen ›Bestandteile‹ und ›Seiten‹ des betreffenden Ereignisses an, welche unter bestimmten Gesichtspunkten von ›allgemeiner Bedeutung‹ und deshalb von historischem Interesse«[8] sind, wobei die Art des Interesses wiederum die Auswahl der Kausalfaktoren leitet. Die Zuschreibung von entscheidenden Ursachen zu einem historischen Vorgang oder Ereignis kann in literarischen Texten jedoch leichter vollzogen werden. Dies gilt auch für kontrafaktische Darstellungen von Geschichte, die entweder durch die Beschreibung oder durch

---

[3] DANTO, ARTHUR C.: *Analytical Philosophy of History*, S. 116.
[4] Ibid., S. 119.
[5] Ibid., S. 130.
[6] Ibid.
[7] RICŒUR, PAUL: *Geschichte und Wahrheit*, S. 46.
[8] WEBER, MAX: *Kritische Studien auf dem Gebiet der kulturwissenschaftlichen Logik*, S. 272.

die Erklärung der Vorgänge, auf die die Erzählung sich bezieht, erfolgen können. Zu dem von DANTO genannten Ereignis – wiederum fungiert Napoleon als Beispiel – lassen sich kontrafaktische Aussagen vorstellen, die entweder dahingehend lauten, Napoleon habe gesiegt, oder er habe aus einem den Fakten nachweislich widersprechenden Grund die Schlacht verloren. Ereignis und Ursache eignen sich somit als unterschiedliche Bausteine kontrafaktischer Geschichtsdarstellungen. Die Abweichung von der dokumentierten Geschichte, die Überschreibung eines außenreferentiellen Bereichs in der Erzählhandlung kann sich demnach, wie schon festgehalten wurde, als Erzählung eines alternativen historischen Ereignisverlaufs konkretisieren oder als narrative Einschreibung einer kontrafaktischen Kausalität für ein tatsächliches Ereignis. Dies gilt es nun zu präzisieren.

Die von DANTO beschriebene Unterscheidung zwischen beschreibenden und erklärenden Darstellungen ähnelt durchaus der Unterscheidung zwischen ›story‹ und ›plot‹ einer Erzählung, die E. M. FORSTER in seiner einflussreichen Abhandlung *Aspects of the Novel* (1927) entwickelt hat. Es bietet sich an, FORSTERS eigene Erklärung hier anzuführen:

> Let us define a plot. We have defined a story as a narrative of events arranged in their time-sequence. A plot is also a narrative of events, the emphasis falling on causality. ›The king died and then the queen died,‹ is a story. ›The king died, and then the queen died of grief‹ is a plot. The time-sequence is preserved, but the sense of causality overshadows it.[9]

Während die von FORSTER als Beispiel gebrauchte Minierzählung im ersten Fall beide Vorgänge, auf die sie referiert, rein temporal durch »then« verbindet, tritt in der zweiten Variante eine Ursache hinzu. »Consider the death of the queen. If it is in a story we say: ›And then?‹ If it is in a plot we ask: ›Why?‹«[10] so FORSTER, um die Unterscheidung zu verdeutlichen. Als Antwort auf letztere Fragen sind diverse Aussagen über Gründe möglich und vorstellbar, ohne dass die *Story* der Erzählung dadurch eine andere würde. Ebenso denkbar wäre in diesem Falle etwa, dass die Königin ihrem Gatten nicht aus Trauer ins Grab folgt: ›The king died, and then the queen died of *joy*‹ wäre ebenfalls eine Version der Erzählung, durch welche die gleiche *Story* einen anderen *Plot* erhält. Nicht nur die zeitliche Abfolge bleibt unverändert, auch die Ereignisse bleiben gewissermaßen unangetastet, d. h. keiner der Todesfälle wird durch ein anderes Ereignis ersetzt. Geschähe dies, würde sich die *Story* ändern. Die Kette der Ereignisse wird scheinbar nicht beeinträchtigt durch die gegensätzliche kausale Motivation, da

---

[9] FORSTER, E. M.: *Aspects of the Novel*, S. 60.
[10] Ibid.

diese eine andere Ebene der Erzählung ausmacht – die beiden Ereignisse sind auf mehr als eine Weise erzählbar, erklärbar und verknüpfbar. Vor diesem Hintergrund lässt sich die schon eingangs vorgeschlagene Unterscheidung kontrafaktischer Darstellungsweisen klarer fassen als auf verschiedenen Ebenen der Erzählung operierender Vorgang des Überschreibens von Fakten. In den anschließenden Einzeluntersuchungen soll gezeigt werden, welche poetischen Operationen die kontrafaktische Geschichtsdarstellung bestimmen und die Deviation von der Überlieferung und dem Rezipientenwissen bei Propositionen über geschichtliche Zusammenhänge bedingen. Die aufgezeigte Trennung zwischen sinnbildender Verknüpfung und historischen Ereignissen in chronologischer Folge soll auf die jeweilige literarisch-narrative Gestaltung kontrafaktischer Geschichte übertragen werden, um die Poetik des Kontrafaktischen nachvollziehbar zu machen und um zu zeigen, auf welcher Ebene die Überschreibungen erfolgen.

5.2 *Nuclei* und *Katalysen* im historischen Stoff

Erzählungen im weitesten Sinn des Ausdrucks setzen sich zusammen aus noch näher zu bestimmenden Bestandteilen und lassen sich, wie die formalistische Narratologie annimmt, in diese zergliedern. Wird Geschichte also mit einer Erzählung verglichen, ist entsprechend auch der »Ausgangspunkt jeglicher Eventualhistorie [...] die Segmentierung des kontinuierlichen Geschichtsverlaufs in eine Abfolge einzelner Ereignisse«[11], wie HELBIG schreibt. Die hieraus resultierende Folgerung hat DEMANDT gewissermaßen vorformuliert, indem er konstatiert hat: »Wenn wir ein einziges Glied aus der Kette herausreißen, geht aller Zusammenhang verloren. [...] Würde die Geschichte an irgendeinem wichtigen Punkt abgeändert, so wäre zugleich die gesamte nachfolgende Weltgeschichte außer Kraft gesetzt. Wir müssten die ganze Folgezeit umkonstruieren.«[12] Ob dieser Spielregel Beachtung geschenkt wird, muss am Einzelfall überprüft werden. Wichtig ist zunächst die in dieser Aussage eingeschlossene Konzeption von Weltgeschichte als einer kohärenten Kette von Gliedern, d. h. hier von Ereignissen.

Ereignisse wurden bereits als elementare Bausteine kontrafaktischer Geschichtsdarstellungen bestimmt. Eine Problematik, die insbesondere von HELBIG nicht gesehen oder zumindest nicht reflektiert wird, ist die weitgehende Unmöglichkeit der verbindlichen Definition, i. e. Abgrenzung von historischen

---

[11] HELBIG, JÖRG: *Der parahistorische Roman*, S. 66.
[12] DEMANDT, ALEXANDER: *Ungeschehene Geschichte*, S. 13.

Ereignissen, ohne die eine Analyse der poetischen Operation bei kontrafaktischen Geschichtsdarstellungen nicht auskommen kann. So soll hier eine für die folgende Untersuchung gültige Ereignisdefinition zugrunde gelegt werden, die JÜRGEN KOCKA formuliert hat:

> Unter einem *Ereignis* soll ein Zusammenhang von Begebenheiten verstanden werden, der von den Zeitgenossen als Sinneinheit innerhalb eines Rahmens chronologischer Abfolge von Vorher und Nachher erfahren und insofern auch vom Historiker in Kategorien chronologischer Abfolge ›erzählt‹ werden kann; Ereignisse sind dadurch gekennzeichnet, daß sie den ›chronologisch registrierbaren Erfahrungsraum der an einem Ereignis Beteiligten‹ nicht überschreiten, von bestimmbaren Subjekten (Personen) ausgelöst oder erlitten werden und von Strukturen bedingt sind, ohne doch aus diesen voll ableitbar zu sein.[13]

Ist solchermaßen eine Grundlage bestimmt, lassen sich die Überlegungen weiter systematisieren.

Da die zu untersuchenden kontrafaktischen Geschichtsdarstellungen innerhalb literarischer Erzählungen stattfinden, ist hierbei abermals die Konzeption von der Geschichte als Narration in einem Text nutzbar zu machen. »Entscheidungssituationen bilden die Gelenke der Geschichte«[14] schreibt DEMANDT. Diese metaphorische Beschreibung der Geschichte und ihre Segmentierung in eine Kette von Gliedern beziehungsweise Ereignissen weist eine gewisse Affinität zu dem erzählanalytischen Modell auf, welches ROLAND BARTHES in *Einführung in die strukturale Analyse von Erzählungen* entwickelte. BARTHES geht davon aus, dass eine Erzählung als System sich in Einheiten segmentieren lässt. Jene Einheiten gilt es hinsichtlich ihrer Funktion zu klassifizieren. BARTHES nimmt weiter an, dass nicht sämtlichen, zu einer Erzählung gefügten Momenten innerhalb des übergreifenden Textgewebes, zu dem sie gehören, die gleiche Bedeutung zuzukommen braucht:

> [I]n der Klasse der Funktionen zum Beispiel sind nicht alle Einheiten von gleicher ›Wichtigkeit‹; manche erweisen sich als richtiggehende Scharniere der Erzählung (oder eines Teils der Erzählung); andere wiederum ›füllen‹ nur den narrativen Raum, den Abstand zwischen den Scharnier-Funktionen: Bezeichnen wir erstere als *Kardinalfunktionen* (oder *Kerne*) und zweitere, mit Rücksicht auf ihre ergänzende Natur, als *Katalysen*.[15]

---

[13] KOCKA, JÜRGEN: *Struktur und Persönlichkeit als methodologisches Problem der Geschichtswissenschaft*, S. 160.

[14] DEMANDT, ALEXANDER: *Ungeschehene Geschichte*, S. 16.

[15] BARTHES, ROLAND: *Einführung in die strukturale Analyse von Erzählungen*, S. 112. Die englische Übersetzung gebraucht für die Einheiten, die auf Deutsch als ›Kerne‹ bezeichnet werden, den Ausdruck ›nuclei‹. Auf diesen lateinischen Terminus wird im

Über die Wichtigkeit einer Einheit entscheidet das Potential, welches sie bezüglich des Erzähl- beziehungsweise Handlungsverlaufs besitzt: »Kardinal wird eine Funktion allein dadurch, daß die Handlung, auf die sie sich bezieht, eine für den Fortgang der Geschichte folgentragende Alternative eröffnet (aufrechterhält oder schließt) [...].«[16] Jene *Kerne* oder *Nuclei* können folglich in einer Erzählung nicht getilgt werden, ohne dass sich dadurch die *Story* ändert.[17] Hierin erscheint eine Analogiebildung mit dem Konzept der Geschichte als linearem Kontinuum von Vorgängen und Handlungen naheliegend. Im historischen Ereignisverlauf wie im literarischen Erzähltext besitzt nicht jeder vergangene oder imaginierte Moment in einer Handlungsfolge denselben Stellenwert und nicht jeder Aspekt des historisch gewordenen Zusammenlebens kann gleichermaßen nutzbar gemacht werden für kontrafaktische Darstellungen. Dies hat schon HELBIG erkannt: »Als besonders erfolgversprechende Ausgangspunkte für Spekulationen über Ungeschehenes bieten sich knappe Entscheidungssituationen an, die weitreichende Konsequenzen nach sich zogen.«[18] HELBIG folgt in seiner präskripti-

Folgenden bei der Übertragung des analytischen Konzepts auf kontrafaktische Ereigniszusammenhänge zurückgegriffen. Für eine konzise Wiedergabe von BARTHES Konzept sowie einer Abwägung seiner Vor- und Nachteile vgl. u. a. CULLER, JONATHAN: *Defining Narrative Units*, S. 123ff. Die Einheiten der Erzählung, die BARTHES unterscheidet, sind nicht identisch mit den ›units‹, die er in *Historical Discourse* in Texten der Geschichtsschreibung untersucht und die auch thematisch bestimmt sind und von den inhaltlichen Schwerpunkten, die der Historiker in Folge des ihn leitenden Interesses setzt, abhängen, ähneln ihnen aber. Dass dabei enge Verwandtschaften bestehen, zeigt sich daran, dass BARTHES auch innerhalb des historischen Diskurses Einheiten für funktional bestimmbar hält und hierfür eine eigene Klasse annimmt: »Last but not least, a third class carries what we may call, after Propp, the ›functions‹ of the narrative, i. e the crucial turning points in the story; these ›functions‹ occur in groups which syntactically speaking are closed lists and logically speaking are exhaustive sequences. In Herodotus, for example, there are several occurences of the sequence *Oracle*; this sequence consists of three terms, each of them a binary choice [...] which may be separated by other units not part of the sequence – either terms in another imbricated sequence or minor developments which operate catalytically, filling in the gaps between the nodes of the sequence« (BARTHES: *Historical Discourse*, S. 152).

[16] Ibid., S. 112f.
[17] Vgl. ibid., S. 114.
[18] HELBIG, JÖRG: *Der parahistorische Roman*, S. 67. HELLEKSON findet für die entsprechenden historischen Situationen den Ausdruck ›nexus events‹ und erläutert diese Begriffsprägung folgendermaßen: »The nexus story is an alternate history that focuses on a crucial point in history, such as a battle or assassination, in which something different happens that changes the outcome. I call this crucial point or happening a ›nexus event‹. The changed event need not be something historically significant or big; in fact, sometimes the most interesting alternate histories are those that explore worlds radically other

ven poetologischen Überlegung auch hierin DEMANDT, der es ebenfalls für wenig reizvoll erachtet, »über Alternativen nachzusinnen, die zwar ohne weiteres hätten ausfallen können, durch die sich am Fortgang der Dinge aber wenig geändert hätte.«[19] Welchen Reiz dergleichen haben kann, liegt letzten Endes sicherlich im Auge des Betrachters, doch hat es mit dem Vorzug historisch folgenreicher Konstellationen wie bereits erwähnt eine naheliegende funktionale und produktions- wie rezeptionsästhetische Bewandtnis: Abseits der bekannten Höhepunkte der Ereignisgeschichte kann eine kontrafaktische Geschichtsdarstellung nur unter erschwerten Bedingungen erfolgen – sie wird gar nicht als solche wahrgenommen. So sind deviierende Romane auf zentrale historische Ereignisse[20] angewiesen und historische Entscheidungssituationen eignen sich in der Tat als Ausgangspunkte für kontrafaktische Geschichtsdarstellungen, so dass sie zu *Kernen* innerhalb der Erzählhandlung werden können. Wo dies geschieht, sollen sie im Folgenden als *Nuclei* bezeichnet werden. Gleichzusetzen sind historische Konfliktmomente, die sich im Nachhinein als Entscheidungssituationen darstellen, und *Nuclei* in kontrafaktischen Geschichtsentwürfen hingegen nicht. Sie können, müssen aber nicht notwendig zusammenfallen, vielmehr können die *Nuclei* bereits selbst kontrafaktisch sein. Bei der Analyse der Romane wird also zu untersuchen sein, in welcher Weise Autoren überlieferte, faktische Sachverhalte, Momente und Ereignisse zu Handlungseinheiten ihrer Texte verarbeiten und historische Ereignisse als *Nuclei* der Erzählhandlung zur kontrafaktischen Geschichtsdarstellung einsetzen.

5.3 Der Stellenwert des Subjekts

Das von E. M. FORSTER übernommene Beispiel vom sukzessiven Sterben des Königs und der Königin führt, wenn es auf die Geschichte übertragen wird, eine

---

that resulted from an extremely minor or forgotten event that snowballed« (HELLEKSON: The Alternate History, S. 5).

[19] DEMANDT, ALEXANDER: *Ungeschehene Geschichte*, S. 58.

[20] Zu bedenken ist natürlich, dass diese Kernpunkte der Geschichte jeweils Projektionen sind, deren Bedeutung von der Perspektive abhängig ist. Da eine Abgrenzung von anderen vorhergehenden und nachfolgenden Ereignissen und die Interpretation hinsichtlich ihrer Wichtigkeit niemals gänzlich wertneutral und empirisch, sondern immer in Abhängigkeit bestimmter konzeptioneller Entscheidungen erfolgt, ist daher immer auch von Interesse, welche Auswahl und welche Bedeutungszuweisung für die fokussierten historischen Ereignisse vorgenommen wird. Über die Zuweisung entscheiden Historiker und Romanciers, nicht zuletzt in Abhängigkeit von einem kulturkreisspezifischen kollektiven Gedächtnis.

bisher nicht thematisierte Problematik vor Augen: Historische Ereignisse sind häufig auf Personen zurückzuführen oder hängen von diesen ab, und als Modellereignis der Geschichtsschreibung gilt nach CHRIS LORENZ »die Handlung eines Individuums«[21]. Entsprechend definierte MARC BLOCH die Historiographie als die »Wissenschaft von den Menschen in der Zeit«[22]. Geschichtsschreibung realisiert sich als Aufzeichnung menschlicher Geschichte und es behauptet sich die Vorstellung vom Menschen als Zentrum der Geschichte. »Man könnte mit Droysen, Dilthey, Max Weber, Habermas und vielen anderen prinzipiell zu zeigen versuchen, daß die geschichtlichen Prozesse durch sinnorientierte Handlungen, motivierte Handlungen, intentionale Handlungen von Menschen vermittelt sind«[23], wie KOCKA bemerkt. Selbiges gilt für das historische Erzählen.

[21] LORENZ, CHRIS: *Konstruktion der Vergangenheit*, S. 19.
[22] BLOCH, MARC: *Apologie der Geschichte oder Der Beruf des Historikers*, S. 32.
[23] KOCKA, JÜRGEN: *Struktur und Persönlichkeit als methodologisches Problem der Geschichtswissenschaft*, S. 164. Zum Verhältnis von Ereignissen und Personen in der historiographischen Theorie und Methodik vgl. auch die übrigen Beiträge im selben Sammelband *Persönlichkeit und Struktur in der Geschichte. Historische Bestandsaufnahme und didaktische Implikationen.* Die Historiographie wie die Sozialwissenschaften überhaupt halten diesbezüglich zahlreiche Theorien bereit. Im Großen und Ganzen sind dabei zwei Auffassungen zu unterscheiden, die als *individualistische* und *holistische* bekannt geworden sind. Die individualistische Auffassung ist dadurch gekennzeichnet, dass Gesellschaften als die Gesamtheiten einzelner handelnder Individuen betrachtet werden, ohne dass eine Gesellschaft Merkmale besäße, die nicht auf die Individuen zurückführbar wären. Das Ganze summiert sich also aus seinen Einzelteilen, wirkt jedoch nicht auf diese zurück. LORENZ bezeichnet diese Sicht als ontologischen Individualismus und differenziert innerhalb dessen zwischen einer psychologischen und einer soziologischen Variante. Erstere „geht davon aus, daß ein Individuum eigentlich eine selbständige Größe ist, ein selbständiger Träger von Eigenschaften, die nicht auf etwas anderes zurückzuführen sind, wie z.B. auf das soziale Umfeld. [...] Das aus dem Geniekult der Romantik stammende Geschichtskonzept der ›großen Persönlichkeiten‹ der Geschichte tendiert ebenfalls bisweilen in diese Richtung" (LORENZ: Konstruktion der Vergangenheit, S. 291). Demgegenüber betont die soziologische Variante den Status des Individuums als soziales Wesen, dessen Identität sich in Beziehungen zu anderen konstituiert und sich bei seinen Handlungen daran orientiert, folglich keine selbständige Größe ist, sondern eine Art Knotenpunkt innerhalb eines sozialen Netzes (vgl. LORENZ: Konstruktion der Vergangenheit, S. 291). Tatsächlich bewegen sich in der Praxis die Ansichten von Geschichts- und Sozialwissenschaftlern auf einem zwischen beiden Positionen vermittelnden Kontinuum. Die als *ontologischer Holismus* bekannt gewordene Sicht und Beschreibungsweise sozialer Phänomene dagegen zeichnet sich dadurch aus, dass die Gesellschaft als Zusammenhang oder System von Institutionen betrachtet wird, wobei die Merkmale, die das System besitzt, nicht auf einzelne Teile beziehungsweise Institutionen desselben zurückgeführt werden können. Beim Holismus können ebenfalls wieder zwei Varianten unterschieden werden. Es existiert eine wissenschaftliche Ausprägung, die in der Philosophie der Sozialwissenschaften dominiert. Sie versteht das Ganze, d. h. die Gesellschaft „als ein System von Institutionen

Wie in der wissenschaftlichen Geschichtsforschung werden in den allermeisten der Gattung des historischen Romans subsumierbaren Texten geologische, biologische oder meteorologische Erscheinungen und ähnliche natürliche Einwirkungen nur insoweit einbezogen, als sie auf das menschliche Zusammenleben Einfluss nehmen. Wo die Historiographie »in die Gefahr verkürzender Personalisierung geraten kann«[24], ist der Gestaltungsspielraum in fiktionalen Texten weit größer.

> Der Roman vermag nicht die Geschichte ohne den einzelnen, in ihr handelnden oder leidenden Menschen darzustellen. [...] Mag die Geschichtswissenschaft den historischen Einzelprotagonisten als die handelnde, entscheidende und sich verirrende und scheiternde Geschichtsfigur negieren, das historische Erzählen ist auf sie angewiesen[25],

konstatiert MARTINI, und obschon diese Aussage wesentlich aus Textbeispielen hergeleitet ist, die vor 1960 entstanden sind, wird sie auch angesichts ästhetisch innovativer Romane späteren Entstehungsdatums nicht von Grund auf revisionsbedürftig, sondern rührt an eine erzähltheoretische Frage, die nach wie vor Relevanz besitzt. So ist die Perspektive auf die Vergangenheit in der fiktionalen Literatur, stärker noch als in der Geschichtswissenschaft, weitgehend anthropozentrisch.

Gerade im Bereich der zentralen, politischen Geschichte erweist sich die unlösbare Verknüpfung von Individuum und Ereignis, von Subjekt und Geschichte und die Abhängigkeit von historisch handelnden Menschen entgegen den dezentralisierenden und depersonalisierenden Tendenzen in der Geschichtswissenschaft und -theorie. Dies bezeugen insbesondere konjekturalhistorische Theoriebildungen und Fallbeispiele:

---

mit Systemeigenschaften, die nicht auf die Teile zurückzuführen sind. Diese Systemeigenschaften werden als Resultat der Interaktion der Institutionen betrachtet. In diesem Sinne ist das Ganze also ›mehr als die Summe seiner Teile‹« (LORENZ: Konstruktion der Vergangenheit, S. 294). Wichtiger für die Tradition des historischen Erzählens ist jedoch die metaphysische Variante, die in der spekulativen Geschichtsphilosophie anzutreffen ist. Sie nimmt an, „daß soziale Ganzheiten wie Gesellschaften, Völker oder Kulturen selbständige Entitäten oder Substanzen sind, die ein eigenes, vollständiges und von den Teilen unabhängiges Organisations- und Entwicklungsprinzip haben. Die Selbständigkeit der Ganzheiten wird hier nicht erklärt, sondern postuliert. Es geht dabei gewöhnlich um Varianten der Idee Hegels, daß Kollektive einen bestimmten Geist besitzen, der sich im Laufe der Geschichte über feste Phasen oder Stadien wie ein biologischer Organismus entwickelt« (LORENZ: Konstruktion der Vergangenheit, S. 293).

[24] Ibid., S. 165.
[25] MARTINI, FRITZ: *Über die gegenwärtigen Schwierigkeiten des historischen Erzählens*, S. 216.

> Zahlreiche Staatsgründungen, Verfassungsreformen und Machtkonstellationen sind mit dem Namen einzelner Persönlichkeiten verknüpft. Deren individuelles Schicksal hängt so eng mit der großen Geschichte zusammen, daß diese abgeändert werden müßte, falls im Leben oder Tod jener Politiker irgend etwas anders gekommen wäre. Ohne Napoleon, Metternich und Bismarck hätte das 19. Jahrhundert, ohne Stalin, Churchill und Hitler hätte das 20. Jh. ein anderes Gesicht, und es lohnt wohl die Mühe, sich auszudenken, wie es ohne jene Männer ausgesehen hätte.[26]

Ausgehend von MARTINIS und DEMANDTS Thesen können menschliche Subjekte als dritter Baustein kontrafaktischer Geschichtsdarstellungen angesehen werden. Welcher Stellenwert einer historischen Person zugewiesen wird, ob das Individuum als Gestalter geschichtlicher Konstellationen oder als Figur in einem größeren Kräftegefüge erscheint, hängt sichtlich vom im Roman entworfenen Geschichtsbild ab. Dies dürfte unmittelbar einsichtig sein und noch ohne konkreten Textbefund feststellbar sein. Die Ausgestaltung des Zusammenhangs zwischen historischen Figuren, Geschichtsbild und historischem Gegenentwurf wird daher bei der Romananalyse ebenfalls einzubeziehen sein – es stellt sich die Frage, wie historische Personen und Romanfiguren mit und ohne historische Vorlage für die Erzählhandlungen und kontrafaktischen Geschichtsentwürfe funktionalisiert werden.

Historische Ereignisse, Ursachen und Personen beziehungsweise Figuren, die hier als die wichtigsten Bausteine kontrafaktischer Geschichtsdarstellungen betrachtet werden, sind konzeptionelle Größen. Sie sind Teile von Strukturen, mittels derer die Fiktionen der Erzählhandlungen deviierender historischer Romane im weitesten Sinne geordnet sind und die bei der wissenschaftlichen Betrachtung und Interpretation nachvollzogen werden können. Auf diese Bausteine konzentrieren sich die nachfolgenden Untersuchungen, um durch die Frage nach ihrer Gewichtung die den jeweiligen Texten eigene Poetik des Kontrafaktischen sichtbar zu machen.

---

[26] DEMANDT, ALEXANDER: *Ungeschehene Geschichte*, S. 32.

Zweiter Teil

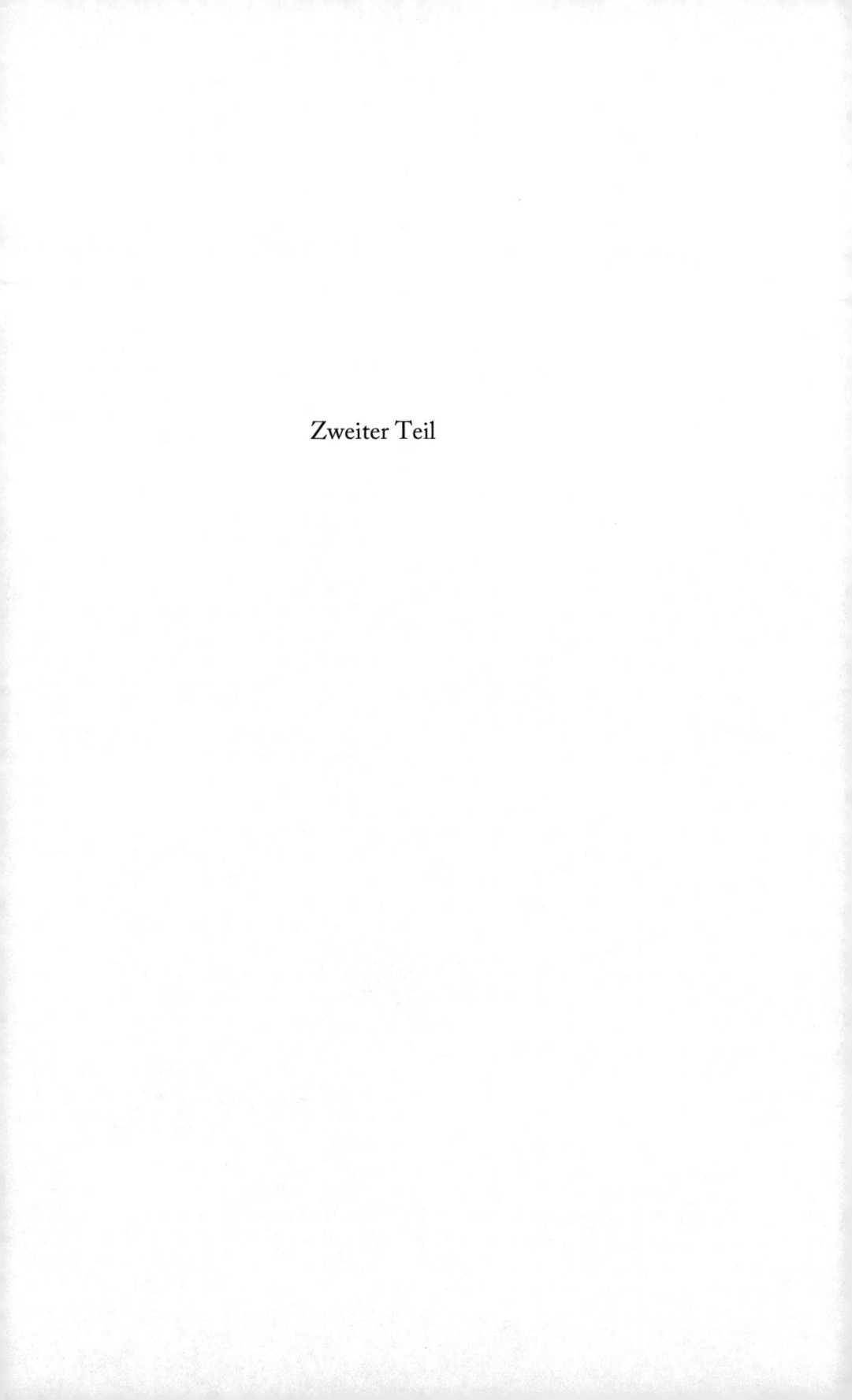

6. Der Weltgeist als Fisch – Günter Grass' *Der Butt*

In Günter Grass' *Der Butt* fängt eine Gruppe von Frauen in der Danziger Bucht einen sprechenden Fisch. Dieser gibt sich als der aus dem Märchen ›Vom Fischer und seiner Frau‹ bekannte Butt zu erkennen. Er offenbart den Frauen seine Natur als Anstifter und Initiator der Geschichte und gesteht, seit mehreren Jahrtausenden heimlich die Männer beraten, sie auf diese Weise vom bis dahin herrschenden Matriarchat befreit, und die männliche, von Ereignissen bestimmte Geschichte erst auf den Weg gebracht zu haben. Hierauf wird der Butt von den Frauen vor Gericht gestellt. In einem ehemaligen Berliner Kino verhandelt ein so genanntes Feminal die Fragen nach der Schuld und Verantwortung, die der Butt an der Geschichte der Menschheit trägt. Diese stets vom Butt begleitete und mitbestimmte menschheitsgeschichtliche Entwicklung bis in die Gegenwart des Erzählers stellt der Roman in neun umfangreichen Kapiteln und analog zu den neun Monaten der Schwangerschaft der Frau des Erzählers dar.[1] Sie wird so als eine Fabel gedacht, die erzählt werden soll, und der Vorgang des Erzählens selbst wird an einigen Textstellen thematisiert. Gegen die Version(en) der Historiographie tritt der Roman so mit einem eigenen Geschichtsentwurf an, in welchem wunderbare, reale und erfundene Elemente und Komponenten eng miteinander verwoben werden.

Der Butt bricht schon auf den ersten Blick mit den meisten Konventionen der traditionellen erzählenden Geschichtsdarstellung. Es gibt keinen zentralen, als Identifikationsangebot geeigneten Helden und keine spezifische historische Konstellation, innerhalb derer eine Handlung erzählt wird. Der Handlungszeitraum des Romans erstreckt sich über rund 4000 Jahre und endet mit der zum Zeitpunkt seiner Abfassung aktuellen Gegenwart, den 1970er Jahren. Um diese kaum zu überschauende Spanne und die Fülle des eingearbeiteten Materials sowie die einzelnen Handlungsstränge narrativ zu organisieren, installiert Grass,

---

[1] Eine adäquate und ausführliche Inhaltsangabe liefert u. a. das dem Roman gewidmete Kapitel in KEELE, ALAN FRANK: *Understanding Günter Grass*, S. 125ff. Eine tabellarische Aufschlüsselung der den Monaten der Schwangerschaft korrespondierenden Zeitalter und Jahreszahlen legt HANS DIETER ZIMMERMANN vor. Vgl. ZIMMERMANN, HANS DIETER: *Der Butt und der Weltgeist. Zu dem Roman ›Der Butt‹ von Günter Grass*, S. 462f.

was GERTRUD BAUER PICKAR ›*prismatic narrator*‹ genannt hat[2], als Stimme eines zu jeder Zeit gegenwärtigen männlichen Bewusstseins: »Ich, das bin ich jederzeit« (Butt 6) heißt es wegweisend gleich im zweiten Abschnitt. Für MARTINI geht daraus hervor, dass man den *Butt* »schwerlich überhaupt als einen historischen Roman kategorisieren«[3] könne. DRAGUTIN HORVAT hingegen klassifiziert den Text aufgrund seiner formalen Anlage und seiner Ambition, eine Revision des gegenwärtig vorherrschenden Geschichtsbewusstseins zu bewirken, in der Nomenklatur NÜNNINGS als ›revisionistischen historischen Roman‹.[4]

Dass man es beim *Butt* insgesamt nicht mit einer der Faktizität verpflichteten Schilderung historischer Abläufe zu tun hat, ist ohne weiteres ersichtlich, derart deutlich weicht der Text von den Erkenntnissen der Historiographie und Anthropologie ab.[5] »This is not to say that Grass does not sometimes write passages that accord with generally accepted views of history [...]«[6], wie DAVID JENKINSON unterstreicht, um deutlich zu machen, dass im *Butt* zahlreiche Referenzen auf historische Verhältnisse enthalten sind, die sich außerhalb der Romanfiktion verifizieren ließen.[7] Was in einer Rezension beiläufig, gewissermaßen

---

[2] Zur Erzählkonstruktion von *Der Butt* vgl. u. a. PICKAR, GERTRUD BAUER: *The Prismatic Narrator: Postulate and Practice*; DURRANI, OSMAN: ›*Here Comes Everybody‹: An Appraisal of Narrative Technique in Günter Grass's ›Der Butt‹* sowie STERN, GUY: *Der Butt as an Experiment in the Structure of the Novel*. STERN beschreibt die Erzählerinstanz genauer als »a narrative figure, a chronicler in the guise of a writer or artist, a kind of *poeta aeternus*, who always reappears, in a profusion of different forms, from Stone Age to yesterday, sometimes split into more than one persona« (STERN: Der Butt as an Experiment in the Structure of the Novel, S. 51f.).

[3] MARTINI, FRITZ: *Über die gegenwärtigen Schwierigkeiten des historischen Erzählens*, S. 216.

[4] Vgl. HORVAT, DRAGUTIN: *Der Butt – ein historischer Roman?*, S. 267f.

[5] Als »an unremitting attack upon conventional historiography, as we all know it, that constantly falsifies true history« (KOOPMANN: Between Stone Age and Present, S. 81) bezeichnet HELMUT KOOPMANN daher den Roman.

[6] JENKINSON, DAVID: *Conceptions of History*, S. 53f.

[7] Mittlerweile ermöglicht es die akribische Kommentierung des Romans im Rahmen der Werkausgabe, die im Text enthaltenen Bezüge zu ermitteln und die überlieferten Daten und Schilderungen mit den Umgestaltungen von Grass zu vergleichen. Die nicht anschlussfähigen Referenzen auf historische Ereignisse sind in *Der Butt* also nicht ohne weiteres Hintergrundwissen zu erkennen, betreffen sie doch keine zentralen politischen Konstellationen. Wolfgang Hildesheimer schreibt, Grass direkt adressierend, über die Fülle der geschichtlichen Bezugnahmen: »Unabsichtlich legst Du das Nachschlagen nahe. Man will wissen, was es mit der Historizität auf sich hat. [...] Auch Deine Version der Ermordung des Bischofs Adalbert ist besser als die geschichtlich-klitterhafte, und, obgleich sich Bernstein in keiner Suppe auflöst, auch die wahrscheinlichere« (Hildesheimer: Butt und die Welt, S. 971).

als Selbstverständlichkeit formuliert wurde – »Nein, Geschichte, zumal deutsche, hat so nicht stattgefunden«[8] – ist gelegentlich dennoch als Mangel angesehen worden. Die Rezeption des Werks ist in mancher Hinsicht mit der von *Midnight's Children* vergleichbar[9], denn hier wie da wurden Autor und Text mit dem Anspruch wissenschaftlicher Genauigkeit konfrontiert.[10] Es gibt Stimmen, die im *Butt* die freizügige Handhabung des verarbeiteten historischen Stoffs

[8] MICHAELIS, ROLF: *Mit dem Kopf den Gaumen aufklären*, S. 139. Zur Rezeption des Romans durch die Kritik und in den Medien vgl. MEWS, SIEGFRIED: *Günter Grass and his Critics*, S. 137ff.

[9] Der Historiker EBERHARD JÄCKEL hat, freilich in ironisch relativierender Manier, *Zwei Briefe an Günter Grass* verfasst und dabei die Rolle des Danziger Abraham Friedrich Blech angenommen, der auch in *Der Butt* figuriert. Im Namen Blechs verweist er auf zahlreiche Ungenauigkeiten und Fehler in Grass' Darstellung der Geschichte Danzigs. Vgl. JÄCKEL, EBERHARD: *Zwei Briefe an Günter Grass*, S. 333f.: »Entschieden muß ich jedoch in Abrede stellen, jener Bartholdy [...] sei mein Schüler am Gymnasium gewesen. Er mag bei mir den Konfirmandenunterricht besucht haben wie Arthur Schopenhauer, den ich 1804 in der Marienkirche einsegnete. Sein Lehrer aber kann ich schon deshalb nicht gewesen sein, weil ich erst 1811 zum Lector und im Jahre darauf zum Professor der Geschichte berufen wurde, und zwar natürlich am Städtischen Gymnasium (das Königliche an der Weiden-Gasse in der Niederstadt, an das Sie mich versetzen, wurde doch erst 1876 gegründet).« Nicht nur in der Biographie Blechs, auch bei der Schilderung der Stadtgeschichte sei Grass inakkurat. Vgl. JÄCKEL, EBERHARD: *Zwei Briefe an Günter Grass*, S. 335: »Doch Danzig, das muß ich anmerken, kapitulierte 1807 nicht am 24. März, sondern erst am 24. Mai, und die polnischen Ulanen waren natürlich von der sogenannten Nordlegion und nicht, wie Sie oder der Drucker schreiben, von der Nordregion. [...] All das ist, wie gesagt, nicht eigentlich zu monieren, wenngleich ich mich doch frage, ob es denn dem Roman geschadet hätte, wenn er auch in diesen Kleinigkeiten wahrheitsgetreu gewesen wäre.« Auch hier sind die Abweichungen, denen das Bemühen um Richtigstellung gilt, sichtlich solche im Detail, die nur von Rezipienten mit besonderen Kenntnissen bemerkt werden können.

[10] Dass diese Parallelität wiederum eine strukturelle Ähnlichkeit im Umgang mit Geschichte als Erzählstoff im Werk beider Autoren spiegelt, kann angesichts dessen, dass Rushdie sich ausdrücklich auf Grass beruft, zumindest als Überlegung am Rande zur Diskussion gestellt werden. Vgl. hierzu Rushdies Essays über Grass in *Imaginary Homelands*, S. 276ff. Zur Verwandtschaft der Geschichtsdarstellung bei Rushdie und Grass und zur *Blechtrommel* als Intertext in *Midnight's Children* vgl. u. a. BADER, RUDOLF: *Indian Tin Drum*. BADER stellt fest, Anliegen von *Midnight's Children* sei genau wie von *Die Blechtrommel*, »to retell the nation's history by linking it to the story of a family and, more particularly, the story of the birth and growth of a child. The effect of this technique is an emergimg pattern of history, the author's particular interpretation of the history of his own nation« (BADER: Indian Tin Drum, S. 75). Vgl. außerdem IRELAND, KENNETH: *Doing Very Dangerous Things: Die Blechtrommel and Midnight's Children* und ENGEL, HENRIK D. K.: *Die Prosa von Günter Grass in Beziehung zur englischsprachigen Literatur. Rezeption, Wirkungen und Rückwirkungen bei Salman Rushdie, John Irving, Bernard Malamud u. a.*, S. 119ff.

beanstanden und die hierbei gerade solche Abweichungen in Details zum Anlass für die Kritik nehmen, die ohne Spezialwissen nicht bemerkt werden. HENRYKA SZUMOWSKAS Beitrag etwa konzediert dem Autor Grass sein Bemühen um Gründlichkeit und Akkuratheit und erhebt anschließend den Vorwurf der Willkür und der Manipulation:

> Erfundene Figuren vollbringen historische Taten, faktisch existierende Personen, so aus der Vergangenheit, wie aus der Gegenwart, werden in erfundene Situationen und absurde Zusammenhänge verwickelt. [...] Das beliebige Manipulieren mit Fakten und Gestalten nimmt kein Ende. Auch dient es immer der Unterstützung des Schriftstellers merkwürdiger Ansichten und Halbwahrheiten.[11]

Die daraus gezogene Folgerung lautet: »Somit verschaffte sich Grass freie Hand, als Schriftsteller die Geschichte nach Belieben zu gestalten. Und so entstand das Problem – Grass und die Geschichte – mit der Fragwürdigkeit seiner Haltung. Seine historischen Divagationen gebieten Vorsicht. Sein Historismus verdient kein Vertrauen.«[12] Die hier artikulierte Position scheint verspätet noch einmal den historischen Gelehrtenroman des 19. Jahrhunderts zum Vorbild zu erheben. Das gleiche gilt für ULRICH MÜLLER, der umgekehrt die historische Genauigkeit im Kapitel über Dorothea von Montau anerkennend unterstreicht: »Die bis in Einzelheiten gehende Detailtreue, mit der die Geschichte Dorotheas im *Butt* dargestellt ist, würde jedem Autor eines historischen Romans Ehre machen, zeigt also die Genauigkeit der historischen Dimension in diesem Buch.«[13] In Anbetracht der ästhetischen Metamorphosen, die der historische Roman im 20. Jahrhundert durchlaufen hat, kann diese Haltung dem zu interpretierenden Werk schwerlich gerecht werden. Ihre Berechtigung zu widerlegen soll nicht Ziel der folgenden Betrachtung sein, doch kann sie am Anfang der Textuntersuchungen am konkreten Beispiel noch einmal veranschaulichen, gegenüber wel-

---

[11] SZUMOWSKA, HENRYKA: *Die geschichtlichen Faszinationen des Schriftstellers Günter Grass*, S. 27f. Im Gegensatz zu SZUMOWSKA lobt PETER RUSSELL gerade das Zusammenwirken von Imagination und Recherche: »Grass is brilliant in his detailed evocations of the different periods of social history: they are wholly convincing. He has clearly not just relied on the remarkable fertility of his imagination, but has taken pains to do the kind of historical research which will lend verisimilitude to his picture; [...]« (RUSSELL: Floundering in Feminism, S. 247).

[12] Ibid., S. 28.

[13] MÜLLER, ULRICH: *Frauen aus dem Mittelalter. Frauen in mittlerem Alter. Günter Grass: Der Butt*, S. 129. MÜLLER nähert sich dem Roman aus der Sicht eines Mediävisten und setzt sich in seinem Beitrag mit der historischen Dorothea von Montau auseinander, wobei er diverse Quellen zu deren Leben anführt und sogar Artikel aus Nachschlagewerken im Wortlaut wiedergibt.

chem künstlerischen Anspruch die Romane sich abgrenzen, indem sie die Versionen der dokumentierten Geschichte durch eigene überschreiben.

Zu den auf Geschichte bezogenen und beziehbaren Themenkomplexen, die im *Butt* verhandelt werden, gehören neben den bereits angeschnittenen die Relation zwischen tatsächlichem Geschehen, Dokument und Manipulation der Überlieferung, die Auseinandersetzung mit teleologischen Geschichtskonzepten und mit narrativen Vorgängen der Sinngebung historischen Geschehens. Der Text betreibt dabei eine Auflösung der Grenzen zwischen Faktualität und Fiktion, »the two conventional categories of narration, history and fiction, are in effect dissolved in *The Flounder*«[14]. Dies geschieht auf verschiedenen Ebenen des Textes und im Rahmen eines poetischen Programms, in welchem diverse Strategien des Umschreibens überlieferter Vorlagen produktiv werden, und überlieferte Schilderungen und Interpretationen historischer Ereignisse durch eigene Gegenentwürfe beantwortet werden.

6.1 Genauere Fakten erfinden: Grass' Umgang mit der Geschichte

Eine Untersuchung der Poetik des Kontrafaktischen in *Der Butt* darf die Stellungnahmen und Selbstkommentierungen nicht vernachlässigen, die das literarische Werk des Autors nicht nur umgeben, sondern in dieses hineinreichen und es auch ästhetisch unmittelbar mitprägen. An dieser Stelle sollen daher zunächst einige Fixpunkte in Grass' Haltung gegenüber Geschichte und historischen Stoffen, wie sie in literarischen Texten und nicht-fiktionalen Äußerungen implizit und explizit zum Ausdruck kommen[15], skizziert werden. Sie können

---

[14] LAWSON, RICHARD H.: *Günter Grass*, S. 114.
[15] Geradezu programmatisch im Hinblick auf die Affinität seines Schreibens zu historischen Themen liest sich ein Gedicht mit dem Titel *Kleckerburg* aus dem Jahr 1967. Dort heißt es »Ja, in Geschichte war ich immer gut./Fragt mich nach Pest und Teuerung./Ich bete läufig Friedensschlüsse, die Ordensmeister, Schwedennot,/und kenne alle Jagellonen/und alle Kirchen, von Johann/bis Trinitatis, backsteinrot« (Grass: *Kleckerburg*, S. 206f.). Wenn sich Grass in *Kopfgeburten oder Die Deutschen sterben aus* (1980) gegen seine Festlegung auf geschichtliche Stoffe durch die Kritik wehrt, kann darin zugleich ein Eingeständnis eben jener Affinität des eigenen Werks zur Auseinandersetzung mit Aspekten der Geschichte, wie sie seit seinem ersten Roman in den meisten seiner fiktionalen und publizistischen Arbeiten anzutreffen ist, gelesen werden. Vgl. Grass, Günter: *Kopfgeburten oder Die Deutschen sterben aus*, S. 232: »Als ich aus den fünfziger Jahren in die sechziger Jahre hinein weitläufig über Vergangenes schrieb, riefen die Kritiker: Bravo! Vergangenes muß bewältigt werden. Und zwar aus Distanz: Es war einmal. Als ich Ende der sechziger in die siebziger Jahre hinein über Gegenwärtiges, zum Beispiel über den Wahlkampf neunundsechzig schrieb, riefen die Kritiker: Pfui! [...] Das

verdeutlichen, innerhalb welches ästhetischen und weltanschaulichen Programms kontrafaktische Aussagen bei Grass vorkommen und wie sie sowohl zum erzählerischen Instrument als auch zum Diskursmittel werden.

Von eher anekdotischem Charakter, aber dennoch von einigem Aussagewert ist Grass' Hinweis darauf, bereits bei seinem ersten literarischen Versuch habe es sich um einen historischen Roman gehandelt, dessen Manuskript allerdings verloren gegangen sei.[16] In nahezu jedem seiner Erzähltexte sind seither Referenzen auf – insbesondere deutsche und innerhalb davon wiederum auf Danzig bezogene – historische Vorgänge integrale Elemente.[17] In den nachträglich von JOHN REDDICK als ›Danziger Trilogie‹[18] zusammengefassten Romanen *Die Blechtrommel* (1959) und *Hundejahre* (1963) sowie in der Novelle *Katz und Maus* (1961) sind es vor allem, aber nicht ausschließlich, die Jahre des National-

---

wird von ihm nicht erwartet. Als ich Ende der siebziger Jahre (abermals weitläufig) die Steinzeit (und was ihr folgte) mit der Gegenwart verquickte, riefen die Kritiker: Na endlich! [...] Das war er sich und uns schuldig.«

[16] Vgl. Grass, Günter/FRANK SCHIRRMACHER/HUBERT SPIEGEL: *Warum ich nach sechzig Jahren mein Schweigen breche*, S. 33: »Ja, das war ein historischer Roman, der im dreizehnten Jahrhundert spielte, in der Zeit des Interregnums, der kaiserlosen, der schrecklichen Zeit. Da gab es Femegerichte, das Stauferreich ging unter, Tod und Teufel waren los.« Vgl. dazu auch Grass, Günter: *Beim Häuten der Zwiebel*, S. 41: »Weshalb ich aber die Handlung meines Erstlings, der von Mord und Totschlag bestimmt war, in die Zeit des Interregnums, ›die kaiserlose, die schreckliche Zeit‹ des dreizehnten Jahrhunderts verlegt habe, ist nur mit meiner Neigung zur Flucht in möglichst unwegsames Geschichtsgelände zu erklären. So kam denn auch nicht der Versuch einer altslawischen Sittengeschichte zu Papier, vielmehr handelte mein Erstling von Femegerichten und Rechtlosigkeit, die nach dem Untergang des Stauferreiches einen Erzählstoff hergaben, in dem es sattsam gewalttätig zuging.«

[17] Der Aspekt der Geschichte in seinem Werk ist entsprechend bald und häufig zum Gegenstand wissenschaftlicher Arbeiten geworden. CHRISTOPH EYKMAN legt bereits 1970 eine Arbeit zum *Geschichtspessimismus in der Literatur des 20. Jahrhunderts* vor, in welcher Grass ein eigenes Kapitel gewidmet ist. Vgl. in EYKMANS Studie das Kapitel ›Absurde Mechanik. Die ›verunglimpfte Geschichte‹ in den Romanen von Günter Grass‹, S. 112ff. Im Sammelband *The Modern German Historical Novel* behandelt PHILIP THOMSON *Aus dem Tagebuch einer Schnecke* als hybride Form des historischen Romans. Vgl. THOMSON, PHILIP: *History-Writing as Hybrid Form: Günther* [sic] *Grass's From the Diary of a Snail*, S. 181ff. Zu nennen sind weiterhin HENSING, DIETER: *Günter Grass und die Geschichte – Camus, Sisyphos und die Aufklärung*; ARENDT, DIETER: *Günter Grass – ein Erzähler am ›Faden des Zeitgeschehens‹ oder ›Ich, das bin ich jederzeit‹*. Die Untersuchung wird dabei häufig verknüpft mit der Behandlung von gesellschaftlich-politischen Motiven, die Grass zur Beschäftigung mit historischen Themen veranlasst haben beziehungsweise haben sollen.

[18] Vgl. REDDICK, JOHN: *The ›Danzig Trilogy‹ of Günter Grass. A Study of The Tin Drum, Cat and Mouse and Dog Years*.

sozialismus, die thematisiert werden und einen historischen Hintergrund liefern, der zur Entstehungszeit erst unmittelbare Vergangenheit war. Nicht zuletzt aufgrund ihrer breiten und nachhaltigen Resonanz in der Kritik sind die genannten Romane und Novellen als Beiträge zur Aufarbeitung deutscher Geschichte rezipiert, kanonisiert und dem Diskurs um die sogenannte Vergangenheitsbewältigung zugeordnet worden.[19] Zusammen mit *örtlich betäubt* (1969) und *Im Krebsgang* (2001) ist dieser Textkomplex inzwischen auch als ›Danzig Quintet‹ gelesen worden, da er als »a discrete group within Grass's works in this and a number of other respects«[20] anzusehen sei.

Die Jahre des Nationalsozialismus scheinen als Thema zwischenzeitlich zurückzutreten, Gegenwart und Zeitgeschichte rücken in den Vordergrund und dominieren thematisch *örtlich betäubt* (1969) und *Aus dem Tagebuch einer Schnecke* (1973).[21] In den Texten mit historischer Thematik aus den 1970er und 1980er Jahren greift Grass weiter vor und zurück. *Das Treffen in Telgte* (1979) erzählt von einem Poetentreffen während des Dreißigjährigen Krieges und etabliert Analogien zwischen der Epoche des Barock und der Gegenwart und gestaltet so »seine Überzeugung, die deutsche Sprache und Literatur seien das eigentlich identitätsstiftende Kontinuum deutscher Geschichte.«[22] Die streckenweise komplementär zu lesenden Romane *Der Butt* (1977) und *Die Rättin* (1986) zeichnen sich unter anderem dadurch aus, dass die darin entfalteten historischen Zusammenhänge bis in eine nicht mehr datierbare Ursprungszeit zurück- oder auf eine apokalyptische Zukunftsgeschichte vorausverweisen und so menschheitsgeschichtliche Entwürfe gestalten, mit denen Grass sich, wie DAVID ROBERTS befindet, »von der deutschen Geschichte ab und der Dialektik der Zivilisation zu[wendet]«.[23]

---

[19] GERTRUDE CEPL-KAUFMANN bemerkt schon 1971, das Gesamtwerk von Grass habe »stark retrospektive Züge, entweder durch Aufarbeitung bestimmter historischer Zeiträume oder auch durch Problematisierung der Vergangenheitsbewältigung« (Grass/ CEPL-KAUFMANN: Ein Gegner der Hegelschen Geschichtsphilosophie, S. 106). Vgl. zu dieser Lesart u. a. auch ROBERTS, DAVID: *Aufklärung und Angst. Überlegungen zum deutschen historischen Roman nach 1945*, S. 251ff. ROBERTS sieht den maßgeblichen Impetus zum historischen Erzählen in der deutschen Literatur nach 1945 bis zu einem Umschwung im historischen Bewusstsein während der 1980er Jahre in der Aufarbeitung der jüngeren Geschichte.

[20] HALL, KATHARINA: *Günter Grass's ›Danzig Quintet‹*, S. 22.

[21] MICHAEL HOLLINGTON schlägt vor, beide Werke zusammen mit dem *Butt* als »a kind of trilogy of contemporary history« (HOLLINGTON: Günter Grass, S. 159) zu lesen.

[22] MOSER, SABINE: *Günter Grass: Romane und Erzählungen*, S. 104.

[23] ROBERTS, DAVID: *›Gesinnungsästhetik‹?*, S. 237. In diesem Zusammenhang aufschlussreich sind auch Grass' während der 1980er Jahre entstandene Essays *Die Vernichtung der Menschheit hat begonnen*, *Orwells Jahrzehnt I* und *Orwell Jahrzehnt II*. Zur Apo-

Auch in der dritten Werkphase, die SABINE MOSER durch den Fall der Berliner Mauer 1989 und die deutsche Einheit eingeleitet sieht[24], bleiben historische Themen in den Erzähltexten prägend. *Mein Jahrhundert* (1999) fügt sich zu einem Panorama deutscher Geschichte des 20. Jahrhunderts, indem aus der Perspektive vieler verschiedener Zeitzeugen in je einer Episode eine für ein Jahr gesellschaftlich-politisch oder kulturgeschichtlich signifikante Begebenheit erzählt wird. »Geschichten aus Sicht und Erfahrung der Opfer und Täter, der Mitläufer und Parteigänger, der Jäger und Gejagten, all jener, die nicht Geschichte gemacht hatten, denen aber unausweichlich Geschichte widerfahren war«[25], so die Idee und Anlage des Buches in Grass' eigenen Worten.

Die Auseinandersetzung mit Geschichte und Geschichtsdiskursen findet in Grass' Werk nicht nur fiktionalisiert statt, sondern auch in publizistischen Arbeiten und Selbstauskünften, in der Reflexion des Autors über sein eigenes Werk, bei der sie nicht selten mit poetologischen Aussagen verknüpft wird. In seiner unter dem Titel *Literatur und Geschichte* publizierten Dankesrede zur Verleihung des ›Prinz-von-Asturien‹-Preises 1999 macht Grass rückblickend die unlösbare Anbindung seiner literarischen Arbeit an Geschichte zum Thema.

> Solange mir das Schreiben als bewußter Prozeß von der Hand geht – mittlerweile während fünf Jahrzehnten –, lag mir die Geschichte, vordringlich die deutsche, quer. Sie war nicht zu umgehen. [...] Von meinem ersten Roman, der ›Blechtrommel‹, bis zum jüngsten Kind meiner Laune, das unter dem besitzergreifenden Titel ›Mein Jahrhundert‹ steht, war ich ihr aufsässiger Knecht.[26]

In der Wendung vom aufsässigen Knecht ist der spannungsvolle Charakter dieser Beziehung anschaulich formuliert. Sie ist durch eine dezidiert kritische Position gegenüber dem gekennzeichnet, was Grass in anderem Zusammenhang als ›Schulbuchgeschichte‹ benennt. Diese Position bildet eine Art Konstante in der Werkbiographie und wird vom Autor als verbindendes Element hervorgehoben: »[V]on der ›Blechtrommel‹ angefangen [...] habe ich versucht, unser Geschichtsverständnis, so wie es uns über die Schulbank und Universität zum Teil auch heute noch vermittelt wird, anzugehen, kritisch anzugehen oder zu ergänzen, zu

---

kalypse-Thematik bei Grass vgl. außerdem u. a. RYAN, JUDITH: ›*Into the Orwell Decade*‹: *Günter Grass's Dystopian Trilogy*; GÖRTZ, FRANZ JOSEF: *Apokalypse im Roman: Günter Grass' Die Rättin*; KNIESCHE, THOMAS W.: *Die Genealogie der Postapokalypse: Günter Grass' Die Rättin* und NEUHAUS, VOLKER: *Günter Grass' Die Rättin und die jüdischchristliche Gattung der Apokalypse.*

[24] Vgl. MOSER, SABINE: *Günter Grass: Romane und Erzählungen*, S. 104.
[25] Grass, Günter: *Fünf Jahrzehnte. Ein Werkstattbericht*, S. 119.
[26] Grass, Günter: *Literatur und Geschichte*, S. 53.

erweitern, andere Proportionen zu setzen.«[27] Eine Aufgabe des Schriftstellers kann demnach für Grass darin bestehen, hier korrigierend zu wirken und zum »Lückenbüßer der offiziellen Geschichte«[28] zu werden. »Das setzt natürlich voraus, daß er den Glauben und die Überzeugung hat, – und die habe ich – daß unsere uns überlieferte Geschichtsschreibung, die sich gerne als faktengesichert ausgibt, eine Fiktion ist, allein schon auf Grund der vielen Aussparungen, auf Grund der Beschränkung auf bedruckte Dokumente – was ist überliefert?«[29], so Grass an anderer Stelle.

Die von Grass artikulierte Kritik an der Geschichtsschreibung richtet sich nicht allein gegen den Versuch, zu wahrheitsgemäßen Aussagen über die Vergangenheit zu gelangen, sondern gegen den Glauben an das, was durch Überlieferung bewahrt wurde, da hierbei stets Interessen selektiv wirken. Grass spricht sich das Recht und die Fähigkeit zu, der Geschichtsschreibung die eigene Fiktion gleichberechtigt zur Seite beziehungsweise entgegenzustellen und sieht sich »in der Lage, genauere Fakten zu erfinden als die, die uns als angeblich authentisch überliefert wurden.«[30] Die künstlerische Konsequenz aus jenem provokant formulierten Selbstverständnis ist gleichwohl nur selten, und wenn doch, so nur am Rande, ein Entwurf, in dem nicht eingetretene historische Möglichkeiten ausgestaltet werden. Auf einer diskursiven Ebene finden konjekturalhistorische Spekulationen in *Mein Jahrhundert* statt. Grass benutzt hier ein im Rahmen der Erzählfiktion arrangiertes Treffen deutscher Kriegsberichterstatter auf Sylt, um die Jahre des Zweiten Weltkriegs aus den Erinnerungen verschiedener Beobachter synoptisch zu erzählen. Dabei ergehen sich die Journalisten in Phantasien über Schlachten und verkehren militärische Niederlagen der deutschen Wehrmacht in Siege, die einen anderen Kriegsausgang zur Folge hätten haben sollen:

> Es ging um Dünkirchen, wohin sich das gesamte britische Expeditionskorps geflüchtet hatte: [...]. ›Hätte nicht Hitler das Panzerkorps Kleist bei Abbeville gestoppt, hätte der vielmehr Guderians und Mansteins Panzern erlaubt, bis zur Küste durchzustoßen, hätte er Befehl gegeben, die Strände aufzurollen und den Sack zuzumachen, dann hätte der Engländer eine ganze Armee und nicht nur deren Ausrüstung verloren. Der Krieg hätte frühzeitig entschieden werden können [...].‹[31]

---

[27] DURZAK, MANFRED: *Geschichte ist absurd. Eine Antwort auf Hegel. Ein Gespräch mit Günter Grass*, S. 15
[28] Grass, Günter: *Als Schriftsteller immer auch Zeitgenosse*, S. 923.
[29] DURZAK, MANFRED: *Geschichte ist absurd. Eine Antwort auf Hegel. Ein Gespräch mit Günter Grass*, S. 17.
[30] ARNOLD, HEINZ LUDWIG: *Gespräche mit Günter Grass*, S. 31.
[31] Grass, Günter: *Mein Jahrhundert*, S. 143f. Grass spielt in diesen Kapiteln wohl auch auf Memoirenbücher deutscher Wehrmachtsgeneräle an, insbesondere auf Guderians

Im Gegenzug entwirft ein anderer Gesprächsteilnehmer einen alternativen historischen Verlauf, der die Machtübernahme der Nationalsozialisten frühzeitig hätte verhindern und somit eine andere politische Entwicklung bedingen können:

> ›Stell dir mal vor, es wäre Churchill gleich zu Beginn des Ersten Weltkriegs gelungen, seinen Plan umzusetzen und mit drei Divisionen auf Sylt zu landen. Hätte so nicht viel früher alles ein Ende gefunden? Und wäre der Geschichte dann nicht ein anderer Verlauf eingefallen? Kein Adolf und der ganze Schlamassel danach. Kein Stacheldraht, keine Mauer querdurch. Heute noch hätten wir einen Kaiser und Kolonien womöglich. Auch sonst wären wir viel besser dran ...‹[32]

Ungeschehene Geschichte, wie sie hier durchgespielt wird, verbleibt im Irrealis. Die Referenzen auf ungeschehene historische Ereignisse werden auch auf der Handlungsebene als Gedankenspiel kenntlich, es kommt zu keiner Überschreibung der dokumentierten Geschichte. Die mit den kurzen, in Figurenrede entwickelten kontrafaktischen Skizzen verbundene Absicht ist unschwer zu erkennen. Sie besteht darin, revisionistisches Geschichtsdenken zu kritisieren und zu karikieren.

Die Abschnitte lassen sich ferner als Ausdruck einer Skepsis gegenüber dem Versuch, Geschichte mittels des Intellekts durchschaubar zu machen, lesen, da den Spekulationen über alternative Ereignisverläufe hier die Überzeugung zugrunde liegt, historische Zusammenhänge rational erfassen und ursächlich zergliedern zu können. Im Gespräch mit MANFRED DURZAK beschreibt Grass seine Zweifel diesbezüglich: »Nun hat bei mir das Geschichtsbild, ob in den ›Hundejahren‹, im ›Butt‹ oder auch in der ›Blechtrommel‹, nie eine Hegelsche Ausprägung gehabt. Es ist immer ein Chaos gewesen, in dem man versucht,

---

Erinnerungen eines Soldaten und Mansteins *Verlorene Siege* (1953). Zum Gegenstand revisionistischer Phantasien werden in den entsprechenden Büchern vor allem militärische Entscheidungssituationen. Vgl. hierzu auch die Bemerkungen in Uwe Timms *Am Beispiel meines Bruders*, S. 97f.: »Das war das Zentrum der Schlacht bei Kursk [...]. Von dieser Schlacht behauptete der Vater, wie später auch die Militärhistoriker, sie, die Kursker Schlacht, und nicht Stalingrad, sei der Wendepunkt im Krieg gewesen. Der Vater las geschichtliche Werke und die Memoiren der Generäle und Luftwaffenoffiziere, die Anfang der fünfziger Jahre erschienen. General Galland: *Die Ersten und die Letzten – Jagdflieger im Zweiten Weltkrieg*. Panzergeneral Guderian: *Erinnerungen eines Soldaten*. Und vor allem *Verlorene Siege* von Generalfeldmarschall v. Manstein, der in dem 664 Seiten umfangreichen Buch nachzuweisen sucht, daß die Wehrmacht, insbesondere er, wäre nicht Hitler, *der Gefreite*, mit seinen Befehlen dazwischengekommen, höchst erfolgreich operiert hätte.«

[32] Ibid., S. 148.

Gärten anzulegen, Schrebergärten.«[33] Bei anderer Gelegenheit formuliert er diese Auffassung folgendermaßen: »Denn bei mir gehört ganz gewiß die Einsicht dazu, daß ich Geschichte in ihrem Verlauf nicht als einen vom Hegelschen Weltgeist gerittenen Prozeß ansehe, ständig auf dem Weg des Fortschritts, sondern als einen absurden, der Vernunft spottenden Prozeß [...].«[34] Die Einwände gegen Hegels Versuch, Geschichte als ein den Gesetzen der Vernunft unterliegendes Phänomen zu denken, lassen sich in Beziehung setzen zu Grass' Weigerung, Geschichte als Resultat systemischer Prozesse wahrzunehmen. Angesichts der sich immer stärker beschleunigenden katastrophalen Entwicklung, die Grass der Menschheitsgeschichte attestiert, bemerkt er: »Es ist keine Apokalypse, es ist nichts Irrationales, das über uns verhängt ist, sondern es ist reines Menschenwerk [...].«[35] Eine derart deutliche und über Dekaden hinweg betriebene Kommentierung des eigenen Geschichtsbildes scheint die Richtung vorzugeben, der die Interpretation des literarischen Textes folgen kann, sie droht jedoch gerade aufgrund ihrer Eindeutigkeit das Textsubstrat zu überlagern. Es wird daher zu fragen sein, ob, und falls ja, inwiefern die hier herausgearbeiteten Positionen im *Butt* erkennbar sind und eingelöst werden.

6.2 Geschichte von unten: *Der Butt* als Gegengeschichte

Zu Beginn des Romans wird das Erzähler-Ich von seiner Frau Ilsebill gefragt, ob er ihr erzählen wolle, »wie unsere Geschichte wann wo begann« (Butt 6). Die Frage gibt Anlass zu einer »ätherische[n] Nebenzeugung« (Butt 6) und führt dazu, dass der Erzähler während der Schwangerschaft seiner Frau neun beziehungsweise elf Köchinnen im übertragenen Sinne austrägt, indem er das Leben fiktionaler und historischer Frauenfiguren in verschiedenen geschichtlichen Abschnitten erzählt und auf diese Weise stellvertretend die Geschichte der Menschheit schreibt.

Grass hat in Interviews erläutert, sein Interesse an der Geschichte der Ernährung habe ursprünglich den Impuls für die Arbeit an einem Prosawerk[36]

---

[33] DURZAK, MANFRED: *Geschichte ist absurd. Eine Antwort auf Hegel. Ein Gespräch mit Günter Grass*, S. 13.
[34] Grass, Günter/HARRO ZIMMERMANN: *Vom Abenteuer der Aufklärung*, S. 52.
[35] DURZAK, MANFRED: *Geschichte ist absurd. Eine Antwort auf Hegel. Ein Gespräch mit Günter Grass*, S. 9.
[36] Die Idee, die Geschichte der Ernährung zum Thema eines literarischen Projekts zu machen, notiert Grass bereits in *Aus dem Tagebuch einer Schnecke* (1973). Vgl. Grass, Günter: *Aus dem Tagebuch einer Schnecke*, S. 437: »Bevor ich mal alt bin und womöglich weise werde, will ich ein erzählendes Kochbuch schreiben: über 99 Gerichte, über Gäste

gegeben, aus welchem sich schließlich *Der Butt* entwickelt habe.[37] Dass insbesondere die patriarchalische Interpretation von Geschichte, auf der ein sich an nachhaltig wirkungsvollen Taten orientierender Geschichtsbegriff basiert, zum Zielpunkt der Kritik im *Butt* wird, hat man bald gesehen und so hat gerade dieser zweite unter den beiden genannten Aspekten das Interesse der Forschung auf sich gezogen.[38] In diesem Roman scheinen sich einige der im Vorigen referierten Verschiebungen in der Methodik und im Interesse der Historiographie widerzuspiegeln: Die Abkehr von der Schlachten- und Staatengeschichte, die Perspektivierung auf die Geschichte ›von unten‹, auf die Geschichte der Ernährung als kulturgeschichtliches Interesse, die sprachliche Konstruktion von Geschichte und schließlich die Auflösung des Glaubens an stabile Fakten. Auch dieser Befund steht analog zur Kommentierung des Autors.

> Ich glaube, das anreizende Moment war für mich, daß in der herkömmlichen Geschichtsschreibung eigentlich immer nur das stattfindet, was sich an Daten festmachen läßt: Dynastien, Ablösung von Dynastien, Kriege, Friedensschlüsse, Kirchenspaltungen. Was datiert und überliefert ist, ist Herrschaftsgeschichte, wurde meist mit Waffen ausgetragen. Andere Entwicklungsprozesse, die ja auch geschichtlich sind, kommen so gut wie nicht vor oder nur nebenbei[39],

so Grass im Werkstattgespräch. Im Vergleich zu den Produkten der herkömmlichen Historiographie ist *Der Butt* nach JULIEN PREECE »a ›counter-narrative‹ to

und Menschen als Tiere, die kochen können, über den Vorgang des Essens, über Abfälle ...«.

[37] Vgl. Grass, Günter/Harro Zimmermann: *Vom Abenteuer der Aufklärung*, S. 153ff. Im Gespräch mit FRITZ J. RADDATZ erklärt Grass: »Ich habe an diesem Buch fünf Jahre gearbeitet [...] und zu Anfang wußte ich nur eins, ich will über die Entwicklung oder die Geschichte unserer Ernährung erzählen; bei dieser Arbeit bemerkte ich, daß ich einen zweiten Bereich geschichtlicher Entwicklung mit berichten mußte, nämlich den anonymen Anteil der Frauen an unserer Geschichte, der sich zwangsläufig – weil gar keine anderen Spielräume oder Machträume da waren – über die Ernährung mitgeteilt hat. Und aus dieser zweiten notwendigen Schicht hat sich dann, ich weiß gar nicht mehr genau, wie, das Märchen von dem ›Fischer und syne Fru‹ angeboten« (RADDATZ, FRITZ J.: *»Heute lüge ich lieber gedruckt«*, S. 13f.).

[38] Vgl. u. a. die ablehnenden Rezensionen von RUTH ANGRESS, die befindet, Grass beschreibe Frauen »in the traditional manner, as objects« (ANGRESS: Der Butt – A Feminist Perspective, S. 43) und INGEBORG DREWITZ, die den Mangel des Romans in »Grass' Hilflosigkeit gegenüber den Frauen, für die die drei K nicht mehr allein lebensbestimmend sind« (DREWITZ: Günter Grass und das Weltprinzip oder Der Butt und die Emanzipation, 149f.) sieht. Vgl. zur Geschlechterproblematik in *Der Butt* besonders MAYER-ISWANDY, CLAUDIA: *›Vom Glück der Zwitter‹. Geschlechterthematik und Geschlechterverhältnis bei Günter Grass*, S. 181ff.

[39] Grass, Günter/HARRO ZIMMERMANN: *Vom Abenteuer der Aufklärung*, S. 153f.

conventional historical accounts both of Danzig/Gdansk and indeed the whole of Europe«[40]. Dem entspräche das von JENKINSON konstatierte Prinzip der »consistent marginalization of what we normally think of as major historical characters and events.«[41] Die Repräsentanten der männerdominierten Ereignisgeschichte, etwa der Preußenkönig Friedrich der Große im fünften oder Napoleon im sechsten Kapitel sind nur von Ferne gesehen, stattdessen fokussiert der Text auf die eigentlichen Heldinnen, mit denen er die Zwischenräume der zentralen Geschichte besetzt, nämlich die Köchinnen. Bereits im ersten Monat von Ilsebills Schwangerschaft kündigt das Erzähler-Ich an: »Sie wollen raus alle neun oder elf und von Anfang an namentlich da sein: weil sie zu lange nur alteingesessene Insassen oder Komplex sein durften und ohne Namen geschichtslos geblieben sind [...]« (Butt 10). Hierauf stellt er die Köchinnen, die er in seinem Kopf austrägt, kurz vor.[42] Aua lebte während der Steinzeit, Wigga in der Eisenzeit, Mestwina im neunten Jahrhundert, Dorothea von Montau im vierzehnten, Margarete Rusch im sechzehnten, Agnes Kurbiella im siebzehnten, Amanda Woyke im achtzehnten Jahrhundert, Sophie Rotzolls und Lena Stubbes Geburts- und Todesdaten fallen ins achtzehnte und neunzehnte beziehungsweise ins neunzehnte und zwanzigste Jahrhundert. Sybille Miehlau und Maria Kuczorra schließlich leben im zwanzigsten Jahrhundert.

Die den Frauen zugeordneten Episoden finden abseits der Machtzentren der Politik statt und kreisen stets um die Nahrungszubereitung. Es findet innerhalb der historischen Erzählhandlung eine Dezentrierung statt, in der sich die oben umrissene Haltung des Autors wiedererkennen lässt, es kommt sogar zu einer expliziten Umwertung historischer Ereignisse, wenn Grass in Figurenrede August Bebel der Ansicht zustimmen lässt, »daß die Einführung der Kartoffel in Preußen mehr verändert habe als die gloriose Schlachtenfolge des Siebenjährigen Krieges« (Butt 514).[43] Gegen Ende des Romans liefert der Erzähler selbst eine

---

[40] PREECE, JULIAN: *The Life and Work of Günter Grass*, S. 137.

[41] JENKINSON, DAVID: *Conceptions of History*, S. 54. Grass' eigene Kommentierung des Verfahrens liest sich ähnlich. Vgl. Grass, Günter/HARRO ZIMMERMANN: *Vom Abenteuer der Aufklärung*, S. 160: »Im Grunde erzähle ich im ›Butt‹ Alltagsgeschichten – nicht die großen Geschichten, sondern die Pausen dazwischen.«

[42] Vgl. dazu das Kapitel ›Neun und mehr Köchinnen‹, S. 12ff.

[43] Schon während der Entstehung des Romans, im November 1975, äußerte Grass diese Einschätzung im Gespräch mit HANS JÜRGEN BECK: »Die Einführung der Kartoffel in Preußen und damit die Ablösung der Hirse als Hauptnahrungsmittel für die Masse der Bevölkerung ist für mich ein geschichtlich weit größeres und folgenreicheres Ereignis gewesen als der gesamte Siebenjährige Krieg« (Grass, Günter/HANS JÜRGEN BECK: *Die Kartoffel war wichtiger als der Siebenjährige Krieg*, S. 191). Es ist dies eine auch in der Literatur nicht vollkommen neue Re-Interpretation geschichtlicher Faktoren. Bereits Robert Musil integriert im *Mann ohne Eigenschaften* einen Exkurs über die historischen

solche Verschiebung der Gewichtungen, wenn es heißt: »Was ist das, Geschichte? [...] Sicher, die Emser Depesche hat viel bewegt, aber die Zuckerrübe wohl mehr« (Butt 639). Nahrungsmittel und ihre Verbreitung werden in diesen Passagen ausdrücklich und in der Erzählhandlung insgesamt als eigentlicher Motor der Geschichte ausgewiesen. Als Beispiel für eine historische Initiative, die, weil sie zur Bekämpfung des Hungers beiträgt, positiv akkreditiert wird, dient im Roman die Leistung der Köchin Amanda Woyke. Dieser fiktiven Figur wird das ansonsten Friedrich dem Großen angerechnete Verdienst um die Einführung der Kartoffel als Grundnahrungsmittel in Preußen zugesprochen: »Eine entfernte Verwandte von mir, die Gesindeköchin Amanda Woyke, und nicht etwa der Olle Fritz hat die Kartoffel in Preußen eingeführt« (Butt 513) – dies behauptet die Figur Lena Stubbe. Indem Grass durch seinen Erzähler eine erfundene Figur als Urheberin dieser ernährungsgeschichtlichen Reform präsentiert, reklamiert er nicht eine durch Recherche verifizierbare Einsicht, sondern eine, die durch die Würdigung der Leistung einer Köchin der historischen Wahrheit näher kommen soll.

Dieser Vorgang des Umschreibens der überlieferten Geschichte findet mehrfach statt, jeweils unter Bezugnahme auf die offizielle und dokumentierte Version. Hierbei wird stets einer Frau ein Verdienst oder eine Handlung zugesprochen, als deren Urheber bislang gemeinhin ein Mann galt. In diesen Passagen wird die Deviation von der Überlieferung allein textintern kenntlich gemacht, da die vorgefundene Version als Folie evoziert wird. Es ist ein Verfahren, das sich par excellence an der Erzählung eines Ereignisses explizieren lässt, welches bereits in *Die Blechtrommel* Eingang gefunden hat. Der Erzähler macht dabei die »significant alteration to the historical record in the Adalbert von Prag

---

Auswirkungen, die von der Verbreitung der Kartoffel ausgingen und über die sich wandelnde Einschätzung dieses historischen Faktors. Vgl. Musil, Robert: *Der Mann ohne Eigenschaften*, S. 399f.: »Alles in allem: ob nun der selige Raufbold und Admiral Drake seinerzeit die Kartoffel aus Amerika eingeführt hat, womit das Ende der regelmäßigen Hungersnöte in Europa begann, oder ob das der weniger selige, sehr gebildete und ebenso rauflustige Admiral Raleigh getan hat oder ob es namenlose spanische Soldaten gewesen sind oder gar der brave Gauner und Sklavenhändler Hawkins – lange Zeit ist es niemand eingefallen, wegen der Kartoffel diese Männer für bedeutender zu halten als etwa den Physiker Al Schîrasî, von dem man nur weiß, daß er den Regenbogen richtig erklärt hat; aber mit dem bürgerlichen Zeitalter hatte eine Umwertung im Range solcher Leistungen begonnen und im Zeitalter Arnheims war sie schon weit gediehen und wurde nur noch durch ältere Vorurteile gehemmt.« Vgl. auch JENKINSON, DAVID: *Conceptions of History*, S. 57. JENKINSON verweist auf FERNAND BRAUDEL, wenn es darum geht, die Ernährungsgeschichte als Facette, die von der Historiographie ausgespart wurde, zu würdigen.

episode«[44] erkennbar, die darin besteht »that in *Der Butt* the assassin is a woman, Mestwina, not a male priest as history, written by men for men in the interests of male domination, has recorded«[45], denn Grass lässt ihn den Korrekturbedarf an der aktenkundigen Darstellung andeuten:

> Das war im April des Jahres 997, als Adalbert von Mestwina im Suff erschlagen, wir Pomorschen getauft und der Löffel vergraben wurde. [...] Was weiter geschah, als Mestwina kurz nach der Zwangstaufe verurteilt und von einem polnischen Henker enthauptet wurde, wird noch erzählt werden: wer sie verraten hat, welche Zeichen und Wunder geschahen, als sie vom Schwert getroffen wurde, und welchen Unsinn uns die Schulbuchgeschichte überliefert hat. (Butt 102f.)

Die offizielle Version wird vom Erzähler ausdrücklich als Unsinn disqualifiziert.[46] Da das betreffende Ereignis jedoch außerhalb dessen liegt, was beim Leser an Sachkenntnis vorausgesetzt wird, wird die offizielle Fassung später ebenfalls referiert: »Und so wird folgerichtig und nur scheinbar den Tatsachen widersprechend in allen historischen Quellen den Pruzzen das Verdienst zugesprochen, Kirchengeschichte gemacht zu haben. Bei Tolkmit soll das geschehen sein. Mit einem hölzernen Ruder, das später Reliquie wurde. Daß ich nicht lache« (Butt 124).[47] Im Text wird so die Überlieferung, von welcher die spezifische Deviation an dieser Stelle erfolgt, als Folie in die Fiktion integriert, wenn der Erzähler darauf hinweist, dass seine Referenz auf das überlieferte historische Ereignis von der außerhalb der eigenen Narration zu findenden Darstellung abweicht.

Der Erzähler markiert auf diese Weise den Hiatus zwischen beiden Versionen des historischen Vorgangs, der so narrativ dupliziert erscheint und in dieser Doppelung symptomatisch ist für die komplementäre Überlagerung von Refe-

---

[44] JENKINSON, DAVID: *Conceptions of History*, S. 55.
[45] Ibid.
[46] Auch in *Die Blechtrommel* werden zumindest zwei Möglichkeiten des Hergangs angedeutet. Vgl. Grass, Günter: *Die Blechtrommel*, S. 520: »Zuerst kamen die Rugier, dann kamen die Goten und Gepiden, sodann die Kaschuben, von denen Oskar in direkter Linie abstammt. Bald darauf schickten die Polen den Adalbert von Prag. Der kam mit dem Kreuz und wurde von Kaschuben oder Pruzzen mit der Axt erschlagen« lautet der Anfang des Kapitels ›Soll ich oder soll ich‹ nicht im zweiten Teil des Romans.
[47] Dieses poetische Verfahren lässt auch Rückschlüsse darüber zu, welchen Kenntnishorizont der empirische Autor beim Leser voraussetzen zu können meint. Eine von der Überlieferung abweichende Fassung eines Ereignisses aus der mittelalterlichen Geschichte Danzigs, wird, so darf man annehmen, nur von Adressaten mit besonderem Wissen als abweichend erkannt. Da die Konjektur in einem eher abseits gelegenen Bereich vorgenommen wird, geschieht sie unter Verweis auf die aktenkundige Version des historischen Vorgangs.

renzen auf historisches Geschehen, die im Roman konstitutiv ist. Wenn NORBERT HONSZA schreibt, die erzählende Aufwertung des »anonyme[n] Anteil[s] der Frauen an der Geschichte – das ist Grass' Korrektur der Schulbuchgeschichte, das ist seine Gegengeschichte«[48], so ist dem auch in Anbetracht der von Grass wiederholt formulierten Aussageabsicht zuzustimmen. Die zum Zweck einer Gegengeschichte von unten betriebenen Überschreibungen außenreferentieller Sachverhalte bewegen sich hingegen, wie im Vorigen deutlich wurde, an der Peripherie des Kontrafaktischen. Dass sich die Gegengeschichte des Romans darin nicht erschöpft, da Grass im *Butt* auch die Voraussetzungen derselben erzählt, wird im Anschluss zu zeigen sein.

6.3 Vorgeschichte: Charakter und Ende des Matriarchats

Die zu Beginn zitierte Kritik an Grass' Umgang mit verbürgten Fakten bezog sich auf die Partien des Romans, in welchen die Quellen sich nicht mit der im Roman präsentierten Fassung decken. Die Diskrepanz kann dort im direkten Vergleich sichtbar gemacht werden. Die im *Butt* erzählte Menschheitsgeschichte setzt allerdings wesentlich früher ein, in einem Abschnitt, der gemeinhin als Vorgeschichte klassifiziert wird. Für diese Phase offeriert Grass »potted history in comic-strip style, especially in the early prehistorical sections: individualized characters and simplified action are used to evoke, in a flippant, facetious tone, an image of what one might, in the absence of any real evidence, more or less plausible imagine life to have been like at that time«[49], so JENKINSON.

Das Dasein der Menschen, zu denen auch eine frühere Inkarnation des Erzählers gehört, wird anhand einer im Weichseldelta siedelnden Gemeinschaft exemplifiziert. Der Alltag ist bestimmt von den kreatürlichen Grundbedürfnissen der Nahrungsaufnahme, -ausscheidung und Fortpflanzung. Oberhaupt ist die Köchin Aua. Als Mutter, Kopf und Göttin der prähistorischen Bevölkerung hält Aua die Männer in einer Art unwissender Abhängigkeit und lässt keinerlei Aktivitäten zu, die als Anzeichen geschichtlichen Fortschritts zu bewerten wären – das Matriarchat als Gesellschaftsform perpetuiert ein *nunc stans*. Es gilt das Mutterrecht, versinnbildlicht im Stillvorgang, der durch Sättigung den Drang, Geschichte ins Werk zu setzen, stillt. Dabei werden die männlichen »Edeks« (so

---

[48] HONSZA, NORBERT: *Günter Grass. Werk und Wirkung*, S. 50f.

[49] JENKINSON, DAVID: *Conceptions of History*, S. 54. Allerdings ist das Plausibilitätskriterium problematisch. Der von Grass vorgelegte Entwurf prähistorischen Zusammenlebens könnte schwerlich als ›wahrscheinlich‹ durchgehen, wollte man ihn am Kenntnisstand der Wissenschaft messen.

heißen alle Männer der Siedlung) durchaus als Nutznießer dieses Systems gezeigt, da das auch bei erwachsenen Männern fortgesetzte Stillen an der Mutterbrust für ihr Wohlergehen sorgt. Das Matriarchat wird gesichert durch eine absichtlich aufrecht erhaltene Unselbständigkeit und Unwissenheit. »Nach heutigem Sprachgebrauch sagt man wohl: Die Damen herrschten durch Informationsvorsprung« (Butt 53). Wie das Zusammenleben in dieser Phase ausgesehen haben soll, ergibt sich aus der knappen Aufzählung täglicher männlicher Verrichtungen: »Für uns blieb wenig zu tun zwischen den Stillzeiten: Jagd, Fischfang, Faustkeilproduktion; und wenn wir dran waren nach strenger Regel, durften wir die durch Fürsorge herrschenden Frauen belegen« (Butt 13).

Der Übergang zur Eisenzeit resultiert schließlich aus dem im Geheimen unternommenen männlichen Schritt, das bis dahin ausschließlich zum Kochen genutzte Feuer zum Schmelzen und Schmieden von Metall zu gebrauchen. Im fünften Kapitel erzählt die Köchin Mestwina die entsprechende Geschichte, die auch die strittige Herkunft des Butt in einer Weise erklärt, die der Wahrheit nahe kommt, wie der Erzähler bemerkt (vgl. Butt 345).

> ›Das war, als Aua hier wohnte und nur ihr Wort galt. Das ärgerte den himmlischen Wolf, weil ihm Aua das Feuer gestohlen und sich mächtig gemacht hatte. Alle Männer hingen ihr an. Keiner wollte dem Wolf, alle wollten nur noch der Elchkuh opfern. Deshalb verwandelte sich der alte Himmelswolf in einen Fisch. Der konnte sprechen, obgleich er wie ein gewöhnlicher Steinbutt aussah. Als eines Tages ein junger Fischer die Angel auswarf, biß der Wolf im Butt an. Im Sand liegend gab er sich als der alte Wolfsgott zu erkennen. Der Fischer fürchtete sich und versprach, alles zu tun, was der Butt befahl. Da sagte der Wolf aus dem Butt heraus: ›Eure Aua hat mir das Feuer gestohlen. Seitdem müssen die Wölfe Fleisch roh essen. Weil Aua mit dem Feuer Macht über alle Männer gewonnen hat, müßt ihr dem Feuer, mit dem man kocht, sich wärmt und Töpfe aus Lehm brennt, einen männlichen Sinn geben. Das Harte muß geschmolzen und kalt wieder hart werden.‹ Das erzählte der Fischer den anderen Männern, worauf sie Steine zu brechen begannen, die besonders waren. Als sie die Erzbrocken im Feuer ausglühten, schmolz das Eisen in ihnen und machte die Männer zu mächtigen Schmieden. Mit ihren Speerspitzen haben sie, weil das der Wolf aus dem Butt befahl, ihre Aua durchbohrt. (Butt 344f.)

Grass' Roman liefert so eine Version menschlicher Ur- und Frühgeschichte, deren Propositionen kaum anschlussfähig sind. Hierbei können naturgemäß, mangels datierbarer und überlieferter Fakten, nicht tatsächliche durch kontrafaktische Ereignisse substituiert werden, vielmehr wird dieser vorgeschichtliche Abschnitt mit einer eigenen, aus der Gestaltungsphantasie des Autors hervorgegangenen Projektion belegt.

Abgelöst wird die oben beschriebene matriarchalische Ordnung durch die Herrschaft der Männer:

> Auf meinen Rat hin löste der unterdrückte Mann die vieltausendjährige Phase geschichtsloser Frauenherrschaft ab, indem er sich gegen die Zwänge der Natur stellte, Ordnungsprinzipien entwarf, das chaotische, weil inzestuöse Mutterrecht durch die verantwortliche Disziplin des Vaterrechts ersetzte, der apollinischen Vernunft Geltung verschaffte, utopisch zu denken und praktisch Geschichte zu machen begann. (Butt 55)

Die Entwöhnung von der Mutter, auf die der Butt drängt, ist daher die Voraussetzung für den Beginn der Geschichte. In diesem Entwurf des Matriarchats bloß eine ernsthafte retrospektive Utopie zu erblicken, wie es manche, sich auf Grass' Auskünfte berufende Interpretationen suggerieren, ist verfehlt.[50] Eher dürfte dahinter die Auffassung sichtbar werden, die Geschichte sei keineswegs von Natur männlicher Prägung unterworfen gewesen, denn die zivilisatorische Bewegung, die mit dem Butt Einzug hält, zerstört gerade einen als natürlich vorgestellten Zustand und dessen Ordnung. Im Kontext des Romans erfüllt die Schilderung des vorgeschichtlichen Zusammenlebens die Funktion, ein Modell zu liefern für eine noch nicht von der Ereignisgeschichte geprägte Periode. Ausgehend vom Entwurf einer prähistorischen Gesellschaft erzählt *Der Butt* hiernach Geschichte im Licht der Konsequenzen, die die Überwindung des ursprünglichen Zustandes nach sich gezogen hat, und zu denen auch die nachträgliche Substitution der historischen Wahrheit durch eine einseitige Perspektivierung zählt, die keineswegs nur die Geschichtsschreibung affiziert, sondern auch die Märchen und die Mythologie.

6.4 Mythische Zeit und Mythenrevision

Der Entwurf eines menschlichen Entwicklungsstadiums, in dem ein Streben nach kulturell-zivilisatorischem Fortschritt noch nicht vorhanden gewesen sein soll, wird vom Erzähler in ein geschichtslos erscheinendes Zeitalter projiziert. Die Einebnung aller durch Ereignisse markierbaren Unterschiede führt zu einer

---

[50] Vgl. ULFERS, FRIEDRICH: *Myth and History in Günter Grass' Der Butt*, S. 32: »The Paradise of the novel, which Grass refers to as a utopia of the past, is the Neolithic age [...].« In gewissem Widerspruch dazu steht ULFERS Aussage »It is important to note at this point that the pleromatic reality of Aua is not to be conceived of as an historical reality. The narrator makes this clear when he says ›Das Ganze is [sic] mehr ein Traum.‹ (12) In stating emphatically that he means ›Traum‹ and not ›Wunschtraum‹, he implies that Aua's reality was not wishful thinking but a psychic reality« of early mankind« (ibid., S. 35).

äußerlichen Uniformität des nicht länger segmentierbaren Kontinuums und löst den historischen Abschnitt in eine offenbar anfangs- und endlose Zeit auf.

Gekoppelt wird dieser Entwurf an das Spiel mit Merkmalen des Mythos. »Damals aber, als die Mythen noch Schatten warfen« (Butt 8), so bestimmt der Erzähler den vorgeschichtlichen Abschnitt. HELMUT KOOPMANN verweist in diesem Zusammenhang zu Recht auf eine Ähnlichkeit zur Zeitkonzeption, wie sie in Thomas Manns ›Joseph-Roman‹ entfaltet wird.[51] Bei Thomas Mann ist es das Bewusstsein Josephs, welches weit in der Zeit zurückreicht, bei Grass das des Erzählers: »Und wenn ich mich genau erinnere, hießen steinzeitlich alle so: Aua Aua Aua. Und wir hießen allemann Edek. Zum Verwechseln. Und auch die Auas waren sich gleich« (Butt 7). Die Analogie gründet auf der Schilderung einer scheinbar ewigen Gegenwart, in der Zeit noch nicht gemessen wird und die Individualität der Figuren aufgehoben ist in der Abfolge der Generationen, die in der Rückschau zur Ununterscheidbarkeit verschmelzen. Ihre Entkonturierung ist charakteristisch für einen mythischen Zeitbegriff, denn aufgrund der »identischen Wiederholung von Ereignissen ist die mythische Zeit zyklisch.«[52] Die zirkulare Bewegung der Zeit, wie sie im vorgeschichtlichen Abschnitt vorherrschte, wird durch die Erzählhandlung auch in die datierbare Geschichte hinübertransportiert. Dies geschieht durch die Fokussierung auf die Mahlzeiten, die in jedem Kapitel und in jedem Zeitalter zubereitet werden. Die Komposition des Romans mit ihrer – vom in verschiedener Hinsicht aus dem übrigen Konzept fallenden achten Kapitel abgesehen[53] – durchgängigen Reflexion des Geschehens durch den Erzähler »führt zu einem Durchbrechen der modernen linearen Geschichtsvorstellung und zurück zu einer älteren zyklischen Geschichtsvorstellung von Wiederholung und Variation«[54], schreibt HANS DIETER ZIMMERMANN. Dem Schema nach gleichen sich auch die mit Namen und Daten versehenen geschichtlichen Handlungen und dies impliziert wiederum, dass sich auch das menschliche, hier insbesondere das männliche Denken nicht verändert hat. Damit erweist sich die eingetretene Entwicklung als Scheinfortschritt – ganz in dem Sinne, in dem der Erzähler dieses selbst betont: »Seit 1378 hat sich in Danzig oder Gdánsk soviel verändert: Die Patrizier heißen jetzt anders« (Butt 140). Die Geschichte nach männlichem Muster ist demnach nicht fortschrittlicher als die ereignislose Vorgeschichte, zeigt sich in der Abfolge

---

[51] Vgl. KOOPMANN, HELMUT: *Between Stone Age and Present or the Simultaneity of the Nonsimultaneous*, S. 84.

[52] HÜBNER, KURT: *Die Wahrheit des Mythos*, S. 142.

[53] Zum achten, sogenannten ›Vatertagskapitel‹ vgl. insbesondere THOMAS, NOEL L.: *Günter Grass's Der Butt: History and the Significance of the Eigth Chapter (›Vatertag‹)*.

[54] ZIMMERMANN, HANS DIETER: *Der Butt und der Weltgeist*, S. 465.

der Epochen doch kein Fortschritt, sondern eine Kreisbewegung, in der sich die gleichen Konstellationen stets von Neuem wiederholen. Der vermeintliche Aufbruch zum Besseren und zu einer höher stehenden Lebensweise, den die männliche Abnabelung seinerzeit zu initiieren schien, wird als Illusion entlarvt, da sich in der Abfolge von Gewalt und Unterdrückung tatsächlich eine geradezu zyklische Wiederholung manifestiert.

Grass macht, wie sich hieran zeigt, die Zeitkonzeption des Mythos nutzbar, doch erweist sich die Nähe zum Mythos auch am narrativen Verfahren der Umschrift einer als Folie durchscheinenden Vorlage. Es wird in diesem Roman gerade dort wirksam, wo er an Mythen arbeitet. Wo Thomas Mann auf die biblische Überlieferung zurückgreift und sie neu gestaltet, lehnt Grass' Roman sich, wie etwa IRMGARD ELSNER HUNT ausführt, an JOHANN JAKOB BACHOFENS Theorien über ein urzeitliches Mutterrecht, wie es von Göttinnenfiguren wie Demeter verkörpert wurde, an. *Der Butt* wirke sogar, schreibt HUNT, »in den ersten Kapiteln manchmal wie eine fiktive Bearbeitung von Bachofens Sachstudie«[55]. Der Abschnitt der Steinzeit fällt im Geschichtsentwurf des Romans zusammen mit dem »Mythos der dritten Brust« (Butt 57). Die kultisch verehrte Figur hieß »Aua und hatte drei Brüste. Das war in der Steinzeit. Wir Männer hatten nicht viel zu sagen, weil Aua für uns das Feuer dem himmlischen

---

[55] HUNT, IRMGARD ELSNER: *Mütter und Muttermythos in Günter Grass' Roman Der Butt*, S. 9. Zur Darstellung des Matriarchats in *Der Butt* vgl. auch MAYER-ISWANDY, CLAUDIA: ›*Vom Glück der Zwitter‹. Geschlechterthematik und Geschlechterverhältnis bei Günter Grass*, S. 181ff. MAYER-ISWANDY verweist neben BACHOFEN auch auf ERNEST BORNEMANNS *Das Patriarchat. Ursprung unseres Gesellschaftssystems* und stellt fest, die »Darstellung des Matriarchats im Butt ist eng an die in Bornemanns Patriarchat angelehnt« (MAYER-ISWANDY: ›Vom Glück der Zwitter‹, S. 182). Auch WERNER FRIZEN konstatiert, *Der Butt* sei »nichts anderes als ein Amalgam aus Bachofen, Schopenhauer und Thomas Manns Mythoskonzept – aktualisiert durch feministische Programmatik« (FRIZEN: Drei Danziger, S. 155). FRIZEN erkennt in der Gestaltung von Geschichte als »Wiederkehr der immer gleichen Willenskonstellation« (FRIZEN: Drei Danziger, 155f.), die in Grass' Werk anzutreffen sei, eine Übernahme und Umsetzung von Schopenhauers Denken, und vertritt die These, Grass habe, obwohl Schopenhauer in den wenigsten Texten überhaupt Erwähnung findet, »trotzdem den gesamten Werkentwurf jeweils im Sinne des Philosophen strukturiert« (FRIZEN: Drei Danziger. S. 155) und dies mit dem Zweck, eine gegen Geschichtsinterpretationen in der Nachfolge Hegels gerichtete eigene Geschichtserfahrung philosophisch zu fundieren: »Grass' Antihegelianismus, provoziert durch die eigene Geschichtserfahrung, ist wohl die Gelenkstelle für seine Schopenhauer-Adaptation. Grass findet in Schopenhauers Hegel-Schelte nicht das dumm-dreiste Gekeife eines Zukurzgekommenen [...], sondern er entdeckt in der Hegel-Kritik eine fundamentale Systemkritik und damit Ideologiekritik« (FRIZEN: Drei Danziger. S. 157). Vgl. zu Bachofen außerdem ULFERS, FRIEDRICH: *Myth and History in Günter Grass' Der Butt*, S. 32ff.

Wolf geklaut [...] hatte« (Butt 16). Grass rekurriert hier auf den Prometheus-Mythos, demzufolge der Riese Prometheus das Feuer dem griechischen Göttervater Zeus gestohlen haben soll. In der vom Erzähler berichteten Fassung ist es jedoch keine männliche Gestalt, sondern eine Frau, die dem Himmelswolf ein Stück glühender Kohle entwendet und den Menschen das Feuer bringt. Am Rande geschieht so eine Korrektur dieses Mythos, der eine ähnlich einseitig maskulin beeinflusste Überlieferung erfahren haben soll, wie das Märchen vom Fischer und seiner Frau, das der Roman alternativ erzählt, und wie die Quellen, die zur Grundlage der Geschichtsschreibung wurden. Dass der Roman darin außerdem indianische Mythen der Amazonasregion adaptiert, hat SCOTT H. ABBOTT unter Verweis auf CLAUDE LÉVI-STRAUSS nachgewiesen. Grass bezieht sich, wie sowohl ABBOTT als auch INGEBORG HOESTEREY zeigen[56], gleich zu Beginn auf LÉVI-STRAUSS, wenn es in Anspielung auf den Titel seiner berühmten Studie heißt: »Gegen Ende der Jungsteinzeit erinnere ich unseren ersten Streit: rund zweitausend Jahre vor der Fleischwerdung des Herrn, als das Rohe und Gekochte in Mythen geschieden wurden« (Butt 9). Auch in dem indianischen Mythos ist es ein junger Mann, der den Menschen das Feuer bringt.[57] In *Der Butt* sichert dagegen diese Errungenschaft den Frauen die Überlegenheit und damit die Vorherrschaft unter den Geschlechtern, doch trägt Auas Diebstahl ihr und den Frauen die Feindschaft des Himmelswolfes ein, die schließlich zum Ende des Matriarchats führen wird. Folgerichtig wird die Frau später nicht nur aus der Geschichte, sondern aus der Überlieferung entfernt, oder aber in entstellender Weise dargestellt.

Im Fall des den Roman leitmotivisch verklammernden Märchens ›Vom Fischer und seiner Frau‹ wird der Vorgang der vorsätzlichen Umschrift im Text selbst thematisiert:

> Und als ihn die Anklägerin, Frau Sieglinde Huntscha, ohne Umstand fragte, ob er das plattdeutsche Märchen ›Von dem Fischer un syner Frau‹ bewußt in Umlauf gesetzt und so seine nachgewiesene, seit der Jungsteinzeit anhaltende Beratertätigkeit verharmlost, ins Gegenteil gekehrt, also bösartig verfälscht und tendenziös, auf Kosten der Fischersfrau Ilsebill, zugespitzt habe, konnte sein Schiefmaul nicht anders. Der Butt sagte, er habe nur das Erzählbare eines komplizierten, weil Jahrtausende währenden Vorgangs, der sich, trotz gelegentlicher Auswüchse, zum Wohle der Menschheit vollzogen habe, in einfache Worte gefaßt und dem Volksmund überliefert. Genau diesen Text, aber auch die geschichtsträchtige Urfassung habe der romantische Maler

---

[56] Vgl. ABBOTT, SCOTT H.: *The Raw and the Cooked: Claude Lévi-Strauss und Günter Grass*, S. 107 und HOESTEREY, INGEBORG: *Aspekte einer Romanfigur: Der Butt im Butt*, S. 463.
[57] Vgl. ABBOTT, SCOTT H.: *The Raw and the Cooked: Claude Lévi-Strauss und Günter Grass*, S. 109.

Philipp Otto Runge der Erzählung eines alten Weibleins nachgeschrieben. Er, der Butt, könne nicht dafür, daß die historisch genaue Aufzeichnung des Malers von den Brüdern Jakob und Wilhelm Grimm im Beisein der Dichter Arnim und Brentano überängstlich verbrannt worden sei. So habe nur seine Legende in der beliebten Sammlung ›Kinder- und Hausmärchen‹ Aufnahme gefunden. (Butt 51f.)

In dieser Passage kommt der Prozess der Überlieferung zur Sprache. Das Märchen, dessen Fabel das Paradigma zur Erklärung eines komplexen historischen Zusammenhangs bereitstellt, wird in seiner gemeinhin bekannten Fassung aus einer manipulierten Tradierung hergeleitet. Entsprechend fehlt die Komplementärerzählung, von der Gestalt des herrschsüchtigen Mannes ist in der erhaltenen Version des Märchens keine Rede mehr, sie muss durch den Butt wieder in Erinnerung gebracht werden. »Und auch der Butt meinte, es sei an der Zeit, die Urfassung seiner Legende zu veröffentlichen, alle Ilsebills zu rehabilitieren und jenes weiberfeindliche Propagandamärchen zu widerlegen, das er listig unter die Leute gebracht habe« (Butt 25), heißt es. Wie die Hoheit über die Geschichte von der Geschichtsschreibung bestimmt wird, wird anhand des Märchens veranschaulicht, und hieraus legitimiert sich die Ambition des Erzählers, auch die überlieferte Geschichte fiktional um die fehlende Fassung zu ergänzen. Gleiches gilt für den Mythos. Dass beide vergleichbaren Umschreibungen unterzogen werden, erklärt sich auch daraus, dass Grass selbst zwischen Märchen und Mythos keine Unterscheidung zu machen scheint, sondern beide als äquivalent betrachtet.[58] Das Märchen, als literarische Form im Allgemeinen wie im speziellen Fall des im Text adaptierten Märchens ›Vom Fischer und seiner Frau‹ wird somit in mehrfacher Hinsicht zum Pendant zur Geschichtsschreibung und -erzählung und der Roman entlarvt darin beispielhaft den Glauben an die Faktualität der Geschichtsschreibung als Illusion.

---

[58] In seiner Rede über *Literatur und Mythos* betont Grass, dass seine »schriftstellerische Arbeit ohne die stilbildende Kraft des Märchens nicht denkbar ist. Sie erlaubt Einsicht in eine weitere, das heißt, die menschliche Existenz erweiternde Wirklichkeit. Denn so verstehe ich Märchen und Mythen: als Teil, genauer: als Doppelboden unserer Realität« (Grass: *Literatur und Mythos*, S. 795). Zur Funktion und Bedeutung des Märchens bei Grass vgl. u. a. DURZAK, MANFRED: *Es war einmal. Zur Märchen-Struktur des Erzählens bei Günter Grass*; FILZ, WALTER: *Dann leben sie noch heute? Zur Rolle des Märchens in ›Butt‹ und ›Rättin‹*; CASTEIN, HANNE: *Grass and the Appropriation of the Fairy-Tale in the Seventies*.

6.5 Die Verkörperung des Weltgeists

Die Präsenz eines unsterblichen sprechenden Fisches im Figurenarsenal verleiht dem Roman auch äußerlich eine märchenartige und dem darin transportierten Geschichtsentwurf eine monströse Qualität. Der Butt übernimmt für die Komposition des Romans eine integrative Funktion. Er hält das weitläufige Geschehen zusammen, da er als Figur in allen dargestellten Epochen vorkommt. Er besitzt außerdem metaphorischen Wert, verkörpert er doch ein ordnendes Prinzip, das der Geschichte Zusammenhang und Richtung verleiht.

Der Vertrag, den der Fischer mit dem gefangenen Fisch schließt, führt dazu, dass »überall die geschichtsunlustige Weiberherrschaft gebrochen war und endlich Daten gesetzt werden durften« (Butt 38). Die erste Phase im Geschichtsentwurf des Romans dauert »until that day in the twelfth century BC when as a fisherman he catches the loquacious and edifying Flounder and with his help initiates the advent of history, progress and male consciousness, and ushers man into the Iron Age.«[59] Vorher gab es keine Geschichte, lediglich die permanente Wiederkehr des nicht unterscheidbaren Immergleichen. So präsentiert der Text einen linear-teleologischen Geschichtsverlauf, der mit dem ersten Fang des Butt beginnt und mit dem zweiten Fang durch die Frauen beschlossen wird. Erst mit dem Auftritt des Butt setzt Geschichte ein. Der Fang und Beginn werden zunächst ungefähr, später exakt datiert: »Das war gegen Ende der Steinzeit. Ein ungezählter Tag« (Butt 25), heißt es im ersten Anlauf und im zweiten: »Gegen Ende des dritten Jahrtausends vor der Fleischwerdung des Herrn – oder wie ein Computer ausrechnete, am 3. Mai 2211 vor unserer Zeitrechnung [...]« (Butt 28). Auch wenn die Wahl des Datums nicht willkürlich ist, da sie, wie JENKINSON errechnet hat, die Französische Revolution fast auf den Tag genau um 4000 Jahre antizipiert,[60] wird gerade an dieser Koinzidenz das Artifizielle der Setzung kenntlich. »Wir könnten sagen, daß jedes Geschichtswerk, das irgendeinem mutmaßlichen Ursprungsereignis (a) den Status eines entscheidenden Faktors (A) in der Strukturierung der gesamten Serie von Ereignissen, die diesem hinterherfolgen, verleiht, ›deterministisch‹ ist«[61], erklärt HAYDEN WHITE in *Der historische Text als literarisches Kunstwerk*. Als solches Ursprungsereignis ist die erste Interaktion mit dem Butt anzusehen. Geschichte wird so zur Ereignisgeschichte. Deren politische Höhenkammmomente interessieren den Erzähler, wie gezeigt wurde, jedoch weniger als ihr Überlieferungsprozess und die Möglichkeiten, sie mit einer Erklärung zu versehen. *Der Butt* vollzieht die Etablie-

---

[59] PICKAR, GERTRUD BAUER: *The Prismatic Narrator*, S. 59.
[60] Vgl. JENKINSON, DAVID: *Conceptions of History*, S. 54.
[61] WHITE, HAYDEN: *Der historische Text als literarisches Kunstwerk*, S. 144.

rung eines solchen sinngebenden Prinzips als integrative Kraft zur Rationalisierung des geschichtlichen Durcheinanders nach. So ist die Figur des Butt gerade für die Poetik des Kontafaktischen relevant. Grass gebraucht sie, um der Geschichte eine kontrafaktische kausale Verknüpfung einzuschreiben, ohne in den Verlauf der Ereignisse einzugreifen.

Die Interaktion des Menschen – oder vielmehr des Mannes – mit dem Butt markiert den Anfang eines neuen historischen Stadiums – auch darauf wurde schon eingegangen. Dem Erzähler steht er fortan jederzeit instruktiv zur Seite:

> Bekannt ist unser Vertrag: Ich ließ ihn schwimmen, er hat mich mit seinen buttigen Ratschlägen durch die Zeiten gebracht. Durch die Bronze-, die Eisenzeit. Ob frühchristlich, hochgotisch, reformatorisch oder barock, ob aufgeklärt absolutistisch, sozialistisch oder kapitalistisch; der Butt war jeder Zeitenwende, allem modischen Wechsel, den Revolutionen und ihren Rückfällen, der immer neuesten Wahrheit, dem Fortschritt voraus. So half er, mit Vorbedacht, die Männersache zu besorgen. (Butt 41)

An anderer Stelle äußert der Erzähler über den Butt:

> Er will mich zuerst als Vater der kleinen Margret, dann als Patrizier Ferber und später als feisten Abt Jeschke beraten haben. (Auch deutete er Verpflichtungen anderenorts an, weltpolitische. Er habe den Pfefferpreis senken wollen und deshalb einen gewissen Vasco da Gama auf den Seeweg nach Indien geschickt). (Butt 248)

Die Passage ist einer eigenen Würdigung wert, weil sich daran das Konstruktionsprinzip der kontrafaktischen Darstellungsweise studieren lässt, die Grass' Roman kennzeichnet. Es wird darin behauptet, dass die Beratertätigkeit des Butt den Ausschlag für die Entdeckung des Seewegs nach Indien gegeben habe. Diese Bezugnahme auf ein mehr oder weniger fest umrissenes historisches Ereignis ist ein referentieller Vorgang und, insofern, als er über den Text hinausweist, seiner Verweisrichtung nach *außenreferentiell*, dabei aber nicht anschlussfähig, da der Butt als verursachender Faktor postuliert wird. Das Ereignis an sich wird zwar nur knapp thematisiert, doch wird es durch kein anderes ersetzt. Auf der Ereignis- oder Story-Ebene unterbleibt der Eingriff, allein die Erklärung für den historischen Schritt weicht ab von der, die sicherlich in der geographischen und soziokulturellen Prägung der Epoche zu suchen wäre, und überträgt die Initiation dieses historischen Schritts dem Butt. Die Besonderheit dieses Abschnittes im Kontext des Romans besteht nun darin, dass hier ein vergleichsweise konkretes historisches Ereignis benannt und das Zustandekommen desselben neu erklärt wird. Die Überschreibung eines außenreferentiellen Bereichs bei der Bezugnahme auf historisches Geschehen geschieht durch Einschreibung einer kontrafaktischen Kausalität für ein überliefertes Ereignis, auch wenn die kontrafaktische Darstellung hier in wenige Sätze zusammengedrängt ist. Außerhalb solcher Markierungen bleiben die genauen Anteile des Butt, die in der Verhandlung ja ans Licht gebracht werden sollen, eher ungewiss. Es sind ansonsten zivilisatorische, kultur- und mentalitäts-geschichtliche Entwicklungen, deren Herausbildung plakativ auf die Beratertätigkeit des Butt zurückgeführt wird.[62]

Obwohl der Erzähler nur in einer überschaubaren Zahl von Inkarnationen, auftritt und in Gestalt von im Danziger Raum lebenden Männern Ratschläge des Butt entgegennimmt, soll es doch die gesamte ›Männersache‹ sein, die dieser unterstützt hat, wobei die Dimensionen, in denen Geschichte nach seiner Anleitung gestaltet wird, mit den Jahrhunderten immer größer werden, denn

> seit der großen Revolution stellte mich die Geschichte vor gigantische, weil überregionale Aufgaben: Es begann das Zeitalter der Weltpolitik. Überall strittige Fälle. Freiheit, Gleichheit und so weiter. An allen Küsten war ich gefragt. Die baltische Region konnte von mir nur noch routinemäßig betreut werden. Neuerdings zum Weltgeist erhoben, sah ich mich als Butt (und Prinzip) gelegentlich überfordert [...]. (Butt 478)

Unklar bleibt letztlich, welche konkreten historischen Konflikte und Ereignisse mit der direkten Intervention des Butt zusammenhängen. »Direkt oder indirekt. Ich bin ja in allen Meeren zuhaus« (Butt 368), lautet eine Replik des Butt, mit der seine Rolle gleichsam globalisiert wird.

Als Verkörperung eines historischen Antriebs wird der Butt zum tragenden Baustein der kontrafaktischen Geschichtsdarstellung und als solcher wird das verursachende Element materialisiert und auf der Handlungsebene als Figur fassbar. In diesem Sinne lässt sich die Gestalt des Butt auch als Illustration einer bestimmten Weise historischen Denkens begreifen und interpretieren, als der »hypothetische[n] Versuchskomplex der Menschheit, ihrer eigenen Geschichte und zivilisatorischen Entwicklung einen orientierenden Sinn zu verleihen.«[63] So ist der Butt aus dem Märchen ein Destillat aus zahllosen Sinngebungskonzeptionen, die das abendländische Denken im Lauf der Zeit ausgebildet hat und die auf die Geschichte übertragen wurden,

> sei es der Glaube an einen lenkenden Gott (V, 82) vom bronzezeitlichen Buttidol (V, 80, 102) über Zeus (V, 174) bis zum Gott der Bibel (V, 110) und zum ›Liebgottchen‹, ›Liebbuttchen‹ der Amanda Woyke (V, 384-386); sei es der Glaube an einen steten technologischen und gesellschaftlichen Fortschritt (V, 31f, 51, 156, 531f), an ein evo-

---

[62] Der Butt nimmt dem Erzähler gegenüber für sich in Anspruch, »Dir das Metallgießen, Münzprägen, dir das Ertüfteln in sich geschlossener Systeme, das logische Denken beigebracht« (Butt 156) zu haben.

[63] ZIMMERMANN, HARRO: *Günter Grass unter den Deutschen*, S. 363.

lutionäres Prinzip (V, 46, 104); sei es Hegels Weltgeist (V, 172, 174, 377, 478 auch ›zu Pferde‹ [...]), der ›Staat als Idee‹ (V, 531), Marx (V, 174), Blochs ›Prinzip Hoffnung‹ (V, 46) [...].[64]

Diesen materiell nicht fassbaren Ideen wird Gestalt verliehen unter Rückgriff auf ein einem Märchen entnommenes Geschöpf. Auf diese Weise wird es den Menschen innerhalb der Romanfiktion möglich, mit der ordnenden Idee der Geschichte ins Gespräch zu kommen und mit der Verkörperung des Weltgeistes zu verhandeln. Indem der Roman so den poetischen Vorgang, historisches Geschehen mit einer sinngebenden Idee zu versehen, plastisch werden lässt, wendet der Text die Konstruktion von Geschichte als Verfahren der Sinngebung, das Emplotment, das als die zentrale poetische Operation im Text gelten kann, gegen sich selbst und führt die Konstruktivität vor Augen, ohne sie jedoch zum Thema metanarrativer Reflexionen, die ansonsten durchaus auftreten[65], zu machen.

Dass das dahinterstehende Prinzip, die als chaotisch empfundene Welt mit Ordnung zu belegen, dem eines Mythos konvergiert, hat WINNIFRED R. ADOLPH festgestellt: »In the title character of his novel, *The Flounder*, Grass has created a figure that incorporates the most fundamental aspects of myth: a traditional or legendary story; an attempt to express or explain a basic truth; and a belief or subject of belief whose truth or reality is accepted uncritically.«[66] An diesem Punkt ist daher zu den im Vorigen festgehaltenen Beobachtungen zum Spiel des Textes mit den Merkmalen des Mythos zurückzukehren. Zur Veranschaulichung der mythischen Dimension von Grass' Roman kann eine Einsicht nutzbar gemacht werden, die HANS BLUMENBERG in seiner Studie *Arbeit am*

---

[64] NEUHAUS, VOLKER: *Günter Grass*, S. 139. Die in Klammern angegebenen Seitenzahlen bei Neuhaus beziehen sich auf die Werkausgabe, in der *Der Butt* im fünften Band erschienen ist und die auch hier als Textgrundlage verwendet wird.

[65] Vgl. hierzu etwa einen Passus im siebten Kapitel, in dem es zu einer Begegnung der Köchin Lena Stubbe mit August Bebel kommt, deren Fiktionalität im Roman selbst bekannt wird: »Er beschließt (inwendig reich an Figuren) seinem Buch ein Gespräch zu erfinden, in dem Lena Stubbe, die Köchin der Volksküche Danzig-Ohra, mit dem durchreisenden August Bebel (um 1895) die Frage diskutiert, ob sich die Arbeiterfrauen an der bürgerlichen Küche orientieren sollen, oder ob ein proletarisches Kochbuch notwendig ist« (Butt 216). Hier gleicht das Verfahren demjenigen des traditionellen historischen Romans, wirkliche Personen in einer Weise einzusetzen, die prinzipiell für möglich gehalten werden kann, da bei der Darstellung nicht gegen das Bekannte verstoßen wird und die erzählten Interaktionen mit dem erfundenen Romanpersonal nicht nachprüfbar sind. Dieses Erzählverfahren wird indessen selbst thematisch, es erfolgt eine Illusionsstörung.

[66] ADOLPH, WINNIFRED R.: *The Truth Told Differently: Myth and Irony*, S. 121.

Mythos dargelegt hat. BLUMENBERG sieht die Veranlassung zur Mythenbildung, die im urgeschichtlichen Entwicklungsstadium der Menschheit wirksam war, im

> Absolutismus der Wirklichkeit. Er bedeutet, daß der Mensch die Bedingungen seiner Existenz annähernd nicht in der Hand hatte, und, was wichtiger ist, schlechthin nicht in seiner Hand glaubte. Er mag sich früher oder später diesen Sachverhalt der Übermächtigkeit des jeweils Anderen durch die Annahme von Übermächten gedeutet haben.[67]

An dieses Prinzip knüpft Grass mit dem *Butt* an, wenn er es in allen Epochen und noch in der Gegenwart des Erzählers als wirksam zeigt, wo der unkritisch akzeptierte Glaube sich gerade daran erweist, dass die Existenz einer Übermacht in Gestalt eines uralten sprechenden Fischs bei den Romanfiguren keinerlei Verwunderung auslöst, sondern als selbstverständlich hingenommen wird.

6.6 Mensch und Butt

Obschon die oben zitierte Äußerung, man habe es bei der Geschichte nicht mit einem von außen verhängten, sondern in der Verantwortung des Menschen liegenden Phänomen zu tun, im Kontext zu sehen ist, mithin die Erfahrung der 1980er Jahre als einem an apokalyptischen Visionen reichen Jahrzehnt zu berücksichtigen ist, in das auch die Entstehung und Veröffentlichung des als Reaktion auf diese Erfahrungen zu wertenden Romans *Die Rättin* fällt, legt die hier geäußerte Einschätzung es nahe, nach der Rolle des Menschen für die Eigenlogik des kontrafaktischen Geschichtsentwurfs im *Butt* zu fragen. Durch den Butt kommt nämlich eine äußere Instanz als Geschichtsverursacher ins Spiel, so dass die Auffassung von der Verantwortung des Menschen mit der im Roman vorgeführten Fremdeinwirkung durch den Butt kollidiert. Dies gelangt in den Aussagen des Butt in der gegen ihn geführten Gerichtsverhandlung zum Ausdruck.

Der Butt bekennt sich ausdrücklich zu seiner Verantwortung für die Geschichte: »Ich erklärte den Krieg zum Vater der Dinge. Nach meiner Weisung wurde von den Thermopylen bis Stalingrad die Stellung bis zum letzten Mann gehalten. [...] Worum ging es eigentlich? Selbst ich, der Urheber, bin mir der Gründe nicht sicher« (Butt 611f.). Als der angeklagte Fisch vor dem Tribunal der Frauen ein Resümee seiner Beteiligung an der Geschichte zieht, lautet es jedoch merklich anders: »Er buchte das Vaterrecht und den Staat als Idee, die Kultur und die Zivilisation, die datierte Geschichte und den technischen Fort-

---

[67] BLUMENBERG, HANS: *Arbeit am Mythos*, S. 9.

schritt als seine Erfolge und beklagte dann den Umschlag männlicher Großtätigkeit ins Monströse: ›Wissen und Macht habe ich euch verliehen, doch nur Kriege und Elend habt ihr bezweckt [...].‹« (Butt 531). In seinem Schlusswort behauptet er: »›Ihr könnt mir Alexander und Cäsar, die Hohenstaufen und Deutschherren, auch noch Napoleon und den zweiten Wilhelm anlasten, aber nicht diesen Hitler und Stalin. Die liegen außerhalb meiner Verantwortung. Was danach kam, kam ohne mich. Diese Gegenwart ist nicht meine. Mein Buch ist geschlossen, meine Geschichte ist aus.‹« (Butt 532). Vorausgesetzt man hält diese Aussage innerhalb des Erzählrahmens, dem sie angehört, für glaubwürdig, vollzieht sich in seiner Verantwortlichkeit somit ein Bruch. Zwar habe sich der Pakt, den jene urzeitliche Erzählerinkarnation stellvertretend für sämtliche Männer mit dem Butt geschlossen hat, dahingehend ausgewirkt, dass sich später Geschichte ereignen konnte, und auch wenn diese fortan im Wesentlichen von Männern geprägt erscheint, sollen die vom Butt beratenen Männer bei der Anwendung ihres Wissens selbsttätig gehandelt und versagt haben – so die Erklärung, die der Bilanz des Butt zu entnehmen ist. Es wäre also durchaus ein anderer, auch ein friedlicherer Verlauf der Geschichte möglich gewesen und ihn nicht zugelassen zu haben wäre ein menschliches Verschulden.

Auf einer diskursiven Ebene erfolgt vorwegnehmend die Spekulation über eine alternative Entwicklung der Geschichte. Die Anklägerinnen skizzieren einen Verlauf »der menschlichen Entwicklung bis in die Gegenwart, vorausgesetzt, es wäre dazumal beim Matriarchat geblieben« (Butt 56). Sie gelangen jedoch über vage Ansätze zu rückwärtsgerichteten Utopien nicht hinaus. Erzählerisch gebrochen werden sie dadurch, dass sie vom Erzähler innerhalb des Textes als Zitat ausgewiesen werden:

> ›Nach Meinung des feministischen Tribunals läßt sich die Frage des Butt, wie sich die menschliche Gesellschaft entwickelt hätte, wenn das Matriarchat nicht durch das Patriarchat verdrängt worden wäre, natürlich nur hypothetisch beantworten: Es ginge heute sicher friedfertiger, sensibler, ohne Individualanspruch dennoch kreativer, allgemein zärtlicher, trotz Überfluß dennoch gerechter und, weil ohne männlichen Ehrgeiz, nicht so verbissen, sondern heiterer zu; auch gäbe es keinen Staat‹. (Butt 57)

Das Ergebnis der Hypothese beläuft sich auf die Projektion einer möglichen alternativen Gesellschaftsordnung, die unverwirklicht geblieben ist. Ihr utopischer Charakter wird zusätzlich durch die karikaturenhaft anmutende Simplifizierung der so erdachten besseren Welt desavouiert. Gelänge die männergemachte Geschichte an ihr Ende, sobald die patriarchalische Ordnung neuerdings abgelöst würde, »fände folgerichtig auch keine männlich datierte Geschichte mehr statt, es spielten sich also keine Kriege mehr ab, es triebe kein männlicher Ehrgeiz und Fortschrittswahn Raketen und Überraketen in den sinnlosen Weltraum [...].« (Butt 259) Dies ist zumindest die These des Erzählers, und deshalb offeriert der Butt einen Seitenwechsel, »mit dem er eine neue Phase der Humanentwicklung einleiten« (Butt 46) will: »›Kurzum‹, sagte der Butt abschließend, ›Sie, meine Damen, setzen mich wieder frei; und ich berate Sie in jeder Lebenslage, aber auch grundsätzlich. Hier, heute gilt es, die Zeitenwende zu datieren. Auf dem Machtwechsel der Geschlechter beruht mein Prinzip. [...]‹.« (Butt 46). Damit erklärt er eine viertausend Jahre andauernde historische Spanne für abgeschlossen. Er entzieht dem männlichen Geschlecht seinen Rat endgültig, so dass mit der Gegenwart des Erzählers ein menschheitsgeschichtlicher Abschnitt an sein Ende gelangt ist und die Fortsetzungsmöglichkeiten offen bleiben.[68]

Dies erübrigt es jedoch nicht, auf die oben aufgeworfene Frage nach der für die Figur des Butt postulierte Rolle als ›Weltgeist‹ zurückzukommen. In der Verhandlung gegen den Butt wird deutlich eine individualistische gegen eine philosophisch-spekulative Auffassung der Geschichte ausgespielt. Eine einwandfreie Entscheidung hinsichtlich aktiver oder passiver Verknüpfung des Subjekts mit der Geschichte lässt der Text dabei nicht zu. Der Roman stellt mit der Kontroverse um die Verantwortung des Menschen für die Geschichte und seine Verantwortlichkeit in der Geschichte im Rahmen der Erzählhandlung die Frage dar, die er insgesamt aufwirft. Aus der Verteidigungsrede des Butt geht implizit hervor, dass dem Weltgeist die Geister, die er selbst rief, über den Kopf gewachsen sind, sich verselbständigt haben, so dass das 20. Jahrhundert nicht mehr seiner Kontrolle und seinem Willen unterstand. Die Einflussnahme des Butt soll mit den Repräsentanten jener globalen Katastrophen des 20. Jahrhunderts zu Ende gegangen sein, die auch in der Geschichtsphilosophie zum Ende teleologischer Geschichtsvorstellungen beigetragen haben. Diese Diskontinuität verweist letztlich darauf, dass die Verbrechen, die durch die Namen Hitler und Stalin evoziert werden, nicht äußerlich determiniert gewesen, sondern dem Menschen zuzuschreiben sind. Im Angesicht dieser Verbrechen versagen die Anstrengungen zur Auslegung als übergeordnete Notwendigkeit und Grass distanziert nicht zuletzt sich selbst innerhalb der eigenen Romanfiktion noch einmal von dahingehenden Geschichtsbildern, wenn er die Wirkung des Butt als kontrafaktische historische Kausalität im Angesicht der heraufziehenden Dynamiken rechtzeitig enden lässt: »Selbst der Butt, der uns zu dieser Entwicklung geraten hatte, entsetzte sich immer mehr und flüchtete schließlich – das war zu

---

[68] Sehr entschieden lehnt Grass übrigens die These vom Ende der Geschichte ab. Vgl. Grass, Günter/HARRO ZIMMERMANN: *Vom Abenteuer der Aufklärung*, S. 31: »Es fehlt nicht an Themen und all die dummen Phrasen vom ›Ende der Geschichte‹ und so weiter, die eine Zeitlang durchs Feuilleton geisterten, widerlegen sich tagtäglich.«

Napoleons Zeit – plattdeutsch ins Märchen. Nur kleinen Rat gab er noch. Dann schwieg er lange« (Butt 136). Erst in der Gerichtsverhandlung bricht er sein Schweigen, um sich in der oben dargestellten Weise zum Auslöser der menschlichen Geschichte und zugleich zur überkommenen Idee zu deklarieren.

6.7 Sinn des Widersinns: Die Funktion des Kontrafaktischen im *Butt*

Durch Heranziehung poetologischer Äußerungen in nicht-fiktionalen Texten lässt sich zeigen, dass ein zentrales Anliegen von Grass' literarischen Geschichtsentwürfen der Beitrag zur Herstellung eines pluralistischen Geschichtsdiskurses ist, der durch seine Mehrstimmigkeit zu einer adäquateren Vorstellung von Geschichte gelangt als der Faktizität verpflichtete Darstellungen, die stark einseitige Perspektiven einnehmen. Dies führt zuletzt zur Frage nach der Motivation für die kontrafaktische Geschichtsdarstellung im *Butt*.

Die Vielfalt der Bezüge, in denen das Verfahren des Umschreibens der bekannten Überlieferung angewandt wird, fügt sich insgesamt nicht zu einem homogenen Geschichtsentwurf. Grass' zumeist kritische Beurteilung der vorgefundenen Geschichtsschreibung legt es nahe, hinter den im *Butt* sichtbar gewordenen Positionen den realen Autor zu vermuten. Das Bemühen, die vorgelegte Geschichtskonstruktion zu entschlüsseln und interpretatorisch aufzulösen, ruft indessen Irritationen hervor, da der Roman offenbar kein rein phantastisches Spiel mit historischen Stoffen anstrebt, dabei aber die vorgebrachten, durchaus realitätsnahen Ansichten in ein kontrafaktisches Kostüm einkleidet. Das Paradoxon besteht darin, dass Grass einen Sinn der Geschichte bestreitet, indem er ein sinngebendes Prinzip einsetzt. Aufzulösen ist es nur dahingehend, dass die vorgelegte Sinngebung als Parodie gewertet wird, welche genau das bloßstellt, was sie in überzeichneter Form vorführt: den menschlichen Versuch, selbst hervorgebrachten, in ihrer Gesamtheit zusammenhanglosen Vorgängen eine gemeinsame, universale Erklärung zu verleihen. Durch die Figur des Butt wird diese Einsicht in Worte gefasst:

> Und weil sich die Geschichte wie eine zwangsläufige Folge von Krieg und Frieden, Frieden und Krieg darstellt, als sei sie Naturgesetz, als könne es anders nicht sein, als habe eine außerirdische Kraft – man nehme mich als dingfestes Beispiel – das alles wie Schicksal verhängt, als müsse sich Aggression so und nicht anders entladen, als dürfe Frieden nur immer jeweils die Spanne bleiben, in der sich der Mann auf den nächsten Ernstfall vorbereitet, ist dieser Teufelskreis wie auf ewig geschlossen [...]. (Butt 615)

Der Glaube an eine Erklärbarkeit der Geschichte durch ein übergeordnetes Prinzip, selbst wenn es sich als ordnendes Gesetz darstellt, entspringt dabei einem Hang zur Irrationalität. Diese Disposition lässt den Menschen als diesem Gesetz unterworfen erscheinen und stellt dadurch die Veränderbarkeit der Verhältnisse in Frage, so Grass' eigene Erläuterung: »Denn dann sind Verhältnisse in der Tat so, wie sie sind. Dann bekommen sie auch schon wieder diesen irrationellen Appeal, dann sind sie verhängte Verhältnisse, schicksalhafte, nicht erklärbare...«.[69] Nicht nur unter Rekurs auf solche Kommentierungen ist der Roman tatsächlich als fiktionale Explikation der von Grass schon früher bekundeten Auffassung lesbar, dass »Geschichte auch von Personen gemacht wird, selbst wenn es Abläufe gibt, wenn es Prozesse gibt, die von Massen getragen werden«[70] und als literarische Auseinandersetzung mit deterministischen Geschichtskonzeptionen zu betrachten. Mit dem Butt wird somit in der Erzählhandlung ein Repräsentant der gegenteiligen Überzeugung aufgebaut und als Gegner sichtbar gemacht. Grass' Anliegen, die Verhältnisse zwischen den Geschlechtern sichtbar zu machen und ihre Bedeutung für die Geschichte und deren Überlieferung fiktional darzustellen, bringt allerdings eine gewisse Unvereinbarkeit des Absolutheitsanspruchs der parodierenden Universaldeutung der Geschichte durch den Butt im Sinne eines männlichen Prinzips und dessen Zurückweisung für das zwanzigste Jahrhundert mit sich. Hier liegt eine produktionsästhetische Erklärung des Widerspruchs nahe, scheint sich doch darin das Bemühen des Autors abzuzeichnen, eine Lesart des Textes auszuschließen, die den kontrafaktischen Geschichtsentwurf als Delegation der Kausalität der mit Hitler und Stalin assoziierten historischen Ereignisse an eine autonome Instanz auslegt und hierüber eine irrationale Geschichtssicht perpetuiert. Damit allerdings erwiese sich der Roman tatsächlich stärker einem didaktischen Prinzip verpflichtet als einem strikt durchgehaltenen textinternen Programm.

Die kontrafaktische Geschichtsdarstellung im *Butt* zeugt also zum einen von einem Geschichtsbild, welches teleologische Vorstellungen als Konstrukte ansieht und sie deshalb parodiert, zum anderen von der Opposition gegenüber dem, was Grass für Herrscher-Geschichtsschreibung hält. Sie ist daher das Resultat einer Kritik, zum einen an der Geschichtsphilosophie, zum anderen an der Vorgehensweise und an den Befunden der Geschichtsschreibung. Was darin zum Ausdruck kommt, ist eine Überzeugung des Autors, der man in seinem Werk, wie gezeigt wurde, immer wieder begegnet: Die von den ›Siegern‹ kontrollierte und betriebene Geschichtsschreibung hat den Blick auf die Anteile und Beiträge der jeweils historisch Nicht-Privilegierten verstellt. Der überlieferte Text verdeckt, wie am Beispiel des Märchens deutlich wird, gerade die histori-

---

[69] Grass, Günter/GETRUDE CEPL-KAUFMANN: *Ein Gegner der Hegelschen Geschichtsphilosophie*, S. 116.
[70] Ibid.

sche Wirklichkeit. So besteht eine wesentliche Textintention des Romans darin, die Begrenztheit der Perspektive in der offiziellen Geschichtsschreibung bewusst zu machen. Die kontrafaktische Geschichtsdarstellung steht demnach bei Grass im Dienst einer Poetik, die auch die Grenzen zwischen Text und Wirklichkeit problematisiert.

7. Geschichte als Verschwörung – Thomas Pynchons *Gravity's Rainbow*

»[...] Pynchon has created a book that is both one of the great historical novels of our time and arguably the most important literary text since *Ulysses*.«[1] Diese Aussage, mit der TONY TANNER in seiner Monographie über den Amerikaner Thomas Pynchon dessen 1973 erschienenen Roman *Gravity's Rainbow* (dt. *Die Enden der Parabel*, 1978) charakterisiert, fasst zusammen, was Pynchons polyhistorisches Werk seinem Rang und seiner literarischen Zugehörigkeit nach kennzeichnet. Der dem Roman von TANNER konzedierten literarhistorischen Bedeutung entspricht das Aufkommen von Sekundärliteratur, das er, wie Pynchons literarische Produktion überhaupt, nach sich gezogen hat, und das über die Erträge der akademischen Forschung weit hinausreicht. Die ausgeprägte Tendenz zum unkonventionellen Umgang mit Geschichte, die seine Werke prägt, wird dabei auch in der feuilletonistischen Wahrnehmung des Autors verzeichnet. DIETMAR DATH hat erklärt, zwei »Sorten Außerkraftsetzung der Textgattung ›Geschichte‹« seien »für die Pynchon-Lektüre von Interesse: die alternative und die geheime Historie. Bei ersterer geht es darum, sich vorzustellen, wie alles hätte werden können, wenn es anders gekommen wäre; bei letzterer darum, die bekannten Tatsachen als Symptome, Ausschnitte, Merkzeichen von etwas Tieferem (und wesenhaft Löchrigem) aufzufassen.«[2] Beide Ausprägungen zeichnen sich auch in *Gravity's Rainbow* ab, wobei die zweite von ungleich größerer Bedeutung ist. In der wissenschaftlichen Auseinandersetzung steht es

---

[1] TANNER, TONY: *Thomas Pynchon*, S. 75.
[2] DATH, DIETMAR: *Der maskierte Messapparat*, S. 33. Der Versuch, vorausschauend historische Verläufe auszuloten und vorwegzunehmen, was sein könnte, wird dagegen in *Gravity's Rainbow* selbst karikiert und ad absurdum geführt. Die Romanfigur Ernest Pudding beginnt ein literarisches Projekt, dessen Ziel es ist, die Möglichkeiten für die Entwicklungen der europäischen Politik in den 1930er Jahren zu ergründen: »He started in on a mammoth work entitled *Things That Can Happen in European Politics*. Begin, of course, with England. ›First‹, he wrote, ›Bereshith, as it were: Ramsay MacDonald can die.‹ By the time he went through resulting party alignments and possible permutations of cabinet posts, Ramsay MacDonald had died. ›Never make it‹, he found himself muttering at the beginning of each day's work – ›it's changing out from under me. Oh dodgy – very dodgy.‹ When it had changed as far as German bombs falling on England, Brigadier Pudding gave up his obsession and again volunteered his services to his country« (GR 77).

indessen noch aus, den Roman in den Kontext kontrafaktischer Geschichtsdarstellung zu stellen.³ Dies soll im Folgenden geschehen.

Gravity's Rainbow wird aufgrund seines Umfangs, der verarbeiteten Stofffülle und seines immensen Anspielungsreichtum in eine Reihe gestellt mit anderen singulären literarischen Texten, von Rabelais' *Gargantua und Pantagruel* über Herman Melvilles *Moby-Dick* und Robert Musils *Der Mann ohne Eigenschaften* und bis zu Carlos Fuentes' *Terra Nostra*⁴ im lateinamerikanischen Kulturraum. EDWARD MENDELSON hat für derartige Bücher den Terminus ›encyclopedic narrative‹ entwickelt. Die darunter gefassten Texte charakterisiert er wie folgt: »All encyclopedic narratives [...] are metonymic compendia of the *data*, both scientific and aesthetic, valued by their culture. They attempt to incorporate representative elements of all the varieties of knowledge their societies put to use.«⁵ Bei Pynchon findet dieses enzyklopädische Erzählprojekt vor dem Hinter-

---

³ ELISABETH WESSELINGS Beitrag ist hier wenig hilfreich, denn WESSELING vertritt die Auffassung: »*Gravity's Rainbow*'s version of the historical period in question may be unorthodox, but it is certainly not counterfactual« (WESSELING: Writing History as a Prophet, S. 182f.). Damit ist gemeint, dass Pynchon nicht in die Kette der großen Ereignisse eingreift. Diese Einschätzung gründet auf WESSELINGS eigenen Verständnis von ›uchronian fiction‹, auf welches in Kapitel 3.2 eingegangen wurde. Richtig ist, dass es im Text keine Anzeichen dafür gibt, dass die zentralen politischen Ereignisse der Zeit, zu der der Roman hauptsächlich spielt, nicht oder mit anderem Ergebnis stattgefunden hätten. Das gilt sowohl für die, auf die im Roman Bezug genommen wird, nämlich den Zweiten Weltkrieg im Allgemeinen, die Landung der amerikanischen Truppen in der Normandie und die Konferenz der Siegermächte in Potsdam im Speziellen, schließlich den Atombombenabwurf über Hiroshima, als auch für die, die keine ausdrückliche Erwähnung finden.

⁴ Zu Pynchon und Fuentes vgl. u. a. GONZALEZ, ANN BRASHEAR: ›*La Novela Totalizadora*‹: *Pynchon's Gravity's Rainbow and Fuentes' Terra Nostra*.

⁵ MENDELSON, EDWARD: *Introduction*, S. 9. MENDELSON nennt als Beispiele dieses weniger als ein Dutzend Vertreter umfassenden Genres Dantes *Commedia*, Rabelais' *Gargantua und Pantagruel*, Cervantes' *Don Quichote*, Goethes *Faust*, Melvilles *Moby-Dick* und Joyces *Ulysses*. Zu sogenannten ›mock-encyclopedias‹ zählt er außerdem Laurence Sternes *Tristram Shandy* und Jonathan Swifts *Gullivers Travels* (vgl. MENDELSON: Introduction, S. 10). Vgl. hierzu auch: MENDELSON, EDWARD: *Gravity's Encyclopedia*. Die enzyklopädische Qualität des Texts wurde in der Forschung wiederholt hervorgehoben. JOHN DUGDALE sieht den Roman geprägt durch »a new expansiveness of style and an ›encyclopedic‹ abundance and diversity of information« (DUGDALE: Thomas Pynchon, S. 186); CHARLES CLERC schreibt: »It is an encyclopedic, panoramic, global, multinational novel that deliberately exploits many styles and modes« (CLERC: Introduction, S. 9). KHACHIG TOLOLYAN führt als Vertreter der besagten enzyklopädischen Form darüber hinaus Homers *Ilias* und Tolstoys *Krieg und Frieden* an und unterstreicht die Beschäftigung dieser Texte mit gewaltsam ausgetragenen Konflikten: »Despite their enormous differences, the communities of major encyclopedic texts

grund des als Signum der Postmoderne geltenden Totalitätsverlustes statt. Das Ergebnis besteht in einem Roman, der durchsetzt ist mit Songs, fingierten und echten Zitaten höchst unterschiedlicher Provenienz, physikalischen Formeln, mythologischen Versatzstücken, absurd-phantastischen Sequenzen und Pastiches, und dessen Handlung nahezu nicht wiederzugeben ist. *Gravity's Rainbow* besitzt keine kohärente Fabel, auch lassen sich die zahlreichen erzähllogisch oftmals nicht verknüpften Sequenzen, Szenen oder Episoden zwar in mehrere Haupthandlungsstränge sortieren[6], aufgrund ihrer Überfrachtung mit als fluktuierend zu bezeichnenden Handlungsmomenten aber nicht in Kürze paraphrasieren. Der Roman besteht aus vier Sektionen von unterschiedlicher Länge, gliedert sich in 73 unbetitelte Kapitel und enthält »at least 300 individualized characters, and a tangle of plots so thoroughly contaminated by the naturalizing conventions of dream, hallucination, fantasy, film, theater, and interpolated texts that it is nearly impossible to say even in a provisional way what happens in it.«[7] Pynchon verwaltet dieses Material mit Hilfe eines allwissenden Erzählers, der sich jedoch nicht auktorial gebärdet und im Text nicht als sichtbare Institution in Erscheinung tritt.[8] Es kann im Folgenden nicht darum gehen, die einzelnen Geschehensstränge zu entwirren[9] und jeden

---

like the *Iliad*, *War and Peace*, *Moby-Dick*, and *Gravity's Rainbow*, are similar in this: in each, war or some other form of violent struggle is the organizing authority that drives men on, and in each we encounter a behemoth, a gigantic object capable of violence, that can be ›read‹ as a text« (TOLOLYAN: War as Background in *Gravity's Rainbow*, S. 52).

[6] Vgl. FOWLER, DOUGLAS: *A Reader's Guide to Gravity's Rainbow*, S. 44ff. Jeder dieser Handlungsstränge ist um eine andere Gruppe von Charakteren herum organisiert. Als wichtigster ist zweifellos Tyrone Slothrops Irrweg durch England und Deutschland und seine Suche nach der Ursache für den mysteriösen Zusammenhang zwischen seinen Erektionen und den Raketeneinschlägen in London anzusehen. FOWLER unterscheidet weiterhin die Liebesgeschichte zwischen dem Statistiker Roger Mexico und Jessica Swanlake, die Episoden um Enzian und dessen Kampf mit Joseph Ombindi, d. h. die Schwarzkommando-Handlung, außerdem die Geschichte um den deutschen Raketentechniker Franz Pökler, dessen Frau Leni und seine Tochter Ilse, sowie als fünften und letzten Strang die Abschnitte um den jungen deutschen Rekruten Gottfried, die holländische Doppelagentin Katje Borgesius und Major Weissmann.

[7] HITE, MOLLY: *Ideas of Order in the Novels of Thomas Pynchon*, S. 13. Andere, so etwa TONY TANNER, sprechen sogar von mehr als 400 Figuren. Vgl. TANNER, TONY: *Thomas Pynchon*, S. 74.

[8] Zur Erzählperspektive in *Gravity's Rainbow* vgl. u. a. das Kapitel ›*Narrative Point of View*‹ in SIEGELS Buch *Pynchon. Creative Paranoia in Gravity's Rainbow*, S. 20ff.

[9] Die Artikel in einschlägigen Literaturlexika sind Belege für die Probleme, die ein Resümee der Handlung von *Gravity's Rainbow* bereitet. Die am besten gelungene Kurzdarstellung liefert m. E. CHARLES CLERC in seiner Einführung zum Sammelband *Approaches to Gravity's Rainbow*. Vgl. CLERC, CHARLES: *Introduction*, S. 10ff. Einen

gleichermaßen zu berücksichtigen, die Untersuchung muss sich auf die Anteile konzentrieren, in welchen Strategien kontrafaktischer Geschichtsdarstellung sichtbar werden.

Dass *Gravity's Rainbow* auch als historischer Roman gelesen werden kann, ergibt sich zunächst aus dem historischen Hintergrund, innerhalb dessen das fiktionale Geschehen stattfindet, und daraus, dass Geschichte als Phänomen im Text thematisch wird. MOLLY HITE konstatiert diesbezüglich: »[H]istory is the preoccupation of this novel«[10] und PAUL A. BOVE vertritt 2004, auch hinsichtlich der mittlerweile unüberschaubar gewordenen Forschung zu Pynchon, die Auffassung: »The most important critical perception is that *Gravity's Rainbow* is an historical novel and Pynchon an historical novelist.«[11] SHAWN SMITH wie-

---

nicht immer streng wissenschaftlich anmutenden Scene-by-scene-Kommentar liefert FOWLER in seinem *A Reader's Guide to Gravity's Rainbow*. FOWLERS Szenennummerierung erleichtert die Verständigung über die einzelnen, bei Pynchon nicht nummerierten Kapitel und wird hier übernommen. Eine Übersichtstabelle mit Zeit- und Ortsangaben der einzelnen Kapitel findet sich in TOLOLYAN, KHACHIG: *War as Background in Gravity's Rainbow*, S. 33ff.

[10] HITE, MOLLY: *Ideas of Order in the Novels of Thomas Pynchon*, S. 100.

[11] BOVÉ, PAUL A.: *History and Fiction: The Narrative Voices of Pynchon's Gravity's Rainbow*, S. 658f. Vgl. auch DUGDALE, JOHN: *Thomas Pynchon*, S. 189: »GR also belongs to a group of recent texts which attempt to reinvent the historical novel.« Zu den bekanntesten Vertretern jener vom Postmoderne-Diskurs beeinflussten oder ihm zugehörigen Spielart historischen Erzählens rechnet DUGDALE Grass' *Die Blechtrommel* (1959), Gabriel Garcia Marquez' *Hundert Jahre Einsamkeit* (1967) und Salman Rushdies *Midnight's Children* (1981). Für die Bezeichnung Pynchons als ›historical novelist‹ spricht zunächst der Umstand, dass auch in seinem Œuvre die Wahl eines historischen Stoffes keine Ausnahme ist. Bereits die frühe Erzählung *Under the Rose* spielt im Ägypten des ausgehenden 19. Jahrhunderts. Die Auseinandersetzung mit geschichtlichen Themen erfolgt auch in seinen ersten Roman, *V.* (1963). Hier sind es insbesondere die Kapitel und Handlungsanteile, die Geschehnisse in Deutsch-Süd-West-Afrika im Jahr 1922, auf Malta während des Zweiten Weltkriegs sowie eine Reihe weiterer Spionage Sub-Plots betreffen, durch die der Text eine über das Zeitgeschichtliche hinausgehende historische Dimension gewinnt. In seinem nächsten Roman, *The Crying of Lot 49* (1966), gerät die Protagonistin Oedipa Maas auf die Spur eines im Untergrund operierenden Kommunikationsnetzwerks, das ähnlich einem Geheimbund aus dem Verborgenen auf die Geschichte Einfluss nimmt. Mit *Mason & Dixon* (1997) veröffentlichte Pynchon einen durchgängig im 18. Jahrhundert spielenden historischen Roman, in dem neben den Landvermessern und Kartographen Jeremiah Dixon und Charles Mason auch weitere prominente geschichtliche Personen auftreten, darunter Benjamin Franklin und George Washington. Schließlich fügt sich *Against the Day* (2006) in diese Reihe. Der Roman kombiniert diverse im ausgehenden 19. und frühen 20. Jahrhundert angesiedelte Handlungsstränge und ist dabei in der intendierten Verwirrung des fiktionalen Geschehens *Gravity's Rainbow* in mancher Hinsicht vergleichbar.

derum bezeichnet Pynchon in seiner Monographie *Pynchon and History* als »historical novelist, one whose style and technique is quite different from the documentary realism Lukács champions in his study of the classic historical novelist, but one whose thematic focus is nevertheless ›the great social transformations of modern times‹«[12]. Pynchons Roman spielt über weite Teile während der Jahre 1944 und 1945, doch abgesehen von den Schilderungen Londons unter deutschem Raketenbeschuss und der Evakuierung der Zivilbevölkerung, mit denen der Roman beginnt, kommen nur am Rande Bezugnahmen auf konkrete außenreferentielle Ereignisse vor. Es fällt auf, dass gerade die üblicherweise und zu Recht mit dem Krieg und seinen Folgen assoziierten Umstände darin kaum Platz haben. Hierauf verweisen schon JOHN O. STARK, der konstatiert, Pynchon erwähne kaum Fälle von »Jewish suffering, writing instead about the little-known Hereros and their search for the rocket, which he invents, rather than their real suffering«[13], und DOUGLAS FOWLER, der die Ansicht vertritt, Pynchons Roman sei

> set amidst the most curious picture of World War Two ever set down in 400.000 words. Instead of soldiers, Pynchon's war is a matter of stolen dogs salivating into graduated cylinders, a brainwashed octopus, a rosy-cheeked British statistician, several groups of Rocket-fetishists, dead men who reach us through live men, some black-market operators and a lemming who won't suicide.[14]

Der Text macht, wie hieraus deutlich wird, selten Gebrauch von Referenzen auf zentrales historisches Geschehen[15], sondern erscheint aufgrund seiner inventarisierenden Informationsfülle stellenweise wie eine Sammlung historischer Mikroausschnitte.

---

[12] SMITH, SHAWN: *Pynchon and History*, S. 1.
[13] STARK, JOHN O.: *Pynchon's Fictions: Thomas Pynchon and the Literature of Information*, S. 103.
[14] FOWLER, DOUGLAS: *A Reader's Guide to Gravity's Rainbow*, S. 81
[15] ERIC BULSON hat nachgewiesen, dass Pynchons Strategie darin besteht, die historischen Koordinaten gewissermaßen kartographisch nachzuzeichnen und der Erzählhandlung durch detaillierte Ortsangaben und -beschreibungen einzuschreiben. »Pynchon brings readers through the haunted landscapes of history by way of sustained digressions rigged with carefully plotted-out geographical correspondences« (BULSON: Novels, Maps, Modernity, S. 93). Auf den Atombombenangriff auf Hiroshima etwa wird weniger referiert als in stark chiffrierter Manier angespielt: »Do you suppose something has exploded somewhere? Really – somewhere in the East? Another Krakatoa? Another Name at least that exotic . . . « (GR 642).

Gravity's Rainbow wurde häufig für seine Detailgenauigkeit und seine Akkuratheit gepriesen.[16] CHARLES CLERC hat dies auf Pynchons Recherche zurückgeführt: »Down to the trivia of prison camp jargon, an American B movie, comic book action, radio shows, including who played what on the organ for the BBC, it is a brilliantly researched novel [...]«.[17] Pynchons Quellen und das Material, aus dem der Text Anregungen bezieht, sind mittlerweile großenteils ermittelt und dokumentiert.[18] Seine Vertrautheit mit historischem Datenmaterial nutzt Pynchon in *Gravity's Rainbow* aber nicht zur Gestaltung eines naturalistisch-atmosphärisch oder mentalitätsgeschichtlich um Wirklichkeitsnähe bemühten Epochenpanoramas. Charakteristisch ist vielmehr der parodistische Anstrich von Pynchons historischen Recherchen, »die auf der einen Seite das historisch Dokumentierte fiktionalisieren, aber auch umgekehrt dem Phantastischen den Anschein des geschichtlich Dokumentierten geben.«[19] Seine Vorgehensweise kann als Ausdruck einer spezifisch postmodernen Skepsis gegenüber der Erkennbarkeit historischer Tatsachen angesehen werden, von der Pynchons Roman in vielerlei Hinsicht zeugt.

Die von CLERC als Trivialitäten aufgeführten Komponenten des in *Gravity's Rainbow* generierten historischen Kosmos machen weiterhin deutlich, dass Pynchon gerade kulturelle Bereiche, Daten und Namen einbezieht, die in aller Regel sehr schnell der Vergessenheit anheimfallen, als Abfall der dokumentierten Geschichte. Es entsteht auf diese Weise geradezu ein Überschuss an Fakten, doch ihre Verifizierbarkeit gewährleistet keineswegs die Wahrhaftigkeit des

---

[16] Vgl. u. a. WEISENBURGER, STEVEN: *The End of History? Thomas Pynchon and the Uses of the Past*, S. 141: »The novel was painstakingly written from the standpoint of historical accuracy«. Ähnlich HITE, MOLLY: *Ideas of Order in the Novels of Thomas Pynchon*, S. 135: »The details present a painstakingly accurate picture of postwar refugee life.« Nach TOLOLYAN sind die Handlung und die Charaktere des Romans eingebettet »in a scrupulously accurate historical context« (TOLOLYAN: War as Background, S. 32). Auch Irrtümer des Autors werden vermerkt. MENDELSON weist nach, dass die Erwähnung des Films *The Return of Jack Slade* anachronistisch ist. Vgl. MENDELSON, EDWARD: *Gravity's Encyclopedia*, S. 184. DOUGLAS FOWLER belegt, dass ein anderer Film, *Freaks*, zur Zeit der Handlung noch indiziert war und daher nicht von der Romanfigur Osbie Feel, zu deren Charakterisierung er herangezogen wird, gesehen worden sein kann. Vgl. FOWLER, DOUGLAS: *A Reader's Guide to Gravity's Rainbow*, S. 134. An diesen und ähnlichen positivistischen Annäherungen an den Roman zeigt sich abermals, wie bei der Rezeption historischer Romane zwischen unrichtigen Details und kontrafaktischen Aussagen im Text unterschieden wird.

[17] CLERC, CHARLES: *Introduction*, S. 21.

[18] Vgl. dazu v. a. WEISENBURGER, STEVEN: *A Gravity's Rainbow Companion: Sources and Contexts for Pynchon's Novel* und FOWLERS Erläuterungen in seinem ›Scene-by-Scene Guide to Gravity's Rainbow‹, der den umfangreichsten Teil seines Buches ausmacht.

[19] ICKSTADT, HEINZ: *Plot, Komplott oder Herrschaft des Zufalls*, S. 269.

Dargestellten, und das hieraus resultierende Spannungsverhältnis ist Teil der Textintention. Geschichte wird dadurch in *Gravity's Rainbow* nicht nur als Sujet Anlass und Gegenstand des Erzählens, sondern zugleich Projektionsfläche einer in ihrer Komplexität exzeptionellen narrativen Poetik, welche Geschichte auf verschiedenen Ebenen inhaltlich und strukturell als Phänomen verhandelt: »Conventional approaches to history are parodied and trivialized: history as cause and effect, history as a record of man's progress, history as a procession of people, places and events, and history as the manifestation of God.«[20] Dass sich Pynchon zu diesem Unterfangen kontrafaktischer Aussagen bedient, wird zu zeigen sein, und dass in Pynchons ausuferndem Romanexperiment zahlreiche Möglichkeiten, Geschichte kontrafaktisch zu erzählen, nebeneinander vorkommen, ohne dass diese sich auf eine konsistente Fabel beziehen ließen, macht es notwendig, im Folgenden eher die sich überlagernden und einander ablösenden Motive und Strategien des Überschreibens in den Blick zu nehmen als die Erzählhandlung. Da diese Motive und Strategien in Pynchons vor *Gravity's Rainbow* erschienenen Romanen und Erzählungen ebenfalls anzutreffen sind, so dass sein Werk bis in die 1970er Jahre als Variation über bestimmte Themen gelten kann[21], werden mitunter Verknüpfungen zu Pynchons anderen Texten hergestellt.

7.1 Geheime Geschichte: Das Schwarzkommando

Der Titel des dritten Teils des Romans, *In the Zone*, ist zugleich eine Schauplatzangabe.[22] Das Deutschland unmittelbar nach Ende des Zweiten Weltkriegs wird von »Pynchon in einer erstaunlichen Genauigkeit geographischer und historischer Details verankert und gleichzeitig zu einer mythischen Zone anarchischer Offenheit stilisiert«[23], so HEINZ ICKSTADT. Die Zone, von der die Rede ist und in welcher sich die umfangreichsten Handlungsabschnitte zutragen, ist bevölkert von Gestalten »[d]reaming of food, oblivion, alternate histories« (GR 336). Einen jener Träume von einer alternativen Geschichte führt der Roman anhand einer Gruppe Hereros, des sogenannten ›Schwarzkommandos‹ aus, konstruiert dabei jedoch keine Konjekturalhistorie, wie sie in später erörterten

---

[20] SWARTZLANDER, SUSAN: *The Tests of Reality: The Use of History in Ulysses and Gravity's Rainbow*, S. 135.

[21] Vgl. DUGDALE, JOHN: *Thomas Pynchon. Allusive Parables of Power*, S. 186: »The project of probing beneath history's surfaces, or beneath official versions of the past, represents a particularly clear connection between the earlier novels and GR.«

[22] Zu Raumkonzeptionen in Pynchons Romanen vgl. u. a. BULSON, ERIC: *Novels, Maps, Modernity*.

[23] ICKSTADT, HEINZ: ›*Not a disentanglement but a progressive knotting into*‹, S. 234.

Beispielen anzutreffen ist. Pynchon verlegt diese Teile seiner historischen Fiktion in eine Grauzone der Überlieferung und füllt diese Grauzone (als die seine Zone im metaphorischen Sinne verstanden werden kann) mit historischen Angaben und Aussagen, deren Wahrheitsgehalt auf intradiegetischer Ebene selbst fortwährend unterminiert wird.

Bei dem Schwarzkommando handelt es sich – Pynchons Fiktion zufolge – um schwarze Soldaten, die als militärische Einheit der Wehrmacht unterstellt waren und als Raketentechniker ausgebildet und eingesetzt wurden. Nach Kriegsende leben die Schwarzen unter den anderen entwurzelten Gruppen von Flüchtlingen oder Kriegsheimkehrern, die in der Zone unterwegs sind. Ein Teil von ihnen macht sich auf die Suche nach den Bauteilen einer V2-Rakete, um durch die Rakete eine Präsenz wiederzuerlangen, die ihr von den deutschen Kolonialherren genommen wurde. Einer ihrer Anführer, Colonel Enzian, strebt den Bau der Rakete an, sein Antagonist Joseph Ombindi und dessen Anhänger, die sich ›Empty Ones‹ nennen, betreiben unter den Hereros in Pynchons Zone ein selbstauferlegtes Programm kollektiven Selbstmords, mit dem Ziel, die versprengten Überlebenden jener entwurzelten ethnischen Minorität zu exterminieren.[24] Auch oder gerade »Pynchon's description of the Herero mythology [...] is accurate in every respect«[25], wie THOMAS H. SCHAUB bemerkt. Mit der Verlagerung der Überlebenden des Herero-Aufstandes nach Deutschland verlässt Pynchon indessen die quellengestützte Geschichte und erzählt erfundene Geschehnisse um das Schwarzkommando, deren Wahrscheinlichkeitsgehalt so gering ist, dass ANDREAS SELMECI sie in seiner Arbeit zu Pynchons Auseinandersetzung mit der Hererogeschichte als Halluzination eines Schriftstellers abtut.[26]

---

[24] Vgl. ICKSTADT, HEINZ: *Plot, Conspiracy, and the Reign of Chance*, S. 404ff. Die entsprechende Passage in *Gravity's Rainbow* lautet: »Revolutionaries of the Zero, they mean to carry on what began among the old Hereros after the 1904 rebellion failed. They want a negative birth rate. The program is racial suicide. They would finish the extermination the Germans began in 1904« (GR 317). FOWLER sieht in Enzians Triumph über Ombindi »the novel's most optimistic moment« (FOWLER: A Reader's Guide to Gravity's Rainbow, S. 49), weil dieser auch für einen Triumph des Lebens über den Tod stehe.

[25] SCHAUB, THOMAS H.: *Pynchon: The Voice of Ambiguity*, S. 86.

[26] Vgl. SELMECI, ANDREAS: *Das Schwarzkommando: Thomas Pynchon und die Geschichte der Herero*, S. 32f. Über das Schwarzkommando schreibt SELMECI: »Wie erscheint diese Fiktion, wenn wir sie wiederum an den Fakten messen? An der deutschen Geschichte sowohl wie an der Geschichte der Herero? Nun, von vornherein ist es nicht sehr wahrscheinlich, daß viele Herero nach Deutschland gegangen wären« (SELMECI: Das Schwarzkommando, S. 18). Nachdem er eine Reihe einzelner Biographien und Schicksale referiert hat, gelangt er zu dem Fazit: »Afrikaner während des Dritten Reiches:

Kennzeichnend für Pynchons Vexierspiel mit historischem Faktenwissen und pseudohistorischen Informationen ist die gezielt betriebene Verschleierung des Realitätsgehalts der Angaben über diese Hererotruppe, die sich in einer multiplen Brechung bei der Informationsvergabe zeigt. Eine Version ihrer Herkunft erzählt im Roman Major Marvy. Deren Wahrheitsgehalt wird durch die auktoriale Ankündigung »Follows a lurid tale – which sounds like something SHAEF made up« (GR 287) jedoch zuvor bereits unter Vorbehalt gestellt:

> [...] Goebbels's less than giddy imagination reaching no further than Alpine Redoubts and such – of Hitler's scheme for setting up a Nazi empire in black Africa, which fell through after Old Blood 'n' Guts handed Rommel's ass to him in the desert. [...] Well, the black cadres had no more future in Africa, stayed on in Germany as governments in exile without even official recognition, drifted somehow into the ordnance branch of the German Army, and pretty soon learned how to be rocket technicians. Now they were just running loose. Wild. Haven't been interned as P/Ws, far as Marvy knows they haven't even been disarmed. (GR 287f.)

Eine damit lose übereinstimmende Fassung referiert an späterer Stelle der Erzähler. Die unsicheren Angaben und Vagheiten in Marvys Bericht gewinnen durch die akkuraten Informationen scheinbar an Fundiertheit:

> In the mountains around Nordhausen and Bleicheröde, down in abandoned mine shafts, live the Schwarzkommando. These days it's no longer a military title: they are a people now, Zone-Hereros, in exile for two generations from South-West Africa. [...] Others were taken back to Germany as servants, by soldiers who went to put down the great Herero rising of 1904 – 1906. But only after 1933 did most of the present-day leadership arrive, as part of a scheme – never openly admitted by the Nazi party – for setting up black juntas, shadow-states for the eventual takeover of British and French colonies in black Africa, on the model of Germany's plan for the Maghreb. Südwest by then was a protectorate administered by the Union of South Africa, but the real power was still with the old German colonial families, and they cooperated. (GR 315)

Die Angaben über die Hererosoldaten erhalten in dieser Passage den Anstrich nicht bekannter Fakten. Sie erscheinen als historische Umstände, die in die Dokumentation noch keinen Eingang gefunden haben und so dem allgemeinen Wissen unzugänglich geblieben sind. Pynchon erweckt durch die unvermittelte

---

Im günstigsten Fall wäre das eine Geschichte von Überlebenskünstlern und Unverwüstlichen« (SELMECI: Das Schwarzkommando, S. 33). Auf die Mechanismen und Funktionen kontrafaktischer Geschichtsdarstellung in *Gravity's Rainbow* geht SELMECI nicht ein. Sein Buch widmet sich tatsächlich weniger Pynchons Romanen als der deutschen Kolonialgeschichte und der Herero-Kultur sowie dem Kampf der Hereros gegen die Kolonialmacht, den Pynchon bereits in *V.* verarbeitet hat.

Adaption einer sachlich-neutralen Stillage den Anschein, das Wissen der Leser und der Historiographie ergänzen zu wollen, ohne ihm zu widersprechen. Vom implizierten Kenntnisstand über die Verhältnisse in einer bestimmten Phase der Vergangenheit weicht die Darstellung insofern ab, als sie sie um Anteile erweitert, die nicht dokumentiert sind. Dieses Verfahren entspricht dem der ›secret history‹ oder ›Histoire secrète‹, für die RODIEK eine konzise Bestimmung vorlegt: »Spezifisch für sie ist nicht die Abänderung des faktischen Geschichtsverlaufs, sondern die Tatsache, daß der Realhistorie eine unbekannt gebliebene (faktische) bzw. frei erfundene (kontrafaktische) Episode dergestalt hinzugefügt wird, daß sie ohne Auswirkungen auf den weiteren Geschichtsverlauf bleibt.«[27] Auf den Kurs der Geschichte, der, wie schon festgestellt, als unverändert angenommen werden darf und im Text nicht berichtet wird, haben die Vorgänge um das Schwarzkommando keinen Einfluss. Pynchon integriert jene sich im Grenzgebiet des Kontrafaktischen bewegende Spielart historischen Erzählens in seinen Text und platziert die entsprechenden Handlungsteile innerhalb der unübersichtlichen Verhältnisse in der ›Zone‹. Bezeichnend ist hierbei, dass sie nur splitterartig ausgeführt ist. In diesem Punkt ist sie den kontrafaktischen Partien des Romans analog.

Ein weiteres zentrales Merkmal des Geschichtsbildes in *Gravity's Rainbow*, auf das noch näher einzugehen sein wird, nämlich das der Inszenierung, ist in der Schwarzkommandohandlung ebenfalls zu erkennen. Hier betrifft es den Vorgang der Geschichtsfälschung. Die oben wiedergegebenen Textpassagen verweisen darauf, dass im Geheimen tatsächlich Hereros aus der ehemaligen deutschen Kolonie für Naziplänen eingesetzt wurden und nach dem Ende der Kampfhandlungen in der Zone auftauchen. Komplementär dazu erzählt der Roman, wie der britische und amerikanische Geheimdienst den Plan entwickeln, mittels einer Maßnahme der psychologischen Kriegsführung beim Gegner Angst vor einem sogenannten Schwarzkommando zu schüren. Zu diesem Zweck wird der fiktive deutsche Stummfilmregisseur im Exil, Gerhardt von Göll, engagiert, unter dessen Ägide das Projekt realisiert wird. Pynchon schildert die Vorbereitungen dieses Täuschungsmanövers und die Dreharbeiten:

---

[27] RODIEK, CHRISTOPH: *Erfundene Vergangenheit*, S. 138. RODIEKS Konzeption der Uchronie wurde in Kapitel 3.2 diskutiert. Er trennt ›secret history‹ von ›Uchronie‹, da hier erstere im Gegensatz zu letzterer keine weithin bekannten, sondern gerade nicht bekannte Umstände thematisiert. BRIAN MCHALE arbeitet mit einem anderen Verständnis der ›secret history‹. MCHALE nimmt an, dass es sich hierbei um einen Vorgang der Dissimulation handelt, durch den ein historischer Zusammenhang verdeckt wird. In Folge dessen geht MCHALE davon aus, dass sich *Gravity's Rainbow* insgesamt als ›secret history‹ lesen lasse. Vgl. MCHALE, BRIAN: *Postmodernist Fiction*, S. 95.

> In these first rushes the black man moves about in SS uniform, among the lath and canvas mockups of rocket and Meillerwagen (always shot through pines, through snow, from distant angles that don't give away the English location), the others in plausible blackface, recruited for the day, the whole crew on a lark, Mr. Pointsman, Mexico, Edwin Treacle, [...] all playing the black rocketeers of the fictional Schwarzkommando – even Myron Grunton in a nonspeaking role, a blurry extra like the rest of them. Running time of the film is three minutes, 25 seconds and there are twelve shots. It will be antiqued, given a bit of fungus and ferrotyping, and transported to Holland, to become part of the ›remains‹ of a counterfeit rocket-firing site in the Rijkswijksche Bosch. The Dutch resistance will then ›raid‹ this site, making a lot of commotion, faking in tire-tracks and detailing the litter of hasty departure. The inside of an army lorry will be gutted by Molotov cocktails: among ashes, charred clothing, blackened and slightly melted gin bottles, will be found fragments of carefully forged Schwarzkommando documents, and of a reel of film, only three minutes and 25 second of which will be viewable. Von Göll, with a straight face, proclaims it to be his greatest work. (GR 112f.)

Anschließend wird das gefälschte Beweismaterial unter großem Aufwand der deutschen Armee in die Hände gespielt. Hierdurch verwischen sich Propaganda und Realität. Die geheime Geschichte wird im Roman wiederum gefälscht.

Nachdem die Informationen über die Herero solchermaßen verarbeitet und fiktionalisiert worden sind, nehmen die Alliierten diese selbstgedachte Fiktion für die Wahrheit und werden von der Realität überrascht, als sich herausstellt, dass wirklich eine schwarze Einheit die Konstruktion einer Rakete anstrebt.

> Who could have guessed there'd be *real* black rocket troops? That a story made up to scare last year's enemy should prove to be literally true – and no way now to stuff them back in the bottle or even say the spell backward: no one ever knew the complete spell – different people knew different parts of it, that's what teamwork *is* ... (GR 276).

Einige Köpfe in den oberen militärischen Rängen halten die Gruppe auch nach Kriegsende für eine Farce. Zu diesem Zeitpunkt ist bereits vergessen, was den Anlass für die Propagandaaktion gegeben hat und was der Text durch eine weitere Wendung in seinem Spiel mit Referenzen auf historisches Geschehen offenbart, nämlich »hard intelligence that there were indeed in Germany real Africans, Hereros, ex-colonials from South-West Africa, somehow active in the secret-weapons program« (GR 74). Enzian erklärt gegenüber Marvy: »They didn't know where to find us. We were a surprise. There are even now powerful factions in Paris who don't believe we exist. And most of the time I'm not so sure myself« (GR 361). Zuletzt wird die Möglichkeit angedeutet, erst die Erfindung und Darstellung des Schwarzkommandos im Film habe es hervorgebracht. Seine Existenz in der Realität sei erst auf die künstliche Herstellung im Medium Film zurückzuführen:

> Since discovering that Schwarzkommando are really in the Zone, leading real, paracinematic lives that have nothing to do with him or the phony Schwarzkommando footage he shot last winter in England for Operation Black Wing, Springer [i.e. von Göll, der einen neuen Namen und eine neue Rolle angenommen hat, A.M.W.] has been zooming around in a controlled ecstasy of megalomania. He is convinced that his film has somehow brought them into being. (GR 388)

In Springers/von Gölls Sicht imitiert das Leben somit die Kunst, was hier bedeutet, dass die Geschichte einer Fiktion entspringt. Diese Geschichte des Schwarzkommandos ist in Gerüchten vorweggenommen worden, sie existiert als kollektives Phantasma, bevor sie sich im Text zur Wirklichkeit verdichtet.

In sich überlagernden Versionen treten in den Schwarzkommando-Episoden mehrere Fiktionen ineinander, so dass sie eine nicht mehr auflösbare Einheit bilden und durch den mehrfach durchlaufenen Vorgang des Überschreibens die Poetik des Kontrafaktischen in *Gravity's Rainbow* insgesamt charakterisieren: Die sichtbare Seite der Erfahrungswirklichkeit und die dokumentierte Geschichte werden als Fälschung dargestellt und durch einander gegenseitig in Frage stellende Erklärungen der Fälschung neuerlich verdeckt. Es vermischen sich die beiden Ausprägungen absichtsvoller Täuschung, die PETER VON MATT als Simulation und Dissimulation unterscheidet und beschreibt: »Die Simulation spiegelt etwas vor, was nicht der Fall ist. [...] Die Dissimulation wiederum spielt nichts vor, sondern verbirgt und verheimlicht ihre wahre Beschaffenheit.«[28] Diese Kreuzung beider Modi liegt nach VON MATT durchaus in ihrer Natur. »Simulation und Dissimulation, so sauber sie logisch trennbar scheinen, sind die sich schneidenden Koordinaten im Grundakt der Verstellung«[29], so VON MATT. In Pynchons Roman werden sie jeweils auf das Phänomen der Geschichte bezogen. Mit der dadurch erzeugten Inkompatibilität der Geschichts- und Wirklichkeitsentwürfe, die sich einheitlicher Erklärungen widersetzen, scheint der Roman die als für die postmoderne Konstellation bezeichnend geltende Fragmentarisierung als Absage an Totalitätsvorstellungen im kontrafaktischen Aussagemodus zu spiegeln. Dies kann paradigmatisch an der das Geflecht der übrigen Erzählstränge immer wieder durchkreuzenden Schwarzkommando-Handlung abgelesen werden.

Wenn die Diskussion von *Gravity's Rainbow* hier mit einigen Überlegungen zu den entsprechenden Abschnitten begonnen wurde, so deshalb, weil sich darin zum einen die bewusst erzeugte Unsicherheit der Grenze zwischen historischen Tatsachen und Fiktion erweist, die für den Geschichtsentwurf des Romans im

---

[28] MATT, PETER VON: *Die Intrige*, S. 20.
[29] Ibid., S. 29.

Ganzen trotz seiner mitunter akribischen Faktentreue kennzeichnend ist, zum anderen, weil darin der Mechanismus der Inszenierung eines historischen Ablaufs und ihrer Verselbständigung sichtbar wird, der für die Poetik des Kontrafaktischen bei Pynchon konstitutiv ist.

7.2 »... but it's all theatre«: Die inszenierte Geschichte

Gravity's Rainbow setzt mit der Schilderung einer Evakuierung der Londoner Zivilbevölkerung unter Beschuss durch deutsche V2-Raketen 1944 ein. Die Sequenz ist Teil eines Traums von Pirate Prentice, der die Umstände vor Ort kennt und in einem Team mit der Untersuchung der Raketeneinschläge betraut ist. Der Erzähler kommentiert die Vorgänge mit dem Satz: »The Evacuation still proceeds, but it's all theatre« (GR 3).[30] Damit wird das nach der Rakete wichtigste Leitmotiv des Romans, der Topos des Theaters, schon zu Beginn evoziert. Jener Topos, verbunden mit dem für das Theater unabdingbaren Vorgang der Inszenierung, überspannt den gesamten Text und weitet sich zu einer bruchstückhaft formulierten Neudeutung der Geschichte des 19. und 20. Jahrhunderts aus.

Immer wieder finden Pynchons Figuren Indizien dafür, dass die sie umgebende Welt und deren Auslegung als Geschichte, lediglich Produkte einer Inszenierung sind. Schon in *V.* erscheint die Geschichte als ein Theater, dem sich die Akteure nicht entziehen können, wenn eine der tragenden Figuren, Herbert Stencil, sich auf die Suche nach der Bedeutung der Initiale V. begibt und dabei auf die Möglichkeit einer die Geschichte des 20. Jahrhunderts bestimmenden Kabale stößt, für die der Buchstabe V. stehen könnte. TONY TANNER hat in seinem für die Pynchon-Forschung wegweisenden Essay *Caries and Cabals* hierauf verwiesen:

> Thus history becomes a scenario which the participants are unable to rewrite or avoid. Once again, we find a vision of people being trapped inside an unreality which seems to be the result of some nameless conspiratorial fabrication; humans are akin to props in a cruel and dehumanizing play by author or authors unknown.[31]

---

[30] CHRISTER PETERSEN sieht in den im Roman enthaltenen Theateranspielungen selbstreflexive beziehungsweise metafiktionale Hinweise, mit denen der Text die Aufmerksamkeit auf seinen Artefaktcharakter lenkt. Vgl. PETERSEN, CHRISTER: *Der postmoderne Text*, S. 56ff.
[31] TANNER, TONY: *Caries and Cabals*, S. 160.

Noch deutlicher lässt sich dies in *The Crying of Lot 49* belegen. Geschichte wird in der Erzählhandlung dieses Romans ebenfalls als doppelbödiges Konzept, bestehend aus einer sichtbaren und einer verborgenen Seite, vorgeführt. Die Protagonistin Oedipa Maas gerät auf ihrer Suche nach der Herkunft einer Briefmarke aus der Sammlung ihres verstorbenen, geschiedenen Mannes, mit dessen Testamentsvollstreckung sie beauftragt ist, auf die Spur einer Untergrundorganisation. Zunächst ist es lediglich eine kleine Einzelheit, die ihre Aufmerksamkeit erregt, doch jenes Detail wächst sich aus zu Hinweisen auf eine riesige konspirative Geheimgesellschaft.

> It had its beginning in an attempt to rival the official mail which became a conspiracy to subvert the public systems of communication flow. According to clues and inferences provided by various characters, it was often connected with rebellions and wars – perhaps responsible for the French Revolution, perhaps linked in some way to Nazism [...][32],

lautet eine Folgerung, die der Erzähler aus diesen Hinweisen zieht. Mit dem Trystero/Tristero-System kreiert Pynchon eine versteckt agierende Kraft, die auf die Geschichte eingewirkt haben könnte: Als Kampf, der zwischen rivalisierenden, allerdings vollkommen verschiedenen Botendiensten ausgetragen wird und schließlich in die politische Ordnung Europas übergreift. Die dem unsichtbaren Netzwerk zugeschriebene Macht reicht so weit, »that, by 1795, it is even suggested that Tristero had staged the entire French Revolution, just for an excuse to issue the Proclamation of 9th Frimaire, An III, ratifying the end of the Thurn and Taxis postal monopoly in France and the Lowlands.«[33] Hier wie da verwendet Pynchon den Ausdruck ›staged‹: »The real crises were crises of allocation and priority, not among firms – it was only staged to look that way [...]« (GR 521), heißt es in *Gravity's Rainbow* mit Blick auf den Zweiten Weltkrieg. Die Inszenierung des Sichtbaren wird zum Produkt einer gigantischen Geschichtsfälschung. Bezogen auf die kontrafaktische Aussageweise bedeutet dies, dass durch die im Text vollzogene Überschreibung der dokumentierte offizielle Verlauf der Ereignisse auf der Story-Ebene äußerlich nicht verändert wird. Allerdings sind die bekannten Ereignisse, um in der Sprache des Theaters zu bleiben, kostümiert: Ihre sichtbare Einkleidung ist die Bedeutung, die ihnen von der offiziellen Geschichtsschreibung beigemessen wurde und die von ihren eigentlichen Hintergründen ablenkt.

---

[32] TANNER, TONY: *V. and V-2*, S. 43. Vgl. auch, in identischem Wortlaut TANNER, TONY: *Caries and Cabals*, S. 177.

[33] Pynchon, Thomas: *The Crying of Lot 49*, S. 114.

Pynchon arbeitet mit einer auf das Theater rekurrierenden Bildlichkeit, um die Illusionierung kenntlich zu machen, die die Wahrnehmung historischer Vorgänge steuert und deren Dokumentation in der offiziellen Geschichtsschreibung bestimmt. Nicht zufällig stellen Theater, Film und Kino im Roman Sehweisen der Wirklichkeit bereit – »Film is the novel's privileged medium since it functions as metaphor of a world that is essentially projected«[34], so ICKSTADTS bündige Auslegung dieses Zusammenhangs. Die Welt und die Geschichte erscheinen als Projektion. Dahinter existieren weitere Ebenen und die »layers of history« (GR 589), von denen im Roman die Rede ist, verweisen auf die unter der Oberfläche verborgenen Schichten, auf denen die bekannten politischen Liaisons und Grenzen, selbst die ausgetragenen Kriege, keine Gültigkeiten besitzen. Auch werden die politischen Parteinahmen und militärischen Auseinandersetzungen im Zweiten Weltkrieg ausdrücklich als Theater bezeichnet und der Krieg insgesamt als bloßes Scheinmanöver deklariert, wenn es heißt: »It means this War was never political at all, the politics was all theatre, all just to keep the people distracted ... secretly it was being dictated by the needs of technology ... by a conspiracy between human beings and techniques [...]« (GR 521). Ähnlich liest sich eine Überlegung, in der sich Gedanken der Figur Enzian und der Erzählerkommentar vermischen: »Perhaps it's theater, but they *seem* no longer to be Allies ... though the history they have invented for themselves conditions us to *expect* ›postwar rivalries‹, when in fact it may all be a giant cartel including winners and losers, both, in an amiable agreement to share what is there to be shared ... « (GR 326). Die Passagen legen nahe, dass man es bei den sichtbaren Seiten der Geschichte mit einer Inszenierung der Wirklichkeit zu tun hat. Veranstaltet und gesteuert von einer nicht fassbaren Instanz, dient sie dazu, jene zu täuschen, die zugleich Figuren dieses Spiels sind, und von einer Macht abzulenken, die im Stande ist, Geschichte zu erfinden, und in der sich Sieger und Unterlegene des Krieges zu einem gemeinsamen sinistren Vorhaben vereinigen.

Der Topos, auf den Pynchon zurückgreift, ist der in der Literatur spätestens seit den mittelalterlichen Mysterienspielen geläufige des Welttheaters. Gott, der darin gewissermaßen als Weltenlenker oder innerhalb der allegorisierten Darstellung als Regisseur waltet, wird bei Pynchon ersetzt durch eine unbekannte Variable. Am ehesten fassbar wird sie in der Vorstellung eines internationalen Industriekartells, dessen Ziele freilich undurchsichtig bleiben. In Pynchons Variation dient das *theatrum mundi*, als welches die offizielle und dokumentierte

---

[34] ICKSTADT, HEINZ: *Plot, Conspiracy, and the Reign of Chance*, S. 402. Zu Pynchons Umgang mit dem Film als Motiv und Medium in *Gravity's Rainbow* vgl. u. a. SIMMON, SCOTT: *Beyond the Theater of War: Gravity's Rainbow as Film* und CLERC, CHARLES: *Film in Gravity's Rainbow*.

Geschichte in *Gravity's Rainbow* erscheint, dem Ziel der Verschleierung. Einzelne, für die Erzählhandlung stets zentrale Figuren geraten bei ihren Anstrengungen, hinter die Kulisse dieses Theaters zu schauen, auf die Spur dahinter verborgener und durch die Inszenierung kaschierter Strukturen der Geschichte. Die im Text betriebene Denunziation der sichtbaren Wirklichkeit, der überlieferten Geschichte und der allgemeinen Erfahrungswirklichkeit als Kulissen einer Inszenierung schließt direkte und indirekte Verweise auf eine dahinterstehende zweite Ordnung und damit auf dem Blick entzogene historische Kausalitäten ein, die im Folgenden behandelt werden sollen.

7.3 Komplott als *Emplotment*

In Pynchons ersten drei Romanen betrifft ein wesentliches Anliegen der Geschichtsdarstellung die Auseinandersetzung mit den Zusammenhängen zwischen historischen Vorgängen. Schon *V.* erzählt in den Episoden um Herbert Stencil von einer Figur, die sich einer gewaltigen historischen Kabale auf der Spur wähnt. Stencil ist im Unklaren darüber, in welchem Verhältnis die Initiale V. zur von ihr bezeichneten Verschwörung steht und welche Rolle er selbst darin spielt. Er kontrastiert deren potentielle Bedeutung mit der ebenfalls eingestandenen Möglichkeit der vollkommenen Unerheblichkeit des Buchstabens: »Truthfully he didn't know what sex V. might be, nor even what genus and species. [...] If she was a historical fact then she continued active today and at the moment, because the ultimate Plot Which Has No Name was as yet unrealized, though V. might be no more a she than a sailing vessel or a nation.«[35] Ob V., auf deren Fährte Stencil durch alte Aufzeichnungen seines Vaters gebracht wird, überhaupt eine historische Funktion und Bedeutung besaß, respektive besitzt, bleibt ebenfalls offen. Ähnlich verhält es sich in *Gravity's Rainbow*. Indem die sichtbaren historischen Ereignisse als Camouflage oder Theater deklariert werden, veranstaltet um vor den Nicht-Eingeweihten die eigentlichen Zusammenhänge zu kaschieren, suggeriert Pynchon eine alternative Erklärung für geschichtliche Prozesse unterhalb der Oberfläche. Die Deviation in der Geschichtsdarstellung erfolgt dabei auf der Ebene der Sinngebung, in der Terminologie der Narratologie und in Anlehnung an HAYDEN WHITE hier als *Emplotment* bezeichnet. Auch hier vermag die an E. M. FORSTER orientierte Trennung einer Story-Ebene und einer Plot-Ebene im Bereich der Geschichte Pynchons Konstruktionsprinzip zu veranschaulichen. Pynchons Erzähler und Charaktere setzen neue, von der Überlieferung abweichende Kausalitäten für tatsächliche Effekte ein, das

---

[35] Pynchon, Thomas: *V.*, S. 240.

Verfahren des Überschreibens besteht darin, eine weithin bekannte, in sich höchst komplexe historische Ereignisfolge mit einer kontrafaktischen Kausalerklärung zu versehen. Die Ereignisse werden nicht gegen andere Vorgänge ausgetauscht oder in ihrer Chronologie verändert, sondern mit einer neuen Interpretation versehen, die zu einer kontrafaktischen historischen Aussage führt, da ein außenreferentieller Bereich, auf den sich der Text bezieht, mit einer abweichenden Darstellung überschrieben wird. Wollte man dieses Verfahren als abstrakte Operation erklären, ließe es sich etwa in folgende provisorische Formel übertragen: Einem Ereignis A, welchem offiziell das Ursachenbündel X zugeschrieben wird, wird an dessen Stelle eine Kausalität Y appliziert, deren konkreter Wert jedoch nicht genannt wird und auch nicht sicher zu ermitteln ist.

Nur wenig erfährt man über die genaue Beschaffenheit dieser kontafaktischen Kausalität, doch haftet ihr das Wesen des Komplotts an. »Daß *plot* von Komplott, die Metaphorik inszenierter Welt von einer Metaphorik der Verschwörung nicht unterschieden werden kann« [36], liege auf der Hand, schreibt ICKSTADT. Die Perspektive, aus der dieses Komplott jeweils wahrgenommen und wiedergegeben wird, ist eine sehr distanzierte. Sie erfasst in *The Crying of Lot 49* die Französische Revolution in ihrer Gesamtheit und in *Gravity's Rainbow* den Zweiten Weltkrieg und ersetzt deren tatsächliche Gründe jeweils durch Verschwörungstheorien. Wie in den beiden vorangegangenen Romanen entzieht sich auch in *Gravity's Rainbow* dieses hinter der sichtbaren Fassade des Krieges aufscheinende Komplott dem Betrachter. Seine Dimensionen lassen sich allenfalls erahnen.

Ähnlich wie das Welttheater ist die Geschichtsverschwörung keine genuine Idee Pynchons, auch sie besitzt eine lange, auch literarische Tradition. Eine ihrer populärsten Erscheinungsformen ist die des Geheimbundes, der zum Hüter einer historischen Wahrheit wird. Schon in *The Crying of Lot 49* bedient sich Pynchon dieses Topos, wenn er mit dem Trystero-Netzwerk einen Geheimbund vorstellt, der über Dezennien hinweg existiert, agiert und sich eines entstellten ikonischen Zeichens als Code bedient. Was Pynchon dem in *Gravity's Rainbow* hinzufügt, ist nicht die epochale, historische Wirkungsmächtigkeit, sondern die Reichweite und Vernetzung, die eine geradezu universale Dimension gewinnt. Entsprechend lässt Pynchon es zu, bekannte Geheimbünde in dieses konspirative Gebäude zu integrieren und sie dadurch als Komponenten dieser Universalverschwörung vorzustellen, so etwa wenn er auf die Freimaurer anspielt, die stets Verschwörungsphantasien nähren konnten:

---

[36] ICKSTADT, HEINZ: *Plot, Komplott oder Herrschaft des Zufalls*, S. 270.

> Some of the American Founding Fathers were Masons, for instance. There is a theory going around that the U.S.A. was and still is a gigantic Masonic plot under the ultimate control of the group known as the Illuminati. It is difficult to look for long at the strange single eye crowning the pyramid which is found on every dollar bill and not begin to believe the story, a little. Too many anarchists in 19th-century Europe – Bakunin, Proudhon, Salverio Friscia – were Masons for it to be pure chance. Lovers of global conspiracy, not all of them Catholic, can count on the Masons for a few good shivers and voids when all else fails. (GR 587)[37]

Im Gegensatz zu den von prominenten historischen Gestalten repräsentierten Geheimbünden erhält dieses Netzwerk bei Pynchon keine personalen Konturen. Die Gegner der Hauptfigur, Tyrone Slothrop, werden nicht von Figuren repräsentiert, »sondern von einer anonymen und aggressiven ›Firma‹, die aus Wissenschaft, Technologie und Kriegsmaschinerie besteht und ein diffuses, nicht greifbares System der Macht ist.«[38] Pynchon belegt die dahinterstehenden Kräfte mit der Benennung ›They‹, wahlweise auch mit ›the Firm‹. Beide Namen stehen in *Gravity's Rainbow* für ein letzten Endes alles einschließendes System. »›They‹ embracing possibilities far far beyond Nazi Germany« (GR 25) – diese Vorstellung Tyrone Slothrops deutet die Reichweite an, die das System besitzt.[39]

Gravity's Rainbow greift hier eine Tradition der Gegengeschichte auf, deren gemeinsames Merkmal darin besteht, die offizielle Version zur Fälschung zu erklären. Instruktiv ist insbesondere folgender Passus: »›These signs are real. They are also symptoms of a process. The process follows the same form, the same structure. To apprehend it you will follow the signs. All talk of cause and effect is secular history, and secular history is a diversionary tactic« (GR 167). Die Sätze fallen im Rahmen einer Seance und werden dem Geist des toten Walter Rathenau zugeschrieben, auf dessen Bedeutung an späterer Stelle zurückzukommen sein wird. Wenn der Erzähler in dieser Episode ›secular history‹

---

[37] Pynchon spielt an dieser Stelle auf den Kern einer Weltintrige an, die dem Illuminaten-Orden zugeschrieben wird und selbst zum Gegenstand einer populärliterarischen Romantrilogie der Amerikaner Robert Shea und Robert A. Wilson wurde, deren erster Band 1975 erschien. Hinter den Versatzstücken aus Genres der Unterhaltungsliteratur, aus denen sich die Erzählhandlung zusammensetzt, steht, wie PETER VON MATT schreibt, »ein einziger Gedanke: Die Welt und alles, was auf ihr geschieht, jeder Krieg, jede Wirtschaftskrise, jedes Attentat, jeder Friedensschluß und jedes ökonomische Abkommen, auch alle Geheimdienste, sind gelenkt und gesteuert von einer mächtigen Untergrundorganisation, den Illuminaten« (VON MATT: Die Intrige, S. 249).

[38] VESTER, HEINZ GÜNTER: *Konjunktur der Konjekturen*, S. 14.

[39] Über ›the Firm‹ heißt es, dies sei eine Einrichtung, »who, it is well known, will use anyone, traitors, murderers, perverts, Negroes, even women, to get what They want« (GR 32f.).

als Ablenkungsstrategie bezeichnet, so ist dies zugleich abermals ein Hinweis auf die Dynamiken, von denen abgelenkt werden soll. Dies sieht auch DUGDALE, wenn er schreibt: »The narrator explicitly asserts the existence of hidden plots beneath ›surface history‹ [...].«[40] Insofern, als sich hier die Diskrepanz zwischen Oberfläche und verborgenen historischen Wirksamkeiten ausspricht, ist dem zuzustimmen, doch verkürzt DUGDALE den Gehalt der Sätze zu einer eindeutigen Erzähleraussage, obschon diese dem okkulten Medium entspringen und dementsprechend kaum als sicher gelten können. So besteht die Problematik, mit der sich Interpreten des Texts häufig auseinandergesetzt haben, darin, ob in Pynchons Roman auf innovative Weise Konnexionen herstellt oder ob sie gerade desavouiert werden. Die fortschreitende Entfremdung der im Mittelpunkt der Handlung stehenden Figuren von kollektiven Gewissheiten, die Pynchon vorführt, ist endemisch und zugleich textinterner Ursprung und Ausdruck ebendieser Problematik. Die inszenierte, sichtbare Oberfläche wird brüchig, nachdem sie in den Verdacht der Inszenierung geraten ist, und durch die Risse der Kulissen glauben Pynchons Protagonisten Anhaltspunkte für eine andere Ordnung zu entdecken. Diese Ordnung ergibt sich wesentlich aus dem Denkmodell der Verschwörung, das Pynchon in seinen Romanen adaptiert. Die Konspirationstheorien, die *Gravity's Rainbow* evoziert, treiben jedoch die alternative Sinngebung für die Geschichte einerseits durch Potenzierung übernommener und überkommener Verschwörungsmotive in die Absurdität und verschleiern sie andererseits, da die Indizien, die der Text liefert, kaum ausreichen, um ein nachvollziehbares Komplott zu rekonstruieren. So tritt die kontrafaktische Deutung nicht in den Vordergrund des fiktionalen Geschehens, bestimmt aber den Hintergrund der Erzählhandlung und das kontrafaktische Darstellungsverfahren.

7.4 All in the mind: Sinnbildung durch Paranoia

DIETER WELLERSHOFF weist in seinem Aufsatz *Im Sog der Entropie* zurecht auf die Affinität zwischen Pynchons Firma und dem Gericht in Franz Kafkas *Der Proceß* hin.[41] In Kafkas Roman wird die Figur Josef K. eines Morgens von Dienern eines Gerichts unter Arrest gestellt. K. erfährt, dass er unter Anklage steht, ohne Mitteilung darüber zu erhalten, wessen er beschuldigt ist, und verstrickt sich fortan in Nachforschungen über seinen Fall, bis dieser ihn vollkommen

---

[40] DUGDALE, JOHN: *Thomas Pynchon. Allusive Parables of Power*, S. 186.
[41] Vgl. WELLERSHOFF, DIETER: *Im Sog der Entropie. Thomas Pynchons Die Enden der Parabel*, S. 475.

beansprucht. Das Gericht, mit dem er es zu tun hat, weist offensichtlich eine hierarchische Struktur auf, setzt sich aus personalen Repräsentanten wie Richtern und Advokaten zusammen, doch werden seine Ausmaße ebenso wenig wie seine tatsächlichen Einflussmöglichkeiten im Text deutlich. Die Frage, die von Kafka-Exegeten immer wieder erörtert wurde, lautet: Ist das Gericht real oder existiert es nur in K.s Einbildung? Die Frage, die Pynchons zentrale Figuren und mit ihnen die Forschung umtreibt, lautet ähnlich: »Are we surronded by plots – social, natural, cosmic – or is there no plot, no hidden configuration of intent, only gratuitous matter and chance?«[42] Hierauf beziehungsweise auf die Frage, wer verantwortlich ist für die Vorgänge, als deren Teil jene Figuren sich sehen, gibt es zwei mögliche Antworten. Erstere besagt, dass es irgendeine unsichtbare gut- oder eher böswillige Instanz gibt – »the hypothesis of a V., a Tristero, a Them«[43] – auf die oben eingegangen wurde. Die zweite mögliche Antwort besteht darin, dass niemand als verantwortbare Macht zur Verfügung steht, dass mithin die Zusammenhänge, die den Vorgängen eine Erklärung und einen Sinn zu verleihen scheinen, bloße Illusion sind. Ähnlich lässt Kafkas *Proceß* eine psychoanalytisch gestützte Lesart zu. Danach handelt es ich bei dem Verfahren gegen Josef K. nicht um die Bedrohung durch eine äußere Macht, es entspringt vielmehr seinem Ich – der Prozess ist demnach eine Schuld- und Bestrafungsphantasie der Hauptfigur.[44]

Pynchons Methodik bei der Informationsvergabe unterstützt die Koexistenz beider Möglichkeiten, denn der Standpunkt des Erzählers ist nicht zu ermitteln, sondern er oszilliert: »[A]t times he gives the deceptive appearance of ›cameraeye‹ objectivity (which is not really objective); at other times he appears as a comrade sharing an experience with the reader or jeering at the reader's inability to keep up with him; and sometimes he appears as a hysterical paranoid like many of his characters«[45], so SIEGEL über Pynchons narratives Verfahren. Pynchons Erzähler kann zwar über weite Strecken als allwissend eingestuft werden, doch enthält er sich jeglicher Wertungen. Stattdessen stellt er die beiden angeführten Optionen für die Einordnung der dargebotenen Vorgänge, insbesondere aber für die Ereignisfolgen, aus denen sich Geschichte konstituiert, zur Disposition: »*Gravity's Rainbow* denies the existence of a single plot by refusing to take a transcendent perspective on the action.«[46] Aufgrund dieser narrativen

---

[42] TANNER, TONY: *V. and V-2*, S. 48.
[43] HITE, MOLLY: *Ideas of Order*, S. 10.
[44] Vgl. u. a. ANDRE-ALT, PETER: *Franz Kafka. Der ewige Sohn*, S. 417f.
[45] SIEGEL, MARK R.: *Creative Paranoia: Understanding the System of Gravity's Rainbow*, S. 50.
[46] HITE, MOLLY: *Ideas of Order*, S. 133.

Strategie bleibt die Möglichkeit eines Komplotts von universaler Bedeutung trotz des insgesamt auktorialen Erzählverhaltens an das Denken der Figuren angebunden.

Für Pynchon ist die eine wie die andere Sichtweise Ausdruck einer spezifischen Bewusstseinslage. Beide werden vom Erzähler in *Gravity's Rainbow* benannt: »If there is something comforting – religious, if you want – about paranoia, there is still also anti-paranoia, where nothing is connected to anything, a condition not many of us can bear for long« (GR 434). In dieser Schlüsselstelle treffen die beiden wesentlichen Zustände aufeinander. Sie stehen in Relation zu dem transportierten Geschichtsbild, da Pynchons Figuren ihren paranoiden Neigungen entsprechend sich selbst häufig als Teil eines die Geschichte im Großen lenkenden Machtapparats begreifen. Realitätsfragmente und Sinneseindrücke verwandeln sich in der Phantasie der Figuren, werden neu montiert und fügen sich zu Imaginationen der Fremdkontrolle. Pynchon scheint dabei an einer psychologisch plausiblen Charakterzeichnung wenig interessiert, entsprechend wird die Paranoia im Roman nicht in ihren individuellen Ursachen ausgeleuchtet, sie wird eher konstatiert und erscheint dabei als symptomatische Reaktion auf den Verlust bis dahin gültiger Sinngebungen für die Geschichte, und sei es das einfache Prinzip von Ursache und Wirkung. Es ist bezeichnend, dass *Gravity's Rainbow* über weite Strecken in jener historischen Interimsphase angesiedelt ist, während derer die Symptome eines fundamentalen Ordnungsverlusts sichtbar werden. »To Pynchon, the Second World War forced another discontinuity on the historical stream«[47], stellt WEISENBURGER fest. So bildet der historische Hintergrund mehr als eine Handlungskulisse. Seine besondere Beschaffenheit wird im Roman sichtbar, und zwar vermittels einer Verhandlung seiner weltanschaulichen Signatur, die Pynchon als mentale Verunsicherung seiner Figuren vorführt und seinem Text strukturell eingraviert.

Pynchon »sets the action of his book at the moment which he proposes as the originating instant of contemporary history, a gestative nine months at the end of the Second World War.«[48] Den Umbruch im Geschichtsdenken, nach dem Geschichte nicht länger als sinnvolle Totalität betrachtet werden konnte – ein Umbruch, als dessen Konsequenz auch die Debatten um das Ende der Geschichte anzusehen sind – antizipiert Pynchon in der Fiktion. Die Krise im Denken der

---

[47] WEISENBURGER, STEVEN: ›*The End of History*‹? *Thomas Pynchon and the Uses of the Past*, S. 149.

[48] MENDELSON, EDWARD: *Gravity's Encyclopedia*, S. 163. TANNER vermerkt bezüglich des historischen Settings von *Gravity's Rainbow*: »In choosing to situate the novel at this point in time, Pynchon is concentrating on a crucial moment when a new transpolitical order began to emerge out of the ruins of old orders that could no longer maintain themselves« (TANNER: Thomas Pynchon, S. 75).

Figur des Wissenschaftlers Dr. Edward Pointsman, der zu ergründen sucht, welcher Konnex zwischen Tyrone Slothrop und den Einschlägen der V2-Raketen in London besteht, die Slothrops Erektionen jedes Mal punktgenau ankündigen, ist somit symptomatisch. Pointsmans Weltbild gründet auf dem Glauben an das Prinzip von Ursache und Wirkung. Ebenjener Zusammenhang verliert in der von Pynchon entworfenen Geschichte seine Gültigkeit. Die Auswirkungen, die die Auflösung dieses Ordnungsprinzips für die Sicht auf Geschichte zeitigen müsste, beginnt Pointsman erst abzusehen. In erlebter Rede formuliert Pynchon diese:

> How can Mexico [i. e. die Romanfigur Roger Mexico, A.M.W.] play, so at his ease, with these symbols of randomness and fright? Innocent as a child, perhaps unaware – perhaps – that in his play he wrecks the elegant rooms of history, threatens the idea of cause and effect itself. [...] Will Postwar be nothing but ›events‹, newly created one moment to the next? No links? Is it the end of history? (GR 56)

Diese Frage bleibt unbeantwortet, doch auch ohnedies lässt sie auf einen Geschichtsbegriff schließen, der von einer Relation zwischen Ereignissen ausgeht, und im Verlorengehen der ›links‹ das Ende der Geschichte sieht. Es ist ein Geschichtsverständnis, das Pynchons zentrale Figuren prägt. Sie sind auf der Suche nach Beziehungen, die den Vorgängen und Zuständen, denen sie ausgesetzt sind, eine Erklärung verleihen können.

Slothrop ist nicht der einzige, der ihn betreffende Vorkommnisse als Zeichen, und jene Zeichen als Beleg für internationale Konspirationen wertet. Eine Reihe von Charakteren ist überzeugt von der Existenz untergründig wirkender Systeme und Pynchon vermittelt die Konspirationstheorien auch durch ihre Perspektive. Hierfür sind selbst Nebenfiguren geeignet, deren Funktion im Roman mitunter vor allem darin zu bestehen scheint, solche Überzeugungen zu artikulieren, so etwa die anderweitig nicht relevante Gestalt des Felipe, Mitglied einer Fraktion Argentinier, die aus nicht näher benannten Gründen in der Zone anzutreffen ist: »But Felipe has come to see [...] that history as it's been laid on the world is only a fraction, an outward-and-visible fraction« (GR 612). So unterschiedlich diese und ähnliche Überzeugungen jeweils motiviert sind, ihrem Ergebnis nach konvergieren sie. Auch Tchitcherine, der russische Halbbruder Enzians, wähnt sich umgeben von Akteuren und Statisten planvoller Machenschaften, in deren Zentrum er selbst steht:

> The Rapallo Treaty was also in force, so there were any number of lines open to Berlin. That weird piece of paper . . . in his moments of sickest personal grandeur it is quite clear to him how his own namesake and the murdered Jew, put together an elaborate piece of theatre at Rapallo, and that the real and only purpose was to reveal to Vaslav

> Tchitcherine the existence of Enzian . . . the garrison life out east, like certain drugs, makes these things amazingly clear . . . (GR 352)

SANDERS nennt darüber hinaus Pirate Prentice, Mexico, Pointsman und Gwenhidwy als Figuren mit ähnlicher paranoider Veranlagung.[49] Da den Sinnsuchenden die Einsicht in die großen Zusammenhänge, wie sie glauben, absichtlich verstellt wird, sind sie auf vermeintliche Hinweise und Offenbarungen angewiesen: »Those like Slothrop, with the greatest interest in discovering the truth, were thrown back on dreams, psychic flashes, omens, cryptographies, drug-epistemologies, all dancing on a ground of terror, contradiction, absurdity« (GR 582). ICKSTADT hat dies auf eine bestimmte epistemologische Konstellation zurückzuführen versucht:

> In einer epistemologisch undurchschaubaren Welt ist Erkenntnis notwendig solipsistisch, rückt die Suche nach Plan und Zusammenhang zwangsläufig in die Nähe der Paranoia – ist Paranoia jedoch auch andererseits mögliche Erkenntnis, weil nie deutlich wird, ob das Ich sich selber inszeniert oder nur Objekt der Inszenierung anderer ist.[50]

Die Interdependenz zwischen Plot-Konstruktionen, die eigenständige Sinneinschreibungen für tatsächliche historische Konstellationen bereitstellen, und paranoiden Tendenzen, die dieselben hervorbringen, ist allenthalben zu registrieren und macht einen maßgeblichen Impuls des Romans aus, der dadurch die wahnhafte Suche der Figuren nach einem determinierten Leben im Rahmen einer vorherbestimmten Geschichte als psychologische *conditio* ausweist, die nur deshalb als wahnhaft erscheint, weil sie individuell und dadurch als paranoid kenntlich geworden ist: Tyrone Slothrop wird geleitet von einem »Puritan reflex of seeking other orders behind the visible, also known as paranoia« (GR 188).[51] Pynchons Anspielung gilt hier einer bestimmten religiösen Ausprägung providentieller Geschichtsdeutung, auf die SANDERS schließt, wenn er bemerkt: »An otherwise chaotic world made sense because it was perceived as a plot, narrated by God, who worked through angels or lightning bolts or by subtle prods on the linings of men's souls.«[52] Sie ist, wie alle auf Vorsehung oder Telos

---

[49] Vgl. SANDERS, SCOTT: *Pynchon's Paranoid History*, S. 144f.

[50] ICKSTADT, HEINZ: *Plot, Komplott oder Herrschaft des Zufalls*, S. 270. Diese Feststellung gilt nicht allein für Pynchon, sondern auch für andere, als postmodern einzustufende Autoren und deren Werke, insbesondere für Don DeLillo und dessen Roman *Libra*.

[51] Zu Pynchons Umgang mit der puritanischen Tradition vgl. u. a. KRAFFT, JOHN M.: ›*And how far fallen*‹: *Puritan Themes in Gravity's Rainbow*.

[52] SANDERS, SCOTT: *Pynchon's Paranoid History*, S. 139.

basierenden Geschichtsvorstellungen, in der zweiten Hälfte des 20. Jahrhunderts brüchig geworden, aber nicht überwunden. HITE weist darauf hin, dass Pynchon oder vielmehr seine Romancharaktere Ordnungsvorstellungen verhaftet sind, die einem theozentrischen Weltbild entstammen. »The implicit model for all such totalizing systems is the myth of the providential plan, which purports to account for all aspects of human life by directing history to a predetermined end.«[53] In seiner paranoiden Variante nimmt der ehemals göttliche Plan eine dämonische Färbung an, die heilsgeschichtliche Erwartung verkehrt sich in die Annahme einer böswilligen Prädestination. Slothrops puritanische Prägung gebiert in Reaktion auf seine Erfahrungen Mutationen, in denen Technologie und Industriekartelle an die Stelle des christlichen Gottes getreten sind. SANDERS hat in diesem Zusammenhang die Surrogatfunktion paranoider Zustände herausgestellt: »Paranoia offers the ideally suited hypothesis that the world is organized into a conspiracy, governed by shadowy figures whose powers approach omniscience and omnipotence, and whose manipulations of history may be detected in every chance gesture of their servants. It substitutes for the divine plan a demonic one.«[54] Diese Substitution wird notwendig, nachdem die religiösen teleologischen Geschichtskonzeptionen haltlos geworden sind.

Die Forschung hat schon bald bemerkt, dass Pynchon auch in einem zweiten, damit verwandten Gesichtspunkt Vorstellungsmuster des amerikanischen Puritanismus aufnimmt. Es ist die Idee der Auserwähltheit, die ebenfalls eine puritanische ist, und welche Pynchon auf das Wissen über die Geschichte überträgt, so dass die Auserwählten, die sich im Besitz dieses Wissens befinden, der Menge derer gegenüberstehen, die davon ausgeschlossen sind. Tyrone Slothrop repräsentiert einen jener Ausgeschlossenen. Schon als Kind ist er zur Spielfigur der sinisteren Ambitionen der anderen Seite geworden, als der Wissenschaftler Laslo Jamf die Sexualreflexe des Jungen auf Imipolex-G konditionierte, eine Substanz, die auch Bestandteil des Sprengstoffs ist, mit dem die auf London abgeschossenen V2-Raketen bestückt sind. »Pynchon uses Jamf to figure the elect's ambition to develop productive forces in such a way that the elect can transcend the weight of earth and fallen human agency as the Rocket marks their ambition to escape the pull of gravity. The elect, the chosen of God, seize for themselves godlike powers to produce a substitute creation«[55], wie BOVÉ zutreffend ausführt. Die Ursachen für Slothrops Paranoia sind, wollte man sie psychologisierend ergründen, in seinem Kindheitserlebnis und in seiner puritani-

---

[53] HITE, MOLLY: *Ideas of Order in the Novels of Thomas Pynchon*, S. 98.
[54] SANDERS, SCOTT: *Pynchon's Paranoid History*, S. 140.
[55] BOVÉ, PAUL A.: *History and Fiction: The Narrative Voices of Pynchon's Gravity's Rainbow*, S. 660.

schen Sozialisierung zu suchen, einer Konditionierung in doppelter Hinsicht, die seine Vorstellung von der Welt bedingt und entsprechende Projektionen nach sich zieht. Sie fügen sich in die Motivik des Romans und lassen eine Deutung der erzählten Vorgänge im Sinne der paranoiden Sichtweise zu, nach der sich ein Wirken der Auserwählten als historisches Movens erweist.

Dass von diesem Emplotment keine einzelne historische Konstellation, sondern die Geschichte an sich, in ihrer alles umfassenden Ausdehnung betroffen ist, hat der amerikanische Historiker RICHARD HOFSTADTER wiederum als Charakteristikum eines ›*paranoid style*‹[56] bestimmt:

> The central image is that of a vast and sinister conspiracy, a gigantic and yet subtle machinery of influence set in motion to undermine and destroy a way of life. [...] The distinguishing thing about the paranoid style is not that its exponents see conspiracies or plots here and there in history, but that they regard a ›vast‹ or ›gigantic‹ conspiracy as *the motive force* in historical events. History *is* a conspiracy, set in motion by demonic forces of almost transcendent power [...].[57]

Diese Definition paranoiden Denkens entspricht in den zentralen Punkten derjenigen, die der Roman selbst vorgibt. Paranoia »is nothing less than the onset, the leading edge, of the discovery that *everything is connected*, everything in the Creation [...]« (GR 703), heißt es. Pynchons System der Paranoia ist somit nicht nur ein teleologisches, zu verstehen als Reflexion auf die fundamentale Desorientierung und Verunsicherung angesichts einer ziellosen, aus »nothing but events« bestehenden Geschichte, sondern auch ein System der Integration.

7.5 Entropie: Auflösung als physikalisches Gesetz der Geschichte

Der amerikanische Philosoph und Schriftsteller Henry Adams entwickelte in seiner 1918 postum erschienenen Autobiographie *The Education of Henry Adams*

---

[56] HOFSTADTER betont, dass es sich dabei nicht um ein pathologisches Phänomen handelt, sondern um eine im durchschnittlichen Bewusstsein anzutreffende Denkweise. Vgl. HOFSTADTER, RICHARD: *The Paranoid Style in American Politics*, S. 4: »In fact, the idea of the paranoid style would have little contemporary value if it were applied only to people with profoundly disturbed minds. It is the use of paranoid modes of expression by more or less normal people that makes the phenomenon significant. [...] It is, above all, a way of seeing the world and of expressing oneself.« Dagegen sehe der krankhaft Paranoide »the hostile and conspiratorial world in which he feels himself to be living as directed specifically against him [...]« (HOFSTADTER: The Paranoid Style, S. 4). Slothrop entspräche demnach der pathologischen Variante.

[57] HOFSTADTER, RICHARD: *The Paranoid Style in American Politics*, S. 29.

eine ›dynamic theory of history‹. Sie basiert auf dem Anspruch, eine den naturwissenschaftlichen Entwicklungstheorien ähnliche Gesetzmäßigkeit für den Verlauf der menschlichen Geschichte ableiten zu können, und gebraucht das Bild des Dynamos als Emblem für die sich beschleunigenden Kräfte des modernen Lebens. Julian Barnes spielt in seinem Roman *A History of the World in 10 ½ Chapters* (1989) nicht ohne Ironie auf die Popularität an, die es als Idee mittlerweile genießt, wenn er schreibt: »Our current model for the universe is entropy, which at the daily level translates as: things fuck up.«[58] Barnes Satz suggeriert, dass die besagte Vorstellung weithin angenommen worden ist.[59] Im Werk Thomas Pynchons fungiert sie als Leitmetapher, deren Relevanz für die Poetik des Kontrafaktischen darin liegt, dass sie eine metaphysische, sinnbildende Idee zum Geschichtstelos machen und derartige Ideen zugleich negieren kann.

Die Bedeutung, die dem Begriff und der Idee der Entropie in Pynchons Werk zukommt, ist schon früh erkannt worden; sie erweist sich bereits in seiner frühen, *Entropy* betitelten Erzählung aus dem Jahr 1958.[60] Hiernach avanciert sie in Pynchons Werk zu einem zentralen Motiv. Pynchon bestätigt, das Konzept von Henry Adams entlehnt zu haben. In einem seiner sehr raren Selbstkommentare räumt er außerdem ein, die exakte Funktionsweise, selbst die wirkliche Bedeutung des Terminus Entropie bei weitem nicht so tief zu durchschauen, wie es den Anschein haben mag. Über seine Erzählung *Entropy* schreibt er, rückblickend im Vorwort zum Erzählungsband *Slow Learner*:

---

[58] Barnes, Julian: *A History of the World in 10 ½ Chapters*, S. 244. Pynchon nimmt diese Kolloquialisierung in *Entropy* in gewisser Hinsicht vorweg. In der Erzählung heißt es: »Callisto had learned a mnemonic device for remembering the Laws of Thermodynamics: you can't win, things are going to get worse before they get better, who says they're going to get better« (Pynchon: *Entropy*, S. 72). TANNER liefert eine Umschreibung der Bedeutung des Wortes Entropie im allgemeinen Sprachgebrauch und bezeichnet es als Ausdruck »in common parlance taken to mean that everything in the universe is running down« (TANNER: V. and V-2, S. 47).

[59] Die Adaption der Entropie als kulturtheoretisches Konzept wird nicht zuletzt dadurch belegt, dass dem Begriff in Metzlers *Lexikon der Literatur- und Kulturtheorie* ein eigener Eintrag gewidmet ist. Darin definiert HEINZ ANTOR Entropie als »physikalisches Konzept aus dem Bereich der Thermodynamik, demzufolge eine zur Verfügung stehende Energiemenge nie vollständig in nützliche mechanische Arbeit umgesetzt werden kann, so daß immer ein gewisser Energiebetrag verloren geht. [...] Laut dem zweiten thermodynamischen Gesetz befinden wir uns also in einer Welt, deren E. einem Maximum zustrebt, was letztlich zum Wärmetod des Universums führt« (ANTOR: Entropie, S. 147).

[60] Zur Genese und Bedeutung dieses Motivs in Pynchons Werk vgl. u. a. MORGAN, SPEER: *What's the Big Idea?*, S. 84f.

Because the story has been anthologized a couple – three times, people think I know more about the subject of entropy than I really do.[61]

Since I wrote this story I have kept trying to understand entropy, but my grasp becomes less sure the more I read. I've been able to follow the OED definitions, and the way Isaac Asimov explains it and even some of the math. But the qualities and quantities will not come together to form a unified notion in my head.[62]

Pynchon selbst versucht an keiner Stelle, seinen Begriff von Entropie ausdrücklich oder genauer zu definieren, und so haben die Bestimmungsversuche der Forschung sich vor ihn geschoben. Dessen ungeachtet kritisiert FREESE die zahlreichen, mitunter falschen und oft oberflächlichen Auslegungen, die das Entropie-Motiv in Pynchons Werk erfahren hat, und führt viele Missverständnisse auf das mangelnde Vermögen, ein außerhalb des eigenen Metiers gelegenes naturwissenschaftliches Gesetzes zu begreifen, zurück.[63] Es dürfte daher angemessen sein, daran zu erinnern, dass eine Diskussion dieses Gesetzes hinsichtlich seiner konkreten physikalischen Dimensionen in einer literaturwissenschaftlichen Studie nicht angestrebt wird. Sie scheint auch zum Verständnis der Bedeutung dieses von Pynchon adaptierten Konzepts nicht vonnöten. Die folgenden Überlegungen sollen stattdessen zeigen, wie Pynchon eine den Naturwissenschaften entlehnte Gesetzmäßigkeit der Geschichte unterflicht. Zwar konstatiert ICKSTADT, mittlerweile sei es »almost fashionable to deny the relevance of the concept«[64], doch würde eine Diskussion kontrafaktischer Geschichtsdarstellung bei Pynchon ohne eine zumindest kursorische Berücksichti-

---

[61] Pynchon, Thomas: *Introduction*, S. xxiiff.
[62] Ibid., S. xxiv. Pynchon gibt an, seine Erzählung *Entropy* fungiere als Illustration eines Themas, welches einzig und allein als »abstract unifying agent« (Pynchon: Introduction, S. xxi) Handlung und Charaktere zusammenhalten muss. Entsprechend wird Adams' Theorie hier eher referiert: »Henry Adams, three generations before his own, had stared aghast at Power; Callisto found himself now in much the same state over Thermodynamics, the inner life of that power, realizing like his predecessor that the Virgin and the dynamo stand as much for love as for power; [...]. The cosmologists had predicted an eventual heat-death for the universe (something like Limbo: form and motion abolished, heat-energy identical at every point in it;« (Pynchon: Entropy, S. 69). Pynchon bewertet jenen frühen Versuch in der Rückschau als misslungen.
[63] Vgl. FREESE, PETER: *From Apocalypse to Entropy and Beyond*, S. 430f.
[64] ICKSTADT, HEINZ: *Plot, Conspiracy, and the Reign of Chance*, Anmerkung Nr. 7, S. 396. Zur Relevanz von Entropie in der amerikanischen Literatur der 1960er Jahre und in Pynchons Werk vgl. u. a. TANNER, TONY: *Everything Running Down* sowie SIEGEL, MARK R.: *Creative Paranoia*. Siegel definiert Entropie so: »Entropy, from the second law of thermodynamics, is the tendency of an ordered system – a chemical experiment, an isolated culture, or a universe – to become disordered or random because its energy is leveled [sic] and unavailable for work« (SIEGEL: Creative Paranoia, S. 40).

gung dieses Konzepts unvollständig erscheinen, selbst wenn Pynchon in *Gravity's Rainbow* kaum explizit auf dieses Prinzip eingeht und sein Wirken eher mittelbar zur Schau stellt.

Entropie wird im hier behandelten Fragekontext erst in der geschichtsphilosophischen Bedeutung, die Henry Adams ihr verliehen hat, relevant, denn diese ist es, die Pynchon für einen kontrafaktischen Geschichtsentwurf nutzbar macht. Pynchon rekurriert also mittelbar auf ein physikalisches Modell, welches abermals ein Telos der Geschichte bereitstellt, nämlich die fortschreitende Auflösung der bestehenden Verhältnisse im Chaos. Dezentralisierung und Auflösung auf der einen, Ordnung und Zusammenhang auf der anderen Seite sind die beiden einander antagonistisch zugeordneten Bewegungen, in denen Geschichte in *Gravity's Rainbow* konzeptualisiert wird. In der Entropie gelangen sie auf paradoxe Weise auch zu einer Synthese, denn schließlich stiftet sie zumindest ein gedankliches Prinzip zur Herleitung des fortschreitenden Zerfalls und entlastet von der für Charaktere wie Slothrop unerträglichen Vorstellung, von keinerlei Ordnung oder Gesetzmäßigkeit umgeben zu sein. Den historischen Dissolutionsprozess, der auf diese Weise scheinbar eine physikalische Fundierung enthält, reflektiert *Gravity's Rainbow* durch die zunehmende Ordnungslosigkeit in den Handlungs- und Figurenclustern. So wird die formale Anlage des Romans zum Äquivalent für den dargestellten historischen Prozess. Hierin hat der Text einen Vorläufer in Hermann Brochs *Schlafwandler*-Trilogie, in der die kultur-, sozial- und mentalitätsgeschichtlichen Veränderungen der strukturellen Komposition des Werkes entsprechen, das auf diese Weise formal die fortschreitende Fragmentierung eines ehemals stabilen Weltbildes wiedergibt.

Die Offenheit des Textes verweist in *Gravity's Rainbow* insgesamt auch auf die prinzipielle Offenheit der Geschichte. Die Form, die die Geschichte demnach nicht besitzt, wird in der unübersichtlichen Struktur des Romans reflektiert, doch transportiert das Werk darin zuletzt noch das zur Schau gestellte Wirkungsprinzip fortschreitender Auflösung und die Relevanz der Entropie erweist sich gerade an der Hauptfigur Slothrop. Dessen Desintegration spiegelt den Verlust des Zusammenhalts, der durch sinngebende Erklärungen der Geschichte gewährleistet wurde, und sein Name ist als Anspielung zu lesen – »the hero of *Gravity's Rainbow*, Tyrone Slothrop, could be made to reveal his essence anagrammatically, turning into ›Sloth or Entropy‹«[65], wie SALMAN RUSHDIE bemerkt hat.

---

[65] RUSHDIE, SALMAN: *Thomas Pynchon*, S. 356.

7.6 Technologieskepsis und Wirtschaftskritik als Motivation des Kontrafaktischen

Auch in Pynchons Roman lassen sich Ebenen der kontrafaktischen Darstellung geschichtlicher Vorgänge differenzieren. Während die Ereignis- bzw. Story-Ebene in *Gravity's Rainbow*, wie gezeigt wurde, in den zur Sprache gebrachten Konturen des historischen Kontextes der bekannten und überlieferten Geschichte korrespondiert, weicht die Plot-Ebene mit ihren Verschwörungstheorien, ihrer Evozierung metaphysischer Mächte und einer Deutung der Geschichte als dem Gesetz der Entropie unterworfenen Phänomen von der konsensgemäßen Auslegung ab, und substituiert sichtbare Ursachen historischer Konstellationen durch unsichtbare. »Pynchon's strategy is to assert the existence of connections where we have been taught, and therefore frequently see, discontinuity. This is the formal imperative of his work as well as his thematic content. The solid connections are networks of power that continue beneath all superficial boundaries with which we are familiar«[66], so TOLOLYANS Zusammenfassung der den Text bestimmenden Vorgehensweise des Autors. Erkennbar ist allerdings die Verquickung mit industriellen Prozessen, die nicht transzendental, sondern real und diesseitig sind, zumindest in ihren Auswirkungen. Zwar entzieht *Gravity's Rainbow* sich weit eher als *Der Butt* konventionalisierbaren Dechiffrierungen, doch werden, wenn die anfängliche Verstörung überwunden ist, auch in Pynchons kontrafaktischem Geschichtsentwurf Merkmale sichtbar, die auf ein dahinter liegendes Anliegen hindeuten. An dieser Stelle sei deshalb noch einmal an *Der Butt* erinnert: Beide deviierenden historischen Romane machen nicht den Geschichtsverlauf selbst zum Gegenstand der Deviation, sondern dessen kausale Verknüpfung und Erklärbarkeit. In beiden Romanen werden zudem geschichtssteuernde Kräfte auf Institutionen außerhalb des Menschen verlagert. Jene Instanzen, der Butt oder They, sind zugleich Stellvertreter bestimmter Prinzipien, sie werden allegorisiert. Grass' mit einer märchenhaften Ausgeburt überformte Konstruktion wurde häufig als genderrelevante, durch das Geschlechterverhältnis zu erklärende These, um die Geschichte zu deuten, gelesen. Der Butt fungiert als Verkörperung maskuliner Dominanz, durch die die Geschichte der Menschheit geprägt wurde. Pynchons Firma dagegen scheint auf die globale Macht industrieller Kartelle und sich verselbstständigender Technologien zu verweisen.

Die in den vorhergehenden Überlegungen schon indirekt ausgedrückte Vermutung, dass es Pynchon bei der Darstellung immenser Verschwörungsstrukturen und paranoider Weltsicht auch um die inhaltlich und formal multi-

---

[66] TOLOLYAN, KHACHIG: *War as Background in Gravity's Rainbow*, S. 60.

dimensionale Repräsentation einer vielfältig verflochtenen Weltordnung geht, deren Beschaffenheit durch moralische, nationale oder ideologische Positionierungen nicht angemessen wiederzugeben ist, wird in *Gravity's Rainbow* im Konnex zwischen Wirtschaftsinteressen und internationalen Kriegen sinnfällig. Ein geheimes Abkommen zwischen diversen Protagonisten des Großkapitals deutet der Erzähler an, wenn er zur Erklärung der ökonomischen Krise in der Weimarer Republik und der Inflation die Möglichkeit einer Industrieverschwörung ins Spiel bringt:

> Stinnes, while he lasted, was the Wunderkind of European finance. […] More than any one financier he was blamed for the Inflation. Those were the days when you carried marks around in wheelbarrows to your daily shopping and used them for toilet paper, assuming you had anything to shit. Stinnes's foreign connections went all over the world […]. The theory going around at the time was that Stinnes was conspiring with Krupp, Thyssen, and others to ruin the mark and so get Germany out of paying her war debts. (GR 284f.)

Diese Idee des Wirtschaftskomplotts setzt sich fort und windet sich als roter Faden durch die historischen Momente, auf die sich der Text bezieht und denen jeweils eine signifikante wirtschaftliche Bedeutung zukommt oder unterstellt wird. Die in den Roman integrierte Skizzierung des Opiumkrieges kann, der kolloquialen Stillage, in der sie gehalten ist, ungeachtet, als schematische Analyse der ökonomischen Prozesse und Prozeduren dienen, die Pynchon in der Geschichte am Werk sieht:

> This classic hustle is still famous, even today, for the cold purity of its execution: bring opium from India, introduce it into China – howdy Fong, this here's opium, opium, this is Fong – ah, so, me eatee! – no-ho-ho, Fong, you smokee, *smokee*, see? pretty soon Fong's coming back for more and more, so you create an inelastic demand for the shit, get China to make it illegal, then sucker China into a couple-three disastrous wars over the right of your merchants to sell opium, which by now you are describing as sacred. You win, China loses. Fantastic. (GR 346)

Hiernach handelt es sich um eine Neuinterpretation der Geschichte als von Wirtschaftsinteressen gesteuerter Prozess, dem die Individuen im Roman indessen nicht weniger wehrlos ausgesetzt sind als metaphysischen Gewalten:

> Don't forget the real business of the War is buying and selling. The murdering and the violence are self-policing, and can be entrusted to non-professionals. The mass nature of wartime death is useful in many ways. It serves as spectacle, as diversion from the real movements of the War. It provides raw material to be recorded into History, so that children may be taught History as sequences of violence, battle after battle, and be more prepared for the adult world. (GR 105)

Ihre am weitesten reichende Dimension nimmt die darin enthaltene Diagnose an, wenn sie in Szene 64 schließlich zur Begründung des Krieges ausgeweitet wird, der in anderem Zusammenhang bereits als Theater bezeichnet wurde. »The Germans-and-Japs-story was only one, rather surrealistic version of the real War. The real War is always there. The dying tapers off now and then, but the War is still killing lots and lots of people. Only right now it is killing them in more subtle ways. Often in ways that are too complicated, even for us, at this level, to trace« (GR 645). In diesen Zusammenhang fügt sich auch die oben angeführte Passage, in welcher auf den Geheimbund der Freimaurer angespielt wird, und in der die amerikanische Dollar-Banknote als Sinnbild globaler ökonomischer Potenz als Beweis für die Gültigkeit der unterstellten Verschwörung dient.

Ob solche Einschübe bei Pynchon ludischen oder kritischen Charakter haben, ist schwer zu entscheiden. Nimmt man letzteres an, wäre die tatsächliche Kausalität des Zweiten Weltkriegs in der Kaschierung wirtschaftlicher Transaktionen zu suchen. Pynchon unternimmt einiges, um die dokumentierten und sichtbaren Seiten der Geschichte, die seinen Figuren zugänglich sind, zu einer kollektiven Chimäre zu stilisieren, die auf die absichtsvolle Manipulation böswilliger Mächte zurückzuführen ist. Wenn sie konkrete historische Konstellationen betreffen – in *Gravity's Rainbow* die deutsche Inflation während der 1920er Jahre und den Zweiten Weltkrieg oder die Französische Revolution in *The Crying of Lot 49* – bleiben seine Konstruktionen allerdings wenig konkret, die Angaben gehen über Andeutungen nicht hinaus, und überlassen es den Interpreten, weiterführende Spekulationen anzustellen.

7.7 Zur Funktion des Phantastischen in *Gravity's Rainbow*

Dass der von Pynchon präsentierte fiktionale Erfahrungsraum sich nicht zur Gänze mit dem deckt, was als Leseerwartung an realistische Literatur herangetragen wird, wird schnell klar. Gegen die Maßgaben des Realismus verstoßen offensichtlich – auch ohne dass jene Maßgaben an dieser Stelle näher ausgeführt würden – etwa die immer wieder in Slapstick-Manier zu Ende gebrachten Episoden. Augenfällige Beispiele sind darüber hinaus die Einbrüche des Übernatürlichen in die Romanrealität. Die Erzählhandlung von *Gravity's Rainbow* wird unzählige Male durchkreuzt und von Anfang an geprägt durch »magic, myth, and the supernatural« und durch Anzeichen einer anderen »world Beyond the Zero: the Tarot deck, séances, the Kabbala, Masonic conspiracies, the myth of Atlantis, Brocken-specters, ›ice-saints‹ in the Rhine vineyards and mountain elves in the underground rocket works at Nordhausen, Pan, Judas, psychic mediums, astral voices, witchcraft and ghosts [...].«[67] Ein spezifisches Kennzeichen des von Pynchon entworfenen Geschichtsbilds und auch seiner Ästhetik besteht, wie bereits im Vorigen deutlich wurde, darin, dass die ominöse Macht, die hinter der vordergründigen Realität, d. h. bei Pynchon der Illusion derselben, nicht greifbar ist. ›They‹ operieren als Drahtzieher hinter der sichtbaren Geschichte, ähnlich dem Butt, doch verfolgen sie sichtlich ein Eigeninteresse, über dessen Beschaffenheit ebenfalls keine Klarheit hergestellt wird. Während bei Grass der Status eines mit den Naturgesetzen und der Erfahrungswirklichkeit nicht zu vereinbarenden Faktors eindeutig markiert ist – innerhalb der Erzählfiktion existiert der sprechende Butt –, ist dessen Äquivalent bei Pynchon unsicher. Ob ›They‹ existieren, ob gar eine Verbindung zu einer wie auch immer gearteteten Totenwelt besteht und ob die Geschichte ein Produkt ihrer Macht und Lenkung ist, lässt sich anhand der im Text enthaltenen Informationen nicht entscheiden. Anders als im Butt, wo die Gegenwart des Märchenfisches unter den Figuren keine Verwunderung hervorruft, ist der Status der spukhaften Erscheinungen und der Elemente des Übernatürlichen in Gravity's Rainbow großenteils unsicher. Nach TODOROVS einflussreicher Bestimmung entspricht diese Ambiguität dem Wesen der phantastischen Literatur. Abschließend geht es darum zu zeigen, dass der Roman Elemente des Phantastischen im Sinne TODOROVS aufweist und darum, deren Funktion für die kontrafaktische Konstruktion von Geschichte im Text zu klären.

»Das Fantastische impliziert also die Integration des Lesers in die Welt der Personen. Es definiert sich aus der ambivalenten Wahrnehmung der berichteten Ereignisse durch den Leser selbst«[68], so TODOROV. Paradigmatisch führt dieses Verfahren eine Episode in Szene 19 von Pynchons Roman vor Augen. Hier wird eine Seance im Berlin der 1920er Jahre geschildert und der Versuch, durch ein Medium mit Walter Rathenau zu kommunizieren, der zu diesem Zeitpunkt bereits tot ist. Ziel ist es, die Wahrheit über wirtschaftspolitische und historische Verquickungen in Erfahrung zu bringen. Der Erzählerstimme zufolge ist Rathenau gerade deshalb ein vielversprechender Kandidat für eine Kontaktaufnahme, weil er keines natürlichen Todes starb, sondern von politischen Gegnern ermordet wurde:

> Why do they want Rathenau tonight? What did Caesar really whisper to his protégé as he fell? Et tu, Brute, the official lie, is about what you'd expect to get from them – it says exactly nothing. The moment of assassination is the moment when power and the

---

[67] FOWLER, DOUGLAS: *A Reader's Guide to Gravity's Rainbow*, S. 52.
[68] TODOROV, TZVETAN: *Einführung in die fantastische Literatur*, S. 31.

> ignorance of power come together, with Death as validator. When one speaks to the other then it is not to pass the time of day with et-tu-Brutes. What passes is a truth so terrible that history – at best a conspiracy, not always among gentlemen, to defraud – will never admit it. The truth will be repressed or in ages of particular elegance be disguised as something else. (GR 164)

Abermals weisen die Andeutungen oder Offenbarungen (diesmal aus dem Jenseits) auf eine Verschleierungstaktik für die wahre Natur oder auf die eigentlich kausale Motivation eines historischen Ereignisses hin. Die Gültigkeit des allgemeinen Erfahrungshorizonts wird in Frage gestellt; die Andeutungen des Erzählers suggerieren, dass hinter der Geschichte eine unbekannte Kraft walte, deren Wesen sich den Anwesenden enthüllen soll:

> Thus the official version. Grandiose enough. But Generaldirektor Smaragd and colleagues are not here to be told what even the masses believe. It might almost – if one were paranoid enough – seem to be a collaboration here, between both sides of the Wall, matter and spirit. What *is* it they know that the powerless do not? What terrible structure behind the appearances of diversity and enterprise? (GR 165)

Die Szene bricht jedoch ab, bevor sich die von den Anwesenden – verschiedene Größen der Schwerindustrie und Politik – angerufene Macht aus dem Jenseits in eindeutiger Weise als wahre geschichtssteuernde und -verursachende Kraft offenbaren kann. Eine plötzliche Wendung ins Burleske[69] nimmt der Episode nicht nur die Ernsthaftigkeit der Darstellung, sie verhindert auch eine eindeutige Auflösung. Pynchon versucht nicht, die numinosen Kräfte und Erscheinungen in der Erzählhandlung historisch plausibel herzuleiten. Ex negativo erklärt auch LARS GUSTAFSSON gerade hieraus die Qualität des Phantastischen in literarischen Texten.

> Das Gegenteil zu dem Erlebnis, das die phantastische Kunst enthält, ist das Erlebnis, das uns sagt: *Das hier ist nichts anderes als ...* und danach das Unbekannte auf etwas Bekanntes zurückführt. Das Gegenteil zu der phantastischen Mentalität muß man also in einer Sicht der Welt suchen, worin die grundlegende stillschweigende Übereinkunft darauf hinaus läuft, daß sich unbekannte Phänomene auf bekannte *reduzieren* lassen.[70]

---

[69] Vgl. FOWLERS Kommentar zu Pynchons Verfahren in dieser Szene in FOWLER, DOUGLAS: *A Reader's Guide to Gravity's Rainbow*, S. 132: »Having nowhere else to go with his prophesies, and unable to ›reveal‹ more of the Other Kingdom, Pynchon closes out the scene with a weak joke.« Der schwache Witz, den FOWLER meint, besteht darin, dass einer der Seance-Gäste, nämlich »Heinz Rippenstoss, the irrepressible Nazi« (GR 167), an das Medium die Frage richtet: »»Herr Rathenau? Could you tell me one thing?‹ [...] ›Is God really Jewish?‹« (GR 167).
[70] GUSTAFSSON, LARS: *Über das Phantastische in der Literatur*, S. 21.

In *Gravity's Rainbow* ist dies nicht möglich. Pynchon vermeidet eine allzu deutliche, die unter der Oberfläche verborgenen Zusammenhänge betreffende Proposition, die Ambiguität der Aussage bleibt auch hier bestehen. Hieraus resultieren die Irritationseffekte, die in *Gravity's Rainbow* allenthalben vorkommen. Die Unschlüssigkeit, die hinsichtlich der auf übernatürliche Einwirkungen in die historischen Prozesse hindeutenden Phänomene besteht, hängt nicht zuletzt mit dem Kontrast zwischen den dargebotenen Beobachtungen und ihrer Brechung im paranoiden Bewusstsein zusammen. Die Zuverlässigkeit der Erzählerinstanz im Roman ist nicht zu bestimmen und verweigert auch während der scheinbar objektiven Passagen die Auflösung von Ambivalenzen und Unstimmigkeiten. Diese Erzählhaltung korrespondiert dem Roman inhärenten Geschichtsbild. In *Gravity's Rainbow* wirkt die Geschichte, sei es als Ausgeburt der Kriegsmaschinerie und des Geheimdienstwesens, sei es als noch abstrakterer metaphysischer und systemischer Prozess auf die Figuren ein, die ihr machtlos gegenüberstehen. Diese Machtlosigkeit einzelner Menschen, die jeweils nur Teil eines Gefüges sind, das sie nicht durchschauen, wird durch die weder definitiv als übernatürlich noch als rational auflösbaren Einbrüche des Phantastischen in ihren Erfahrungsraum unterstrichen.

Pynchons polyhistorischer Roman belegt, dass kontrafaktische Geschichtsentwürfe innerhalb eines hochkomplexen epischen Werks erzählbar werden. Ein den Roman bis zu seiner strukturellen Diffusion im letzten Teil hin prägendes Merkmal ist die Unterminierung des Sichtbaren, wie sie in den oben stehenden Abschnitten untersucht wurde. Sie erfolgt sowohl auf der intradiegetischen Ebene als auch jenseits der Grenzen des Textes, betrifft also gleichermaßen die Figuren, die in ihrer Wahrnehmung der Wirklichkeit verunsichert werden, wie den Leser, dem die ihm bekannte Welt als Projektion vorgeführt wird. Stets werden untergründige Prozesse angedeutet, deren Ergebnisse an der Oberfläche sichtbar werden, sich mithin als Geschichte manifestieren, ohne dass dieselben Ergebnisse indessen als Produkt jener Prozesse zu erkennen sind. Stattdessen überlagert die Annahme von Kausalitäten, die von Pynchons Erzähler als fingiert gekennzeichnet werden, die eigentlichen Ursachen historischer Konstellationen. SANDERS weist darauf hin, dass Pynchons Leser auf ähnliche Weise auf Distanz gehalten werden wie seine Figuren, die ebenfalls Bruchstücke als Indikatoren für die Existenz einer sinnvollen Ordnung zu deuten und zusammenzusetzen versuchen.[71] Dass ein solcher Vergleich zulässig ist, geht aus der Art und Weise hervor, in der im Text auf die Erwartung des Publikums angespielt und ein

---

[71] Vgl. SANDERS, SCOTT: *Pynchon's Paranoid History*, S. 142.

eigener Modell-Leser entworfen wird, den die Erzählerstimme direkt adressiert: »You will want cause and effect. All right« (GR 663). Diese Mutmaßung ist gleichzeitig eine Leseanweisung, die Vorgabe für eine Lektüre, die als nachvollziehender Rezeptionsvorgang die textintern zur Verfügung gestellten, fragmentarisierten Sinngebungsangebote aufgreift und zu kohärenten Schemata verknüpft. Daraus ergibt sich eine spezifische Poetik des Kontrafaktischen, die durch die Konstruktion eines eigenwilligen, hinter den sichtbaren Anteilen Geschichte wirkenden Plots von sachlichen und rationalen, textäußeren Geschichtsvorstellungen maßgeblich abweicht.

8. Das fehlende Glied der Geschichte – Thomas Brussigs *Helden wie wir*

In Thomas Brussigs 1995 erschienenem Roman *Helden wie wir* verkündet der Ich-Erzähler Klaus Uhltzscht: »Ja, es ist wahr. Ich war's. Ich habe die Berliner Mauer umgeschmissen« (Helden 7). Dem Roman ist zusätzlich zu seinem großen Erfolg beim Publikum innerhalb der deutschen Literatur bereits rasch eine gewisse Kanonisierung beschieden gewesen. In zahlreichen Rezensionen wurde das Werk als ›Wenderoman‹ rubriziert,[1] eine dem Sujet geschuldete Lesart, die bislang auch die meisten Forschungsbeiträge prägt.[2] Es handelt sich dabei um eine Zuschreibung, die erst mit dem politischen Ereignis, das der Text literarisch reflektiert, entstehen konnte und dem in der deutschsprachigen Nachkriegsliteratur wohl kaum vergleichbare Phänomene an die Seite zu stellen sind, da

---

[1] Vgl. u. a. DIECKMANN, CHRISTOPH: *Klaus und wie er die Welt sah. Der junge Ostberliner Autor Thomas Brussig hat den heißersehnten Wenderoman geschrieben;* LÖHNDORF, MARION: *Wer hat die Mauer umgeschmissen? Thomas Brussigs Wenderoman ›Helden wie wir‹.* Diese Zuschreibung setzte sich in Besprechungen der Bühnen- und Kinoadaptionen des Textes fort. Vgl. u. a. GWALTER, MAJA E.: *DDR – fortgelacht. Thomas Brussigs Wenderoman als Bühnenstück in Berlin.*

[2] Vgl. u. a. SYMMANK, MARKUS: *Muttersprache. Zu Thomas Brussigs Roman ›Helden wie wir‹,* S. 177: »Man hatte es mit einem Wenderoman zu tun, der nach dem Geschmack berufener und geneigter Leser geraten war.« *Helden wie wir* wird häufig mit anderen so genannten ›Wenderomanen‹ vergleichend untersucht, so bei HOLLMER zusammen mit Thomas Hettches *Nox,* bei KUHNAU mit Gritt Poppes *Andere Umstände* und bei PETRA FACHINGER mit Kerstin Jentzschs *Seit die Götter ratlos sind.* Dies unterstreicht die Einordnung des Textes unter dem Gesichtspunkt des Sujets ›Deutsche Einheit‹. Vgl. HOLLMER, HEIDE/ALBERT MEIER: *›Wie ich das mit der Mauer hingekriegt habe‹. Der 9. November 1989 in Thomas Brussigs ›Helden wie wir‹ und in Thomas Hettches ›Nox‹* und KUHNAU, PETRA: *Geschichte und Geschlecht. Thomas Brussigs ›Helden wie wir‹ und Gritt Poppes ›Andere Umstände‹ zwischen Pathos und Ironie.* Für HANS-JÖRG KNOBLOCH bedeutet Brussigs Beitrag zu diesem Genre bereits dessen Überwindung. Er schreibt: »Den Ausverkauf dieses Genres hat schon [...] Thomas Brussig betrieben, erst kalauernd in *Helden wie wir,* dann sentimental in *Am kürzeren Ende der Sonnenallee* [...]« (KNOBLOCH: *Deutsche Einheit im Roman?,* S. 23). Ferner behandeln einige Monographien den Roman im größeren Zusammenhang des Themenkomplexes ›Literatur und Wiedervereinigung‹, so u. a. BROCKMANN, STEPHEN: *Literature and German Reunification;* BREMER, ULRIKE: *Versionen der Wende: Eine textanalytische Untersuchung erzählerischer Prosa junger deutscher Autoren zur Wiedervereinigung;* NEUHAUS, STEFAN: *Literatur und nationale Einheit in Deutschland.*

kein historisches Ereignis ähnlich rasch eine Resonanz in der Literatur erzeugt hat, die eine Art stofflich bestimmtes Genre initiierte.[3]

Auch *Helden wie wir* enthält eine Fülle von Details, die die Lebenswirklichkeit einer Gesellschaft während eines bestimmten historischen Abschnitts präzise wiedergeben oder sie metonymisch repräsentieren. HEIDE HOLLMER konstatiert diesbezüglich, dass Brussigs Roman seiner grotesken und satirischen, bis zur Verfremdung überzeichneten Elemente ungeachtet, frappierend realistisch wirke,[4] folgert aber, das Werk sei »trotz des zeitgeschichtlichen Dekors, trotz des politischen Stoffs kein historischer Roman im herkömmlichen Sinne«[5], und auch RACHEL HALVERSON bemerkt: »*Helden wie wir* is far removed from the genre of historical fiction, which does provide its readers with personalized, yet believable accounts of historical events.«[6] Das hier zum Ausdruck kommende Verständnis historischen Erzählens gründet auf der Glaubwürdigkeit der fiktionalen Vorgänge. Sie geht für die meisten Leser wohl spätestens dort verloren, wo die Alltagsschilderungen aus dem Leben des Jugendlichen enden und dessen Version vom Abend des 9. Novembers ausführlicher erzählt wird, wo also das Zustandekommen des Mauerfalls zur Sprache kommt.

Der Protagonist und Erzähler Klaus Uhltzscht schildert seine Lebensgeschichte einem Reporter der *New York Times*. Weil er beim Versuch, seine Autobiographie zu schreiben, während zwei Jahren über die schriftliche Formulierung eines ersten, einleitenden Absatzes nicht hinausgelangt ist, ergreift er die Gelegenheit zum mündlichen Bericht und kündigt, angeblich im Bewusstsein seiner historischen Verantwortung, im Interview mit einem amerikanischen Journalisten an, dass seine Bekenntnisse die noch fehlenden »Mosaiksteine der historischen Wahrheit« (Helden 8) enthielten. Der Roman gibt sich hierdurch, freilich im Gerüst der Erzählfiktion, den Anschein, die bis dahin unbekannt gebliebenen, wahren Zusammenhänge eines historischen Geschehens zu offenbaren, und

---

[3] Sofern die Existenz der DDR als schon historisch gewordenes Faktum deutscher Geschichte bewertet wird (und diese Einschätzung wird durch die politische Entwicklung in jeden Fall gerechtfertigt), fügen sich auch Brussigs zunächst unter Pseudonym veröffentlichter Debütroman *Wasserfarben* (1991) und die später entstandenen Romane *Am kürzeren Ende der Sonnenallee* (1998) und *Wie es leuchtet* (2004) in einen Zusammenhang, der sich aus einem in allen genannten Texten erzählend behandelten Themenkomplex ergibt. Unter diesem Gesichtspunkt ließe sich die Bearbeitung historischer Stoffe auch bei Brussig als Konstante in seiner literarischen Produktion ansehen, obschon die Werkbiographie Brussigs im Vergleich mit denen der bisher behandelten Autoren Grass und Pynchon um einiges kürzer und ein ähnlich umfassender Werkkontext noch nicht vorhanden ist.

[4] Vgl. HOLLMER, HEIDE: *The next generation*, S. 112.

[5] Ibid., S. 113.

[6] HALVERSON, RACHEL J.: *Comedic Bestseller or Insightful Satire*, S. 103.

referiert damit bereits auf einen Sachverhalt in einem externen Referenzfeld, dessen Überschreibung durch den Text in Aussicht gestellt wird. Sein Wissen enthüllt Uhltzscht in scheinbar freier mündlicher Rede, die der Reporter auf sieben Tonbändern aufgezeichnet hat, ohne sich dabei ein Mal selbst zu Wort zu melden. REINHARD K. ZACHAU spricht von einer »humorvollen und spielerischen postmodernen Erzählhaltung«.[7] Eine postmoderne Qualität, so sie denn vorhanden ist, erhält Brussigs Roman jedoch weit eher durch seine Handhabung des historischen Materials. Sie verweist auf eine Haltung gegenüber dem geschichtlichen Stoff, die, wenn sie im Kontext der Postmoderne gelesen werden soll, als Indikator für die Auflösung des Glaubens an stabile Fakten fungieren mag und in diesem Sinne als »implicit criticism not only of the tremendous role of interviews with average citizens in explicating the demise of the German Democratic Republic, but also of historical accounts«[8] gelten kann.

Mit seiner Ankündigung[9], die allgemein vorherrschende Auffassung über Umstände, die zum Fall der Berliner Mauer führten, richtig zu stellen, bereitet Brussigs Erzähler eine jenseits der Fiktion nicht anschlussfähige Version eines historischen Sachverhalts von intersubjektiver Bedeutung und Bekanntheit vor.

---

[7] ZACHAU, REINHARD K.: ›Das Volk jedenfalls war's nicht!‹ Thomas Brussigs Abrechnung mit der DDR, S. 387. Ganz im Gegensatz zu ZACHAU, der für den Text dessen Zugehörigkeit zu einer postmodernen Ästhetik reklamiert, befinden HOLLMER/MEIER, Brussigs Roman sei »[k]onventionell erzählt[e]« (HOLLMER/MEIER: ›Wie ich das mit der Mauer hingekriegt habe‹, S. 115). Als Argument für die Zugehörigkeit zum Kontext postmodernen Erzählens gelten weiterhin die im Roman angewandten intertextuellen Verfahren. Sie betreffen sowohl markierte als auch unmarkierte Anspielungen auf andere literarische und wissenschaftliche Texte, darunter zahlreiche Werke von Christa Wolf, insbesondere *Was bleibt* und *Der geteilte Himmel*, so wie die expressis verbis wiedergegebene Rede vom 4. November 1989, Philip Roths *Portnoy's Complaint*, John Irvings *The World According to Garp* und nicht zuletzt Sigmund Freuds *Abhandlungen zur Sexualtheorie* sowie Siegfried Schnabls Aufklärungswerk *Mann und Frau intim*. Zu den literarischen Vorlagen des Romans vgl. GEBAUER, MIRJAM: *Milieuschilderungen zweier verrückter Monologisten: Philip Roths Protnoy's Complaint als Vorbild für Thomas Brussigs Helden wie wir*. Eine intertextuelle Bezugnahme, die m. E. bislang übersehen worden ist, ist die auf Rushdies Roman *Midnight's Children*, in welchem die Verknüpfung zwischen dem Körper des Erzählerhelden und der Geschichte seines Landes wie in *Helden wie wir* leitmotivisch thematisiert und zur Erklärung und Illustration historischer Vorgänge benutzt wird.

[8] HALVERSON, RACHEL J.: *Comedic Bestseller or Insightful Satire*, S. 98.

[9] SIMANOWSKI sieht hier einen Kunstgriff der Spannungsliteratur am Werk, mit welchem der Autor eine Erwartung schürt, die erst an fortgeschrittener Stelle im Text eingelöst wird: »[...] schließlich war es Klaus Uhltzschts Riesending, durch das die Mauer fiel. Wie das geschah, liest man auf den letzten Seiten, angekündigt war die Erklärung auf einer der ersten. Ein alter Trick, man kennt das: ... und nach der Werbung erfahren Sie, wer die kleine Katrin zersägt hat« (SIMANOWSKI: Die DDR als Dauerwitz?, S. 157).

Sie lautet dahingehend, dass der Erzählerheld durch eine geschickte Selbstentblößung einige Grenzsoldaten der DDR am 9. November 1989 dazu veranlasst haben will, den Grenzübergang zu öffnen und deshalb für den Fall der Berliner Mauer verantwortlich ist. Auf die dem Roman inhärente Poetik des Kontrafaktischen weist der Erzähler selbst hin, wenn er resümiert: »*Was* ich Ihnen erzählt habe, hat sich ja alles so zugetragen, aber *wie* ich es Ihnen erzählt habe ...« (Helden 312). Als Bausteine der diesem Fazit vorausgegangenen kontrafaktischen Geschichtsdarstellung werden das Ereignis und seine Ursache benannt, ersteres durch ›was‹, letztere durch ›wie‹, wobei das Gewicht auf diese Ursache verlagert wird. *Helden wie wir* thematisiert das bekannte Ereignis des Mauerfalls und versieht es mit einer kontrafaktischen Kausalität und Deutung. Unter welchen Voraussetzungen und mit welcher Absicht dies geschieht, soll nachfolgend erörtert werden.

8.1 Zeitgenossenschaft und Medien

Gegen Ende des Romans rühmt sich Klaus Uhltzscht noch einer außergewöhnlichen Leistung. Er will nicht nur den Mauerfall verursacht haben, sondern auch das Wort des Jahres geprägt und in Umlauf gebracht haben, als er in das Mikrofon eines Kamerateams sprach: »*Waaahnsinn!* Jawohl! Ich war's! Auf der Bornholmer Brücke am 9. November 1989; ein Vierteljahr später hatte ich es amtlich von der *Deutschen Sprachgemeinschaft* in Darmstadt«[10] (Helden 320). Möglich gemacht wird diese Behauptung durch die Präsenz von Fernsehkameras, die die politisch bedeutsamen Ereignisse im Augenblick ihres Zustandekommens durch hoch entwickelte Technik dokumentieren und aufgrund derer HUBERTUS VON AMELUNXEN im »Niederbruch der Mauer das erste global televisuell mediatisierte historische Ereignis«[11] erkennt. ELKE BRÜNS rekurriert, um dieses Phänomen zu erläutern, auf PAUL VIRILIO, wenn sie feststellt: »Die TV-Revolution von 1989 läßt sich mit Paul Virilios Begriff als ›Übertragungsrevolution‹ charakterisieren, an der als Echtzeit-Ereignis via Fernsehen global alle gleichzeitig teilhaben.«[12] Dieser Umstand hat für literarische Texte, die dieses Ereignis thematisieren, eine unmittelbare produktionsästhetische Relevanz, denn das Vorhandensein von Foto- und Filmdokumenten schafft eine neuartige

---

[10] Auch hierin ist eine Parallele zu *Midnight's Children* zu erkennen, rühmt sich doch Rushdies Erzählerheld der Art und Weise »in which I provided the language marchers with their battle-cry« (MC 238).

[11] AMELUNXEN, HUBERTUS VON: *Vorwort*, S. 8.

[12] BRÜNS, ELKE: *Nach dem Mauerfall*, S. 79.

Konkurrenzsituation. Hieraus ergibt sich eine fundamentale Problematik, die die Möglichkeit historischen Erzählens als solche betrifft. »Ein Historien-Dichter unserer Tage hat die Historie [...] zu scheuen, weil er zumindest der Zeitgeschichte doch nur in Gestalt medialer Bilder habhaft zu werden vermag«[13], so die Folgerung, die HOLLMER und MEIER formulieren. Während die Verarbeitung historischer Stoffe, die etwa der antiken oder mittelalterlichen Geschichte entnommen sind, noch relativ frei geschehen kann, ist eine ähnlich freie Annäherung an den Fall der Berliner Mauer nicht möglich, denn für Romane, die dieses inzwischen historische Thema behandeln gelte, so HOLLMER und MEIER weiter, von »dem, was alle genauestens vor Augen haben und von Anfang an auch medial generierte Wirklichkeit war, läßt sich [...] nicht so erzählen, als wüßte keiner mehr, wie es einst ›ausgesehen‹ hat.«[14] Das Bewusstsein für den Anteil der Massenmedien an jenem historischen Moment zeigt sich in der Literatur auch darin, dass selten unverstellte Repräsentationen existieren, sondern dass stattdessen das Erlebnis als Nachvollzug der Darstellung in den Medien erscheint.

In welcher Weise die Literatur zum Spiegel dieses Medienphänomens geworden ist, kann an dieser Stelle ein Seitenblick auf einige Beispiele veranschaulichen: Zadie Smith schildert in ihrem Roman *White Teeth* (2001), wie räumlich weit entfernte Zuschauer simultan an dem Geschehen in Berlin partizipieren, und erzählt, wie eine Immigrantenfamilie in London die Übertragung der Ereignisse in Berlin als ›An Historic Occasion‹ wahrnimmt. Diese Figuren verfolgen die in das übrige Unterhaltungsprogramm eingebetteten Vorgänge am Bildschirm:

10 November 1989
A wall was coming down. It was something to do with history. It was *an historic occasion*. No one really knew quite who had put it up or who was tearing it down or whether this was good, bad or something else; no one knew how tall it was, how long it was, or why people had died trying to cross it or whether they would stop dying in the future, but it was educational all the same; as good an excuse for a get-together as any. It was a Thursday night, Alsana and Clara had cooked, and everybody was watching history on TV. [...] Alsana snatched the remote control and squeezed in between Clara and Archie. [...] ›That's what I try and tell the boy. Big business. Tiptop historic occasion. When your own little Iqbals tug at your trousers and ask you where were you when – ‹ ›I'll say I was bored shitless watching it on TV.‹[15]

---

[13] HOLLMER, HEIDE/ALBERT MEIER: ›*Wie ich das mit der Mauer hingekriegt habe*‹, S. 112.
[14] Ibid., S. 113.
[15] Smith, Zadie: *White Teeth*, S. 237f.

> They sat quietly for a moment while Archie's thumb flicked adeptly through *An Historic Occasion, A Costume Drama Set in Jersey, Two Men Trying to Build a Raft in Thirty Seconds, A Studio Debate on Abortion*, and back once more to *An Historic Occasion*. Click. Click. Click. Click. Click.[16]

Zadie Smith liefert in ihrem Roman eine Außenperspektive auf die Vorgänge, indem sie deren Wahrnehmung durch Angehörige eines nicht-deutschsprachigen Kulturkreises fiktionalisiert. Aber auch Zeitgenossen, die näher am Ort des Geschehens waren, entscheiden sich bei der Darstellung häufig dafür, die Momente als Fernsehereignis zu gestalten, selbst dann, wenn wie bei Grass in *Mein Jahrhundert* in der entsprechenden Episode der Autor persönlich als Zeuge spricht:

> Während wir uns, nun schon mit froher Botschaft im Herzen, Behlendorf näherten, lief im sogenannten ›Berliner Zimmer‹ des Bekannten meines Bekannten mit fast auf Null gedrehtem Ton das Fernsehen. Und während noch die beiden bei Korn und Bier über das Reifenproblem plauderten, [...] fiel meinem Bekannten mit kurzem Blick in Richtung tonlose Mattscheibe auf, daß dort offenbar ein Film lief, nach dessen Handlung junge Leute auf die Mauer kletterten, rittlings auf derem oberen [sic] Wulst saßen und die Grenzpolizei diesem Vergnügen tatenlos zuschaute. Auf solche Mißachtung des Schutzwalls aufmerksam gemacht, sagte der Bekannte meines Bekannten: ›Typisch Westen!‹ Dann kommentierten beide die laufende Geschmacklosigkeit – ›Bestimmt ein Kalter-Kriegs-Film‹ – und waren bald wieder bei den leidigen Sommerreifen und fehlenden Winterreifen.[17]

Nicht als Film, sondern als Hörspiel fassen in Brussigs Roman *Wie es leuchtet* (2004) einige Figuren eine Radioübertragung der Vorgänge in Berlin auf.

> Er stellte das Radio an, um Nachrichten zu hören, doch es kamen keine. Als er aufgegessen hatte, ging er ins Wohnzimmer und sagte: ›Die Mauer ist auf.‹ Barbara schaltete das Radio ein: Jubel an den Grenzübergängen, Trabis auf dem Ku'damm, Glücksgesänge am Brandenburger Tor. [...] Dann erklärte Ralf, daß man sich wohl nicht getroffen habe, um ein Hörspiel zu hören, jawohl, ein Hörspiel. Es habe schon früher Hörspiele gegeben, welche die Fiktion wie ein reales Ereignis behandelten, und subalterne Hörer, die darauf reingefallen sind. Schon Orson Welles Krieg-der-Welten-Hörspiel klang plausibel. Die Schar einigte sich darauf, ein Hörspiel zu hören, für einen Moment aber tatsächlich geglaubt zu haben, die Mauer sei gefallen.[18]

Sowohl bei Grass als auch bei Brussig wird also – den Welles'schen Kunstgriff gleichsam kognitiv umkehrend – Realität als Fiktion wahrgenommen, die von

---

[16] Smith, Zadie: *White Teeth*, S. 242f.
[17] Grass, Günter: *Mein Jahrhundert*, S. 333f.
[18] Brussig, Thomas: *Wie es leuchtet*, S. 97.

den Medien übertragene Revolution wird von den Figuren nicht als Realität erkannt.

In Jörg-Uwe Albigs Roman *Land voller Liebe* (2006) konstatiert der Ich-Erzähler die Übernahme von Revolutionen durch das Fernsehen als politische Signatur des Jahrzehnts und bemerkt: »Für Revolutionen, das wussten alle, war die Unterhaltungselektronik zuständig.«[19] Konsequenterweise schildert der Text Ereignisse, die 1989 in Deutschland stattfinden, als Ausschnitte dessen, was die Erzählerfigur aus dem Fernsehen erfährt. Der Unterschied zu den bis hierher angeführten Beispielen besteht darin, dass die Wende gewissermaßen in entgegengesetzter Richtung stattfindet. In Albigs Roman ist das Szenario folgendes: Nicht die DDR wird aufgelöst, sondern die BRD. Die Montagsdemonstrationen finden in Hamburg statt und die Ausreisewelle geht von Westen nach Osten. Albig entwirft also eine kontrafaktische Ereignisgeschichte, als deren Nucleus das Jahr 1989 fungiert, und auch diese ist als TV-Revolution gezeichnet:

> Die Wende erwischte mich hinterrücks, als ich gerade nicht hinsah; ein Schulterklopfen, das auch ein Schlag in den Nacken sein konnte. Auf dem Fernseher der Bofetada war nicht viel zu erkennen. Die Bilder waren dunkel, schwankten in infraroter Nacht. An der Bar entstand Lärm, irgendein Streit; ein Mann mit Hut zog den Wirt an der Nase. Ich lauschte dem Fernsehton hinterher; ich hörte nur Knurren, die drohend rollenden ›r‹s. Das einzig Gewisse waren die gelblichen Untertitel: HAMBURGO, ALEMANIA OCC. [...] Die Bilder im Fernsehen sahen aus wie Geschichte; wie Landung in der Normandie, wie Zeppelinabsturz. Ich folgte den schnellen, ruckenden Stummfilmbewegungen und dachte an Eisenstein; Amateuraufnahmen. Der Ton war übersteuert; das flatternde Kreischen aus dem Gerät mischte sich mit dem Zetern der Gäste. Ich sah, wie Frauen auf Polizisten einschrien, ihre schlotternden Wangen. Ich verstand nicht, was sie riefen; ich hörte nur das spanische Rollen des Kommentars, selbstgewiss und heroisch. [...] Im Bildhintergrund erkannte ich den Alsterspringbrunnen. Ich sah junge Männer in Jeansanzügen, die auf die Kamera zutanzten, die Arme weit, sah Menschenklumpen, die sich in Zeitlupe ineinanderschoben.[20]

Albigs Roman reflektiert dieselbe Problematik wie die anderen zitierten fiktionalen Mauerfalldarstellungen, nämlich dass die Zeugenschaft des fiktiven Zeitgenossen, der als Erzähler auftritt, in Frage gestellt wird durch eine unvergleichbar breite und dichte Fülle von Dokumenten.

Auch Brussigs ostentativ kontrafaktische Mauerfallerzählung lässt sich als Reaktion auf die mediale Besetzung des Tatsächlichen lesen. Dass Geschichtsschreibung und Medien durch Selektion, Perspektivierung und Montage jeweils

---

[19] Albig, Jörg-Uwe: *Land voller Liebe*, S. 80.
[20] Ibid., S. 69f.

auf ihren Gegenstand einwirken, ist eine Einsicht, die in *Helden wie wir* indessen nicht als genuiner Befund ausgewiesen, sondern gleichsam vorausgesetzt wird. Die Inkommensurabilität von Wirklichkeit und Mediendarstellung wird in *Helden wie wir* auch nicht in kritischer Absicht allein den Medien und deren Verbreitungstechnologien zur Last gelegt, die ›falsche‹ Darstellung rührt hier zunächst von einer Vorstellung der beteiligten Akteure vom Abend des 9. Novembers 1989, die ihre Auffassung vom Hergang der Ereignisse in der Darstellung der Medien gerade bestätigt finden. Dass hier eine nachträgliche Konstruktion durch die vermittelnden Vorgänge des kollektiven Erinnerns stattgefunden hat, macht der Text ebenfalls deutlich. Erhellend lesen sich diesbezüglich einige Überlegungen ASTRID ERLLS über die Rolle von Medien für das kollektive Gedächtnis und dessen Geschichtsbilder:

> Medien sind keine neutralen Träger von vorgängigen gedächtnisrelevanten Informationen. Was sie zu enkodieren scheinen – bestehende Wirklichkeits- und Vergangenheitsversionen, Werte und Normen, Identitätskonzepte – konstituieren sie vielmals erst. [...] Die erinnerungskulturell wirk- und bedeutsamen Vergangenheiten sind also (anders als das historische Geschehen) den Medien nicht äußerlich. Es sind mediale Konstrukte.[21]

So wirken das gesellschaftliche Selbstbild und dessen Absicherung durch das kollektive Gedächtnis und schließlich das Fernsehen als Bildgeber bei der Konstruktion einer überindividuell gültigen Sicht und Deutung des historischen Geschehens, wie auch *Helden wie wir* zeigt, zusammen.

Brussigs Roman entsteht unter der Voraussetzung, dass die von den Massenmedien verbreiteten Bilder die intersubjektiv gültige Version vom Ende der DDR bestimmen. Entsprechend referiert auch *Helden wie wir* auf als weithin bekannt vorausgesetzte Bilder:

> Aber wie miesepetrig ich auch bilanziere – der Weg war frei für einen der glücklichsten Augenblicke deutscher Geschichte; seltene Momente *unschuldigen* Glücks, Sie kennen die Bilder: Sektparties am Brandenburger Tor, Ritt auf der Mauerkrone, Happenings mit Hammer und Meißel. Alle freuten sich und keiner hatte begriffen, was wirklich passiert war [...] (Helden 319).

Mit seiner kontrafaktischen Darstellung tritt Brussigs Roman notwendigerweise auch gegen die Fernsehbilder an, die jene offizielle Version bestätigen.[22] Indem

---

[21] ERLL, ASTRID: *Medium des kollektiven Gedächtnisses*, S. 5.
[22] Zur Auseinandersetzung mit fotografischen und filmischen Bildern bei Brussig und deren Funktionalisierung für das historische Erzählen vgl. WIDMANN, ANDREAS MARTIN: »*Und wann war Geschichte je so fotogen wie beim Mauerfall?*«, S.339ff.

Brussig jedoch in seiner Fiktion Uhltzscht ebenfalls in den Fernsehbildern unterbringt, verifiziert er dessen Darstellung aufs Neue durch Bilddokumente. Schließlich ist der Reporter dem Helden durch die Auswertung von Videobändern auf die Spur gekommen und Uhltzscht möchte sich seinerseits der Medien bedienen, um die neue und wahre Version bekannt zu machen: »Sie sagten am Telefon, daß Sie durch die Analyse von Videomaterial auf mich gestoßen wären. Was soll ich da noch leugnen« (Helden 7). Die Videoaufzeichnungen, von denen im Roman die Rede ist, zeigen einen Teilausschnitt, der den Schlüssel zur Erklärung der Grenzöffnung enthält und ergänzen so die anderen Bilder. Sie widersprechen ihnen nur dahingehend, dass sich in den abgebildeten Demonstrierenden nicht länger die Ursache für den Mauerfall manifestiert. Brussig authentifiziert Uhltzschts Aussagen gleichsam vorab, indem er seine Figur in der Fiktion zum Teil eines Medienereignisses macht, ihn den Filmaufnahmen einschreibt und so die abweichende Version durch ein fiktionales Dokument stützt. Von einer Kamera erfasste und festgehaltene Bildaufzeichnungen werden also in *Helden wie wir* zum Beweis für eine kontrafaktische Erklärung eines historischen Ereignisses; das Videomaterial fungiert als Quelle, die den Bericht des Ich-Erzählers bezeugt. Damit macht Brussig sich zur Fundierung seiner kontrafaktischen Mauerfallerzählung eine kognitive Erscheinung zu Nutze, die als Folge der schon seit längerem selbstverständlich gewordenen Allgegenwärtigkeit und Verfügbarkeit von Kameraaufnahmen anzusehen ist, und die SUSAN SONTAG in ihren Überlegungen zum Bildmedium Fotografie wie folgt beschrieben hat:

> In a modern society, images made by cameras are the principal access to realities of which we have no direct experience. And we are expected to receive and to register an unlimited number of images of what we don't directly experience. The camera defines for us what we allow to be ›real‹ – and it continually pushes forward the boundary of the real.[23]

Innerhalb der sprachlich-narrativen Repräsentation eines historischen Geschehens rekurriert der Text auf eine Qualität von Kameraaufnahmen, die die kontrafaktische Aussage belegt.[24]

Brussigs Roman stellt nicht nur ein zentrales historisches Ereignis in den Mittelpunkt, er thematisiert auch dessen Aufnahme, Verarbeitung und Wiedergabe in der Geschichtsschreibung, als deren erste Instanz die Massenmedien wirken. Er reagiert auf die Gegebenheit einer medial geprägten Wirklichkeit und

---

[23] SONTAG, SUSAN: *Photography: A Little Summa*, S. 125.
[24] Eine vergleichbare Strategie verfolgt Philip Roth in *The Plot Against America*. Vgl. dazu Kapitel 10.4.2 der vorliegenden Arbeit.

lässt seinen Erzähler die Wahrheit, die er zu verkünden hat, selbstverständlich auch den Medien überantworten, im vollen Bewusstsein darüber, dass dies der einzige oder jedenfalls gängige Weg ist, eine Wahrheit zu etablieren. So wie die Massenmedien durch die Reproduktion von Bildern und ihre Umformung in Nachrichten diese offizielle Version vom Mauerfall mitgeformt und verbreitet haben, sollen sie nun diejenige von Klaus Uhltzscht publik machen. Die Interviewsituation, die dem Roman ihren fiktionalen Erzählrahmen gibt, dient ihm zur Fixierung seiner Autobiographie, die er schreibend nicht zu Papier bringen kann. Die Medien werden so auf der Inhaltsebene zu einen integralen Faktor bei der Darstellung von Geschichte und bedingen im Fall von *Helden wie wir* die Strategie und Poetik des Kontrafaktischen, da der Roman einen historischen Sachverhalt thematisiert, der aufgrund seiner umfassenden medialen Dokumentation bereits vollständig erschlossen zu sein scheint.

8.2 Die Sicht des Pikaro

Helden wie wir besitzt, trotz aller scheinbar frei assoziierender Gedankenausflüge und sprachspielerischer Abschweifungen, eine relativ kohärente, einsträngige Handlung und eine einheitliche Perspektive auf das Geschehen. Wichtiger als die Erzählweise der fingierten Mündlichkeit, die nicht immer souverän durchgehalten ist – etwa dann, wenn Uhltzscht ausführliche Passagen aus Texten Christa Wolfs zitiert[25] –, erscheinen im Hinblick auf die hier verfolgte Fragestellung Klaus Uhltzschts Rolle und sein Blickwinkel auf seine Umwelt und die Gesellschaft, in der er lebt und der er angehört, ohne in sie vollständig integriert zu sein. Die autobiographische Lebensschilderung des Erzählers verknüpft sich mit der Weltdarstellung eines Außenseiters zu einem satirischen Gesellschafts- und Geschichtsbild. In seinem auf Tonband gesprochenen Monolog umkreist der Erzählerheld Klaus Uhltzscht seine eigene Kindheit und Jugend, er erzählt von seiner Erziehung durch seine obsessiv hygienefixierte Mutter und seinen distanziert-autoritären Vater, der in nicht näher bestimmter Funktion für die Stasi tätig ist, von seiner Schulzeit und Ferienlagern mit Pubertätsritualen sowie davon, wie er selbst beginnt, für die Stasi zu arbeiten, nicht wissend, welcher Organisation er dabei angehört. Seine charakterliche Disposition und seine Desinformiertheit bedingen zusammen eine Separierung von der ihn umgebenden Gesellschaft. Jene soziale Außenseiterposition des Helden und die Sicht, die

---

[25] Vgl. die Wiedergabe einer Ansprache an die Bürgerinnen und Bürger der DDR in Brussig, Thomas: *Helden wie wir*, S. 283ff., und von Passagen aus *Nachdenken über Christa T.*, S. 310.

Brussig sich zu Nutze macht – THOMAS KRAFT bezeichnet sie mit Wolf Biermann als die »Froschperspektive eines authentischen DDR-Kretins«[26] –, gilt als charakteristisch für den Typus des Pikaro im Schelmenroman, ein Umstand, der verschiedentlich Veranlassung gegeben hat, Analogien zwischen *Helden wie wir* und Günter Grass' *Die Blechtrommel* zu sehen.[27] Der Vergleich ist naheliegend und insofern zulässig, als auch Grass mit Oskar Matzerath einen pikarischen Erzählerhelden erschafft und diesen einsetzt, um aus der Froschperspektive, die im Fall von Oskar Matzerath durch dessen geringe Körpergröße auch rein äußerlich bedingt ist, das Verhalten einer Gesellschaft in einem totalitären Staat zu beschreiben.[28] Die literarische Tradition, in die sich der Text einfügt, indem er darin vorgefundene Gattungselemente aufgreift, reicht weit zurück. Die Zugehörigkeit von *Helden wie wir* zu dieser Gattung, die in der Forschung bereits mehrfach konstatiert und ausführlicher behandelt wurde[29], kann hier zwar

---

[26] KRAFT, THOMAS: *Die silbernen Löffel der DDR. Thomas Brussigs Helden wie wir*, S. 148.

[27] Vgl. u. a. BREMER, ULRIKE: *Versionen der Wende*, S. 36. Auch SYMMANK bemerkt, Brussigs Roman mache »intertextuell ein Fenster zu Günter Grass' *Blechtrommel* auf« (SYMMANK: Muttersprache, S. 181) und RACHEL HALVERSON erklärt, *Helden wie wir* sei, insbesondere aufgrund seiner Eingangspassage, »highly reminiscent of Oskar's memory of his birth in Grass' *Die Blechtrommel*, the life story of post-war West German literature's most infamous rascal, and provides a connection to an acclaimed work of post-war West German literature« (HALVERSON: Comedic Bestseller, S. 97).

[28] Brussig hat sich selbst zu den Parallelen bekannt, dabei jedoch unterstrichen, eine direkte Beeinflussung habe es nicht gegeben. Vgl. STRAUBEL, TIMOTHY/ANGELA SZABO/DIRK WENDTORF: *Ich schreibe Bücher, die ich auch selber gerne lesen würde. Interview mit dem Autor Thomas Brussig*, S. 53: »In beiden ist es eine Bilanzsituation, aus der heraus erzählt wird. Beide Bücher sind in der Ich-Form geschrieben. [...] Ich habe die Vermutung, [...] daß das Totalitarismusthema bestimmte Stilmittel nahe legt, auf die Grass und ich unabhängig von einander gestoßen sind, bzw. eine bestimmte literarische Antwort geradezu erzwingt.« PETRA FACHINGER erkennt den Zusammenhang zwischen einer der Gattung eignenden Qualität und deren Gedeihen in von kollektiver Unsicherheit geprägten historischen Phasen in ihrer Untersuchung von Brussigs Roman ebenfalls und erblickt darin eine generelle Entstehungsbedingung des pikaresken Romans. Vgl. FACHINGER, PETRA: *Rewriting Germany from the Margins*, S. 33f.: »In the western world, the picaresque narrative has emerged in places faced with a national crisis and in need of a redefinition of national identity.« Zur Konjunktur pikaresken Erzählens in der deutschen Literatur nach 1989 vgl. NAUSE, TANJA: *Reduction, Regression, Silence: A Critical Look Beyond the Category of the Picaresque*.

[29] Vgl. u. a. ZACHAU, REINHARD K.: ›*Das Volk jedenfalls war's nicht*‹, S. 388: »Der Roman ist ein moderner Schelmenroman.« Mit dem Muster des Schelmenromans befassen sich insbesondere BREMER, ULRIKE: *Versionen der Wende*, S. 36ff. und, sehr ausführlich, GEBAUER, MIRJAM: *Wendekrisen. Der Pikaro im deutschen Roman der 1990er Jahre*. TANJA NAUSE argumentiert, von einem recht eng gefassten Begriff des Typus ausgehend,

nicht vertiefend erörtert werden, soll aber unter Hinweis auf einige grundlegende Charakteristika des Schelmenromans unterstrichen werden, bevor die Nutzbarmachung dieses Musters für das Erzählvorhaben einer kontrafaktischen Geschichtsdarstellung zur Sprache kommen kann.

Im Schelmenroman wird »die pikarische Welt aus der retrospektiven Sicht eines unzuverlässigen Ich-Erzählers entfaltet; in allen Fällen verbindet der Lebensbericht des Schelms einen pseudoautobiographischen Erzählstrang der Selbstdarstellung mit einem paraenzyklopädischen Erzählstrang der Weltdarstellung«[30], so MATTHIAS BAUER. JÜRGEN JACOBS bestimmt den Schelmenroman in ähnlicher Weise als

> Romantypus, der meist in autobiographischer Erzählform die Lebensgeschichte eines bindungslosen, vagabundierenden Außenseiters schildert, der sich in einer locker gefügten Folge von Episoden mit Gewitztheit und moralisch nicht unbedenklichen Mitteln gegen eine feindliche und korrupte Welt behauptet, wobei von dieser Welt ein satirisch gezeichnetes Panorama entworfen wird.[31]

JACOBS plädiert dafür, dieser Gattungsdefinition eine gewisse Offenheit zu erhalten. Auch ohne diese Offenheit in Anspruch zu nehmen, lassen sich die aufgeführten Merkmale beider Wesensbestimmungen in Brussigs Text wiederfinden. Wie Oskar Matzerath verkörpert Klaus Uhltzscht einen bestimmten literarischen Typus, der sein gesellschaftliches Umfeld mit einem analytischen Blick durchleuchtet, dabei aber keinerlei Autorität genießt. In *Helden wie wir* ist die verzerrte Sicht des Erzählerhelden jedoch von anderer Art als in der *Blechtrommel*. Klaus Uhltzscht adressiert seinen schweigenden Zuhörer mit der Frage: »Warum wissen immer die anderen alles, was ich nicht weiß?« (Helden 143). Er gibt damit auch eine Selbstcharakterisierung, die zugleich seine Perspektive auf die ihn umgebende Welt prägt. Mehrfach bezeichnet der Ich-Erzähler sich selbst als »schlechtinformiertesten« (Helden 111, 195) Menschen der Welt, wobei anzunehmen ist, dass Brussig seinen Erzähler nicht absichtslos das Partizip anstelle des Adjektivs in den Superlativ setzen lässt. Es wird die Sicht eines Menschen simuliert, der seinen Mitmenschen gegenüber ein Wissensdefizit hat.

---

gegen die Kategorisierung als Schelmenroman und schlägt stattdessen vor, das Konzept inszenierter Naivität heranzuziehen. Vgl. NAUSE, TANJA: *Reduction, Regression, Silence: A Critical Look Beyond the Category of the Picaresque*, S. 177ff. Beide Ansätze scheinen einander allerdings nicht zu widersprechen, vielmehr ist die naive Sicht des Pikaro stets inszeniert und intentional, handelt es sich dabei doch um eine literarische Erzählhaltung.

[30] BAUER, MATTHIAS: *Schelmenroman*, S. 1f. Zur Herausbildung des Schelmenromans in der europäischen Literatur der frühen Neuzeit siehe u. a. JACOBS, JÜRGEN: *Der Weg des Picaro*.

[31] JACOBS, JÜRGEN: *Bildungsroman und Picaro-Roman*, S. 38.

Das »geringe[s] intellektuelle[s] Vermögen und seine beschränkten Fähigkeiten zur Selbstreflexion und -erkenntnis«[32], die BREMER Brussigs Figur attestiert, sind allerdings eigenartig gebrochen. Zwar ist Klaus Uhltzscht insbesondere aufgrund der seine Entwicklung verzögernden elterlichen Erziehung im Vergleich mit seinen Altersgenossen stets unwissend, wenn es um Fragen der Sexualität geht, in anderen Bereichen zeigt er sehr wohl gedanklichen Scharfsinn. Es gibt eine stark ausgeprägte Ambivalenz in der dem Erzählerhelden applizierten Möglichkeit, die Welt wahrzunehmen und zu interpretieren, die teilweise zu prägnanten Einsichten, teilweise zu entstellenden Erklärungen führt. So verwandelt sich die Realität in der Imagination des Erzählers, der die Lücken in seinem Wissen durch seine Phantasie und durch der Eigenlogik seines Welt- und seines Selbstbildes folgende Erklärungen schließt, zu einem genuinen Weltkonstrukt. Passagen, in denen die gegenläufige Tendenz zur scharfsinnigen Gesellschaftsanalyse sichtbar wird, gibt es im Text viele. An dieser Stelle sollten zur Verdeutlichung allerdings zwei Beispiele genügen: Uhltzscht weigert sich lange, zu glauben, selbst Mitarbeiter der Staatssicherheit zu sein, weil die Ausbildung, die er durchläuft, nicht seinem Bild von der Stasi entspricht: »Soll das etwa die Stasi sein, die richtige, die echte, sagenumwobene Stasi? [...] Nein. Bei der Stasi würden sie uns in Geheimschriften instruieren und wie man Nachschlüssel feilt oder ein verstecktes Mikrofon am Körper anlegt. Und nicht, wie eine Gasmaske gereinigt und zusammengelegt wird« (Helden 115).

Diese ostentativ ausgestellte und damit als artifiziell kenntlich gemachte Ignoranz wird kontrastiert durch die nachträgliche Reflexion des eigenen Tuns: »Aber gab es eine Wahrheit? Etwa, daß ich bei der Stasi anfange? Moment, Mr. Kitzelstein, *das* muß ich mir nicht in die Schuhe schieben lassen! Von *Stasi* war nie die Rede!« (Helden 112). Seinen Scharfblick stellt er auch durch die anschließende Reproduktion rhetorischer Rechtfertigungsfloskeln unter Beweis:

> Nein, so lief das nicht. Feste mitmachen wollte keiner, aber wer den schmierigen Annäherungen kein sprödes Nein entgegensetzen konnte, durfte seine Mitarbeit innerlich herunterspielen. Fragen Sie mal einen Inoffiziellen Mitarbeiter. *Ich habe niemandem geschadet. – Ich habe gewußt, was ich denen erzähle. – Also, alles habe ich denen natürlich nicht erzählt. – Was die von mir erfahren haben, wußten die sowieso. – Was ich denen erzählt habe, hätten die ohne weiteres auch selbst rauskriegen können.* (Helden 114)

Die Ambivalenz des Erzählerblicks hat zur Folge, dass die Referenzen auf historische Ereignisse ebenfalls nicht unverstellt mimetisch sind. Durch Überzeichnungen bei der Schilderung der außertextuellen Realität hebt Brussigs Text vielmehr auch hierbei seine Fiktionalität hervor. *Helden wie wir* akzentuiert den

---

[32] BREMER, ULRIKE: *Versionen der Wende*, S. 36.

von GEPPERT beschriebenen Hiatus nicht, indem er illusionsstörende Mittel einsetzt, doch lenkt er durch Übersteigerung und Verzerrung die Aufmerksamkeit auf die Konstruiertheit der erzählten Version des Mauerfalls. Die Repräsentation der (historischen) Wirklichkeit wird durch die satirische Übertreibung unterminiert, gleichwohl unterscheiden sich die Mittel der Satire von denen deviierenden historischen Erzählens. Dieser Unterschied liegt in der Art des Verstoßes gegen die Erfahrungswirklichkeit. Sie zielt beim deviierenden historischen Erzählen auf das enzyklopädische Wissen des Rezipienten. Allerdings besteht im Falle von *Helden wie wir*, auch durch das Muster des Schelmenromans bedingt, ein Zusammenhang zwischen beiden Arten des Abweichens von der Wirklichkeit, die Deviation vom konsensfähigen enzyklopädischen Wissen geschieht mit den literarischen Mitteln einer pikarisch angelegten Figur und deren ›*point of view*‹. Eine realistische, womöglich authentifizierende Wiedergabe des Geschehens ist nicht angestrebt. Hierbei erhebt sich der Kenntnisstand des Erzählerhelden in der Fiktion über den seiner Zeitgenossen und – angeblich – über den der Leser. Für die Konzeption des Romans ist Uhltzschts Wissensvorsprung entscheidend. Er ist somit nicht nur verblendeter, sondern in bestimmter Hinsicht auch ›informierter‹ als der Rest seiner Zeitgenossen.

8.3 Zäsuren: Die Historizität der DDR als Gegenstand der Reflexion

Das zentrale politische Ereignis, das in *Helden wie wir* zum Gegenstand einer kontrafaktischen Darstellung wird, liegt zum Zeitpunkt der Entstehung und Veröffentlichung des Romans erst wenige Jahre zurück. Es kann dessen ungeachtet als erwiesen gelten, dass ein Bewusstsein für die nachhaltige Bedeutsamkeit des besagten Ereignisses vorhanden ist und dass der Fall der Berliner Mauer eine Zäsur markiert, die es möglich macht, die dahinter liegende Phase als historisch gewordene Vergangenheit, und deren Endpunkt als signifikantes historisches Ereignis zu betrachten, auch wenn der zeitliche Abstand dazu erst gering ist.

> Hier hatten sich nicht nur auf einen Schlag sämtliche Spielregeln geändert, nein, das Spiel selbst gab es plötzlich nicht mehr, Menschen waren aus ihrem bisherigen Leben herausgehoben worden, jeder Aspekt dieses Lebens, Zeitungen, Gepflogenheiten, Organisationen, Namen hatte sich geändert, vierzig Jahre waren plötzlich wie ein Stück Papier zusammengeknüllt worden, und damit war auch die Erinnerung an diese Zeit angekratzt, verzerrt, angeschimmelt. War so etwas zu ertragen?[33]

---

[33] Nooteboom, Cees: *Allerseelen*, S. 266f.

Die Passage entstammt Cees Nootebooms Roman *Allerseelen* und reflektiert eine historische Folgeerscheinung der politischen Veränderung, nämlich den abrupten Verlust eines lange intersubjektiv gültigen Gefüges gesellschaftlicher Konventionen, der ein Orientierungsvakuum hinterlässt. Die Ablösung des alten durch ein neues politisches System wird als historische Zäsur empfunden und bringt ein Bewusstsein für die qualitative Andersartigkeit der alten, vergangenen Lebensumstände hervor. Für die jugendliche Erzählerfigur Klaus Uhltzscht in *Helden wie wir* gehören dieselben oder zumindest dem Wesen nach gleichen Verhältnisse bereits einer Vergangenheit an, die durch den Einschnitt der deutschen Wiedervereinigung von seiner Gegenwart getrennt ist. Dies ermöglicht ihm, wie ULRIKE BREMER schreibt, »einen leichten, humorvollen und ironischen Umgang mit seiner Vergangenheit [...]. Zum Zeitpunkt des Erzählens gibt es das DDR-System, das ihn prägte und unterdrückte, nicht mehr.«[34] Die Reaktionen, die die Wiedervereinigung in geschichtsphilosophischen und politischen Diskursen ausgelöst hat, gibt Brussigs Erzählerfigur schlagzeilenartig verknappt wieder:

> Aber wenn es nur das wäre – die Rezensionen der Historiker und Publizisten jedenfalls lesen sich so: ›Ende der deutschen Teilung‹, ›Ende der europäischen Nachkriegsordnung‹, ›Ende des kurzen 20. Jahrhunderts‹, ›Ende der Moderne‹, ›Ende des Kalten Krieges‹, ›Ende der Ideologien‹ und ›Das Ende der Geschichte‹. (Helden 7)

Brussigs Roman persifliert postmoderne Theoriebildungen, wenn der Erzählerheld sich wiederholt als Beendiger der Geschichte[35] ausweist, und wird, indem er die Einschätzung des Mauerfalls durch die Medien und die Geschichtsschreibung aufgreift, selbst bereits zum literarischen Zeugnis der Rezeption und der Reaktion auf die entsprechenden, die Geschichte betreffenden Diskurse. So wird die Bewertung der kontrafaktisch erzählten Vorgänge im Text selbst zum Thema. Deren Bedeutung wird vom Erzähler nicht negiert, wie etwa bei Grass, der im *Butt* auch eine Umwertung der datierbaren Geschichte vorzunehmen sucht, sondern bestätigt.

---

[34] BREMER, ULRIKE: *Versionen der Wende*, S. 35.

[35] Neben FUKUYAMAS auf den Zusammenbruch der kommunistisch regierten Länder in Osteuropa bezogener These vom Ende der Geschichte dürfte es die Auffassung des Historikers ERIC HOBSBAWM vom ›kurzen‹ 20. Jahrhundert, auf welche an dieser Stelle angespielt wird. Entgegen seiner rein kalendarischen Datierbarkeit umfasste es nach HOBSBAWM die »Jahre[n] vom Ausbruch des Ersten Weltkriegs bis zum Zusammenbruch der Sowjetunion, die, wie wir heute im Rückblick erkennen können, eine kohärente historische Periode bildeten, welche nun beendet ist« (HOBSBAWM: Das Zeitalter der Extreme, S. 20). Für HOBSBAWM endet die Spanne des ›kurzen‹ zwanzigsten Jahrhunderts also genaugenommen erst 1991.

Dass Brussigs Erzählerheld den angeblich von ihm selbst herbeigeführten Mauerfall ganz selbstverständlich als Kulminationspunkt der Geschichte interpretiert, ist im Kontext seiner Biographie nicht erstaunlich. Uhltzschts Wahrnehmung ist durch die Umstände seiner Erziehung und Sozialisation in der DDR bereits vorstrukturiert und so deutet er die Geschehnisse der äußeren Welt als Ereignisse innerhalb eines zielgerichteten Ablaufs. Dieses Prinzip hat er der sozialistischen Weltanschauung entnommen, die ihm von verschiedenen Seiten und Institutionen vermittelt worden ist. Sichtbar wird dies insbesondere, wenn Uhltzscht im Zuge seiner an Abschweifungen reichen Erzählung auf die ihm zur Verfügung stehenden Weltbilder zu sprechen kommt. Das Verständnis des Ausdrucks ›Weltbild‹ gründet bei Uhltzscht, der in vielen Fällen die vermeintlich wörtliche Bedeutung eines sprachlichen Begriffs unterstellt und sie eben deshalb missversteht, auf den Einzelbedeutungen der beiden Komponenten des Kompositums und wird verstanden als ›Abbildung der Welt‹. Uhltzscht entnimmt sie seinem Schulatlas, und gibt an, infolgedessen nicht eines, sondern vier Weltbilder gehabt zu haben:

> Meine politischen Weltbilder waren von 1914, 1922, 1949 und 1975. Auf den Innenseiten des Schulatlas waren vier Weltkarten abgedruckt, *Der weltweite Vormarsch des Sozialismus und der Zerfall des imperialistischen Kolonialsystems in Asien und Afrika*. Die sozialistischen Länder waren natürlich rot gedruckt, Rot ist die Farbe der Arbeiterfahne, der Arbeiterbewegung, und, und, und. [...] Und nun zur negativen Seite des Spektrums: Da war Dunkelblau für die kapitalistischen Länder, und wer das Farbspektrum kennt (wie ich, der zukünftige Nobelpreisträger), der weiß, daß Infrarot und Ultraviolett die beiden Enden des Spektrums sind. (Helden 93)

Während im Atlas die »Welt von 1914« als »riesiges Ödland, dunkelblau vom Atlantik bis zum Stillen Ozean« (Helden 94) abgebildet ist, stellt Uhltzscht, fest, dass sich die roten Flächen auf der Landkarte weiter ausbreiten, je näher deren Datierung an die Gegenwart heranrückt. »Ja, der Sozialismus machte es sich langsam bequem auf der Weltkarte« (Helden 95). Diese auf marxistischem Gedankengut fußende politische Weltdarstellung interpretiert die Geschichte des 20. Jahrhunderts als zielgerichtet, die Destination der Geschichte ist die weltweite Verbreitung des Sozialismus. In Uhltzschts Vorstellung wird sie in einer vollständig rot eingefärbten Weltkarte visualisiert. Gerade die Möglichkeit zur Verwirklichung dieser Vision macht der Erzählerheld des Romans durch seine Handlung jedoch zunichte. Zuvor beschäftigen ihn »Theorien, daß der Frieden deshalb so bedroht ist, weil der Kapitalismus neuerdings gefährlich und aggressiv ist wie ein Raubtier, das in die Ecke getrieben wurde. Ich erinnerte mich an die vier Weltkarten und verstand die Zusammenhänge« (Helden 101). Durch Anspielungen auf die affirmativen Erziehungsmaßnahmen in der DDR verweist der Text auf die dahinter stehenden geschichtstheoretischen Modelle, deren Haltbarkeit er insgesamt entkräftet.

HALVERSON bemerkt, Brussigs Held adaptiere die sozialistische Weltanschauung nicht, sondern entwickle eine eigene, stark auf die eigene Person und auf das Individuum fokussierte Haltung zur Geschichte: »[...] Uhltzsch't's concept of history deviates from the Marxist historiography in which class struggle is the driving force for the inevitable evolution of a society, and it instead more closely parallels the traditional Western cult of the individual.«[36] Brussig verlagert das Zentrum der Geschichte über die Stimme seiner Erzählerfigur auf die Handlungen des Einzelnen, weg vom Kollektiv und passt auch hierin die vorgefundene Ideologie seiner eigenen Vorstellung an. Klaus Uhltzsch sieht sich aufgrund seines selbst eingestandenen Größenwahns als prädestiniert an, einmal zu hohen gesellschaftlichen Ehren zu gelangen. Sein erklärtes Ziel ist es, in die Geschichtsbücher einzugehen. »Ich, als lebende Legende unterwegs in historischer Mission, das hatte ich mir schon immer gewünscht« (Helden 110), gesteht er. Uhltzscht stilisiert sich anschließend zum Überwinder einer Staatsform, die sich durch diese überwundene Geschichtsauffassung legitimierte. »Spätestens seit der Selbstdemontage des Realen Sozialismus [...] sind die Träume von den großen Weltanschauungen, von den umfassenden Denksystemen, die sowohl den Geschichtsverlauf als auch dem Leben des einzelnen Ordnung und Sinn geben sollten, gründlich ausgeträumt«[37], so UWE WITTSTOCK. *Helden wie wir* legt damit noch einmal eine ›grand récit‹ ad acta. Brussigs Protagonist tut dasselbe, wenn er durch seine Aktion das ›Ende der Moderne‹ ins Werk setzt, gilt doch nach LYOTARD die große Erzählung als Grundkonstante der Moderne. So fungiert die kontrafaktische Version der Maueröffnung einmal mehr als Kritik einer Weltanschauung, die auf einem teleologischen Geschichtskonzept gründet. Es ist eine Kritik, die ihren Gegenstand in der Vorstellung der Geschichte als Fortschritt findet, wie sie Uhltzscht in der von ihm durchlaufenen Sozialisation in der DDR vermittelt wurde, und die damit rückbeziehbar ist auf den gesellschaftlichen und politisch-ideologischen Hintergrund, den Brussigs Erzählerheld in vielen einzelnen Facetten andeutet und den er als Figur zugleich repräsentiert.

---

[36] HALVERSON, RACHEL J.: *Comedic Bestseller or Insightful Satire*, S. 101.
[37] WITTSTOCK, UWE: *Über das Schreiben ohne Gewißheit*, S. 38.

8.4 Ursache und Effekt: Die kontrafaktische Version des Mauerfalls und ihr reales Resultat

Wenn das Ende der DDR auch dem Geschichts- und Gesellschaftsentwurf ein Ende setzte, der dem staatstragenden System zur Legitimation diente, ist damit zwar ein auf universelle Gültigkeit Anspruch erhebendes geschichtsphilosophisches Modell – gemessen an den tatsächlichen Verhältnissen – entkräftet. Die Erklärung, die Brussigs Roman zur Verarbeitung dieses Endes bereitstellt, versieht jedoch ebenfalls einen historischen Ablauf mit einer Deutung, indem sie ein alternatives Emplotment für einen in einem externen Referenzfeld situierten Vorgang konstruiert.

Die signifikante Abweichung von der Realhistorie betrifft in *Helden wie wir* die Ursache des Mauerfalls, sie findet auf der Plot-Ebene der Geschichte statt. Obschon der Mauerfall nicht im Mittelpunkt der Handlung steht, sondern eher deren Gipfel- und Endpunkt markiert, vollzieht sich an seiner Darstellung die Deviation von der Überlieferung, die aufgrund der Dimension dieses historischen Ereignisses eine kontrafaktische Aussage konstituiert. Der umfangreichste Teil der Handlung ist der Kindheit und Jugend des Erzählers gewidmet und folgt dessen um die selbsterkorene historische Rolle zentrierten Phantasien und seinen immer neuen Anläufen, dieser ihrer eigentlichen Gestalt nach sehr ungewissen Rolle zu entsprechen. Insbesondere aus diesen Passagen bezieht der Roman die schon erwähnte Reichhaltigkeit an alltagsgeschichtlichen Details. Insgesamt befinden HOLLMER und MEIER zutreffend: »Die Abbildung der historischen Wirklichkeit geschieht an der Oberfläche weitgehend korrekt (die Abfolge geschichtlicher Ereignisse zum Beispiel stimmt mit den belegbaren Daten überein).«[38] Zwar ist hier nicht der Ort, eine Abgleichung von Daten und Fakten mit dem literarischen Werk vorzunehmen, doch kann ein Blick auf eine nichtfiktionale Darstellung verdeutlichen, wie Brussig in seinem Text die Chronologie und die Ereignisse, die dokumentiert sind, beibehält und ihnen eine neue Kausalität einschreibt, d. h. einen neuen *Plot* konstruiert. Brussig übernimmt diese Daten und Ereignisse aus der dokumentierten Geschichte, die Ebene der *Story* deckt sich folglich mit dem Kenntnisstand der Historiographie und der Leser.

Der Text skizziert zunächst die bekannten und dokumentierten Geschehnisse, die als Folie für die eigene Darstellung dienen:

---

[38] HOLLMER, HEIDE/ALBERT MEIER: ›*Wie ich das mit der Mauer hingekriegt habe*‹, S. 117.

> An dieser Stelle erinnert man sich an Schabowski und seine Pressekonferenz und das Märchen, er habe die Maueröffnung verkündet, kam mir sehr gelegen, denn es verhinderte weitere Nachforschungen in meine Richtung, so daß ich, die mir zustehenden Nobelpreise fest im Auge, ungestört an meiner Biographie arbeiten konnte. (Helden 6)

Brussigs Erzähler referiert auf einen realen Sachverhalt, wenn er zu Beginn des Romans ihrem Wesensgehalt nach die Rede paraphrasiert, die in der offiziellen Deutung der Vorgänge als entscheidend für die Öffnung der innerdeutschen Grenze angesehen wird:

> Man muß sich nämlich nur genau anhören, was Schabowski damals sagte: Er hat, als er sich den Journalistenfragen stellte und auf die Fluchtwelle angesprochen wurde, den Flüchtlingen ab sofort die direkte Ausreise in die Bundesrepublik zugesichert, wahrscheinlich, weil er es leid war, daß sich die Welt an Fernsehbildern von kilometerlangen Autoschlangen an der tschechisch-westdeutschen Grenze ergötzen konnte. Um mehr als eine unspektakuläre Fluchtwelle ging es ihm nicht. Zugegeben, eine Stunde später unterbrachen die Abgeordneten des Deutschen Bundestages ihre Debatte zum Vereinsförderungsgesetz, standen auf und sangen das Deutschlandlied. An der Mauer jedoch war bis dahin noch nichts passiert, und es passierte auch weiterhin nichts, außer daß sich viele Begierige versammelten und abwarteten. (Helden 6f.)

In *Helden wir wir* wird so die als tatsächlich geltende Version der historischen Vorgänge ausdrücklich benannt und in die Erzählung integriert, sie braucht nicht allein außerhalb der Grenzen des Textes gesucht zu werden. Der Roman setzt das enzyklopädische Wissen des Lesers, das zum Erkennen der Abweichung nötig ist, nicht allein voraus, sondern nimmt es auch in konzentrierter Form in die Fiktion auf.

Indem Brussig durch die Stimme seines Erzählers die offizielle Version benennt, macht er klar, wo die Grenze zwischen Fakten und eigener, deviierender Konstruktion verläuft, wenn er zum wiederholten Mal ankündigt, den wirklichen Hergang bekannt machen zu wollen: »Ich sage Ihnen, wie es wirklich war, in der Nacht an jenem 9. November« (Helden 313). Wenn SIMANOWSKI schreibt, *Helden wie wir* sei »kein Roman über die Wende (die ist ein weites Feld, und Brussig erklärt weder ihren Ursprung, noch beschreibt er wirklich ihren Ablauf)«[39], so gründet diese Position auf dem Umstand, dass Brussigs Roman keineswegs detaillierte Einsichten in politische Entscheidungsprozesse gibt, sondern auch hier die Perspektive seiner Erzählfigur wahrt, aus deren eingeschränktem Blickwinkel die der Grenzöffnung vorausgehenden Entwicklungen wahrgenommen und berichtet werden, und in deren Erzählung eine Reihe von

---

[39] SIMANOWSKI, ROBERTO: *Die DDR als Dauerwitz*, S. 158.

Referenzen auf jene realen Ereignisse integriert sind. Diese Referenzen werden mit der Schilderung einer erotischen Perversion des Erzählerhelden verwoben:

> Ich schlich jeden Tag im Sommer 89 zu einem stillen Tümpel in der Nähe der Hochschule und fischte mit einem feinmaschigen Käscher nach Kaulquappen, die zu Tausenden in Ufernähe lebten. Entsprechend der täglichen Flüchtlingsquote zählte ich die Kaulquappen ab und stopfte sie in einen Kondom, den [sic] ich überzog. [...] Die jeweilige Anzahl der vergewaltigten Kaulquappen wuchs kontinuierlich. (Helden 255f.)

Uhltzscht nimmt auf diese Weise Bezug auf die Ausreise zahlreicher DDR-Bürger über Ungarn. Die sich an diese Ereignisse anschließenden Montagsdemonstrationen in ostdeutschen Städten erlebt er als Angehöriger der Stasi, die offenbar der Polizei zuarbeitet:

> In der folgenden Nacht verhafteten wir auf dem U-Bahnhof Alexanderplatz alles, was subversiv aussah und aus der Pankower Richtung kam. Damals wurde vor allem abends und nachts demonstriert und wenn sich die Demonstranten auf den Heimweg begaben, mußten sie auf dem Bahnhof Alexanderplatz umsteigen, wo sie leichte Beute wurden. (Helden 278)

Die eigene Wahrnehmung wird ergänzt und gleichzeitig kontrastierend überlagert durch die Verarbeitung der Ereignisse in den Massenmedien: »Am nächsten Tag stand es auf den Titelseiten aller Zeitungen: eine dreiviertel Million Menschen! Kaum zu glauben! Noch vor kurzem ließ sich das Berliner Protestpotential in einem U-Bahn-Kurzzug wegfahren, und vier Wochen später ist der Alexanderplatz voll« (Helden 281). Brussig gibt zusätzlich zu Uhltzschts Schilderung die Darstellung und Vermittlung der Ereignisse in der Öffentlichkeit wieder und übernimmt zugleich die darin getroffene Selektion von Ausschnitten des historischen Raum-Zeit-Kontinuums, die nachträglich zur Geschichte des Mauerfalls arrangiert wurden.

In der parallel dazu verlaufenden pseudoautobiographischen Erzählung ist es so möglich, dass diese Ausschnitte und Ereignisse auf einen Kulminationspunkt hingeführt werden, welcher dann die alternative Kausalität ohne sichtbare Eingriffe in die bekannten Ereignisse einführt. Nachdem er einem verhafteten U-Bahnfahrer angedroht hat, ihn auf der Flucht zu erschießen, empfindet Uhltzscht »*Schuldgefühle*, die mich zu der großen Demonstration auf den Alexanderplatz trieben, trotz ausdrücklichen Verbotes der Dienststelle« (Helden 281). Es handelt sich um die Demonstration am 4. November 1989, wie der Erzähler anschließend präzisiert, und bei dieser Gelegenheit unterläuft Uhltzscht »die folgenreichste Verwechslung des 20. Jahrhunderts« (Helden 283), denn er hält Christa Wolf, die dabei ist, eine Rede zu halten, für »Jutta Müller, die Eislauftrainerin« (Helden 285). Beim Versuch, sich ihr zu nähern, stolpert er über das liegengebliebene Schild eines Demonstranten, stürzt eine Treppe hinunter und zieht sich Verletzungen an seinem Geschlechtsteil zu, die eine operative Behandlung im Krankenhaus notwendig werden lassen. Diese hat wiederum, in Wechselwirkung mit Medikamenten, die Uhltzscht zur Vorbereitung auf die Bluttransfusion für Honecker verabreicht worden sind, eine enorme Genitalvergrößerung zur Folge. Seine anschließende Flucht aus dem Krankenhaus fällt mit einer weiteren Demonstration in Berlin zusammen: »Sie ahnen bereits, ich floh am Abend des 9. November« (Helden 304). Uhltzscht gerät am gleichen Abend in die Bornholmer Straße und an den dortigen Grenzübergang. »Davor drängelten sich sogenannte *Volksmassen*, die aus mir damals unverständlichen Gründen darauf hofften, die Himmelspforte werde gleich geöffnet, auf das [sic] sie in den Westen strömen dürfen« (Helden 314). In diesem Zusammentreffen kommt es schließlich zu seiner entscheidenden Handlung.

> Die Volksmassen waren, was ich nicht wußte, durch eine undurchsichtige Formulierung auf der Pressekonferenz von Günter Schabowski aufgescheucht: Wer ausreisen will, wollte Schabowski sagen, muß nicht mehr den Umweg über die tschechisch-westdeutsche Grenze nehmen, sondern könne gleich über die deutsch-deutsche Grenze ausreisen – doch wie es sich für einen Parteifunktionär gehört, drückte er diesen einfachen Sachverhalt so umständlich aus, daß es alles mögliche heißen konnte, worauf Minuten später im Bundestag aufgeregt die Sitzung unterbrochen wurde, ›Wie wir soeben erfahren haben...‹, sich ein Häuflein Parlamentarier erhob, spontan das Deutschlandlied anstimmte und die Grenze für geöffnet hielt. So sah es auch die *Tagesschau*, worauf sich Zehntausende Berliner auf die Beine machten, um an den Grenzübergängen enttäuscht festzustellen, daß sie sich falschen Hoffnungen hingaben. (Helden 314f.)

Die Ereignisse im Vorfeld der Grenzöffnung werden in Brussigs Roman in der oben nachgezeichneten Weise bis zum 9. November punktuell angedeutet. Die entsprechenden Passagen zerlegen den historischen Prozess in zwei Schritte und referieren dazu auf zwei chronologisch nacheinander sich ereignende Sachverhalte, die sich folgendermaßen abstrahiert wiedergeben lassen: Bürgerinnen und Bürger der DDR versammeln sich 1989 zu wöchentlichen friedlichen Demonstrationen und einige Zeit später werden die Übergänge der innerdeutschen Grenze geöffnet. ROBERT GRÜNBAUM spricht in seinem politikwissenschaftlichen Abriss *Deutsche Einheit* diesbezüglich von einer »von der revolutionären Volksbewegung ertrotzte[n] Grenzöffnung.«[40] Unter Rückgriff auf FORSTERS Unterscheidung zwischen *Story* und *Plot* lässt sich die Poetik von Brussigs kontrafaktischer Darstellung so erklären: Während gemeinhin beide

---

[40] GRÜNBAUM, ROBERT: *Deutsche Einheit*, S. 59.

Vorgänge dahingehend kausal verknüpft werden, dass die Grenzöffnung als Resultat der Demonstration(en) erklärt wird, werden sie bei Brussig kausal entkoppelt. Die *Story* ändert sich dadurch nicht, beide historisch verbürgten Ereignisse finden auch in *Helden wie wir* statt. Allerdings ist der *Plot* ein anderer und könnte etwa so nacherzählt werden: Bürgerinnen und Bürger der DDR versammeln sich 1989 zu wöchentlichen friedlichen Demonstrationen und wenig später wird die innerdeutsche Grenze geöffnet, weil Klaus Uhltzscht sich vor den ostdeutschen Grenzsoldaten entblößte. Die Ursache der Grenzöffnung wird bei Brussig kurzerhand zu Uhltzschts entscheidendem Auftreten verkürzt. »Und dann kam ich« (Helden 7). Ohne sein Zutun hätten die Demonstrierenden nicht ihr Ziel erreicht, Uhltzschts Auftreten wird zum Kausalfaktor. Seine Tat und ihre Offenbarung sind in Brussigs Fiktion demnach der Schlüssel zur historischen Wahrheit und Uhltzscht selbst stellt das fehlende Glied in einer kausal verknüpfbaren Ereigniskette dar: »Wer meine Geschichte nicht glaubt, wird nicht verstehen, was mit Deutschland los ist! Ohne mich ergibt alles keinen Sinn! Denn ich bin das *Missing Link* der jüngsten deutschen Geschichte!« (Helden 323).

8.5 Der Phallus als Farce

Klaus Uhltzscht wird als ein Charakter vorgestellt, der von Natur aus mit einer ausgeprägten Veranlagung zu erotischen Obsessionen ausgestattet ist. So kann er gegenüber Kitzelstein zu Beginn der Tonbandaufzeichnung behaupten: »Die Geschichte des Mauerfalls ist die Geschichte meines Pinsels [...]« (Helden 7). Die auf einen Satz zugespitzte Behauptung des Erzählerhelden, dass er die Öffnung der Grenze zwischen der DDR und der BRD am 9. November 1989 durch die Wirkung, die der Anblick seines überdimensional angewachsenen Geschlechtsteils auf die wachhabenden Grenzsoldaten gehabt habe, herbeigeführt habe, birgt neben der darin enthaltenen kontrafaktischen Proposition weiterführende, das Verhältnis von Geschichte und Geschlecht betreffende Implikationen.[41] »Just as Uhltzscht reduces the history of the fall of the Berlin Wall to

---

[41] KUHNAU schreibt, Brussig beziehe »den Geschlechtsdiskurs direkt auf den Geschichtsdiskurs: Die politische Ereignisgeschichte erscheint als intime Geschichte des männlichen Geschlechtsorgans« (KUHNAU: Geschichte und Geschlecht, S. 211). »Wie im alten Rom stürzt die Präsentation des kultischen Phallus die Hierarchie und sprengt alle Grenzen« so HOLLMER über den Moment der Erzählung, in dem »der burleske Karneval seinen Höhepunkt« (HOLLMER: The next generation, S. 115) erreicht. ELKE BRÜNS deutet den Roman beziehungsweise dessen Mauerfallerzählung aufgrund dessen insgesamt »als Geschichte einer Befreiung von Scham und Schuld, einer Emanzipation aus der Be-

the story of his penis, he also establishes an equivalency between his life story and the story of his genitalia, i.e. the uniqueness of his male anatomy is the one constant and ever present element in the trials and tribulations of his otherwise rather pathetic life«[42], schreibt RACHEL HALVERSON und benennt damit die besondere Relation, die zwischen Uhltzschts Körper, seiner stark ausgeprägten Triebnatur und der deutschen Geschichte besteht. Ähnlich wie in Rushdies *Midnight's Children* wird in *Helden wie wir* die Eigenlogik des Geschichtsentwurfs von diesem Zusammenhang bestimmt.[43] Er erweist sich mindestens an zwei zentralen Stellen der Romanhandlung: Als Blutspender Erich Honeckers trägt Uhltzscht schon vor seiner Entblößung zum politischen Niedergang des DDR-Systems bei. Seine Rolle als Lebensretter Honeckers erscheint ihm selbst vorherbestimmt und bestätigt ihn in seiner Annahme der Auserwähltheit zu großen historischen Taten. Dementsprechend findet er eine Erklärung für die von ihm erwartete Blutspende.

> Es ergibt auch einen *Sinn*. Und plötzlich tauchten historische Zusammenhänge auf: Wenn ich bisher nur rätselte, was *die* mit meinem so kostbaren Leben vorhaben, und sich herausstellt, daß mit meinem kostbaren Leben ein Generalsekretär gerettet wird, als Rot 'ne schwierige Phase durchmacht, dann liegt der Schluß nahe, daß der Generalsekretär unser aller Rot auch aus der schwierigen Phase herausführt. (Helden 274)

Uhltzschts Blut wirkt sich, wenn überhaupt, destabilisierend aus und beschleunigt die Auflösung des historischen Zustands, wie Uhltzscht selbst bekundet, wenn er behauptet, durch die Blutübertragung Erich Honeckers anschließende Handlungen erst möglich gemacht zu haben:

---

vormundung durch die rigiden und sexualfeindlichen Eltern« und als »groteske Engendering-Prozedur« (BRÜNS: Nach dem Mauerfall, S. 120). Vgl. auch HOLLMER/MEIER: ›*Wie ich das mit der Mauer hingekriegt habe*‹, S. 122: »Wie einst in den Saturnalien zu Rom, stürzt die Präsentation des monströsen Phallus also auch in Berlin die gesellschaftliche Ordnung um und zersetzt sämtliche System-Grenzen bzw. Hierarchien«.

[42] HALVERSON, RACHEL J.: *Comedic Bestseller or Insightful Satire*, S. 99.

[43] Es besteht Anlass, hier von einer intertextuellen Bezugnahme auf Rushdies *Midnight's Children* auszugehen, die in der Forschung bislang nicht aufgezeigt worden ist. Ferner liegt der Vergleich mit Grass und Pynchon auch hier nahe, und zwar im Hinblick auf die Variation einer Geschichtsdeutung, die eine phallisch-männliche Triebkraft hinter der Geschichte annimmt oder vielmehr diese Annahme zwar illustriert, dabei aber deutlich persifliert. Bei Grass wird sie versinnbildlicht durch den Butt, der gleichzeitig Berater und Verkörperung des männlichen Prinzips ist, bei Pynchon durch die Rakete. Bei Brussig ist es das Geschlechtsteil ohne Metaphorisierung, welches in zahlreichen Benennungen schließlich zum geschichtsverursachenden Faktor wird.

> Doch nach der Perversenblut-Therapie war es vorbei mit seiner Harmlosigkeit; da hat er aus verletzter Eitelkeit Eisenbahnzüge umleiten lassen, er hat die letzte offene Grenze schließen lassen und das Land in *die Zone* verwandelt, er hat zum Jahrestag hunderttausend Fackeln an sich vorüberziehen lassen, er hat niemandem eine Träne nachgeweint, und er hat die Gewehre laden und anlegen lassen. (Helden 276)

Brussigs Erzähler referiert hier auf belegte Ereignisse und Aussagen, auf die groß angelegten Feierlichkeiten zum 40. Jahrestag der Gründung der DDR am 7. Oktober und auf Honeckers Reaktion auf die Ausreisewelle[44] und schreibt diese sich als Verdienst zu, ein Verdienst, welches bis dahin unbekannt geblieben sei, so dass er schließlich resümieren kann: »Ich stehe da und verstehe *alles*, was damals gelaufen ist, ich habe diese Zeit so gut verstanden, daß ich sogar die Berliner Mauer umschmeißen konnte. Wahrscheinlich bin ich der einzige Mensch, dem die Wende nicht die Spur eines Rätsels aufgibt – schließlich habe ich sie gemacht« (Helden 276). So weitet Brussig die autobiographische Erzählung seines Protagonisten und dessen Verhältnis zu seinem Geschlechtsteil zu einer Geschichtsdeutung aus, in deren Zentrum das männliche Genital steht.

Sehr deutlich erhält die Idee der phallisch bestimmten Geschichte bei Brussig den Charakter der Farce. Es ist zu Anfang keine planvolle Handlung, die den Verlauf der Ereignisse bestimmt, sondern in Uhltzschts spontanem Vorgehen wird der Zufallscharakter der historischen Konstellation insgesamt offenbar. »Ich wollte eigentlich gar nicht die Mauer umschmeißen! Ich wollte nur mein Riesending retten!« (Helden 304), beteuert er. Dass er, dessen Wunsch es seit seinem Kindesalter ist, auf irgendeine Weise eine historisch bedeutsame Rolle zu spielen, schließlich doch zum Initiator eines weltpolitisch wichtigen Vorgangs wird, ist also letztlich Zufall, weil er ausgerechnet diese Rolle nicht gesucht hat, sondern in sie hineingeraten ist, als er sich unter die Demonstrierenden mischte. Uhltzscht bemerkt, er komme »nicht umhin, mich zu bezichtigen, *ohne Sinn und Verstand* die Mauer umgeschmissen zu haben!« (Helden 305). Das Insistieren der Erzählerfigur auf der Kontingenz des Geschehens unterläuft so grundsätzlich die Interpretationen, die den Mauerfall als gezielt herbeigeführtes Ereignis darstellen. Indem er Uhltzscht sein Handeln als dem Moment, dem Zufall und einer Verwechslung entspringend charakterisieren lässt, erteilt auch Brussigs Roman der Vorstellung eines planvoll konzipierten Geschichtsverlaufs eine Absage. Seine entscheidende Tat und die

---

[44] Vgl. GRÜNBAUM, ROBERT: *Deutsche Einheit*, S. 51 und S. 44. GRÜNBAUM verweist auf die Quelle des von Brussig sinngemäß zitierten Statements: »»Man sollte ihnen deshalb keine Träne nachweinen‹, hieß es lakonisch in einem persönlich von Honecker redigierten Kommentar der SED-Parteizeitung ›Neues Deutschland‹ vom 2. Oktober 1989 über die Flüchtlinge« (ibid., S. 44).

zweite zentrale Stelle der Romanhandlung, die den vom Erzählerhelden Roman postulierten Einfluss seines Geschlechtsteils auf die Geschichte bezeugt, ist Uhltzschts Entblößung. Diese ist indessen keine »unbeabsichtigte Zurschaustellung«[45] wie HOLLMER und MEIER schreiben, sondern sie geschieht absichtlich, sie ist, wie der Erzählerheld ausdrücklich vermerkt, Folge »eine[r] *Eingebung*: Ich öffnete langsam den Mantel, dann den Gürtel und schließlich die Hosen und sah den Grenzern fest in die Augen. [...] Mit einem Grinsen zog ich meine Unterhose herunter – daß Grinsen dazugehört, wußte ich seit diesem Exhibitionisten, der mir mal in der S-Bahn begegnet war« (Helden 318). Ein Vorsatz zur Handlung, wenn auch ein spontan gefasster, ist in diesem Moment jedenfalls vorhanden. Eine phallische Triebkraft wird so auch hier zum Motor der Geschichte, ohne dass sich indessen ihre Intention eigentlich auf den historischen Vorgang richtet.

8.6 Legendenberichtigung: Brussigs kontrafaktische Geschichtsdarstellung als Kritik am Wende-Diskurs

Brussigs deviierender historischer Roman zeigt nicht nur, dass die Dokumentation geschichtlicher Ereignisse an sich noch keinen Schlüssel für deren Verständnis liefert, sondern vielmehr Interpretationen erst herausfordert, er macht mit seiner kontrafaktischen Überschreibung auch deutlich, dass die Deviation als Erzählvorgang ohne Eingriffe in die weithin bekannten und für faktisch angesehenen Verläufe vor sich gehen kann, und belegt, dass das kontrafaktische ›*Emplotment*‹ historischer Vorgänge – anders als bei Grass und Pynchon – innerhalb eines umfangreicheren Erzähltextes nur einen einzelnen entscheidenden Moment betreffen kann.

Nachdem er die offizielle Version durch seine Erzählung kontrastiert beziehungsweise korrigiert hat, reklamiert Brussigs Ich-Erzähler die größere Glaubwürdigkeit für seine eigene Darstellung, wenn er die Ansicht vertritt: »Erst der Gang der Zeit, die weiteren Ereignisse in Deutschland, machen meine Version vom Mauerfall rundum plausibel: Sehen Sie sich die Ostdeutschen an, vor und nach dem Fall der Mauer. Vorher passiv, nachher passiv – wie sollen sie je die Mauer umgeschmissen haben?« (Helden 319f.). Mit dieser Einschätzung deutet der Erzähler die vorhandenen Dokumente und Erinnerungen zu einer kollektiven Chimäre, womöglich zu einem Produkt massenhafter Autosuggestion um, die dem Wunsch entspringt, etwas geleistet zu haben, was tatsächlich

---

[45] HOLLMER, HEIDE/ALBERT MEIER: ›*Wie ich das mit der Mauer hingekriegt habe*‹, S. 122.

nicht der Fall war. Die kontrafaktische Geschichtsdarstellung erfolgt auch hier nicht ziellos, um ihrer selbst oder allein um der künstlerischen Konzeption willen. Sie wird bei Brussig zur Kritik an der Legendenbildung, die ihrerseits schon die Geschichtsschreibung prägt und Teil derselben geworden ist, und sie entspringt offenbar der Kritik des Autors am Verhalten einer großen Gruppe. Innerhalb der Erzählfiktion äußert Uhltzsch diese Kritik vergleichsweise unverstellt, wenn er hinsichtlich der Aufarbeitung der DDR-Geschichte bemerkt:

> Eine völlig verzerrte Diskussion, und keiner merkt es! Wie konnte diese Gesellschaft Jahrzehnte existieren, wenn alle unzufrieden gewesen sein wollen? Mr. Kitzelstein, nehmen Sie meine Frage ernst, es ist keine rhetorische Frage! Alle waren dagegen, und trotzdem waren sie integriert, haben mitgemacht, kleinmütig, verblendet oder einfach nur dumm. Ich will das genau wissen, denn ich glaube, daß sich *alle* modernen Gesellschaften in diesem Dilemma bewegen. Solange sich Millionen Versager ihrem Versagen nicht stellen, werden sie Versager bleiben. (Helden 312)

Dass das deutsche Volk die Öffnung der Mauer auf gewaltlose Weise herbeigeführt hat, wird vom Erzähler als inadäquate Deutung eines historischen Ereignisses in unmissverständlicher Weise zurückgewiesen, wenn es heißt:

> Als die Mauer plötzlich nicht mehr stand, rieb sich Volk [sic] die Augen und mußte schließlich glauben, es hätte selbst die Mauer abgerissen. Mir war schon klar, daß diese *Das-Volk-sprengt-die-Mauer*-Legende nicht mehr lange halten wird. Irgendwo muß es ja abgeblieben sein, das Volk, das Mauern sprengen konnte – aber wo? Die illusionsloseren Betrachter kommen nun zu dem Schluß, daß es kein mauersprengendes Volk gegeben hat. (Helden 6)

Was der Erzähler als »Legende« bezeichnet, bezieht sich auf die tatsächliche Geschichte der Maueröffnung und deren konventionelle Deutung sowie auf das Selbstbild einer Gesellschaft, die die historische ›Tat‹ für sich in Anspruch nimmt, die Brussig ihr durch die Stimme und Figur seines Erzählers abspricht.[46]

---

[46] Dass Brussigs Roman hier eine Ansicht transportiert, die in HANS-JOACHIM MAAZ' langem, sozialpsychologischen Essay *Der Gefühlsstau. Ein Psychogramm der DDR* gewissermaßen vorformuliert worden ist, hat die Forschung bereits erkannt. Vgl. u. a. HOLLMER, HEIDE: *The next generation*, S. 113 und HOLLMER, HEIDE/ALBERT MEIER: ›*Wie ich das mit der Mauer hingekriegt habe*‹, S. 115. MAAZ konstatiert: »Die Interpretationen, die sich aus dem Psychogramm des ›real existierenden Sozialismus‹ im Zusammenhang mit den Ereignissen der Wende anbieten, gipfeln in einer schwerwiegenden Aussage: Es hat keine Revolution stattgefunden« (MAAZ: Der Gefühlsstau, S. 137). MAAZ begründet diese Folgerung aus der Art und Weise, in der sich die überwiegende Mehrheit der Bürger in die Situation gefunden habe: »Machen wir uns nichts vor, das gedemütigte und genötigte Volk der DDR hatte sich im wesentlichen arrangiert und

Hierbei stellt der »fingierte Autobiograf Klaus Uhltzscht [...] sowohl das Objekt als auch das Medium der Satire dar«[47], wie VALESKA STEINIG zutreffend bemerkt, denn der Erzähler und Protagonist des Romans gehört selbst dem sozialen Kollektiv an, das er der satirischen Kritik ausliefert. Er repräsentiert es geradezu und weist darauf auch explizit hin, indem er gesteht: »Ich *war* einer von ihnen« (Helden 315). Aufgrund seiner Vertrautheit mit den Ursachen für das »Bild des Jammers« (Helden 315), das sich ihm beim Anblick der Demonstranten bietet, folgert er: »Ein Volk, das sich von einer LKW-Pritsche herab die Befreiung der Sprache als revolutionäre Errungenschaft preisen läßt, ein Volk, das mit dem Hinweis aufgemuntert wird, daß es mit behördlicher Genehmigung protestiert, ein Volk, das ratlos vor Grenzsoldaten stehen bleibt, ein solches Volk hat einen zu kleinen Pimmel – in diesen Dingen kenne ich mich aus« (Helden 315f.). In diesem Umstand sieht Uhltzscht auch den Grund dafür, dass sich die sozialistische Staatsform über einen so langen Zeitraum erhalten konnte:

> Ich *brauche* gar nicht ›Erinnert euch!‹ zu verordnen, ich weiß – und in ein paar Stunden werden auch Sie es wissen –, daß nichts, was irgendeiner tat, das System zum Einsturz gebracht hat. Es gab nur einen, und das bin ich. Natürlich bin ich ein Kind aus ihrer Mitte, aber wenn ich ihren Beitrag zum Ende des ganzen Spuks irgendwie würdigen soll, dann so: Die einen haben verdorben, die anderen im Stich gelassen – und erst als ich endlich ihr übelster Zombie war, schritt ich zur Tat. (Helden 105f.)

Freilich geschieht die Selbststilisierung zum ›großen‹, geschichtsgestaltenden Individuum und die darin enthaltene Gesellschaftsanalyse unter dem Vorbehalt des pikarischen Blicks und, durch diesen bedingt, in offensichtlicher Überzeichnung. Uhltzschts Erklärung des Mauerfalls wird bis zu einem gewissen Grad relativiert, wenn es heißt: »Ich weiß, mein Drang, mir die Welt zu erklären, ist mein Verhängnis. Aber das Tückische an einem Wahn ist eben, daß er stets Beweise findet, die ihn ins Recht setzen« (Helden 274). Der hier der pikarischen Verspottung preisgegebene Sachverhalt benennt dennoch einen realen vom Autor empfundenen Missstand und enthält eine Diagnose einer historisch gewordenen sozialen Situation. Obschon Brussigs Roman ohne Zweifel Züge der

etabliert und in der Lebensweise Möglichkeiten im größeren Stil gefunden, sich anzupassen und dabei gar nicht so schlecht zu leben« (MAAZ: Der Gefühlsstau, S. 137). Auch sei, so MAAZ, niemand auf eine ›Wende‹ vorbereitet gewesen, vielmehr warteten die Bürgerinnen und Bürger nach seiner Auffassung »eher resigniert ab, als daß die zu erwartende Krise für einen wirklichen politischen Machtwechsel als Chance erkannt worden wäre. Die Angst hatte das Volk gelähmt und die kleinbürgerliche Idylle den Veränderungswillen geschwächt« (MAAZ: Der Gefühlsstau, S. 138). An diesen Stellen werden die Parallelen zu Brussigs Text und dessen Diagnose offenkundig.

[47] STEINIG, VALESKA: *Abschied von der DDR*, S. 193.

Satire trägt, erschöpft sich die Textintention nicht in dieser Absicht. Auch im oben angedeuteten Kontext der Werkbiographie des Autors zeugt *Helden wie wir* von einem Bemühen um einen analytischen Beitrag zum Wendediskurs.[48] Für diesen Beitrag macht er das Verfahren des deviierenden historischen Erzählens nutzbar: In dem Roman wird die auch vom empirischen Autor kritisierte Deutung eines historischen Ereignisses umgekehrt, indem eine kontrafaktische Proposition zum Gipfelpunkt der Erzählhandlung gemacht wird, welche wiederum eine eigene Deutung des thematisierten historischen Sachverhalts in Umlauf bringt.

---

[48] Vgl. dazu auch Brussigs eigene Erläuterungen: »Bei den ›Helden‹ war es so, daß ich einen politischen Anspruch hatte. Im Osten hat mich der Umgang mit der Vergangenheit geärgert, daß alle nur von ihren Heldentaten erzählt haben, anstatt von ihrem Mitmachen« (KOELBL: Thomas Brussig, S. 98). Auch andere nicht fiktional überformte Aussagen Brussigs legen nahe, dass sich in *Helden wie wir* jene Kritik mit der Ambition, eine entstellende Verarbeitung dieses Sachverhalts in den Medien und in der Geschichtsschreibung bewusst zu machen, verbindet. In einem Werkstattgespräch erklärt Brussig, nach der Wende habe ihn geärgert, »wie die Auseinandersetzung mit der Vergangenheit stattgefunden bzw. nicht stattgefunden hat. So wie ich die DDR erlebt habe, war das ein Riesenstall von Anpassern und Opportunisten, wobei ich mich da auch nicht ausnehme. Es waren viel zu viele, die viel zu wenig dagegen getan haben. Nach der Wende hat das gar keine Rolle mehr gespielt, alle haben sich nur ihre Heldentaten erzählt. Ich aber hatte andere Erinnerungen an die DDR. Da habe ich aus Wut und Enttäuschung darüber angefangen, dieses Buch zu schreiben. [...] Darum dachte ich mir, daß es wichtig sei, eine literarische Figur ins Leben zu rufen, die feiger, dümmer und verblendeter als alle anderen gewesen ist, die aber dazu steht. Ich habe gehofft, daß dann ein Funke überspringt, daß der, der dieses Buch liest und im Osten gelebt hat, sagt, wenn der Romanheld darüber reden kann, dann kann ich das auch!« (STRAUBEL/SZABO/WENDTORF: Ich schreibe Bücher, die ich auch selber gerne lesen würde, S. 51). Brussig hat mittels seines fiktionalen Textes Anteil an einem Verarbeitungsprozess, sein Roman trifft also auf eine Rezeptionssituation, in der es möglich ist, die dargebotene Version des historischen Geschehens nicht nur an Quellen zu messen, sondern – für einen nicht unerheblichen Teil der Leser – auch an der persönlichen Erfahrung.

9. Das andere Deutschland – Michael Kleebergs *Ein Garten im Norden*

Am Anfang von Michael Kleebergs *Ein Garten im Norden* kehrt Albert Klein, der Ich-Erzähler des Romans, nach zwölf Jahren im europäischen Ausland und nach dem Tod seiner geschiedenen Frau, nach Deutschland zurück. Die Verhältnisse, die er antrifft, erregen seinen Widerwillen, kaum dass er die Grenze überquert hat. Deutschland erscheint ihm als ein »Land, das niemanden nach seiner Façon selig werden lassen kann, das Land, aus dem ich aus guten Gründen verschwunden war. Ein häßliches Land!« (Garten 13). Klein fährt zunächst aufgrund beruflicher Verpflichtungen weiter nach Prag. Dort glaubt er beim Besuch einer Synagoge, seinen eigenen Namen zwischen denen der in Theresienstadt ermordeten Juden zu lesen. Noch unter diesem Sinneseindruck stehend, gerät er anschließend in ein Antiquariat, dessen Inhaber ihm ein Buch mit leeren Seiten aushändigt und ihm versichert, es sei für ihn bestimmt gewesen und Klein solle es als Schreibpapier verwenden. Der Antiquar verspricht: »Sie werden schreiben in dieses Buch. Und was immer Sie schreiben, wird in dem Moment, da Sie das Buch beendet haben, Wirklichkeit geworden sein. Das ist unser Geschenk« (Garten 46). Die ins Übernatürliche hinüberspielende Ankündigung des Buchhändlers entbehrt jeglicher Begründung, erst recht einer – und sei es nur vorgeblich – rationalen oder wissenschaftlichen Erläuterung. Kleeberg nutzt, wie Grass, sichtlich Elemente des Märchens oder des Wunderbaren für das Vorhaben deviierenden historischen Erzählens, entwickelt dabei indessen eine gänzlich andere Poetik des Kontrafaktischen.

Die Begegnung mit dem Antiquar und dessen Versprechen stellen in der Rahmenhandlung des Romans die Konstellation bereit, um in einer Binnenhandlung, welche anteilig den größeren Raum einnimmt, einen alternativen Geschichtsverlauf zu entwerfen. Diese Binnenhandlung setzt ein, nachdem der Erzähler Klein die leeren Seiten des Buches zu beschreiben und seinerseits eine fiktionale Handlung zu erfinden beginnt. Mit der Fiktionsdoppelung, der Geschichte in der Geschichte, verbindet Kleebergs Roman zwei getrennte Zeit- und Inhaltsebenen. Die erste bildet eine im Jahr 1995 spielende Rahmenhandlung. Sie schildert die Erlebnisse des Erzählers und Protagonisten Albert Klein in der Gegenwart, in die die Begegnungen in Prag fallen. Zunächst geht es Klein darum, schreibend seine persönlichen Erinnerungen durch neue, bewusst gestaltete zu substituieren und die eigentlichen vollständig zu löschen. Eingedenk dessen, was der Antiquar versichert hat, erscheint es ihm zugleich möglich, auf diese Weise die Entwicklungen, die zum Nationalsozialismus und zum Zweiten Weltkrieg führten, aufzuhalten und die Weichen für die politische Geschichte anders zu stellen, indem er deren geistesgeschichtliche Voraussetzungen umschreibt. Als Gegenpol zum nationalistischen politischen Zeitgeist erfindet er eine Figur, die wie er selbst den Namen Albert Klein trägt. Nachdem dieser aus einem Dorf im Badischen stammende Albert Klein der historischen Binnenfiktion durch Ehrgeiz und Talent im Laufe weniger Jahre vom Lehrling zum Haupteigner eines Bankhauses avanciert ist, setzt er einen beträchtlichen Teil seiner finanziellen Kapazitäten zur Realisierung eines visionären Projekts ein. Er lässt im Berlin der 1920er Jahre einen Garten der Völker anlegen, von dem aus sich ein kosmopolitischer und aufgeklärter humanistischer Geist verbreitet. Dieser soll der Geschichte des 20. Jahrhunderts zu einem anderen Verlauf verhelfen.

Die in groben Zügen wiedergegebene Romanhandlung deutet bereits auf ein Charakteristikum des kontrafaktischen Geschichtsentwurfs hin. Devierendes historisches Erzählen erfolgt in Kleebergs Roman als Gestaltung einer rückwärtsgewandten utopischen Projektion, wobei unter der Utopie sehr allgemein eine Vision eines besser gearteten Zusammenlebens der Menschen zu verstehen ist. Um die Poetik des Kontrafaktischen in Kleebergs Roman zu erschließen, ist es daher notwendig, das utopische Programm nachzuvollziehen, das auf den verschiedenen Ebenen der Erzählung reflektiert wird und welches, wie gezeigt werden kann, die kontrafaktische Geschichtsdarstellung motiviert und in ihrer Gestaltung und Eigenlogik bestimmt.[1]

9.1 »Ich will nur eine andere Erinnerung«

Ein Garten im Norden wurde von Seiten der Kritik überwiegend mit Zustimmung bedacht[2], von der germanistischen Forschung bislang hingegen erst zögerlich zur Kenntnis genommen. Die erste Monographie zu Kleeberg streift den Roman nur am Rande, und ordnet ihn als »historisierenden Ideenroman[s]«[3] in einen leitmotivisch geprägten Werkkontext ein. In den Arbeiten, in denen der Roman behandelt wird, wird er entweder innerhalb der zeitgenössischen Berlin-

---

[1] Erste Grundlagen der folgenden Interpretation sind entwickelt in WIDMANN, ANDREAS MARTIN: *Garten Eden in einem anderen Deutschland.*

[2] Vgl. u. a. SCHOELLER, WILFRIED: *Deutschland, ein Wunschbild* und AREND, INGO: *Offener Garten. Sehnsucht nach dem anderen Deutschland.*

[3] SCHALLER-FORNOFF, BRANKA: *Novelle und Erregung*, S. 161.

Literatur verortet[4], bei ANDREAS BÖHN unter dem Gesichtspunkt der Wende-Thematik betrachtet und in ELENA AGAZZIS Buch im Zusammenhang mit literarischen Erinnerungsdiskursen gelesen. Einen Zusammenhang mit der zunehmenden Popularität kontrafaktischer Geschichtsdarstellung stellt ANDREAS BÖHN her, doch beschränkt er sich dabei auf einige knappe Bemerkungen.[5] AGAZZI sieht in Kleeberg einen Repräsentanten einer Generation von Autoren, die die historischen Hinterlassenschaften des Nationalsozialismus literarisch behandeln und zum Thema machen, jedoch ohne an ihr teilgehabt zu haben. Im Unbehagen des Erzählers und Protagonisten des Romans erkennt sie »die schwere Bürde eines Kindes unserer Zeit, dessen Vergangenheit von der Schuld am Holocaust gezeichnet ist.«[6] Autor und Erzähler teilen diese Generationenzugehörigkeit und die von AGAZZI richtig attestierte Belastung durch eine schuldhafte Nationalgeschichte, die zum Gegenstand der schreibenden Auseinandersetzung wird und zum Entwurf einer alternativen historischen Entwicklung führt.

Zum Antrieb für den Versuch, eine andere deutsche Geschichte zu schreiben, werden in *Ein Garten im Norden* die persönlichen Erinnerungen des Erzählers, die mit dem Wissen um die deutsche Geschichte unlösbar verbunden sind. Der Erzähler berichtet zu Beginn des Romans von seinen gescheiterten Liebesbeziehungen und von Erfahrungen in einem Deutschland, für dessen Vergangenheit er sich schämt, ohne sie selbst erlebt zu haben. Die Aversion gegen dieses Deutschland bedingte in den frühen 1980er Jahren sein freiwilliges Exil, doch 1995 kehrt der Ich-Erzähler, wie er bemerkt, »aus einer Wahlheimat, die mich als Fremden ausspie, in eine Fremde zurück, die ich mir als meine Heimat einfach nicht mehr vorstellen konnte« (Garten 10). Das erste Kapitel trägt den programmatisch anmutenden Titel *Von der Liebe und der Heimat*. Es enthält

---

[4] Vgl. LANGER, PHIL C.: *Kein Ort. Überall. Die Einschreibung von ›Berlin‹ in die deutsche Literatur der neunziger Jahre*, S. 197ff., und COSTABILE-HEMING, CAROL ANNE: *Tracing History through Berlin's Topography: Historical Memories and Post-1989 Berlin Narratives*, S. 344ff.

[5] Vgl. BÖHN, ANDREAS: *Memory, Musealization and Alternative History in Michael Kleeberg's Novel Ein Garten im Norden and Wolfgang Becker's Film Good Bye, Lenin!* BÖHN verweist auf die Arbeiten von HELBIG und DEMANDT und bemerkt: »[...] Kleeberg invents an alternative history to explain the fate of a fictitious site in the no-man's land between East- and West-Berlin« (BÖHN: Memory, Musealization and Alternative History, S. 248). Nach Abschluss der Arbeit an der vorliegenden Studie erschienen ist SCHÜTZ, ERHARD: *Der kontaminierte Tagtraum. Alternativgeschichte und Geschichtsalternative*. Dieser Aufsatz behandelt den Aspekt der kontrafaktischen Geschichtsdarstellung im Roman auch im Kontext historischen Erzählens ausführlicher.

[6] AGAZZI, ELENA: *Erinnerte und rekonstruierte Geschichte*, S. 116.

einige explizite Überlegungen des Erzählers zu dem in der Überschrift hergestellten Zusammenhang:

> Vielleicht muß ich mit der Liebe anfangen, der Liebe, die mich fortgetrieben hat, ohne mich loszulassen, und die mich zurückgezogen hat, nach Hause in die Fremde. Vor langer Zeit gab es einmal ein wunderschönes Land, in dem ich glücklich war. Ich kannte kein anderes. Es hieß Deutschland, nein, nicht Deutschland, sondern BeErDe. Auch die Liebe hat einen Namen, Beate Wittstock, oder kurz: Bea. Ihretwegen war ich ins Ausland gegangen, ihretwegen kam ich zurück. (Garten 9f.)

Zur Voraussetzung des Schreibens erklärt auch der Antiquar ausdrücklich die Liebe des Erzählers.[7] Diese Eigenschaft prädestiniert den Erzählerhelden zum Empfänger des ungewöhnlichen Geschenks. Es ist eine emotionale Disposition, die dem Ich-Erzähler anzuhaften scheint, und die der Antiquar registriert. Die numinose Gestalt des Antiquars und die ihn umgebende Atmosphäre des abendlichen Prags verweisen dabei erkennbar auf Gustav Meyrinks *Der Golem* (1915).[8] Meyrinks phantastischer Roman verknüpft die Schauergeschichte mit Einsichten aus der Traumpsychologie und rührt dadurch wie *Ein Garten im Norden* an Fragen nach Zusammenhängen zwischen Bewusstsein, Unbewusstsein und Erinnerung. Wohingegen Athanasius Pernath, in den die Erzählerfigur in *Der Golem* sich im Halbschlaf verwandelt, an Aphasie leidet und seine Erinnerungen nur bruchstückhaft zurückgewinnt, sind dem Ich-Erzähler bei Kleeberg seine Erinnerungen scheinbar vollkommen präsent und er leidet gerade an ihrer Gegenwärtigkeit. Doch auch dessen persönliche und historische Gegengeschichte nimmt ihren Ausgangspunkt von einer Leerstelle. Hierbei handelt es sich um ein unbebautes Grundstück, durch welches die deutsch-deutsche Grenze lief.

> Es war eine weite leere Fläche auf den ersten Blick, umgeben von grünen Bauzäunen. [...] Es war Brachland, um das sich seit einem halben Jahrhundert kein Mensch mehr gekümmert hatte. Mitten in Deutschland. Mitten in Berlin. Ein Loch. Aber ein Loch ist nicht einfach so da. Bevor ein Loch da war, war da etwas anderes« (Garten 80f.)

---

[7] Vgl. die entsprechende Passage im Text: »»Aber was meine Besucher betrifft, so haben sie alle eine Gemeinsamkeit: Ihre große, tiefe, überbordende, nie zu stillende Liebe‹ ... « (Garten 43).

[8] Unter den zahlreichen intertextuellen Referenzen ist diese eine mehrfach hervorgehoben worden. Vgl. u. a. KRAFT, THOMAS: *Michael Kleeberg*, S. 684. Als weiterer literarischer Vorläufer ist die wie der Golem einer jüdischen Legende entstammende Gestalt des Dibbuk zu nennen, mit der der Antiquar verglichen wird: »Es ist nur mein Dibbuk, der ewige Antiquar« (Garten 479). AGAZZI wertet dies als Verweis auf Isaac B. Singer, der den Stoff in seinem Roman *Satan in Goraj* (1935) bearbeitet hat. Vgl. AGAZZI, ELENA: *Erinnerte und rekonstruierte Geschichte*, S. 118.

Der Erzähler schließt jenes Loch, das auch für eine Lücke in der Überlieferung steht, durch die Erfindung des Garten Kleins. Aus jenem Stück Brachland mitten in der Stadt, über dessen Bebauung oder Nutzung vor 1945 nichts bekannt ist, wird der Ort, an dem der Erzähler den Garten des Bankiers Klein ansiedelt.[9]

In seiner Fiktion fügt er diesen Garten Kleins der überlieferten deutschen Geschichte hinzu. Er ergänzt durch die Erzählung von seiner Entstehung und Idee das historische Geschehen der 1910er, 1920er und frühen 1930er Jahre um einen Teil, der darin fehlt und der von einer anderen historischen und kulturellen Tradition zeugen soll: »Dagegen, daneben, darunter, ertönte seit einigen Jahren die zärtere, elegantere Melodie des Gartens, ein anderes Lied, aus einer anderen Vergangenheit heraufklingend, und schlug den Gegentakt zur brüllenden Zentrifuge des Potsdamer Platzes« (Garten 331f.). Dabei bestreitet er zunächst, durch seine Erzählung auch eine Geschichtsrevision anzustreben. »›Noch einmal‹, sagte ich, ›ich will nichts *verbessern*. Was immer sie glauben, dazu bin ich zu bescheiden. Ich will nur eine andere Erinnerung. Ich begnüge mich damit, meine Erinnerungen umzuschreiben. […].‹« (Garten 182). Diese Erinnerungen gelten jedoch nicht nur der individuellen Biographie des Erzählers, sondern sie reichen weiter zurück. Bedingen die individuellen Erinnerungen des Erzählers die Motivation, eine Liebesgeschichte zu erfinden, so ist es der Anteil am kollektiven Gedächtnis, der dazu führt, dass der Erzähler das leere Buch schließlich benutzen möchte, um die deutsche Geschichte durch eine eigene, kontrafaktische Version zu überschreiben: »Ja, und warum nicht ein anderes Deutschland, wenn es das ist, woran ich mich erinnern will, wenn ich will, daß es existiert habe?« (Garten 132).

AGAZZI hat, auch unter Verweis auf HALBWACHS und RICŒUR, die Befindlichkeit des Ich-Erzählers auf dessen Teilhabe am kollektiven Gedächtnis seines Landes zurückgeführt, nicht aber die Notwendigkeit gesehen, mit der letzteres, als Wissen über die Geschichte, die Realisierung der kontrafaktischen Version unmöglich macht. Kleeberg rekurriert, wie AGAZZI bemerkt, auf Marcel Proust und dessen in *Auf der Suche nach der verlorenen Zeit* entwickeltes Verfahren der ›mémoire involontaire‹.[10] Allerdings gelangt das unbewusst Erinnerte des Ich-Erzählers mit dem kognitiv erkannten historischen Wissen zur Deckung,

---

[9] Die historische Entsprechung, d. h. das tatsächliche Vorbild für den von Kleeberg erfundenen Garten ist in Frankreich zu suchen, wie aus einer Nachbemerkung hervorgeht: »Wer den ›Garten Kleins‹ in der Wirklichkeit besuchen will, der kann das tun, nur eben nicht in Deutschland, was einer der Gründe ist, warum dieses Buch entstand. Er findet sich in Boulogne, Metrostation ›Pont de St. Cloud‹ und dann gleich rechts. Es ist ausgeschildert« (Garten 587).

[10] Vgl. AGAZZI, ELENA: *Erinnerte und rekonstruierte Geschichte*, S. 112.

das Wissen über die Geschichte hat selbst die ungesteuerte, private Erinnerung affiziert. Eine Zeile aus Meyrinks *Der Golem* mag dies verdeutlichen: »Wissen und Erinnerung sind dasselbe.«[11] Der Intertext kann hier einen Hinweis auf die Motivation und die Verfahrensweise des kontrafaktischen Entwurfs liefern, denn er verweist auf den Konnex zwischen dem Einzelnen und der kulturellen Gemeinschaft, mit der er ein bestimmtes Wissen teilt. Gerade weil es sich auch um bewusstes Wissen handelt, wird es zum Hindernis. »Was reden Sie da? Wissen Sie denn nicht mehr, was passiert ist?« (Garten 479) fragt der Antiquar den Erzähler Klein, der daraufhin nicht länger gegen die Überlieferung anschreiben kann. »›Was machen Sie da? Wissen Sie denn nicht mehr, was passiert ist?‹ wiederholt er. ›Ich weiß gar nichts‹, sagte ich heftig. ›Ich weiß nur, daß wir die Demokratie retten müssen, wenn wir auch Kleins Œuvre retten wollen!‹« (Garten 479). Der Erzähler Klein wird beim Schreiben letztlich zum Gefangenen seiner Erinnerungen *und* seines Wissens. Gegenüber der verbürgten Geschichte erscheint dieser Umstand als ›Bankerott des Erzählers‹ – so lautet der Titel des 51. Kapitels – der nicht autonom agiert, sondern zuletzt die bekannten Stationen der tatsächlichen Geschichte repetieren muss.

Auf den Zusammenhang zwischen der Binnenfiktion und deren unbewusster Gestaltung soll am Ende gesondert eingegangen werden. An dieser Stelle bleibt festzuhalten, dass ein komplexes Ineinanderwirken von bewusster und unbewusster Erinnerung den Entwurf einer kontrafaktischen Geschichtserzählung initiiert und deren konsequenten Abschluss zugleich unterbindet: Der Erzähler stellt sich mit der Fiktion gegen sein eigenes Wissen, doch dieses hat bereits unterschwellig den Glauben an das Gelingen seines Vorhabens außer Kraft gesetzt.

> [Ich] [s]ah nur, daß [...] die Erzählung von Menschen, anderen Menschen, einer anderen Zeit, einer anderen Vergangenheit, sah plötzlich, daß all das mir unter der Hand aus dem Ruder gelaufen war, daß es über mich hinwegging wie eine Welle. Die Elemente, die ich mit Gewalt oder mit Mutwillen oder mit Hoffnung versucht hatte, aus ihrer Bahn zu drängen, sprangen einfach wieder zurück. Was war das: die Rache der Zeit, der Physik, oder etwas zutiefst Pessimistisches, Hoffnungsloses in meinem Unterbewusstsein? (Garten 513f)

So kommt es, dass der tatsächliche historische Verlauf sich schreibend nicht aufhalten lässt. Die bekannte Geschichte und die realen Erinnerungen des Erzählers behaupten sich auch in der Fiktion und in der Erzählung um den Bankier Klein, die Kleebergs Erzähler wie zwangsläufig zu einem Ende bringt, bei welchem die Gegengeschichte in der realen Geschichte aufgeht. Dieses Ende, wird,

---

[11] Meyrink, Gustav: *Der Golem*, S. 72.

wie ELENA AGAZZI bemerkt hat, durch den Namen des Holocaustopfers an der Gedenkmauer bereits antizipiert[12], und es scheint auch unter diesem Gesichtspunkt folgerichtig, die Diskussion des Romans hier vom Ende her zu beginnen. Bis es zu diesem Ende kommt, entwickelt der Erzähler jedoch innerhalb der Binnenfiktion eine historische Erzählhandlung, die durch den Vorgang des Überschreibens außenreferentieller Referenzbereiche kontrafaktische Züge erhält.

9.2 Das Neuschreiben der Geschichte: Metafiktionale Reflexionen und ihre Funktion

THOMAS KRAFT zählt Michael Kleeberg »zu den Vertretern eines literarischen Realismus.«[13] In *Ein Garten im Norden* wird diese erzählerische Grundhaltung allerdings auf mehrfache Weise gebrochen. So gleicht das ästhetische Verfahren eher dem des »MAGIC REALISM – when marvellous and impossible events occur in what otherwise purports to be a realistic narrative [...].«[14] Indiziert wird die Überwindung der realistischen Darstellungsintention bereits durch die in den ersten Sätzen vorgenommene Thematisierung des Erzählens sowie durch die ebenfalls zur Exposition gehörenden Sätze, die auf die Hör- und Lesesituation des Märchens verweisen[15], ferner durch die formale Anlage, die eine historische

---

[12] Vgl. AGAZZI, ELENA: *Erinnerte und rekonstruierte Geschichte*, S. 128.
[13] KRAFT, THOMAS: *Michael Kleeberg*, S. 684.
[14] LODGE, DAVID: *The Art of Fiction*, S. 114.
[15] Im Werkstattgespräch bezeichnet Kleeberg *Ein Garten im Norden* als »ein postmodernes, ironisches Märchen« (WIDMANN: Repräsentativer Außenseiter der deutschen Gegenwartsliteratur, S. 226). Die Relevanz des Märchens für die Konzeption des Romans wird auch im Text selbst erkennbar: »Manche Geschichten kann man ganz einfach erzählen, sie erzählen sich eigentlich selbst. Zum Beispiel eine, die so beginnen könnte: ›Einst gab es, mitten in der Reichshauptstadt, einen seltsamen Park. Er war von hohen Mauern umgeben, über die im Frühjahr der Duft von Geißblatt, Flieder und Harz wehte, und Liebespaare verabredeten sich unter der Laterne im Schatten der Kastanien...‹« (Garten 9). Der Ich-Erzähler verortet seine Persönlichkeit ausdrücklich in einem von deutschen Märchen mitgeformten kulturellen Gedächtniszusammenhang, wenn er seine früheste kulturelle Prägung reflektiert: »Der Bekannte aber wog ganz sachlich pro und contra ab und meinte schließlich: ›Es kommt darauf an, in welcher Sprache deine Erinnerungen in dir reden, in welcher Sprache du deine Märchen gehört hast.‹ Ja, dachte ich, und noch weiter, es sind Erinnerungsgene aus Generationen, die dich machen, die Geschichte der Familie, die Geschichte an sich, das Klima, die Farben. Und meine Erinnerungen und Märchen, woher kamen sie? Siegfried und Hagen von Tronje, Dietrich von Bern und Meister Hildebrand, Thor und Loki, Gudrun und Wate von Stürmen, Rübezahl und das Erzgebirge, die schöne Lau aus dem Blautopf, das Glasmännlein und der

Handlung als Fiktion des in einer Rahmenhandlung agierenden Erzählers ausweist, sowie durch die zahlreichen intertextuellen Verweise und literarischen Voraussetzungen.[16] Kleeberg hat den Roman dementsprechend als »ein großes Spiel [...], ein Werk der Mimikry und Montage«[17] charakterisiert. Eine Lesart, die, sich hierauf berufend, in der Poetik des Textes eine Grenzverwischung zwischen Literatur und Realität, insbesondere historischer Realität, sieht, greift jedoch zu kurz. Der kontrafaktische Entwurf gewinnt insbesondere dadurch Kontur, dass er sich der anerkannten Faktizität entgegenstellt, ohne die Auflösung derselben zu bedingen.[18] Der Protagonist und Erzähler der Rahmenhandlung ist selbst Schriftsteller, sein Schreiben wird so gewissermaßen legitimiert und geschieht auf der Inhaltsebene nicht ohne jegliche Motivation in der Biographie der Figur. Der Erzähler Klein ist sowohl als Figur als auch als gestaltende Instanz im Text präsent, die einen eigenen, zweiten Text hervorbringt, mit der er die Überlieferung überschreiben möchte. Diese Möglichkeit scheint das leere Buch zu eröffnen: »Was immer Sie schreiben, wird, wenn Sie geendet haben, in aller Konsequenz Wirklichkeit geworden sein. Das heißt, Sie werden es in den Geschichtsbüchern nachlesen können, vorausgesetzt, es gehört in die Geschichtsbücher« (Garten 46), so der Antiquar.

Die historische Handlung um den Bankier und Mäzen Albert Klein, die der Erzähler in das leere Buch schreibt, wird wiederholt unterbrochen, zum einen durch die Fortführung der Rahmenhandlung, zum anderen durch Gespräche, in denen sich der Antiquar zu Wort meldet, die erfundene Binnenfiktion kommentiert und ihren Entstehungsprozess begleitet. Bereits zu Beginn erhält das Motiv des Erzählens besonderes Gewicht, denn offensichtlich wirft das Be-

---

Holländer-Michel aus der schweigenden Tiefe des benachbarten Schwarzwalds, alles was ich war, bevor Hollywood über mich hereinbrach« (Garten 12).

[16] Viele der Kapitelüberschriften wie ›Gedanken im Kriege‹, ›Strahlungen‹ oder ›Verweile doch, Du bist so schön‹ zeugen bereits vom Anspielungsreichtum des Textes, ferner die Namen der Hauptfiguren der historischen Binnenerzählung, Albert und Charlotte, die intertextuell auf Goethes *Die Leiden des jungen Werther* verweisen.

[17] WIDMANN, ANDREAS MARTIN: *Repräsentativer Außenseiter der deutschen Gegenwartsliteratur*, S. 226.

[18] Kleeberg hat das poetologische Prinzip, das dem Umgang mit vorgefundenem historischen Material in seinem Roman zugrunde liegt, in einer Nachbemerkung formuliert: »Ich habe beim Schreiben das Prinzip ›Je prends mon bien où je le trouve‹ auf die Spitze getrieben. Es scheint mir daher nicht überflüssig, alle die Toten und Lebenden um Nachsicht zu bitten, deren Namen, Gesichter, Gedanken, Worte und Lebensmomente schamlos in diesen Roman montiert wurden« (Garten 587). Der empirische Autor kommentiert hier unverstellt sein Verfahren und weist ausdrücklich darauf hin, dass im Text sehr freier Gebrauch von der poetischen Lizenz zur literarischen Behandlung realer Personen gemacht wird.

mühen, »Dinge nachzuerzählen, die sich tatsächlich ereignet haben, also die vergehende Zeit zu erzählen« (Garten 9), für den Ich-Erzähler einige Probleme auf, da die »Heisenbergsche Unschärferelation, die besagt, daß die Messung eines Phänomens das Phänomen selbst verändert« (Garten 9) auch den Autor betrifft, der seine zu erzählende Geschichte nicht von A bis Z erfindet. Es erfolgt so innerhalb der Rahmenhandlung eine Erörterung der Romanpoetik sowie eine Auseinandersetzung mit der Theoriebildung in der Literaturästhetik und Geschichtswissenschaft. Durch diesen Kunstgriff verlegt Kleeberg die poetologische Fundierung seines Erzählprojekts in den Text des Romans und in die Handlung. Aus narratologischer Sicht wird der Erzähltext dadurch als metafiktional klassifizierbar. ›Metafiction‹, so SARAH E. LAUZEN,

> is characterized by the prominence of metafictional devices. A metafictional device or element is one that foregrounds some aspect of the writing, reading, or structure of a work that the applicable canons of standard (realistic) practice would expect to be backgrounded; or is such a foregrounded element itself. Metafiction uses techniques to *systematically* heighten its own status as fiction.[19]

Diese metafiktionalen Anteile stellen die Literarizität des Geschichtsentwurfs offen zur Schau und exponieren die Textualität und Narrativität sprachlicher Repräsentation von Geschichte.

Neben der Liebesgeschichte tritt das sich steigernde Interesse des Erzählers, mit seiner Erfindung zugleich der deutschen Geschichte eine andere, bessere Wendung zu bescheren, immer stärker in den Vordergrund und ruft im Zuge dessen den Widerspruch des Antiquars hervor. Dessen Kritik betrifft die in der Binnenfiktion zu Tage tretende Geschichtskonzeption und deren narrative Gestaltung. Der Antiquar bemängelt nicht nur den Umgang mit den Tatsachen, sondern auch den aus seiner Sicht überkommenen Erzählstil, in dem diese Handlung dargeboten wird.

> ›Und da entblöden Sie sich nicht‹, rief er, ›als säßen Sie mitten im 19. Jahrhundert und als könne man das noch, von einem Herrn zu erzählen oder von Individuen, die glauben, sie hielten ihr Schicksal in der Hand, sie seien Repräsentanten – oder vielleicht glauben SIE das ja, anstatt von den Strukturen, von den Bewegungen zu sprechen.

---

[19] LAUZEN, SARAH E.: *Notes on Metafiction*, S. 94. LAUZEN erklärt eine gewisse Häufigkeit metafiktionaler Elemente zur Bedingung, um einen Roman insgesamt als metafiktional bestimmbar werden zu lassen. Vgl. ibid., S. 95: »What makes a novel metafictional is both abundant and systematic use of metafictional devices. A sprinkling of one or two strange and metafictional moments may serve to give the reader a jolt, without giving the whole work a metafictional cast.«

> Mein Gott, kennen Sie den Satz denn nicht, oder besser den Spott über den Satz: Die Marquise verließ das Haus um fünf Uhr –‹ (Garten 130)

Ohne Paul Valéry zu nennen, greift Kleeberg hier dessen Absage an den Roman auf und macht ihn zum ästhetischen Gewährsmann des Antiquars gegen die Poetik des Erzählers Klein. Diesem wirft der Antiquar weiterhin vor, »[d]aß Sie so schreiben, als hätten Sie eine Lehre anzubieten, didaktisch, tiefstes 19. Jahrhundert, anstatt den Text als Materie zu begreifen, mit Wiederholungen von Elementen und Motiven, Varianten, Assoziationen, Kontrasten, Kombinationen, Variationen ...«‹ (Garten 296).[20] Gegen die Überführung von Geschichte in Fiktion, die der Erzähler Klein vornimmt, gewendet, erklärt er:

> ›[...]. Sie können nicht, was mit den Antinomien des bürgerlichen Denkens, mit der Dialektik von Revolution und Gegenrevolution und mit der destruktiven Dynamik des Kapitalismus zu tun hat, aus seiner materialistischen Verankerung reißen und einzelnen Charaktermasken aufkleben, um dann die ganze Geschichte zu einem eschatologischen Kampf einiger Helden gegen einige Unholde zu machen.‹ (Garten 374)

In dieser Passage gelangt noch einmal die Überzeugung zur Sprache, die der Erzähler Klein bereits zuvor mit einer Brecht verdeckt zitierenden[21] These ausgesprochen hatte: »›Aha‹, sagte ich etwas ruhiger, ›ich sehe langsam, worauf sie hinauswollen. Wer baute das siebentorige Theben und dergleichen? Hm? Nicht wahr? Ich will Ihnen mal sagen, daß das eben doch ein großer Visionär war und nicht die IG Bau, Steine, Erden‹« (Garten 130). Dieses Insistieren auf der Einflussnahme des Individuums auf kollektive historische Prozesse fasst der Antiquar mit den Worten zusammen: »›Die großen Gestalten in der Geschichte? So einer sind Sie! Nicht nur ist ihr Stil überkommen, auch ihr Geschichtsbild ist reaktionär...‹« (Garten 131). Der Antiquar selbst äußert die Auffassung: »›[...] Geschichte, das sind Bewegungen, Gesetze, kollektive Zwänge, Klassenkämpfe, und Sie platzen da mit ihrem Anthropozentrismus rein, das geht ja noch vor Hegel zurück, und dann noch mit einem Bankier!‹« (Garten 130). Er vertritt eine nicht-narrative Herangehensweise an Geschichte. Da es sich bei der Geschichte um einen anonymen Prozeß handele, erfordere sie auch eine analytisch-deskriptive Darstellung. Nicht individuelle Personen, Handlungen und Ereig-

---

[20] Dass Kleeberg hierin auch seine eigene ästhetische Position artikuliert, ist anzunehmen, auch wenn es für die Interpretation des Romans nicht entscheidend ist. Vgl. hierzu WIDMANN, ANDREAS MARTIN: *Repräsentativer Außenseiter der deutschen Gegenwartsliteratur*, S. 225f.

[21] Brechts Gedicht *Fragen eines lesenden Arbeiters* beginnt mit der Frage »Wer baute das siebentorige Theben?« (Brecht: Fragen eines lesenden Arbeiters, S. 656).

nisse seien wiederzugeben, sondern gesellschaftliche Prozesse zu beschreiben. Entsprechend prognostiziert er:

> ›Ich weiß nur, daß Geschichte Sozialgeschichte ist, Herrschaftsgeschichte, und daß Sie mit Sentiment, Schicksal und der unerschütterlichen Identität großer Männer sowohl historisch wie auch logisch und literarisch auf einen bösen Schiffbruch zusteuern. Kein Historiker und noch weniger die historische Person besitzen Geschichte, sowenig wie der Autor ein Thema, einen Stoff besitzt – Sie können kybernetische Regelkreise darstellen, aber keine freien Subjekte.‹ (Garten 132)[22]

Der hier ausgetragene Disput lässt sich sowohl auf das poetologische Prinzip der Erzählung als auch auf das in ihr Erzählte beziehen. Kleebergs Erzähler fordert seine Autonomie nicht nur für die ästhetischen Aspekte seines Textes, sondern er möchte die uneingeschränkte Freiheit, die der Antiquar ihm zugesichert hat, auch auf die kollektive Geschichte ausdehnen. Sein Beharren auf dem subjektiven Willen bei der Gestaltung seiner historischen Erzählhandlung ist zugleich ein Fiktionalitätssignal. Sie setzt eine erkennbare historische Wirklichkeit voraus, bevor sie diese neu entwirft. Damit reflektiert der Text den Umstand, dass es sich um kontrafaktische Geschichte handelt, die dargeboten wird.

Einen Anspruch auf die Plausibilität seines Entwurfs erhebt der Erzähler nicht, maßgeblich ist allein sein subjektives Wunschpotential, auf welches noch zurückzukommen ist. Gegen die Einwände des Antiquars gewendet, erklärt der Erzähler ausdrücklich: »Ich will aber, daß es möglich sei! Ich will, daß es immer möglich gewesen sei!« (Garten 84). Die Existenz einer historischen, vom Betrachter unabhängigen Realität und Ereignisgeschichte steht dabei für beide außer Frage. Der Disput gilt dem Versuch ihrer erzählenden Veränderung. Dieser Umstand ist insofern relevant, als er zeigt, dass die kontrafaktische Geschichtsdarstellung auf der intradiegetischen Ebene keine Reaktion auf die epistemologische Unsicherheit geschichtlicher Tatsachen ist. Geschichte entsteht in *Ein Garten im Norden* buchstäblich dadurch, dass sie geschrieben und erzählt wird, und durch die Verlagerung des kontrafaktischen Geschichtsentwurfs in eine Binnenerzählung, deren Entstehung innerhalb der Rahmenhandlung fortlaufend kommentiert wird, verzichtet der Text insgesamt auf die Suggestion, er repräsentiere historische Realität. Vielmehr stellt er sich ostentativ gegen dieselbe und gibt sich so als Erzählexperiment zu erkennen, das nicht nur seine historisch-kulturelle Bedingtheit, sondern auch seine eigenen poetologischen Voraussetzungen zum Thema macht.

---

[22] Die Argumentation gleicht einer antihistoristischen Position, wie sie in der Debatte um Darstellungsweisen von Geschichte etwa von PETER SZONDI eingenommen wurde. Vgl. dazu SZONDI, PETER: *Für eine nicht mehr narrative Historie*, S. 540f.

9.3 Paradeisos: Der Garten Kleins als utopischer Nicht-Ort

Mehrfach wird in Kleebergs Roman die Frage nach den Ursachen für die Eigenart der deutschen Geschichte gestellt. Die Antwort sucht der Erzähler im Denken und in der Ausbildung einer spezifisch deutschen künstlerischen Ästhetik, in einer Kultur, der er eine Affinität zur Dunkelheit und ihren monolithengleich exponierten Repräsentanten attestiert. Seine Diagnose entspringt seinen Erfahrungen in der eigenen Gegenwart. Die Entfremdung von dem Land, in dem er geboren wurde und in welches er nach zwölf Jahren in Amsterdam und Paris zurückkehrt, hat sich im Bewusstsein der Erzählerfigur während der Abwesenheit aus Deutschland noch verstärkt. In einem Prager Park sitzend, überdenkt er sein Verhältnis zu Deutschland ausführlich:

> Die Menschen, die hier sitzen und spazieren gehen, *müssen* ganz einfach etwas behalten vom Eindruck der Schönheit. Etwas geht auf uns über und Etwas bessert uns. Was ich an Deutschland haßte, war die Häßlichkeit. Mehr als alle dunkle Vergangenheit, mehr als alle Fanatiker, was mich abschreckte, war die Häßlichkeit der Städte, des Landes. Die verquere Lust an der Häßlichkeit. Schönheit und Ratio, Schönheit und Maß gehören zusammen, aller Fanatismus, alle Extreme haben mit Häßlichkeit zu tun. Wenn wir seinerzeit gekonnt hätten, wie wir wollten, wäre diese Stadt zerstört, gäbe es diesen Park nicht mehr. Wenn man uns Deutsche gelassen hätte, hätten wir alle Erinnerung zerstört, alle Kontinuität kurzgeschlossen. Da man uns gestoppt hat, ist es letztlich nur unsere eigene Kontinuität, die gekappt ist und nie mehr existieren wird, unsere eigene Erinnerung, die nicht mehr richtig funktioniert. Schönheit hat auch mit Erinnerung zu tun, denn es ist der Vergleich, der Schönheit schafft. (Garten 28f.)

Die sich darin aussprechende Analogie zwischen Hässlichkeit und Fanatismus hat im Denken des Erzählers folgerichtig ihr Pendant in der Verbindung von Schönheit und ausgeglichener Vernunft. Aus diesem Gedanken entwickelt sich seine Idee von der Schönheit als Mittel zur Überwindung der Missstände.[23] Nachdem er diesen Zusammenhang erkannt zu haben glaubt, sieht er die Notwendigkeit, auf dem Gebiet der Geistesgeschichte historische Gegenkräfte einzuführen. Zu diesem Zweck erfindet er den Garten Kleins, von dem ein weltoffenes Denken ausgehen soll und aus dem die Voraussetzungen für die anderen

---

[23] Hier bestehen sichtlich Parallelen zu dem Programm, das Friedrich Schiller in seinen *Briefen zur ästhetischen Erziehung* entwirft. Zum Konzept der ästhetischen Utopie bei Schiller und Kleeberg vgl. WIDMANN, ANDREAS MARTIN: *Garten Eden in einem anderen Deutschland*, S. 12f.

Erinnerungen des Erzählerhelden erwachsen sollen. Der Garten soll eine Anziehungskraft auf die Außenwelt entwickeln und diese transformieren, indem er ein universelles Kontrastprogramm zum beherrschenden Zeitgeist vorstellt. Zugleich dient er als Instrument des Erzählers, das für den kontrafaktischen Geschichtsentwurf funktionalisiert wird. Er wird, nicht nur im symbolischen Sinne, zur Keimzelle einer Erzählung, die sich von den neu zu schreibenden Erinnerungen des Erzählers zu einem kontrafaktischen Geschichtsentwurf auswächst.

Kleeberg platziert den Garten (durch seinen Erzähler) in Berlin. Die Aufzeichnungen in das Buch des Antiquars beginnen mit den Sätzen, die schon anfangs zum Gegenstand der Reflexion des Erzählens wurden: »»Einst gab es, mitten in der Reichshauptstadt, einen seltsamen Park. Er war von hohen Mauern umgeben, über die im Frühjahr der Duft von Geißblatt, Flieder und Harz wehte, und Liebespaare verabredeten sich unter der Laterne im Schatten der Kastanien ...«« (Garten 87). Die Assoziation mit dem paradiesischen Urbild des Garten Eden liegt nicht nur auf der Hand, sie wird im Text selbst hergestellt.

> Albert Kleins erste Geste als Mitinhaber des Bankhauses Pleißen & Klein war, seinen ›Paradeisos‹ zu schaffen, den Garten der Erinnerung an ein zukünftiges, immer noch zu findendes und zu erfindendes utopisches Eden. [...] [D]er Garten sollte zum Paradigma einer mit sich selbst versöhnten Welt der reichen Gegensätze wachsen, zu einer Synekdoche der Vielfalt und zu einem Forum, wo Unterschiedlichstes sich begegnen soll und darf. (Garten 278)

Der Garten ist der Ort, an dem sich die Geschichte verwirklichen soll, die er erfindet, und von dem sie ausgreifen soll. Vorweggenommen wird sie durch das Miteinander deutscher, französischer, englischer und japanischer Landschaftsarchitektur, die sich dort zu einem harmonischen Ensemble fügen. Als Raum, in dem sich eine bessere gesellschaftliche Realität ausbilden kann, stellt er sich damit in eine literarische Tradition. »Nicht erst seit Rousseaus entsprechenden Forderungen muss die Natur für den Anschein eines idealen Gesamtzustandes funktionalisiert werden. Dies lässt sich entweder durch die Darstellung einer das utopische Konstrukt umgebenden Wildnis [...] bewerkstelligen, oder durch den Einsatz einer im Dienste dieses Ortes depravierten Landschaft (Parks etc.)«[24], stellt PETER PLENER fest. Über den Garten Kleins heißt es weiterhin: »[...] Er ist eine Insel...« (Garten 116), wodurch ein zweiter traditioneller Topos utopischer Entwürfe evoziert wird, betont doch die klassische Inselutopie

---

[24] PLENER, PETER: *Wider das Nichts des Spießerglücks*, S. 213.

durch ihre Topographie ihre Gegenbildlichkeit zur historischen Realität. Erfunden wird ein Land, das vollkommen ist, eben *weil* es mit der europäischen Gesellschaft nichts zu schaffen hat. Die Inselutopie braucht die totale Abgrenzung, denn sie errichtet eine in sich geschlossene, stimmige Ordnung, die kein unberechenbarer Einfluß stören darf. Jede Beziehung nach außen wird vermieden.[25]

Es handelt sich bei dem Garten Kleins um einen ›*locus amoenus*‹, der sich erst durch die Trennung konstituiert – eine Separierung, die vom Erzähler zugleich vorgenommen und auf ihre Notwendigkeit und Bedingtheit hin hinterfragt wird: »Warum stellte man sich das Paradies immer als einen überschaubaren Garten vor, so wie hier? Warum mußte das Paradies durch Mauern geschützt sein, geteilt in ein Drinnen und ein Draußen?« (Garten 95). Der Park ist klar von der ihn umgebenden Großstadt abgeschnitten. Hierdurch scheint er zugleich außerhalb der ihn umgebenden historischen Wirklichkeit situiert, er wird zum Evasionsraum. »Der Garten war exterritorial« (Garten 109), schreibt der Erzähler. Die für utopische Schauplätze kennzeichnende Dialektik von innen und außen ist deutlich zu erkennen, doch ist die Abgrenzung nicht hermetisch. Der Garten isoliert diejenigen, die ihn betreten, nicht, sondern entläßt sie mit einer anderen Attitüde in die Außenwelt.[26] Der Grundgedanke ist der einer ästhetischen Utopie, die hier in die Vergangenheit projiziert wird. Die Veränderung der Geschichte soll durch einen vom Erlebnis der Schönheit geprägten Zeitgeist erwirkt werden, den der Erzähler der Geschichte einschreiben möchte. »Und wenn ich dabei wäre, einen anderen Weg einzuschlagen? Wenn meine Liebe und mein Garten und meine Millionen eine Bresche in den Damm des Horrors schlagen, durch die die Flut der Geschichte einen anderen Weg nehmen kann?‹« (Garten 297). In diesem Bekenntnis spricht sich die Programmatik des Erzählvorhabens aus, es ist das Zentralstück des kontrafaktischen Geschichtsentwurfs, auf das sich die im Text anzutreffenden Überschreibungen im externen Referenzfeld funktionell zurückbeziehen lassen.

---

[25] MÜLLER, GÖTZ: *Gegenwelten. Die Utopie in der deutschen Literatur*, S. 10.
[26] Der Erzähler hebt hervor: »Ja man verließ diesen Ort anders, als man ihn betreten hatte. Hochgestimmt, zuversichtlicher auch, und so, wie man einem Bad entstieg« (Garten 108).

9.4 Schlüsselfiguren

9.4.1 Konjekturalbiographien: Heidegger und Wagner

Aus dem oben dargestellten Wirkungsprogramm der ästhetischen Utopie und aus der Überzeugung des Erzählers von der Vorbildfunktion einzelner Menschen erklärt sich, dass in *Ein Garten im Norden* einzelne Repräsentanten der Kulturgeschichte einer Konjektur unterzogen werden. Dass die dahinterstehende Geschichtsauffassung eine anthropozentrische ist, wurde schon festgestellt. Diese überträgt der Erzähler seiner Figur. Der Bankier Klein hat dementsprechend vor, durch sein Projekt des Gartens nicht auf die Massen, sondern auf individuelle Menschen Einfluss zu nehmen. »Meine gesamte Lebens- und Denkerfahrung hat mich gelehrt, alle Entwicklungsfähigkeit, alle Veränderungskraft, jegliches revolutionäre Potential nur im Individuum zu suchen« (Garten 312) erläutert er, und ferner wolle er, »daß eine kleine Gruppe über ihre Erfahrungen, ihr Wissen diesen Massen ein besseres Beispiel gibt« (Garten 312). Für die Funktionsweise der angestrebten historischen Korrektur ist diese Ambition maßgeblich.

Kleebergs Erzähler erschafft mit dem Bankier Albert Klein eine Figur, die ihm zu Beginn seiner Aufzeichnungen geeignet erscheint, die eigene utopische Vision handelnd zu realisieren, und lässt sie mit zahlreichen tatsächlichen historischen Personen interagieren. Unter ihnen sind vor allem Künstler. Als Besucher des Gartens werden unter anderem Heinrich und Thomas Mann, Joseph Roth und Hermann Hesse genannt.[27] Wo die historischen Vorlagen der utopischen Konzeption (und dem Wunschbild, aus dem sich seine neuen Erinnerungen speisen sollen), zuwiderlaufen, verändert Kleebergs Erzähler exemplarisch die tatsächlichen Biographien von Personen, in deren Leben und Werk er Ideen erkennt, die seiner Vorstellung von einem anderen Deutschland diametral entge-

---

[27] Anlässlich eines Gartenfestes versammelt der Erzähler eine internationale Auswahl von Politikern, vor allem aber von Intellektuellen und Künstlern der Zwischenkriegsjahre: »Kurt Hahn, Hermann Müller, Lassalle, Brüning und Léon Blum. Reifenberg aus Frankfurt, Erich Kleiber, Max Beckmann und Ernst Toller. Romain Rolland war gekommen und der Graf Coudenhove. Alban Berg und Paul Dukas. [...] Kurt Wolff, René Schickele, Herman Kesten, Max Reinhardt und zwei Generationen der Familie Mann. Elisabeth Bergner und Ricarda Huch, Kay Boyle und Sidonie Colette, Isabelle Eberhardt und Marie Curie. Vater und Sohn Bertaux, Prinz Max von Baden, Feuchtwanger und Bruno Walter, Huxley und T.S. Eliot. Es kamen Kisch und der Fürst Lichnowsky, Lukács und Ossietzky. Sir Jaggadish Chunder Bose war da, Onazo Nitabe, der Agronom und frühere Völkerbund-Sekretär. Keynes war da und der große Pazifist Helmut von Gerlach und Ramsey Macdonald« (Garten 359).

gengesetzt sind. Kleebergs Erzähler elidiert diese einflussreichen Personen der Kunst- und Geistesgeschichte nicht ohne weiteres, stattdessen nimmt er sich vor, »ein neues Verhaltens- und Charakterprofil historischer Persönlichkeiten – Geistesgrößen wie Heidegger, Wagner oder Luther – zu erstellen.«[28] RODIEK hat bereits gesehen, dass die kontrafaktischen Operationen »statt auf den Verlauf der politischen Geschichte – auch auf die Vita eines Individuums angewandt werden«[29] können. Das Ergebnis bezeichnet er, auf Jean Paul rekurrierend, als ›Konjekturalbiographie‹. In den Darstellungen Heideggers und Wagners, deren Namen auf tatsächliche Personen referieren, wird die Überlieferungslage in der Binnenhandlung des Romans klar revidiert und in den entsprechenden Episoden wird das Signum des Werks kenntlich, welches darin besteht, den erzählerischen Vorgang und seine Absicht zu reflektieren – ein außenreferentieller Bereich wird überschrieben und die Revision wird ausdrücklich kenntlich gemacht.

Wenn Kleebergs Erzähler die Biographie Heideggers abwandelt, bleibt der wirkliche Philosoph Heidegger als Folie hinter diesem Gegenentwurf sichtbar. Seine Wahrnehmung und Darstellung erfolgt aus der subjektiven Sicht des Erzählers:

›Was ich von ihm weiß, reicht mir völlig. Ein typisch deutscher Professor, der in seiner Provinz hockt und sich den Teufel um das Leben schert. Der Hannah Arendt vögelt und vor seiner Frau verleugnet. Der mit seinen Gedanken, die an einen eingewachsenen Zehennagel erinnern, irgendwann – genau wie Ihr lieber Marx – bei dem

---

[28] AGAZZI, ELENA: *Erinnerte und rekonstruierte Geschichte*, S. 113. Ähnlich verfährt Kingsley Amis in *The Alteration*. Er hat die Urheber ohne ihre Werke, genauer gesagt ohne ihre tatsächlichen Werke gedacht und andere für sie eingesetzt. *The Alteration* ist dabei, im Vergleich mit *Ein Garten im Norden*, ungleich sparsamer mit konkreten Lebensbeschreibungen und stellt nahezu ausschließlich auf das enzyklopädische Wissen der Rezipienten ab. Dass hierbei mitunter kulturkreisspezifische und an die Entstehungszeit des Textes geknüpfte Kenntnisse von Nöten sind, um die von Amis gesetzten Hinweise auf tatsächliche Personen der Geschichte oder Zeitgeschichte wahrnehmen zu können, ist ersichtlich und so sind es bei Amis Persönlichkeiten, denen von Seiten der (Kultur)geschichtsschreibung große Aufmerksamkeit zuteil geworden ist, Shakespeare oder Sartre etwa. Was Amis gestaltet, sind kaum auch nur als Skizzen zu bezeichnende Konjekturalbiographien, die allein auf dem hohem Wiedererkennungswert der Namen beruhen, die in der alternativen Geschichte ein entsprechend anderes werkbiographisches Profil erhalten. Amis' Verfahren wird von GERD DOSE folgendermaßen umschrieben: »In seinem Roman werden aus den konstant gesetzten Charakteren realer Personen der Geschichte und Zeitgeschichte Alternativpersönlichkeiten konstruiert, die ein unter den gegenweltlichen Bedingungen ›alteriertes‹, aber zu ihrer überlieferten Imago passendes Verhalten an den Tag legen, entsprechende Rollen spielen, Funktionen wahrnehmen und gesellschaftliche Wirkungen ausüben« (DOSE: Alternate Worlds, S. 333).

[29] RODIEK, CHRISTOPH: *Erfundene Vergangenheit*, S. 49.

frustrierten Augenblick ankommt, wo er glaubt, daß jetzt irgendwo praktische Ergebnisse, Resultate, Beispiele und Schlussfolgerungen gezogen werden müssen aus seiner Logik. Und wo findet er sie? Muß ich *ihnen* das sagen?‹ (Garten 181)

Unter Berufung auf seine Freiheit als Autor erklärt er: »So jemanden lösche ich aus. So jemand wird ersetzt in meiner Geschichte« (Garten 181). Die semantische Qualität des Wortes Geschichte erlaubt hierbei das Spiel mit einer doppeldeutigen Aussage. ›Meine Geschichte‹ meint sowohl den Text, den der Erzähler schreibt, als auch die kollektive Geschichte, zu deren Gestalter er schreibend wird. Der Heidegger, den er in der Fiktion erschafft, wird zum Verfechter urbanen Denkens und zum Philosophen, der in leicht verständlichen und kurzen Texten die Bedeutung von Kaffeehäusern und des Spazierengehens vermittelt, zu einem Repräsentanten einer alternativen deutschen Geistesgeschichte, die Kleins Erzähler erfindet, weil er sie in der überlieferten Geschichte nicht genügend entwickelt findet. Diese Figur beurteilt der Antiquar als unplausibel: »›Eine Person wie Ihr Heidegger ist schwer vorstellbar in der deutschen Gelehrtenrepublik des Jahres 1913. Eigentlich so nicht möglich‹« (Garten 183). Die Entgegnung des Erzählers lautet erneut: »›Ich will aber, daß er möglich gewesen sei. […].‹« (Garten 183). Der Wille des Utopisten korrigiert auch hier die historische Wirklichkeit. Dies geschieht nicht allein durch Veränderung von Biographiestationen, sondern durch die Applikation einer anderen psychologisch-charakterlichen Disposition, die im Fall des kontrafaktischen Heideggers eine andere politische Parteinahme und eine sich in anderen, fiktionalen Werken manifestierende Philosophie zum Ergebnis hat.[30]

---

[30] Wie die übrigen konjekturalhistorischen Stränge verliert sich derjenige des kontrafaktischen Heideggers nach Abschluss der Binnenerzählung im Ungewissen. Als denkbare Fortführung offeriert der Antiquar folgenden Lebensabriss: »›[...] Aber ich glaube nicht, daß Heideggers Leben unter einem dunklen Stern stand. Was halten Sie von folgender Version: Er steigt zu hohen Ehren auf, publiziert gegen den Nazismus, in der ›Sammlung‹, in ›Maß und Wert‹, [...] – jedenfalls gelingt es ihm, im Mai 1940 nach England zu kommen, wo er sogleich einen Ruf nach Oxford oder besser noch nach Cambridge erhält. Nach dem Krieg wird er sogar englischer Staatsbürger, wird, in hohem Alter vielleicht noch, geadelt, er lebt in einem herrlichen Landhaus in Surrey oder Sussex und predigt Menschlichkeit, und seine Werke werden überall gelesen und diskutiert, außer im neuen Nachkriegsdeutschland, wo man die Belehrungen von Emigranten nicht erträgt und wohin er auch nicht wieder den Fuß setzen will, unser Freund Heidegger, oder bestenfalls im höchsten Alter, als 80jähriger, nach 1969, und es läuft ab wie ein Staatsbesuch, und die Universitäten, die ihn seinerzeit rauswarfen, überhäufen ihn nun mit Ehrendoktoraten ...‹« (Garten 560f.). Diese Skizze setzt die Integration der fiktionalisierten Person in die reale Historie fort und sieht für Heidegger in Deutschland auch weiterhin eine Außenseiterrolle vor.

Ähnlich verfährt der Erzähler, wenn der fiktive Heidegger einen Vortrag über Richard Wagner hält, durch den jener zum Komponisten von volkstümlichen Liedern umgeschrieben wird. Das Kapitel *Wagner* liefert ein kompiliertes Lebensbild Wagners und spannt einen kulturhistorischen Rahmen auf. Der Wagner, von dem dort die Rede ist, verkörpert genau wie Heidegger im Roman das Gegenteil jener deutschen geistesgeschichtlichen Entwicklung im 19. Jahrhundert, als deren Exponent der tatsächliche Wagner somit ex negativo ausgewiesen wird:

> Zwischen 1874 und 1895 hat er keine Zeile komponiert. Während der deutsche romantische Geist sich international Bahn brach und weltfähig wurde, während der Monumentalismus des mythisch rückwärts gewandten Schwerblütig-Sinnlichen in den Augen Europas eins wurde mit der Ordnungs- und Militärmaschine des neuen preußischen Reichs, um das Bild unseres Landes zu schaffen, das seither alles andere überlagert, schwieg und alterte der talentierteste Vertreter einer anderen deutschen Kultur in totaler Isolation und Vergessenheit. (Garten 350)

Auch hier erfolgt die Darstellung der kontrafaktischen Lebensgeschichte vor einer Folie. Kleeberg reicht sie in einem der Dialoge des Erzählers mit dem Antiquar nach:

> ›Ein Künstler kann eben doch etwas für seine Anhängerschaft. Und der Opportunismus, der Antisemitismus dieses Menschen, das monströs Elitäre, das romantisch Nekrophile, diese mythologisch verschwiemelte Deutsch- und Germanentümelei, diese ganze explosive Mischung aus Dekadenz und Barbarei, das ist eben kein Zufall, wenn das den Nazis gefiel. […].‹ (Garten 372)

Richard Wagners konkrete Biographie und seine tatsächlichen Kompositionen bleiben unerwähnt, es geht Kleebergs Erzählerheld offenkundig um die Tendenzen, die sich in der Ästhetik seines Werks und seiner ideologischen Fundierung vereinigen.[31] Diesen setzt der Erzähler eine in geraffter Form dargebotene

---

[31] Harry Mulisch bewertet die Rolle Richard Wagners ähnlich. Vgl. dazu in *Die Zukunft von gestern* das Kapitel ›5. Wagner als Drehpunkt der deutschen Geschichte‹. Mulisch vertritt darin die Auffassung, es gäbe im ausgehenden 19. Jahrhundert und darüber hinaus, zur Zeit des sich verfestigenden deutschen Nationalismus, eine historische Person, die »sich als die herausragendste Figur dieser Periode erweist, die als solche für die ganze deutsche Misere in den Zeiten davor und danach signifikant ist: Richard Wagner« (Zukunft 91). Mulischs Geschichtsbild gründet sichtlich ebenfalls auf einer Interpretation, welche ein Ineinanderwirken von Kunst und Politik annimmt. So folgert er: »Mit Wagner wurde zum ersten Mal in der Geschichte ein Komponist Repräsentant einer ganzen Epoche. […] Nicht nur Wagners Biographie steht für die Biographie Deutschlands, auch sein Werk ist Deutschland« (Zukunft 94). Auch in seiner Bewertung der deutschen Romantik,

alternative Biographie Wagners entgegen und, was wichtiger erscheint, eine ihm zugeschriebene Ästhetik. Die persönlichen Eigenschaften, die bei der Figur Heideggers exponiert sind, treten in dem konjekturalbiographischen Bild Wagners hinter dessen Werk zurück. Das Referat, mit welchem Wagner vorgestellt wird, schafft einen Abstand und erlaubt die Abstraktion der Biographie auf einzelne Lebensstationen und auf das musikalische Schaffen, das von einem dialogischen Kunstverständnis geprägt ist und dessen Abschluss eine Opernadaption von Wielands *Peregrin* bildet.[32]

Mit seiner Wagnergestalt schreibt der Erzähler Klein die geistige Tradition des ›anderen Deutschland‹ noch weiter zurück und schafft ihr einen personalen Repräsentanten im 19. Jahrhundert. Auch dieser Vorgang des Überschreibens wird durch eine Kommentierung des Antiquars begleitet: »Das ist ja nicht auszuhalten! Das nennen Sie Deutschland verändern! Einen solchen geistigen Morgenthauplan! Zuerst Heidegger und jetzt Wagner! Wollen Sie Ihr Land zu einem Bantukral machen?« (Garten 371). Im Antagonismus zwischen dem klar als Auslöser hinter dem konjekturalbiographischen Aufriss stehenden Wissen um Leben, Werk und Rezeption Wagners und dessen fiktionalem Korrelat ist der aus der Ablehnung der bewussten Erinnerung entspringende Impuls zur Umwandlung der historischen Person in ein Wunschbild auch hier wirksam und sichtbar. Veranschlagt man dabei das utopische Programm des Erzählers, werden Heidegger und Wagner darin buchstäblich zu Bausteinen des kontrafaktischen Geschichtsentwurfs.

---

deren Tendenz, sich dem Mittelalter, der Nacht und der Dunkelheit zuzuwenden, Mulisch für gleichermaßen prägend wie verhängnisvoll hält, zeigt sich eine Parallele zu Kleebergs Roman. In Amis' *The Alteration* finden – dem oben skizzierten konjekturalbiographischen Verfahren entsprechend – bestimmte Charaktere auch unter abgeänderten historischen Verhältnissen in ihrer Wirkung als gleich bleibend vorzustellen, Aufführungen »of works using the largest forces, such as the present one, Wagner's *Kreuz* and the Butterworth trilogy« (TA 201) statt.

[32] Wagner wird aus der Distanz gesehen und dabei als »Stadtmensch« und »Sozialist« (Garten 351) geschildert, über seine Persönlichkeit können nur Vermutungen angestellt werden: »Daß nicht pure Verbitterung das Ergebnis dieser Entwicklung war, sondern eine gewisse fatalistische Selbstironie, von der uns Zeugen und Besucher des Emigranten in Vevey berichten, liegt wohl daran, daß Wagner sich selbst als Schöpfer, Meister, Genie, als erratischen Einzelnen nie zu ernst genommen hat« (Garten 350).

9.4.2 Luther

Auch Martin Luther nimmt in den Erwägungen des Ich-Erzählers über Zusammenhänge und Ursachen der deutschen Geschichte eine Schlüsselposition ein:

> ›Was weiß ich?‹ sagte ich. ›Ich weiß nur so viel, daß noch im 15., noch im 16. Jahrhundert kein Mensch die Deutschen mit knallenden Stiefeln, geschorenen Nacken, hündischem Benehmen und Arroganz assoziiert hat. Ich war nicht dabei. War es der halbe Holocaust des Dreißigjährigen Krieges, der das Volk hat verwildern lassen, war es die ewige Abwesenheit der Kaiser und das Fehlen einer Metropole? War es, aber da sind wir wieder bei Einzelpersonen und der Dämonologie, ein in seinem Tabularasa-Reinheitsfanatismus typischer Deutscher wie Luther, der die Leute nicht in ihrer friedlichen Heuchelei belassen konnte, die niemandem geschadet hat?‹ (Garten 374)

Um ihn auf die Probe zu stellen, führt der Antiquar eine Begegnung des Erzählers mit Martin Luther herbei. Kleebergs Erzähler erhält so scheinbar Gelegenheit, durch sein Eingreifen Luthers historische Rolle zu verändern. In dieser Episode verschmelzen die Zeitebenen, der Erzähler der Rahmenhandlung tritt in einem Schritt aus der eigenen Gegenwart ins 16. Jahrhundert, um Martin Luther aufzusuchen: »»Ich beschwöre Euch‹, sage ich. ›Verbrennt diese Schrift! Treibt in dieser Sache keine Politik! Es kommt auch ohne das alles ins Lot, und Ihr könntet die gesamte deutsche Geschichte zum Bessern wenden ...‹« (Garten 379). Die historische Bedeutung der Person Luthers wird hierdurch vom Erzähler unzweifelhaft unterstrichen, Luther wird zur Schlüsselfigur der deutschen Geschichte.[33] In ähnlicher Weise artikuliert Serenus Zeitblom in Thomas Manns *Doktor Faustus* seine Skepsis gegenüber den Folgen von Luthers historischer Rolle:

---

[33] In Kingsley Amis' Roman *The Alteration*, von welchem bereits mehrfach die Rede gewesen ist, nimmt die alternative Geschichte ihren Ausgangspunkt vom geistesgeschichtlichen Ereignis der Reformation, die zum *Nucleus* des kontrafaktischen Entwurfs wird. Sie unterbleibt in Amis' Roman und anstatt den Lehren der katholischen Kirche eine Absage zu erteilen, wird Martin Luther Papst. Die geistige und weltliche Herrschaft der katholischen Kirche in Europa konsolidiert sich so noch weiter und im Jahr 1976 ist sie allgegenwärtig. Die ausgebliebenen technologischen, medizinischen und kulturgeschichtlichen Innovationen, die die kontrafaktische Gegenwart der Handlung prägen, werden bei Amis auf die uneingeschränkte Autorität der katholischen Kirche zurückgeführt. In *Ein Garten im Norden* werden die Reformation und die Gestalt Luthers, wie die oben zitierte Textpassage zeigt, anders bewertet.

> Und meinesgleichen mag sich wohl fragen, ob diese immer wiederkehrenden Lebensrettungen eines schon zu Grabe sich Neigenden unter dem kulturellen Gesichtspunkt eigentlich zu begrüßen, ob nicht die Reformatoren eher als rückfällige Typen und Sendlinge des Unglücks zu betrachten sind. Es ist ja wohl kein Zweifel, daß der Menschheit unendliches Blutvergießen und die entsetzlichste Selbstzerfleischung erspart geblieben wäre, wenn Martin Luther die Kirche nicht wiederhergestellt hätte.[34]

Unabhängig davon, ob es positiv oder negativ bewertet wird, steht das Ereignis für eine Entscheidungssituation, aus der für Kleebergs Erzähler nicht nur Folgen für die Kirchen- und Glaubensgeschichte erwachsen, sondern auf die der Erzähler Klein letzten Endes auch die Verzögerung einer deutschen Nationalstaatsbildung zurückführt. Diese Einschätzung seines Werkes und seines Wirkens teilt er Luther mit:

> Ich erkläre ihm, daß sein Eintreten für die Obrigkeit, so legitim es angesichts der Greueltaten der Bauern momentan auch scheinen mag [...], weitreichende negative Konsequenzen haben wird. Es macht die Bauern 300 Jahre lang rechtlos, es nimmt den Deutschen ein für allemal die Zivilcourage, die Kraft zur Revolution, zur Selbstbestimmung, genauso wie sein Reformationswerk nicht nur Gutes gebracht habe, sondern letztendlich die deutsche Innerlichkeit, die Apolitisierung und die Zerstückelung und Schwächung des Reiches bewirkt habe. (Garten 378)

Die Person wird zum Repräsentanten eines Ereignisses. Kleebergs Erzähler scheint ähnlich wie Manns Zeitblom davon auszugehen, dass das kulturelle Ereignis mit dem personalen Initiator unlösbar verbunden ist, dass die Negation der historischen Person auch das Ereignis verhindert hätte. Wie die übrigen Eingriffe unterbleibt in *Ein Garten im Norden* auch in diesem Fall die Verwirklichung, doch die Verhinderung von Luthers sich im Nachhinein als so weitreichend erweisenden Handlungen könnte nach Kleins Dafürhalten eine andere Weichenstellung der Geschichte bewirkt haben.

Ein Blick auf die kontrafaktische Theoriebildung der Historiographie, vertreten durch DEMANDT, kann hier die Geschichtskonzeption des Erzählers, aus der sich dessen kontrafaktischer Entwurf ergibt, ergänzen. DEMANDT schreibt: »Streichen wir die deutschen Reformatoren oder die russischen Revolutionäre aus dem Buch der Geschichte, so benötigen wir recht bald einige energische

---

[34] Mann, Thomas: *Doktor Faustus*, S. 121. Dass Kleeberg angibt, seinen Roman selbst als Antwort auf Manns *Doktor Faustus* gedacht zu haben, erstaunt angesichts dieser Analogie also nicht. Im Interview mit TILMAN KRAUSE erklärt Kleeberg: »Mein ›Garten im Norden‹ ist in seiner ganzen Anlage und auch im Hinblick auf die historische Spannweite eine Antwort auf Thomas Manns ›Doktor Faustus‹« (KRAUSE: »Avantgarde ist eine Sackgasse«, S. 24).

Reformpäpste oder Reformzaren, wenn wir den bedrohten Systemen noch eine Lebensspanne zusprechen wollten.«[35] Mit dieser These mindert DEMANDT die Bedeutung der historischen Repräsentanten und spricht großen Ereignissen deren Autogenese aus dem Zeitgeist und den politischen Kräfteverhältnissen einer Epoche zu. Über das Für und Wider dieser Auffassung braucht hier nicht befunden zu werden; als poetologische Fundierung kontrafaktischer Geschichtsentwürfe in der Literatur ist sie indessen wenig geeignet. Hier ist der Stellenwert des mit historischen Momenten verknüpften Namens weit höher. Die Rolle der ›großen Gestalten‹ der Geschichte behauptet sich sowohl in Kleebergs wie auch in Amis' Roman. Die Fokussierung auf historische Handlungsträger scheint eine poetologische Notwendigkeit, da auf diese Weise das Potential für die alternative Konstruktion nicht durch sonstige Faktoren relativiert wird. Insofern, als sie das historische Ereignis an personale Urheber bindet, lässt sich die Episode um Luther als literarische Illustration einer Voraussetzung konjekturalhistorischer Entwürfe überhaupt lesen.

9.5 Die Geschichte des anderen Deutschlands

›Das andere Deutschland‹ hat in *Ein Garten im Norden* zwei Bedeutungen. Es bezeichnet sowohl, wie im Kapitel gleichen Titels, den ehemals der DDR zugehörigen Teil Deutschlands, als auch eine historische Alternative, die sich nicht durchsetzen konnte. Um es im Vertrauen auf die Behauptung des Antiquars in seiner Fiktion existent werden zu lassen, wählt der Erzähler Klein, wie schon gezeigt wurde, nicht den vermeintlich nächstliegenden Weg, der darin bestehen könnte, einen von der Überlieferung abweichenden Ereignisverlauf zu beschreiben. Zunächst umgeht der Erzähler Klein die historischen Konstellationen, die als *Nuclei* des kontrafaktischen Entwurfs in Betracht kämen, und lässt die fiktionalen Anteile, die die andere deutsche Geschichte ausmachen und seine Erinnerungen bestimmen sollen, zwischen den großen Ereignissen stattfinden. Ausdrücklich erklärt der Bankier: »»Meine Arbeit liegt jenseits der Politik«« (Garten 310). In diesem Satz spricht sich aus, was für die Poetik des Kontrafaktischen in Kleebergs Roman konstitutiv ist. Der Erzähler greift nicht direkt in den dokumentierten Ereignisverlauf ein, sondern er möchte schreibend Möglichkeiten erschaffen, unter denen die politische Geschichte sich gewissermaßen aus eigener Kraft in seinem Sinne korrigiert. Geschichte erscheint ihm nicht als systemischer Prozess, sondern als Produkt menschlicher Handlungen und Entscheidungen. Diese Hypothese scheint der Erzähler schreibend überprüfen zu wollen,

---

[35] DEMANDT, ALEXANDER: *Ungeschehene Geschichte*, S. 43.

um zu erfahren, ob das utopische Unterfangen seiner Figur Klein, ergänzt durch die einzelnen Vertreter eines ›anderen‹ Denkens in der Philosophie und Musik schließlich auch andere gesellschaftspolitische Verhältnisse zeitigt. Die historische Binnenhandlung wird somit zu einem Experiment, in welchem der Erzähler erprobt, ob durch die Arbeit für ein nicht-nationalistisches und aufgeklärtes Denken alleine der Gang der politischen Geschichte abgeändert werden kann.

Der Erzähler lässt den Bankier Klein auf seine Weise wirken, etwa indem der Bankier Klein in der Binnenfiktion ein Stipendiatenprogramm für junge Menschen initiiert und finanziert, denen, ebenfalls mit dem Ziel, zu einem besseren Verständnis anderer Nationalitäten und Kulturen zu gelangen, Reisen um die Welt ermöglicht werden. Desweiteren erfindet der Erzähler Künstlerzusammenkünfte im Garten Kleins. Die internationalen Begegnungen von Politikern in Kleins Garten sollen die Aussöhnung der Kriegsgegner vorantreiben und der Verbreitung eines aufgeklärten und kommunikativen Denkens dienen. Überdies sollen sie das Bild vom anderen Deutschland in den neu zu schreibenden Erinnerungen des Erzählers beeinflussen. Am Zustand des Krieges verändert diese Fiktion indessen nichts, denn, so heißt es, es »kamen der alte Botschafter Schoen und der Schriftsteller Heinrich Mann, es kamen Helmut von Gerlach und Kurt Hahn und die Mitarbeiter der ›Weißen Blätter‹, und es wurde geredet, aber der Krieg ging weiter« (Garten 218f.). Außerhalb des Gartens läuft die politische Geschichte weiter und der Text berührt ab und zu deren Koordinaten. Die fiktionale Erzählung, die durch die Schilderung einer im Jahr 1929 spielenden Begegnung eröffnet wird, bis in die 1890er Jahre zurückgreift und sich nach 1935 verliert, enthält zahlreiche Bezüge auf ein externes Referenzfeld – auf historische Verhältnisse, Ereignisse und Personen außerhalb des Textes, deren Anschließbarkeit an ein intersubjektiv gültiges Wissen durchaus gegeben ist. Unter den historischen Ereignissen, auf die explizit oder implizit Bezug genommen wird, ist insbesondere der Erste Weltkrieg zu nennen, der innerhalb der Erzählung einigen Raum einnimmt. Auch die Abdankung des Kaisers (vgl. Garten 227) und der Versailler Vertrag (vgl. Garten 231) bezeichnen solche signifikanten Punkte, auf die der Text referiert und die an den verbürgten Geschichtsverlauf anschließen.

Die historische Binnenhandlung verläuft parallel zur dokumentierten politischen Geschichte. Die Antithese zwischen der Welt und der Idee des Gartens und der ihn umgebenden Welt, in der die reale Geschichte fortschreitet, verschärft sich dadurch in zunehmendem Maße. »Ja, sie überschrien den Garten, selbst innerhalb der Mauern war das Gekreische zu hören. Das Geschrei der Hungernden, das Geschrei des Pöbels, die scharrenden Füße der Arbeitslosen, der Marschtritt der SA – er stemmte die Schönheit dagegen, die Vernunft, die Schönheit« (Garten 446). Erst spät bewertet der Erzähler Klein die Wirkungslosigkeit, die der intellektuellen Opposition in seiner historischen Binnenhandlung beschieden ist, auch als Hinweis auf die Aussichtslosigkeit seines schreibenden Versuchsaufbaus zur autogenerativen Alterierung der Geschichte. Die Einsicht spricht sich in dem Bekenntnis aus, in dem der Bankier sein Scheitern eingesteht: »›Das Wahre, Gute, Schöne‹, entgegnete Albert ein wenig spöttisch. ›Es reicht nur nicht. Ganz allein, wie es war, reicht es nicht«« (Garten 542).

Zu einem historischen *Nucleus*, von dem die Entscheidung über den weiteren historischen Verlauf abhängt, wird schließlich die Machtübernahme der Nationalsozialisten. Diese durch die fiktionale Veränderung des Zeitgeistes abzuwenden, ist, wie die Entwicklung der Erzählhandlung um den Bankier Klein zeigt, nicht gelungen. Als Konsequenz hieraus bleibt dem Erzähler Klein somit nur, den Bankier Klein zuletzt von seinem ursprünglichen Glauben an die Wirkungsmächtigkeit seines Gartens und der Schönheit abrücken zu lassen. Der Erzähler erwägt nun die Möglichkeit einer aktiven Intervention seiner Figuren in die politischen Ereignisse. Um die deutsche Geschichte des 20. Jahrhunderts entscheidend zu verändern und das sich abzeichnende Ereignis, die Machtübernahme der Nationalsozialisten, schreibend ungeschehen zu machen, beschließt er zuletzt, durch ein Attentat den bis dahin nicht genannten Adolf Hitler, von dessen Person die historische Entwicklung abhängig ist, töten zu lassen:

> ›[...]. Der Wagen muß überholt werden, und in diesem Moment eine Handgranate oder eine MP-Salve, mit Schalldämpfer natürlich ... Und am nächsten Tag der Generalstreik – Lasalle wird vom amerikanischen Botschafter empfangen, Schleicher ist desavouiert, das geistige Deutschland erhebt sich für die Republik – Hindenburg wird, was immer man ihm zuflüstert, keine Wahl mehr haben, und dann ...‹ (Garten 480)

Der Antiquar erinnert daran, dass dieser Plan der eigentlichen Wirkungsabsicht des Erzählers, durch das Erlebnis von Schönheit Einfluss zu nehmen, zuwiderläuft. »Das ist doch die Utopie, nicht heimtückischer Mord« (Garten 481). Der Mechanismus des Eingriffs in die überlieferten Ereignisse an einem zentralen Punkt oder *Nucleus* wird in dieser Passage gerade deshalb sichtbar, weil der Erzähler darin die Poetik, die den kontrafaktischen Geschichtsentwurf in Kleebergs Roman insgesamt prägt, verändern möchte und sich darauf verlegt, einen außenreferentiellen historischen Sachverhalt direkt durch seine Erzählung zu überschreiben. Die alternative politische Entwicklung, die der Anschlag einleiten soll, wird hypothetisch skizziert. Ihre Realisierung unterbleibt allerdings. Der Eingriff wird durch den Antiquar verhindert: »›[...] Wer ist es, den Sie ermorden wollen? Sagen Sie den Namen!‹ ›Nein. Es gibt ihn nicht. In einigen Wochen gibt es ihn nicht mehr«« (Garten 481). Durch Fragen bringt er den Erzähler Klein dazu, die tatsächliche historische Entwicklung schlagwortartig nachzuerzählen und zuletzt deren Konsequenzen auf die von ihm erfundene Handlung auszumalen. »›Wir schreiben den 30. Januar 1933. Die Bank von Pleißen & Klein hat Konkurs angemeldet. Der Reichspräsident hat Adolf Hitler zum Kanzler einer neuen Koalitionsregierung ernannt‹« (Garten 482). Die alternative Geschichte verbleibt damit letztlich und im eigentlichen Wortsinn innerhalb der Mauern des Gartens. Dadurch demonstriert der Roman auch eine Entscheidung gegen eine konventionellere Poetik des Kontrafaktischen. Der Erzähler verfällt zwar auf die Variante, dem Geschichtsverlauf durch ein Attentat zu einer anderen Wendung zu verhelfen, ausgeführt wird sie im Text hingegen nicht.

9.6 Tagtraum: Geschichtsrevision als Wunscherfüllungsphantasie

Ausgehend von einer fiktionalen Geschehensfolge in der Gegenwart, in der die Erzählerfigur diverse gesellschaftliche Facetten und Probleme der zeitgenössischen Lebenswirklichkeit im Spiegel individueller Erlebnisse wahrnimmt, wird in *Ein Garten im Norden* eine verwickelte Handlung in Gang gesetzt, innerhalb derer das Projekt einer Geschichtskorrektur nach und nach deutlicher Gestalt annimmt. Die Unterdrückung dieses Vorhabens durch den Antiquar wird mit der Hybris des Ich-Erzählers begründet. Was Kleebergs Erzählerfigur außerdem vom Uchronisten in der Bestimmung RODIEKS[36] unterscheidet ist – unter anderem – der Umstand, dass er keine bewusste Umgestaltung und Abänderung des Geschichtsverlaufs vornimmt, sondern eine komplexere Poetik des Kontrafaktischen entwickelt. In einem abschließenden Gespräch mit dem Antiquar rechtfertigt der Ich-Erzähler seine Absicht.

> ›Nun müssen Sie zugeben, daß Ihre Hybris bedenklich war. In einem einzigen Buch, in einer einzigen Geschichte, schreibt man die Geschichte nicht um –‹

---

[36] Dessen Vorgehensweise wurde von RODIEK so beschrieben: »Ausgehend von dem Entwicklungspotential einer realen historischen Situation verfaßt der Uchronist eine narrativ kohärente Alternative zum tatsächlichen Geschichtsverlauf. [...] Mit anderen Worten: Uchronien sind um Plausibilität bemühte spekulative Gedankenspiele mit dem Ziel einer mehr oder minder komplexen Antwort auf die Frage ›Was wäre geschehen, wenn...?‹« (RODIEK: Erfundene Vergangenheit, S. 26). Die Verweigerung, diese Frage zu beantworten, zeugt bei Kleeberg von einer gewissen Utopieskepsis. Die Eingriffe bleiben auf der Ebene der Ereignisgeschichte letzen Endes folgenlos und allenfalls ließe sich daraus eine narrative Illustration der Annahme ableiten, dass, wenn die in *Ein Garten im Norden* erdachten kontrafaktischen Anteile historische Wirklichkeit gewesen wären, sie auf die politische Entwicklung dennoch keinen Einfluss gehabt hätten.

›Hören Sie, ich bin es leid. Ich bin es sterbensleid. Ich mag nicht mehr schreiben und nicht mehr denken, die Dinge kommen ja doch, wie sie sollen...‹
›Aber die Geschichte hört nie auf.‹
›Meine schon. Und ich weiß ja, was kommt. Klein ist ein Jude, wir schreiben 1933, also ist er kein deutscher Jude mehr und kein jüdischer Deutscher und kein Deutscher, sondern ein Saujud. Wir wissen beide, was das bedeutet.‹
›Aber keineswegs. All das ist noch immer keine Fatalität. Es gibt genügend Beispiele —‹
›Gewiß. Die gibt es. Aber damit habe ich dann nichts mehr zu tun. Meine Geschichte ist in dem Moment sinnlos geworden, wo es möglich ist, wo es geschieht, daß wir das Jahr 1933 schreiben in Deutschland und daß jemand Klein einen Saujuden nennt. Daß das möglich ist, ist die Bankerotterklärung meiner Geschichte.‹
›Aber es *war* eben möglich...‹
›Ja, was Sie nicht sagen. Aber ich wollte es unmöglich machen.‹
›Das ist es ja, mein Lieber, was ich Ihre Hybris nenne. Es genügt Ihnen nicht – und ich weiß nicht einmal, ob das von allem Anfang in Ihrer Absicht lag oder nicht – es genügt Ihnen nicht, ein Leben, einen Weg, eine andere Unterströmung aufzuzeichnen, ›das Andere‹, wie Sie selbst sagten – und wir haben es ja gemeinsam gesucht und erlebt, das Andere – nein, Sie wollen auch, daß es siegt, daß es mehr sei als eine Hoffnung, daß es die Geschichte ersetze, verändere, verbessere.‹ (Garten 515)

Hierin spricht sich zuletzt das Wunschpotential des Erzählers aus, das bis dahin zwar schon vorhanden war, aber noch nicht artikuliert wurde. Die Erzählung seiner Binnenfiktion zeigt sich vom Unbewussten beeinflusst und Kleebergs Geschichtsentwurf illustriert hierüber die Abhängigkeit der alternativen Geschichte von demjenigen, der sie erdenkt und schreibt, indem er kontinuierlich Elemente aus der Gegenwart und aus den Erinnerungen des Ich-Erzählers aufnimmt. Dieser Interdependenz gelten die abschließenden Überlegungen.

Das, wie eingangs bemerkt, aus einem doppelten Anlass motivierte Schreiben, bei welchem sich kontrafaktische Geschichtsdarstellung und Handlungselemente der Liebesgeschichte verbinden und gegenseitig bedingen, wird für Kleebergs Erzählerhelden zum Vorgang einer persönlichen Vergangenheitsbewältigung. Die persönlichen Anteile betreffen seine eigenen gescheiterten Liebesbeziehungen und sein Verhältnis zu seinem Vater, von dessen Verhalten er sich abgestoßen fühlt. Kleeberg inszeniert die Frage um die Verantwortung für die Gegenwart geradezu paradigmatisch als Generationenkonflikt, in dem private und persönliche mit historischen Streitpunkten zusammenfließen oder auch erstere stellvertretend über letztere in der Imagination ausgetragen werden. Die Auseinandersetzungen mit dem Vater prägen die Rahmenhandlung und bestimmen auch maßgeblich die Konturen der Binnenhandlung. Die Machtkämpfe, die der Ich-Erzähler als Verfasser der historischen Handlung seine Figuren austragen lässt, spiegeln dessen privaten Konflikt mit dem Vater als Auseinandersetzung zwischen dem Bankier Albert Klein und dem älteren Hubertus von Pleißen und variieren die Vater-Sohn-Konstellation auf einer zweiten Figurenebene. In der Binnenhandlung kann die Figur Albert Klein ihre moralische Superiorität in einer historischen Bedrohungssituation unter Beweis stellen, wohingegen der Erzähler sie in Gesprächen mit seinem Vater lediglich verbal reklamieren kann und dadurch Anlass zu Spott gibt: »Samstagnachmittage und Regen, als ich 16, 17 war. Mein Vater, der die FAZ sinken ließ und gähnte: ›Ich langweile mich. Willst du dich nicht mal über Auschwitz oder so aufregen?‹« (Garten 85). Obschon Kleins Vater, geboren 1935 keinen eigenen Anteil an den nationalsozialistischen Verbrechen hat, sucht Albert Klein die Schuld für die aus dieser Zeit hervorgegangene, als beschämend empfundene Gegenwart bei der Generation seiner Eltern, deren Lebensentwürfe scheinbar ohne weiteres und ohne kritische Distanzierung an die Zeit vor 1945 anknüpfen. Ihnen erscheinen die Jahre »von 1935 bis 1955« als eine »bruchlos glückliche Zeit« (Garten 144). Schließlich konservieren sie den Zeitgeist dieser Jahre bis in die erzählte Gegenwart. »Es war, als hätte man sie aus einem Kälteschlaf aufgetaut, in dem sie 40 Jahre gelegen hätten. 1945 das Kartoffelklauen, 1947 der Hungerwinter, 48 Glenn Miller und die Währungsreform, 56 die Heirat und die erste Italienreise, da lebten sie. Und seither?« (Garten 144). Unzweifelhaft sind dagegen die moralischen Positionen in der Binnenfiktion verteilt. Klein, der ursprünglich als Lehrling in die Bank von Pleißens eingetreten ist, avanciert aufgrund seines kaufmännischen Talents, seines selbstbewussten Auftretens und nach einer Reihe sehr erfolgreicher Spekulationen innerhalb kurzer Zeit zum Teilhaber der Bank. Schließlich gewinnt er den sich verschärfenden Machtkampf innerhalb des Unternehmens. Er kehrt durch Übernahme des größeren Anteils die vormalige Hierarchie um, die Heirat Charlottes mit Hubertus von Pleißen hat jedoch zur Folge, dass die Liebesbeziehung zwischen Albert und Charlotte lange eine rein ideelle bleibt. Gerade auf diese Weise bleibt hingegen ihre Besonderheit erhalten. Vor den Erfahrungen bewahrt, auf die der Ich-Erzähler zurückblickt, erscheint sie als von der Lebenspraxis nicht beeinträchtigte Ideallliebe. Ihre Schilderung ist so als Verwirklichung eines (erotischen) Wunsches lesbar ist – was Klein der Erzähler nicht erreichen kann, soll Klein der Bankier als Selbst-Projektion erfahren.

In der vom Ich-Erzähler des Romans erdachten Binnenfiktion verschmelzen, wie im Vorigen deutlich wurde, persönlich-psychologische und utopisch-historische Tagtraumphantasien. Ihrem Wesen nach ist die in das leere Buch geschriebene Geschichte daher als Wunscherfüllungsphantasie des Erzählers lesbar, die die Eigenlogik des kontrafaktischen Entwurfs innerhalb der Erzählhandlung bestimmt. Sie lässt dabei Motive erkennen, die Freud in seiner Dichtertheorie formuliert hat und die hier aufgegriffen werden. Freud bestimmte die Herstellung literarischer Fiktionen als Phantasiearbeit, in der sich Bewusstseinszüge des Verfassers mehr oder minder verschlüsselt abbilden. Was sich nur mit äußerster Vorsicht auf das Verhältnis zwischen einem tatsächlichen Autor und seinem Werk übertragen lässt – eine solche Übertragung ist hier keineswegs intendiert –, kann die Relation zwischen Kleebergs fiktionalem Autor und dessen Text erhellen, da derselbe gezielt mit diversen Versatzstücken psychoanalytischer Theorie spielt und den Schreib- und Erzählvorgang Kleins beim Erfinden der historischen Handlung entsprechend inszeniert. Bei Freud heißt es in *Der Dichter und das Phantasieren* (1908):

> Die seelische Arbeit knüpft an einen aktuellen Eindruck, einen Anlaß in der Gegenwart an, der imstande war, einen der großen Wünsche der Person zu wecken, greift von da aus auf die Erinnerung eines früheren, meist infantilen, Erlebnisses zurück, in dem jener Wunsch erfüllt war, und schafft nun eine auf die Zukunft bezogene Situation, welche sich als die Erfüllung jenes Wunsches darstellt, eben den Tagtraum oder die Phantasie, die nun die Spuren ihrer Herkunft vom Anlasse und von der Erinnerung an sich trägt.[37]

Der vom Erzähler beschriebene »Garten der Erinnerung« weist solche von Freud genannten Spuren auf, er ist Produkt der Phantasie des Schreibenden und von dessen Wünschen. Auch zur Durchleuchtung des Aspekts der Selbstduplizierung des Erzählerhelden lässt sich auf Freuds Dichtertheorie rekurrieren. Freud schreibt hierzu:

> Unbefriedigte Wünsche sind die Triebkräfte der Phantasien, und jede einzelne Phantasie ist eine Wunscherfüllung, eine Korrektur der unbefriedigenden Wirklichkeit. Die treibenden Wünsche sind verschieden je nach Geschlecht, Charakter und Lebensverhältnissen der phantasierenden Persönlichkeit; sie lassen sich aber ohne Zwang nach zwei Hauptrichtungen gruppieren. Es sind entweder ehrgeizige Wünsche, welche der Erhöhung der Persönlichkeit dienen, oder erotische.[38]

Innerhalb der Fiktion erschafft der Erzähler Klein sich mit dem Bankier Albert Klein ein Alter Ego, welches, ebenfalls Freud zufolge, eine Tagtraumvariation der Person des Schreibenden ist, bei der dieselbe zum Helden erhöht wird. Die Züge, die in das Idealbild nicht passen, spaltet der Erzähler Albert Klein von seinem fiktionalen Stellvertreter ab und schreibt sie dessen Antipoden zu, so etwa die Ausübung bestimmter sexueller Praktiken mit der geliebten Frau gegen deren Willen (vgl. Garten 525). Die Lebensgeschichte und Erfolge des Bankiers lesen sich entsprechend wie eine Adaption der von Freud zusammengestellten Charakteristika einer Phantasie, die im literarischen Text Ausdruck erhält:

---

[37] Freud, Sigmund: *Der Dichter und das Phantasieren*, S. 174.
[38] Ibid., S. 173f.

> Wenn sich stets alle Frauen des Romans in den Helden verlieben, so ist das kaum als Wirklichkeitsschilderung aufzufassen, aber leicht als notwendiger Bestand des Tagtraumes zu verstehen. Ebenso wenn die anderen Personen des Romans sich scharf in gute und böse scheiden, unter Verzicht auf die in der Realität zu beobachtende Buntheit menschlicher Charaktere; die ›guten‹ sind eben die Helfer, die ›bösen‹ aber die Feinde und Konkurrenten des zum Helden gewordenen Ichs.[39]

Diese Merkmale egozentrischer Erzählungen, die, ästhetisch überformt, Tagtraumphantasien ihres Verfassers abbilden, erkannte Freud insbesondere in Trivialtexten. So mutet es auch wie eine Warnung vor drohender Trivialisierung an, wenn der Antiquar den Erzähler fragt: »Möchten Sie das Prinzip des Glückhabens und Glücklichseins wie einen Bohrmeisel [sic] durch alle Schichten der Geschichte treiben?« (Garten 559). Als unverletzlich erweist sich der Held nicht, doch zeigt der Erzähler Klein die Absicht, seine Figur(en) zumindest unbeschadet aus der Geschichte hervorgehen zu lassen.

Wie die Notwendigkeit, seine Erinnerungskorrektur auf die Geschichte auszudehnen aus seiner Partizipation am kollektiven Gedächtnis hervorgeht, resultiert der Versuch, Hitlers Machtübernahme durch ein Attentat ungeschehen zu machen, aus dem Wunsch, die eigene Stellvertreterfigur zu retten und sich selbst mit einer alternativen Biographie auszustatten. Letztlich zeugt Kleins Erzählung vom Wunsch nach einer anderen Abstammung und Zugehörigkeit, den der Klein der Rahmenhandlung dem Antiquar gegenüber einräumt. »[...]. Ich wollte mir eine andere Geschichte erzählen, eine bessere, eine schönere, das schon, aber ich habe keine Sekunde gedacht ... Und überhaupt! Und wenn es so wäre. Sie können wohl nicht verstehen, daß mancher von uns gerne etwas anderes wäre als das Kind und der Enkel der Mörder!«« (Garten 491) bekennt er.

Dass sich die schreibende, individuelle Wunscherfüllung des Ich-Erzählers mit einem utopisch geprägten kontrafaktischen Entwurf verbindet, ist dabei nur folgerichtig, liegen Tagtraum und Utopie, wie Ernst Bloch bemerkt hat, doch eng beieinander. Auf den Tagtraumcharakter utopischen Denkens verweisend, schreibt Bloch in *Das Prinzip Hoffnung*, ausdrücklich gegen Freuds Gleichsetzung von Nacht- und Tagträumen, wie sie auch dessen Dichtertheorie widerspiegelt, gewendet: Wohingegen das Ich des Schlafenden keinen Einfluss auf die ihm im Traum begegnenden Wunschbilder und -konstellationen habe[40], könne das wache Bewusstsein diese in seinem Sinne suchen und steuern. Erst dadurch ermöglicht es die Erweiterung des eigenen Ichs, die zur utopischen Ausweitung des Tagtraumes im Sinne einer Weltverbesserung gerät:

---

[39] Ibid., S. 176f.
[40] Vgl. Bloch, Ernst: *Das Prinzip Hoffnung*, S. 98ff.

> Das Ich des wachen Traums mag so weit werden, daß es andere mit vertritt. Damit ist der dritte Punkt erreicht, der Tag- und Nachtträume unterscheidet: menschliche Breite unterscheidet sie. Der Schläfer ist mit seinen Schätzen allein, das Ego des Schwärmers kann sich auf andere beziehen. Ist das Ich dergestalt nicht mehr introvertiert oder nicht nur auf seine nächste Umgebung bezogen, so will sein Tagtraum öffentlich verbessern. Selbst noch privat verwurzelte Träume dieser Art wenden sich aufs Inwendige nur an, indem sie es in Gemeinschaft mit anderen Egos verbessern wollen; indem sie vor allem den Stoff dazu aus einem ins Vollkommene geträumten Außen nehmen.[41]

Indem der Erzähler seine private Wunscherfüllung einer möglichen alternativen Biographie an die kollektive Geschichte anbindet, wird das Movens des Schreibvorgangs zur Motivation eines Utopisten, die in die Zukunft verweist. Kleebergs Erzähler bekennt, nachdem der utopische Entwurf sich nicht realisieren ließ: »[...]. Ich wollte doch nur ... ich wollte eine schöne Geschichte erzählen, gegen das Vergessen, für die Kontinuität, eine Geschichte von mir, so wie ich gerne wäre, ein Idealbild ...«« (Garten 490). Der Antiquar reißt den Erzähler jedoch aus seiner schreibenden Entrücktheit heraus. »›Wachen Sie auf!‹ brüllte der Antiquar, packte mich an beiden Schultern und schüttelte mich« (Garten 480). Die wunschgeleitete und damit traumverwandte Qualität dieser kontrafaktischen historischen Vision offenbart sich an dieser Stelle dadurch, dass der Erzähler Klein buchstäblich aufgeweckt werden soll. Dies kommt der Zurücknahme seiner Lizenz durch den Antiquar gleich, denn der Erzähler wird daran gehindert, seine Aufzeichnungen eigenmächtig als Instrument zur Abänderung der dokumentierten Geschichte zu gebrauchen, die in den Träumen des Ich-Erzählers eine utopische Wendung nimmt. Die kontrafaktische Geschichte erweist sich dadurch als hochartifizielle Konstruktion, deren Entstehung Teil der Narration ist, und die aus der Erzählerfigur herleitbar ist.

Der Roman endet damit, dass der Vater des Ich-Erzählers, als Nachkomme des erfundenen historischen Bankiers Albert Klein zum Erben des Grundstücks wird, auf dem sich der Garten befunden haben soll. Ob die Erinnerung des Erzählers nach wie vor vom Wissen über die historischen Tatsachen überlagert wird, lässt der Text offen. Die wunderbare Konstellation, die die Erfindung der besseren Geschichte ausgelöst hat, wird zumindest nicht zurückgenommen oder,

---

[41] Ibid., S. 102f. Bloch führt weiter den vorausschauenden, projizierenden Charakter des Tagtraums und dessen Voraussetzung zu einer bewussten Zurkenntnisnahme der Welt als Bedingungen an: »Vorwegnahmen und Steigerungen, die sich auf Menschen beziehen, sozialutopische und solche der Schönheit, gar Verklärung sind erst recht nur im Tagtraum zu Hause. Vorab das revolutionäre Interesse, mit der Kenntnis, wie schlecht die Welt ist, mit der Erkenntnis, wie gut sie als eine andere sein könnte, braucht den Wachtraum der Weltverbesserung [...]« (ibid., S. 107).

als Halluzination des Erzählers womöglich, rational aufgelöst. So verändert der in das Buch geschriebene Text zuletzt sogar die Biographie des Erzählers und seines Vaters und suggeriert, dass kein ontologischer Bruch zwischen der Welt der Binnenerzählung und der Realität der Rahmenhandlung besteht.

> Daß die in den Archiven plötzlich aufgetauchten Papiere mit meiner Fiktion korrespondierten, schien mir bei alledem weniger erschreckend, weniger zauberisch als die Tatsache, daß die Urkunden, die in einer Schublade meines Vaters geruht hatten, nunmehr offenbar andere Namen, andere Orte anzeigten – aber wußte ich selbst eigentlich so genau, was sich wo zugetragen hatte, bevor ich geboren war? Hatte ich diese Urkunden überhaupt jemals gesehen? (Garten 576f.)

Dass die neuen Besitzverhältnisse den Mord an Albert Kleins Vetter Rudolf nach sich ziehen, ist eine negative Folge, die sich aus dem Geschenk des Antiquars ergibt. Durch dieses Ereignis wird der Ich-Erzähler tatsächlich und wie der Antiquar es in Aussicht gestellt hatte, »mit den Konsequenzen, die er geschaffen hat, konfrontiert« (Garten 46). Es manifestiert sich in diesem gewalttätigen Vorgang auch die Kontingenz der Geschichte, die entgegen der ursprünglichen Annahme des Erzählers nicht steuerbar ist.

Indem er zum Schluss Rudolfs Sohn André adoptiert, sucht er die Tötungsschuld durch die Übernahme der Vaterrolle zu kompensieren. Zuletzt eröffnet sich so für den Ich-Erzähler eine neue Perspektive, denn nachdem er die Verwaltung des auf seine Erzählung zurückzuführenden Erbes übernommen hat, obliegt es Klein, das imaginierte Werk seiner Figur in Zukunft Wirklichkeit werden zu lassen. So weist *Ein Garten im Norden* auf seine Methode hin, den kontrafaktischen Geschichtsentwurf aus dem Wissen des Erzählers über die tatsächliche Geschichte abzuleiten, dabei seine Irrealität darzustellen und zugleich durch das Beharren auf der möglichen Alternative gegen die tatsächlichen Geschehnisse anzuerzählen. Kleebergs Roman betreibt auf diese Weise ein Spiel mit den Mechanismen und Möglichkeiten einer Spielart historischen Erzählens, ohne sie zur Gänze im literarischen Text zu verwirklichen.

10. Geschichte als Alptraum – Philip Roths *The Plot Against America*

Philip Roths 2004 erschienener Roman erzählt, wie zahlreiche andere Werke des Autors, von den Erfahrungen eines jüdischen Protagonisten[1] während eines bestimmten Abschnitts der amerikanischen Geschichte. Die Familie des Ich-Erzählers gerät in eine schwere Krise, als 1940 nicht Roosevelt, sondern der Flugpionier Charles Lindbergh zum Präsidenten der USA gewählt wird. »That Americans could choose [...] anybody – rather than the two-term president whose voice alone conveyed mastery over the tumult of human affairs ... well, that was unthinkable [...]« (Plot 33f.), so befindet der Erzähler, doch diesem Eindruck und der verbürgten Geschichte widersprechend, hat Roth in *The Plot Against America* das vermeintlich Undenkbare in der Erzählhandlung eines Romans gestaltet. »And so what do the voters up and do in nineteen hundred and forty? They elect a fascist instead« (Plot 341) – dies ist die Prämisse, auf welcher Roths Vorhaben, »mit der Weltgeschichte zu spielen«[2], basiert. Roth erzählt aus der Rückschau von einem Amerika, das eine pro-faschistische Politik verfolgt und mit Nazi-Deutschland paktiert.

Indem der Roman die möglichen Folgen der politischen Machtübernahme durch einen demokratisch gewählten Politiker mit faschistoiden gesellschaftlichen Ideen und diktatorenhaften Zügen in den USA darstellt, weist er sichtlich Ähnlichkeiten zu Sinclair Lewis' bereits 1935 erschienenem Roman *It Can't Happen Here* auf. Lewis schildert darin, ausgehend von der realen politischen Situation in Deutschland, eine analoge Entwicklung in den USA: Nach einer

---

[1] ELAINE B. SAFER nennt in einer der ersten wissenschaftlichen Arbeiten, die den Roman behandeln, *The Plot Against America* »the most Jewish of his works« (SAFER: Mocking the Age, S. 148). Das Thema der Auseinandersetzung mit jüdischer Identität gehört zu den von der Forschung am häufigsten behandelten Aspekten in Roths Werk. BERNARD F. RODGERS verzeichnet in seiner Monographie zu Philip Roth schon 1978 eine Festlegung des Autors auf dessen »relationship to Jewish-American religious and literary traditions« (RODGERS: Preface, ohne Paginierung), so dass andere Elemente seines Werks von vergleichbarer Wichtigkeit verdeckt worden seien. Rodgers Einschätzung hinsichtlich der Forschungslage wirkt nach wie vor nachvollziehbar, zu konstatieren ist allerdings auch, dass die Auseinandersetzung mit jener jüdischen Tradition sich in Roths Romanen und nicht-fiktionalen Arbeiten ebenfalls fortgesetzt hat. Vgl. hierzu grundlegend COOPER, ALAN: *Philip Roth and the Jews*.

[2] VERNA, SACHA: ›*Ich frage, was wäre wenn...*‹, S. 43.

populistischen Kampagne wird der fiktive, dabei dem realen Gouverneur von Louisiana, Huey Long, nachempfundene Senator Berzelius ›Buzz‹ Windrip 1936 zum Präsidenten der Vereinigten Staaten von Amerika gewählt.[3] Vor dem Hintergrund seiner Entstehungszeit betrachtet, spricht manches dafür, Lewis' Roman als fiktional eingekleidete Warnung vor einer realen politischen Möglichkeit zu bewerten.[4] Auch *The Plot Against America* ist als dezidiert politischer Text rezipiert und als solcher auf die zu seiner Entstehungszeit aktuelle politische Situation in den USA bezogen worden. ELAINE B. SAFER hebt in ihrer Monographie zu Roth die moralische Implikation des Werks hervor, wenn sie anmerkt: »*The Plot's* imaginative history is a fantasy of what could have happened in 1940 – 42, but it is also, by implication, a warning of what can happen if people are not vigilant about their Constitutional values.«[5] Im direkten Vergleich mit Lewis konstatiert sie: »Like Lewis's book, *The Plot* is a fable with a moral, that is, a warning.«[6] Bereits bei Erscheinen des Romans deuteten zahlreiche Besprechungen die kontrafaktische Geschichte entweder als Warnung[7] oder als Allegorie[8], eine Interpretation, die Roth selbst allerdings ausdrücklich zurück-

---

[3] Roth spielt, ohne dessen Namen zu nennen, auf Lewis an, wenn er den New Yorker Bürgermeister La Guardia in einer Rede die Politik der Lindbergh Regierung mit den Worten kritisieren lässt: »It can't happen here? My friends it *is* happening here […]« (Plot 365).

[4] Ein Indikator für diese Lesart ist der Umstand, dass Lewis die Handlung in die Jahre 1936 bis 1939 vordatiert, dass die Geschichte somit prospektiv entworfen wird. Lewis arbeitet dabei mit leicht entschlüsselbaren Analogien zu Nazi-Deutschland. Windrips unter dem Titel ›The Fifteen Points of Victory for the Forgotten Men‹ proklamiertes politisches Programm besteht aus einzelnen Punkten, in denen u. a. eine Limitierung des Pro-Kopf-Einkommens amerikanischer Bürger und der Ausschluss schwarzer Bürger von allen öffentlichen Ämtern und dem Recht, zu wählen gefordert wird, und mit welchem er sich gegen reale Mitbewerber wie Franklin D. Roosevelt durchsetzt. Seine wirtschaftspolitischen und gesellschaftlichen Ideen hat Windrip in einem Buch niedergelegt, das nicht zufällig an Hitlers *Mein Kampf* erinnert und dementsprechend beschrieben wird als »the Bible of his followers, part biography, part economic program, and part plain exhibitionistic boasting, called *Zero Hour – Over the Top*« (Lewis: It Can't Happen Here, S. 29). Eine für Windrip agierende paramilitärische Schutztruppe, die Minute Men (M.M.), kann als fiktive Entsprechung der SS gelten. Weitere Analogien lassen sich aufzeigen, um die hier geführte Argumentation zu stützen, bedarf es dessen jedoch nicht.

[5] SAFER, ELAINE B.: *Mocking the Age*, S. 147.

[6] Ibid., S. 148.

[7] Vgl. u. a. ROSENFELD, GAVRIEL: *The World that Hitler never made*, S. 155f: »Most likely, Roth wanted his novel to serve as a warning about the contemporary dangers facing America in the wake of the terrorist attacks of 9/11 and the war in Iraq.«

[8] Unter den deutschsprachigen Rezensenten hielt es STEFFEN KOPETZKY für zulässig, den Roman als »Parabel auf die träge Unwilligkeit […], mit der Amerika und die

weist, wenn er betont, beim Schreiben ausschließlich an die 1940er Jahre gedacht zu haben:

> Some readers are going to want to take this book as a roman à clef to the present moment in America. That would be a mistake. I set out to do exactly what I've done: reconstruct the years 1940-2 as they might have been if Lindbergh, instead of Roosevelt, had been elected president in the 1940 election. I am not pretending to be interested in those two years – I am interested in those two years. They were turbulent in America because they were catastrophic in Europe. My every imaginative effort was directed toward making the effect of that reality as strong as I could and not so as to illuminate the present through the past but to illuminate the past through the past.[9]

Der historische Abschnitt, in dem die Erzählhandlung situiert ist, und die fiktionale Verschiebung der weltpolitischen Kräfteverhältnisse in dieser Zeit verbindet *The Plot Against America* mit einer Reihe populärliterarischer Erzeugnisse, doch scheint der Roman weniger einem Unterhaltungsanliegen entsprungen zu sein als einem die autobiographische Erfahrung betreffenden Impuls und damit einhergehenden Überlegungen. Prägend für die Erzählhandlung ist die aus dem Erlebnis antisemitischer Bedrohung resultierende fundamentale Verunsicherung des Protagonisten. Wenn er seine Erzählung mit den Sätzen eröffnet »Fear presides over these memories, a perpetual fear. Of course no childhood is without terrors, yet I wonder if I had been a less frightened boy if Lindbergh hadn't been president or if I hadn't been the offspring of Jews (Plot 1), werden die beiden die Fiktion determinierenden Faktoren im ersten Satz

---

westliche Welt die unmittelbare Bedrohung des Staates Israel durch mindestens eine mittlere Atommacht hinzunehmen scheinen wie ein Naturgesetz« (KOPETZKY: Philip Roth, S. 130) zu verstehen.
    [9] Roth, Philip: *The Story Behind ›The Plot Against America‹*, S. 11. Auch anlässlich des Erscheinens der deutschen Übersetzung erklärt er im Gespräch mit NILS MINKMAR: »Nein, das entbehrt jeder Grundlage. Ich habe beim Schreiben an die 1940er Jahre gedacht und nicht ein einziges Mal an George Bush. Wer so etwas schreibt, ist an Schlagzeilen interessiert, das bin ich aber nicht« (MINKMAR: Der Tag, als Philip Roth anrief, S. 21). Die Kritik ist der Aussage des Autors bei der Deutung des Romans nicht gefolgt. NILS MINKMAR selbst etwa konstatiert, der Leser meine »vor allem einen Roman zu lesen, der, in historischen Kulissen codiert, unbedingt wichtige Informationen für unsere Gegenwart enthält. [...] Es ist, als schriebe Roth nicht über diese erfundenen Vierziger, die einfach noch schrecklicher sind als die ohnehin schon nicht besonders heitere historische Wirklichkeit, sondern über die unmittelbare Gegenwart und die nahe Zukunft« (MINKMAR: Was wäre wenn...?, S.27). PAUL INGENDAY stellt den Gegenwartsbezug geradezu als Selbstverständlichkeit hin, wenn er schreibt: »Roth scheint selbst nicht genau gewußt zu haben, worauf seine Geschichtsfiktion zielt. Daß sie im amerikanischen Wahlherbst überdeutlich klarmacht, wo Lindbergh als Vorläufer Bushs betrachtet werden könnte: geschenkt« (INGENDAY: Nazi fliegt aufs Weiße Haus, S. 31).

gleichsam expositorisch benannt und die besondere Beziehung zwischen Lindberghs Präsidentschaft und dem kulturell-religiösen Hintergrunds der Erzählerfigur deutet sich an. Nicht die jüdische Kultur und die Prägung durch dieselbe steht in dieser autobiographischen Erzählung im Mittelpunkt der Auseinandersetzung, sondern die Erfahrung der Marginalisierung. Roths Roman, der formal als autobiographische Kindheitserinnerung des Autors angelegt ist, weist dabei eine Reihe von Charakteristika dystopischer Gesellschaftsentwürfe auf. Beide Strukturkonventionen verleihen der kontrafaktischen Geschichtsdarstellung in *The Plot Against America* ihre spezifische Kontur.

10.1 »... a thought experiment.«

Es hat den Anschein, als basiere Roths deviierende historische Erzählung auf konkreten Ansichten über den innenpolitischen Kurs der USA während der 1930er Jahre, die Roth SACHA VERNA gegenüber zum Anlass für eine nicht literarisch überformte konjekturalhistorische Hypothese genommen hat:

> Aber lassen Sie es mich vereinfachen: Der Nationalsozialismus und seine Folgen für die Juden wurden in Amerika dadurch verhindert, dass 1932 der Demokrat Roosevelt zum Präsidenten gewählt wurde und nicht der Republikaner Herbert Hoover. Hätten die Republikaner 1932 gewonnen, hätten sie nichts gegen die Wirtschaftskrise unternommen, und sie wäre noch schlimmer geworden. Es hätte einen Aufstand gegeben, der von der Armee blutig niedergeschlagen worden wäre. Das hätte die Türen öffnen können für die Verhängung des Kriegsrechts und für ein totalitäres Regime. Ob es sich dabei um ein antisemitisches Regime gehandelt hätte oder nicht, weiß ich nicht. Hoover war ja kein Faschist. Aber ich glaube, dass die antisemitischen Teile der Bevölkerung sich der Diktatur angeschlossen hätten und vielleicht mit etwas belohnt worden wären.[10]

Weitere Hinweise auf die Prämissen der Erzählhandlung und auf die Poetik des Kontrafaktischen in *The Plot Against America* kann der Blick auf einen Essay liefern, in welchem Roth die Entstehung seines Romans kurz vor dessen Erscheinen beschrieben hat, und in dem er auch dessen poetologische Voraussetzungen reflektiert. »The book began inadvertently, as a thought experiment«[11] so Roth, und weiter: »I came upon a sentence in which Schlesinger [der Historiker Arthur Schlesinger, A.M.W.] notes that there were some Republican

---

[10] VERNA, SACHA: ›Ich frage, was wäre wenn...‹, S. 43.
[11] Roth, Philip: *The Story Behind ›The Plot Against America‹*, S. 11. Im gleichen Beitrag bezeichnet Roth seinen Roman auch als »an exercise in historical imagination« (ibid.).

isolationists who wanted to run Lindbergh for president. That's all there was, that one sentence with its reference to Lindbergh and to a fact about him I'd not known. It made me think, ›What if they had?‹«[12] In welchem Maße er die literarische Ausarbeitung seiner spekulativen Frage durch Recherchen gestützt hat, geht aus dem Anhang hervor, in dem Roth im Anhang einen Teil des Materials präsentiert, »27 pages of the documentary evidence that underpins a historical unreality of 362 pages in the hope of establishing the book as something other than fabulous.«[13]

Die Plausibilität, die Roth für sein Gedankenexperiment reklamiert und nachzuweisen sucht, wird höchst unterschiedlich eingeschätzt. MATTHEW SCHWEBER attestiert ihm einen hohen Grad an Wahrscheinlichkeit, während J. M. COETZEE dieselbe gerade vermisst. »Actually, the plausibility of the novel's alternate history alone merits awe. [...] The Lindbergh Presidency, the threats to American Jewry, the country's brief flirtation with dictatorship all strike the reader as eminently possible and frighteningly real«[14], so SCHWEBER. »But by the standard of plausibilty to which he subjects himself, this historical framework is more than a little rickety«[15], befindet dagegen COETZEE. Die in dieser Frage einander diametral entgegengesetzten Einschätzungen, die hier artikuliert werden, und denen sich jeweils zahlreiche die eine wie die andere Sicht vertretende Aussagen an die Seite stellen lassen, eignen sich, um am konkreten Beispiel zu verdeutlichen, dass Plausibilität als Kriterium zur Bestimmung kontrafaktischer Schreibweisen ungeeignet ist, da dieses auch in nicht-phantastischen kontrafaktischen Geschichtsentwürfen einer stark standpunktabhängigen Interpretation des dargestellten Sachverhalts entspringt.

Als Ausgangspunkt für eine Annäherung an Roths Roman kann gleichwohl ein in dieser Debatte vorgebrachter Einwand gegen die Stimmigkeit der darin erzählten kontrafaktischen Geschichte dienen. COETZEE erklärt, eine sich von der tatsächlichen Entwicklung so eklatant unterscheidende historische Alternative wie die von Roth geschilderte müsse entsprechende Auswirkungen auf die

---

[12] Ibid.
[13] Ibid., S. 12.
[14] SCHWEBER, MATTHEW S.: *Philip Roth's Populist Nightmare*, S. 129. Vgl. auch SAFERS Einschätzung des Geschichtsentwurfs als »an incredible, frightening, yet plausible history« (SAFER: Mocking the Age, S. 148).
[15] COETZEE, J. M.: *What Philip Knew*, S. 6. Ähnlich DOUTHAT, ROSS: *It Didn't Happen Here*. DOUTHAT nennt die kontrafaktischen historischen Elemente »never convincing, never plausible« (DOUTHAT: It didn't happen here, S. 75) und kritisiert Roths Roman wegen seiner »combination of sharp realism and utter implausibility« (DOUTHAT: It didn't happen here, S. 75).

Gegenwart zeigen. COETZEES Einwand lässt eine Nähe zur um logische Stringenz bemühten Position DEMANDTS erkennen, der schreibt:

> Würde die Geschichte an irgendeinem wichtigen Punkt abgeändert, so wäre damit zugleich die gesamte nachfolgende Weltgeschichte außer Kraft gesetzt. Wir müßten die ganze Folgezeit umkonstruieren. Ändern wir den Kurs der Geschichte an irgendeinem Punkt, dann erreicht sie niemals den Ort, wo sie sich heute befindet.[16]

Philip Roth schreibt seinen Roman als Rückblick aus der Gegenwart, doch gibt es in dieser Gegenwart keine Anzeichen dafür, dass sie sich von der tatsächlichen Welt unterscheidet. ROSS DOUTHAT hat diesen Zug des Romans zurecht hervorgehoben:

> Indeed, Roth is so intent on rooting his ›what-if‹ in the actual American past that he carefully avoids changing anything in his ›alternate‹ timeline that takes place after the Lindbergh interregnum. Once the titular plot is foiled (and it does no injustice to the book to reveal that it is foiled), the Japanese still bomb Pearl Harbor (albeit a year later), the US still wins World War II – and 20 years later, we learn in an aside midway through the book, Senator Robert F. Kennedy of New York is still assassinated while running for President. The great irruption of fascism seems to leave no mark on Roth's history [...].[17]

Der Beginn jener etwa zwei Jahre dauernden Phase, während der sich die Erzählhandlung von *The Plot Against America* zuträgt, wird durch ein kontrafaktisches Ereignis klar markiert: »[A]t precisely four A.M. on Friday, June 28, the Republican Party, by acclamation, chose as its candidate the bigot who had denounced Jews over the airwaves to a national audience as ›other peoples‹ employing their enormous ›influence ... to lead our country to destruction‹[...]« (Plot 18). Die Präsidentschaftswahl, von der Roths Roman erzählt, wird dabei zum Abbild einer realen Konstellation von vergleichbarer Signifikanz und von ähnlichem Entwicklungspotential, nämlich der realen Wahl von 1932, auf die Roth im eingangs zitierten Interview hingewiesen hat. Vor diesem Vorgang schließen sämtliche identifizierbaren Referenzen auf historisches Geschehen – die Reichspogromnacht im November 1938 oder der deutsche Überfall auf Polen im September 1939 – an verifizierbares Geschehen an. Roths Roman setzt zur Herbeiführung der thematisierten kontrafaktischen Konstellation innerhalb der

---

[16] DEMANDT, ALEXANDER: *Ungeschehene Geschichte*, S. 13. Kingsley Amis ist dieser Einsicht in *The Alteration* gefolgt. Das Jahr 1976, in welchem die Gegenwart seiner Handlung angesiedelt ist, unterscheidet sich aufgrund einer Abänderung eines bedeutenden historischen Ereignisses fundamental von der Erfahrungswirklichkeit der Leser.

[17] DOUTHAT, ROSS: *It Didn't Happen Here*, S. 77.

Erzählhandlung bei einer politischen Entscheidungssituation an, die er zunächst fiktional erschafft – bereits die Kandidatur Lindberghs für das Amt des Präsidenten ist kontrafaktisch und somit Teil der erfundenen, alternativen Geschichte. Die faktisch nicht gegebene Entscheidungssituation wird im Text erst konstruiert, um den von Roth konstatierten, latent vorhandenen Zeitgeist zugunsten einer Politik, wie sie im Roman von Lindberghs Regierung vertreten wird, als historische Kraft sichtbar zu machen. Diese Kraft setzt sich gegenüber der tatsächlichen durch. »Lindbergh got fifty-seven percent of the popular vote and, in an electoral sweep, carried forty-six states, losing only FDR's home state of New York and, by a mere two thousand votes, Maryland, where the large population of federal office workers had voted overwhelmingly for Roosevelt […]« (Plot 63). Mit dieser Entscheidungssituation beginnt die Überschreibung außenreferentieller Sachverhalte bei der Bezugnahme auf Geschichte und aufgrund der von ihr abhängigen Konsequenzen kann ihr in der kontrafaktischen Erzählhandlung der Stellenwert eines *Nucleus* zugewiesen werden.

Zweierlei Faktoren oder Tendenzen verhelfen Lindbergh im Roman zum Wahlsieg, und ihre Benennung und Akzentuierung lässt Roths Interpretation der realhistorischen Situation offenbar werden. Zum einen trifft Lindberghs Gesinnung auf Zustimmung:

> When Lindbergh wrote proudly of ›our inheritance of European blood‹, when he warned against ›dilution by foreign races‹ and ›the infiltration of inferior blood‹ (all phrases that turn up in diary entries from those years), he was recording personal convictions shared by a sizeable portion of America's First's rank-and-file membership as well as by a rabid constituency even more extensive than a Jew like my father […] could ever imagine to be flourishing all across America. (Plot 16f.)

Zum anderen repräsentiert er bestimmte Qualitäten, die dem Zeitgeist entsprechen:

> It turned out, the experts concluded, that twentieth-century Americans, weary of confronting a new crisis in every decade, were starving for normalcy, and what Charles A. Lindbergh represented was normalcy raised to heroic proportions, a decent man with an honest face and an undistinguished voice who had resoundingly demonstrated to the entire planet the courage to take charge and the fortitude to shape history […]. (Plot 64)

Diese fiktionale Expertenanalyse des Abstimmungsverhaltens der Amerikaner liefert nicht nur eine Begründung für die Ursachen von Roosevelts Niederlage, sie begründet auch die Entscheidung von Seiten des Autors, wird doch Lindbergh in dieser Passage als Konkurrent mit reellen Chancen ausgewiesen.

Die sich daraus weiter ergebenden fiktiven politischen Ereignisse kommen sehr exakt datiert zur Sprache und die Überschriften der neun Kapitel, die im Untertitel jeweils ein thematisches Motto für die Handlung liefern, geben die Dauer dieser Handlung in mehrere Monate umfassenden Abschnitten kalendarisch an, so dass sich anhand der wichtigsten Stationen eine separate Chronik nachzeichnen lässt. Das erste Kapitel trägt den Titel »Vote for Lindbergh or Vote for War« und schildert die Monate von Juni bis Oktober 1940 und den Wahlkampf. Lindbergh schließt unmittelbar nach seiner Amtseinführung ein Abkommen mit Hitler, um friedliche Beziehungen sicher zu stellen, und die Kriegsteilnahme der Vereinigten Staaten unterbleibt in Roths Roman bis auf weiteres. Roth gibt im Text keine Hinweise auf sonstige politische Konsequenzen, die die kontrafaktische Konstellation hervorruft, und so erweckt die Erzählung den Anschein, als habe sie keine: Der Bruch des Hitler-Stalin-Pakts[18] erfolgt den Tatsachen entsprechend und der außenpolitische Kurs der fiktiven Regierung bleibt hiernach derselbe.

Von sonstigen internationalen diplomatischen Aktionen erzählt der Roman nicht, sondern die Aufmerksamkeit gilt den Entwicklungen innerhalb der Gesellschaft, in der der Erzähler selbst lebt. Diese gerät im Oktober 1942 in einen vorübergehenden Zustand der Anarchie, nachdem Lindberghs Kontrahent, der Radiojournalist Walter Winchell ermordet wird und Lindbergh selbst verschwindet. Nach einer äußerst kurzen Interimsphase, in der das Land von Lindberghs Vertreter im Amt, Burton K. Wheeler, regiert wird, kommt es zu einer erneuten Präsidentschaftswahl. Auf der Inhaltsebene bedeutet dies eine neue Entscheidungssituation. In dieser behauptet sich Roosevelt als Sieger – ein Wahlsieg, durch den gleichsam eine Wiedereinsetzung in den früheren historischen Stand erfolgt:

> The restoration of orderly procedures initiated by Mrs. Lindbergh culminates two and a half weeks later, on Tuesday, November 3, 1942, in a sweep by the Democrats of the House and the Senate and the landslide victory of Franklin Delano Roosevelt for a third presidential term.
> The next month – following the devastating surprise attack on Pearl Harbor by the Japanese and, four days later, the declaration of war on the United States by Germany and Italy – America enters the global conflict that had begun three years earlier with the German invasion of Poland and had since expanded to encompass two-thirds of

---

[18] Dieses Ereignis wird in enzyklopädischer Manier wiedergegeben: »On June 22, 1941, the Hitler-Stalin Non-Aggression Pact – signed two years earlier by the two dictators only days before invading Poland – was broken without warning when Hitler, having already overrun continental Europe, dared to undertake the conquest of the enormous landmass that stretched from Poland across Asia to the Pacific by staging a massive assault to the east against Stalin's troops« (Plot 99).

the world's population. Disgraced by their collusion with the acting president and demoralized by their electoral defeat, the few Republicans remaining in Congress pledge their support of the Democratic president and his fight to the finish against the Axis powers (Plot 382f.).

Der Text führt die Geschichte so zurück ins Fahrwasser der Überlieferung.

Zu historischen *Nuclei* in diesem Prozess werden die benannten Kriegserklärungen, insbesondere der japanische Angriff auf Pearl Harbor, der im Roman um ein Jahr verspätet erfolgt. Ein tatsächliches Ereignis wird somit chronologisch verschoben und zur Angleichung des kontrafaktischen Geschehens an den faktischen Ereignisverlauf genutzt. Hieraus und aus den poetologischen Aussagen Roths, die – auch wenn sie nicht zum Maßstab der Interpretation gemacht werden sollen, in eine ähnliche Richtung weisen – lässt sich eine Poetik des Kontrafaktischen ableiten, die nicht vom Interesse an einer Hypothesenbildung über die längerfristigen Folgen der imaginierten Konstellation geleitet ist, sondern von der Intention zur realistischen Ausgestaltung ihrer Auswirkungen auf die unmittelbar Betroffenen.[19] Jene Verschränkung privater Lebensumstände mit der Ereignisgeschichte wird im Text in Figurenrede vom Vater des Ich-Erzählers, Herman Roth, in einer auch als Exkurs über das den Text konturierende Geschichtsverständnis lesbaren Passage, zur Sprache gebracht: »›Because what's history?‹ he asked rhetorically when he was in his expansive dinnertime instructional mode. ›History is everything that happens everywhere. Even here in Newark. Even here on Summit Avenue. Even what happens in this house to an ordinary man – that'll be history too someday‹« (Plot 215). Die zitierte Replik gibt nicht nur Aufschluss über das hinter dem kontrafaktischen Entwurf stehende Geschichtsbild, sie verweist auch auf das ihn insgesamt bedingende Verfahren, die Resultate des historischen politischen Geschehens durch Schilderungen seiner Auswirkungen auf das Privatleben der Figuren wiederzugeben.

---

[19] Einer Formulierung Roths folgend, holt *The Plot Against America* die Geschichte ins Wohnzimmer. Vgl. Roths Erläuterungen in VERNA, SACHA: ›*Ich frage, was wäre wenn...*‹, S. 44: »Man empfindet Gegenwart ja nicht als Geschichte. Man empfindet sie als das, was im Augenblick geschieht. Der nächste Augenblick ist völlig unvorhersehbar. Ich habe ebendiesen Umstand in meinem Roman *Der menschliche Makel* angesprochen. In *Verschwörung gegen Amerika* tue ich es wieder: Geschichte stürzt zu einem ins Wohnzimmer wie ein verrücktes Pferd. Doch nochmals: Nicht mit Geschichte versucht man fertig zu werden, sondern mit dem Pferd im Wohnzimmer. Man ist vollkommen hilflos. Die Familie Roth meines Romans treibt diese Hilflosigkeit zur Verzweiflung.«

10.2 Autobiographie

In *The Plot Against America* geht der Entwurf eines alternativen historischen Verlaufs von globaler politischer Bedeutung einher mit einer alternativen Biographie, die der Autor für sich selbst entwirft und in welcher historische und weltpolitische Determinanten zu Ursachen der alternativen Lebensumstände werden. Indem der Roman sich den Anschein einer autobiographischen Erinnerung[20] gibt, füllt er das Gerüst, das die kontrafaktischen politischen Ereignisse schaffen, durch die private Geschichte seiner eigenen Familie. Bedingt das Gattungsvorbild des Schelmenromans in Brussigs *Helden wie wir* eine ironisch-distanzierte und überzeichnend-verzerrende Betrachtungsweise des historischen Geschehens, so gilt das Gegenteil für die von Roth gewählte literarische Tradition, die eine grundsätzliche Authentizität gleichermaßen zu beanspruchen wie zu suggerieren scheint, schließt man sich MICHAELA HOLDENRIEDS Auffassung an, wonach die Autobiographik eine der letzten Bastionen referentiellen Schreibens bildet, deren Bezug zur Realität aufrecht erhalten werden soll.[21] Und ebenso wenig wie im Zusammenhang mit Brussigs Roman dessen Verhältnis zur vorgefundenen pikarischen Erzähltradition tiefergreifend erörtert werden konnte, ist hier der Platz, um Roths Roman entsprechend zu situieren. Vielmehr muss auch hier das Interesse dem Zusammenhang zwischen der gewählten Darbietungsform und der kontrafaktischen Geschichtsdarstellung gelten.

Die Strukturkonventionen autobiographischen Schreibens[22] bestimmen zunächst die Position, von der aus die Handlung und das kontrafaktische Geschehen in *The Plot Against America* vermittelt werden. Der autobiographische An-

---

[20] Roth gibt selbst an, eines der Ziele beim Verfassen seines Romans sei es gewesen, »so wahrheitsgetreu wie irgend möglich zu bleiben. Abgesehen natürlich von der zentralen Fiktion, wonach Lindbergh Präsident wird. Das Newark, das ich beschreibe, ist das Newark, in dem ich aufgewachsen bin. Die Familie, die ich beschreibe, ist meine Familie in einer fiktiven Situation« (VERNA: ›Ich frage, was wäre wenn...?‹, S. 43). Wohl um die Aussage nicht durch Einschränkungen zu relativieren, verzichtet Roth in diesem Kontext auf den Hinweis, dass die für die Handlung zentrale Figur Evelyns seiner Familie in der Fiktion hinzugefügt ist. Streckenweise komplementär lässt sich Roths frühere, auch als solche ausgewiesene Autobiographie *The Facts* lesen, die vorgibt, Roths eigene Lebensgeschichte bis zum Zeitpunkt der Niederschrift zu erzählen. Zu autobiographischen Komponenten und Schreibverfahren bei Philip Roth vgl. außerdem u. a. WEISSBERG, LILIANE: *Paternal Lines: Philip Roth Writes His Autobiography*.

[21] Vgl. HOLDENRIED, MICHAELA: *Autobiographie*, S. 39.

[22] Vgl. hierzu LEJEUNES Definition der Autobiographie als »Rückblickende Prosaerzählung einer tatsächlichen Person über ihre Existenz, die den Nachdruck auf ihr persönliches Leben und insbesondere auf die Geschichte ihrer Persönlichkeit legt« (LEJEUNE: Der autobiographische Pakt, S. 14).

satz gestattet beziehungsweise erfordert den Einsatz eines personalen Ich-Erzählers, der aus der Erinnerung berichtet. Diesen Gestus des Autobiographischen nimmt der Text durch die Identität des Namens von Autor, Erzähler und Hauptfigur ein.[23] Die Handlung des Romans ist um den Protagonisten, der zugleich, in einem späteren Lebensabschnitt, Verfasser des Textes ist und den Namen Philip Roth trägt, herum organisiert und wie bereits in *Operation Shylock* (1993)[24] schreibt sich der empirische Autor in das fiktionale Geschehen des Werks ein.[25] Dieser Anschein des Autobiographischen ist in Roths Romanen eher die Regel als die Ausnahme, wie die Forschung seit längerem erkannt hat. »His protagonists or heroes almost always seem to resemble their author in age and appearance, time and place, and in personal circumstances«[26], so BEN SIEGEL. MARGARET SMITH sieht in dieser Grenzverwischung eine grundlegende narrative Strategie. »Consequently, when a protagonist called Philip Roth, who happens to be a Jewish-American writer, appears in his text, it is all part of a considered narrative device.«[27] Zwar findet sich die für autobiographische Schreibweisen typische Diskrepanz zwischen Gegenwartsstandpunkt und Vergangenheitsstandpunkt, mithin zwischen erinnertem und erinnerndem Ich[28] auch in *The Plot Against America*, doch innerhalb dieser bipolaren Erzählkonstruktion bleibt die erlebte Gegenwart des Erzählers weitgehend im Dunkeln. Der Ich-Erzähler schaut zwar zurück, seine Sicht ist aber die des Kindes, keine zwischen der geschilderten Zeit und der Erzählergegenwart changierende.

Im Gespräch mit Aharon Appelfeld, der als Überlebender des Holocaust seine Erfahrungen als Opfer der wirklichen Judenverfolgung in Europa in seinen Romanen immer wieder literarisch verarbeitet hat, hat Roth dessen Erzählhaltung charakterisiert: »It occurred to me that the perspective of the adults in your fiction resembles in its limitations the viewpoint of a child, who has no historical calender in which to place the unfolding events and no intellectual means of penetrating their meaning.«[29] In den zitierten Sätzen beschreibt Roth die ästheti-

---

[23] Vgl. HOLDENRIED, MICHAELA: *Autobiographie*, S. 27.

[24] Vgl. Roth, Philip: *Operation Shylock. A Confession*. Zur Funktion und Bedeutung der Metalepse bei Roth vgl. u. a. PARKER ROYAL, DEREK: *Texts, Lives, and Bellybuttons: Philip Roth's Operation Shylock and the Renegotiation of Subjectivity*.

[25] Vgl. Roth, Philip: *The Story Behind ›The Plot Against America‹*, S. 11: »At the center of this story is a child, myself at 7, 8 and 9 years of age. The story is narrated by me as an adult looking back 60-odd years at the experience of that child's family during the Lindbergh presidency […].«

[26] SIEGEL, BEN: *Introduction: Reading Philip Roth: Facts and Fancy, Fiction and Autobiography – A Brief Overview*, S. 22.

[27] SMITH, MARGARET: *Autobiography: False Confession?*, S. 100.

[28] Vgl. HOLDENRIED, MICHAELA: *Autobiographie*, S. 58.

[29] Roth, Philip: *Conversation in Jerusalem with Aharon Appelfeld*, S. 25.

sche Vorgehensweise eines anderen Autors, sie können aber gleichwohl auf die spezifische Erzählperspektivierung in *The Plot Against America* bezogen werden, denn hier ist der Horizont des jungen Philips angesichts der aufkommenden Bedrohung ein ähnlicher und so ist er, was die Deutung des Geschehens betrifft, auf ältere Bezugspersonen angewiesen. Dies sind zunächst die Familienangehörigen. An ihnen werden konträre Verhaltensweisen und Anschauungen innerhalb einer Gesellschaft sichtbar und geraten in Konflikt. Philips Vater Herman und sein elternloser Cousin Alvin sind als entschiedene Gegner der Politik Lindberghs gezeichnet, sein älterer Bruder Sandy und seine Tante Evelyn befürworten und unterstützen dieselbe aktiv. Diese Verteilung der Positionen innerhalb des jüdischen Umfelds differenziert die mehrfach erklärte Opposition zwischen christlichen und jüdischen Bürgern der amerikanischen Gesellschaft weiter und ergänzt die Referenz auf kontrafaktische Vorgänge um konträre Interpretationen derselben. Während Herman Roth die Gesetzgebung und den Kurs der Lindbergh-Administration als antisemitisch und repressiv ansieht, und dies, wie im Text unzweifelhaft deutlich wird, zurecht, widerspricht Philips Bruder dieser Auffassung, denn für Sandy

> neither of them sounded anything but stupid, and alone with me he didn't hesitate to speak of them in the language he'd picked up from Aunt Evelyn. ›Ghetto Jews,‹ Sandy told me, ›frightened, paranoid ghetto Jews.‹ [...] ›What's ›paranoid‹?‹ I asked him. ›Somebody afraid of his shadow. Somebody who thinks the whole world's against him. Somebody who thinks Kentucky is in Germany and that the president of the United States is a storm trooper. [...].‹ (Plot 270)

Im Erleben und Empfinden der Erzählerfigur dominiert die mehrfach bekundete Angst, die von den Entwicklungen in seinem Umfeld ausgeht, die Interpretation des Erlebten und dessen historische Kontextualisierung liefert dagegen das intellektuelle Bewusstsein des sich erinnernden Autors.

Mit der Figur Evelyns erweitert Roth die Familie um eine fiktive Schwester der Mutter, durch die die eigenen Angehörigen auf der Figurenebene enger an das politische Geschehen angebunden werden. Nach Evelyns Heirat mit Rabbi Bengelsdorf kommt es zwar zu einem Zerwürfnis zwischen den Schwestern, doch die Figur Evelyn gewährleistet weiterhin die personelle Verknüpfung mit den politischen Machthabern. Sie dokumentiert sich in einer Fotografie, an die sich der Ich-Erzähler erinnert: »On Aunt Evelyn's spacious desktop, beside separately framed pictures of my dead grandmother and of Rabbi Bengelsdorf, there was a large autographed photo of President and Mrs. Lindbergh standing together in the Oval Office and a smaller photo of Aunt Evelyn shaking the president's hand« (Plot 253). In dem Handschlag registriert der junge Philip den Einbruch der Geschichte als persönliche Fühlungnahme mit seiner Familie, wie sie sich schon im ersten Satz des Romans andeutete. Im Umkehrschluss bedeutet dies aus Sicht des Kindes, dass die Zugehörigkeit zu seiner Familie verantwortlich ist für seinen Konflikt mit den historischen Umständen, und dass die Verbindung mit der Geschichte gelöst werden kann, indem die Verbindung mit der Familie gelöst wird. Um dem als destruktiv erlebten Zugriff der Geschichte zu entkommen, unternimmt er den Versuch, in ein Waisenhaus zu fliehen. Die dahinter stehende Absicht erklärt er nachträglich, wenn es heißt: »I wanted nothing to do with history. I wanted to be a boy on the smallest scale possible. I wanted to be an orphan« (Plot 277). In diesem gedanklichen Konnex spiegelt sich das Bewusstsein des Kindes, in welchem genau wie auf der beschriebenen Fotografie erst vermittels der eigenen Familie der Zusammenhang des Individuums mit der politischen Geschichte hergestellt wird.

Dass tatsächlich die Familienzugehörigkeit des jungen Erzählerhelden die Art und Weise bestimmt, wie sich die kontrafaktischen Ereignisse auswirken, hängt mit der Religion seiner Familie zusammen, wie der Ich-Erzähler schon eingangs andeutet. Die Bedeutung dieses jüdischen Hintergrunds gerät jedoch erst in den Blickpunkt, als die Politik der Lindbergh-Regierung Juden stigmatisiert und als der junge Philip jene Stigmatisierung als Zustand begreift, der die eigene Existenz bedroht. Dadurch, dass innerhalb der kontrafaktischen Konstellation jüdische Amerikaner ihrer Grundrechte enthoben werden, erhält diese für Philip und seine Familie eine besondere Bewandtnis. So lässt sich HANA WIRTH-NESHER verstehen, die über die Bedeutung des Romans im Kontext von Roths Gesamtwerk, insbesondere seiner dezidiert autobiographischen Erzähltexte, befindet: »If *The Facts* is the making of the artist and *Patrimony* is the making of the son, *The Plot Against America* is the making of the Jew.«[30] Die kulturelle Identität wird dem jungen Philip sichtlich erst von außen zugeschrieben und zugleich erscheint sie dem Kind als Makel, da sie sich als Beeinträchtigung erweist.

Vor dem bis hierhin betrachteten Hintergrund wird deutlich, dass kontrafaktische Geschichte in *The Plot Against America* aus der Sicht eines Opfers der imaginierten Zustände erzählt wird. Roths Roman simuliert hierbei sichtlich keine Objektivität, sondern macht auch das Erleben kontrafaktischer Geschichte zum Thema, ohne dass die subjektive Sicht der Erzählerfigur die kontrafaktischen historischen Vorgänge in ihrer eigentlichen Existenz in Frage stellt. Dass der kontrafaktische Geschichtsentwurf insgesamt nicht der konsekutivlogischen Notwendigkeit folgt, nach der Folgeerscheinungen der dargestellten Ereignisse über den im Fokus der Erzählung stehenden Zeitraum hinaus sichtbar bleiben müssten, wurde bereits festgestellt. Ähnliches gilt für die Kontinuität der Auto-

---

[30] WIRTH-NESHER, HANA: *Roth's autobiographical writings*, S. 167.

biographie. Der Regierungsantritt Lindberghs und die hieraus resultierenden Erfahrungen der Bedrohung markieren auch in der Biographie des Erzählerhelden eine Zäsur, so dass dieser bemerkt: »A new life began for me. I'd watched my father fall apart, and I would never return to the same childhood« (Plot 135). Ob das kontrafaktische Geschehen für das erzählende Ich über die geschilderten Erlebnisse hinaus Auswirkungen auf die eigene Biographie gehabt hat, bleibt hingegen im Dunkeln. So bedeutet das Ende der alternativen Geschichte und deren Rückführung in den realen Verlauf einen zweiten Einschnitt im Leben des Erzählerhelden Philip Roth, nach welchem auch dessen Lebensgeschichte nicht weiter erzählt wird.

10.3 Konjekturalbiographien

Mit der von einem bestimmten Zeitpunkt an kontrafaktisch erzählten Biographie Lindberghs weicht Roth bei der Verarbeitung einer historischen Person in einem fiktionalen Text nicht zum ersten Mal deutlich erkennbar von der externen Vorlage ab. In seinem Roman *The Ghost Writer* (1979) tritt Anne Frank im Amerika der 1950er Jahre auf, nachdem sie im Konzentrationslager von Zeugen irrtümlich für tot gehalten worden und über verschiedene Umwege in die USA gelangt ist, wo sie, unter dem Namen Amy Bellette lebend, von der Publikation ihres Tagebuchs erfährt und dadurch in eine Identitätskrise gerät.[31] Ein anderes, über den tatsächlichen Tod hinaus fortgesetztes Schicksal einer historischen jüdischen Person entwirft Roth in seinem erstmals 1972 publizierten Essay *»I Always Wanted You to Admire My Fasting«; or, Looking at Kafka*. Hier verlängert Roth spekulativ das Leben Franz Kafkas und skizziert dessen weitere Biographie nach seiner Flucht vor den Nationalsozialisten in die USA. Die postume Anerkennung als Schriftsteller bleibt Kafka so versagt:

---

[31] Am Rande wieder aufgenommen wird die fiktionale Lebensgeschichte dieser Figur im Roman *Exit Ghost* (2007). Hier erklärt der Erzählerheld Nathan Zuckerman seinen eigenen autobiographischen Bericht über seine Begegnung mit Anne Frank in der Rolle Amy Bellettes im Nachhinein als Erfindung. Vgl. Roth, Philip: *Exit Ghost*, S. 170: »Back then I'd gone so far as to work out an elaborately detailed scenario that endowed her with the horrific data of the European biography of Anne Frank, but an Anne Frank who, for my purposes, had survived Europe and the Second World War to recreate herself, pseudonymously, as an orphaned college girl in New England, a foreign student from Holland, a pupil and then a lover of E. I. Lonoff, to whom one day, in her twenty-second year – after she'd gone off by herself to Manhattan to see the first production of The Diary of Anne Frank – she had confided her true identity.«

> The Jewish refugee arriving in America in 1938 would not then have been Mann's
> ›religious humorist‹ but a frail and bookish fifty-five-year-old bachelor, formerly a
> lawyer for a government insurance firm in Prague, retired on a pension in Berlin at the
> time of Hitler's rise to power – an author, yes, but of a few eccentric stories, mostly
> about animals, stories no one in America had ever heard of [...].[32]

Roth schildert anschließend, indem er auch seine eigene Person in ähnlicher Manier wie in *The Plot Against America* fiktionalisiert, wie Kafka als Hebräischlehrer[33] in Newark mit dem neunjährigen Philip Roth und dessen Familie in Berührung kommt. Schließlich ergibt sich eine informelle Verlobung zwischen Kafka und Philip Roths Tante Rhoda, die nach kurzer Zeit wieder gelöst wird. Hiernach verliert sich die Spur des Hebräischlehrers, bis Philip mehrere Jahre später als Collegestudent von seiner Mutter einen Brief erhält, der ihn von Kafkas Tod unterrichtet. Ein dem Brief beigelegter Zeitungsausschnitt resümiert in wenigen Sätzen dessen Leben:

> ›Dr. Franz Kafka,‹ the notice reads, ›a Hebrew teacher at the Talmud Torah of the
> Schley Street Synagogue from 1939 to 1948, died on June 3 in the Deborah Heart and
> Lung Center in Browns Mills, New Jersey. Dr. Kafka had been a patient there since
> 1950. He was 70 years old. Dr. Kafka was born in Prague, Czechoslovakia, and was a
> refugee from the Nazis. He leaves no survivors.‹[34]

Die Deviation von der Überlieferung basiert im Falle von Anne Frank und Franz Kafka auf der Negation des entscheidenden überlieferten Faktums des Todes zu einem bestimmten Zeitpunkt. Allerdings bleibt sie in diesen Beispielen auf das individuelle Schicksal der fiktionalisierten historischen Personen beschränkt. In *The Plot Against America* hängt dagegen von der veränderten historischen Rolle Lindberghs der historische Ereignisverlauf ab.

Charles Lindbergh, der aufgrund seines Atlantiküberflugs während der 1930er Jahre enorme Popularität genoss, in der politischen Geschichte des 20.

---

[32] Roth, Philip: »*I Always Wanted You to Admire My Fasting*«; or, Looking at Kafka, S. 225.

[33] Auch hier verknüpft sich die erfundene Lebensgeschichte Kafkas mit einer autobiographischen Erzählung Roths: »1942. I am nine; my Hebrew-school teacher, Dr. Kafka, is fifty-nine. To the little boys who must attend his ›four-to-five‹ class each afternoon, he is known – in part because of his remote and melancholy foreignness, but largely because we vent on him our resentment at having to learn an ancient calligraphy at the very hour we should be out screaming our heads off on the ball field – he is known as Dr. Kishka. Named, I confess, by me« (Roth: »I Always Wanted You to Admire My Fasting«; or, Looking at Kafka, S. 233).

[34] Roth, Philip: »*I Always Wanted You to Admire My Fasting*«; or, Looking at Kafka, S. 244.

Jahrhunderts jedoch höchstens marginale Bedeutung besaß, nimmt in *The Plot Against America* eine Schlüsselrolle ein, obschon er innerhalb der Erzählhandlung immer nur mittelbar vorkommt und als Figur nicht auftritt. »Then the Republicans nominated Lindbergh and everything changed« (Plot 5) – diese Aussage des Erzählerhelden bindet das historische Geschehen ursächlich an die Person Lindberghs an, und die Figur wird zum integralen Baustein des kontrafaktischen Geschichtsentwurfs. Durch Lindberghs Wahlsieg über Roosevelt verwandelt Roth die reale Person in die zentrale politische Kraft, deren Wirken den außen- und innenpolitischen Kurs der USA zwischen 1940 und 1942 bestimmt. Hieraus ergeben sich auf der Handlungsebene nicht nur kontrafaktische historische politische Allianzen, sondern auch Konjekturalbiographien realer Personen. Lindbergh denkt, wie sich dem Anhang entnehmen lässt[35], als fiktionale Figur im Roman nicht grundlegend anders, als der ›faktische‹ Lindbergh, allerdings erhält er mehr Macht, um sein Denken in ein politisches Programm umzusetzen. Hierdurch wird eine ideologische Position personalisiert und von einer öffentlichen Figur repräsentiert.

Zu Lindberghs Gefolgschaft zählen einige weitere reale Personen, so Burton K. Wheeler, der aus dem demokratischen Lager zu Lindbergh überläuft und zuletzt als Verräter seines Amtes enthoben wird, außerdem der Autofabrikant Henry Ford und der populäre Prediger Father Coughlin, die als ausgewiesene Antisemiten in der im Roman entworfenen Konstellation die politische Entwicklung unterstützen und deren Verhalten unter den von der Romanhandlung vorgegebenen Umständen der Tendenz nach ihr tatsächliches historisches Wir-

---

[35] Belegt werden soll die Folgerichtigkeit der konjekturalbiographischen Abänderung durch die Reproduktionen von Dokumenten, die dem Romantext im Appendix beigefügt sind, darunter der Text einer Rede, die der reale Lindbergh unter dem Titel ›Who Are the War Agitators?‹ am 11. September 1941 in Des Moines vortrug, und aus der Roth Material in die Romanhandlung montiert und streckenweise expressis verbis zitiert. Vgl. dazu auch Roths Selbskommentare: »I want to make clear that I haven't dragged real historical figures bearing their own names into my story by attributing points of view to them gratuitously or by forcing them to behave implausibly – unexpectedly, surprisingly, shockingly, but not implausibly« (Roth: *The Story Behind ›The Plot Against America‹*, S. 12). Im Interview erklärt Roth: »Ich war sehr darauf bedacht, Lindbergh nicht zu einem Faschisten zu machen. Er ist ein rechter Politiker, ein Isolationist, den das amerikanische Volk zum Präsidenten gewählt hat« (VERNA: ›Ich frage, was wäre wenn...‹, S. 43). Aus dieser Aussage geht der Anspruch hervor, das im Text erzählte Verhalten der realhistorischen Figuren unter nicht realen Umständen aus deren belegten Äußerungen abgeleitet zu haben. Roth unternimmt in dieser Hinsicht das Gegenteil dessen, was Kleeberg mit Heidegger durchgeführt hat. Wohingegen Kleeberg die Weltanschauungen realer historischer Personen in ihr Gegenteil verkehrt, führt Roth deren tatsächliche Ansichten und Handlungen gewissermaßen ins Extrem.

ken fortsetzt. Roosevelt hingegen wird in der Fiktion zeitweise von der politischen Bühne entfernt: »After Lindbergh was sworn into office on January 20, 1941, FDR returned with his family to their estate at Hyde Park, New York, and hadn't been seen or heard from since« (Plot 67). Zwar meldet er sich einmal zu Wort, um gegen die Einladung des Nazipolitikers von Ribbentrop ins Weiße Haus zu protestieren, doch bleibt es bei seinem Rückzug aus politischen Ämtern, er ist »determined not to come out of political retirement« to run for a third term« (Plot 289). Innerhalb der Erzählhandlung wird dadurch Raum geschaffen, um eine andere Gegenfigur Lindberghs einzuführen, deren Biographie ebenfalls, von der Arbeit und dem Wirken der realen Figur ausgehend, umgeschrieben wird. Zum Gegenspieler Lindberghs wird für die Dauer von dessen Amtszeit der Radiojournalist Walter Winchell.[36] Winchell engagierte sich in den 1930er Jahren für Roosevelt, und unter den in *The Plot Against America* beschriebenen historischen Verhältnissen wird er zum schärfsten Kritiker Lindberghs. Eine signifikante Rolle im politischen Machtkampf erhält er jedoch nicht durch seine öffentlich vorgebrachten Attacken gegen Lindbergh, sondern durch seine Ankündigung, selbst für das Amt des Präsidenten kandidieren zu wollen, nachdem er als Radiomoderator entlassen worden ist. »Needless to say Winchell was never a candidate for president as I have him being in my book. But then neither did Lindbergh become president«[37], so Roths eigene Erläuterung. Der erste konjekturalbiographische Eingriff bedingt so den zweiten, durch die kontrafaktisch veränderte Geschichte verwandelt sich Winchell von einem Entertainer in den Wortführer der jüdischen politischen Opposition. Als »America's best known Jew after Albert Einstein« (Plot 23) besitzt er die entscheidende Popularität, die er, wie Lindbergh, nicht auf dem Feld der Politik, sondern in einer anderen Profession erworben hat, und da Roosevelt nicht zur Verfügung steht, nimmt er dessen Platz ein. Obschon er, wie selbst der junge Philip erkennt, kaum als aussichtsreicher Amtsanwärter gelten kann, sondern eher als Provokateur, dessen Ambitionen und Chancen weder von den Republikanern ernst genommen werden, noch von Seiten der Demokraten Unterstützung erhalten, löst er bei jedem seiner Auftritte antisemitische Äußerungen und tätliche Angriffe aus. Winchell fungiert zwar als Repräsentant einer politischen Gegenkraft, aber mehr noch dient er als exponierte, öffentliche Figur, an der sich Ressentiments und antisemitischer Fanatismus entzünden und im Roman sichtbar gemacht

---

[36] Auch in Lewis' *It Can't Happen Here* ist es ein Journalist, der zum Antipoden des Politikers Windrip avanciert und zugleich die Hauptfigur abgibt, nämlich ein Zeitungsherausgeber namens Doremus Jessup.

[37] Roth, Philip: *The Story Behind ›The Plot Against America‹*, S. 11.

werden. Seine »unorthodox campaign had touched off the century's worst anti-Semitic rioting outside Nazi Germany« (Plot 325) heißt es.[38]

Winchells Tod markiert auch die Rückkehr Roosevelts auf das politische Podest, im eigentlichen Sinne des Wortes, denn dieser wird als Redner auf einer Gedenkveranstaltung zu Ehren Winchells angekündigt. Am folgenden Tag, am 7. Oktober 1942, fliegt Lindbergh an den Ort des Attentats, hält seinerseits eine kurze Ansprache, anschließend verschwindet er mit seinem Flugzeug spurlos. So werden Winchell und Lindbergh unmittelbar nacheinander aus der alternativen Geschichte entfernt. Beide Konjekturalbiographien enden durch ähnlich radikale Eingriffe, die hier indessen nicht als produktionsästhetische Souveränität gegenüber der Überlieferung und bei der Verarbeitung historischen Materials präsentiert werden, sondern als erzähllogisch verknüpft erscheinen, da zum einen der Tod der einen Figur den mutmaßlichen Tod der anderen nach sich zieht und da sich in dieser Handlungsfügung zum anderen das den kontrafaktischen Geschichtsentwurf insgesamt konturierende Prinzip der Abhängigkeit des imaginierten historischen Geschehens von den maßgeblich involvierten Personen zeigt. Als Konsequenz hieraus gelangt der geschilderte alternative Ereignisverlauf mit den abgeschnittenen Biographien Winchells und Lindberghs an sein Ende. Die Erzählhandlung vermittelt dadurch ein Geschichtsbild, das die Interdependenz von Personen und Ereignissen zur Voraussetzung hat. Die Erfahrungen des Erzählerhelden bestätigen dies und zeigen, dass Gesellschaft und Individuum miteinander verknüpft sind, ohne dass jedoch ein auch nur annäherungsweise reziprokes Verhältnis der Beeinflussung bestünde. Vielmehr wirken die politischen Ereignisse in die Erfahrungsgegenwart des jungen Philip Roth hinein, der Geschichte als letztes machtloses Mitglied einer Gesellschaft erlebt.

10.4 Folie und Erfindung: Roths Verfahren der Informationsvergabe im Text

10.4.1 »Spelling it out«

The Plot Against America ist bei der narrativen Ausgestaltung des kontrafaktischen Geschehens deutlich stärker von konkreten historisch-politischen

---

[38] Als Winchell schließlich in Louisville, Kentucky, Opfer eines Attentats wird, impliziert dieses Ereignis ebenfalls eine noch nicht vorgekommene Konstellation, nämlich die erste Ermordung eines Präsidentschaftskandidaten, die zugleich in Bezug gesetzt wird zur Ermordung Robert Kennedys »after winning his party's California primary on Tuesday, June 4, 1968« (Plot 326), und die so verknüpft wird mit der einzigen Referenz auf historisches Geschehen nach Ende des Zweiten Weltkriegs.

Einzelheiten bestimmt als die bisher behandelten Romane. Bemerkenswert ist an Roths Text die Menge an Referenzen auf historisches Geschehen und die detailreich ausgemalte Überschreibung außenreferentieller Bereiche bei diesen Bezugnahmen, an der sich beispielhaft eine ästhetische und erzähltechnische Konstante einer bestimmten Ausprägung deviierenden historischen Erzählens beobachten lässt. Sie wird in einem poetologischen Selbstkommentar Roths kenntlich:

> After all, my reader can't know anything of the history I'm inventing, there is no common knowledge that is complete, and so, though one can allude to Munich or to the treaty of Versailles, one cannot allude to the Iceland understanding (the 1941 nonaggression pact signed in Reykjavik by Lindbergh and Hitler) without spelling it out.[39]

Roth reflektiert hier das zu erwartende Rezeptionsverhalten und thematisiert dabei auch den Aspekt der Informationsvergabe. Das Erzählvorhaben wird sichtlich bestimmt von der Notwendigkeit, Geschehnisse, über die, weil sie kontrafaktisch sind, kein Allgemeinwissen vorhanden sein kann, beschreiben zu müssen. Mit Rücksicht auf die vorausgegangenen und noch folgenden Ausführungen soll hier von einer ausgiebigen Behandlung von Belegstellen abgesehen werden. Stellvertretend sei die angeführt, die der Ich-Erzähler selbst erwähnt:

> Even worse for us than the election were the weeks following the inauguration, when the new American president travelled to Iceland to meet personally with Adolf Hitler and after two days of ›cordial‹ talks to sign ›an understanding‹ guaranteeing peaceful relations between Germany and the United States (Plot 64).[40]

In diesem Passus kommt der subjektive Blickwinkel des Erzählers ebenso zum Ausdruck wie dessen Methode, durch explizite, präzise Benennungen der kontrafaktischen Vorgänge diese sprachlich zu konstituieren.

Umgekehrt trifft Roth auch Vorkehrungen, um den Kenntnishorizont herzustellen, der nötig ist, um bei der Rezeption die kontrafaktischen Propositionen als solche erkennbar werden zu lassen. Unter der Überschrift *Note to the Reader* enthält der Roman folgenden Hinweis: »The Plot Against America is a work of fiction. This postscript is intended as a reference for readers interested in tracking where historical fact ends and historical imagination begins« (Plot 434).

---

[39] Roth, Philip: *The Story Behind ›The Plot Against America‹*, S. 11.

[40] Ein entsprechendes Abkommen trifft Lindbergh mit japanischen Gesandten auf Hawaii. Als Konsequenz verkündet Lindbergh, seinem Wahlversprechen gemäß: »›It is now guaranteed that this great country will take no part in the war in Europe.‹ This was how the historic message began [...]« (Plot 65).

Der als Appendix folgende Apparat besteht aus biographischen Informationen zu diversen im Text erwähnten historischen Personen. So liefert der Roman bereits bei Erscheinen seine eigene Kommentierung mit. Mit diesem Verfahren hat es innerhalb der Tradition des historischen Romans eine besondere Bewandtnis, wie Aust ausführt, da diese »wie keine andere mit dem Bezug auf Wirklichkeit arbeitet bzw. spielt und deshalb das ›Kommentieren‹ automatisch und auch charakteristisch vollzieht, entweder als Kontext- oder Marginal-Glosse.«[41] Wenngleich die Art der werkbegleitenden Erläuterung im Professorenroman des 19. Jahrhunderts einen Vorläufer hat, kommt ihr bei Roth eine dezidiert andere Funktion und Bedeutung zu, denn hier verifiziert sie nicht die im Erzähltext dargebotenen historischen Referenzen, sondern sie dient zur Fundierung des Gedankenspiels und unterstreicht gleichzeitig die Diskrepanz zwischen der Erzählhandlung und der historischen Faktizität. In der Terminologie GÉRARD GENETTES wäre jener den Haupttext umgebende Korpus als *Paratext* zu klassifizieren, als eine von zahlreichen »Arten zusätzlicher, auto- oder allographischer Signale, die den Text mit einer (variablen) Umgebung ausstatten und manchmal mit einem offiziellen oder offiziösen Kommentar versehen.«[42] Es handelt sich um eine besondere Variante, da die Kommentierung vom empirischen Autor selbst vorgenommen wurde und zugleich Bestandteil des originären literarischen Werks ist. Sicherlich steht hinter der Ausführlichkeit, mit der in diesem Apparat historische Tatsachen und biographische Details zusammengestellt werden, nicht zuletzt eine satirische Wirkungsintention. Es lässt sich jedoch auch eine pragmatische Funktion dieses textumgebenden Apparats annehmen: Sie besteht darin, das enzyklopädische historische Wissen, welches zum Erkennen der Abweichungen notwendig ist, zusammen mit dem Text bereitzustellen.[43] Das literarische Werk schließt demnach bei Roth die enzyklopädische Basis seiner Rezeption in einer Weise mit ein, die über die in den anderen untersuchten Texten aufgezeigten Verfahren der Informationsvergabe deutlich hinausgeht. So wird der Leser weder, wie in *Gravity's Rainbow*, in die Irritationen der Figuren hineingezogen, noch wie in *Helden wie wir* oder *Ein Garten im Norden* implizit auf die tatsächlichen, im jeweiligen Romankontext

---

[41] AUST, HUGO: *Dichter-Kommentar. Am Beispiel der Fußnoten- und Anmerkungspraxis im historischen Roman*, S. 94. Entsprechend früh ist es nachzuweisen und auch hierbei gilt: »Für den historischen Roman mit Fußnoten und Anmerkungen lieferte Walter Scott das Vorbild« (AUST: Dichter-Kommentar, S. 94).

[42] GENETTE, GÉRARD: *Palimpseste*, S. 11.

[43] Dahinter steht gegebenenfalls ein Bemühen um eine Rezeptionssteuerung des Autors, der auf diese Weise seinen Text gewissermaßen haltbar macht, eingedenk dessen, dass die Kenntnis des historischen Hypotextes, wie RODIEK es ausdrückt, zeitlich begrenzt ist. Vgl. RODIEK, CHRISTOPH: *Ungeschehene Geschichte*, S. 28.

umgeschriebenen Zusammenhänge und Verläufe verwiesen, sondern in *The Plot Against America* wird die Folie separat sichtbar gemacht.

10.4.2 Wochenschauen

Schon im Zusammenhang mit *Helden wie wir* und mit literarischen Repräsentationen des Mauerfalls wurde festgestellt, dass Geschichtserfahrung in der Literatur des 20. Jahrhunderts vielfach als Medienerfahrung geschildert wird. Auch in *The Plot Against America* werden die medialen Möglichkeiten, Geschehnisse, die sich ihrer Qualität wegen bald als historisch bedeutsam erweisen, sowohl zu dokumentieren als auch simultan oder nur um ein Weniges verzögert zu vermitteln, thematisiert und für die narrative Repräsentation eingesetzt. Das erzählerische Verfahren der mittelbaren Referenz ist hier noch weit stärker ausgeprägt. Der Text enthält zahlreiche Verweise auf historisches Geschehen, die selbiges als medial übertragen zeigen, so dass sich die kontrafaktische Geschichte nicht nur in den Ereignissen manifestiert, sondern auch oder insbesondere in ihrer Repräsentation in den Medien.

Vor allem das Radio eröffnet bei Roth die Möglichkeit, Figuren zu Zeugen eines Geschehens zu machen, an dem sie nicht direkt beteiligt sind. Bereits die erste maßgebliche Deviation vom historischen Faktengerüst, die Nominierung Lindberghs zum Präsidentschaftskandidaten durch die Republikaner im Sommer 1940 nimmt der Ich-Erzähler als Zuhörer einer simultanen Radioübertragung des Ereignisses wahr:

> The 1940 Republican Convention. My brother and I went to sleep that night – Thursday, June 27 – while the radio was on in the living room and our father, our mother and our older cousin Alvin sat listening together to the live coverage from Philadelphia. [...] [T]he windows were open in every room and Sandy and I couldn't help but continue to follow from bed the proceedings being aired over our living room radio and the radio playing in the flat downstairs and [...] the radios of our neighbors to either side and across the way. (Plot 17)

Auch die weiteren kontrafaktischen politischen Vorgänge und Entscheidungen werden hiernach durch Radiosendungen und -meldungen begleitet, durch die Philips Eltern, Nachbarn und er selbst Kenntnis von den laufenden Ereignissen erhalten.

Nicht nur Lindberghs Stimme, sondern auch die seines Kontrahenten transportiert das Radio: »On July 18, 1940, the Democratic Convention meeting in Chicago overwhelmingly nominated FDR for a third term on the first ballot. We listened on the radio to his acceptance speech [...]« (Plot 33). Bevor dessen Sendung ihrer demagogischen Wirkung wegen abgesetzt wird, hört die Familie Roth außerdem Winchells »voice of belligerent protest« (Plot 268) im Radio. Mit Winchells Ausschluss vom öffentlichen Diskurs wird dessen Differenziertheit jedoch reduziert. Die hierin sichtbar werdende Kontrolle des Massenmediums durch die Machthaber ist Teil des kontrafaktischen Entwurfs im Roman und spiegelt die regierungsseitigen Anstrengungen zur Eliminierung der Opposition. Die erzählkonzeptionelle Funktion des Radios als zusätzliche Interpretationsinstanz für das politische Geschehen endet so ebenfalls, es bleibt fortan nur noch ein Instrument der Informationsvergabe, welches schließlich auch das exakt datierte, kontrafaktische Ereignis der Ermordung Winchells für den Erzähler erlebbar macht:

> On Monday, October 5, 1942, I was home alone after school listening on our living room radio to the final innings oft the fifth game of the World Series between the Cardinals and the Yankees, when [...] the play-by-play broadcast was halted by a voice with that finely articulated, faintly Anglicized diction prized in a network news announcer back in radio's earlier days: ›We interrupt this program to bring you an important bulletin. Presidential candidate Walter Winchell has been shot and killed. We repeat: Walter Winchell is dead. [...].‹ (Plot 326)

Neben der Erzählung akustischer Teilnahme an kontrafaktischen historischen Momenten enthält der Roman Referenzen auf Abbildungen kontrafaktischen Geschehens. Das Bildmedium Film liefert Material für die Wochenschauen im Kino. Die Referenz auf Filmaufnahmen erlaubt es, ungeschehene historische Vorgänge ins Bild zu bringen und konkreter visuell auszumalen als die über das Radio vermittelten Ereignisse. Wohingegen Ereignisse wie die Inauguration Lindberghs oder das Island-Abkommen in der Vorstellung der Erzählerfigur rekonstruiert werden, gestattet die Betrachtung des Filmmaterials die deskriptive Darbietung der abgebildeten Vorgänge. So wird die Wochenschau, die im Kino bebilderte Nachrichten zeigt, für den Erzählerhelden zur Informationsquelle, zunächst abermals mittelbar durch die Berichte seines Vaters, der seiner Familie seine Erfahrung als Zuschauer schildert.

Die Konfrontation mit den Filmbildern wird für Herman Roth zum verstörenden Erlebnis, da diese Bilder keinen Zweifel an der Realität der Ereignisse mehr zulassen: »And then there was the shock of seeing on film the Nazi von Ribbentrop and his wife warmly greeted on the White House portico by the president and Mrs. Lindbergh« (Plot 232). Für die Augen des Betrachters scheint erst die Kamera das Geschehen glaubhaft werden zu lassen. Der Erzähler gibt zunächst die Eindrücke seines Vaters wieder: »›I went,‹ he told her, ›because every day I ask myself the same question: How can this be happening in America? How can people like these be in charge of our country? If I didn't see it with my own eyes, I'd think I was having a hallucination«« (Plot 233). Um die Bilder selbst sehen zu können, erschleicht sich der junge Philip seinerseits Einlass ins Kino. Sein Interesse gilt zwar auch dem »NAZI BIGWIG WHITE HOUSE GUEST« (Plot 236), den die Reklametafeln des Lichtspieltheaters ankündigen, mehr noch aber seiner Tante Evelyn, die ebenfalls ins Weiße Haus eingeladen ist, und in deren Präsenz bei diesem Anlass sich die Spannung zwischen der Empfindung der Unwirklichkeit und der der Kamera zugebilligten objektiv-mimetischen Weltwiedergabe offenbart. Mit deutlichem Hinweis auf die vermeintliche Irrealität des Gesehenen heißt es: »Among the many improbabilities that the cameras established as irrefutably real, Aunt Evelyn's disgraceful triumph was for me the least real of all« (Plot 239). Dennoch verleiht, wie aus dieser Passage ebenfalls hervorgeht, der Umstand, dass eine Familienangehörige auf den Bildern zu sehen ist, zusammen mit der »Affinität zur ungestellten Realität«[44], die SIEGFRIED KRACAUER in seiner *Theorie des Films* dem Medium Film attestiert, der Szene ihre Glaubhaftigkeit. Im Kino sieht Philip auch die durch Nachrichtenschlagzeilen benannten Beiträge über den Krieg in Europa, die in der Wahrnehmung des Kindes insgesamt zu einem nicht mehr unterscheidbaren Konglomerat militärischer Gegenstände und Aktionen zusammenschmelzen. »A multitude of helmets, uniforms, weapons, buildings, harbors, beaches, flora, fauna – human faces of every race – but otherwise the same inferno again and again, the unsurpassable evil from whose horrors the United states, of all the great nations, was alone in being spared« (Plot 237).[45]

---

[44] KRACAUER, SIEGFRIED: *Theorie des Films*, S. 45.

[45] In der hier vorgenommenen Rekapitulation des Gesehenen erinnert der Erzähler erneut an die kontrafaktische Konstellation, in der die USA nicht am Krieg teilnehmen, und rückt das historische Geschehen in Europa und Asien ins Bewusstsein. Inwieweit sich das Fehlen einer entscheidenden militärischen Kraft in den Kriegshandlungen, auf die der Text referiert, im Einzelnen bemerkbar macht, bleibt indessen unsicher. Der Fokus des Erzählers und des Romans ist auf die Umstände gerichtet, die die Erzählerfigur unmittelbar betreffen. Die sich sonst durch die Eingriffe in das historische Faktengerüst ergebenden Konsequenzen werden, wie diese Passage belegt, durch die erzählte Handlung nicht ausgefüllt. Stattdessen gelangen sie erst in ihren weltpolitischen und auf das von Lindbergh regierte Amerika zurückwirkenden Ausmaßen wieder in den Blick, denn mehr noch als das gezeigte soll das offiziell nicht edierte Material Hinweise auf die sich anbahnenden Zustände enthalten. Der Filmvorführer des Kinos, Shepsie Tirschwell, nimmt seine Kenntnis unveröffentlichter Filmaufzeichnungen zum Anlass für eine höchst pessimistische Prognose: »[...] but he was convinced by all the raw unedited film he'd been watching for the past several years from newsreel crews working around the world that the secret side of the pact reached in Iceland between Lindbergh and Hitler in 1941 provided for Hitler first to defeat the Soviet Union, then to invade and conquer England, and only after that (and after the Japanese had overrun China, India, and Australia, thus completing the creation of their ›New Order in Greater East Asia‹) for America's

Zusammen mit der ungeschehenen Geschichte erfindet Roths Roman somit deren Dokumentation.

Zuletzt rekurriert der Roman auf einen auf die Vermittlungsweise des Films zumindest anspielenden Darstellungsmodus, wenn im Kapitel *October 1942. Bad Days* eine Chronik der Ereignisse mit dem Zwischentitel »Drawn from the Archives of Newark's Newsreel Theater« (Plot 360) eröffnet wird. Anhand der Filmaufnahmen liefert der Erzähler eine datierte Tag-für-Tag-Wiedergabe der Vorfälle, die auf die Ermordung Winchells folgen. Insbesondere der Wechsel des Erzähltempus ins Präsens markiert den Übergang von der persönlichen Erinnerung, aus welcher erzählt wird, zur im Film festgehaltenen Gegenwart, die wiederum vom Erzähler beschrieben werden kann. In den Beschreibungen werden die äußeren Vorgänge komprimiert und aus einer entpersonalisierten Sicht wiedergegeben. Der Erzähler zitiert Zeitungsschlagzeilen, Ausschnitte politischer Reden, Meldungen über eine Entführung Lindberghs und über deren angebliche Hintergründe, schließlich Anne Morrow Lindberghs Ansprache, in der diese Neuwahlen ankündigt. Diese erzählten Film- und Nachrichtensegmente werden zu fingierten Quellen, die die öffentliche Verwirrung und die konkurrierenden Anstrengungen, den Vorgängen in dem Land, in dem zuletzt das Kriegsrecht verhängt wird, eine Erklärung zu verleihen, dokumentieren sollen, so dass sich der Erzähler später auf das Archivmaterial stützen und berufen kann, um so seiner Fiktion den Anschein der Verifizierbarkeit zu verleihen. So geschieht auch hier die kontrafaktische Geschichtsdarstellung unter Reflexion und Funktionalisierung ihrer medialen Voraussetzungen.

president to establish the ›American Fascist New Order,‹ a totalitarian dictatorship modeled on Hitler's that would set the stage for the last great continental struggle, the German invasion, conquest and Nazification of South America. Two years down the line, with Hitler's swastika flying from London's Houses of Parliament, the Rising Sun flying over Sidney, Dehli and Peking, and Lindbergh having been elected to the presidency for another four years, the U.S. border with Canada would be closed, diplomatic relations between the two countries would be severed, and, so as to focus Americans on the grave internal danger that necessitated the curtailment of their constitutional rights, the onslaught would begin en masse against America's four and a half million Jews« (Plot 231f.). Tirschwell zieht daraufhin die Konsequenz, mit seiner Familie nach Kanada zu emigrieren. Während Filmaufnahmen für Philip und seinem Vater als Beweis dafür gelten, dass das Gesehene in der gleichen Weise stattgefunden hat, werden sie für Tirschwell zu Indizien für das Eintreten späterer Entwicklungen, die im Roman indessen nicht so stattfinden, wie Tirschwell sie vorausgesagt hat, sondern in der unter 10.1 referierten Weise.

10.5 Verschwörungen gegen Amerika

Bereits der Titel verweist in *The Plot Against America* auf eine Konspiration in der Erzählhandlung. Die darin in Aussicht gestellte Schilderung einer Verschwörung liefert der Text insgesamt erst recht spät, sieht man davon ab, dass noch während Lindberghs Herrschaft Roosevelt ankündigt, einen ›plot‹ gegen die Demokratie in den USA bekämpfen zu wollen, sollten sich Mächte im eigenen Land oder in anderen Staaten finden, die diese Grundwerte angreifen.

> If there is a plot being hatched by anti-democratic forces here at home harboring a Quisling blueprint for a fascist America, or by foreign nations greedy for power and supremacy – a plot to suppress the great upsurge of human liberty of which the American Bill of Rights is the fundamental document, a plot to replace American democracy with the absolute authority of a despotic rule such as enslaves the conquered people of Europe – let those who would dare in secret to conspire against our freedom understand that Americans will not, under any threat or in the face of any danger, surrender the guarantees of liberty framed for us by our forefathers in the Constitution of the United States. (Plot 212)

Der Hinweis auf die Existenz einer Verschwörung verbleibt in diesem Zusammenhang innerhalb der politischen Rhetorik, die der Text simuliert. An späterer Stelle werden hingegen von Seiten des Erzählers mehrere Variationen eines konspirativen Komplotts vorgestellt, welches die Regierung Lindberghs und dessen innen- und außenpolitische Entscheidungen als fremdgesteuert erscheinen lässt. Die entsprechenden Gerüchte und Dementis kommen unmittelbar nach Lindberghs rätselhaftem Verschwinden auf. Der Zustand der Unklarheit darüber, was sich zugetragen hat und wie das Geschehen zu erklären ist, wird durch einander teilweise ablösende, teilweise simultan kursierende Berichte zusätzlich überlagert. Auch in diesem narrativen Prozess der Informationsdiffusion wird das Radio zum integralen Faktor, da es auf der Handlungsebene die unterschiedlichen Nachrichten in Umlauf bringt, auf die der Erzähler sich nachträglich protokollierend bezieht.[46] Die Behauptung, es habe eine Entführung des Präsidenten stattgefunden, greift der deutsche Rundfunk auf und nutzt sie für antijüdische Propagandazwecke:

---

[46] Vgl. den Wortlaut der entprechenden Passage: »At noon Acting President Wheeler travels under military guard to the Capitol, where he announces to an emergency closed-door session of Congress that the FBI has received information establishing that the president has been kidnapped and is being held by parties unknown at a location somewhere in North America« (Plot 368f.).

> German state radio announces that the kidnapping of Charles A. Lindbergh, thirty-third president of the United States and signatory to America's historic Iceland Understanding with the Third Reich, has been discovered to have been perpetrated by a conspiracy of ›Jewish interests.‹ Top Secret Wehrmacht intelligence data are cited to corroborate initial reports from the Ministry of State that the plot was masterminded by the warmonger Roosevelt – in collusion with his Jewish Treasury secretary, Morgenthau, his Jewish Supreme Court Justice, Frankfurter, and the Jewish investment banker Baruch […]. (Plot 369)

In einer weiteren Wendung steigert sich diese Theorie zu der Unterstellung, dass auch die Ermordung Walter Winchells von denselben Personen veranlasst worden sei, um die ›Where is Lindbergh?‹ Kampagne zu initiieren, auf die der Präsident durch seinen öffentlichen Auftritt in Louisville, Kentucky habe reagieren müssen. »But there – according to the Wehrmacht reports – as the president addressed the crowd, an airport mechanic bribed by the Jewish conspiracy (who has himself vanished and is believed to have been murdered by order of La Guardia rendered the aircraft's radio inoperative« (Plot 370). Anschließend sei die Spirit of St. Louis von britischen Flugzeugen abgedrängt und zur Landung in Kanada gezwungen worden. Die nächste, von Zeitungen in Umlauf gebrachte Variante besagt, Lindbergh befinde sich in Deutschland: »The London morning papers report that British intelligence has forwarded to the FBI German coded communications proving beyond a doubt that President Lindbergh is alive and in Berlin« (Plot 373f.). Abermals wird diese unbestätigte Behauptung als Resultat einer jüdischen Verschwörung ausgewiesen, wenn die *Chicago Tribune* meldet, der amerikanische Präsident habe eine geheime Reise nach Deutschland unternommen, um seinen Jahre zuvor von Juden entführten Sohn wiederzusehen.[47] In den USA wird Rabbi Bengelsdorf verhaftet, »under suspicion of being among the ringleaders of the Jewish conspiratorial plot against America« (Plot 378), weitere Verschwörungsvorwürfe betreffen den Bürgermeister von New York, La Guardia und Roosevelt, der ebenfalls unter Arrest gestellt wird. Zuletzt erklärt Lindberghs Frau im Radio öffentlich eine Verschwörung für beendet, und bezieht sich dabei auf die kurzfristige Usurpation des Präsidentenamtes durch Burton K. Wheeler: »Our enemies' plot has failed, liberty and justice are restored, and those who have violated the Constitution of the United States shall

---

[47] Die Nachricht liest sich wie folgt: »First, a front-page Chicago Tribune article, datelined Berlin, reports that the twelve-year-old son of President and Mrs. Lindbergh – the child believed to have been kidnapped and murdered in New Jersey in 1932 – has been reunited with his father at Berchtesgaden after having been rescued by the Nazis from a dungeon in Kraków, Poland, where he had been held prisoner in the city's Jewish ghetto ever since his disappearance and where, each year, blood was drawn from the captive boy to be used in the ritual preparation of the community's Passover matsohs« (Plot 376f.).

now be addressed by the judicial branch of government, in strict keeping with the law of the land« (Plot 382). Damit endet die kontrafaktische Ereignisgeschichte, nicht jedoch das Bemühen um ihre Erklärung.

Die Nominierung und Wahl Lindberghs sowie die daraus resultierenden Vorgänge, die, wie, oben dargelegt, innerhalb der Fiktion maßgeblich als gesellschaftspolitisch und durch die Zeitumstände bedingt gezeigt und sogar plausibilisiert werden, erhalten insbesondere nach dem Ende dieses politischen Abschnitts alternative Deutungen. Eine solche Theorie bezeichnet der Erzähler als »the most unbelievable story – though not the necessarily least convincing« (Plot 384). Es handelt sich um eine Theorie, die das Zustandekommen der Lindberghregierung und die gesamte, von der Überlieferung abweichende Geschichte, die der Roman erzählt, auf eine langfristig geplante politische Kabale der deutschen nationalsozialistischen Partei zurückführt. »Mrs. Lindbergh, reported Rabbi Bengelsdorf, traced everything back to the 1932 kidnapping of her infant son Charles, secretly plotted and financed, she maintained, by the Nazi Party shortly before Hitler came to power« (Plot 384). Durch die permanente Androhung, das entführte Kind zu töten, soll Lindbergh erpresst worden sein, so dass der politische Kurs der USA und deren diplomatische Beziehungen zu faschistischen Regierungen von Deutschland aus bestimmt worden wären. »As a result of this threat, for the next ten years the lot of the Lindberghs and their kidnapped child – and, gradually, the destiny of the United States of America was determined by Adolf Hitler« (Plot 385). So wird die Rolle Lindberghs schließlich zu der einer Spielfigur der Nazis hin umgedeutet. Die von Deutschland ausgehenden Weisungen haben auch Anordnungen zur Unterdrückung jüdischer Amerikaner zum Inhalt:

> Soon Himmler began to interfere directly in U.S. domestic affairs by bringing pressure on President Lindbergh – humorously belittled in the Gestapo chief's memos as ›our American Gauleiter‹ – to institute repressive Measures against the four and a half million American Jews, and it was here, according to Mrs. Lindbergh, that the president undertook, if only passively at the start, to assert his resistance. (Plot 387)

Nachdem der amerikanische Präsident nicht länger zuverlässig kooperiert habe, sei er aus seiner Position entfernt worden: »The Nazis plotted every maneuver of the election campaign that followed, and once Lindbergh had defeated FDR, it was Hitler himself who took charge [...]« (Plot 386). Der Erzähler liefert eine kondensierte Fassung dieser Zusammenhänge und konstatiert: »More fully elaborated, it is the story told in *My Life Under Lindbergh*, the 550-page apologia published as an insider's diary just after the war by Rabbi Bengelsdorf [...]« (Plot 390). Der ausdrückliche Hinweis auf den apologetischen Charakter dieses Buches lässt sich als Anspielung auf den Verarbeitungsprozess verstehen, in welchem die Verantwortung und die Schuld für die kontrafaktischen Ereignisse zwischen 1940 und 1942 nach außen delegiert werden.[48] Diesem Vorgang entspricht die völlige Verdrängung der Geschehnisse, der Roths Roman formal insofern korreliert, als er im Text sämtliche Konsequenzen der geschilderten Ereignisse ausspart. Schließlich scheint der Roman auch durch die Menge der Verschwörungen, von denen im Text die Rede ist, das Gegenteil dessen zu besagen, was die Unterstellung von Verschwörungen zur Entlastung von der gesamtgesellschaftlichen Verantwortlichkeit bezwecken soll, denn die Beschaffenheit der Erzählhandlung lässt gerade Roths Überzeugung zu Tage treten, dass es keiner Verschwörung bedurft hätte, um das geschilderte Geschehen zu bedingen.

10.6 Dystopie

Dass das kontrafaktische historische Zwischenspiel im Vergleich mit den tatsächlichen Verhältnissen eine Entwicklung zum Schlechteren bedingt, wird in *The Plot Against America* allenthalben deutlich. Es ist eine akute Krisensituation, die den politischen Aufstieg einer antisemitischen Führerfigur zulässt. Lindbergh gewinnt die kontrafaktische Wahl zunächst deshalb, weil er verspricht, Amerika aus dem Krieg in Europa herauszuhalten und damit eine Strömung innerhalb des Zeitgeists trifft, nämlich diejenige des ›*isolationism*‹, als deren Sprachrohr Lindbergh vorgestellt wird. Seine Wahl erfolgt somit nicht voraussetzungslos, sondern sie wird ableitbar aus vorhandenen ideologischen Tendenzen.[49] Während Kleebergs kontrafaktischer Geschichtsentwurf, wie gezeigt wurde, einige strukturelle und funktionale Merkmale der literarischen Utopien aufweist, zeigt *The Plot Against America* Affinitäten zu deren negativer Ausprä-

---

[48] Der Erfolg des Buches bestätigt dieses Bemühen, denn »*My Life Under Lindbergh* remained at the top of the American bestseller list along with two personal biographies of FDR, who had died in office the previous year, only weeks before the unconditional surrender of Nazi Germany to the Allies marked the end of World War Two in Europe« (Plot 391). An dieser Stelle verlagern sich die kontrafaktischen Elemente bereits auf die Ebene der rückblickenden Aufarbeitung und werden mit einer anschlussfähigen Referenz auf ein historisches Ereignis verknüpft. Da in Roths Roman die maßgebliche Deviation auf der Story-Ebene erfolgt, dienen hier die Verschwörungen nicht zur Erklärung des Tatsächlichen sondern des ohnehin Ungeschehenen.

[49] Stimmen, die das Vorgehen von nicht-jüdischer Seite aus kritisieren, erwähnt der Text nicht, und »whatever underground anti-Lindbergh sentiment might possibly exist in a nation where polls showed that Lindbergh continued to be supported by a record eighty to ninety percent of every classification and category of voter, except the Jews« (Plot 291), bleibt der Spekulation überlassen und fällt sichtlich nicht ins Gewicht.

gung. Das Amerika, das Roth erfindet ist, wie JASON COWLEY schreibt, »a kind of anti-utopia, the worst possible world for Jews.«[50] COETZEE führt diesen Umstand als Argument dafür an, *The Plot Against America* nicht als historischen Roman zu werten:

> A historical novel is, by definition, set in a real historical past. The past in which *The Plot Against America* is set, is not real. *The Plot* is thus, generically speaking, not a historical but a dystopian novel, though an unusual one, since the dystopian novel is usually set in the future, a future towards the present seems to be tending.[51]

Diese Positionierung des Romans entspräche dem Befund HILTRUD GNÜGS, die in ihrer Monographie zur literarischen Utopie die entsprechenden Texte und ihre Gesellschaftsentwürfe im 20. Jahrhundert als Gegenteil dessen, »was Utopia zunächst zu sein beanspruchte« bezeichnet, als ästhetische Produkte, »deren Welt einer Schreckensvision entspringt«.[52] Der häufig als paradigmenbildend angeführte Text ist hierbei George Orwells *1984*. Roth selbst bezieht sich auf Orwell, besteht allerdings auf einer grundsätzlichen Differenz, wenn er schreibt: »He imagined a dystopia, I imagined a uchronia.«[53] Begreift man die Dystopie analog zur Utopie nicht als eigene literarische Gattung, so ist der Unterschied weniger fundamental, vielmehr erscheint eine Synthese plausibel, durch welche die kontrafaktisch erzählte Geschichte Züge einer dystopischen Gesellschaftsordnung erhält. Greifbar wird sie in Roths Geschichtsentwurf besonders in der Institutionalisierung antisemitischer Bestrebungen. So gründet die Lindbergh-Regierung ein »Office of American Absorption (OAA)«, das verschiedene Programme unterhält, und die Eliminierung jüdischen Lebens in den USA betreibt. Jüdische Kinder und Jugendliche werden dazu eingeladen, während der Sommermonate auf Farmen im mittleren Westen der USA zu arbeiten und in einem kulturell anders geprägten Milieu zu leben. Philips Bruder Sandy nimmt an diesem Projekt teil, entsprechend greift auch hier die Lindbergh Politik ins Familienleben des Erzählers ein.[54]

---

[50] COWLEY, JASON: *The Terror of the Unforeseen*, S. 49.
[51] COETZEE, J. M.: *What Philip Knew*, S. 6.
[52] GNÜG, HILTRUD: *Utopie und utopischer Roman*, S. 18.
[53] Roth, Philip: *The Story Behind ›The Plot Against America‹*, S. 10.
[54] Der Eingriff wird von Rabbi Bengelsdorf hingegen nicht als antisemitischer Akt, sondern als dessen Gegenteil propagiert: »What Hitler perpetrated on Germany's Jews with the passage in 1935 of the Nuremberg Laws is the absolute antithesis of what President Lindbergh has undertaken to do for America's Jews through the establishment of the Office of American Absorption. The Nuremberg Laws deprived Jews of their civil rights and did everything to exclude them from membership in their nation« (Plot 132).

Auch eine Familienreise nach Washington, die beweisen soll, »that America wasn't a fascist country and wasn't going to be« (Plot 67), dass sich nichts geändert hat, seit Roosevelt nicht mehr im Amt ist, beweist das Gegenteil. An einem symbolträchtigen Ort wird die Ausgrenzung schließlich als Ausschluss aus einem gesellschaftlichen Paradies sinnfällig.

> The tall shaft of the Washington Monument was half a mile away, at the other end of the reflecting pool that lay at the base of the terraced approach to the Lincoln Memorial. [...] It was the most beautiful panorama I'd ever seen, a patriotic paradise, the American Garden Eden spread before us, and we stood huddled together there, the family expelled.« (Plot 79)[55]

Die antisemitische Stimmung im Land lässt sich spätestens dann nicht mehr rhetorisch eskamotieren, als es zu Ausschreitungen und gewalttätigen Übergriffen auf Juden und jüdische Einrichtungen kommt, deren Ähnlichkeit mit den tatsächlichen Geschehnissen in Deutschland explizit benannt wird. Der Erzähler skizziert eine Welle von Pogromen, die als »Winchell Riots« in die kontrafaktische Geschichte eingehen. Insbesondere die Ereignisse in Detroit sind bis dahin in den USA ein Novum, wie aus einer Erläuterung des Erzählers hervorgeht:

> By nightfall, several hundred of the city's thirty thousand Jews had fled and taken refugee across the Detroit River in Windsor, Ontario, and American history had recorded its first large-scale pogrom, one clearly modeled on the ›spontaneous demonstrations‹ against Germany's Jews known as *Kristallnacht*, ›the Night of Broken Glass,‹ whose atrocities had been planned and perpetrated by the Nazis four years earlier and which Father Coughlin in his weekly tabloid, Social Justice, had defended

Abermals wird die Interpretation der kontrafaktischen Vorgänge durch konkurrierende Bewertungen gebrochen.

[55] Diese Entwicklung zeichnet sich zu einem früheren Zeitpunkt schon ab, wenn auch nicht als ein die Gesellschaft insgesamt erfassender Prozess, sondern als Zustand einer isolierten jüdischen Familie in einer nicht-jüdischen Nachbarschaft. Als Herman Roth eine berufliche Beförderung angeboten wird, die mit einem Umzug in den christlich dominierten Stadtteil Union einhergehen müsste, lehnt er diese ab, nachdem die Familie das Stadtviertel besichtigt hat und dort mit einer bestimmten Ausprägung deutscher Kultur in Berührung gekommen ist. Philip schildert dieses verstörende Erlebnis: »It was my brother, who, when we went to bed that night, explained why my father had lost control and cursed aloud in front of his children: the homey acre of open-air merriment smack in the middle of town was called a beer garden, the beer garden had something to do with Hitler, and Hitler, as I hadn't to be told, had everything to do with persecuting Jews. The intoxicant of anti-Semitism. That's what I came to imagine them all so cheerfully drinking in their beer garden that day – like all the Nazis everywhere, downing pint after pint of anti-Semitism as though imbibing the universal remedy« (Plot 12).

at the time as a reaction by the Germans against ›Jewish inspired communism.‹ Detroit's *Kristallnacht* was similarly justified on the editorial page of the Detroit Times as the unfortunate but inevitable and altogether understandable backlash to the activities of the trouble-making interloper the paper identified as ›the Jewish demagogue whose aim from the outset had been to incite the rage of patriotic Americans with his treasonous rabble-rousing.‹ (Plot 318f.)[56]

Die vom politischen Klima geschürte antisemitische Stimmung schlägt in offene, gewalttätige Aggression um und unterstreicht, als Wendung in der Erzählhandlung, die dystopische Tendenz des im Roman insgesamt gestalteten Geschichts- und Gesellschaftsentwurfs.

Auch Lindberghs öffentliche Funktion und Rolle entsprechen diesem Bild. Als Führer einer Nation, der von der Bevölkerung bewundert wird, stimmen diverse Attribute der Figur Lindberghs mit den von STEPHAN MEYER herausgearbeiteten Charakteristika anti-utopischer Gesellschaftsentwürfe überein.

> In nahezu allen totalitarismuskritischen Anti-Utopien ist die staatliche Autorität in einem gottähnlichen Führer oder Vater-Imago personifiziert. Der Zweifel an diesem mit messianischen Zügen versehenen Führer kommt hier einem Sakrileg gleich, das nur durch inquisitorische Maßnahmen bereinigt, wo dies nicht gelingt, mit dem Tod beglichen werden kann[57],

so MEYER. Auf die Vaterrolle Lindberghs im wörtlichen Sinne wird in *The Plot Against America* hingewiesen, wenn der Erzählerheld an die Geburt des Sohnes von Charles und Anne Morrow Lindberg erinnert, die lange vor der fiktiven Präsidentschaft als »an occasion for national rejoicing« (Plot 7) empfunden wird, welche Lindberghs Vaterrolle infolgedessen öffentlich zelebriert. Die Entführung und Ermordung des Kindes wird durch die bereits erläuterten Verschwörungstheorien zu einem politischen Coup der Nazis umgedeutet, in dem Lindberghs Vaterschaft wiederum dessen Erpressbarkeit bedingt und die Meldung von Lindberghs Verschwinden wird von den auflagenstärksten Zeitungen erneut illustriert mit »pictures of the little Lindbergh baby, last photographed alive in 1932, only days before his kidnapping at the age of twenty months« (Plot 369). Auf den zweiten von MEYER angeführten Zug dystopischer Gesellschaftsbilder – die Vergötterung des politischen Führers durch seine Anhänger – spielt

---

[56] Erneute Ausbrüche antisemitischer Gewalt finden in der Folge von Lindberghs unerklärlichem Verschwinden statt: »[...] anti-semitic riots begin just after sundown in Alabama, Illinois, Indiana, Iowa, Kentucky, Missouri, Ohio, South Carolina, Tennessee, North Carolina and Virginia, and continue throughout the night and into the early morning. [...] By then 122 American citizens have lost their lives« (Plot 375).
[57] MEYER, STEPHAN: *Die anti-utopische Tradition*, S. 357f.

der Roman an, wenn der Erzähler bemerkt, das Weiße Haus sei »accustomed to nearly universal deification of Lindbergh« (Plot 211) seitens der Bürger gewesen, und wenn Lindbergh ausdrücklich als Mensch bezeichnet wird, »whom an overwhelming majority of his countrymen continued to adore as their nation's godlike catalyst of peace and prosperity« (Plot 312). In diesen typisierenden Passagen knüpft der Roman an totalitaristische Herrscherbilder an, belässt es jedoch auch hierin, wie in den sonstigen Überschneidungen mit den Gesellschaftsbildern dystopischer Romane, bei unterschwelligen Hinweisen auf die Natur des politischen Systems und die wirklichen Ambitionen seiner Repräsentanten.

IRVING HOWE hat bemerkt, der anti-utopische beziehungsweise dystopische Roman gehe beim Entwurf eines totalen Staates »einen Schritt über die uns bekannte Wirklichkeit hinaus: er gibt kein Abbild der modernen totalitären Gesellschaft, sondern geht einen Schritt (und nur einen einzigen Schritt) weiter bis zur Essenz und Form des totalen Staates.«[58] Roths Roman dagegen geht gegenüber der bekannten historischen Wirklichkeit im Vergleich zu Lewis, der in *It Can't Happen Here* eine eins-zu-eins Übertragung der zur Entstehungszeit aktuellen Verhältnisse in Deutschland versucht, und zu Orwell, dessen Projektion in *1984* über die historisch bereits eingetretenen Zustände hinausweist, eher einen Schritt zurück. Er deutet die Möglichkeit einer Gesellschaft mit dystopischen Zügen an, indem er ihr keine modellhafte, sondern eine individuelle Prägung verleiht, und gelangt dabei zu einer Alternativgeschichte, die retrospektiv das Potential zur negativen Entwicklung während eines historischen Abschnitts unterstreicht und die ausgebliebene Realisierung in der Fiktion nachträgt.

10.7 Alptraum: Die Motivstruktur als Gerüst des kontrafaktischen Entwurfs

Herman Roth befindet angesichts der Erlebnisse in Washington: »They live in a dream, and we live in a nightmare« (Plot 91). Er spricht damit für sich selbst, seine Familie und für die jüdischen Bevölkerungsteile, die von den regierungsseitig beschlossenen Maßnahmen betroffen sind und unter denen sich dennoch mit der Zeit ein Stimmungsumschwung zugunsten Lindberghs bemerkbar macht.[59] Die hier anklingende Gleichsetzung des Erlebten mit einem Alptraum

---

[58] HOWE, IRVING: *Der anti-utopische Roman*, S. 353.

[59] Den Stimmungswandel in der eigenen Nachbarschaft beschreibt der Erzähler dahingehend, dass er bemerkt »Roosevelt's Republican Successor had come to be, if not entirely trusted by the Jews, accepted as tolerable for the time being even amongst those

illustriert textintern die dystopische Fundierung des kontrafaktischen Geschichtsentwurfs.[60] Darüber hinaus liefert sie den maßgeblichen Hinweis auf dessen Folgerichtigkeit innerhalb des Romans, die in der wissenschaftlichen Auseinandersetzung mit dem Roman bislang übersehen wurde. In der Kritik wurde insbesondere das durch keine politischen Faktoren motivierte Ende des kontrafaktischen Intermezzos bemängelt, da dieses Ende, im Unterschied zur Wahl Lindberghs, die zumindest teilweise aus äußeren Faktoren abgeleitet wird, durch keinerlei vergleichbare Einflüsse verursacht wird. Stattdessen verschwindet Lindbergh bei einem Flug mit seiner Maschine spurlos – Lindberghs Entfernung aus der kontrafaktischen Geschichte erfolgt buchstäblich aus heiterem Himmel. Dieses Verschwinden aus dem Text und der Geschichte ist indessen nicht ohne weiteres mit einer *deus-ex-machina*-Lösung eines Dickens-Romans gleichzusetzen, wie SAFER vorschlägt[61], vielmehr wird es durch einen anderen Aspekt der Erzählhandlung antizipiert. Dass der Geschichtsentwurf seine Eigenlogik aus der Motivstruktur der Erzählhandlung bezieht, wird deutlich, wenn man zwei zentralen, rekurrierenden Topoi im Text nachgeht, die zwei gänzlich verschiedenen Bereichen der Erfahrungswirklichkeit angehören und hier doch zusammen gesehen werden müssen: Die Briefmarken und der Alptraum. Dass das Briefmarkenalbum des jungen Philip Roth, welches schon im Essay über Kafka en passant Erwähnung fand[62], in *The Plot Against America* von leitmotivischer Bedeutung für die Romanhandlung ist, erweist sich schon zu Beginn, als der Ich-Erzähler sich nachträglich als Junge von sieben Jahren vorstellt und als »an embryonic stamp collector inspired like millions of kids by the country's foremost philatelist, President Roosevelt« (Plot 2). Zu seiner Sammlung gehört, als eines der wichtigsten Stücke, »a ten-cent airmail issued in 1927 to commemorate Lindbergh's transatlantic flight. It was a blue stamp, about twice

of our neighbors who had started out hating him as passionately as my father did« (Plot 185).

[60] Im Zusammenhang mit *Ein Garten im Norden* wurde auf die strukturelle und ursächliche Verwandtschaft zwischen Utopie und Traum verwiesen. Eine metaphorische Übertragung des Alptraums zur Kennzeichnung von deren negativer Ausprägung liegt nahe und hat auch in der wissenschaftlichen Auseinandersetzung mit der anti-utopischen Tradition stattgefunden. Vgl. u. a. HOWE, IRVING: *Der anti-utopische Roman*, S. 353: »Der anti-utopische Roman muß sich bei seiner Darstellung des Alptraums einer zugrundegerichteten Geschichte auf das historische Erinnerungsvermögen seiner Leser verlassen können.«

[61] Vgl. SAFER, ELAINE B.: *Mocking the Age*, S. 160.

[62] Hier erzählt Roth von einer Einladung zum Essen im Haus der Roths, die Kafka annimmt, so dass Philip Gelegenheit erhält, »to bring my stamp album into the living room and show Dr. Kafka my set of triangular stamps from Zanzibar« (Roth: »I Always Wanted You to Admire My Fasting«, S. 238).

as long as it was high, whose central design [was] a picture of the Spirit of St. Louis flying eastward over the ocean [...]« (Plot 31). In einer Schlüsselstelle durchlaufen Philips Briefmarken eine Metamorphose, in der sich zum einen seine Angst spiegelt und in der zum anderen die drohende historische Entwicklung sichtbar wird:

> In the dream, I was walking to Earl's with my stamp album clutched to my chest when someone shouted my name and began chasing me. [...] When I opened to my 1932 Washington Bicentennials – twelve stamps ranging in denomination from the half-cent dark brown to the ten-cent yellow – I was stunned. Washington wasn't on the stamps anymore. Unchanged at the top of each stamp – lettered in what I'd learned to recognize as white-faced roman and spaced out on either one or two lines – was the legend ›United States‹ Postage. The colors of the stamps were unchanged [...] but instead of a different portrait of Washington on each of the twelve stamps, the portraits were now the same and no longer of Washington but of Hitler. (Plot 51)

Nicht nur in ihrem personellen Repräsentanten evoziert der Traum ein faschistisches Amerika, auch in der Applizierung der dazugehörigen Symbolik:

> Yosemite in California, Grand Canyon in Arizona, Mesa Verde in Colorado, Crater Lake in Oregon, Acadia in Maine, Mount Rainier in Washington, Yellowstone in Wyoming, Zion in Utah, Glacier in Montana, the Great Smoky Mountains in Tennessee – and across the face of each, across the cliffs, the woods, the rivers, the peaks, the geyser, the gorges, the waterfalls, across everything in America that was the bluest and the greenest and the whitest and to be preserved forever in these pristine reservations, was printed a black swastika. (Plot 51f.)

Die Entdeckung dieser Verwandlung lässt den Erzählerhelden schließlich aus dem Bett fallen und schreiend aufwachen. Der Alptraum des Kindes überträgt zu einem Zeitpunkt, zu dem die darin sich plakativ vollziehende Faschistisierung Amerikas auch auf der Ebene der Romanhandlung noch nicht realisiert ist, deren Insignien auf Briefmarken, die nationale Naturmonumente zum Motiv haben. Der Text leistet hierdurch eine Verknüpfung zwischen dem persönlichen Alptraum des Erzählerhelden und der Geschichte, zwischen der Geschichte und dem Briefmarkenalbum und schließlich zwischen dem Briefmarkenalbum als dem wertvollsten Besitz des jungen Philip und dem Land, in welchem er aufwächst. Dieser Konnex, der hier dem Unbewussten der Romanfigur entspringt, bildet auch das Fundament der poetischen Eigenlogik des kontrafaktischen Geschichtsentwurfs, dessen Anfang und Ende die Briefmarkensammlung jeweils vorwegnimmt. Innerhalb der Roth'schen Alternativgeschichte ist daher das unvermittelte Verschwinden Lindberghs konsequent und stimmig, denn darin wiederholt sich das Abhandenkommen des Briefmarkenalbums, das Philip verliert, als er bei Nacht seine Familie verlässt, um in einem Waisenhaus unterzukommen und dabei von einem Pferd gegen den Kopf getreten wird. Mit der Sammlung geht auch die Briefmarke verloren, auf der Lindberghs Flugzeug abgebildet ist. Alle Bemühungen »to comb through the soil of the orphanage woods in search of the tiniest remnants of the stamp collection that had dissolved into thin air« (Plot 282) bleiben ergebnislos. Selbiges gilt für Lindbergh und die Spirit of St. Louis. Bis zuletzt verweigert der Text eine Aufklärung über den Verbleib Lindberghs: »As everyone knows, President Lindbergh was not found or heard from again [...]« (Plot 383). Lindbergh wird schließlich aus der im Roman entworfenen Geschichte eliminiert, indem er sich – darin Pynchons Slothrop nicht unähnlich – in ein Objekt unfundierbarer Gerüchte verwandelt: »Among the dwindling number of Lindbergh conspiracy scholars, reports on clues and sightings have continued to appear in intermittently published newsletters devoted to speculation on the unexplained fate of America's thirty-third president« (Plot 384). Die Nachwirkungen sind denen eines Alptraums vergleichbar, aus dem der Erzählerheld erwacht, ohne ihn je wieder vergessen zu können. »But then it was over. The nightmare was over. Lindbergh was gone and we were safe, though never would I be able to revive that unfazed sense of security first fostered in a little child by a pig, protective republican and his ferociously responsible parents« (Plot 360), konstatiert der Erzähler. Der die Anlage des Romans prägende Konnex zwischen Geschichte und Alptraum offenbart sich an dieser Stelle ein weiteres Mal und lässt darin die Worte anklingen, mit denen Stephen Dedalus in James Joyce' *Ulysses* auf geradezu aphoristische Weise das Wesen der Geschichte definiert: »History, Stephen said, is a nightmare from which I am trying to awake.«[63] Die bei Joyce artikulierte Erfahrung spiegelt auch die des Erzählerhelden von *The Plot Against America* wieder.

Eine bilanzierende Betrachtung ergibt demnach, dass in Roths kontrafaktischem Entwurf zwei konträre Bewegungen am Werk sind, die innerhalb des Textes nicht vollständig zur Deckung zu bringen sind: Über das Kind kommt die Geschichte wie ein Alptraum, für die Erwachsenen wird sie aus einem Zusammenspiel sozialer und kultureller Faktoren erklärbar. Roths Roman greift zwar politische Tendenzen auf, die historisch nachweisbar sind, doch unterläuft er die Fundierung und Herleitung durch die Analogisierung mit dem Alptraum, dessen offenes Ende und historische Folgenlosigkeit in gewisser Hinsicht auch die Annahme einer Voraussetzungslosigkeit seines Anfangs zulässig erscheinen lässt. Die im Zusammenhang mit dem durch die Wahl Lindberghs zum amerikanischen Präsidenten ausgelösten Schock zu findende Bemerkung, das Verfahren

---

[63] Joyce, James: *Ulysses*, S. 42.

der Historiographie bei der Verwandlung von Geschichte in sprachliche Gebilde sei ein »turning disaster into an epic« (Plot 135) benennt auch die Poetik des Kontrafaktischen in *The Plot Against America*. Roth setzt sie in seinem Text dergestalt um, dass er eine verhängnisvollere historische Variation imaginiert und hierdurch den Schrecken des Unvorhersehbaren – »the terror of the unforeseen« (Plot 135) –, den die Geschichtsschreibung verschweigt, in die Darstellung eines kontrafaktischen Ereignisverlaufs integriert. So enthält Roths Roman zwar von Beginn an eine politische Dimension, zu verstehen ist er indessen nicht als Kritik an konkreten Erscheinungen der eigenen Zeit, sondern als literarische Explikation einer rigoros pessimistischen Geschichtsauffassung.

11. Alternativgeschichte im Nirgendwo – Christoph Ransmayrs *Morbus Kitahara*

Christoph Ransmayrs *Morbus Kitahara* erzählt von einem Krieg in Europa, in dem Armeen der Vereinigten Staaten von Amerika, der Sowjetunion und einiger anderer Nationen als Alliierte denen Österreichs und Deutschlands gegenüber standen, und der mit Waffen ausgetragen wurde, die den technologischen Möglichkeiten des 20. Jahrhunderts entsprechen. In Teilen der Welt dauert er an, in dem Gebirgsort, in welchem diese Erzählhandlung über weite Strecken spielt, endet er jedoch mit der Besatzung durch die Siegermächte, die schon bald mit der systematischen Demontage und dem Abtransport aller modernen Technik beginnen und der Bevölkerung bestimmte Sühneübungen für deren während der Kriegsjahre an Juden und Zwangsarbeitern begangene Verbrechen auferlegen.

Während alle bis hierhin behandelten Romane mit einem narrativen Raum-Zeitgefüge und Personal arbeiten, das in vielen zentralen Punkten auf die Erfahrungswirklichkeit des Lesers bezogen werden konnte, kann in *Morbus Kitahara* davon kaum noch die Rede sein. So besteht ein Spezifikum des Romans, welches ihn von den übrigen hier untersuchten Textbeispielen kategorial unterscheidet, darin, dass gerade die anschlussfähigen Referenzen auf außerliterarische Realität verfremdet und chiffriert sind und erst als solche verstanden werden müssen, um die Geschichtsdarstellung im Text als kontrafaktisch bestimmen zu können. Eine Lektüre und Interpretation als devierender historischer Roman wie sie hier vorgeschlagen wird, kann unter diesem Gesichtspunkt an einige Forschungsbeiträge anschließen. Insbesondere die Identifikation der im Text geschilderten Zustände mit dem Dritten Reich und dem Zweiten Weltkrieg, die an keiner Stelle im Roman genannt werden, geschieht in der Forschung häufig geradezu automatisch. HUBERT ORLOWSKI schreibt etwa, die Handlung werde »eröffnet durch den Untergang des Dritten Reiches in einem anmutigen Winkel deutscher Kulturlandschaft mit Seen, Gebirge, Kurhäusern, Promenaden, Flanierenden.«[1] Ähnlich betont THOMAS STAHL: »Ohne ihn als

---

[1] ORLOWSKI, HUBERT: *Regressives Kastalien*, S. 238. Vgl. außerdem u. a. COOK, LYNNE: *Unaufhaltsamer Rutsch*, S. 87: »Die Einwohner führen in Moor ein zunehmend brutalisiertes, primitives Leben als Folge des Stellamour-Plans der siegreichen Besatzer

historisches Ereignis explizit beim Namen zu nennen, referiert der Krieg, mit dessen Ende die Romanhandlung einsetzt, zweifellos auf den Zweiten Weltkrieg.«² Weitgehend einvernehmlich wird folglich davon ausgegangen, dass die Wiedererkennbarkeit wesentlicher historischer Konstituenten trotz anderer Benennung Teil der Textintention ist. Stellvertretend kann hier KONRAD PAUL LIESSMANNS Einschätzung angeführt werden:

> So sehr der Roman selbst sich allzu direkter Zuschreibungen enthält – wohl kommen die Städte der Deutschen vor, aber nicht *die Deutschen*, auch ist keine Rede von Nationalsozialisten oder Hitler [...] –, so sehr ist klar, daß diese Unbestimmtheit die Deutlichkeit, vielleicht sogar Überdeutlichkeit ihrer historischen Bezüge zur Voraussetzung hat.³

Die Mitarbeit des Lesers ist hierbei notwendig, da der Text selbst keine eindeutige Entschlüsselung der chiffrierten Anspielungen vornimmt. »By avoiding almost all explicit references to Nazi terminology or to resonant names, Ransmayr's text forces us as readers to fill in the gaps«⁴, wie IAN FOSTER anmerkt. Entscheidend ist, dass diese Referenzen auf tatsächliches Geschehen zwar nicht expliziter Natur sind, sondern indirekt, dabei aber keinesfalls hermetisch. Dass der Text Signale setzt, die die Erzählhandlung auf reale historische Vorgänge beziehbar machen, lässt sich dementsprechend zeigen und dass Geschichte in diesem Roman zum Material wie zum Objekt der Gestaltung wird, ist leicht ersichtlich.

Überlegungen zur Geschichtsdarstellung finden sich, mehr oder weniger ausführlich, in allen bislang vorliegenden Beiträgen zu *Morbus Kitahara*.⁵ In Kritik

---

nach dem Frieden von Oranienburg, der die Kampfhandlungen des 2. Weltkriegs in Europa beendet hat.«

² STAHL, THOMAS: *Österreich am blinden Ufer*, S. 16. Ähnlich HALSALL, ROBERT: *Christoph Ransmayr's Morbus Kitahara: An Aestheticization of the Holocaust?*, S. 198: »Morbus Kitahara, however, is set in what appears to be post-war Europe (albeit an alternative one to the actual historical case) and is apparently concerned with the Holocaust and subsequent events [...].« Anders hingegen ESHEL, AMIR: *Der Wortlaut der Erinnerung*. ESHEL vertritt die Auffassung, dass »Morbus Kitahara kaum eine zwingende Identität zwischen seinen Signifikanten und einer geschichtlich bezogenen Referenz erlaubt« (ibid., S. 230). Nichtsdestoweniger erklärt ESHEL, einige Figuren des Romans trügen »die durch das dritte Reich verursachten Narben mit sich« (ibid., S. 254).

³ LIESSMANN, KONRAD PAUL: *Der Anfang ist das Ende*, S. 150.

⁴ FOSTER, IAN: *Alternative History and Christoph Ransmayr's ›Morbus Kitahara‹*, S. 121.

⁵ Vgl. außer den zitierten Beiträgen u. a. TODTENHAUPT, MARTIN: *Perspektiven auf Zeit-Geschichte*; COOK, LYNNE: *Rewriting History* und KUNNE, ANDREA: *Heimat und Holocaust*.

und Forschung ist der Roman nicht nur als Gleichnis, sondern überwiegend als konkrete Alternativgeschichte gelesen worden. Ausdrücklich in den Kontext kontrafaktischer Geschichtsdarstellung rückt ihn RENATA CIEŚLAK.[6] CARL NIEKERK, der den Roman mit Cees Nootebooms *In den niederländischen Bergen* vergleicht, schlägt dagegen vor, beide als »utopische Romane oder zumindest als Produkte einer Abwandlung der Tradition utopischer Romane [zu] verstehen«[7], wobei sie innerhalb dieser Tradition wiederum an einem Nicht-Ort lokalisiert seien. »Als Zukunft wird die Utopie in ihnen in der Vergangenheit situiert; ihre zeitliche Struktur ließe sich als ein ›was hätte sein können‹ umschreiben«[8], so NIEKERK. Auch MONICA FRÖHLICH hebt den utopischen Charakter des Werks hervor und erkennt darin einen Zug, der *Morbus Kitahara* mit Ransmayrs anderen Erzähltexten verbindet:

> Die mit diesen Alternativwelten angedeuteten Möglichkeiten eines Lebens fern der normativen Ordnungen (bzw. fern der zerstörten gesellschaftlichen Ordnung in Morbus Kitahara) im Zentrum Europas sind nicht als Aufforderung zu verstehen, an die Ränder zu ziehen. Das utopische Potential der Gegenwelten ist in keinem Fall umstandslos zu realisieren [...]. Ransmayr beweist mit diesen Alternativentwürfen aber, daß in der Wirklichkeit – zumindest in seiner Romanwirklichkeit – Orte existieren, an denen der subjektzerstörende Glaube an Aufklärung und Vernunft, an Wissen und Macht nicht besteht.[9]

HOLGER MOSEBACH sucht dagegen in seiner Monographie zum Erzählwerk Ransmayrs nachzuweisen, dass es sich bei dessen Romanen um Endzeitvisionen handelt[10], andere Interpreten sehen den Roman als fiktionalen Beitrag zum Diskurs der sogenannten Vergangenheitsbewältigung in Österreich.[11]

---

[6] Vgl. CIEŚLAK, Renata: *Mythos und Geschichte im Romanwerk Christoph Ransmayrs*, S. 51. CIEŚLAK orientiert sich an RODIEK. Bei kontrafaktischer Geschichtsdarstellung handele »es sich im [sic] gewissem Sinne um die Neuschreibung der Vergangenheit. Es wird nicht geschildert, was gewesen oder nicht gewesen ist, sondern was hätte sein können« (ibid., S. 51). Als Ergebnis ihrer Untersuchung ordnet sie *Morbus Kitahara* dem von NÜNNING beschriebenen ›revisionistischen historischen Roman‹ zu (vgl. ibid. S. 187).

[7] NIEKERK, CARL: *Vom Kreislauf der Geschichte*, S. 161.

[8] Ibid., S. 162.

[9] FRÖHLICH, MONICA: *Literarische Strategien der Entsubjektivierung*, S. 148.

[10] Vgl. MOSEBACH, HOLGER: *Endzeitvisionen im Erzählwerk Christoph Ransmayrs*.

[11] Vgl. u. a. SCHILLING, KLAUS VON: *Christoph Ransmayrs Morbus Kitahara*. SCHILLING vertritt die Ansicht, dass »das Buch auch keineswegs eins über den Holocaust, sondern allein eines über dessen fortdauernde Präsenz« (ibid., S. 10) sei. Auch CIEŚLAKS Interpretation des Romans beschränkt sich weitgehend auf die Akzentuierung von dessen Beitrag zur Aufarbeitung des österreichischen Anteils an den Verbrechen des Nationalsozialismus. So zeigt sie einen Zusammenhang zu Romanen auf, die ein

Die obenstehende, knappe Synopse der Lesarten des Textes hat die Aspekte angedeutet, auf die sich die sich die Forschung zu *Morbus Kitahara* bislang konzentriert hat. Die Aussagen über die Geschichtsthematik des Romans fügen sich darin zu keinem konsistenten Bild. JUTTA LANDAS Einschätzung, als Mythenpastiche und postmodernes Diskursgemisch verweigere sich *Morbus Kitahara* der Interpretation[12], ist sicherlich zu modifizieren, allerdings deutet sie bereits darauf hin, welche Schwierigkeiten bei der Analyse des Textes auftreten.[13] Es fehlen in Ransmayrs Roman, der hierin wiederum Pynchons *Gravity's Rainbow* nicht unähnlich ist, Signale, die eine Lesart zunächst vorzugeben scheinen. Zu fragen ist daher auch hier nach der den Geschichtsentwurf bestimmenden Eigenlogik, anhand derer sich die dem Roman zugrundeliegende Poetik des Kontrafaktischen zu erschließen lässt.

11.1 Ransmayrs (postmoderne) Geschichtsbilder

Ähnlich wie bei Grass ist der fiktionale Aussagemodus des Kontrafaktischen im Werk Ransmayrs innerhalb eines poetologischen Programms situiert. Beim Vergleich zwischen *Morbus Kitahara* und Ransmayrs beiden früher erschienenen Romanen wird zum einen deutlich, dass auch im Werk dieses Autors die Auseinandersetzung mit historischen Stoffen keine Ausnahme ist, zum anderen, dass auch hier die produktive Abwandlung des überlieferten Materials und der augenfällige Verstoß gegen die Überlieferung kennzeichnend sind.[14]

ähnliches Anliegen verfolgen und leitet daraus eine Konjunktur ab. Zumindest scheint dies gemeint zu sein, wenn sie schreibt: »Im Erscheinungsjahr von Morbus Kitahara belebte wiederholt eine Welle des Erinnerns an den Zweiten Weltkrieg das menschliche Gedächtnis« (CIEŚLAK: Mythos und Geschichte, S. 151).

[12] Vgl. LANDA, JUTTA: *Fractured Vision in Christoph Ransmayr's Morbus Kitahara*, S. 143.

[13] Auch Ransmayr selbst verwehrt sich ausdrücklich gegen die ihm unterstellte Intention, mit dem Roman etwas beweisen zu wollen. Vgl. Ransmayr, Christoph: *Geständnisse eines Touristen*, S. 126: »Und dennoch war es kein aufklärerischer, missionarischer Impuls, der am Anfang dieses erzählerischen Unternehmens stand, sondern nur die Notwendigkeit, mir selber begreiflich zu machen, aus welcher Welt und Zeit ich komme.«

[14] In den Kontext erzählender Prosatexte mit historischem Sujet fügt sich auch die historische Miniatur *Der Held der Welt. Vermutungen über den letzten Tag von Konstantinopel*, doch liest sich diese geradezu als eine die Regel bestätigende Ausnahme, da darin keine verfremdenden Elemente zu finden sind, sondern die im Untertitel benannten Vermutungen in Manier traditioneller historischer Romane angestellt werden. Der 2006 erschienene Roman *Der fliegende Berg* kann aufgrund seines Sujets hingegen nicht als historischer Roman gelten.

Ransmayrs erster Roman, *Die Schrecken des Eises und der Finsternis* (1984), erzählt, eng an Tatsachen angelehnt, die Geschichte der 1872 begonnenen österreichisch-ungarischen Expedition zum Nordpol, die von den Polarforschern Carl Weyprecht und Julius Payer geleitet wurde. Ihr stellt er, auf einer zweiten Erzählebene, eine fiktive Wiederholung dieser Expedition in der zweiten Hälfte des 20. Jahrhunderts durch den italienischen Einzelgänger Josef Mazzini gegenüber, der Payers Reisebericht gelesen hat und zuletzt im ewigen Eis verschwindet. Jenen Mazzini lässt Ransmayr in Figurenrede eine eigene Poetik des Kontrafaktischen formulieren, wenn es heißt:

> Er entwerfe, sagte Mazzini, gewissermaßen die Vergangenheit neu. Er denke sich Geschichten aus, erfinde Handlungsabläufe und Ereignisse, zeichne sie auf und prüfe am Ende, ob es in der fernen oder jüngsten Vergangenheit jemals *wirkliche* Vorläufer oder Entsprechungen für die Gestalten seiner Phantasie gegeben habe. Das sei, sagte Mazzini, im Grunde nichts anderes als die Methode der Schreiber von Zukunftsromanen, nur eben mit umgekehrter Zeitrichtung.[15]

Umgesetzt wird diese Poetik indessen noch nicht in Ransmayrs erstem Roman, sondern erst in seinem dritten, in *Morbus Kitahara*. RALF-PETER MÄRTIN nimmt vielmehr die ausgiebige Recherche in Archiven, die der Autor als Vorarbeiten zu *Die Schrecken des Eises und der Finsternis* geleistet hat, zum Anlass, den Roman ans Ende einer mit Walter Scott beginnenden und sich mit Adalbert Stifter, Theodor Fontane und Felix Dahn fortsetzenden Reihe zu stellen.[16] Um so deutlicher erscheint der Kontrast zum zweiten, auch international viel beachteten Roman *Die letzte Welt* (1988), in welchem Ransmayr die gegenteilige Vorgehensweise wählt, und, ebenfalls MÄRTIN zufolge, »mit einer brachialen Souveränität die historischen Tatsachen mit Füßen«[17] tritt. Die von Kritik und Forschung gleichermaßen zügig betriebene Aufnahme des Romans in den internationalen Kanon der Postmoderne gründet insbesondere auf dieser schon an anderer Stelle erwähnten Qualität des Textes. Stellvertretend kann hier die Interpretation von THOMAS ANZ angeführt werden, dessen Zuordnung von *Die letzte Welt* zur Literatur der Postmoderne nicht zuletzt auf der These gründet, der Text lasse auch die Realität »nur als imaginäres Konstrukt«[18] erscheinen. In

---

[15] Ransmayr, Christoph: *Die Schrecken des Eises und der Finsternis*, S. 20f.
[16] Vgl. MÄRTIN, RALF-PETER: *Ransmayrs Rom*, S. 114.
[17] Ibid., S. 115.
[18] ANZ, THOMAS: *Spiel mit der Überlieferung*, S. 125. Zur Interpretation von *Die letzte Welt* im Kontext der Postmoderne vgl. außerdem u. a. BARTSCH, KURT: *Dialog mit Antike und Mythos*. BARTSCH vertritt die Ansicht, es bestehe eine »Übereinstimmung mit sogenannten ›postmodernen‹ und ›dekonstruktivistischen‹ Thesen« (BARTSCH: Dialog, S. 125). Ähnlich EPPLE, THOMAS: *Phantasie contra Realität – eine Untersuchung zur*

seinem fingierten Monolog *Geständnisse eines Touristen* sucht Ransmayr, der hier mit der Stimme des Erzählers übereinstimmt, diese Wahrnehmung des Romans zu berichtigen, wenn er erklärt: »Natürlich war *Die letzte Welt* kein historisches und schon gar kein postmodernes Buch [...].«[19] Die Kritik an der Vereinnahmung seines Werks für die Postmoderne wendet sich gegen die Assoziation mit deren ludischem Charakter, den Ransmayr als Lizenz zur Beliebigkeit auffasst und von der er sich zu distanzieren sucht:

> Denn es ging in dieser *Letzten Welt* eben *nicht!* darum, mit Anachronismen im Sinne einer ziemlich trostlosen postmodernen Willkür bloß zu spielen, sondern durch ein Netz zeitlicher Bruchlinien eine Unzeit, Allzeit zu provozieren, einen narrativen, keinen historischen Raum und erst aus ihm heraus mit allen, der Deutlichkeit und Plausibilität dienenden Mitteln zu erzählen.[20]

Gemäß dem Selbstverständnis des Autors dienen die Verstöße gegen die historische Wahrscheinlichkeit und gegen die Homogenität demnach nicht der gezielten Zerstörung eines konsistenten geschichtlichen Raum-Zeit-Gefüges, sondern der Konstituierung eines stimmigen narrativen Zusammenhangs. Den vom Leser als irritierend wahrgenommenen Elementen, etwa den Telefonen im antiken Rom, wird mithin eine integrative Funktion zugewiesen.

Jenseits der Poetologie führen sie, wie FRÖHLICH schreibt, zur »Entlarvung (und Aufhebung) eines linearen Geschichtsbilds als Grundlage jedes totalitären Staatssystems«[21] und bewirken nach ANZ die »postmoderne Zurückweisung eines linearen, ziel- und fortschrittsorientierten Geschichtsbildes«.[22] Hierin besteht, wie zu zeigen sein wird, eine Parallele zum Geschichtsentwurf, der in *Morbus Kitahara* zur Anschauung gebracht wird. Gerade die Unmöglichkeit einer virtuellen Grenzziehung zwischen Geschichte und Gegenwart erscheint für dieses Geschichtsbild charakteristisch und ist auch für die Vorgängertexte von zentraler Bedeutung. Somit ist es durchaus folgerichtig, wenn Ransmayr bemerkt:

---

zentralen Thematik von Christoph Ransmayrs Die letzte Welt. EPPLE sieht im Roman Parallelen zu »zentralen Aspekten postmodernen Theoretisierens« (EPPLE: Phantasie contra Realität, S. 33). Ferner BACHMANN, PETER: *Die Auferstehung des Mythos in der Postmoderne* und STEINIG, SWENTA: *Postmoderne Phantasien über Macht und Ohnmacht der Kunst*. Auf Ablehnung stößt die Einordnung des Romans in die Literatur der Postmoderne dagegen bei GLEI, REINHOLD F.: *Ovid in den Zeiten der Postmoderne*.

[19] Ransmayr, Christoph: *Geständnisse eines Touristen*, S. 92
[20] Ibid., S. 93.
[21] FRÖHLICH, MONICA: *Literarische Strategien der Entsubjektivierung*, S. 65.
[22] ANZ, THOMAS: *Spiel mit der Überlieferung*, S. 129.

> Ich habe meiner Meinung nach nie etwas anderes als die Gegenwart beschrieben, selbst wenn es, wie in der *Letzten Welt*, um einen verbannten Dichter der Antike ging oder in einem anderen Roman – *Morbus Kitahara* – um ein verwüstetes, zur Erinnerung und Sühne verurteiltes Kaff in einem Nachkriegseuropa, das es so nie gegeben hat.[23]

Mehrfach gebraucht Ransmayr die Vorstellung vom Geschichtenerzähler und dessen Bedeutung in anderen Kulturkreisen, um seine eigene Auffassung vom Schreiben zu illustrieren. In seiner Rede zur Entgegennahme des Kafka-Preises nimmt er eine Bestimmung des Erzählens vor, die programmatischen Charakter hat: »Wovon immer er spricht – in seiner Geschichte, in seiner Sprache muß der Erzähler alle Welt noch einmal erfinden, noch einmal und immer wieder erschaffen und darf dabei doch nicht viel mehr voraussetzen als die Aufmerksamkeit seiner Zuhörer, seiner Leser [...].«[24] Die in mehreren Texten anzutreffende Wendung von der »Erfindung der Wirklichkeit«[25] beziehungsweise »Erfindung der Welt« kann, wie schon MOSEBACH festhält, als »Kernstück der poetologischen Gedanken Ransmayrs«[26] gelten. Sie besteht auf der Autonomie des Erzählers, dessen Darstellung der Welt mit Hilfe der Phantasie und der Sprache keiner Empirie verpflichtet ist. Somit ist es, wie Ransmayr in *Fatehpur. Oder die Siegesstadt* vorführt, dem Erzähler erlaubt, historische Aussagen und Interpretationen nicht als exklusiv zu betrachten und eine eigene Wahrheit für seine sprachliche Erfindung zu reklamieren. Diese erhält in Ransmayrs Poetologie den auratischen Anstrich einer Schöpfung. Über die indische Ruinenstadt Fatehpur, deren Bild der Text heraufbeschwört, erklärt Ransmayr gleich zu Beginn des Textes:

> Es ist unsere Stadt, der Ort der Erzähler und der Zuhörer, denn wo immer einer zu sprechen beginnt und seine Geschichte mit dem Bild verlassener Häuser, leerer Plätze, leerer Gassen und ausgedörrter Brunnenbecken eröffnet, dort wird gebaut, werden innerhalb eines einzigen Atemzuges Straßen gepflastert, wachsen Mauern, Türme aus der Tiefe unserer Erinnerung oder der bloßen Vorstellungskraft.[27]

---

[23] Ransmayr, Christoph: *Geständnisse eines Touristen*, S. 93.
[24] Ransmayr, Christoph: *Verbeugung des Riesen*, S. 18.
[25] Vgl. Ransmayr, Christoph: *Die Schrecken des Eises und der Finsternis*, S. 21: »Das sei ohne Bedeutung, gab Mazzini damals zurück, ihm genüge schon der private, insgeheime Beweis, die Erfindung der Wirklichkeit geschafft zu haben.« Und Ransmayr, Christoph: *Die letzte Welt*, S. 287: »Die Erfindung der Wirklichkeit bedurfte keiner Aufzeichnungen mehr.«
[26] MOSEBACH, HOLGER: *Endzeitvisionen im Erzählwerk Christoph Ransmayrs*, S. 47.
[27] Ransmayr, Christoph: *Fatehpur. Oder die Siegesstadt*, S. 229.

Später stellt er den Erzähler und dessen kreativen Akt den tatsächlichen Baumeistern der Stadt gegenüber:

> *Uns* genügen für die Errichtung wie für die Kühlung einer hitzeflirrenden Stadt einige Worte [...] Im Reich der Erzähler bedarf selbst die Erfindung der Welt nur einer Stimme und eines Zuhörers, und um das Eis Kashmirs in Truhen aus Ebenholz, Kupfer, Leder und Schieferstein durch die Wüste zu tragen, muß der Staub unter den Hufen unserer Kamele nicht der Staub Indiens sein.[28]

Dem Erzähler obliegt nach dieser Poetologie nicht nur die imaginative Hervorbringung der Stadt, die hier stellvertretend für die Welt erfunden wird, sondern auch deren Deutung. Nicht zuletzt die Überwindung der den historischen Zeugnissen inhärenten Widersprüche verleiht der sprachlichen Repräsentation der Stadt und dem literarischen Werk ihren besonderen Wert:

> Nein, unsere Stadt ist keine Residenz, kein Ort der Macht, aber auch kein Ort des Schreckens. Erst unsere Stadt trägt ihren Namen zu Recht, Fatehpur, die Siegesstadt, in der zumindest eine Ahnung von Freiheit und neben der wirklichen Geschichte auch ihre bloßen Möglichkeiten bewahrt und überliefert werden: die Möglichkeiten der Menschen.[29]

Ransmayrs nicht-fiktionale Prosatexte spiegeln in wesentlichen Punkten auch das Verhältnis des Erzählers zu seinem Stoff und lassen ein Selbstverständnis erkennen, nach welchem die Glaubwürdigkeit der Erzählung sich nicht an der Übereinstimmung mit historischen Quellen bemisst. Auf *Morbus Kitahara* übertragen bedeutet das, dass die narrative Gestaltung eines nicht realisierten historischen Wegs unter der Voraussetzung geschieht, nicht an die Plausibilitätskriterien der Geschichtswissenschaft gebunden zu sein.[30] Inwieweit der Roman als Einlösung des hier skizzierten Programms anzusehen ist und in welcher

---

[28] Ibid., S. 231.

[29] Ibid., S. 235.

[30] ORLOWSKI zieht zur Beurteilung von Ransmayrs Entwurf DEMANDTS Buch heran und macht entsprechend die Plausibilität der kontrafaktischen Geschichte zum Kriterium, wenn er schreibt: »Setzt man auf Ransmayrs Variablen seiner ›großen Erzählung‹ Wahrscheinlichkeitsmaßstäbe an – und solch ein Vorgehen ist legitim: ist der Roman doch auch eine politische Utopie aus der Gegenwart –, so wäre sie auf der niedrigsten Plausibilitätsstufe zu situieren« (ORLOWSKI: Regressives Kastalien, S. 236f.). Eine Konfrontation des Romans mit den Postulaten DEMANDTS trägt auch hier jedoch eine Position an den Text heran, an deren Einlösung dem dahinterstehenden Erzählvorhaben nicht gelegen ist, da Ransmayr sichtlich ein anderes Verständnis von Plausibilität hat, und zwar eines, das keine historischen Tatsachen und Details zugrunde legt, sondern eher psychologische Aspekte und Erfahrungswerte menschlichen Sozialverhaltens.

Weise es sich zur Fundierung einer stimmigen Interpretation eignet, bleibt in Auseinandersetzung mit dem Text zu klären.

11.2 Krieg, Frieden und Stellamours Friedensplan

Ihre äußere Kontur gewinnt die Erzählhandlung in *Morbus Kitahara* durch das sprachlich evozierte Gerüst historischer Ereignisse, deren Inkommensurabilität mit der Realität als offenkundig gelten kann, auch ohne dass im Text die Folie benannt wird, gegen welche der kontrafaktische Entwurf antritt.

Die Rezeption des Romans ist bislang weitgehend von der Annahme bestimmt, in der Erzählfiktion finde die Gestaltung einer unverwirklichten politischen Option statt, die zu einem bestimmten historischen Zeitpunkt tatsächlich zur Disposition gestanden habe. »Die Morgenthau-Legende bzw. die mythische Kondition von Nachkriegsdeutschland scheint in der Tat das beliebte Mittel zur Positionierung der Geschichtlichkeit in ›Morbus Kitahara‹ zu sein«[31] – dieser Befund hat nach wie vor Gültigkeit und trifft mittlerweile auch auf literaturhistorische Gesamtdarstellungen zu, die den Roman nur kursorisch behandeln.[32] Allerdings basiert diese Lesart auf dem Vergleich der Erzählhandlung mit dem Wissen über eine nicht verwirklichte historische Alternative, deren Beglaubigung ihrerseits höchst unsicher ist. BERND GREINER hat, nach Auswertung historischer Dokumente, den sogenannten Morgenthau-Plan insgesamt als Legende eingeordnet.[33] Auf GREINERS Ergebnisse rekurrierend, hat THOMAS

---

[31] ORLOWSKI, HUBERT: *Regressives Kastalien*, S. 233.

[32] VOLKER WEIDERMANN etwa schreibt in seiner Literaturgeschichte *Lichtjahre* (2006), der Text erzähle »die Geschichte einer Stadt, die nach einem großen Krieg nach Vorbild des historischen, nie verwirklichten Morgenthau-Plans zu einer vorzivilisatorischen, agrarischen Industriebranche gemacht wird [...].« (WEIDERMANN, VOLKER: *Lichtjahre*, S. 188). Vgl. auch WEIDERMANN, VOLKER: *Über alle Berge*, S. 28. In dieser Rezension zu Ransmayrs Roman *Der fliegende Berg* bezieht sich WEIDERMANN rückblickend auf »das Schreckensbuch ›Morbus Kitahara‹, das ein entindustrialisiertes Agrardeutschland nach Inkraftsetzen des Morgenthau-Planes ausmalte« (WEIDERMANN: *Über alle Berge*, S. 28). Als fiktionale Ausgestaltung des Morgenthau-Plans bezeichnet den Roman außerdem SIGRID LÖFFLER, die erklärt: »Erzählt wird, wie Mitteleuropa, wie Österreich aussehen könnte, wäre statt des Marshall-Plans der Morgenthau-Plan realisiert worden – also der Vorschlag des amerikanischen Finanzministers Henry Morgenthau aus dem Jahr 1944, das besiegte Deutschland zu deindustrialisieren, zu einem Agrarland zu machen und für alle Zeit auf einer niedrigen Zivilisationsstufe in Abhängigkeit zu halten« (LÖFFLER: »...das Thema hat mich bedroht«, S. 214). Ähnlich äußert sich HEIKE KNOLL. Vgl. KNOLL, HEIKE: *Untergänge und kein Ende*, S. 216.

[33] Vgl. GREINER, BERND: *Die Morgenthau-Legende*

NEUMANN in einem Artikel überzeugend herausgearbeitet, wie das Bild des angeblichen Plans zur Deindustrialisierung Deutschlands nach 1945 bestimmt worden ist von der Darstellung, die Joseph Goebbels an die Öffentlichkeit brachte, und gezeigt, dass die Vergleichsbildungen in den angeführten Rezensionen von eben diesem nachweislich revisionsbedürftigen Bild ausgehen.[34]

Vergleicht man dieses Bild und die angeblich vorgesehenen Maßnahmen mit der Handlung von Ransmayrs Roman, so zeigt sich, dass Ransmayrs Gestaltung inhaltlich weit eher den Merkmalen der Legende entspricht als den tatsächlichen historischen Plänen des amerikanischern Militärs.[35] Zu der Legende bestehen allerdings einige Parallelen:

> The Morgenthau plan itself, entitled ›Program to Prevent Germany from Starting a World War III,‹ called, among other things, for the complete demilitarization of Germany, the removal and destruction of key industries needed to produce military strength, the partition of the state into a number of smaller states and internationally administered zones, and a complete suspension of education until suitable new officials had been appointed. In *Morbus Kitahara* a similar plan is advanced by Lyndon Porter Stellamour, whose administration is, if anything, yet harsher and more punitive than that imagined by Morgenthau.[36]

Dem Ansatz dieser Arbeit entsprechend, ist es für die Analyse des Romans ohnehin von sekundärem Interesse, inwiefern die beschriebene alternative Ereig-

---

[34] Vgl. NEUMANN, THOMAS: ›*Mythenspur des Nationalsozialismus*‹.

[35] Das gleiche gilt für Ernst-Wilhelm Händlers im selben Jahr erschienene Erzählung *Morgenthau*, die durch ihren Titel eindeutig die Assoziation der geschilderten Welt mit dem nach Henry Morgenthau benannten ›Plan‹ herausfordert, innerhalb der Erzählhandlung jedoch ohne Nennung dieses Namens auskommt. Händlers Text entwirft einen fiktionalen Schauplatz, der von Kriegszerstörungen gekennzeichnet ist. Vgl. insbesondere folgende Passage: »Sie fuhren auf einer gut erhaltenen, breiten Straße, rechts daneben auf den Hügeln die verkohlten, noch nicht endgültig in sich zusammengefallenen Skelette ehemals sehr hoher Häuser, vor ihnen die Senke mit den kaum mehr erkennbaren, weil von der Vegetation bedeckten Überresten der flachen Häuser, unter den Hügeln zum Fluß hin der erhaltene Dom inmitten der ebenfalls erhaltenen Straßenzüge, jenseits des Flusses nur Trümmer« (Händler: Morgenthau, S. 34). Dass Koby, die Hauptfigur, Sänger in einem Knabenchor ist, verweist zweifellos auf Kingsley Amis' *The Alteration* und auf die Hauptfigur dieses Romans, Hubert Anvil, dessen Stimmbruch durch eine Kastration verhindert werden soll. Über Koby heißt es: »Er war mittlerweile zwölf oder dreizehn Jahre alt, er wußte es nicht genau, doch er glaubte sich noch weit vom Stimmbruch entfernt« (Händler: Morgenthau, S. 34). Die intertextuelle Bezugnahme lässt sich durchaus als Hinweis darauf ansehen, dass hier auf Seiten des Autors ein Bewusstsein für die Verortung des eigenen Textes in einem größeren Zusammenhang vorhanden ist.

[36] FOSTER, IAN: *Alternative History and Christoph Ransmayr's ›Morbus Kitahara‹*, S. 113.

nisgeschichte oder historische Entwicklung auch eine reale oder realisierbare Alternative gewesen wäre. Besser geeignet zur konzisen Beschreibung des Romans erscheint eine Wiedergabe des Verfahrens und Geschehens, die von einer Analogiebildung mit verzerrten Versionen dieses Plans absieht, wie sie etwa BOMBITZ leistet: »*Morbus Kitahara* deformiert eine Weltgeschichte, in der Millionen in Konzentrationslagern vernichtet wurden und andere Millionen auf Kampfplätzen gefallen sind. Die Sieger der neugeschriebenen Historie entscheiden sich für den Rachezug, und so wird die Welt der Besiegten in der Zeit zurückgedrängt.«[37] Vermittelt wird dieses Geschehen durch eine Erzählerinstanz, die sich streckenweise mit den Perspektiven der zentralen Figuren Bering, Ambras und Lily deckt, insgesamt jedoch autonom erscheint und einen weiten Fokus besitzt, durch den mehr Einsichten, Informationen und Ereignisse als den Figuren zusammen zugänglich sind, narrativ erfassbar werden.[38]

Zu Beginn der Handlung, nach dem kurzen ersten Kapitel, das das Ende des Romans schon vorwegnimmt, endet in Europa ein Krieg von offenbar nahezu globaler Dimension, als dessen Entsprechung in der historischen Realität, wie eingangs betont, mit einigem Recht der Zweite Weltkrieg gesehen werden kann. Der Erzähler bestimmt die Lage zu Beginn mit den Sätzen: »Der Krieg war vorüber. Aber das von allen Schlachtfeldern so weit entfernte Moor sollte allein im ersten Jahr des Friedens mehr Soldaten sehen als in den eintönigen Jahrhunderten seiner bisherigen Geschichte« (MK 15). Es ist kurz nach Ende des Krieges, das durch die »Unterzeichnung jenes Waffenstillstandes, der in den Schulstunden der Nachkriegszeit nur noch *Der Friede von Oranienburg* hieß« (MK 9), markiert wird. Ausgehend von dieser historischen Konstellation, erzählt der Roman zum einen von den auf die Kapitulation folgenden Entwicklungen in dem abgelegenen, ehemaligen Gebirgskurort Moor, zum anderen von der Vergangenheit des Ortes und dessen Verflechtung mit der Geschichte jenseits der Bergwelt. Symbolisch wird diese Verflechtung benannt, wenn es aus Sicht von Berings Mutter heißt: »Die halbe Welt ist mit Moor zugrundegegangen, das weiß sie, und auch, daß mit der Polin Celina und den vier Kühen des Hofes die halbe Menschheit in der Erde und im Feuer verschwunden ist, Heilige Maria!«

---

[37] BOMBITZ, ATTILA: *Auf dem Weg der Metafiktion*, S. 51.
[38] Zur Erzähltechnik vgl. u. a. SPITZ, MARKUS OLIVER: *Erfundene Welten*, S. 97ff. SPITZ nimmt an, der Roman orientiere sich, was seine narrative Anlage betrifft, an der Ästhetik der Moderne, eine Annahme, die sicherlich nicht gänzlich fehlgeht, auch wenn die Technik des ›*stream of consciousness*‹, die SPITZ erkennen möchte (vgl. ibid. 97), nicht vorkommt, ebenso wenig wie die des inneren Monologs, die per definitionem einem Ich-Erzähler vorbehalten ist, so dass die entsprechenden Passagen, auf die SPITZ eingeht (MK 212f. und MK 332ff.), richtigerweise als erlebte Rede bezeichnet werden müssten.

(MK 27). Weitere Details des Krieges werden in zurückgreifenden Erzähleinschüben vermittelt. Der Erzähler teilt etwa mit, dass »in der einzigen *Bombennacht* von Moor« (MK 9) eine Bombardierung aus der Luft stattgefunden hat. Weiter wird in Moor der Krieg durch die Präsenz verwundeter Soldaten sichtbar. »Mit der Dauer ferner Schlachten waren dazu mehr und mehr *Fronturlauber* gekommen und schwerverwundete Offiziere [...]« (MK 31). Die Situation Moors am Beginn der in *Morbus Kitahara* erzählten Geschichte ist geprägt vom politischen Machtvakuum, das der Krieg hinterlassen hat. Der Machtwechsel fungiert als Zäsur, mit der die kontrafaktische Ereignisgeschichte einsetzt, obgleich sie noch nicht unmittelbar, sondern erst nach einer Interimsphase für die Figuren wie für den Leser sichtbar wird.

Vorerst bestimmt die logistische Konfusion der Nachkriegszeit die Erzählhandlung. »Immer neue Verhandlungen zwischen rivalisierenden Siegern bestimmten und verzerrten die Demarkationslinien [...]« (MK 16), so der Erzähler, ferner ist nach Ende des Krieges die Rede von »Vertriebenen, Ausgebombten, Heimatlosen« (MK 112), die ähnlich wie Pynchons »Zone« zeitweise auch Ransmayrs Moor bevölkern. Auch die Verhaftung von Lilys Vater fügt sich in dieses Bild. »Der Kommandant von Moor habe den Vater der Roten Armee übergeben« (MK 121), heißt es. Von diesem Vater existiert eine Fotografie, die ihn »lachend vor der Oper in Wien zeigte. Er trug seine schwarze Uniform mit allen Orden und eine Schirmmütze, die seine Augen im tiefen Schatten beließ« (MK 122), die ihn folglich als Amtsträger des besiegten Regimes kenntlich macht. Beides, die Rote Armee und die schwarze Uniform sind ihrem Status nach außenreferentiell. Dagegen stehen innerhalb der Schilderungen des Geschehens der Nachkriegszeit solche Passagen die aufgrund der darin angedeuteten historischen Vorgänge auf den Zuschnitt der kontrafaktischen Ereignisgeschichte verweisen:

> Seit den Tagen, in denen Major Elliots Pioniere die Bahnlinie ins Tiefland zerschlagen hatten und Moor aus den Fahrplänen verschwunden war, hatten die Bewohner der Besatzungszonen in einem langen Prozeß der Demontage und Verwüstung allmählich begriffen, begreifen *müssen*, daß Lyndon Porter Stellamour nicht bloß irgendein neuer Name aus dem Heer und Regime der Sieger war, sondern der einzige und wahre Name der Vergeltung. (MK 39)

Die gezielte Zurücksetzung der Region in ein früheres, prämodernes technologisches Stadium geschieht als Realisierung von »Stellamours Friedensplan« (MK 39). Über Lautsprecher werden die Kernpunkte dieses Friedensplanes proklamiert:

>*Gesindel!* ... *Feldarbeit* ... *Heuschober statt Bunker* ... knackte und rauschte es aus den Lautsprechern ... *keine Fabriken mehr, keine Turbinen und Eisenbahnen, keine Stahlwerke* ... *Armeen von Hirten und Bauern* ... *Erziehung und Verwandlungen: aus Kriegstreibern Sautreiber und Spargelstecher! Und Jauchetträger aus den Generälen* ... *zurück auf die Felder!* ... *und Hafer und Gerste zwischen den Ruinen der Industrie* ... *Krautköpfe, Misthaufen* ... *und auf den Trassen eurer Autobahn dampfen die Kuhfladen und wachsen im nächsten Frühjahr Kartoffeln* ...*!*< (MK 42)

Dieser Friedensplan bestimmt nicht nur die Erzählhandlung maßgeblich, er lässt sich auch als textinternes Programm für den Entwurf der kontrafaktischen Geschichte lesen, und was der Roman als Verwirklichung des Friedensplans schildert, kann vor dem Hintergrund des Modells zur strukturellen Beschreibung kontrafaktischer Geschichtsdarstellungen, wie es hier vorgeschlagen wird, verallgemeinert werden. Die Deviation von der dokumentierten Geschichte und vom Wissen des Modell-Lesers vollzieht sich in Ransmayrs Roman auf der Story-Ebene. Als historischer *Nucleus* lässt sich die sich aus dem Ende des Krieges und dem Sieg der Alliierten ergebende Entscheidungssituation identifizieren. Die nicht erzählte, sondern nur aus den Vorgängen ableitbare Entscheidung der Siegermächte, die Unterlegenen des Krieges durch den Abbau ihrer Industrie zu bestrafen, bestimmt als erstes kontrafaktisches Ereignis die weitere im Roman geschilderte historische Entwicklung: »In der folgenden Woche wurde das Kraftwerk am Fluß stillgelegt; die Turbinen, auch die Transformatoren des Umspannwerks, rollten *gemäß* Paragraph 9 des Friedensplanes auf russischen Armeelastwagen davon« (MK 43). Im Folgenden gestaltet Ransmayr eine Alternativgeschichte, die sich jedoch nach diesem grundlegenden Eingriff in die Kette überlieferter Ereignisse, durch Abänderung einer historischen Entscheidungssituation, deren Hergang selbst im Unklaren bleibt, nicht durch weitere folgenreiche Ereignisse auszeichnet, sondern durch Stagnation. Dies gilt zumindest für den Hauptschauplatz. Weitere kontrafaktische Ereignisse, namentlich die Fortsetzung des Weltkriegs im Pazifik, von der Bering bei seiner ersten Reise nach Brand erfährt, finden nur abseits der Erzählhandlung statt und werden durch keinerlei nähere Angaben konkretisiert.

Nach dem einen, grundlegenden Eingriff verlegt der Text den Fokus auf die Schilderung der Folgen, die diese kontrafaktische Entscheidung für das Alltagsleben in einem gesellschaftlichen Mikrokosmos hat. »In den Kaffs nannte man die Zeiten damals *Hundejahre*: Fleisch und Seife und alle Dinge des täglichen Bedarfs waren und blieben knapp, denn Stellamours Friedensplan forderte noch von der armseligsten Kommune die Eigenversorgung« (MK 72). Es entsteht schnell ein »Land der Pferdewagen, Karren und Fußgänger« (MK 81), eine »Welt der Pferdefuhrwerke und Handkarren« (MK 223). In dieser Welt erweist sich sehr bald die Überlegenheit der Natur über den Menschen und seine unbrauchbar gewordenen technischen Relikte:

> Selbst unter den Obstbäumen dieses Gartens, hochstämmigen Birn- und Walnußbäumen, kauerten Maschinen, von Gestrüpp und wildem Wein überwuchert, ausgedient, vom Rost gebräunt, manche schon tief eingesunken in den weichen Grund; hier ein moosbewachsener Spähwagen ohne Reifen und Lenkrad, dort ein Heuwender, die ausgeschlachteten Karosserien zweier Limousinen – und wie das Herz eines Sauriers ein auf schwere Holzböcke gewuchteter Motorblock ohne Kolben und Ventile, schwarz, ölverschmiert und so riesig, daß er unmöglich jemals zu einem der Fahrzeuge unter den Bäumen gehört haben konnte. (MK 52)

So wird die kontrafaktische Geschichte in diesem Roman gerade durch die Folgen sichtbar gemacht, die sie auf die Natur hat. Deren Regenerierung geht analog zur sinnbildlich rückwärts laufenden Zeit vor sich. »Und doch war schon im Lauf eines einzigen Jahres zu sehen, daß die rückwärts gleitende Zeit selbst in diesen Reservaten einer entschwindenden Gegenwart Spuren hinterließ« (MK 44). Die Spuren, die hier gemeint sind, stammen von den Besatzungstruppen, die sich bald ins Tiefland zurückziehen, doch sind es nicht die einzigen. Eine andere Auswirkung des Demontageprogramms besteht darin, dass dem Ort mit dem technologischen Standard auch seine Partizipation an der Geschichte entzogen wird. »Ein solcher Geschichtsverlust ist dabei das logische Korrelat einer Gesellschaft, in der jede Technologie überhaupt verlorenzugehen droht«[39], schreibt NIEKERK. Vergleicht man Moor in den Jahrzehnten nach dem Krieg mit den vorgeschichtlichen Abschnitten in Grass' *Der Butt*, lässt sich eine konzeptionelle Ähnlichkeit erkennen. In beiden Fällen bleibt die Darstellung undatiert und die äußere Ereignislosigkeit des Lebens kommt der Geschichtslosigkeit gleich. Der Rückfall in die Steinzeit, den die Besatzungsmacht für Moor vorgesehen hat, wird somit zum Austritt aus der Geschichte.

11.3 Moor und Brand: Der Chronotopos als Landkarte des Kontrafaktischen

Die mit der Erzählhandlung von *Morbus Kitahara* entworfene Welt weicht nicht nur bei Referenzen auf historisches Geschehen vom enzyklopädischen Wissen des Lesers ab, auch der Schauplatz der Fiktion besitzt keine historische und räumliche Entsprechung in der Realität.[40] Dennoch schreibt BRITA

---

[39] NIEKERK, CARL: *Vom Kreislauf der Geschichte*, S. 169.

[40] Eine Alternative zur, wie oben betont, notwendigen und nur schwer vermeidbaren Rückbeziehung der in *Morbus Kitahara* erzählten historischen Ereignisse auf die natio-

STEINWENDTNER, das Geschehen sei »ganz im Konkreten angesiedelt. Die geographischen Koordinaten ließen sich abstecken: Gmunden, Ebensee, Mauthausen, Dachstein, Totes Gebirge; in Brasilien [...] eine der unzähligen Atlantikbuchten in der Nähe von Rio de Janeiro.«[41] Dabei führt sie Ortsnamen an, die im Text, mit Ausnahme von Rio de Janeiro, nicht genannt werden. So liefert sie stattdessen eine Rückübersetzung der im Roman vorkommenden Kunstnamen in die allgemeingültige Nomenklatur. Es scheint bei genauerer Betrachtung des Textes angemessen, von einem narrativen Verfahren auszugehen, das in der Mitte zwischen beiden Positionen liegt, und das sich zunächst dadurch auszeichnet, dass es nicht nur mit rein fiktionalen Schauplätzen operiert, sondern auch aus realen Orten und Regionen eine dem kontrafaktischen Geschichtsentwurf entsprechende, alternative Topographie kreiert. So entfaltet der Text einen hybriden fiktionalen Raum zwischen Identität auf der einen und absoluter Differenz zur empirischen Realität auf der anderen Seite.

Der Schauplatz, der im Mittelpunkt steht, weil sich dort der Großteil der Erzählhandlung abspielt – eine kleine Stadt mit Namen Moor –, ist geographisch nicht zu identifizieren, da sie außerhalb des Textes nicht existiert. HONOLD stellt fest, Ransmayr habe »eine Geschichtslandschaft« entworfen, die allerdings »in ihrer menschenabgekehrten Schroffheit und Unwirtlichkeit aufs Haar«[42] denjenigen seiner früheren Romane gleiche. Demgegenüber ist einzuwenden, dass der Schauplatz hier nicht bloß unwirtlich erscheint, sondern dass der Text vermittels der geschilderten Topographie den alternativen historischen Entwurf plastisch werden lässt. Insgesamt manifestiert sich die kontrafaktische Geschichte seltener in Referenzen auf historische Ereignisse als in Schilderungen des fiktiven Schauplatzes, der in Opposition zu anderen Räumen gesetzt wird. Die Deviation vom enzyklopädischen Wissen wird vor allem des-

---

nalsozialistische Ideologie, Politik und auf den Zweiten Weltkrieg, bestünde in einer Klassifikation als allotopischer Roman. Der Definition WILHELM FÜGERS, die hier in Erinnerung gebracht werden soll, folgend, kann und darf ein solcher allotopischer Roman »überall angesiedelt sein, nur nicht im Hier bzw. im Dort eines empirisch zugänglichen Heute oder Gestern [...]« (FÜGER: Streifzüge durch Allotopia, S. 355).

[41] STEINWENDTNER, BRITA: *Ein Monolith der Düsternis*, S. 97. Auch HONOLD verweist auf die reale landschaftliche Vorlage. Vgl. HONOLD, ALEXANDER: *Die steinerne Schuld*, S. 260f.: »[A]ls geographisches Modell dient hauptsächlich das Tote Gebirge im Salzkammergut, ein langgestreckter, nahezu vegetationsloser Gebirgszug, der die größte zusammenhängende Hochfläche der Kalkalpen bildet. Totes Gebirge, steinernes Meer. Wenn Geschichte, die wir uns gemeinhin als einen Vorgang der Bewegung vorstellen, als einen Fluß oder Wellenschlag, wenn dieser ›Fluß der Zeit‹ den Aggregatszustand wechseln könnte, dann würde genau dies daraus hervorgehen – ein versteinertes Meer, in irgendeinem Augenblick plötzlich auf immer fixiert, gleichsam schockgefrostet.«

[42] HONOLD, ALEXANDER: *Neues aus dem Herz der Finsternis*, S. 113

halb registrierbar, weil sich der narrative Entwurf des Chronotopos in *Morbus Kitahara* mit kontrafaktischen Referenzen auf historisches Geschehen verbindet und so die kontrafaktische Geschichte der Landschaft und der Landkarte einschreibt. Diese Strategie zeigt sich zunächst daran, dass der Text eine fundamentale Dichotomie zwischen zwei als Hochland und Tiefland bezeichneten Regionen etabliert. Anders als in Thomas Manns *Zauberberg*, in welchem jener Gegensatz vor allem auf ein spezifisches Weltempfinden zurückgeführt wird, betrifft er in Ransmayrs Roman zwei sich gleichzeitig vollziehende gegensätzliche Wege der historischen und zivilisatorischen Entwicklung.

Moor und Brand, die Städte, die wiederum für beide Wege stehen, sind keine realen Orte. Während Moor gezielt in ein vorindustrielles Stadium zurückgeführt wird, bleibt Brand als Stützpunkt des amerikanischen Militärs davon verschont. Moor dagegen wird auch infrastrukturell isoliert und »kurz vor dem Winter[,] erfüllten sich die schlimmsten Gerüchte von der Stillegung der Eisenbahnlinie. Stillegung! Moor auf eine Schlammstraße zurückgeworfen! Moor abgeschnitten von der Welt« (MK 35). Über Brand heißt es dagegen:

> Dort, *irgendwo*, gab es Städte und nicht bloß Ruinen, breite, makellose Straßen, Schienenstränge bis an den Horizont, Hochseehäfen und *airports* – und nicht bloß einen zerschossenen Hangar und nicht bloß einen von Disteln und Hollundern überwucherten Bahndamm, der schon seit Jahrzehnten keine Geleise mehr trug (MK 148).

Antithetisch ausgedrückt lautet der Befund: »In Moor standen Ruinen. In Brand Kaufhäuser« (MK 335). Der Text nutzt zwei fiktionale Schauplätze als Pendants zweier historischer Möglichkeiten, die in der Erzählhandlung parallel existieren.[43] Die Separierung ist weitgehend hermetisch. Beide Regionen sind durch eine unwegsame Landschaftsformation voneinander getrennt: »*Das steinerne Meer*. Verboten, unwegsam und an seinen Pässen vermint, lag dieses Meer zwischen den Besatzungszonen, ein kahles, unter Gletschern begrabenes Niemandsland« (MK 32). Für die solchermaßen noch stärker zurückgeworfen lebenden Einwohner von Moor besteht offenbar kaum eine Möglichkeit, ihren Lebensmittelpunkt und damit auch die ihnen auferlegte technisch-kulturelle Rückständigkeit zu verlassen. Erst viele Jahre nach Ende des Krieges lernt Bering die ihm unbekannte, hochtechnisierte Stadt Brand auf einer Reise kennen, die er gemeinsam mit Ambras und Lily unternimmt und bei der er seinen alten, dementen Vater in eine Pflegeeinrichtung überführt. In diesem Zusammenhang wird der Widerspruch, der nicht nur zwischen dem technischen Stan-

---

[43] Beide Regionen werden allerdings klar im selben Raum-Zeit-Gefüge verortet, nicht wie in sogenannten ›*parallel world novels*‹, in parallelen Universen, anders auch als in dem Gedankengebäude der Figur aus Borges' *Der Garten der Pfade, die sich verzweigen*.

dard in beiden Städten, sondern auch in der Politik der Siegermacht besteht, in erlebter Rede artikuliert:

> War das die *Sühne*, war das die Strafe, die der große Friedensbringer dem Tiefland zugedacht hatte? War das die Strafe? Ja? Scheiße, verdammte. Hatte es denn im Tiefland keine Barackenlager gegeben? Keine Kalkgruben voll Leichen? Hatten Brand und Hall und Großwien und wie diese sogenannten Wiederaufbauzonen auf der Landkarte des Moorer Sekretariats alle hießen, keine Soldaten in den Krieg gegen Stellamour und seine Alliierten geschickt? Hatten vielleicht ein paar windverblasene Kaffs dort oben im Gebirge das Heer von Stellamours Feinden ganz alleine gestellt und ganz alleine an einen Endsieg geglaubt, bis dieses Heer in den Boden gestampft worden war? (MK 333)

Gegen Ende der Erzählhandlung, als die Gegend um Moor schließlich zum Übungsgelände der Armee erklärt wird, wird die Beschränkung der Reisefreiheit, die als verwaltungstechnische Marginalie, durch Hinweise des Erzählers auf die Notwendigkeit von Passierscheinen, zu den Details des kontrafaktischen Geschichtsentwurfs gehört, aufgehoben und die Bewohner der Seeregion erhalten eine, in diesem Falle wiederum erzwungene, Passage ins Tiefland und in die fiktive Stadt Brand. Die Geschichte Moors, die, wie oben dargelegt wurde, ohnehin schon nicht mehr stattgefunden hat, gelangt an ihr Ende, als die Bewohner von Moor dort hin ziehen dürfen, »wohin die meisten von ihnen ohnedies schon die längste Zeit wollen – ins Tiefland [...], in die Nähe von Supermärkten, Bahnhöfen, Tankstellen. Im nächsten Jahr dürfen die Leute endlich weg aus ihren Kaffs. *Auf und davon*. Die Seeregion wird aufgelöst« (MK 284).

Die Auflösung des sozial-topographischen Gefüges, die hier verkündet wird, spiegelt die Auflösung des Handlungsstrangs, in dessen Zentrum Moor steht. Hiernach wird die Erzählhandlung in Räume verlegt, die auf tatsächlichen Landkarten auffindbar sind. Geographische Angaben wie Brasilien (MK 7), Bahia de São Marcos (MK 7), New York (MK 11), Hudson River (MK 11), das Schwarze Meer (MK 12), Ägypten (MK 12), Treblinka (MK 12) oder die Sanddünen Nordafrikas (MK 25), Bezeichnungen also mit Entsprechungen in der Realität, treten schon zuvor und gerade zu Beginn des Romans mit hoher Frequenz auf. Die »Wolkenkratzer jener Insel Manhattan, auf der Lyndon Porter Stellamour seine Residenz hatte« (MK 177) und schließlich die »Freiheitsstatue vor der Hafeneinfahrt von New York und die hohle Fackel in ihrem erhobenen Arm« (MK 177) gehören ebenfalls einer außerhalb der Textgrenzen auffindbaren Welt an, doch appliziert der Erzähler dieser Welt sichtbare Merkmale der kontrafaktischen Geschichte.[44] Noch deutlicher erkennbar wird dies, wenn der Text ein vom Krieg bis auf wenige Ausnahmen verwüstetes Europa evoziert, das in militärische Zonen eingeteilt ist. Immer wieder gibt es Referenzen auf die Zerstörung realer Städte durch den Krieg, etwa wenn es über Lilys Mutter heißt, sie habe »bis zum Untergang ihrer Stadt in den Werkstätten eines *Burgtheaters* Kulissen gemalt« (MK 121), wenn auf »die zerstampften Wiesen Podoliens« (MK 12) und »das verglühte Warschau« (MK 12) hingewiesen wird oder von »den Schuttwüsten der Stadt Wien« (MK 111) die Rede ist. Das volle Ausmaß der Kriegszerstörungen erschließt sich jedoch erst, als Bering mit dem Zug in Richtung Hamburg fährt und als deutlich wird, dass auch jenseits von Moor kein Wiederaufbau stattgefunden hat, so dass die Wirkung des Eingriffs in die überlieferte Geschichte seit Ende des Krieges in Europa auch hier in einer Ortsbeschreibung evident wird:

> *Nürnberg* las Bering auf einem von schwarzem Gestrüpp überwucherten Stellwerk, hinter dem aber kein Bahnhof und keine Stadt, sondern wieder nur die Steppe lag. Dort draußen, im Niemandsland zwischen den Zonen, sagte ein Bremser, den Bering auf einem seiner Streifzüge durch die Waggons auf einer Plattform traf, dort draußen habe sich die Natur einigermaßen von den Menschen erholt, dort gebe es nun wieder Vogelarten, die hier lange für ausgestorben gehalten worden waren, Würgefalken, Steppenadler, Merline, Moorschneehühner. (MK 399f.)

Die Rückbildung der Kultur in Mitteleuropa, als Resultat des unterbliebenen Wiederaufbaus der durch den Krieg zerstörten Städte, erweist sich weiterhin in einem Gespräch zwischen Ambras und einem anderen Passagier auf dem Schiff nach Brasilien. Das Schiff transportiert zusätzlich zu den Passagieren auch die Fracht dieses Händlers aus Pôrto Alegre:

---

[44] Zur Kritik an diesem Verfahren, reale und erfundene Ortsnamen nebeneinander zu gebrauchen vgl. JANACS, CHRISTOPH: *Die Verdunkelung des Blicks*. Für JANACS führt dieser Aspekt »zum wichtigsten Einwand, zu Ransmayrs *Umgang mit Geschichte*: indem er einzelne Orte und Namen mit symbolhafter Bedeutung auflädt, andere in ihrer Historizität beläßt, wieder andere umbenennt (tatsächlich gab es den Plan, Europa in eine präkapitalistisches Zeitalter zurückzukatapultieren, nur stammte er von einem Henry Morgenthau jr.!) und andere durch Schweigen verhüllt (so vermeidet er Begriffe wie Nationalsozialismus, Hitler oder KZ), wird der Verweischarakter der einzelnen Dinge beliebig, da alles auf irgendetwas und damit auf nichts verweist« (JANACS: Die Verdunkelung des Blicks, S. 101). JANACS spricht dem Autor offenbar die Legitimation ab, in einem fiktionalen Text gewissermaßen mit Versatzstücken aus eindeutig negativ besetzten historischen Namen, Sachverhalten und Symbolen so frei zu verfahren wie er es in *Morbus Kitahara* tut. Der Vorwurf, dass im Text so alles auf irgendetwas verweise, ist jedoch in Anbetracht der Dechiffrierbarkeit der verfremdeten Benennungen nicht haltbar.

> Siebenundvierzig Kisten, sagte der Händler, siebenundvierzig Kisten voller Engel und Heiligenfiguren, Fürsten, Märtyrer, Feldherren, Gekreuzigten und Erlösern aus den Ruinen Mitteleuropas, günstig eingekauft und an reiche Fazendeiros, Sammler und Fabrikanten weitergeliefert, von Rio Grande do Sul bis nach Minas Gerais, ja bis hinauf in den Norden, nach Bahia und Pernambuco! Das Geschäft der Zukunft. In den *Zonen* und Niemandsländern an Donau und Rhein könnten diese Helden und Heiligen nur noch mit dem Erlös helfen, den der Markt für sie zahlte. Auswandern, sagte der Händler, auswandern…viel mehr sei dort nicht mehr zu machen […]. (MK 407)

Dieses Frachtgut hat auch symbolischen Wert, versinnbildlicht es doch die Diffusion einer Kultur, die hier als künstlerisches Zeugnisensemble europäischer Geschichte für dieselbe steht. Mit der Zerstreuung und Verlagerung dieser Artefakte löst sich deren historischer Kontext auf, sie werden zu Relikten einer untergegangenen Zivilisation.

Die Referenzen auf südamerikanische Städte, die zu den neuen Standorten der aufgezählten Sakralkunstwerke werden sollen, markieren wiederum, wie schon NIEKERK bemerkt hat, eine räumliche Verlagerung historischer Zentren.[45] Auch Brasilien ist, wie sich von verschiedenen Angaben im Text ableiten lässt, von der kontrafaktischen Geschichte geprägt. Aufgrund seiner Teilnahme am Weltkrieg ist das Land von der Peripherie in den Mittelpunkt gerückt und feiert den neuen Besitzer des aus Moor abtransportierten Eisens als den »großen Helden Brasiliens, der an der Seite Amerikas und seiner Verbündeten den Weltkrieg gewonnen hatte…« (MK 413). Die damit einhergehende Inversion der eurozentristischen Perspektive zeigt sich in der Figur Muyras. Über die Brasilianerin Muyra, der Bering auf der Zugfahrt nach Pantano begegnet und die seine Geliebte wird, heißt es: »Und von Europa wußte sie, daß es dort eng war, zu eng, und daß Kriege dort rascher ausbrachen und aufeinanderfolgten als in einem Land, das sich trotz seiner Millionenstädte und Wolkenkratzer in der Wildnis verlor, in den Regenwäldern Amazoniens, in den Sümpfen des Mato Grosso« (MK 411). Hierin bestätigt sich, dass sich die politische Neuordnung der Welt bereits vollzogen hat. Am Ende der Erzählhandlung, als die Hauptfiguren in Südamerika ankommen, bleibt der Kontinent ihrer Herkunft als größtenteils verwüsteter Erdteil zurück. Das dahinterstehende narrative Verfahren, den kontrafaktischen Geschichtsentwurf durch die sprachliche Generierung einer topographischen Konstellation zu vermitteln, korrespondiert dabei dem poetologischen Anspruch Ransmayrs, im Erzählen kreative Akte des Hervorbringens zu leisten und mittels Wörtern und Sätzen eine Welt herzustellen und zu gestalten.

---

[45] Vgl. NIEKERK, CARL: *Vom Kreislauf der Geschichte*, S. 162.

11.4 »Seine Gegenwart war die Vergangenheit«: Entgrenzung der Zeiten als Signatur des Kontrafaktischen

Die Dichotomie von Hochland und Tiefland bildet sich auch in der Platzierung beider Regionen auf einer abstrakten, bipolaren Zeitachse ab. »Irgendwo in dieser Finsternis, hoch oben im Steinernen Meer, lag Moor, abgeschlagen, tief in der Vergangenheit, während Brand sich im elektrischen Glühen einer schönen Zukunft sonnte« (MK 335), so ein Kommentar des Erzählers. Die erzählte Zeit umspannt in *Morbus Kitahara* etwa dreißig Jahre, lässt sich insgesamt jedoch nicht datieren. HEIKE KNOLL folgert daraus, es bestehe keine Möglichkeit zur »klaren zeitlichen Lokalisierung«[46] der Handlung. Demgegenüber merkt STAHL einschränkend an, dem immer wieder postulierten »historischen Irgendwo« der erzählten Welt des Romans stünden »eindeutig bestimmbare Bezüge auf die historische Realität entgegen.«[47] Insgesamt jedoch fehlen Schilderungen historisch verbürgter und datierter Ereignisse in *Morbus Kitahara* gänzlich. Es finden sich keinerlei Jahreszahlen, sondern die Ereignisse – der Krieg und der Frieden von Oranienburg – fungieren als Markierungen, von welchen aus die Abstände in Jahren gezählt und vom Erzähler angegeben werden. An verschiedenen Stellen werden solche Rückbezüge vorgenommen, die, ebenfalls innerhalb der Erzählhandlung, den historischen Stellenwert des Kriegsendes untermauern. Der Erzähler situiert die Handlung durch entsprechende Angaben wie »Man schrieb das zweite Jahr des Friedens« (MK 21), »im dritten Jahrzehnt der Besatzung« (MK 62) oder »im neunzehnten Jahr des Friedens von Oranienburg« (MK 122). Die Verweisrelationen verbleiben somit innerhalb der Erzählhandlung und sind nur durch die vom Text selbst bereitgestellten Koordinaten semantisierbar. Allerdings können die Wirklichkeitssignale, die gesetzt werden, als Anhaltspunkte dafür gelten, dass es sich nicht um eine in der Zukunft situierte Geschichte handelt. Dieser Gesichtspunkt ist für eine Erfassung des Romans unter den Formen devierenden historischen Erzählens entscheidend.

Mehrfach betont der Erzähler die figurenseitige Empfindung der rückwärts laufenden Zeit. Diese paradoxe Wahrnehmung ergibt sich für die Einwohner von Moor zum einen aus dem Wissen, dass der technologische Fortschritt in anderen Teilen der Welt nicht künstlich abgebrochen wurde, zum anderen aus der äußeren Ereignislosigkeit des Lebens und aus der Erfahrung der Regression,

---

[46] KNOLL, HEIKE: *Untergänge und kein Ende*, S. 215. Wenn SPITZ dagegen behauptet: »Von besonderer Bedeutung hinsichtlich das Geschlechterverhältnis [sic] [...] ist die Verlegung der Romanhandlung seitens des Lesers in die 1960er Jahre« (SPITZ: Erfundene Welten, S. 95), so entbehrt dies jeglicher Grundlage.

[47] STAHL, THOMAS: *Österreich am blinden Ufer*, S. 16.

aus dem Zurückfallen hinter einen bereits einmal erreichten technischen und zivilisatorischen Stand. »›Zurück! Zurück mit euch! Zurück in die Steinzeit!‹« (MK 41), lautet die Parole, die der Kommandant der Besatzungsarmee in Moor, Elliot, ausgibt.[48] Angesichts der einsetzenden Demontage konstatiert der Erzähler: »Unaufhaltsam glitt Moor durch die Jahre zurück« (MK 43). Dies hat zur Folge, dass die Lebenswirklichkeit in Moor fortan von Praktiken und Gegenständen vorindustrieller Zeiten bestimmt wird, dass wieder Äxte und Steinschleudern (vgl. MK 54) als Waffen eingesetzt werden und dass innerhalb dieser Welt die Überbleibsel der Zeit vor dem Krieg und die Geräte der Armee, etwa ein Fernsehapparat[49], nun wie Anachronismen erscheinen, ähnlich den Kinoprojektoren in *Die letzte Welt*. Anders als in *Die letzte Welt* ist in *Morbus Kitahara* das Nebeneinander von Elementen verschiedener historischer Epochen jedoch weitgehend durch die Romanhandlung motiviert.

Nicht nur technisch, auch kulturell findet eine Rückversetzung statt. Die Wiedereinsetzung Moors in die Prämoderne bewirkt auch eine Erneuerung ritueller Praktiken, die dem europäischen Mittelalter zu entstammen scheinen. Die Büßerprozessionen sind als Reminiszenz an die mittelalterlichen Flagellanten ein augenfälliges Beispiel für die Wiederbelebung einer überkommenen Verhaltensweise[50], die auch als Reflex gelesen werden kann – ein Reflex, der dem

---

[48] Dass Steine als das wichtigste Leitmotiv des Romans fungieren, das auch in direkte Beziehung zur Geschichtsthematik gesetzt wird, ist leicht zu bemerken und sei hier der Vollständigkeit halber am Rande erwähnt. Augenfällig wird die Verknüpfung in der Erwähnung eines »Ort[es], der Moors Geschichte beschwerte wie kein anderer: im Steinbruch am See« (MK 64).

[49] In Ransmayrs enttechnisiertem Moor fungiert das Fernsehen als Instanz der Informationsvergabe für die Figuren, die über dieses Medium Kenntnis von der übrigen Welt erhalten. Das technische Gerät wird auch zum Sinnbild, da es als Objekt von einer anderen Zeit kündet. Darüber hinaus liefert es die Bilder aus dieser Zeit. »Und ein *Fernseher*, es war einer von insgesamt dreien in der ganzen Seeregion ... Aber während die anderen beiden Fernsehgeräte in den Versammlungsräumen der Sekretariate von Moor und Haag unter Verschluß standen und dort nur einmal jede Woche einem gierigen Publikum Melodramen in Schwarzweiß, Bilder aus Amerika und dem Rest der Welt und manchmal auch einen uralten Stellamour vorführten, der an einem mit Blumen und Sternenbanner geschmückten Rednerpult gestikulierte, flimmerte das Ding in der leeren Bibliothek der Villa Flora oft stundenlang unbeachtet vor sich hin und zeigte allein dem Hunderudel die Wetterkarten eines Militärsenders oder uniformierte Sprecher, die sich im elektronischen Gestöber einer Störung in funkensprühende Phantome verwandelten« (MK 142).

[50] Im Bereich der Medizin ist die Wiederbelebung abergläubischer Praktiken zu verzeichnen: Eine Salzsiederin »legte jedem Leidenden, der in ihre rußige Stube kam, die Hände auf die Stirn, murmelte dazu unverständliche Sprüche und schrieb ihm mit einem Vogelknochen, den sie in eine schwarze Brühe tunkte, heilsame Zeichen auf den Leib« (MK 300).

unmöglichen Bestreben entspringt, die zu büßenden historischen Taten und Ereignisse durch Zurückversetzung in der Zeit ungeschehen zu machen. Schon die Frage, die Berings Mutter sich stellt, als sie im Gürtel ihres Sohnes eine Pistole stecken sieht, deutet hierauf hin: »Lief denn die Zeit jetzt endlich rückwärts und fügte *alles* Zerschlagene wieder zusammen, und nicht nur das zu Unrecht Zerstörte, sondern auch die schwirrenden Trümmer wieder zu jener Waffe, die ihr Sohn nun in seinem Gürtel trug?« (MK 134). Allerdings findet keine narrative Umkehrung des Zeitverlaufs statt, wie etwa in Ilse Aichingers *Spiegelgeschichte* oder in Martin Amis' *Time's Arrow*. Die Figuren in *Morbus Kitahara* altern und an diesem biologischen Prozess demonstriert der Text das gewöhnliche Vergehen der Zeit. Auch für die Schusswaffe gibt es eine rationale Erklärung, es handelt sich nicht um dieselbe Waffe, die Berings Vater zuvor auf dem Amboss zerschlagen hat, sondern um eine andere. Die der Mutter zugeschriebenen Gedanken spiegeln eher die Verwirrung, die der im Roman geschilderte kontrafaktische historische Prozess im Bewusstsein der Figuren auslöst, und dass mit Ausnahme Lilys sämtliche zentrale Charaktere des Romans im Verlauf der Erzählhandlung den Verstand verlieren, lässt die Verwirrung als endgültig erscheinen. Berings Mutter zeigt wahnhafte Reaktionen und sie erlegt sich selbst auf, für eine für sie selbst nicht durchschaubare Handlung ihres Sohnes zu büßen: »Im Keller seines blutbesudelten Hauses würde sie seine Schuld auf sich nehmen und auf dem nackten Boden, ohne ein Bett, ohne eine wärmende Decke und ohne ein Licht den schmerzensreichen Rosenkranz für ihn beten« (MK 136). Später wähnt sich auch Berings Vater in der Zeit zurückversetzt und hält sich für einen Soldaten:

> Seine Gegenwart war die Vergangenheit [...] Kaum daß er gehört hatte, was der Reiter zu ihm sagte, war seine Erinnerung an den Krieg schon wieder stärker als sein Gehorsam, und obwohl er nach jedem Befehl, zu schweigen, im Satz, ja im Wort abbrach und für einen Augenblick verstummte, sprach er im nächsten Atemzug doch weiter, sprach immer weiter von der Wüste und von der Schlacht und vom Paß von Halfayah, den er dort oben zu sehen meinte, irgendwo zwischen Felstürmen und Wolken. (MK 292)

Zuletzt führt die verzerrte Wahrnehmung der Realität zu Ambras' und Berings Tod, als Ambras in Brasilien die Erlebnisse seiner Vergangenheit wieder zu Bewusstsein kommen und gegenwärtig erscheinen, so dass er sie in das aktuelle Erleben hineinprojiziert.

> Er hat sich nach einem Verfolger umgewandt, der ihm auf dem steilen Weg zur Wallkrone nachkommt: Ach, es ist nur einer von denen, die im Steinbruch mit Stahlruten zuschlagen. Der macht ihm keine Angst mehr. Aber im Abgrund, der hinter seinem

> Verfolger klafft, in der Tiefe, schon ganz unbedeutend und grau, sieht er das Lager – und zwischen den Baracken das Feuer. Langsam und unbeirrbar kriecht es auf den Appellplatz zu. So lange hat es im Verborgenen gebrannt, in den Öfen hinter dem Krankenrevier. Jetzt ist es frei. (MK 439)

Wie Berings Vater wird Ambras von seinen Erinnerungen gewissermaßen eingeholt. Als ehemaliger Lagerhäftling steht Ambras stellvertretend für die Überlebenden, in seiner Haltung, sowohl der Gegenwart als auch der Vergangenheit gegenüber, artikuliert sich die Sicht der Opfer. Die Unmöglichkeit der Bewältigung des Geschehenen kommt so zur Sprache: »*Zurück*gekommen in den Steinbruch? Ich bin nicht zurückgekommen. Ich *war* im Steinbruch, wenn ich in den ersten Jahren der Stellamourzeit durch die Schutthalden von Wien oder Dresden oder durch irgendeine andere dieser umgepflügten Städte gegangen bin« (MK 210). Hier werden die zerbombten Städte der Nachkriegszeit mit Moor beziehungsweise dem Steinbruch der Erzählgegenwart gleichgesetzt. Darin enthalten ist ein unmissverständlicher Hinweis auf die Belastung durch das erfahrene Leid, das nicht vergeht, und Ransmayrs den Roman kommentierende Aussagen unterstreichen dies.[51] Zugleich ist die Ambras zugeschriebene Behauptung als poetologische Selbstreflexion zu lesen, als Verweis auf das Verfahren des Textes, eine anhaltende Verlängerung der Vergangenheit in die Gegenwart vorzunehmen, die sich im Bewusstsein der Figuren abbildet. Doch nicht nur die Gegenwart und die Geschichte werden übereinandergeblendet, auch die »Zukunft Moors war die Vergangenheit« (MK 336). Diese Einsicht Berings enthält ebenfalls eine Spiegelung der Poetik des Kontrafaktischen in *Morbus Kitahara*. Die Radikalität und Konsequenz jenes Zusammenfalls zeigt sich darin, dass es der Krieg ist, den Moor aufs Neue erleben soll.

> *Das* war die Zukunft. Artilleriegranaten auf die Ruinen des Grand Hotels. Raketen auf das Bellevue. Bomben auf das Strandbad, auf den Wetterturm, auf die Villa Flora...Die Zukunft Moors und aller Kaffs am See glich doch nur jener Bombennacht, die *er*, der Knecht in einem Hundehaus, als sein Geburtsdatum auf dem Passierschein trug. (MK 335f.)

Die Wiederholung des historischen Geschehens, die demselben seine Einmaligkeit nimmt, prägt schon die Erzählhandlung in *Die Schrecken des Eises und der Finsternis*. Dass das Prinzip der Wiederholung auch in *Morbus Kitahara* das

---

[51] Vgl. LÖFFLER, SIGRID: »...*das Thema hat mich bedroht*«, S. 215: »Es ist eben nicht wahr, daß 1945 die Lagertore alle aufgesprungen sind und die Geschichte wenigstens für die Überlebenden gut ausgegangen ist – das ist nicht die ganze Wahrheit. Es gibt Leute, für die ist die Vergangenheit nicht vergangen, für die gibt es nur diese Unzeit, in der alle Zeiten, ihre Vergangenheit, ihre Gegenwart, ihre Zukunft, zusammenschießen.«

produktionsästhetische Modell abgibt, zeigt die Beschaffenheit des kontrafaktischen Geschichtsentwurfs. LYNNE COOK erkennt hierin eine Konstante in Ransmayrs narrativer Poetik und spricht diesbezüglich von der »cyclical nature of human existence assumed in Ransmayr's three novels«[52]. So ist auch der Gegensatz zwischen den Schauplätzen Europa und Brasilien nur ein scheinbarer und die Verschiffung der Steinbruchmaschinerie nach Pantano bedeutet keinen Neuanfang, sondern eine Wiederholung. Die Bedeutung des Ortsnamens Pantano lässt dies offenbar werden. »›Pantano‹, las Lily an einem Nachmittag, an dem der Zug Stunde um Stunde vor der Stahlbrücke einer Zonengrenze hielt, und reichte Ambras das Buch. ›Pantano. Hier stehts doch; bedeutet *Sumpf, sumpfige Wildnis, Feuchtgebiet*‹« (MK 402). LIESSMANN sieht in der immer wieder anklingenden Gegenwärtigkeit der Vergangenheit die Idee hinter dem Thema des Romans, »die Unmöglichkeit von Zukunft angesichts einer unvergänglichen Vergangenheit [...].«[53] Als geschichtsphilosophische Fundierung wird sie dem Text durch das die Handlung strukturierende Prinzip der Wiederholung eingeschrieben, ein Prinzip, das die Eigenlogik des kontrafaktischen Entwurfs auch insgesamt kennzeichnet.

11.5 Gedächtnis und Wiederholung

11.5.1 Kopie und Duplikation der Geschichte

Die Auseinandersetzung mit den Verbrechen, die die Bevölkerung von Moor während des Krieges an Juden und Zwangsarbeitern verübt hat, bestimmt die in *Morbus Kitahara* erzählte Geschichte. Im Schriftbild des Textes sind einige der entsprechenden Referenzen typographisch hervorgehoben – KLAUS R. SCHERPE spricht von der Kenntlichmachung als Diskurszitat durch Kursivschrift.[54] Diese Praktik wird besonders in den Passagen evident, in denen auf diese Weise der Wiedererkennungswert der durchscheinenden, im Zeichen einer Ideologie begangenen Verbrechen noch erhöht wird, etwa wenn es heißt: »*Blinde Züge* erreichten diesen Bahnhof nie. Blind, das bedeutete: ohne Fenster, bedeutete: ein

---

[52] COOK, LYNNE: *The Novels of Christoph Ransmayr*, S. 236f. Dieses, den Erzähltexten zugrundeliegende zyklische Konzept wird in der Forschung häufiger bestätigt. Vgl. HONOLD, ALEXANDER: *Die steinerne Schuld*, S. 257: »Die Geschichte als Zyklus: Dergleichen Konzepte sind nicht gerade neu, auch nicht in der Poetik. Für Ransmayr jedoch ist es entscheidend, mit der eigenen Geschichte nicht im eigenen Land anzukommen. Er inszeniert die Leere eines Ortes, indem er Kreise um ihm zieht.«
[53] LIESSMANN, KONRAD PAUL: *Der Anfang ist das Ende*, S. 151.
[54] Vgl. SCHERPE, KLAUS R.: *Geschichten aus dem Posthistoire*, S. 165.

Zug ohne Beschilderung und Hinweis auf Herkunft und Ziel« (MK 31). Die auf nationalsozialistisches Gedankengut und den Holocaust beziehbaren Ausdrücke erhalten so markante Akzentuierungen. Als Ambras und seine Geliebte vor dem Krieg von vier Männern »in Uniform« (MK 215)[55] überfallen werden, brüllen jene Männer die Wörter »*Judenhure*« (MK 215) und »*Judensau*« (MK 215) und verkünden: »*Judenhuren gehen barfuß*« (MK 216). Nach dem Überfall reflektiert Ambras: »Das also war das *Blut*, von dem damals dauernd die Rede war, *Blutschande, mischblütig, reinblütig, Blutopfer*« (MK 216). Tatsächlich kommt innerhalb des aus einzelnen Teilstücken ohne Erklärungszusammenhänge gewissermaßen metonymisch vermittelten Bildes der Vergangenheit Moors den Anspielungen auf nationalsozialistische Symbole und Ausdrücke der prominenteste Platz zu. In diesen Textstellen wird die Rezeption unter der Prämisse, es handele sich um eine Spielart der Erfindung der Wirklichkeit insofern zum Problem, als sie durch Verweise auf Judenverfolgung und Konzentrationslager eindeutig auf tatsächliches geschichtliches Geschehen anspielen und durch die mehr oder minder konkreten Beschreibungen von Erinnerungen an die Barbarei des Nationalsozialismus über die nur der Erfindung und Logik des Erzählers verpflichtete Welt hinausweisen.[56] Die entsprechenden Textstellen in *Morbus Kitahara* sind ihrer Verweisrichtung nach außenreferentiell, und auch ohne dass tatsächliche Namen oder Ortsbezeichnungen fielen, auf Vorgänge in der Realität beziehbar. In diese Richtung weist auch eine Aussage Ransmayrs, in der wie selbstverständlich die Erfahrungswirklichkeit und das Wissen um die Verbrechen des Nationalsozialismus als Veranlassung der Imagination benannt werden. In *Geständnisse eines Touristen* notiert er:

> Natürlich waren die Steinbrüche der Konzentrationslager von Ebensee und Mauthausen so etwas wie impulsgebende Orte für meinen Roman. Ja, auch in Mauthausen gibt es eine Steintreppe. Und im Lager Mauthausen, auf einer Glastafel im Museum, herauskopiert aus vielen Briefen der Lagerpost, steht in ebenso vielen Handschriften dieser eine deutsche! Satz, der in alle persönlichen Nachrichten einge-

---

[55] An anderer Stelle ist von den schwarzen Uniformen der Schergen die Reden: »[...] einen von denen, die in ihren schwarzen Uniformen auf den Bahnsteigen, in den Lagern, Steinbrüchen und unter den Galgen und überall dort aufgetaucht waren, wo nicht nur das Glück und das Leben ihrer Opfer, sondern eine ganze Welt zu Ende ging« (MK 116).

[56] SPITZ formuliert dies in allzu plakativ-lapidarer Manier. Vgl. SPITZ, MARKUS OLIVER: *Erfundene Welten*, S. 113: »Bei der Nennung einer ›Staatspolizei‹ denkt man beinahe automatisch an die ›Gestapo‹, und die Plüschgiraffe, welche die Eltern für ihre Tochter einpacken, sieht der Leser vor seinem geistigen Auge bereits auf einem Stapel in Auschwitz enden.«

fügt werden *mußte*, die aus dieser Hölle nach Italien, Polen oder Ungarn abgeschickt wurden: *Ich bin gesund, es geht mir gut.*⁵⁷

Auch dieses Detail ist in die Fiktion aufgenommen worden. Als Ambras von seinen Nachforschungen über den Verbleib seiner Geliebten erzählt und von seiner Begegnung mit deren Schwester berichtet, heißt es, diese besäße

> eine Fotografie von ihr und einen Lagerpostbrief aus Polen. Aber diese letzte Nachricht enthielt nur Sätze, die ich schon kannte: *Ich bin gesund. Es geht mir gut* . . . Solche Sätze waren Vorschrift. Solche Sätze haben wir in unserer Baracke am Schotterwerk auch geschrieben. Solche Sätze haben selbst Leute nach Hause geschrieben, die einen Tag später im Krematorium verraucht sind. Wir waren alle gesund. Uns ging es allen gut. (MK 217)

Die Referenzen auf Lager und Lagerpostbriefe machen unmissverständlich klar, dass in der kontrafaktischen Geschichte, die der Roman entwirft, bis zum Sieg der alliierten Streitkräfte und der Eroberung Moors Verfolgungen von Juden und politischen Dissidenten stattfanden. Nach Kriegsende kommt es in Moor dazu, dass sich die Anhänger des entmachteten Regimes der Insignien entledigen, die sie mit demselben in Verbindung könnten: »... und alle plötzlich verjährten Ehrenzeichen, Orden und Heldenbüsten sanken, in Fahnen und abgestreifte Uniformen gewickelt, zum Grund von Jauchegruben hinab oder verschwanden auf Dachböden, in Kellerverstecken, auch im Feuer und in hastig geschaufelten Erdlöchern« (MK 14). Der symbolische Wert dieses Vorgangs ist dabei unverkennbar, handelt es sich doch um eine Verdrängung der Vergangenheit, um das Bestreben, die Geschichte vergessen zu machen. Als Ambras von der Besatzerarmee zum Aufseher des Steinbruchs ernannt wird, müssen jedoch »auch die Nachgeborenen selbst im letzten Kaff am See erkennen, daß die *Vergangenheit* noch lange nicht vergangen« (MK 176) ist. Die Parole »Niemals vergessen« (MK 334; MK 336) bestimmt die Umsetzung des Friedensplans. Im besetzten Moor stoßen so zwei konträre Formen des Umgangs mit Geschichte aufeinander. Während den Besiegten daran gelegen ist, die eigene Geschichte und ihre schuldhafte Verstrickung zu löschen, initiieren die Sieger unterschiedliche Akte des Gedenkens, durch die die Erinnerung an den Krieg und die Verbrechen gleichsam hergestellt wird. Es lässt sich zeigen, dass diese Gedächtnisrituale den Referenzen auf historische Geschehnisse im Roman gelten, die Entsprechungen in der tatsächlichen Geschichte haben. Die Erinnerung an das verfremdete Tatsächliche wird so zum Teil des kontrafaktischen Entwurfs und in den Schilderungen der zur Gedächtnispflege durchgeführten Maßnahmen findet eine Spie-

---

⁵⁷ Ransmayr, Christoph: *Geständnisse eines Touristen*, S. 122.

gelung der auf Wiederholung und Dichotomie gründenden Eigenlogik des kontrafaktischen Entwurfs statt, wie nachfolgend gezeigt werden soll.

Im Wesentlichen sind in *Morbus Kitahara* zwei Formen institutionalisierten Gedenkens zu unterscheiden, zum einen die Monumente, zum anderen die Nachstellung. Durch beide wird Geschichte in der Erzählhandlung aufgegriffen und thematisiert. Die erste der genannten Formen entspringt der Absicht, historischen Vorgängen über ihre Einmaligkeit hinaus Dauer zu verleihen, indem sie durch Denk- und Mahnmale bestätigt werden. Stein ist hierfür das bevorzugte Material, das im Steinbruch von Moor abgebaut wird und aus dem »Mahnmäler – und immer wieder die Gestalten des Friedensbringers und seiner Generäle geschlagen werden konnten. Im Tiefland wurden Steinsäulen für die Kolonnaden von Geisterhäusern gebraucht und Platten für Gedenktafeln, groß wie ein Tor« (MK 269). Die Landschaft, in der Moor gelegen ist, wird so buchstäblich ausgehöhlt, um den Bedarf an Stein zu decken, durch den die Geschichte eine künstliche Petrifizierung erfährt, wenn auch in Form einer Zweitschrift.

Während die steinernen Monumente der Konservierung dienen, bezwecken die sogenannten Stellamour-Parties die visuelle Vergegenwärtigung der Vergangenheit. Es handelt sich um Maßnahmen, mit denen der Befehlshaber der Besatzungstruppen in Moor Stellamours Friedensplan eine individuelle Komponente hinzufügt, denn statt »den Dingen ihren Lauf und die Schrecken der Kriegsjahre allmählich blaß und undeutlich werden zu lassen, erfand Elliott für diese Parties immer neure Rituale der Erinnerung« (MK 44), erläutert die Stimme des Erzählers. Die Konfrontation der Einwohner von Moor mit ihren während des Krieges an Zwangsarbeitern begangenen Verbrechen geschieht durch eine dem Reenactment vergleichbare Praktik. Als bewusste Akte der Nachstellung visualisieren sie einerseits die Präsenz der Vergangenheit und verlagern andererseits die Auseinandersetzung mit dieser Vergangenheit ins rein Äußerliche, befördern also das Verdrängte an die Oberfläche. In *Morbus Kitahara* vollzieht sich so die Wiederholung der Geschichte als naturalistische Schauspielversion dessen, was in der Vergangenheit geschehen ist und anhand von Bilddokumenten rekonstruiert wird. Die Ambition der Nachstellungen ist klar formuliert: »Die Bilder mußten sich gleichen. Gemäß den Häftlingsklassen, die Elliott in den geretteten Akten verbucht fand, bestand er dabei auch auf einer wirklichkeitsgetreuen Kostümierung und befahl den Statisten aus Moor, sich als *Juden*, als *Kriegsgefangene, Zigeuner, Kommunisten* oder *Rassenschänder* zu verkleiden« (MK 45). Dokumente dienen als Vorlage und werden nach Art von *Tableaux vivants* dupliziert: »Schließlich hat mir ein Armeefotograf geholfen, einer von denen, die damals die leeren Baracken, die Öfen, die Steinbrüche für die Stellamourarchive gefilmt und fotografiert haben« (MK 218) erzählt Ambras.

Geschichte ereignet sich in Moor als Simulation der Vergangenheit und die Schilderungen der Simulation überschreiben die reale Geschichte, die in der Erzählhandlung nicht stattfindet.

11.5.2 Erinnerung und Ritual

Indem er dem fehlgegangenen Umgang mit der jüngeren Geschichte Österreichs in der Erzählhandlung als Teil des kontrafaktischen Geschichtsentwurfs eine ebenfalls misslingende Form ritualisierten Gedenkens gegenüberstellt, zeugt der Roman auch von einer Ratlosigkeit diesbezüglich, von der Frage nach der Möglichkeit einer angemessenen Form der Verarbeitung der nationalsozialistischen Verbrechen und des Völkermords. *Morbus Kitahara* wird dadurch zum Zeugnis der Auseinandersetzung mit diesem Thema.[58] Kontrafaktisch sind, wie bereits angedeutet, die Prozeduren, die dem Vergessen und der Verdrängung des Geschehens entgegenwirken sollen und der historischen Gedächtnisbildung an solche Vorgänge dienen, die am ehesten über eine faktische Entsprechung verfügen. »Die Erinnerung wird so unumgänglich: Überall muß man sich erinnern,

---

[58] Dass die Reproduktion an die Stelle eines Aufarbeitungsdiskurses tritt, macht auch die Beschreibung der Wiedergabe dokumentarischen Filmmaterials deutlich: »Und dem Tor dieser immer noch Tarnfarben tragenden Konzerthalle war ein riesiges Armeezelt vorgebaut, in dem auf mehreren Leinwänden zugleich Dokumentarfilme liefen, Stummfilme in Endlosschleifen, die wieder und wieder die schnurgeraden Barackenzeilen am Schotterwerk vorführten, *wieder und wieder* einen Leichenstapel in einem weiß gekachelten Raum, einen Krematoriumsofen mit offener Feuertür, eine Häftlingskolonne am Seeufer – und im Hintergrund aller Erinnerungen, wieder und wieder, die verschneiten und sonnendurchglühten und regennassen und vereisten Wände des Steinbruchs von Moor...Wer zur Bühne im Hangar wollte, der hatte keine Wahl, der mußte durch dieses flimmernde Zelt« (MK 144f.). Ferner wird das Radio als Medium eingesetzt, um die alten Antworten und die alten Fragen zu perpetuieren: »Selbst jetzt versammelte sich eine schrumpfende Gemeinde noch jeden Freitagabend im Moorer Sekretariat, um dort eine Radiosendung zu hören, in der zwischen Musikeinlagen und Vorträgen zur Kriegsgeschichte die alten Fragen gestellt wurden. Wer dann die alten Antworten auf eine Feldpostkarte kritzelte und an den Armeesender schickte, nahm an einer Verlosung teil, die kleine Preise und sogar Reisen in ferne Besatzungszonen versprach« (MK 212f.). Hinter diesen Passagen, wie SPITZ es nahe legt, eine nachträgliche Kritik an der gescheiterten Re-education Politik der Alliierten nach dem Zweiten Weltkrieg zu vermuten, die man gemessen »an den hochgesteckten Zielen [...] als gescheitert ansehen« (SPITZ: Erfundene Welten, S. 119) müsse, ist wenig überzeugend. Die spezifische Art des Umgangs mit der Vergangenheit ist Teil des kontrafaktischen Geschichtsentwurfs, der auch hierin eine alternative Variante zur tatsächlichen vorführt, ohne letztere jedoch als Verfehlung zu deklarieren.

nirgendwo hat man die Freiheit, sich nicht zu erinnern. Es gibt so ein Zuviel an Geschichte, das zu einem Zusammenbruch der Geschichte führen kann«[59] – diese Feststellung NIEKERKS scheint für das Gesamtbild, das der Text liefert, zuzutreffen, obschon sie nur bedingt mit der gegenläufigen Tendenz der verblassenden Erinnerung, die ebenfalls thematisiert wird, in Übereinstimmung zu bringen ist. Auch die Denkmäler, die der Zeit widerstehen sollten, sind ihr in Wirklichkeit unterworfen. »Aber wer wollte im dritten Jahrzehnt des Friedens von Oranienburg noch Leichen zählen? Über die Große Schrift kroch das Moos« (MK 177), lautet ein Erzählerkommentar. Lily, die auf ihren Streifzügen durchs Gebirge alte Waffen und Kriegsschrott sammelt, verkauft diese Gegenstände, die, gerade weil sie als einer anderen Zeit zugehörig empfunden werden, einen hohen Sammlerwert besitzen, denn »für die Sieger von damals war der Krieg mit seinen Triumphen längst eine ebenso ferne, unfaßbare Erinnerung wie der Untergang der Besiegten« (MK 109). Mit zunehmendem zeitlichem Abstand ereignet sich auch ein Wandel in der Wahrnehmung. Die Angehörigen der nächsten Generation, die mit den Bildern keine persönlichen Erfahrungen mehr verbinden, erleben die Veranstaltungen in Moor lediglich als Theater, die performativen Darbietungen schaffen keinen bewussten Konnex zur Vergangenheit mehr:

> Aber Moors Kinder langweilten die Erinnerungen an eine Zeit vor ihrer Zeit. Was hatten *sie* mit den schwarzen Fahnen am Dampfersteg und mit den Ruinen am Schotterwerk zu schaffen? Und was mit der Botschaft der Großen Schrift im Steinbruch? Die Kriegskrüppel und *Heimkehrer* mochten sich über eine Stellamour-Party empören und gegen die *Wahrheit der Sieger* protestieren – für Bering und seinesgleichen waren die Rituale der Erinnerung, ob sie nun von der Armee befohlen oder von den Sühnegesellschaften gepflegt wurden, nur ein düsteres Theater. (MK 176f.)

Morbus Kitahara liefert, wie hieran ersichtlich wird – und die Relevanz dieses Gesichtspunkts kam in den bisherigen Untersuchungen des Romans sicherlich zu kurz – nicht allein einen fiktionalen Beitrag zum Diskurs der Vergangenheitsbewältigung, sondern auch eine Auseinandersetzung mit dem Phänomen des kollektiven beziehungsweise kulturellen Gedächtnisses, welches für diesen Diskurs von Bedeutung ist. »Nach Burke ist die Handlung, insbesondere eine ritualisierte Handlung und als solche ist die Stellamour-Party zu bezeichnen, ein Medium der Gedächtnisvermittlung. Die Besatzungsarmee setzt also alle möglichen Mittel ein, um ein öffentliches Gedächtnis zu gestalten«[60], schreibt

---

[59] NIEKERK, CARL: *Vom Kreislauf der Geschichte*, S. 168.

[60] CIEŚLAK, Renata: *Mythos und Geschichte im Romanwerk Christoph Ransmayrs*, S. 182.

CIEŚLAK, beschränkt sich jedoch auf diese Feststellung, ohne darauf einzugehen, inwiefern die Substitution der eigentlichen Geschichte durch Wiederholungen und Rekapitulationen vergangener Geschehnisse das gesellschaftliche Leben aufrecht erhält. Aus kulturtheoretischer Perspektive lässt sich der in *Morbus Kitahara* angedeutete Prozess mit JAN ASSMANN als Wechselspiel gegenläufiger Gedächtniszentren begreifen. ASSMANN betont, dass »die Rede vom ›kollektiven Gedächtnis‹ nicht metaphorisch zu verstehen [sei]. Zwar ›haben‹ Kollektive kein Gedächtnis aber sie bestimmen das Gedächtnis ihrer Glieder.«[61] Dieser Vorgang zeigt sich in Ransmayrs Roman. Dabei werden insbesondere die Mechanismen zur Herausbildung eines solchen kollektiven beziehungsweise kulturellen Gedächtnisses vorgeführt, die unter den besonderen, durch die kontrafaktische Ereignisgeschichte geschaffenen Bedingungen, archaische Züge annehmen.

ASSMANN zeigt, dass ein wesentliches Element der Selbstvergewisserung einer Gesellschaft in Festen und Feiern zu sehen sei, und schreibt:

> Wie gewinnt die Gruppe Anteil am kulturellen Gedächtnis, dessen Pflege ja auch auf dieser Stufe bereits Sache einzelner Spezialisten (Barden, Schamanen, Griots) ist? Die Antwort lautet: durch Zusammenkunft und persönliche Anwesenheit. Anders als durch Dabeisein ist in schriftlosen Kulturen am kulturellen Gedächtnis kein Anteil zu gewinnen. Für solche Zusammenkünfte müssen Anlässe geschaffen werden: die Feste. Feste und Riten sorgen im Regelmaß ihrer Wiederkehr für die Vermittlung und Weitergabe des identitätssichernden Wissens und damit für die Reproduktion der kulturellen Identität. Rituelle Wiederholung sichert die Kohärenz der Gruppe in Raum und Zeit.[62]

Einer schriftlosen Kultur ist das ritualisierte Programm der Steinzeit, in der Moor sich wiederfinden soll, angemessen. In der Wiederholung historischer Momente und Vorgänge zeigt sich die Gedächtnismanipulation zum Zweck einer Identitätsschaffung für einen Teil der Unterlegenen des Krieges. Das Projekt der Siegermacht richtet sich auf eine Neuformierung einer sozialen Gruppe, die gezielt in ein historisches Anfangsstadium versetzt und mit neuem identitätsstiftendem Material versehen wird. Fortan gründet sich das Dasein des Kollektivs auf die Schuld, die den Anlass für die Existenz unter den Bedingungen des Friedensplanes bildet.

---

[61] ASSMANN, JAN: *Das kulturelle Gedächtnis*, S. 36.
[62] Ibid., S. 57.

11.6 Der Frieden von Nagoya: Das Ende des kontrafaktischen Entwurfs als Ende der Geschichte

Jenseits des von der Geschichte ausgeschlossenen Ortes Moor setzt die kontrafaktische Ereigniskette sich fort, und zwar vornehmlich als Schlachtengeschichte – zumindest ist dies die einzige Seite der Geschichte, die im Text anklingt. Amerika befindet sich in einem andauernden Krieg. Der Erzähler verweist darauf, dass Stellamours Armee

> jahrzehntelang mit wechselnden Verbündeten an einem über alle Längen- und Breitengrade verlaufenden Frontengewirr gekämpft und gesiegt und hier einen Frieden von Oranienburg hinterlassen hatte, dort einen Frieden von Jerusalem, einen Frieden von Mosul, einen von Nha Trang oder Kwangju, von Denpasar, Havanna, Lubango, Panama, Santiago und Antananarivo, Frieden, überall Frieden... (MK 339).

Die Friedensschlüsse sind sämtlich kontrafaktisch und fungieren als Höhenkammpunkte der alternativen Ereignisgeschichte, die durch die addierende Reihung indessen nur aufs Äußerste verknappt zur Sprache kommt. Der Abschluss dieser Aufeinanderfolge ist der Sieg über Japan, herbeigeführt durch einen Atombombenabwurf. Im Kapitel *Das Licht von Nagoya* erfährt Bering hiervon zunächst aus dem Radio.

> Japan...victory in the Pacific...theater of war on Honshu island...impenetrable cloud of dust hides Nagoya after single bomb strikes...nuclear warhead...flash is seen hundred and seventy miles away from Nagoya...Japanese emperor aboard the battleship USS Missouri...unconditional surrender...smoke seethes forty thousand feet...
> Nagoya. Honshu. Der Krieg in Japan...Was Bering auf die Entfernung vom Inhalt der Nachrichten eher ahnte als verstand, war nicht viel mehr, als daß wohl wieder einmal von jenem Krieg in Asien die Rede war, dessen Schrecken er mit den Bildern von anderen Kriegen und anderen Kämpfen im Irgendwo schon seit den Schuljahren über die Bildschirme der Sekretariate von Moor und Haag flackern sah. Auch das Fernsehgerät in der geplünderten Bibliothek der Villa Flora, das so oft nur schlafende Hunde beschien, erleuchtete die Nächte stundenlang mit Bildern vom Krieg. Ein Dschungelkrieg. Ein Krieg im Gebirge. Krieg im Bambuswald und Krieg im Packeis. Wüstenkriege. Vergessene Kriege. Ein Krieg in Japan; einer von vielen: Alle diese Frontberichte endeten ja doch immer mit dem Hinweis auf die Segnungen des Friedens von Oranienburg, die den Besiegten durch die Güte und Weisheit des großen Lyndon Porter Stellamour beschieden worden waren. (MK 319f.)

Weiter verkündet das Radio,

> *Nagoya* werde von nun an der Name für den größten Feuersturm der Kriegsgeschichte sein. Der Kaiser von Japan habe seinen Palast verlassen. Begleitet von seinen geschla-

genen Generälen sei er an Bord des Schlachtschiffes USS *Missouri* gekommen. Dort habe er sich lange und stumm verbeugt und dann die bedingungslose Kapitulation unterzeichnet. Nach mehr als zwanzig Kriegsjahren die bedingungslose Kapitulation! (MK 321)

Auch von diesem kontrafaktischen Vorgang stehen fiktive Filmaufnahmen zur Verfügung, auf die der Text referiert.

> Und dann, beklatscht vom Publikum vor dem Schaufenster, das so tat, als wäre es mit den Bildern längst vertraut, stieg ein kleiner, krummer Mann im schwarzen Frack die Gangway eines Schiffes hoch, nahm von ordensgeschmückten Militärs umringt an einem Kartentisch Platz und schrieb etwas in ein Buch. Das Publikum johlte. Dann erlosch der krumme Mann im Frack, und zur Hymne Amerikas flammte noch einmal das Licht von Nagoya auf, ein Blitz, der zum Stern wurde und der Stern zu einer chromweißen Nova, die auf dem Höhepunkt ihrer Blendkraft zu einem Standbild gefror. (MK 327)

Abermals steht ein reales historisches Ereignis als Vorbild im Hintergrund, doch erscheint es zeitversetzt. KLAUS VON SCHILLING liefert eine Interpretation dieses Vorgangs, die davon ausgeht, Ransmayr habe

> die Atombombenexplosion von Hiroshima, die hier den Hintergrund bildet, wohl deshalb um mehr als zwanzig Jahre verschoben, weil er drei Bedeutungsebenen unter ihrem Vorzeichen zusammenfügen will: Das Bild des Todes musste einmal auf der individuell-kommunikativen Ebene bereits eingeführt sein, bevor ihm die objektive Entsprechung – der Weltuntergang – zugeordnet werden sollte; zum Zweiten muss die totale Verblendung – mit dem Bild des gleißenden Lichts als Hintergrund der absoluten Schwärze und des Todes – auf einer privaten und öffentlichen Ebene gegeben sein, so dass dem subjektiven Siegergefühl Berings eine Stadt der ›Sieger‹ entsprechen konnte; zum Dritten schließlich musste die Katastrophe der Atombombe von der des Zweiten Weltkriegs getrennt werden, denn sie hat zum Bild der Konstanz des Schreckens zu werden, der nach dem Krieg eben nicht aufgelöst oder unterbrochen war.[63]

Das Moment der Konstanz des Schreckens erscheint in der Tat als Grundierung der Erzählhandlung, deren kontrafaktischer Hintergrund in dem letzten nuklearen Schlag kulminiert. HEIKE KNOLL stellt diesbezüglich fest: »Auch hier erscheint der Untergang schließlich als eine schicksalhaft gegebene Szenerie, vor deren Hintergrund Ransmayr den allgemeinen Rückfall der Zivilisation an die Natur exemplifizieren kann: [...]. Dieses Fehlen aller Ursachen läßt den Untergang zu einem allgemeinen Prinzip werden, dem der Mensch ausgeliefert ist.«[64]

---

[63] SCHILLING, KLAUS VON: *Christoph Ransmayrs Morbus Kitahara*, S. 38f.
[64] KNOLL, HEIKE: *Untergänge und kein Ende*, S. 218.

Anders gewendet, »demonstrieren politische Konflikte die ewigen Naturgesetze und wird Geschichte zum verhängten und unentrinnbaren Schicksal.«[65] Dabei darf allerdings nicht übersehen werden, dass dieses Schicksal als Umschlag eines von Menschen initiierten Prozesses präsentiert wird, und, unsteuerbar geworden, schließlich als äußerlich verhängt erlebt wird. Auf der Inhaltsebene wird dies daran sichtbar, dass nicht ein fortlaufendes, von persönlichen Entscheidungen und Handlungen bestimmtes Geschehen die Erzählhandlung von *Morbus Kitahara* konturiert, sondern Situationen von durch die Erfahrung der eigenen Ohnmacht geprägten Figuren inmitten einer stagnierenden Umwelt im Mittelpunkt stehen. Dass die Erzählung die Verbrechen des Krieges unzweifelhaft als menschlich verschuldet vorführt, ermöglicht es gewissermaßen im Umkehrschluss zur Auslegung der Geschichte als autogenerativem Prozess, den Roman als narrative Gestaltung einer Möglichkeit zu lesen, die dem Menschen offen steht. Hierin ist er auf der Inhaltsebene dem zu Beginn dieses Kapitels skizzierten poetologischen Programm des Autors analog. Der Text führt vor, wie eine Gesellschaft eine historische Dynamik geschaffen hat, in der einzelne zur Ohnmächtigkeit relegiert werden, ohne dass es sich dabei um einen von außen verhängten Mechanismus handelt. Diese Dynamik wird durch den kontrafaktischen Entwurf expliziert und in einer Weise illustriert, in der eine grundlegende Technologieskepsis zum Ausdruck gelangt, da die besagte historische Dynamik in ihrer destruktiven Reichweite durch die Errungenschaften moderner Technik und deren militärischer Nutzung um ein Vielfaches potenziert wird. Was KNOLL Schicksal nennt und, nicht zu Unrecht, mit dem Zusatz ›unentrinnbar‹ versieht, da es in der Erzählhandlung von *Morbus Kitahara* keine Andeutungen anderer Möglichkeiten gibt, die den zentralen Figuren und auch dem anonym bleibenden Gros der Einwohner von Moor offen stünden, nimmt dabei recht deutlich das Wesen der Apokalypse an, in dem Sinne, in dem KLAUS VONDUNG sie definiert: »Die Apokalypse meint den Untergang, und zwar den totalen und endgültigen, den Untergang der Menschheit, das Ende der Welt.«[66] Auf gera-

---

[65] Ibid., S. 219.
[66] VONDUNG, KLAUS: *Die Apokalypse in Deutschland*, S. 11. MOSEBACHS Ausführungen zu einer entsprechenden Untersuchung des Romans auf die die Erzählhandlung prägenden Elemente der Apokalypse sind weniger eingehend, als der Titel seiner Studie es nahe legt. MOSEBACH selbst resümiert als Abschluss des Kapitels zu *Morbus Kitahara* reichlich allgemein und affektiv: »Diese Endzeitvision formuliert eine deutliche anthropologische Kritik. Gewaltszenen und Beschreibungen des Verfalls verweisen auf die Erkenntnis Ransmayrs, dass der Mensch ein aggressives und gewaltbereites Wesen ist. Eine Zukunft kann es für ihn nicht geben. Auch die Fortschrittsideen sowie die Errungenschaften der Menschheit werden scharf kritisiert, weil die Handhabung der Entdeckungen verantwortungslos und dumm ist. Vornehmlich erkennt der Autor das

dezu zynische Weise wird diese in Figurenrede zu einer Idylle des ewigen Friedens umgedeutet, als der konsternierte Bering von einem Einwohner der vom Siegesrausch überwältigten Stadt Brand gefragt wird: »›Kommst Du vom Mond? Das ist der Friede, Mondmann. Sie haben alle geschlagen. Das ist der Friede von Japan. Sie haben gesiegt!‹« (MK 328).

Auch hier klingt, am Ende der kontrafaktischen Geschichte, die der Text erzählt, die Vorstellung vom Ende der Geschichte an. So entwirft der Roman zuletzt das durch die Handlung freilich ad absurdum geführte Bild einer Welt, in der »auch der letzte Feind in diesem *Weltkrieg* besiegt war« (MK 340). Die sich daraus ergebende Frage lautet: »Und was, außer einem *Weltfrieden*, konnte auf einen solchen Krieg noch folgen?« (MK 340). Das Ende der Geschichte besteht in *Morbus Kitahara* – und darin gleicht es strukturell dem Konzept ARNOLD GEHLENS und den Posthistoirevorstellungen, die das Ende der Geschichte mit der Verwirklichung der höchsten menschlichen Fortschrittsstufe gekommen sehen – in nichts anderem, als im Fehlen von Entscheidungssituationen, die für den weiteren Verlauf der Geschichte mehr als eine einzige Möglichkeit eröffnen.

Motiv der Zerstörung im Handeln des Menschen. Die Moorer verhalten sich primitiv und gefühlskalt, das Tiefland vollzieht den atomaren Erstschlag und will sich im Bergland auf kommende Kriege vorbereiten. Fortschritt als Zukunftsideologie wird folglich rundheraus abgelehnt. Im Zustand des Endes der Geschichte wird eine Regression gesehen, der schleichende Weg in die Barbarei. An Zivilisationstheorien Spenglers und Toynbees erinnernd, wird der Untergang der westlichen Zivilisation und der Gang in den Naturzustand propagiert« (MOSEBACH: Endzeitvisionen, S. 248). Insbesondere die letzte Behauptung ist unhaltbar: In *Morbus Kitahara* werden der Untergang der Zivilisation in Europa und die rasche Ablösung durch die Natur keineswegs propagiert, also als bejahenswert ausgewiesen, sondern allenfalls prophezeit.

Dritter Teil

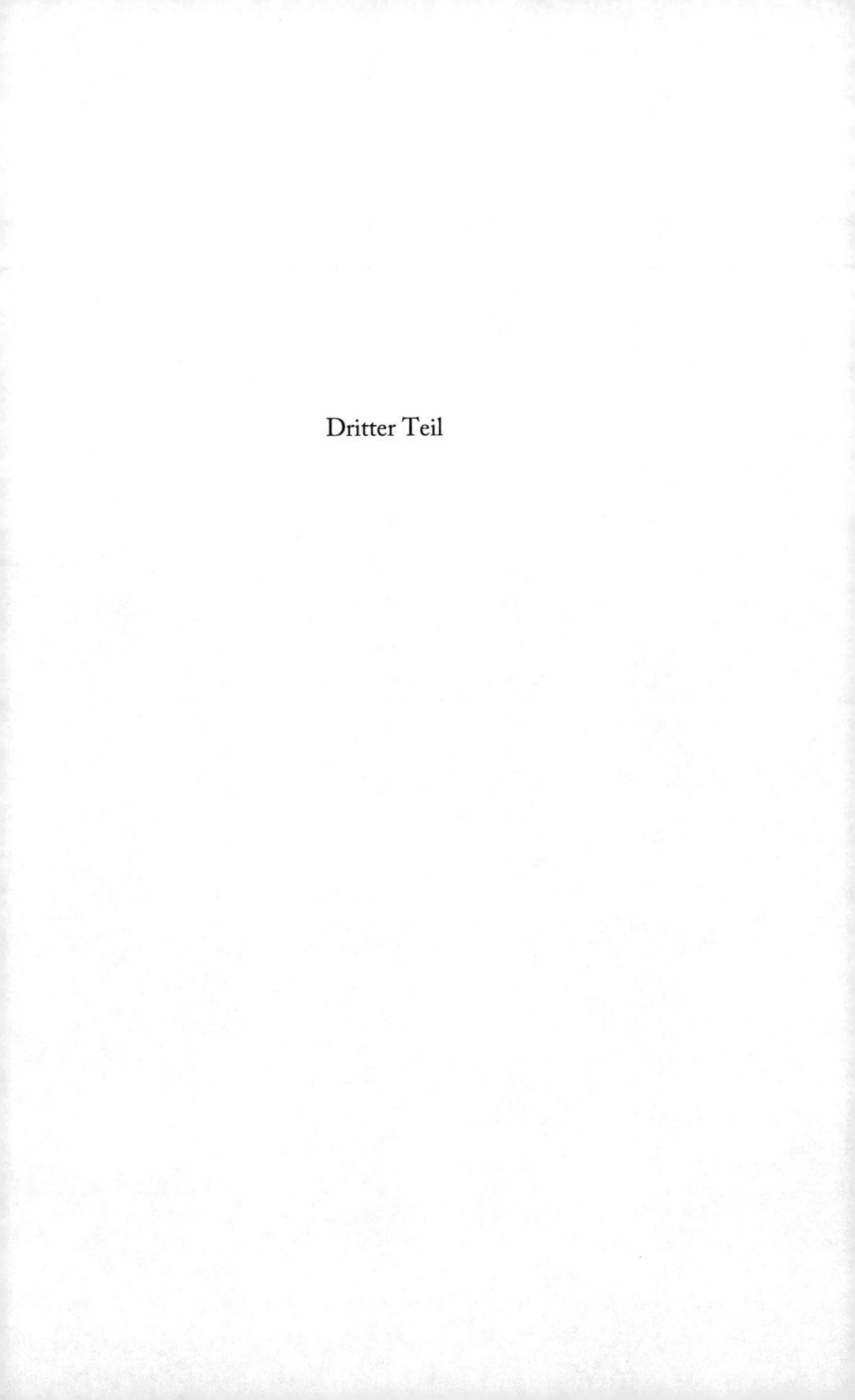

12. Spielarten kontrafaktischer Geschichtsdarstellung

12.1 Entwurf einer Typologie des deviierenden historischen Romans

Jeder der in den vorhergehenden Kapiteln behandelten Romane enthält innerhalb der Erzählhandlung eine signifikante kontrafaktische Proposition über historisches Geschehen, wobei Philip Roths *The Plot Against America* rein äußerlich den einfachsten Fall zu repräsentieren scheint: Die Präsidentschaft Lindberghs bedingt hier zeitweise einen alternativen Verlauf der Geschichte der USA. Unter der Prämisse, dass *Morbus Kitahara* auf den Zweiten Weltkrieg und eine von einer alternativen Politik der Siegermächte geprägte historische Folgezeit anspielt, ist auch hier eine Lektüre der Erzählhandlung als Entwurf eines kontrafaktischen geschichtlichen Ereigniskontinuums möglich. In *Ein Garten im Norden* verlagert sich der kontrafaktische Entwurf auf die Kulturgeschichte, die metafiktional reflektierte Abänderung des politischen Geschichtsverlaufs unterbleibt in letzter Konsequenz. In *Gravity's Rainbow* begegnet man innerhalb einer höchst komplexen Handlung mittelbaren, mehrfach gespiegelten und sich überlagernden Verweisen auf kontrafaktische Anteile, aus denen sich Hinweise auf eine gigantische Konspiration herauslesen lassen. In *Der Butt* hat man es mit einem letztlich nicht völlig konsistenten Geschichtsentwurf zu tun, der die Geschichte der Menschheit insgesamt mit einer kontrafaktischen Kausalität überschreibt. *Helden wie wir* unterscheidet sich wiederum aufgrund des Verhältnisses zwischen dem kontrafaktischen Anteil und dessen Wirkung von den übrigen Romanen. Hier ist die Dimension der Überschreibung eines außenreferentiellen Sachverhalts weitaus geringer. Die Kontrafaktizität ergibt sich aus der Substitution der Ursache eines tatsächlichen historischen Vorgangs durch eine minimale fiktionale Ergänzung dokumentierter Ereignisse.

Betrachtet man diese im zweiten Teil der Arbeit analysierten und interpretierten Romane und vergleicht allein die darin verwirklichten Verfahren der abweichenden Bezugnahme auf außenreferentielle historische Zusammenhänge, mit denen die kontrafaktischen Entwürfe sprachlich hervorgebracht werden, so zeigen sich in formaler Hinsicht deutliche Unterschiede. Sie sollen an dieser Stelle noch einmal vergegenwärtigt und nachträglich an zwei Beispielen expliziert werden, in denen unterschiedliche Verfahren zur kontrafaktischen Konstruktion von Geschichte thematisiert werden: Léon de Winters *Place de la Bastille* (1981) und Umberto Ecos *Das Foucaultsche Pendel* (1988). In beiden

Romanen macht die Imagination kontrafaktischer Geschichte nicht die Erzählhandlung selbst aus, sondern das Nachdenken darüber ist eine wesentliche Beschäftigung der Protagonisten und Ich-Erzähler, die damit ihr eigenes Vorhaben und ihre Methode beleuchten, so dass die entsprechenden Passus in *Place de la Bastille* und *Das Foucaultsche Pendel* sich als Reflexionen der Voraussetzungen deviierenden historischen Erzählens und der darin anzutreffenden poetischen Verfahren lesen und zur Deduktion ihrer erzählstrukturellen Grundmuster nutzen lassen.

Der Erzähler und Protagonist in *Place de la Bastille* arbeitet als Geschichtslehrer und plant, eine »Gegenstudie zur Flucht der französischen Königsfamilie aus den Tuilerien [...], die hoffnungslos missglückt war«[1], zu verfassen. Darin soll diese Flucht während der französischen Revolution den Fakten widersprechend als gelungen geschildert werden. »Schon während meines Studiums hatte ich eine Vorliebe für hypothetische Fälle gehabt, für sogenannte Modellbildung, wie der Fachterminus lautete. Sie begann mit dem magischen Wörtchen *wenn*; wenn nun aber ..., und dann entwickelte sich ein atemberaubendes Spiel mit unberechenbaren Ergebnissen«[2], so de Winters Erzählerfigur. Der Geschichtslehrer ändert in seinem Buch hypothetisch ein historisches Ereignis und er verändert damit zugleich auch spekulativ die folgende Kette der Geschehnisse, die überliefert ist. Dass sein Projekt innerhalb der Romanfiktion nicht verwirklicht wird, hängt damit zusammen, dass er außer Stande ist, sämtliche denkbaren kontrafaktischen Varianten schreibend realisieren zu können. Dies erkennt er schließlich: »Elf Jahre nach dem ersten Besuch der Bibliotheque Nationale, der den Grundstein gelegt hatte, hatte ich das Buch angefangen, und ich arbeitete immer noch daran. Doch ich hatte in den vergangenen Monaten entdeckt, daß die Zahl der Fluchtvarianten im Prinzip unbegrenzt war, was bedeutete, daß ich das Buch niemals vollenden würde.«[3] Auch de Winter lässt seine Figur die Problematik reflektieren, die sich hier bereits aus den potentiell endlosen Entscheidungsmöglichkeiten einer singulären Situation ergeben und unter denen der Verfasser einer kontrafaktischen Geschichtsdarstellung selbst auszuwählen und eine Entscheidung zugunsten einer Möglichkeit zu treffen hat, um zu einer kohärenten Erzählung zu gelangen. Auf einer Metaebene liefert *Place de la Bastille* somit musterhaft Hinweise auf verschiedene Merkmale einer Poetik deviierenden historischen Erzählens: Ein zentrales historisches Ereignis wird so verändert, dass sich daraus Konsequenzen für den weiteren Verlauf der Geschichte

---

[1] Winter, Léon de: *Place de la Bastille*, S. 19.
[2] Ibid., S. 19f.
[3] Ibid.

ergeben, und die Erzählung derselben verleiht dem Text seine kontrafaktische Qualität.

In Ecos *Das Foucaultsche Pendel* gehen einige Figuren einen anderen Weg. Ausgehend von einem rätselhaften historischen Dokument erdenken sie eine alternative und am Wissen der Historiographie gemessen kontrafaktische Deutung für einen Jahrhunderte umspannenden Abschnitt der europäischen Geschichte. Sie versehen das aus Geschichtsbüchern bekannte Datenmaterial und die überlieferten Ereignisse dadurch mit einem Sinn, dass sie einen ›großen Plan‹ erfinden, der fortwährend andere Gestalt annimmt. Ecos Roman führt diesen Vorgang des *Emplotment* vor Augen, indem er ihn in selbstreflexiver Weise thematisiert. »Die Geschichte entwickelt sich nicht durch Zufall. Sie ist das Werk der Herren der Welt, denen nichts entgeht. Natürlich schützen sich diese Herren durch das Geheimnis«[4] – dies ist die Hypothese des Erzählers. Von dieser Annahme ausgehend, werden zahlreiche historische Eckdaten und Ereignisse auf das Jahrhunderte währende, geheime Wirken der Tempelritter zurückgeführt, wobei sich Rekonstruktion und Konstruktion vermischen:

> Die Templer hatten, als sie sich zum Geheimorden konstituierten, einen Plan ausgeheckt, der sechshundert Jahre dauern und in unserem Jahrhundert zum Abschluß gelangen sollte. [...] Natürlich, sagte ich mir auf der Heimreise, natürlich handelt es sich nicht darum, das Geheimnis der Templer zu entdecken, sondern es zu konstruieren.[5]

Im Zuge ihres historischen Gedankenspiels und ihrer Suche nach einem verborgenen Sinnzusammenhang der Geschichte gelingt es den Figuren, nicht nur Napoleon, sondern »auch Hitler in den Großen Plan einzubauen«[6] und die abendländische Geschichte als Ergebnis der Suche nach einem alten Geheimnis umzudeuten. Ecos Roman schildert den Vorgang einer kontrafaktischen Geschichtsdeutung und reflektiert die wesentlichen Merkmale einer anderen Poetik deviierenden historischen Erzählens: Zentrale historische Ereignisse bleiben in ihren äußeren Konturen unberührt, werden jedoch in der Fiktion in einen neuen kausalen Zusammenhang gestellt.

Beide Ich-Erzähler setzen an verschiedenen Bausteinen kontrafaktischer Geschichtsdarstellungen an. Darin entspricht ihr Vorgehen den Verfahren, die in den im zweiten Teil diskutierten Romanen anzutreffen sind. Während in den ersten drei Romanen ein in zentralen Punkten der überlieferten Geschichte konvergierendes historisches Geschehen durch die Erzählhandlung in einer Weise neu gedeutet und mit einer Kausalität versehen wird, die derart von kollektiven

---

[4] Eco, Umberto: *Das Foucaultsche Pendel*, S. 271.
[5] Ibid., S. 495.
[6] Ibid., S. 658.

Geschichtsbildern verständiger Rezipienten abweicht, dass diese Interpretation als kontrafaktisch wahrgenommen wird, werden in den übrigen Romanen erfundene Ereignisse geschildert, die nicht nur nicht faktisch und fiktional, sondern aufgrund des Konflikts, in den sie mit der als bekannt vorausgesetzten Geschichte geraten, als kontrafaktisch einzustufen sind. Zur Verdeutlichung der Differenz wurde in den Textanalysen ein formales, von E. M. FORSTER eingeführtes Modell der Erzähltextanalyse nutzbar gemacht. Hier soll nun, daran anknüpfend, insgesamt eine binäre Typologie deviierenden historischen Erzählens skizziert werden. Sie gestattet es, eine Differenzierung zweier Spielarten kontrafaktischer Geschichtsdarstellung vorzunehmen, die sich als zwei Pole einer Skala denken lassen. Dem einen Pol streben solche Texte zu, die neue, vom Konsens ihrer Entstehungszeit abweichende Sinngebungen für historische Konstellationen kreiieren; auf der anderen Hälfte sind solche Romane angesiedelt, die den verbürgten Ereignisverlauf neu gestalten. Präzisiert man diesen aus den Einzelstudien gewonnenen Befund, indem man ihn unter Rückgriff auf die von E.M. FORSTER etablierte Trennung einer Story- und einer Plot-Ebene in narrativen Texten formal beschreibt, bestätigt sich, dass deviierende historische Romane entweder dazu tendieren, die Einheiten beziehungsweise Vorgänge, aus denen sich die Story – als welche die Ereignis- und Chronikebene der Geschichte zu denken ist – zusammensetzt, in ihrer Abfolge unverändert zu belassen, dabei jedoch den Elementen durch Erfindung eines im Widerspruch mit kollektiven Geschichtsbildern stehenden Plots eine neue Deutung einzuschreiben, oder Elemente der Story selbst zu verändern und so die Geschichte zu verändern. In erstgenanntem Fall wird unter den für eine Poetik des Kontrafaktischen elementaren Bausteinen eine historische Ursache ausgetauscht, im zweiten Fall ein historisches Ereignis. So sollen erstere hier als dem Plot-Typus, letztere als dem Story-Typus zugehörig bestimmt werden.

»Consider the death of the queen. If it is in a story we say: ›And then?‹ If it is in a plot we ask: ›Why?‹«[7] so E. M. FORSTER, um die in seinem Modell etablierte Unterscheidung zu verdeutlichen. Je nach dem, ob das Interesse der Erzählung von der Frage ›And then?‹ oder ›Why?‹ geleitet scheint und im Zuge dessen durch Überschreibungen außenreferentieller Sachverhalte kontrafaktische Aussagen hervorbringt, und je nach dem, ob sie primär eine kontrafaktische Ereignisfolge narrativ gestalten, oder ob sie überlieferte Ereignisse erzählend auf kontrafaktische Ursachen zurückführen, konvergieren die Romane dem *Story-*

---

[7] FORSTER, E. M.: *Aspects of the Novel*, S. 60.

Typus oder dem *Plot-Typus*.[8] Für die behandelten Romane ergibt sich demnach folgende Zugehörigkeitsverteilung:

PLOT-TYPUS	STORY-TYPUS
Der Butt	*Ein Garten im Norden*[9]
Gravity's Rainbow	*The Plot Against America*
Helden wie wir	*Morbus Kitahara*

Auf der Grundlage der Unterscheidung zwischen *Story* und *Plot* kann also eine Spielart kontrafaktischer Geschichtsdarstellung berücksichtigt und beschrieben werden, die in den Ansätzen von RODIEK, HELBIG, WESSELING und anderen vernachlässigt wird. Die hier vorgeschlagene Einteilung ist indessen nicht gleichbedeutend mit einer normativen Schematisierung. Sie geht nicht von einer Exklusivität aus, sondern versteht sich als Möglichkeit zur Zuordnung aufgrund dominierender Merkmale. Fortführen und übertragen ließe sie sich auf analoge Beispiele, von denen einige in der vorliegenden Arbeit Erwähnung gefunden haben: *Midnight's Children* etwa weist Merkmale des *Plot-Typus* auf, ebenso Pynchons *The Crying of Lot 49* und Burdins *An meine Völker*. An Zahl überwiegen sicherlich die Vertreter des *Story-Typus*. Hier wären Semprúns *Algarabía oder Die neuen Geheimnisse von Paris*, Amis' *The Alteration*, Chabons *The Yiddish Policemen's Union* oder Krachts *Ich werde hier sein, im Sonnenschein und im Schatten* zu nennen.[10] Beide Varianten lassen sowohl mittelbare als auch unmittelbare Realisierungen zu und die kontrafaktischen Aussagen auf der Ebene des Erzählens leisten – als Verletzungen der Faktualität – Bedeutungszuweisungen im Hinblick auf das Erzählte.

---

[8] Als dritter Baustein kontrafaktischer Geschichtsdarstellungen wurden historische Personen oder Subjekte benannt. Auf diesem aufbauend eine dritte Spielart deviierenden historischen Erzählens zu postulieren, erübrigt sich jedoch, da nach dem hier angewandten Verständnis das kontrafaktisch dargestellte historische Geschehen überindividuelle Relevanz besitzen muss und nicht auf den Lebenslauf und die Lebensumstände einer Person beschränkt bleiben darf. Wird diese überindividuelle Auswirkung eines kontrafaktisch erzählten Lebenslaufes sichtbar, qualifiziert dies den Text bereits für die Zuordnung zum *Story-Typus*.

[9] Die Zuordnung von Kleebergs Roman kann nur unter Vorbehalt erfolgen, da die kontrafaktische Veränderung der Geschichte zuletzt unterbleibt.

[10] Zu den Vertretern beider Spielarten lassen sich zahlreiche Pendants in der Unterhaltungsliteratur auffinden. Robert Wilsons *Illuminati*-Trilogie sowie unter Umständen auch Dan Browns Weltbestseller *The Da Vinci Code* wären hierunter dem *Plot-Typus* zuzurechnen. Thriller, die eine kontrafaktische Ereignisgeschichte thematisieren wie Robert Harris' *Fatherland* oder Philip Kerrs *Hitler's Peace* hingegen, müssten als paradigmatische Vertreter des *Story-Typus* angesehen werden.

12.2 Aussageweisen

Beide im Vorigen skizzierten Ausprägungen deviierenden historischen Erzählens arbeiten an vorgefundenen Geschichtsbildern, die sie implizit oder explizit reflektieren, und indem sie kontrafaktische Aussagen zu integralen Komponenten der Erzählhandlung machen, weichen sie von diesen kollektiven Geschichtsbildern mit Faktizitätsanspruch ab. Gleich welchem speziellen zeitgeschichtlichen oder autobiographisch dimensionierten Impuls sie entspringen, immer scheint sich die kontrafaktische Geschichtsdarstellung einer Kritik prominenter Geschichtsvorstellungen zu verdanken. So liefern deviierende historische Romane Interpretationen von Geschichte im Rahmen fiktionaler Erzählhandlungen. Durch beide Varianten gelangen die Verfasser zu Entwürfen eigener Gegenbilder. Eine Gemeinsamkeit dieser Gegenbilder besteht sichtlich darin, dass sie vorgefundene Interpretationen tatsächlicher historischer Ereignisse im Sinne einer Zwangsläufigkeit derselben in Zweifel ziehen. Weder *Plot*-, noch *Story*-*Typus*-Romane leisten vermittels dessen, was sie in der Erzählhandlung darstellen, direkte und unverschlüsselte Geschichtsdeutungen. Die kontrafaktische Handlung ist vielmehr ein Instrument, eine indirekte Aussage. Im ersten Fall zeichnet sie ein zweites Modell zur ursächlichen Erklärung größerer oder kleinerer historischer Zusammenhänge, im zweiten Fall stellt sie einen zweiten Weg gegenüber dem einen, tatsächlichen vor Augen.

In den Textinterpretationen stellte sich heraus, dass für kontrafaktische Geschichtsdarstellungen eine narrative Poetik kennzeichnend ist. Die Entscheidung zugunsten des einen oder anderen poetologischen Prinzips kann dabei, wie es scheint, auch eine Nähe zu den Aussagemodi der Geschichtsphilosophie oder der Geschichtswissenschaft mit sich bringen – je nach dem, ob ein Text auf der Ebene der ursächlichen Zusammenhänge oder der chronologischen Ereignisfolge ansetzt, um diese Interpretation zu transportieren. Das Verhältnis zur benachbarten Disziplin ist insbesondere von Seiten der Geschichtswissenschaften von Vorbehalten geprägt. HAYDEN WHITE hat bezüglich der Skepsis gegenüber geschichtsphilosophischen Konzeptionen seitens der wissenschaftlichen Geschichtsforschung festgestellt:

> The embarrassment of plot to historical narrative is reflected in the all but universal disdain with which modern historians regard ›the philosophy of history,‹ of which Hegel is the modern paradigmatic example. This (fourth) form of historical representation is condemned because it consists of nothing but plot; its story elements exist only as manifestations, epiphenomena of the plot structure, in the service of which its discourse is disposed. Here reality wears a face of such regularity, order, and

coherence that it leaves no room for human agency, presenting an aspect of such wholeness and completeness that it intimidates rather than invites imaginative identification. But in the plot of the philosophy of history, the various plots of the various histories that tell us merely regional happenings in the past are revealed for what they really are: images of that authority that summons us to participation in a moral universe that but for its story form, would have no appeal at all.[11]

Diese Bemerkung ist insofern von Belang, als sie eine gedankliche Weiterführung dahingehend zulässt, dass auch die Kontrafaktizität in nichts als Plot bestehen kann.[12] Gemeinhin gilt die Auseinandersetzung mit abstrakteren Prinzipien zur Auslegung historischen Geschehens als Domäne der Geschichtsphilosophie[13] – »a philosophy of history seeks to give an account of the *whole* of history«[14], wie ARTHUR C. DANTO betont. Wer Philosophie der Geschichte betreibt, »thinks in terms of the whole of history, and seeks to discover what the structure of this whole must be like, solely on the basis of the fragments he already has, and at the same time seeks to say what is the meaning of parts of this fragment in the light of the whole structure he has projected.«[15] Eben dies geschieht in *Gravity's Rainbow* und in *Der Butt*, wo die kontrafaktische Aussage das projizierte Gerüst abgibt, als Projektion einer Ordnung, die damit ähnliche Modelle zur Erklärung historischen Geschehens im Rahmen einer metaphysischen Ordnungsmacht zurückweist. PETER VON MATT hat den Anlass zur Erneuerung solcher Konzeptionen auf eine anthropologische Konstante zurückgeführt. Er schreibt:

---

[11] WHITE, HAYDEN: *The Value of Narrativity in the Representation of Reality*, S. 21.

[12] WESSELING liefert hierzu eine wichtige Beobachtung und weist darauf hin, dass die Fabrizierung von Geschichte analog zu einer Erzählung gedacht und analysiert werden könne. Vgl. WESSELING, ELISABETH: *Writing History as a Prophet*, S. 120: »Poststructuralist theory has articulated the idea that there is nothing beyond discourse but more discourse. Some postmodernist novels convey the same notion, by presenting the making of history as the imposition of a plot on a plotless reality, a process which is supposedly governed by the same linguistic conventions as the writing of history.« Ecos *Das Foucault'sche Pendel* scheint die Berechtigung dieser Thesen par excellence unter Beweis zu stellen.

[13] Angesichts der immer wieder unternommenen Anstrengungen, die Kenntnis vergangener Ereignisse durch die Ableitung von Regelmäßigkeiten mit den Naturwissenschaften ähnlichem Gesetzescharakter in Geschichtsbilder zu überführen, hat Octavio Paz bemerkt: »Die geschichtlichen Ereignisse werden jedoch nicht durch Gesetze gesteuert, zumindest hat man solche noch nicht entdeckt. Ein Newton oder Einstein der Geschichtswissenschaft muß erst noch geboren werden« (Paz: Neuspanien: Verwaisung und Legitimität, S. 20).

[14] DANTO, ARTHUR C.: *Analytical Philosophy of History*, S. 1.

[15] Ibid., S. 9.

> In Zeiten, wo die gelebte Überzeugung von einer wirkenden Vorsehung, von allgegenwärtigen schicksalstiftenden Mächten verschwunden ist, tauchen unweigerlich Phantasien auf, die dieses Defizit ersetzen möchten. Was der Mensch am schwersten erträgt ist ein leerer Himmel. Vom späten 18. Jahrhundert an finden sich in zunehmendem Maße Berichte über Großkonspirationen, welche das Weltgeschehen insgeheim lenken oder eine solche Lenkung anstreben. Es sind Visionen von globalen Hyperintrigen. Bald müssen die Jesuiten, bald die Freimaurer, bald die Juden für den Verdacht herhalten. Das schlägt sich in der Literatur durch.[16]

Pynchons kontrafaktische Geschichtserzählung in *Gravity's Rainbow* ist somit symptomatisch. Pynchon wählt den Zweiten Weltkrieg als historische Schwellensituation fundamentaler Verunsicherung, in der die Übereste und Mutationen der angesprochenen traditionellen deterministischen Weltmodelle ihre Akzeptanz einbüßen, und eine Art Vakuum hinterlassen. Er füllt es durch seine Konstruktionen und durch seine Figuren mit Sinnsurrogaten, ohne dieselben freilich als ernsthafte Erwägungen zur Disposition zu stellen. Von dieser Überlegung ausgehend und unter Berücksichtigung der untersuchten Romane lässt sich die Annahme formulieren, dass die Vertreter des *Plot-Typus* aufgrund des maßgeblichen Verfahrens zur kontrafaktischen Geschichtsdarstellung strukturelle Homologien zu Entwürfen der klassischen Geschichtsphilosophie aufweisen, da sie sinngebende Verknüpfungen und Einordnungen historischer Ereignisse vornehmen, die sich, wie in *Der Butt*, zu universellen Deutungen ausweiten können. Ihre Autoren setzen sich zudem mitunter – wie Grass in *Der Butt* und Brussig in *Helden wie wir* – mit geschichtsphilosphischen Sinngebungskonzepten auseinander. Im Zuge dessen negieren sie durch kontrafaktische Aussagen die Gültigkeit teleologischer Geschichtsbilder, selbst wenn sie – wie Pynchon – eine Lektüre des Werks zulassen, nach der die Geschichte als fortschreitender Zerfallsprozess erscheint.

Die Operationen, die in den dem *Story-Typus* zugeordneten Beispielen die kontrafaktische Darstellungen von Geschichte bestimmen, sind, insofern, als sie historische Ereignisfolgen behaupten, hinsichtlich ihrer Aussageweise hingegen eher der Geschichtsschreibung vergleichbar, die datierbares Geschehen zur Grundlage hat. Zum Gegenstand kontrafaktischer Erzählhandlungen werden, wie sich an den Romanen unterschiedlicher Provenienz erweist, zentrale historische Konstellationen, häufig Entscheidungssituationen mit politischer Relevanz.

---

[16] MATT, PETER VON: *Die Intrige*, S. 246. DANTO bestätigt, »that this way of viewing the whole of history is essentially theological« (DANTO: Analytical Philosophy of History, S. 9) und geht damit auch von der Ähnlichkeit zwischen Vorstellungen transzendentaler Lenkung historischen Geschehens und nicht-religiöser Erklärungsmodelle mit universellem Gültigkeitsanspruch aus.

Zu bloßen Chroniken der historischen Ereignisse reduziert, ergäben Inhaltsangaben von *Ein Garten im Norden*, *The Plot Against America* und *Morbus Kitahara* Geschichtsverläufe, die deutlich von der Überlieferung abweichen.[17] Dabei verweisen etwa der dem Text vorgängige Prozess der Selektion dessen, was als wichtig angesehen wird, die Fokussierung auf zentrale historische Gestalten und Entscheidungen sowie die nachträgliche Erzählung auf das Verfahren der (traditionellen) Geschichtsschreibung. Hier stellen die Autoren dem tatsächlichen Hergang einen ungeschehenen Verlauf der Geschichte gegenüber, anhand dessen die Kritik an Diskursen vernehmlich wird, die die historische Abgeschlossenheit geschichtlicher Abschnitte oder Vorgänge im Nachhinein mit deren Unausweichlichkeit gleichsetzen. Sie gelangen auf diesem Weg zu Interpretationen von Geschichte, die die Notwendigkeit der tatsächlichen Ereignisse in Abrede stellen, indem sie andere Ereignisse fiktional gestalten. Nachdem diese Deutungen im Sinne einer Notwendigkeit gewissermaßen literarisch erledigt worden sind, ist in beiden Varianten deviierenden historischen Erzählens der Weg frei für Funktionalisierungen der kontrafaktischen Aussagen innerhalb konkreter diskursiver Anliegen, die, wie sich erwiesen hat, sehr verschiedenartig und vielfältig sein können.

[17] *The Plot Against America* belegt wiederum, dass mit der Schilderung kontrafaktischer Ereignisse Konstruktionen von über dieselben hinausweisenden Kausalitäten einhergehen können.

Schlussbemerkungen

Kontrafaktische Geschichtsdarstellung fordert, wie im ersten Teil dieser Arbeit deutlich wurde, Fragen nach der Gattungszugehörigkeit sowie nach den Schreib- und Rezeptionsbedingungen der Texte, in denen sie anzutreffen ist, heraus und begleitet als literarisches Phänomen geschichtsphilosophische und −theoretische Debatten, die parallel zum Anstieg der Produktion deviierender historischer Romane geführt werden. Etwa im gleichen Zeitraum, in dem die hier untersuchten Romane entstehen, verstärken sich von Seiten der Geschichtswissenschaft die Ansätze zur methodischen Kontemplation ungeschehener Geschichte zu heuristischen Zwecken. Hier kommt es zu Vorschlägen für ein mehr oder weniger differenziert ausgearbeitetes Instrumentarium aufgrund bestimmter Ansprüche an die Hypothesenbildung. An diese Forderungen haben sich bisherige Forschungsbeiträge zur kontrafaktischen Geschichtsdarstellung in literarischen Texten häufig angelehnt. In der vorliegenden Studie wurde hingegen ein anderer Ansatz gewählt. Auf der Grundlage einer Unterscheidung zwischen fiktionalen und kontrafaktischen Aussagen konnte das wesentliche Merkmal einer Sonderform historischen Erzählens umrissen werden, welche bislang noch kaum zureichend bestimmt worden ist.

Kontrafaktizität ergibt sich, wie gezeigt wurde, durch ein spezifisches Verfahren der textinternen Bezugnahme auf textexterne Sachverhalte, das kontrafaktische Aussagen zur Folge hat. Solche kontrafaktische Propositionen in literarischen Texten sind fiktionale Aussagen besonderer Art, da sie, wie alle fiktionalen Aussagen per definitionem keinen Anspruch auf Verifizierbarkeit jenseits des Textes haben, innerhalb desselben jedoch ihrer Richtung nach außenreferentiell sind und auf Sachverhalte Bezug nehmen, die einem externen Referenzfeld angehören und dabei dezidiert und gezielt vom gemeinhin anerkannten Wissen über diese Sachverhalte abweichen. Die für die untersuchten historischen Romane grundlegende Kontrafaktizität ist somit das Resultat einer poetischen Strategie, durch die die Deviation von kollektiven Geschichtsbildern in zentralen Punkten für den implizit entworfenen Modell-Leser des Textes erkennbar gemacht und als Teil der Textintention kenntlich wird. Diese Praktik wurde als Vorgang des Überschreibens charakterisiert und zu einer eigenen Ausgangsthese präzisiert. Da es sich um die kontrafaktische Darstellung von Geschichte handelt, betreffen die kontrafaktischen Aussagen, mit denen das außenreferentielle Faktenwissen überschrieben wird, den Bereich des enzyklopädischen historischen Wissens. Der hier vorgeschlagene Terminus deviierendes historisches Erzählen trägt eine Bezeichnung dieses Verfahren in sich, das darin besteht, durch Referenzen auf textexterne Sachverhalte textintern bewusst von der herrschenden Auffassung über diese Sachverhalte abzuweichen.

Wenn also die kontrafaktische Qualität eines Textes als Ergebnis der Textintention bestimmbar ist, lassen sich in den entsprechenden Texten bestimmte Strategien der Rezeptionssteuerung erwarten. Es hat sich gezeigt, dass nahezu alle untersuchten Romane auf die Kontrafaktizität der dargestellten Erzählhandlung verweisen und sie in besonderer Weise als fiktional kenntlich machen. Dabei gelangen verschiedene Praktiken zur Anwendung, um die als Folie genutzten Geschichtsbilder, die mit kontrafaktischen Darstellungen überschrieben werden, dem Leser zum Bewusstsein zu bringen und die Diskrepanzen sichtbar werden zu lassen. Recht deutlich erfolgt die Betonung des Unterschieds zwischen den evozierten Geschichtsbildern, die außerhalb des Textes vorgefunden werden, und der kontrafaktischen Version in *Helden wie wir* und in *The Plot Against America*. In Thomas Brussigs Roman benennt der Erzählerheld die konventionelle Sicht auf das Geschehen, das zum Fall der Berliner Mauer führte, weist diese Sicht als unwahr zurück, und liefert eine Gegendarstellung. Philip Roth versieht den fiktionalen Text seines Romans mit einem ergänzenden Kompendium, aus welchem ersichtlich wird, wo die Erzählhandlung von der dokumentierten Geschichte abweicht. Michael Kleeberg integriert in *Ein Garten im Norden* Diskussionen über die Zulässigkeit der vom Erzähler angestrebten Änderung der deutschen Geschichte in den Text und lenkt dadurch die Aufmerksamkeit textintern auf die Diskrepanz zwischen dem in der Binnenfiktion gestalteten Gegenbild und dem tatsächlichen historischen Verlauf. So wird die Deviation in einer selbstreflexiven Wendung innerhalb der Fiktion selbst thematisch und die Konjekturalbiographien, mit denen der Erzähler die tatsächlichen Lebensläufe historischer Personen überschreibt, sind auch als Überschreibungen kenntlich gemacht. Mit den Hinweisen auf die Unzulänglichkeiten der ›Schulbuchgeschichte‹ in *Der Butt* und auf die ›secular history‹ in *Gravity's Rainbow* integrieren auch Günter Grass und Thomas Pynchon explizite Anspielungen auf die Auslegungen historischen Geschehens, von denen ihre Darstellungen abweichen, als außenreferentielle Referenzbereiche, aus denen bestimmte Angaben und Annahmen durch Bezugnahmen im Text überschrieben werden. Einzig in Ransmayrs Roman bleibt die Suche nach entsprechenden Signalen ergebnislos.

Die Überschreibungen außenreferentieller Sachverhalte durch nicht anschlussfähige Bezugnahmen auf dieselben Sachverhalte haben stets kontrafaktische Aussagen zur Folge, die diverse Facetten des im Text kontrastierten Geschichtsbildes tangieren können und in ihren Dimensionen und Konsequenzen innerhalb der Erzählhandlungen variieren. Für die Textanalyse hat es sich als gewinnbringend erwiesen, beim interpretierenden Nachvollzug der erzählenden Darstellung von Geschichte zwei Ebenen anzunehmen und zu unterscheiden, nämlich diejenige der Ereignisse und diejenige der Sinnbildung. Auf dieser Trennung gründet die im Vorigen skizzierte Binnentypologie des deviierenden historischen Romans. In Abgrenzung zu bisher in der Forschung vertretenen Positionen wurde zuvor die Argumentation geführt, dass kontrafaktische Geschichtsdarstellung in literarischen Texten nicht auf Entwürfe alternativer Ereignisverläufe festgelegt werden kann. Die eingehendere Untersuchung einzelner Romane von Grass, Pynchon, Brussig, Kleeberg, Ransmayr und Roth und die Seitenblicke auf eine Reihe weiterer Texte hat diese hypothetisch formulierte Einsicht bestätigt. Es erscheint somit sinnvoll, von zwei maßgeblichen Ausprägungen deviierenden historischen Erzählens auszugehen. Sie wurden als *Story-Typus* und *Plot-Typus* benannt. Beide gründen auf der besonderen Relevanz eines der in Kapitel 5 vorgeschlagenen Bausteine kontrafaktischer Geschichtsdarstellungen: Werden am fiktionalen Bauwerk der Geschichte Veränderungen mithilfe dieser Bausteine vorgenommen, verändert sich die Gestalt des Bauwerks – so ließe sich der in einem deviierenden historischen Roman ausgeführte Vorgang bildlich fassen. Im Zentrum der erzählenden Konstruktion stehen in der Regel historische Zusammenhänge und Ereignisse von großer Bekanntheit und Bedeutung. In Beispielen, die hier dem *Story-Typus* zugeordnet wurden, können sie zu Entscheidungsstellen für die Erzählhandlung werden und deshalb den von ROLAND BARTHES so bezeichneten *Nuclei* in narrativen Texten vergleichbar sein. Entsprechend wurde BARTHES' Modell der *Nuclei* und *Katalysen* herangezogen, um innerhalb des externen Referenzfeldes ›Geschichte‹ die Auswahl der historischen Fakten, welche in den Texten durch kontrafaktische Aussagen überschrieben werden, handlungslogisch nachvollziehbar zu machen.

Dass sich dabei ein Festhalten an Themen, Personen und Lebensbereichen zeigt, denen traditionell die Aufmerksamkeit der Geschichtsschreibung galt, ist zu konstatieren und wurde als produktionsästhetische Notwendigkeit erklärt: Zum einen, weil nur über historische Sachverhalte von einer bestimmten Gewichtigkeit auch eine weit verbreitete Kenntnis vorausgesetzt werden kann, und zum anderen, weil hier die Abweichung dementsprechend eklatant anmutet und aufgrund dessen nicht als unbeabsichtigter Fehler des Verfassers wahrgenommen wird. Hierdurch entstehen die Voraussetzungen für Erzählhandlungen, die zu entwickeln und zu gestalten der Imagination des Autors überlassen bleibt, ohne dass dabei notwendigerweise Rücksichten auf andernorts formulierte Vorstellungen von Plausibilität genommen werden müsste.

Mehr als die Frage, ob die Erzähltexte eher auf der Plot- oder Story-Ebene des Geschichtsbilds ansetzen, um Geschichte kontrafaktisch darzustellen, ergeben sich, wie die exemplarischen Analysen erwiesen haben, die Besonderheiten und Unterschiede der Romane aus der Eigenlogik, die die jeweiligen kontrafaktischen Entwürfe bestimmt. Kehrt man unter diesem Gesichtspunkt noch einmal zu den im ersten Teil skizzierten Thesen einiger Forscher zurück, die das Bemühen um Plausibilität in Analogie mit den konjekturalhistorischen Hypothesenbildungen der Geschichtswissenschaft als Merkmal reklamierten, bestätigt sich auch die Berechtigung der These, mit der diese Position eingangs als für die überwiegende Mehrheit literarischer kontrafaktischer Geschichtsdarstellungen unhaltbar zurückgewiesen wurde. So erweist sich auch in *The Plot Against America*, dessen Erzählhandlung am ehesten als literarische Ausgestaltung einer nicht eingetretenen historischen Möglichkeit lesbar ist, die Poetik des Kontrafaktischen insgesamt eher einem inhärenten, in diesem Fall dem Motiv des Alptraums nachempfundenen Kompositionsprinzip als der Plausibilität verpflichtet. Der sich selbst zum Wunschpotential seiner erfundenen Geschichte bekennende Erzähler von Kleebergs *Ein Garten im Norden*, der seinerseits eine nicht verwirklichte Möglichkeit erzählend gestaltet, ist, wenn er im Zuge seines utopischen Vorhabens für Wagner und Heidegger alternative Werkbiographien ausdenkt, ebenso vom Anspruch an die Wahrscheinlichkeit dieser Konjekturalbiographien und ihrer Funktion entbunden wie Ransmayrs dunkle Vision eines entvölkerten Europa nach dem Zweiten Weltkrieg, die keine reale Entscheidungssituation zum historischen *Nucleus* macht. Für die dem *Plot-Typus* zugerechneten Romane unter den hier untersuchten Beispielen erübrigt die Plausibilitätsfrage sich ebenfalls, sind die Behauptungen kontrafaktischer Kausalitäten für tatsächliche geschichtliche Vorgänge darin doch in Erzählgebäude integriert, die eine Rezeption als realistische Texte schlechterdings nicht zulassen. Sie sind vielmehr der Eigenlogik des individuell ausgeführten, kontrafaktischen Entwurfs verpflichtet und von den künstlerischen Vorstellungen des Autors geprägt.

Während die Plausibilität des Entwurfs und die Forderung nach Einbeziehung und Auswertung verfügbarer, realhistorischer Informationen bei der Konstruktion alternativer Ereignisverläufe in fiktionalen Texten keine Notwendigkeit ist und was dies betrifft, erhebliche Unterschiede in der von den Verfassern wissenschaftlicher und literarischer Texte jeweils gewählten Vorgehensweise bestehen, gibt es in der Bewertung der Rolle historischer Personen offenbar Parallelen. Dass gerade auf dem Gebiet kontrafaktischer Überlegungen der Zusammenhang zwischen historischem Subjekt und Ereignis von Relevanz ist, hat der Blick auf konjekturalhistorische Fallbeispiele aus der Geschichtswissenschaft ebenso gezeigt wie die Analyse der Romane. Die Abhängigkeit folgenreicher

Ereignisse vom Agieren einzelner wird häufig zur Bedingung für die Gestaltung alternativer Ereignisketten, welche umgekehrt die Schlüsselrolle bestimmter Entscheidungsträger bestätigen und sie als personale Repräsentanten der von ihnen mitinitiierten Wirkungen ausweisen. Für eine Poetologie des Kontrafaktischen erscheint es, wie die Untersuchung der Texte ergeben hat, in vielen Fällen legitim und angebracht, von einem traditionellen, am Individuum und dessen Handlungen orientierten Ereignisbegriff auszugehen.

Die Häufigkeit, mit der zentrale historische Gestalten, namentlich Napoleon und Hitler, auch für die kontrafaktischen Entwürfe zentral sind, spricht für diese Einschätzung. Dennoch erweist sich, dass die Auseinandersetzung mit der Wirkungsmächtigkeit des Individuums zu unterschiedlichen Ergebnissen führt. *Der Butt* gestaltet die Frage nach der Verantwortlichkeit des Menschen für die Geschichte als Gerichtsverhandlung, in der die Verkörperung einer geschichtsverursachenden Instanz angeklagt wird. Diese Instanz, nämlich der titelgebende Butt, bekennt sich schuldig, bestreitet aber die anhaltende Verantwortung für die Folgen seines Tuns im 20. Jahrhundert. Während Grass mit dem Butt eine übernatürliche Ursache der historischen Entwicklung als Figur greifbar werden lässt, schafft Pynchon in *Gravity's Rainbow* mit den untergründig operierenden und personell nicht fassbaren Industriekartellen dagegen schemenhafte Instanzen, die dem Zugriff entzogen sind. Die im Text zu findenden Andeutungen ihres Wirkens suggerieren, dass sich hier Dynamiken herausgebildet haben, die die Geschichte steuern und dass selbige keiner menschlichen Kontrolle mehr unterstehen, sondern umgekehrt die Kontrolle übernommen haben. Klaus Uhltzscht, der Erzählerheld in Brussigs *Helden wie wir*, ist als Hauptfigur zugleich Zentrum des kontrafaktischen Entwurfs und aus seinem Handeln ergibt sich angeblich der Mauerfall. Der Roman inszeniert damit par excellence eine auf das agierende Individuum zugeschnittene Geschichts- und Ereigniskonzeption. Auch Kleebergs *Ein Garten im Norden* weist personellen Repräsentanten der Geschichte und Kulturgeschichte eine zentrale Bedeutung für historische Entwicklungen zu. Bei Kleeberg werden die Konjekturalbiographien erkennbar für das kontrafaktische Erzählvorhaben funktionalisiert, sie stehen wie der Garten im Dienst einer Poetik, die eine alternative Ereignisgeschichte aus einer alternativen Kulturgeschichte ableiten möchte. Das dahinter stehende Geschichtsbild, das im Bekenntnis des Ich-Erzählers zu einer traditionellen Auffassung historischer Subjekte zum Ausdruck gelangt, fundiert den utopischen Gehalt der Binnenfiktion und obgleich deren Verwirklichung und das Bemühen, die deutsche Geschichte umzuschreiben, nicht gelingen, hält der Erzähler am Glauben an die Möglichkeiten handelnder Menschen fest. In *The Plot Against America* ist das kontrafaktische Geschehen abhängig von der Person Lindberghs, die Tendenzen des Zeitgeists bündelt und als politische Integrationsfigur fungiert. Gegenüber der Geschichte erlebt der Erzählerheld sich selbst als ohnmächtig, allerdings handelt es sich hier um die Ohnmacht gegenüber einer von Menschen installierten und getragenen Politik und deren gesellschaftlichen Folgen. Ähnlich wird in *Morbus Kitahara* die Wirkungsmächtigkeit einzelner Gestalten exemplifiziert, wenn der so genannte Friedensplan, der die Politik der Besatzungsmacht bezeichnet und über die Geschicke einer großen Gruppe entscheidet, den Namen des fiktionalen Generals Stellamour erhält. Die narrative Fokussierung auf Figuren, die jeweils als Betroffene eines historischen Prozesses erscheinen, verweist indessen auf den Charakter der Geschichte als Dynamik. Dass diese Kraft zahlreiche Figuren gleichsam wie ein Verhängnis trifft ohne dabei insgesamt verhängt worden zu sein, zeigt sich jedoch daran, dass die Verantwortlichkeit als menschliche ausgewiesen wird. Das durch den kontrafaktischen Entwurf transportierte Geschichtsbild ist wie bei Roth ein pessimistisches, gründet aber auf der Einschätzung eines menschlichen Versagens.

Beim Zurückblicken auf die interpretierten Primärtexte bestätigt sich die im ersten Teil formulierte Vermutung, es käme in den fiktionalen Werken zu Auseinandersetzungen mit geschichtstheoretischen Diskursen. Hierin weisen deviierende historische Romane nationalsprachenübergreifend einen Zug innovativen historischen Erzählens auf, wie ANSGAR NÜNNING es beschrieben hat. Solche Auseinandersetzungen mit entsprechenden Diskursen können explizit und in erörternder Manier geführt werden oder verdeckt in die Anlage des Erzähltextes einfließen. Grass' Aussage, bei der überlieferten Geschichte handele es sich um Fiktion und der Anspruch, genauere Fakten erfinden zu können als die Historiker, korreliert etwa mit der Debatte über die Parallelen zwischen Geschichtsschreibung und Literatur und über die Möglichkeit oder Unmöglichkeit ihrer Trennung, die in der postmodernen Geschichtstheorie virulent ist, ohne dass Grass allerdings diese Parallelität anerkennen würde.[1] Neben den Bezugnahmen auf das zum Schlagwort avancierte ›Ende der Geschichte‹, wie sie sich etwa bei Pynchon und Brussig finden, und die ein Bewusstsein für maßgebliche geschichtsphilosophische Diskurse von Seiten der Literatur erkennen lassen, ist es insbesondere das Verhältnis von Geschichte und Gedächtnis, welches für die einzelnen Erzählvorhaben und die ihnen zugrundeliegenden kontrafakti-

---

[1] Grass weist die Relevanz aller Diskussionen um die Postmoderne zurück und nimmt für sich in Anspruch, davon nicht beeinflusst (er selbst gebraucht den Ausdruck »angekränkelt«) worden zu sein. Vgl. Grass, Günter/HARRO ZIMMERMANN: *Vom Abenteuer der Aufklärung*, S. 149. Die Wahrnehmung des Autors deckt sich darin nicht mit der der Forschung und der Kritik und gerade im englischsprachigen Raum ist *Der Butt* als postmodernes Werk rezipiert worden. MARKUS GASSER dient *Der Butt* sogar als Paradebeispiel für seine Erörterung der Postmoderne. Vgl. GASSER, MARKUS: *Die Postmoderne*, S. 343ff.

schen Propositionen wichtig ist. Michael Kleeberg macht die Belastung seines Erzählerhelden durch die Partizipation an einem deutschen nationalen Geschichts- und Schuldbewusstsein und mithin seine Teilhabe am kollektiven Gedächtnis einer großen Gruppe ausdrücklich zum Movens der kontrafaktischen Geschichtsdarstellung, und spiegelt darin das von PAUL RICŒUR beschriebene Phänomen, dass »die Nationalismen, welche wir beklagen, großen Wert auf gemeinsame Erinnerungen legen, die einer angeblich kollektiven Identität ein Profil, eine ethnische, kulturelle oder religiöse Identität verleihen.«[2] So kommt es zu gesellschaftlichen Gruppenbildungen aufgrund bestimmten, kollektiv im Bewusstsein vorhandenen historischen Bildungsguts, zu dem auch das Wissen um bestimmte, auf die nationale Geschichte bezogene historische Ereignisse gehört. Vor diesem Hintergrund lässt sich RODIEKS nicht weiter reflektierte, sondern lediglich konstatierte und in seiner Untersuchung insbesondere auf die Uchronie bezogene Beobachtung, es handele sich »bei den tatsächlich bevorzugten Themen des Konjekturalhistorischen um wenige ›highlights‹ der je nationalen Vergangenheit«[3] und dabei nicht selten um solche, »die geradezu als nationale Traumata gelten können«[4], fundieren. Die häufige Bezugnahme auf nationalgeschichtliche Konstellationen in deviierenden Romanen ist daher als produktions- und rezeptionsästhetische Notwendigkeit zu erklären, die mit der gemeinsamen Teilhabe an einem kollektiven Gedächtnis beziehungsweise Geschichtsbild zusammenhängt. Dass diese Geschichtsbilder über Ländergrenzen hinweg Gültigkeit besitzen können, bezeugen die behandelten Romane ebenfalls. Ein Zusammenhang zwischen Themen aus der Nationalgeschichte des Autors beziehungsweise des Publikums, in dessen Sprache der Roman verfasst ist, lässt sich diesbezüglich zwar feststellen, nicht aber auf die zwangsläufige Verbindung von Nationalliteratur und Nationalgeschichte einengen, wie RODIEK es für die von ihm beschriebene Uchronie tut, wenn er erklärt, hier werde ein »bestimmter Abschnitt der Vergangenheit (meist der nationalen Zeitgeschichte)«[5] zur Revision ausgewählt. Deviierendes historisches Erzählen hat auch keineswegs besonders häufig historische Konstellationen der Zeitgeschichte zum Thema. Unter den hier untersuchten Romanen ließe sich dies lediglich für *Helden wie wir* bestätigen. Insgesamt erscheinen die für kontrafaktische Darstellungen ausgewählten und prädestinierten historischen Situationen und Ereignisse zwar als kulturkreisspezifisch, sie sind dabei jedoch durchaus nicht a priori festgelegt.

---

[2] RICŒUR, PAUL: *Das Rätsel der Vergangenheit*, S. 78.
[3] RODIEK, CHRISTOPH: *Erfundene Vergangenheit*, S. 141.
[4] Ibid.
[5] Ibid., S. 10.

Der nahezu durchweg anzutreffende Detailreichtum in den Beschreibungen historischer Umstände macht die Romane an sich zwar nicht zu Produkten eines literarischen Realismus, zeigt aber insgesamt eine Verwandtschaft zu traditionellen historischen Erzählweisen. Deutlicher tritt dieser Zug bei den hier dem *Story-Typus* zugerechneten Romanen hervor. Dies bestätigt der Blick auf weitere Texte der gleichen Spielart.[6] Es handelt sich um eine ästhetische Methode, die darin besteht, durch ein kontrafaktisches Schlüsselereignis veränderte Welt metonymisch wiederzugeben. Dass dieser Detailrealismus in Texten mit Unterhaltungsanliegen im Allgemeinen besonders stark ausgeprägt ist, ließe sich durch die Untersuchung entsprechender Texte nachweisen, die hier nur am Rande erwähnt und berührt wurden.

Es hat sich gezeigt, dass die Funktion der in den Romanen anzutreffenden kontrafaktischen Propositionen keineswegs so abwegig zu sein braucht, wie ihre Einkleidung. Als Gegenentwürfe zu gängigen Geschichtsbildern wenden die Texte sich gegen deren Objektivitätsanspruch und gegen deren Interpretation vergangener Ereignisse in einem bestimmten Sinne. Sie bringen so eine andere Deutung geschichtlicher Zusammenhänge ins Spiel, sei es indem sie den Blick auf tatsächliches Geschehen durch die Substitution der Kausalität verändern, sei es, indem sie die Zwangsläufigkeit des tatsächlichen Geschehens durch die Schilderung kontrafaktischer Ereignisse in Frage stellen. Es erweist sich daran, dass die kontrafaktischen Aussagen in den hier behandelten Texten stets über ihre Relevanz innerhalb der Erzählhandlung hinaus etwas bezwecken: Im Mittelpunkt von Grass' *Der Butt* steht ein fiktionales Wesen, das als Verkörperung eines beziehungsweise zahlreicher kombinierter historischer Prinzipien Aufklärung über einen hinter etwa vier Jahrtausenden abendländischer Geschichte stehenden Zusammenhang leistet. Als verursachendes Element soll sich die Beratung der Männer durch den Butt ausgewirkt haben, so dass dessen Anstiftungen als Erklärung einer von Kriegen und männlichem Machtstreben geprägten menschheitsgeschichtlichen Entwicklung letztere vordergründig kontrafaktisch darstellt und deutet. Fasst man diese Erklärung indessen nicht wörtlich auf, so reflektiert der Text darin diverse im westlichen Geschichtsdenken vorgefundene Anläufe, eine autonome Wirkungsmächtigkeit der Geschichte zu etablieren und die Verantwortung an metaphysische Instanzen zu delegieren. Die Motivation, in der Fiktion mit einer monströsen Version eines Welterklärungsmodells zu spielen, besteht in der Zurückweisung ebenjener Art von Erklärungsmodellen. Ferner kontrastiert der Roman die damit einhergehende Interpretation der historischen Entwicklung als Fortschritt durch die

---

[6] Auch in *The Alteration* begleiten zahlreiche genaue Schilderungen der Lebensumstände die Erzählhandlung.

Markierung eines gleich bleibenden immanenten Prinzips, welches durch die Wiederkehr in verschiedenen Zeitaltern eine zyklische Struktur der Historie behauptet. Sie verweist auf das erklärte Anliegen des Erzählvorhabens, den anonym gebliebenen Anteil der Frauen in der Geschichte zu beleuchten, und führt die sich in allen Epochen wiederholende Rollenverteilung auf die durch ein Märchenwesen repräsentierte kontrafaktische Kausalität zurück. Der Roman gibt solchermaßen die Ambition seines Autors zu erkennen, sowohl eine Korrektur der Wahrnehmung der Geschichte herbeizuführen, als auch erzählend die Fortsetzung der Geschichte unter veränderten Prämissen buchstäblich ins Werk zu setzen.

Anders als Günter Grass, der zu jeder Zeit seiner Kariere als Schriftsteller bereitwillig über seine Arbeit Auskunft erteilt und öffentlich das eigene Geschichtsverständnis kommentiert hat, ist Thomas Pynchon dafür bekannt, dass er sich bislang nahezu jeglicher nicht-literarischen Äußerung enthalten und sich konsequent dem Literaturbetrieb und den Medien entzogen hat. Die Analyse seines Werks kann sich kaum auf begleitende Selbstkommentierungen stützen, doch auch ohne dies lässt sich erkennen, dass Pynchons Umgang mit Geschichte Resultate hervorbringt, die konventionelle Auffassungen von geschichtlichen Konstellationen durch eine oder mehrere Gegenversionen nicht gänzlich absichtslos kontrastieren. Im Zuge der Betrachtung von *Gravity's Rainbow* wurde deutlich, dass innerhalb eines Romans unterschiedliche Erscheinungsformen kontrafaktischer Geschichtsdarstellung vorkommen und trotz der Verteilung auf verschiedene Stränge und Anteile der Erzählhandlung einem gemeinsamen Zweck dienen können. So unterstützt die Kombination verschiedener Varianten des Kontrafaktischen im Fall von Pynchons monumentalem Prosatext die auf allen Ebenen des Textes betriebene Dissolution stabiler Konzepte, literarische Genres genauso wie Geschichtsbilder betreffend. Die skizzierte Geschichtsverschwörung, die den Zweiten Weltkrieg als Produkt einer Inszenierung numinoser Mächte erscheinen lässt, wird wie bei Grass als Zivilisationskritik dechiffrierbar. Bei Pynchon betrifft sie die sich in den nicht fassbaren Kartellen versinnbildlichenden Kräftefelder hochtechnologisierter Gesellschaften, die in unlösbarer Weise untergründig verflochten sind, so dass selbst globale Entladungen politischer Konflikte nur noch als an der sichtbaren Oberfläche ablaufendes Theater erscheinen.

Mit seiner kontrafaktischen Mauerfallerzählung *Helden wie wir* hat Thomas Brussig Anteil an einem auch die Literatur tangierenden Diskurs über das Ende der DDR und über die Bedeutung und Deutung dieses historischen Ereignisses. Der Erzähler des Romans weist eine gängige, auch von den Massenmedien unterstützte Interpretation desselben zurück, wenn er sich selbst für die Wende verantwortlich erklärt und durch diese Urheberschaft die so genannte ›friedliche

Revolution‹ des Jahres 1989 als kollektive Leistung der DDR-Bürger insofern gleichermaßen in Frage wie in Abrede stellt, als er deren Willen und Fähigkeit zur Überwindung des sie beherrschenden politischen Systems am Beispiel seiner selbst als Repräsentant dieser Gesellschaft polemisch negiert.

Ein Garten im Norden wurde hier als erstes Beispiel jener Spielart deviierenden historischen Erzählens behandelt, bei welcher sich die Abweichung nicht, wie in den bisher analysierten Romanen auf der Plot-, sondern auf der Story-Ebene der narrativ repräsentierten Geschichte abspielt. Als utopischer Entwurf ist der Garten des Bankiers Klein ein Sinnbild für eine andere Möglichkeit deutscher Geschichte, die der Ich-Erzähler in Michael Kleebergs Roman erfindet und erzählend verwirklichen möchte. Der Wunsch nach anderen Erinnerungen und das Wissen um die deutsche Geschichte des zwanzigsten Jahrhunderts bedingen die Entstehung eines Gegenbildes, das auch innerhalb der Fiktion als kontrafaktisch gekennzeichnet ist. Es erhebt eine Kultur des internationalen Austauschs und Dialogs zum Vorbild und zur Bedingung gelingender internationaler Diplomatie. Dieses Gegenbild projiziert der Text in die Vergangenheit, stellt indessen seine Realisierbarkeit in der zeitgenössischen Wirklichkeit in Aussicht und nutzt die Gegengeschichte zur Illustration einer Interpretation deutscher Nationalgeschichte, die den tatsächlichen Verlauf derselben nicht als zwangsläufig begreift und auf die Offenheit der Zukunft insistiert.

Von der Möglichkeit einer anderen historischen Entwicklung geht auch Philip Roths *The Plot Against America* aus. Der Beginn einer faschistoiden und antisemitischen Politik in den USA wird durch einen faktisch nicht nominierten Präsidentschaftskandidaten veranlasst, dessen Popularität und Opposition gegen einen Kriegseintritt der USA ihm in der Bevölkerung eine breite Zustimmung und seinem innenpolitischen Programm Rückhalt auch auf Kosten einer gesellschaftlichen Minorität verschafft. Dass sich ein solcher Wandel vollziehen und auf der Inhaltsebene durch einen radikalen Schnitt auch wieder beendet werden kann, deutet allerdings daraufhin, dass es sich insgesamt – auch trotz zahlreicher sorgfältig recherchierter Details – weder ausschließlich um eine erzählend gestaltete kontrafaktische Hypothese zu einer konkreten historischen Konstellation handelt, noch primär um eine chiffrierte Diagnose der Gegenwart, sondern um die mit psychologisch realistischen Mitteln erzählte Darstellung des Phänomens Geschichte als alptraumhafter Erfahrung. Der kontrafaktische historische Entwurf gründet somit insgesamt auf einem Geschichtsbild, das das Potential zum Umschlag in die Katastrophe akzentuiert und damit die Fragilität eines nachträglich als sicher und folgerichtig eingeordneten Verlaufs zur Schau stellt.

Am Ende der hier vorgenommenen Textuntersuchungen steht Ransmayrs Roman, dessen im Rahmen der Erzählhandlung entwickelter, kontrafaktischer Geschichtsentwurf insofern offen endet, als keine Rückführung mehr in einen

Zustand erfolgt, der mit der überlieferten Geschichte zur Deckung gebracht werden könnte. *Morbus Kitahara* wird von mindestens zwei diskursiven Anliegen maßgeblich konturiert. Zum einen ist die Erzählhandlung geprägt von einer Technologieskepsis, die auf dem Wissen um die den technischen Innovationen der Moderne innewohnenden, destruktiven Möglichkeiten basiert. Sie zeigt sich in der Darstellung zweier Lebensräume, die als Folge einer kontrafaktischen Abänderung der historischen Situation nach dem Zweiten Weltkrieg in Europa auf einander völlig unterschiedlichem technischen Entwicklungsstand existieren, bis die sich fortsetzenden globalen kriegerischen Auseinandersetzungen in einem nuklearen Vernichtungsschlag gipfeln. Zum anderen ist der Roman als fiktionaler Ausdruck einer Kritik am öffentlichen Umgang mit der nationalsozialistischen Vergangenheit in Österreich lesbar und zeugt gleichzeitig von einer Ratlosigkeit des Autors in der Frage nach einem adäquateren nationalen Selbstverständnis in Anbetracht der eigenen Geschichte.

Auch mit Blick auf diese hier noch einmal synoptisch zusammengestellten Interpretationsbefunde erweisen sich kontrafaktische Aussagen und die durch diese Aussagen gekennzeichnete literarische Form, das devierende historische Erzählen, als besondere Möglichkeit, um Aussagen über Geschichte zu machen. Das in den untersuchten Romanen anzutreffende Verfahren – um einen faktischen historischen Zusammenhang literarisch zu kommentieren, wird ein kontrafaktischer konstruiert – wird im Rahmen vielfältiger narrativer Poetiken umgesetzt und in verschiedenen Nationalliteraturen zur Realisierung ebenso vielfältiger künstlerischer und diskursiver Anliegen eingesetzt. Rein formal sind die Gestaltungsmöglichkeiten auf allen Ebenen des Textes vielfältig, und was die Anlage der Figuren, der Handlungsschemata, die chronologische Anordnung des repräsentierten Geschehens und schließlich die sprachlich-syntaktische Ausführung angeht, scheint der Freiraum prinzipiell uneingeschränkt. Ausgehend von der in die Erzählhandlung integrierten Thematisierung von Radio- und Fernsehübertragungen der Mauerfallgeschehnisse, die in anderen Romanen von Brussig und Grass anzutreffen sind und darin von den Figuren fälschlicherweise als kontrafaktische Hörspiele oder Filme wahrgenommen werden, ist an dieser Stelle noch auf die mediale Flexibilität kontrafaktischer Geschichtsdarstellung hinzuweisen. Diese Flexibilität ist zu konstatieren, auch wenn sich die Literatur, insbesondere durch Erzähltexte wenn nicht als privilegiertes, so doch als bislang favorisiertes Medium zur Gestaltung kontrafaktischer Aussagen behauptet.[7]

---

[7] Durch die Kinoadaptionen von Harris' Bestseller *Fatherland* und Brussigs Roman *Helden wie wir* wird dies gewissermaßen noch bestätigt, obschon die Produktionen auch die Tauglichkeit des Mediums Film für die Erzählhandlungen und -anliegen der Romane

Die formale Variationsbreite deviierenden historischen Erzählens erweist sich daran, dass die hier nebeneinander gelesenen Texte rein äußerlich kaum Ähnlichkeiten aufweisen. Wohingegen die Fiktion einer faktualen Erzählung in *Der Butt* und *Gravity's Rainbow* durch das Vorkommen wunderbarer und phantastischer Elemente und durch die buchstäbliche Monstrosität der im Text entworfenen Geschichtsbilder gebrochen wird, entscheidet Roth sich für einen realistischen Erzählmodus. Deviierendes historisches Erzählen gestattet, wie bei Roth, den Einsatz literarischer Mittel, die der Form der Autobiographie affin sind, aber auch das Spiel mit der Tradition des Schelmenromans wie bei Brussig. Es lässt sich auch, wie bei Grass und Pynchon, innerhalb genuiner Romanexperimente umsetzen. Auf Grundlage der eingehenden Betrachtung von solchen konkreten und individuellen Realisierungen ist nun jedoch die Formulierung einer grundlegenden Wesensbestimmung des Kontrafaktischen möglich – *in summa*: Als spezifisches Verfahren, um Auslegungen von Geschichte hervorzubringen, bedienen sich deviierende historische Romane kontrafaktischer Aussagen. Indem diese Aussagen eine vorherrschende Interpretation eines geschichtlichen Zusammenhangs kontrastieren, wird die literarische Form zu einem besonderen Modus uneigentlichen Ausdrucks. Vor dem Hintergrund des umfassenden Paradigmenwechsels, der im Geschichtsdenken des späten 20. Jahrhunderts zu verzeichnen ist, erweist sich der deviierende historische Roman als international auffindbare Form innovativen historischen Erzählens. Sie ist nicht nur im Stande, die diversen Facetten jenes Paradigmenwechsels und die damit einhergehenden Aporien zu reflektieren, sondern sie macht darüber hinaus angesichts eines brüchig gewordenen Vertrauens in die Erkennbarkeit der Geschichte im literarischen Spiel mit derselben gerade die Faktizität historischer Vorgänge zur Voraussetzung des eigenen Verfahrens und unterzieht sie durch

belegen, seien sie primär unterhaltender oder diskursiver Art. Letzteres gilt auch für zwei während der Abfassung dieser Studie entstandene Kinofilme, die sich zumindest im Grenzbereich des Kontrafaktischen bewegen: *Death of a President* (2006) von Gabriel Range rekonstruiert mit den erzähltechnischen Mitteln einer Fernsehdokumentation, mit gespielten Interviewszenen und neu montiertem Originalbildmaterial, ein tödliches Attentat auf den amerikanischen Präsidenten George W. Busch im Jahr 2007. Die Endtitel im Abspann weisen darauf hin, dass die dargestellten Ereignisse fiktiv sind und in der Zukunft angesiedelt seien, die Erzählperspektive im Film verzichtet jedoch wohl gezielt auf die Datierung des Zeitpunkts, von dem aus auf das Geschehen zurückgeblickt wird. Quentin Tarantinos *Inglorious Basterds* (2009) wiederum zeigt einen tödlichen Anschlag auf Adolf Hitler und weitere führende Köpfe der Nazi-Regierung in einem Pariser Kino 1944. Der Schauplatz dieses kontrafaktischen Ereignisses scheint hier implizit auch Stoffe und Verfahren kontrafaktischer Geschichtsdarstellung für das Medium Film zu reklamieren. Diese und ähnliche Beispiele konnten im Rahmen dieser Untersuchung nicht behandelt werden, demonstrieren aber die Bandbreite des Themas.

ihre scheinbare Negation im Rahmen des Kunstwerks eigenen Interpretationen in Gestalt kontrafaktischer Geschichtsdarstellungen.

Anhang

Die in der folgenden Bibliographie angewandte Unterscheidung zwischen Primär- und Sekundärliteratur gründet auf dem Kriterium der Textverwendung, d. h. maßgeblich ist die Frage, ob jeweils überwiegend *über* einen Text oder *mit* einem Text geschrieben wird. Die Namen der Verfasser von Beiträgen, die vornehmlich zur Interpretation anderer Werke herangezogen werden, sind durch Kapitälchen hervorgehoben. In Einzelfällen wie Umberto Eco oder Salman Rushdie ergibt sich dabei die Notwendigkeit zur doppelten Einordnung, da in der vorliegenden Arbeit sowohl fiktionale Texte dieser Autoren Gegenstand der Untersuchung sind, als auch kritische oder wissenschaftliche Beiträge zur analytischen Beschreibung von literarischen Werken herangezogen werden.

Literaturverzeichnis

1. Siglen

Butt = Günter Grass: *Der Butt*
Garten = Michael Kleeberg: *Ein Garten im Norden*
GR = Thomas Pynchon: *Gravity's Rainbow*
Helden = Thomas Brussig: *Helden wie wir*
MC = Salman Rushdie: *Midnight's Children*
MK = Christoph Ransmayr: *Morbus Kitahara*
Plot = Philip Roth: *The Plot Against America*
TA = Kingsley Amis: *The Alteration*
Zukunft = Harry Mulisch: *Die Zukunft von gestern*

2. Romane, Erzählungen und Gedichte

Albig, Jörg-Uwe: Land voller Liebe. Berlin: Tropen Verlag 2006.
Amis, Kingsley: The Alteration. [1976]. New York: Carroll & Graf 1988.
Barnes, Julian: A History of the World in 10½ Chapters. [1989]. New York: Vintage 1990.
Borges, J. W. L.: Der Garten der Pfade, die sich verzweigen. [1941]. Übers. aus d. Span. v. EVA HESSEL u. WOLFGANG LUCHTING. In: J. W. L. Borges: Sämtliche Erzählungen. München: Hanser 1970. S. 199 – 210.
Brecht, Bertolt: Fragen eines lesenden Arbeiters. [1935]. In: Bertolt Brecht: Gesammelte Werke. Bd. 9. Hg. v. Suhrkamp Verlag in Zusammenarbeit mit ELISABETH HAUPTMANN. Frankfurt a. M.: Suhrkamp 1967. S. 656 – 657.

Brussig, Thomas: Helden wie wir. Frankfurt a. M.: Fischer 1995.
- Wie es leuchtet. Frankfurt a. M.: Fischer 2004.
Burdin, Francesco: An meine Völker. [1987]. Übers. aus d. Ital. v. RENATE LUNZER. Salzburg: Residenz Verlag 1996.
Doctorow, E. L.: False Documents. In : E. L. Doctorow. Essays and Conversations. Hg. v. RICHARD TRENNER. Princeton: Ontario Review Press 1983. S. 16 – 27.
Eco, Umberto: Das Foucaultsche Pendel. [1988]. Übers. aus d. Ital. v. BURGHART KROEBER. München: DTV 2003.
Grass, Günter: Aus dem Tagebuch einer Schnecke. [1973]. In: Günter Grass: Werkausgabe in zehn Bänden. Hg. v. VOLKER NEUHAUS. Bd. IV. Darmstadt: Luchterhand 1987. S. 265 – 567.
- Beim Häuten der Zwiebel. Göttingen: Steidl 2006.
- Grass, Günter: Der Butt. [1977]. In: Günter Grass: Werkausgabe in zehn Bänden. Hg. v. VOLKER NEUHAUS. Bd. V. Darmstadt: Luchterhand 1987. S. 5 – 645.
- Die Blechtrommel. [1959]. In: Günter Grass: Werkausgabe in zehn Bänden. Hg. v. VOLKER NEUHAUS. Bd. II. Darmstadt: Luchterhand 1987. S. 5 – 731.
- Kleckerburg. [1965]. In: Günter Grass: Werkausgabe in zehn Bänden. Hg. v. VOLKER NEUHAUS. Bd. I. Darmstadt: Luchterhand 1987. S. 206 – 209.
- Kopfgeburten oder Die Deutschen sterben aus. [1980]. In: Günter Grass: Werkausgabe in zehn Bänden. Hg. v. VOLKER NEUHAUS. Bd. VI. Darmstadt: Luchterhand 1987. S. 139 – 270.
- Mein Jahrhundert. Göttingen: Steidl 1999.
Händler, Ernst-Wilhelm: Morgenthau. [1995]. In: Ernst-Wilhelm Händler: Stadt mit Häusern. München: DTV 2004. S. 29 – 79.
Joyce, James: Ulysses. [1922]. London: Penguin 2000.
Kleeberg, Michael: Ein Garten im Norden. [1998]. München: DTV 2001.
Kracht, Christian: Ich werde hier sein im Sonnenschein und im Schatten. Köln: Kiepenheuer & Witsch 2008.
Lewis, Sinclair: It Can't Happen Here. [1935]. New York: Signet Classics 2005.
Mann, Thomas: Doktor Faustus. Das Leben des deutschen Tonsetzers Adrian Leverkühn, erzählt von einem Freunde. [1947]. Frankfurt a. M.: Fischer 1997.
Meyrink, Gustav: Der Golem. [1915]. München: DTV 2004.
Mulisch, Harry: Die Zukunft von gestern. Betrachtungen über einen ungeschriebenen Roman. [1972]. Übers. aus d. Niederl. v. MARLENE MÜLLER-HAAS. Berlin: Edition Tiamat 1995 (= Critica Diabolis 50).
Mulisch, Harry: Siegfried. Übers. aus d. Niederl. v. GREGOR SEFERENS. München: Hanser 2001.
Musil, Robert: Der Mann ohne Eigenschaften I. Erstes und zweites Buch. [1930/33]. Hg. v. ADOLF FRISE. Reinbek: Rowohlt 1987.
Nooteboom, Cees: Allerseelen. Übers. aus d. Niederl. v. HELGA VAN BEUNINGEN. Frankfurt a. M.: Suhrkamp 1999.
Pynchon, Thomas: Entropy. [1960]. In: Thomas Pynchon: Slow Learner. New York: Bantam Books 1985. S. 65 – 86.
- Gravity's Rainbow. [1973]. London: Vintage 2000.
- Pynchon, Thomas: The Crying of Lot 49. [1966]. London: Vintage 2000.
- V. [1963]. New York: Perennial Classics 1999.

Ransmayr, Christoph: Die letzte Welt. [1988]. Frankfurt a. M.: Fischer Taschenbuch Verlag 2001.
- Die Schrecken des Eises und der Finsternis. [1984]. Frankfurt a. M.: Fischer Taschenbuch Verlag 2003.
- Morbus Kitahara. [1995]. Frankfurt a. M.: Fischer Taschenbuch Verlag 2001.

Roth, Philip: Exit Ghost. London: Jonathan Cape 2007.
- Operation Shylock. A Confession. New York: Simon & Schuster 1993.
- The Plot Against America. London: Jonathan Cape 2004.

Rushdie, Salman: Midnight's Children. [1981]. London: Vintage 1995.

Semprún, Jorge: Algarabía oder Die neuen Geheimnisse von Paris. [1981]. Übers. aus d. Franz. v. TRAUGOTT KÖNIG u. CHRISTINE DELORY-MOMBERGER. Frankfurt a. M.: Suhrkamp 1989 (= st 1669).

Smith, Zadie: White Teeth. London: Penguin 2001.

Timm, Uwe: Am Beispiel meines Bruders. Köln: Kiepenheuer & Witsch 2001.

Winter, Léon de: Place de la Bastille. [1981]. Aus dem Niederl. v. HANNI EHLERS. Zürich: Diogenes 2005.

3. Essayistik, theoretische und poetologische Schriften

Bloch, Ernst: Das Prinzip Hoffnung. In fünf Teilen. Kapitel 1 – 37. Frankfurt a. M.: Suhrkamp 1957.

Freud, Sigmund: Der Dichter und das Phantasieren. [1908]. In: SIGMUND FREUD. Studienausgabe. Bd. X. 11. Hg. v. ALEXANDER MITSCHERLICH. korrigierte Aufl. Frankfurt a. M.: Fischer 1997. S. 169 – 179.

Grass, Günter: Als Schriftsteller immer auch Zeitgenosse. Rede auf dem internationalen PEN-Kongreß in Hamburg. [1986]. In: Günter Grass: Werkausgabe in zehn Bänden. Hg. v. VOLKER NEUHAUS Bd. IX. Darmstadt: Luchterhand 1987. S. 921 – 931.
- Die Kartoffel war wichtiger als der Siebenjährige Krieg. (Mit HANS JÜRGEN BECK). [1975]. In: Grass, Günter: Werkausgabe in zehn Bänden. Hg. v. VOLKER NEUHAUS Bd. X.. Darmstadt: Luchterhand 1987. S. 190 – 194.
- Die Vernichtung der Menschheit hat begonnen. [1982]. In: Günter Grass: Werkausgabe in zehn Bänden. Hg. v. VOLKER NEUHAUS. Bd. IX. Darmstadt: Luchterhand 1987. S. 830 – 830.
- Fünf Jahrzehnte. Ein Werkstattbericht. Hg. v. G. FRITZE MARGULL. Göttingen: Steidl 2001.
- Literatur und Geschichte. Rede anlässlich der Verleihung des ›Prinz von Asturien‹-Preises. In: Günter Grass: Fortsetzung folgt...Literatur und Geschichte. Göttingen: Steidl 1999. S. 51 – 62
- Literatur und Mythos. [1981]. In: Günter Grass: Werkausgabe in zehn Bänden. Hg. v. VOLKER NEUHAUS. Bd. IX. Darmstadt: Luchterhand 1987. S. 792 – 796.
- Orwells Jahrzehnt I. [1980]. In: Günter Grass: Werkausgabe in zehn Bänden. Hg. v. VOLKER NEUHAUS. Bd. IX. Darmstadt: Luchterhand 1987. S. 775 – 788.
- Orwells Jahrzehnt II. [1983]. In: Günter Grass: Werkausgabe in zehn Bänden. Hg. v. VOLKER NEUHAUS. Bd. IX. Darmstadt: Luchterhand 1987. S. 844 – 852.

Härtling, Peter: Das Ende der Geschichte. Über die Arbeit an einem ›historischen Roman‹. In: Akademie der Wissenschaften und der Literatur. Abhandlungen der Klasse der Literatur Jahrgang 1968. Nr. 3. S. 37 – 45.

Hegel, Georg Wilhelm Friedrich: Vorlesungen über die Philosophie der Geschichte. [1837]. In: G.W.F. Hegel: Werke Bd. 12. Hg. v. EVA MOLDENHAUER und KARL MARKUS MICHEL. Frankfurt a. M.: Suhrkamp 1970.

Heine, Heinrich: Reisebilder: Italien. Reise von München nach Genua. [1828]. In: Heinrich Heine: Werke. Bd. 2. Hg. v. WOLFGANG PREISENDANZ. Frankfurt a. M.: Insel 1968. S. 7 – 505.

Hildesheimer, Wolfgang: Butt und die Welt. Geburtstagsbrief an Günter Grass. In: Merkur 31 (1977) H. 10. S. 966 – 972.

Kehlmann, Daniel: Wo ist Carlos Montúfar? In: Daniel Kehlmann: Wo ist Carlos Montúfar? Über Bücher. Reinbek: Rowohlt 2005. S. 9 – 27.

Kleeberg, Michael: Weil Sprache einfach alles kann. In: Die Welt (17.4.1999). S. 18.

Kundera, Milan: Der Vorhang. Übers. aus d. Franz. v. ULI AUMÜLLER. München: Hanser 2005.

Nietzsche, Friedrich: Der Wille zur Macht. Versuch einer Umwertung aller Werte. Ausgewählt und geordnet v. PETER GAST unter Mitwirkung v. ELISABETH FÖRSTER-NIETZSCHE. 12. Aufl. Stuttgart: Kröner 1980 (= Kröners Taschenbuchausgabe 78).

Paz, Octavio: Neuspanien: Verwaisung und Legitimität. [1973]. In: Octavio Paz: Der menschenfreundliche Menschenfresser. Geschichte und Politik 1971 – 1980. Übers. aus d. Span. v. RUDOLF WITTKOPF u. CARL HEUPEL. Frankfurt a. M.: Suhrkamp 1981 (= edition suhrkamp NF 64). S. 19 – 40.

Pynchon, Thomas: Introduction. In: Thomas Pynchon: Slow Learner. New York: Bantam Books 1985. S. ix – xxxiv.

Ransmayr, Christoph: Der Held der Welt. Vermutungen über den letzten Tag von Konstantinopel. [1985]. In: Christoph Ransmayr: Der Weg nach Surabaya. Reportagen und kleine Prosa. Frankfurt a. M.: Fischer 1997. S. 207 – 210.

– Die Verbeugung des Riesen. Vom Erzählen. Frankfurt a. M.: Fischer 2003.

– Fatehpur. Oder die Siegesstadt. [1996]. In: Christoph Ransmayr: Der Weg nach Surabaya. Reportagen und kleine Prosa. Frankfurt a. M.: Fischer 1997. S. 229 – 235.

– Geständnisse eines Touristen. Ein Verhör. Frankfurt a. M.: Fischer 2004.

Roth, Philip: »I Always Wanted You to Admire My Fasting«; or, Looking at Kafka. [1972]. In: Philip Roth: Reading Myself and Others. New York: Bantam Books 1975. S. 223 – 244.

– Roth, Philip: The Story Behind ›The Plot Against America‹. In: New York Times Book Review (19.09.2004). S. 10 – 12.

Rushdie, Salman: ›Errata‹: Or, Unreliable Narration in Midnight's Children. [1983]. In: Salman Rushdie: Imaginary Homelands. Essays and Criticism 1981 – 1991. London: Granta Books 1992. S. 22 – 25.

– Introduction. In: Salman Rushdie: Midnight's Children. London: Vintage 2006. S. ix - xvii.

Sartre, Jean-Paul: Was ist Literatur? [1948]. Übers. aus d. Franz. v. TRAUGOTT KÖNIG. Reinbek: Rowohlt 1981.

Schiller, Friedrich: An Caroline von Beulwitz, 10. und 11. Dezember 1788. In: Friedrich Schiller: Werke und Briefe in zwölf Bänden. Bd. 11. Hg v. GEORG KURSCHEIDT. Frankfurt a. M.: Deutscher Klassiker Verlag 2002. S. 349 – 351.

Wellershoff, Dieter: Das Schimmern der Schlangenhaut. Existentielle und formale Aspekte des literarischen Textes. Frankfurter Vorlesungen. Frankfurt a. M.: Suhrkamp 1991 (= edition suhrkamp NF 991).

4. Rezensionen und Zeitungsbeiträge

ANGRESS, RUTH K.: Der Butt – A Feminist Perspective. In: Adventures of a Flounder: Critical Essays on Günter Grass' Der Butt. Hg. v. GERTRUD BAUER PICKAR. München: Fink 1982 (= Houston German Studies 3). S. 43 – 50.

AREND, INGO: Offener Garten. Sehnsucht nach dem anderen Deutschland. Michael Kleebergs Deutschland-Roman ›Ein Garten im Norden‹. In: Freitag (26.2.1999). S.17.

BERMAN, PAUL: What if it Happened Here? In: The New York Times Book Review (03.10.2004). S. 16.

COETZEE, J. M.: What Philip Knew. *The Plot Against America* by Philip Roth. In: The New York Review of Books 51 (2004) H. 18. S. 4 – 6.

COWLEY, JASON: The Terror of the Unforeseen. In: New Statesman (11.10. 2004). S. 48 – 49.

DATH, DIETMAR: Der maskierte Messapparat. Strahlung statt Stimmung: Zum siebzigsten Geburtstag des amerikanischen Schriftstellers Thomas Pynchon. In: Frankfurter Allgemeine Zeitung (08.05. 2007). S. 33.

DIECKMANN, CHRISTOPH: Klaus und wie er die Welt sah. Der junge Ostberliner Autor Thomas Brussig hat den heißersehnten Wenderoman geschrieben. In: Die Zeit (08.09.1995). S. 57.

DOUTHAT, ROSS: It Didn't Happen Here. In: Policy Review (2005) H.2. S. 73 - 78.

DREWITZ, INGEBORG: Günter Grass und das Weltprinzip oder *Der Butt* und die Emanzipation. [1978]. In: INGEBORG DREWITZ: Zeitverdichtung. Essays, Kritiken, Portraits. Gesammelt aus zwei Jahrzehnten. Wien/München/Zürich: Europaverlag 1980. S. 146 – 150.

GWALTER, MAJA E.: DDR – fortgelacht. Thomas Brussigs Wenderoman als Bühnenstück in Berlin. In: Neue Zürcher Zeitung (02.05.1996). S. 36.

INGENDAY, PAUL: Nazi fliegt aufs Weiße Haus. In: Frankfurter Allgemeine Zeitung (04.10.2004). S. 31.

JÄCKEL, EBERHARD: Zwei Briefe an Günter Grass. In: EBERHARD JÄCKEL: Umgang mit Vergangenheit. Beiträge zur Geschichte. Stuttgart: Deutsche Verlagsanstalt 1989. S. 332 – 339.

KOPETZKY, STEFFEN: Philip Roth. Faschismus auf leisen Sohlen. In: Cicero (2005) H. 10. S. 128 – 131.

LANGER, PHIL C.: Mittendrin ist voll daneben. In der Sackgasse: Die kurze Geschichte der jüngsten Berlin-Literatur. In: Freitag (15.08.2003). S. 14.

LÖHNDORF, MARION: Wer hat die Mauer umgeschmissen? Thomas Brussigs Wenderoman ›Helden wie wir‹. In: Neue Zürcher Zeitung (10.10.1995). S. 37.

MICHAELIS, ROLF: Mit dem Kopf den Gaumen aufklären. In: Günter Grass. Auskunft für Leser. Hg. v. FRANZ-JOSEF GÖRTZ. Darmstadt: Luchterhand 1984 (= Sammlung Luchterhand 543). S. 131 – 140.

MILLER, LAURA: Imagine. In: New York Times Book Review (05.09.2004). S. 23.

MINKMAR, NILS: Was wäre wenn...? In: Frankfurter Allgemeine Sonntagszeitung (26.09.2004). S. 27.

RUSHDIE, SALMAN: Günter Grass. Essays. [1984]. In: SALMAN RUSHDIE: Imaginary Homelands. Essays and Criticism 1981 – 1991. London: Granta Books in association with Penguin Books 1992. S. 276 – 281.
RUSHDIE, SALMAN: Thomas Pynchon. [1990]. In: SALMAN RUSHDIE: Imaginary Homelands. Essays and Criticism 1981 – 1991. London: Granta Books in association with Penguin Books 1992. S. 352 – 357.
SCHOELLER, WILFRIED F.: Deutschland, ein Wunschbild. In: Der Tagesspiegel (07.10.1998).
STEINWENDTNER, BRITA: Ein Monolith der Düsternis. In: Literatur und Kritik (1995) H. 11. S. 96 – 98.
WEIDERMANN, VOLKER: Über alle Berge. Christoph Ransmayr schreibt nach elf Jahren wieder einen Roman. In: Frankfurter Allgemeine Sonntagszeitung (17.09.2006). S. 28.

5. Interviews und Werkstattgespräche

DURZAK, MANDRED: Geschichte ist absurd. Eine Antwort auf Hegel. Ein Gespräch mit Günter Grass. In: Zu Günter Grass: Geschichte auf dem poetischen Prüfstand. Hg. v. MANFRED DURZAK. Stuttgart: Klett 1985 (= LGW Interpretationen 68). S. 9 – 19.
Grass, Günter: Ein Gegner der Hegelschen Geschichtsphilosophie. (Mit GERTRUDE CEPL-KAUFMANN). [1971]. In: Günter Grass: Werkausgabe in zehn Bänden. Hg. v. VOLKER NEUHAUS. Bd. X. Darmstadt: Luchterhand 1987. S. 106 – 120.
Grass, Günter/HARRO ZIMMERMANN: Vom Abenteuer der Aufklärung. Werkstattgespräche. Göttingen: Steidl 1999.
Grass, Günter/FRANK SCHIRRMACHER/HUBERT SPIEGEL: Warum ich nach sechzig Jahren mein Schweigen breche. In: Frankfurter Allgemeine Zeitung, 12. August 2006, S. 33.
KOELBL, HERLINDE: Thomas Brussig. In: HERLINDE KOELBL: Im Schreiben zu Haus. Wie Schriftsteller zu Werke gehen. Fotografien und Gespräche. München: Knesebeck 1998. S. 97 – 101.
KRAUSE, TILMAN: »Avantgarde ist eine Sackgasse«: Michael Kleeberg, der Autor der Berliner Republik, über Deutschland und die Deutschen. In: Die Welt (14.11.1998). S. 24.
LÖFFLER, SIGRID: »...das Thema hat mich bedroht.« Gespräch mit Sigrid Löffler über Morbus Kitahara (Dublin 1995). In: Die Erfindung der Welt. Zum Werk von Christoph Ransmayr. Hg. v. UWE WITTSTOCK. Frankfurt a. M.: Fischer Taschenbuch Verlag 1997. S. 213 – 219.
MINKMAR, NILS: Der Tag, als Philip Roth anrief. In: Frankfurter Allgemeine Sonntagszeitung (07.08.2005). S. 21.
RADDATZ, FRITZ J.: »Heute lüge ich lieber gedruckt«. Gespräch mit Günter Grass. In: FRITZ J. RADDATZ: ZEIT-Gespräche. Frankfurt a. M.: Suhrkamp 1978 (= st 520). S. 7 – 18.
Roth, Philip: Conversation with Aharon Appelfeld in Jerusalem. In: Philip Roth: Shop Talk. A Writer and His Colleagues and Their Work. Boston/New York: Houghton Mifflin Company 2001. S. 18 – 39.
STRAUBEL, TIMOTHY/ANGELA SZABO/DIRK WENDTORF: Ich schreibe Bücher, die ich auch selber gerne lesen würde. Interview mit dem Autor Thomas Brussig. In: Focus on Literatur 5 (1998) H. 1. S. 51 – 59.
VERNA, SACHA: »Ich frage, was wäre wenn...« Ein Gespräch mit dem großen Philip Roth. In: Die Zeit (18.08.2005). S. 43 – 44.

WIDMANN, ANDREAS MARTIN: Repräsentativer Außenseiter der deutschen Gegenwartsliteratur – Ein Gespräch mit dem Schriftsteller und Übersetzer Michael Kleeberg. In: Focus on German Studies. A Journal on and beyond German-language Literature 14 (2007). S. 223 – 230.

6. Forschungliteratur

ABBOTT, SCOTT H.: The Raw and the Cooked: Claude Lévi-Strauss and Günter Grass. In: The Fisherman and His Wife. Günter Grass's *The Flounder* in Critical Perspective. Hg. v. SIEGFRIED MEWS. New York: AMS Press Inc. 1983. S. 107 – 120.
ADOLPH, WINNIFRED R.: The Truth Told Differently: Myth and Irony. In: The Fisherman and His Wife. Günter Grass's *The Flounder* in Critical Perspective. Hg. v. SIEGFRIED MEWS. New York: AMS Press Inc. 1983. S. 121 – 134.
AGAZZI, ELENA: Erinnerte und rekonstruierte Geschichte. Drei Generationen deutscher Schriftsteller und die Fragen der Vergangenheit. Übers. aus d. Ital. v. GUNNHILD SCHNEIDER u. HOLM STEINERT. Göttingen: Vandenhoeck & Ruprecht 2005.
ALDISS, BRIAN W.: Alternate Worlds and Alternate Histories. In: The New Encyclopedia of Science Fiction. Hg. v. JAMES GUNN. New York: Viking Press 1988. S. 13 – 15
ALDRIDGE, A. OWEN: Some Aspects of the Historical Novel after Lukács. In: Literary Theory and Criticism. Festschrift Presented to René Wellek in Honor of his Eightieth Birthday. Hg. v. JOSEPH P. STRELKA. Bd. 2. Bern u.a.: Peter Lang 1984. S. 677 – 687.
ALLEMANO, MARINA: Historical Portraits and Visions. From Walter Scott's *Waverley* to Michel Tournier's *Le Roi des Aulnes* and Thomas Pynchon's *Gravity's Rainbow*. New York/London: Garland Publishing 1991.
AMELUNXEN, HUBERTUS VON: Vorwort. In: Television – Revolution: das Ultimatum des Bildes; Rumänien im Dezember 1989. Hg. v. ANDREJ UJICA u. HUBERTUS V. AMELUNXEN. Marburg: Jonas-Verlag für Kunst und Literatur 1990. S. 7 – 8.
ANDRE-ALT, PETER: Franz Kafka. Der ewige Sohn. München: C.H. Beck 2005.
ANTOR, HEINZ: Entropie. In: Metzler Lexikon Literatur- und Kulturtheorie. Ansätze – Personen – Grundbegriffe. Hg. v. ANSGAR NÜNNING. 3. aktualisierte u. erw. Aufl.. Stuttgart: Metzler 2004. S. 147.
ANZ, THOMAS: Spiel mit der Überlieferung. Aspekte der Postmoderne in Ransmayrs *Die letzte Welt*. In: Die Erfindung der Welt. Zum Werk von Christoph Ransmayr. Hg. v. UWE WITTSTOCK. Frankfurt a. M.: Fischer 1997. S. 120 – 132.
ARENDT, DIETER: Günter Grass – ein Erzähler am ›Faden des Zeitgeschehens‹ oder ›Ich, das bin ich jederzeit‹. In: Germanisch-Romanische Monatsschrift 51 (2001) H. 4. S. 467 – 486.
ARNOLD, HEINZ LUDWIG: Gespräche mit Günter Grass. In: Günter Grass. Hg. v. HEINZ LUDWIG ARNOLD. 5. Aufl. München: Edition Text + Kritik 1978. S. 1 – 39.
ASSMANN, JAN: Das kulturelle Gedächtnis: Schrift, Erinnerung und politische Identität in frühen Hochkulturen. München: C.H. Beck 1992.
– Kollektives Gedächtnis und kulturelle Identität. In: Kultur und Gedächtnis. Hg. v. JAN ASSMANN u. TONIO HÖLSCHER. Frankfurt a. M.: Suhrkamp 1988 (= st wissenschaft 724). S. 9 – 19.
AUST, HUGO: Der historische Roman. Stuttgart: Metzler 1994 (= Sammlung Metzler 278).

- Dichter-Kommentar. Am Beispiel der Fußnoten- und Anmerkungspraxis im historischen Roman. In: Kommentierungsverfahren und Kommentarformen: Hamburger Kolloquium der Arbeitsgemeinschaft für Germanistische Edition 4. bis 7. März 1992. Autor- und Problembezogene Referate. Hg. v. GUNTER MARTENS. Tübingen: Niemeyer 1993 (= Beihefte zu Editio 5). S. 93 – 98.
BACHMANN, PETER: Die Auferstehung des Mythos in der Postmoderne. Philosophische Voraussetzungen zu Christoph Ransmayrs Roman *Die letzte Welt*. In: Diskussion Deutsch 21 (1990). S. 639 – 651.
BADER, RUDOLF: Indian Tin Drum. In: International Fiction Review 11 (1984) H 2. S. 75 – 84.
BARTHES, ROLAND: Einführung in die strukturale Analyse von Erzählungen. [1966]. Übers. aus d. Franz. v. DIETER HORNIG. In: ROLAND BARTHES: Das semiologische Abenteuer. Frankfurt a. M.: Suhrkamp 1988(= edition suhrkamp NF 441). S. 102 – 143.
- Historical Discourse. [1967]. Übers. aus d. Franz. v. PETER WEXTER. In: Structuralism. A Reader. Hg. v. MICHAEL LANE. London: Jonathan Cape 1970. S. 145 – 155.
BARTSCH, KURT: Dialog mit Antike und Mythos. Christoph Ransmayrs Ovid-Roman *Die letzte Welt*. In: Modern Austrian Literature 23 (1999) H. 3/4. S. 121 – 133.
BAUER, MATTHIAS: Schelmenroman. Stuttgart: Metzler 1994 (= Sammlung Metzler 284).
BERTENS, HANS: The Idea of the Postmodern. A History. London/New York: Routledge 1998.
BLOCH, MARC: Apologie der Geschichte oder Der Beruf des Historikers. [1949]. Nach der von ÉTIENNE BLOCH edierten französischen Ausgabe hg. v. PETER SCHÖTTLER. Übers. aus d. Franz. v. WOLFRAM BAYER. Stuttgart: Klett-Cotta 2002.
BLUMENBERG, HANS: Arbeit am Mythos. Frankfurt a. M.: Suhrkamp 1979.
BÖHN, ANDREAS: Memory, Musealization and Alternative History in Michael Kleeberg's Novel *Ein Garten im Norden* and Wolfgang Becker's Film *Good Bye, Lenin!*. In: Memory Traces. 1989 and the Question of German Cultural Identity. Hg. v. SILKE ARNOLD-DE SIMINE. Oxford: Peter Lang. 2005 (= Cultural History and Literary Imagination 5). S. 245 – 260.
BOMBITZ, ATTILA: Auf dem Weg der Metafiktion. Elf Thesen zum Werk von Christoph Ransmayr. In: Junge Germanisten aus Ungarn stellen sich vor. Hg. v. IMRE SZIGETI. Frankfurt a. M.: Peter Lang 2005. S. 43 – 56.
BORGMEIER, RAIMUND/BERNHARD REITZ: Einleitung. In: Der historische Roman. Bd. 1: 19. Jahrhundert. Hg. v. RAIMUND BORGMEIER u. BERNHARD REITZ. Heidelberg: Winter 1984 (=Anglistik & Englischunterricht 22). S. 7 – 37.
BOVÉ, PAUL A.: History and Fiction: The Narrative Voices of Pynchon's Gravity's Rainbow. In: Modern Fiction Studies 50 (2004) H. 3. S. 657 – 680.
BREMER, ULRIKE: Versionen der Wende: Eine textanalytische Untersuchung erzählerischer Prosa junger deutscher Autoren zur Wiedervereinigung. Osnabrück: Universitätsverlag Rasch 2002.
BROCKMANN, STEPHEN: Literature and German Reunification. Cambridge: Cambridge University Press 1999.
BRODERSEN, KAI: Vorwort. In: Virtuelle Antike. Wendepunkte der Alten Geschichte. Hg. v. KAI BRODERSEN. Darmstadt: Primus Verlag 2000. S. 7 – 8.
BRÜNS, ELKE: Nach dem Mauerfall: Eine Literaturgeschichte der Entgrenzung. Paderborn: Fink 2006.

BULSON, ERIC: Novels, Maps, Modernity. The Spatial Imagination 1850 – 2000. New York: Routledge 2007.
BURG, PETER: Die Funktion kontrafaktischer Urteile am Beispiel der Bauernkriegsforschung. In: Geschichte in Wissenschaft und Unterricht 34 (1984) H. 12. S. 768 – 779.
- Kontrafaktische Urteile in der Geschichtswissenschaft. Formen und Inhalte. In: Archiv für Kulturgeschichte 79 (1997) H. 1. S. 211 – 227.
BURKE, PETER: Die Geschichte der ›Annales‹. [1996]. Die Entstehung der neuen Geschichtsschreibung. Übers. aus d. Engl. v. MATTHIAS FIENBORK. Berlin: Wagenbach 2004.
BURKE, PETER: Geschichte als soziales Gedächtnis. Übers. aus d. Engl. v. DIETRICH HARTH. In: Mnemosyne. Formen und Funktionen der kulturellen Erinnerung. Hg. v. ALEIDA ASSMANN u. DIETRICH HARTH. Frankfurt a. M.: Fischer 1991. S. 289 – 304.
- History of Events and the Revival of Narrative. In: New Perspectives on Historical Writing. Hg. v. PETER BURKE. Pennsylvania: Pennsylvania State University Press 1992. S. 233 – 248.
- Overture: the New History, its Past and its Future. In: New Perspectives on Historical Writing. Hg. v. PETER BURKE. Pennsylvania: Pennsylvania State University Press 1992. S. 1 – 23.
CASTEIN, HANNE: Grass and the Appropriation of the Fairy-Tale in the Seventies. In: Günter Grass's *Der Butt*. Sexual Politics and the Male Myth of History. Hg. v. PHILIP BRADY, TIMOTHY MCFARLAND u. JOHN J. WHITE. Oxford: Clarendon Press 1990. S. 97 – 108.
CIEŚLAK, RENATA: Mythos und Geschichte im Romanwerk Christoph Ransmayrs. Frankfurt a. M.: Peter Lang 2007 (= Gießener Arbeiten zur Neueren Deutschen Literatur und Literaturwissenschaft 27).
CIFRE WIBROW, PATRICIA: N: Denn es hätte ja ebenso gut auch ganz anders kommen können. In: Dieter Kühn: Ein Treffen mit dem Schriftsteller über sein Werk. Hg. v. OFELIA MARTÍ-PEÑA u. BRIGITTE EGGELTE. Frankfurt a. M.: Peter Lang 2001. S. 33 – 44.
CLERC, CHARLES: Film in *Gravity's Rainbow*. In: Approaches to *Gravity's Rainbow*. Hg. v. CHARLES CLERC. Columbus: Ohio State University Press 1983. S. 103 – 152.
- Introduction. In: Approaches to ›Gravity's Rainbow‹. Hg. v. CHARLES CLERC. Columbus: Ohio State University Press 1983. S. 3 – 30.
COHN, NORMAN: Warrant for Genocide: The Myth of the Jewish World-Conspiracy and the Protocols of the Elders of Zion. New York: Harper & Row 1967.
CONRAD, CHRISTOPH/MARTINA KESSEL: Geschichte ohne Zentrum. In: Geschichte schreiben in der Postmoderne. Beiträge zur aktuellen Diskussion. Hg. v. CHRISTOPH CONRAD u. MARTINA KESSEL. Stuttgart: Reclam 1994. S. 9 – 36.
COOK, LYNNE: Rewriting History. Reinventing Reality in the Novels of Christoph Ransmayr. In: Literature in Times of Crisis Conference. A Selection of Postgraduate Papers. Hg. v. STEPHAN ATZERT. Melbourne: University 1997 (= School of Languages Postgraduate Research Papers on Language and Literature 1). S. 17 – 22.
- The Novels of Christoph Ransmayr: Towards a Final Myth. In: Modern Austrian Literature 31 (1998) H.3/4. S. 225 – 239.
- Unaufhaltsamer Rutsch ins Schwarze Loch. Bilder alternativer Welten in den Romanen von Christoph Ransmayr. In: Germanistische Mitteilungen (1998) H. 47. S. 77 – 90.
COOPER, ALAN: Philip Roth and the Jews. 2. Aufl. Albany, NY: State University of New York Press 1996.

COSTABILE-HEMING, CAROL ANNE: Tracing History through Berlin's Topography: Historical Memories and Post-1989 Berlin Narratives. In: German Life and Letters 58 (2005) H. 3. S. 344 – 356.
COWART, DAVID: History and the Contemporary Novel. Carbonsdale/Edwardsville: Southern Illinois University Press 1989.
CULLER, JONATHAN: Defining Narrative Units. In: Style and Structure in Literature. Hg. v. Roger Fowler. Ithaca, New York: Cornell University Press 1975.
DANTO, ARTHUR C.: Analytical Philosophy of History. Cambridge: Cambridge University Press 1965.
– Erzählung, Erkenntnis und die Philosophie der Geschichte. Übers. aus d. Engl. v. SIGRID GOODMAN. In: Erzählforschung. Ein Symposion. Hg. v. EBERHARD LÄMMERT. Stuttgart: Metzler 1982 (= Germanistische Symposien. Berichtsbände 4). S. 643 – 659.
DEMANDT, ALEXANDER: Ungeschehene Geschichte. Ein Traktat über die Frage: Was wäre geschehen, wenn...? Göttingen: Vandenhoeck und Ruprecht 1984 (= Kleine Vandenhoeck-Reihe 1501).
DERRIDA, JACQUES: Grammatologie. [1967]. Übers. aus d. Franz. v. HANS-JÖRG RHEINBERGER u. HANNS ZISCHLER. Frankfurt a. M.: Suhrkamp 1983 (= st wissenschaft 417).
D'HAEN, THEO: Postmodern Fiction: Form and Function. In: Neophilologus 71 (1987) H.1. S. 144 – 153.
DOHRN, DANIEL: Counterfactual Narrative Explanation. In: Journal of Aesthetics and Art Criticism 67 (2009) H. 1. S. 37 – 47.
DOLEŽEL, LUBOMIR: Heterocosmica. Fiction and Possibile Worlds. Baltimore/London: Johns Hopkins University Press 1998.
– Possible Worlds of Fiction and History. In: New Literary History 29 (1998) H. 4. S. 785 – 809.
DOSE, GERD: Alternate Worlds: Kingsley Amis' *The Alteration* und Keith Roberts' *Pavane*. In: Fiktion und Geschichte in der anglo-amerikanischen Literatur. Festschrift für Heinz-Joachim Müllenbrock zum 60. Geburtstag. Hg. v. RÜDIGER AHRENS u. FRITZ-WILHELM NEUMANN. Heidelberg: Winter 1998 (= Anglistische Forschungen 256). S. 315 – 338.
DUGDALE, JOHN: Thomas Pynchon. Allusive Parables of Power. London: Macmillan Press 1990.
DURRANI, OSMAN: ›Here Comes Everybody‹: An Appraisal of Narrative Technique in Günter Grass's *Der Butt*. In: The Modern Language Review 75 (1980) H. 4. S. 810 – 822.
DURZAK, MANFRED: Es war einmal. Zur Märchen-Struktur des Erzählens bei Günter Grass. In: Zu Günter Grass. Geschichte auf dem poetischen Prüfstand. Hg. v. MANFRED DURZAK. Stuttgart: Klett 1985 (= LGW Interpretationen 68). S. 166 – 177.
EAGLETON, TERRY: Einführung in die Literaturtheorie. [1996]. Übers. aus d. Engl. v. ELFI BETTINGER u. ELKE HENTSCHEL. 4. erw. Aufl. Stuttgart: Metzler 1997 (= Sammlung Metzler 246).
ECO, UMBERTO: Die Welten der Science Fiction. [1984]. Übers. aus d. Ital. v. BURKHART KROEBER. In: UMBERTO ECO: Über Spiegel und andere Phänomene. München: Hanser 1988. S. 214 – 222.
– Im Wald der Fiktionen. Sechs Streifzüge durch die Literatur. [1993]. Übers. aus d. Ital. v. BURKHART KROEBER. München: Hanser 1994.

- Lector in fabula. Die Mitarbeit der Interpretation in erzählenden Texten. [1979]. Übers. aus d. Ital. v. HEINZ-GEORG HELD. München: DTV 1990.
- Nachschrift zum ›Namen der Rose‹. [1983]. Übers. aus d. Ital. v. BURKHART KROEBER. München: Hanser 1984.

ENGEL, HENRIK D. K.: Die Prosa von Günter Grass in Beziehung zur englischsprachigen Literatur. Rezeption, Wirkungen und Rückwirkungen bei Salman Rushdie, John Irving, Bernard Malamud u.a. Frankfurt a. M.: Peter Lang 1997 (= Kölner Studien zur Literaturwissenschaft 10).

EPPLE, THOMAS: Phantasie contra Realität – eine Untersuchung zur zentralen Thematik von Christoph Ransmayrs *Die letzte Welt*. In: Literatur für Leser (1990) H. 1. S. 29 – 43.

ERLL, ASTRID: Medium des kollektiven Gedächtnisses: Ein (erinnerungs-)kulturwissenschaftlicher Kompaktbegriff. In: Medien des kollektiven Gedächtnisses. Konstruktivität – Historizität – Kulturspezifität. Hg. v. ASTRID ERLL u. ANSGAR NÜNNING. Berlin/New York: Walter de Gruyter 2004. S. 3 – 22.

Erzählforschung. Ein Symposion. Hg. v. EBERHARD LÄMMERT. Stuttgart: Metzler 1982 (= Germanistische Symposien. Berichtsbände 4).

ESHEL, AMIR: Der Wortlaut der Erinnerung. Christoph Ransmayrs *Morbus Kitahara*. In: In der Sprache der Täter. Neue Lektüren deutschsprachiger Nachkriegs- und Gegenwartsliteratur. Hg. v. STEPHAN BRAESE. Opladen: Westdeutscher Verlag 1998. S. 227 – 255.

EYKMAN, CHRISTOPH: Absurde Mechanik. Die ›verunglimpfte Geschichte‹ in den Romanen von Günter Grass. In: CHRISTOPH EYKMAN: Geschichtspessimismus in der Literatur des 20. Jahrhunderts. Bern/München: Francke Verlag 1970. S. 112 - 124.

FABER, KARL GEORG: Theorie der Geschichtswissenschaft. 5., erw. Aufl. München: C.H. Beck 1982 (= Beck'sche Schwarze Reihe 78).

FACHINGER, PETRA: Rewriting Germany from the Margins: ›Other‹ German Literature of the 1980s and 1990s. Montreal: McGill-Queen's University Press 2001.

FIEDLER, LESLIE: Cross the Border – Close the Gap. In: Postmodernism. A Reader. Hrsg. v. PATRICIA WAUGH. London: Edward Arnold 1992. S. 31 – 48.

FILZ, WALTER: Dann leben sie noch heute? Zur Rolle des Märchens in *Butt* und *Rättin*. In: Günter Grass. Hg. v. HEINZ LUDWIG ARNOLD. 6. Aufl. München: Edition Text + Kritik. S. 93 – 100.

FLEISHMAN, AVROM: The English Historical Novel. Walter Scott to Virginia Woolf. Baltimore/London: Johns Hopkins Press 1971.

FOERSTER, HEINZ VON: Das Konstruieren einer Wirklichkeit. In: Die erfundene Wirklichkeit. Wie wissen wir, was wir zu wissen glauben? Beiträge zum Konstruktivismus. Hg. v. PAUL WATZLAWICK. München/Zürich: Piper 1985. S. 39 – 60.

Formen der Geschichtsschreibung. Hg. v. REINHART KOSELLECK, HEINRICH LUTZ u. JÖRN RÜSEN. München: DTV 1982 (= Beiträge zur Historik 4).

FORSTER, E. M.: Aspects of the Novel. [1927]. In: E. M. FORSTER: Aspects of the Novel and Related Writings. London: Edward Arnold Publishers 1974. S. 1 – 119.

FOSTER, IAN: Alternative History and Christoph Ransmayr's ›Morbus Kitahara‹. Modern Austrian Literature 32 (1999) H. 1. S. 111 – 125.

FOUCAULT, MICHEL: Die Ordnung der Dinge. Eine Archäologie der Humanwissenschaften. [1966]. Übers. aus d. Franz. v. ULRICH KÖPPEN. Frankfurt a. M.: Suhrkamp 1971.

FOWLER, DOUGLAS: A Reader's Guide to *Gravity's Rainbow*. Ann Arbor: Ardis 1980.

FREESE, PETER: From Apocalypse to Entropy and Beyond. The Second Law of Thermodynamics in Post-War American Fiction. Essen: Verlag Die Blaue Eule 1997 (= Arbeiten zur Amerikanistik 19).

FRIEDRICH, HANS-EDWIN: »Das deutsche Volk schlief schlecht seit dem größten Sieg seiner Geschichte«. Drittes Reich und Nationalsozialismus im alternativhistorischen Roman (Otto Basil, Helmut Heißenbüttel, Thomas Ziegler). In: Literatur für Leser (2006) H. 4. S. 255 – 274.

FRIZEN, WERNER: Drei Danziger. Arthur Schopenhauer – Max Halbe – Günter Grass. In: Schopenhauer Jahrbuch 68 (1987). S. 147 – 168.

FRÖHLICH, MONICA: Literarische Strategien der Entsubjektivierung. Das Verschwinden des Subjekts als Provokation in Christoph Ransmayrs Erzählwerk. Würzburg: Ergon Verlag 2001 (= Literatura Wissenschaftliche Beiträge zur Moderne und ihrer Geschichte 13).

FÜGER, WILHELM: Streifzüge durch Allotopia. Zur Topographie eines fiktionalen Gestaltungsraums. In: Anglia 102 (1984) H. 3/4. S. 349 – 391.

FUKUYAMA, FRANCIS: The End of History and the Last Man. New York: The Free Press 1992.

FULDA, DANIEL: Wissenschaft aus Kunst. Die Entstehung der modernen deutschen Geschichtsschreibung 1760 – 1860. Berlin/New York: de Gruyter 1996 (= European Cultures Studies in Literature and the Arts 7).

GALLMEISTER, PETRA: Der historische Roman. In: Formen der Literatur in Einzeldarstellungen. Hg. v. OTTO KNÖRRICH. 2. überarb. Aufl.. Stuttgart: Kröner 1991 (= Kröners Taschenausgabe 478). S. 160 – 170.

GASSER, MARKUS: Die Postmoderne. Stuttgart: M und P Verlag für Wissenschaft und Forschung 1997.

GEBAUER, MIRJAM: Milieuschilderungen zweier verrückter Monologisten: Philip Roths *Portnoy's Complaint* als Vorbild für Thomas Brussigs *Helden wie wir*. In: Orbis Litterarum 57 (2002) H. 3. S. 222 – 240.

– Wendekrisen. Der Pikaro im deutschen Roman der 1990er Jahre. Trier: Wissenschaftlicher Verlag Trier 2006 (= Schriftenreihe Literaturwissenschaft 72).

GEHLEN, ARNOLD: Ende der Geschichte? [1975]. In: Geschichte schreiben in der Postmoderne. Beiträge zur aktuellen Diskussion. Hg. v. CHRISTOPH CONRAD u. MARTINA KESSEL. Stuttgart: Reclam 1994. S. 39 – 57.

GENETTE, GÉRARD: Palimpseste. Die Literatur auf zweiter Stufe. [1982]. Übers. aus d. Franz. v. WOLFRAM BAYER u. DIETER HORNIG. Frankfurt a.M: Suhrkamp 1993 (= edition suhrkamp NF 683).

GEORG-LAUER, JUTTA: Das ›postmoderne Wissen‹ und die Dissenstheorie von Jean-Francois Lyotard. In: ›Postmoderne‹ oder der Kampf um die Zukunft. Die Kontroverse in Wissenschaft, Kunst und Gesellschaft. Hg. v. PETER KEMPER. Frankfurt a. M.: Fischer Taschenbuch Verlag 1988. S. 189 – 206.

GEPPERT, HANS VILMAR: Der ›andere‹ historische Roman. Theorie und Strukturen einer diskontinuierlichen Gattung. Tübingen: Max Niemeyer Verlag, 1976 (= Studien zur deutschen Literatur 42).

Geschichte – Ereignis und Erzählung. Hg. v. REINHART KOSELLECK u. WOLF-DIETER STEMPEL. München: Wilhelm Fink Verlag 1973.

GLEI, REINHOLD F.: Ovid in den Zeiten der Postmoderne. Bemerkungen zu Christoph Ransmayrs Roman *Die letzte Welt*. In: Poetica 26 (1994) H. 3/4. S. 409 – 427.

GNÜG, HILTRUD: Utopie und utopischer Roman. Stuttgart: Reclam 1999.

GONZALEZ, ANN BRASHEAR: ›La Novela Totalizadora‹: Pynchon's *Gravity's Rainbow* and Fuentes' *Terra Nostra*. Univ. of South Carolina Diss. 1983.
GÖRTZ, FRANZ JOSEF: Apokalypse im Roman: Günter Grass' *Die Rättin*. In: The German Quarterly 63 (1990) H. 3/4. S. 462 – 470.
GOSSMAN, LIONEL: Between History and Literature. Cambridge, Mass.: Harvard University Press 1990.
GREIN, BIRGIT: Phantastik. In: Metzler Lexikon Literatur- und Kulturtheorie. Ansätze – Personen – Grundbegriffe. Hg. v. ANSGAR NÜNNING. 3. aktualisierte u. erw. Aufl.. Stuttgart: Metzler 2004. S. 524.
GREINER, BERND: Die Morgenthau-Legende. Zur Geschichte eines umstrittenen Plans. Hamburg: Hamburger Edition 1995.
GRIMM, FLORIAN: Reise in die Vergangenheit – Reise in die Fantasie? Tendenzen des postmodernen Geschichtsromans. Frankfurt a. M.: Peter Lang 2008.
GRÜNBAUM, ROBERT: Deutsche Einheit. Opladen: Leske + Budrich 2000.
GUSTAFSSON, LARS: Über das Phantastische in der Literatur. [1969]. Übers. aus d. Schwed. v. HANNS GRÖSSEL. In: LARS GUSTAFSSON: Utopien. Essays. München: Hanser 1970 (= Reihe Hanser 53). S. 9 – 25.
HABERMAS, JÜRGEN: Die Moderne – ein unvollendetes Projekt. [1980]. In: JÜRGEN HABERMAS: Kleine politische Schriften I – IV. Frankfurt a. M.: Suhrkamp 1981. S. 444 – 464.
– Die neue Unübersichtlichkeit. Die Krise des Wohlfahrtsstaates und die Erschöpfung utopischer Energien. In: JÜRGEN HABERMAS: Die neue Unübersichtlichkeit. Kleine Politische Schriften V. Frankfurt a. M.: Suhrkamp 1985 (= edition suhrkamp NF 321). S. 141 – 166.
HALL, KATHARINA: Günter Grass's ›Danzig Quintet‹. Explorations in the Memory and History of the Nazi Era from *Die Blechtrommel* to *Im Krebsgang*. Bern u. a.: Peter Lang 2007.
HALSALL, ROBERT: Christoph Ransmayr's *Morbus Kitahara*: An Aestheticization of the Holocaust? In: Literature, Markets and Media in Germany and Austria Today. Hg. v. ARTHUR WILLIAMS. Oxford u.a.: Peter Lang 2000. S. 195 – 212.
HALVERSON, RACHEL J.: Comedic Bestseller or Insightful Satire: Taking the Interview and Autobiography to Task in Thomas Brussig's *Helden wie wir*. In: Textual Responses to German Unification. Processing Historical and Social Change in Literature and Film. Hg. v. CAROL ANNE COSTABILE-HEMING, RACHEL J. HALVERSON u. KRISTIE A. FOELL. Berlin/New York: de Gruyter 2001. S. 95 – 105.
HAMBURGER, KÄTE: Die Logik der Dichtung. [1957]. 3. Aufl. Stuttgart: Klett-Cotta 1977.
HASSAN, IHAB: Beyond Postmodernism. Toward an Aesthetics of Trust. In: Beyond Postmodernism. Reassessments in Literature, Theory, and Culture. Hg. v. KLAUS STIERSTORFER. Berlin/New York: Walter de Gruyter 2003. S. 199 – 212.
HELBIG, JÖRG: Der parahistorische Roman. Ein literarhistorischer und gattungstypologischer Beitrag zur Allotopieforschung. Frankfurt a. M.: Peter Lang 1988 (= Berliner Beiträge zur Anglistik 1).
HELLEKSON, KAREN: The Alternate History. Refiguring Historical Time. Kent, OH: The Kent State University Press, 2001.
HELLER, AGNES: History and the Historical Novel in Lukács. In: The Modern German Historical Novel: Paradigms, Problems and Perspectives. Hg. v. DAVID ROBERTS and PHILIP THOMSON. New York/Oxford: Berg 1991. S. 19 – 34.

HENSING, DIETER: Günter Grass und die Geschichte – Camus, Sisyphos und die Aufklärung. In: Günter Grass: Ein europäischer Autor? Hg. v. GERD LABROISSE u. DICK VAN STEKELENBURG. Amsterdam: Rodopi 1992 (= Amsterdamer Beiträge zur neueren Germanistik 35). S. 85 – 121.

HERHOFFER, ASTRID: Geschichte gegen den Strich: Auf der Suche nach der eigenen Vergangenheit in Christa Wolfs *Kassandra* und Peter Weiss' *Ästhetik des Widerstands*. In: Travellers in Time and Space. Reisende durch Zeit und Raum. The German Historical Novel. Der deutschsprachige historische Roman. Hg. v. OSMAN DURRANI u. JULIAN PREECE. Amsterdam/New York: Rodopi 2001 (= Amsterdamer Beiträge zur neueren Germanistik 51). S. 343 – 356.

HITE, MOLLY: Ideas of Order in the Novels of Thomas Pynchon. Columbus: Ohio State University Press 1983.

HOBSBAWM, ERIC: Das Zeitalter der Extreme. Weltgeschichte des 20. Jahrhunderts. [1994]. Übers. aus d. Engl. v. YVONNE BADAL. Darmstadt: Wissenschaftliche Buchgesellschaft 1997.

HOESTEREY, INGEBORG: Aspekte einer Romanfigur: Der Butt im *Butt*. In: The German Quarterly 54 (1981) H. 4. S. 461 – 472.

HOFSTADTER, RICHARD: The Paranoid Style in American Politics. In: RICHARD HOFSTADTER: The Paranoid Style in American Politics and Other Essays. New York: Vintage Books 1967. S. 3 – 40.

HOLDENRIED, MICHAELA: Autobiographie. Stuttgart: Reclam 2000.

HOLLINGTON, MICHAEL: Günter Grass: The Writer in a Pluralist Society. 2. Aufl. London: Marion Boyars Publishers 1987.

HOLLMER, HEIDE: The next generation. Thomas Brussig erzählt Erich Honeckers DDR. In: DDR-Literatur der neunziger Jahre. Hg. v. HEINZ-LUDWIG ARNOLD. München: Edition Text + Kritik 2000, S. 107 – 121.

– und ALBERT MEIER: »Wie ich das mit der Mauer hingekriegt habe«. Der 9. November 1989 in Thomas Brussigs ›Helden wie wir‹ und in Thomas Hettches ›Nox‹. In: Deutsche Akademie für Sprache und Dichtung. Jahrbuch 1999. Göttingen: Wallstein Verlag 2000. S. 112 – 131.

HONOLD, ALEXANDER: Die steinerne Schuld. Gebirge und Geschichte in Christoph Ransmayrs ›Morbus Kitahara‹. In: Sinn und Form 51 (1999) H. 2. S. 252 – 267.

– Neues aus dem Herz der Finsternis. Ethnographisches Schreiben bei Christoph Ransmayr, Gerhard Roth und Joseph Winkler. In: Modern Austrian Literature 31 (1998) H. 3/4. S. 103 – 117.

HONSZA, NORBERT: Günter Grass. Werk und Wirkung. Wrocław: Wydawnictwo Uniwersytetu Wrocławskiego 1987 (= Acta Universitatis Wratislaviensia No. 995).

HORVAT, DRAGUTIN: *Der Butt* – ein historischer Roman? In: Zagreber Germanistische Beiträge Beiheft 8 (2004). S. 259 – 268.

HOWE, IRVING: Der anti-utopische Roman. [1962]. Übers. aus d. Amerik. v. KLAUS PETER STEIGER. In: Der utopische Roman. Hg. v. RUDOLF VILLGRADTER u. FRIEDRICH KREY. Darmstadt: Wissenschaftliche Buchgesellschaft 1973. S. 344 – 354.

HÖYNG, PETER: »Erzähl doch keine Geschichte«. Zum Verhältnis von Geschichtsschreibung und erzählender Literatur. In: Der Deutschunterricht (1991) H. 4. S. 80 – 89.

HRUSHOVSKI, BENJAMIN: Fictionality and Fields of Reference: Remarks on a Theoretical Framework. In: Poetics Today 5 (1984) H. 2. S. 227 – 251.

HÜBNER, KURT: Die Wahrheit des Mythos. München: C.H. Beck 1985.

HUMPHREY, RICHARD: The Historical Novel as Philosophy of History: Three German Contributions: Alexis, Fontane, Döblin. London: Institute of Germanic Studies, University of London 1986 (= Bithell series dissertations 10).

HUNT, IRMGARD ELSNER: Mütter und Muttermythos in Günter Grass' Roman *Der Butt*. Frankfurt a. M.: Peter Lang 1983 (= Europäische Hochschulschriften Reihe I Deutsche Sprache und Literatur 647).

HUSEMANN, HARALD: If Adolf Had Come; If Helmut Were to Come. In: The Novel in Anglo-German Context. Cultural Cross-Currents and Affinities. Papers from the Conference Held at the University of Leeds from 15 to 17 September 1997. Hg. v. SUSANNE STARK. Amsterdam: Rodopi 2000 (= Internationale Forschungen zur Allgemeinen und Vergleichenden Literaturwissenschaft 38). S. 399 – 424.

– When William Came; If Adolf Had Come. English Speculative Novels on the German Conquest of Britain. In: Images of Germany. Hg. v. HANS-JÜRGEN DILLER u. a.: Heidelberg: Winter 1986 (= Anglistik & Englischunterricht 29/30). S. 57 – 84.

HUTCHEON, LINDA: A Poetics of Postmodernism. History, Theory, Fiction. New York/London: Routledge 1988.

ICKSTADT, HEINZ: »Not a disentanglement but a progressive knotting into«: (Sprach-)Spiel, Paranoia und der Traum vom freien Selbst im Erzählwerk Thomas Pynchons. In: Möglichkeitssinn. Phantasie und Phantastik in der Erzählliteratur des 20. Jahrhunderts. Hg. v. GERHARD BAUER u. ROBERT STOCKHAMMER. Wiesbaden: Westdeutscher Verlag 2000. S. 225 – 238.

– Plot, Conspiracy, and the Reign of Chance: The Fantastic as History in Pynchon's Novels. In: HEINZ ICKSTADT: Faces of Fiction. Essays on American Literature and Culture from the Jacksonian Period to Postmodernity. Hg. v. SUSANNE ROHR u. SABINE SIELKE. Heidelberg: Winter 2001 (= American Studies: A Monograph Series 92). S. 393 – 424.

– Plot, Komplott oder Herrschaft des Zufalls: Die Findung und Erfindung von Geschichte im postmodernen amerikanischen Roman. In: Postmoderne – globale Differenz. Hg. v. ROBERT WEINMANN u. HANS ULRICH GUMBRECHT. Frankfurt a. M.: Suhrkamp 1991 (= st wissenschaft 916). S. 265 – 277.

IGGERS, GEORG G.: Geschichtswissenschaft im 20. Jahrhundert. Ein kritischer Überblick im internationalen Zusammenhang. Göttingen: Vandenhoeck und Ruprecht 1993 (= Kleine Vandenhoeck-Reihe 1565).

IRELAND, KENNETH: Doing Very Dangerous Things: *Die Blechtrommel* and *Midnight's Children*. In: Comparative Literature 42 (1990) H. 4. S. 335 – 361.

IRMER, THOMAS: Metafiction, Moving Pictures, Moving Histories. Der historische Roman in der Literatur der amerikanischen Postmoderne. Tübingen: Gunter Narr Verlag 1995 (= AAA Buchreihe zu den Arbeiten aus Anglistik und Amerikanistik 11).

JÄCKEL, EBERHARD: Wenn der Anschlag gelungen wäre... In: EBERHARD JÄCKEL: Umgang mit Vergangenheit. Beiträge zur Geschichte. Stuttgart: Deutsche Verlagsanstalt 1989. S. 207 – 220.

JACOBS, JÜRGEN: Bildungsroman und Picaro-Roman. Versuch einer Abgrenzung. In: JÜRGEN JACOBS: Der Weg des Picaro. Untersuchungen zum europäischen Schelmenroman. Trier: Wissenschaftlicher Verlag Trier 1998 (= Schriftenreihe Literaturwissenschaft 40). S. 25 – 39.

– Der Weg des Picaro. Entstehung und Entwicklung des Schelmenromans. In: JÜRGEN JACOBS: Der Weg des Picaro. Untersuchungen zum europäischen Schelmenroman. Trier:

Wissenschaftlicher Verlag Trier 1998 (= Schriftenreihe Literaturwissenschaft 40). S. 1 – 24.
JAEGER, FRIEDRICH: Geschichtstheorie. In: Geschichte. Ein Grundkurs. Hg. v. HANS-JÜRGEN GOERTZ. Reinbek: Rowohlt 1998. S. 724 – 756.
JANACS, CHRISTOPH: Die Verdunkelung des Blicks. In: Literatur und Kritik (1995) H.10. S. 99 – 101.
JENKINSON, DAVID: Conceptions of History. In: Günter Grass's *Der Butt*. Sexual Politics and the Male Myth of History. Hg. v. PHILIP BRADY, TIMOTHY MCFARLAND u. JOHN J. WHITE. Oxford: Clarendon Press 1990. S. 51 – 68.
KAES, ANTON: New Historicism: Literaturgeschichte im Zeichen der Postmoderne. In: New Historicism. Literaturgeschichte als Poetik der Kultur. Hg. v. MORITZ BAßLER. Frankfurt a. M.: Fischer 1995. S. 251 – 267.
KANE, JEAN M.: The Migrant Intellectual and the Body of History: Salman Rushdies *Midnight's Children*. In: Contemporary Literature 37 (1996) H. 1. S. 94 – 118.
KEBBEL, GERHARD: Geschichtengeneratoren: Lektüren zur Poetik des historischen Romans. Tübingen: Niemeyer 1992 (= Communicatio 2).
KEELE, ALAN FRANK: Understanding Günter Grass. Columbia: University of South Carolina Press 1988.
KIESEWETTER, HUBERT: Irreale oder reale Geschichte? Ein Traktat über Methodenfragen der Geschichtswissenschaft. Herbolzheim: Centaurus Verlag 2002 (= Reihe Geschichtswissenschaft 50).
KLÜGER, RUTH: Fakten und Fiktionen. In: RUTH KLÜGER: Gelesene Wirklichkeit. Fakten und Fiktionen in der Literatur. Göttingen: Wallstein Verlag 2006. S. 68 – 93.
– Wie wirklich ist das Mögliche? Das Spiel mit Weltgeschichte in der Literatur. Drei Essays zur literarischen Behandlung von Geschichte. I. Geschichten aus Geschichte machen: historische Romane und Erzählungen. In: RUTH KLÜGER: Gelesene Wirklichkeit. Fakten und Fiktionen in der Literatur. Göttingen: Wallstein 2006, S. 143 – 168.
KNIESCHE, THOMAS W.: Die Genealogie der Postapokalypse: Günter Grass' *Die Rättin*. Wien: Passagen Verlag 1991.
KNOBLOCH, HANS-JÖRG: Deutsche Einheit im Roman? In: Der ›gesamtdeutsche‹ Roman seit der Wiedervereinigung. Hg. v. HANS-JÖRG KNOBLOCH. Tübingen: Stauffenburg Verlag 2003 (= Stauffenburg Colloquium 59). S. 11 – 26.
KNOLL, HEIKE: Untergänge und kein Ende: Zur Apokalyptik in Christoph Ransmayrs *Die letzte Welt* und *Morbus Kitahara*. In: Literatur für Leser (1997) H. 1. S. 214 – 223.
KOCKA, JÜRGEN: Struktur und Persönlichkeit als methodologisches Problem der Geschichtswissenschaft. In: Persönlichkeit und Struktur in der Geschichte. Historische Bestandsaufnahme und didaktische Implikationen. Hg. v. MICHAEL BOSCH. Düsseldorf: Pädagogischer Verlag Schwann 1977. S. 152 – 169.
KOHPEIß, RALPH: Der historische Roman der Gegenwart in der Bundesrepublik Deutschland. Ästhetische Konzeption und Wirkungsintention. Stuttgart: M und B Verlag für Wissenschaft und Forschung 1993.
KOOPMANN, HELMUT: Between Stone Age and Present or the Simultaneity of the Nonsimultaneous: The Time Structure. In: The Fisherman and His Wife. Günter Grass's *The Flounder* in Critical Perspective. Hg. v. SIEGFRIED MEWS. New York: AMS Press Inc 1983. S. 75 – 89.
KOPP-MARX, MICHAELA: Zwischen Petrarca und Madonna. Der Roman der Postmoderne. München: C.H. Beck 2005.

KORTHALS, HOLGER: Spekulationen mit historischem Material. Überlegungen zur alternate history. In: Allgemeine Literaturwissenschaft – Grundfragen einer besonderen Disziplin. Hg. v. RÜDIGER ZYMER. 2., durchges. Aufl. Berlin: Erich Schmidt Verlag 2001 (= Allgemeine Literaturwissenschaft – Wuppertraler Schriften 1). S. 157 – 169.

KOSELLECK, REINHART: Geschichte, Historie. I. Einleitung. In: Geschichtliche Grundbegriffe. Historisches Lexikon zur politisch-sozialen Sprache. Bd. 2 E – G. Hg. v. OTTO BRUNNER. Stuttgart: Klett-Cotta 1979. S. 593 – 595.

KRACAUER, SIEGFRIED: Theorie des Films. Die Errettung der äußeren Wirklichkeit. [1960]. Vom Verfasser revidierte Übersetzung v. FRIEDRICH WALTER u. RUTH ZELLSCHAU. Hg. v. KARSTEN WITTE. 2. Aufl. Frankfurt a.M: Suhrkamp 1993 (= st wissenschaft 546).

KRAFFT, JOHN M.: »And how far fallen«: Puritan Themes in *Gravity's Rainbow*. In: Critique 18 (1977) H. 3. S. 55 – 73.

KRAFT, THOMAS: Die silbernen Löffel der DDR. Thomas Brussigs Helden wie wir. In: Der deutsche Roman der Gegenwart. Hg. v. WIELAND FREUND u. WINFRIED FREUND. München: Fink 2001 (= UTB 2251). S. 145 – 149.

– Michael Kleeberg. In: Lexikon der Deutschsprachigen Gegenwartsliteratur seit 1945. Neu hg. v. THOMAS KRAFT. München: Nymphenburger 2003. S. 683 – 684.

KRAH, HANS: Weltuntergangsszenarien und Zukunftsentwürfe. Narrationen vom ›Ende‹ in Literatur und Film 1945 – 1990. Kiel: Ludwig 2004 (= Literatur- und Medienwissenschaftliche Studien 4).

KUHNAU, PETRA: Geschichte und Geschlecht. Thomas Brussigs *Helden wie wir* und Gritt Poppes *Andere Umstände* zwischen Pathos und Ironie. In: Bestandsaufnahmen. Deutschsprachige Literatur der neunziger Jahre aus interkultureller Sicht. Hg. v. MATTHIAS HARDER. Würzburg: Königshausen und Neumann 2001. S. 195 – 214.

KULLMANN, THOMAS: Rushdies Bombay. In: Orte der Literatur. Hg. v. WERNER FRICK. Göttingen: Wallstein 2002. S. 258 – 382.

KUNNE, ANDREA: Heimat und Holocaust. Aspekte österreichischer Identität aus postmoderner Sicht. Christoph Ransmayrs Roman *Morbus Kitahara*. In: Postmoderne Literatur in deutscher Sprache: Eine Ästhetik des Widerstands? Hg. v. HENK HARBERS. Amsterdam/Atlanta: Rodopi 2000 (= Amsterdamer Beiträge zur neueren Germanistik 49). S. 311 – 333.

KURTH, LIESELOTTE, E.: Historiographie und Historischer Roman: Kritik und Theorie im 18. Jahrhundert. In: Modern Language Notes 79 (1964), S. 337 – 362.

LANDA, JUTTA: Fractured Vision in Christoph Ransmayr's *Morbus Kitahara*. In: The German Quarterly 71 (1988) H. 2. S. 137 – 144.

LANGER, PHIL C.: Kein Ort. Überall. Die Einschreibung von ›Berlin‹ in die deutsche Literatur der neunziger Jahre. Berlin: Weidler Buchverlag 2002.

LAUZEN, SARAH E.: Notes on Metafiction. Every Essay Has a Title. In: Postmodern Fiction. A Bio-Bibliographical Guide. Hg. v. LARRY MCCAFFERTY. New York: Greenwood Press 1986. S. 93 – 116.

LAWSON, RICHARD H.: Günter Grass. New York: Frederick Ungar Publishing Co. 1985.

LE GOFF, JAQUES: Geschichte und Gedächtnis. [1977]. Übers. aus dem Franz. v. ELISABETH HARTFELDER. Berlin: Ullstein 1999.

LEHNERT-RODIEK, GERTRUD: Zeitreisen. Untersuchungen zu einem Motiv der erzählenden Literatur des 19. und 20. Jahrhunderts. Rheinbach-Merzbach: CMZ-Verlag 1987 (= Bonner Untersuchungen zur Vergleichenden Literaturwissenschaft 3).

LEJEUNE, PHILIPPE: Der autobiographische Pakt. [1975]. Übers. aus d. Franz. v. WOLFRAM BAYER u. DIETER HORNIG. Frankfurt a. M.: Suhrkamp 1994 (= edition suhrkamp NF 896)

LIESSMANN, KONRAD PAUL: Der Anfang ist das Ende. *Morbus Kitahara* und die Vergangenheit, die nicht vergehen will. In: Die Erfindung der Welt. Zum Werk von Christoph Ransmayr. Hg. v. UWE WITTSTOCK. Frankfurt a. M.: Fischer Taschenbuch Verlag 1997. S. 148 – 157.

LIMLEI, MICHAEL: Geschichte als Ort der Bewährung. Menschenbild und Gesellschaftsverständnis in den deutschen historischen Romanen (1820 – 1890). Frankfurt a. M.: Lang 1988 (= Studien zur Deutschen Literatur des 19. und 20. Jahrhunderts 5).

Literatur und Geschichte. Neue Perspektiven. Hg. v. MICHAEL HOFMANN u. HARTMUT STEINECKE. Berlin: Erich Schmidt Verlag 2004 (= Zeitschrift für deutsche Philologie 123 Sonderheft).

LODGE, DAVID: The Art of Fiction. London: Penguin 1992.

LORENZ, CHRIS: Konstruktion der Vergangenheit. Eine Einführung in die Geschichtstheorie. Übers. aus d. Niederl. v. ANNEGRET BÖTTNER. Köln: Böhlau 1997 (= Beiträge zur Geschichtskultur 13).

LUKÁCS, GEORG: Der historische Roman. [1955]. In: GEORG LUKÁCS: Werke. Bd. 6. Neuwied/Berlin: Luchterhand 1965. S. 15 – 430.

– Vorwort. In: Georg Lukács: Werke. Bd. 6. Neuwied/Berlin: Luchterhand 1965. S. 7 – 13.

LÜSEBRINK, HANS-JÜRGEN: Tropologie, Narrativik, Diskurssemantik. Hayden White aus literaturwissenschaftlicher Sicht. In: Geschichtsdiskurs. Band 1: Grundlagen und Methoden der Historiographie. Hg. v. WOLFGANG KÜTTLER, JÖRN RÜSEN u. ERNST SCHULIN. Frankfurt a. M.: Fischer 1993. S. 355 – 361.

LÜTZELER, PAUL MICHAEL: Postmoderne und postkoloniale deutschsprachige Literatur. Diskurs – Analyse – Kritik. Bielefeld: Aisthesis Verlag 2005.

– The Postmodern German Novel. In: The Cambridge Companion to the Modern German Novel. Hg. v. GRAHAM BARTRAM. Cambridge: Cambridge University Press 2004. S. 266 – 279.

– Von der Präsenz der Geschichte. Postmoderne Konstellationen in der Erzählliteratur der Gegenwart. In: Neue Rundschau 104 (1993) H.1. S. 91 – 106.

LYOTARD, JEAN-FRANCOIS: Beantwortung der Frage: Was ist postmodern? [1987]. Übers. aus d. Franz. v. DOROTHEA SCHMIDT. In: Postmoderne und Dekonstruktion. Texte französischer Philosophen der Gegenwart. Hg. v. PETER ENGELMANN. Stuttgart: Reclam 1990. S. 33 – 48.

– Das postmoderne Wissen. Ein Bericht. [1979]. Übers. aus d. Franz. v. OTTO PFERSMANN. Wien: Böhlau 1986 (= Edition Passagen 7).

– Randbemerkungen zu den Erzählungen. [1987]. Übers. aus d. Franz. v. DOROTHEA SCHMIDT. In: Postmoderne und Dekonstruktion. Texte französischer Philosophen der Gegenwart. Hg. v. PETER ENGELMANN. Stuttgart: Reclam 1990. S. 49 – 53.

MAAZ, HANS-JOACHIM: Der Gefühlsstau. Ein Psychogramm der DDR. Berlin: Argon Verlag 1990.

MALMGREN, CARL DARRYL: Fictional Space in the Modernist and Postmodernist American Novel. London/Toronto: Associated University Press 1985.

MÄRTIN, RALF-PETER: Ransmayrs Rom. Der Poet als Historiker. In: Die Erfindung der Welt. Zum Werk von Christoph Ransmayr. Hg. v. UWE WITTSTOCK. Frankfurt a. M.: Fischer Taschenbuch Verlag 1997. S. 113 – 119.

MARTINEZ, MATIAS/MICHAEL SCHEFFEL: Einführung in die Erzähltheorie. [1999]. 7. Aufl. München: Beck 2007.
MARTINI, FRITZ: Über die gegenwärtigen Schwierigkeiten des historischen Erzählens. In: FRITZ MARTINI: Literarische Form und Geschichte. Aufsätze zur Gattungstheorie und Gattungsentwicklung vom Sturm und Drang bis zum Erzählen heute. Stuttgart: Metzler 1984. S. 200 – 237.
MATT, PETER VON: Die Intrige. Theorie und Praxis der Hinterlist. München: Hanser 2006.
MAYER, CLAUDIA/VOLKER NEUHAUS: ›Ein Mann mit seiner gelebten Geschichte: Es war einmal ...‹. Nachwort zu *Der Butt*. In: Günter Grass. Werkausgabe in zehn Bänden. Hg. v. VOLKER NEUHAUS. Bd. V. Darmstadt: Luchterhand 1987. S. 648 - 658.
MAYER-ISWANDY, CLAUDIA: ›Vom Glück der Zwitter‹. Geschlechterthematik und Geschlechterverhältnis bei Günter Grass. Eine Werkanalyse. Frankfurt a. M.: Peter Lang 1991 (= Kölner Studien zur Literaturwissenschaft 3).
MCHALE, BRIAN: Postmodernist Fiction. New York/London: Methuen 1987.
MCKNIGHT JR., EDGAR VERNON: Alternative History. The Development of a Literary Genre. Diss. University of North California 1994.
MENDELSON, EDWARD: Gravity's Encyclopedia. In: Mindful Pleasures. Essays on Thomas Pynchon. Hg. v. GEORGE LEVINE u. DAVID LEVERENZ. Boston/Toronto: Little, Brown and Company 1976. S. 161 - 195.
– Introduction. In: Pynchon. A Collection of Critical Essays. Hg. v. Edward Mendelson. Englewood Cliffs, N.J.: Prentice 1978. S. 1 – 15
MENGEL, EWALD: Geschichtsbild und Romankonzeption. Drei Typen des Geschichtsverstehens im Reflex der Form des englischen historischen Romans. Heidelberg: Winter 1986 (= Anglistische Forschungen 190).
MEWS, SIEGFRIED: Günter Grass and His Critics. *From The Tin Drum to Crabwalk*. Rochester, NY: Camden House 2008.
MEYER, MICHAEL: Die Entstehung des historischen Romans in Deutschland und seine Stellung zwischen Geschichtsschreibung und Dichtung. Die Polemik um eine Zwittergattung (1785 – 1845). Diss. phil. München 1973.
MEYER, STEFAN: Die anti-utopische Tradition: Eine ideen- und problemgeschichtliche Darstellung. Frankfurt a. M.: Peter Lang 2001 (= Europäische Hochschulschriften Reihe I: Deutsche Sprache und Literatur 1790).
MORGAN, SPEER: *Gravity's Rainbow*: What's the Big Idea? In: Critical Essays on Thomas Pynchon. Hg. v. RICHARD PEARCE. Boston, Mass.: G.K. Hall & Co. 1981. S. 82 – 98.
MOSEBACH, HOLGER: Endzeitvisionen im Erzählwerk Christoph Ransmayrs. München: Martin Meidenbauer Verlagsbuchhandlung 2003.
MOSER, SABINE: Günter Grass: Romane und Erzählungen. Berlin: Erich Schmidt 2000 (= Klassiker Lektüren 4).
MÜLLER, GÖTZ: Gegenwelten. Die Utopie in der deutschen Literatur. Stuttgart: Metzler 1989.
MÜLLER, HARRO: Schreibmöglichkeiten historischer Romane im 19. und 20. Jahrhundert. In: The Germanic Review 69 (1994) H. 1. S. 14 – 19.
– Zwischen Kairos und Katastrophe. Historische Romane im 20. Jahrhundert. Frankfurt a. M.: Athenäum Verlag 1988 (= Athenäums Monografien Literaturwissenschaft 89).
MÜLLER, ULRICH: Frauen aus dem Mittelalter. Frauen in mittlerem Alter. Günter Grass: *Der Butt*. In: Günter Grass. Werk und Wirkung. Hg. v. RUDOLF WOLF. Bonn: Bouvier 1986 (= Sammlung Profile 21). S. 111 – 135.

NAUSE, TANJA: Reduction, Regression, Silence: A Critical Look Beyond the Category of the Picaresque. In: German Literature Today: International and Popular? Hg. v. ARTHUR WILLIAMS. Bern: Peter Lang 2000. S. 173 – 196.
NEUHAUS, STEFAN: Literatur und nationale Einheit in Deutschland. Tübingen: Francke 2002.
NEUHAUS, VOLKER: Günter Grass. 2. Aufl. Stuttgart: Metzler 1992 (= Sammlung Metzler 179).
– Günter Grass' *Die Rättin* und die jüdisch-christliche Gattung der Apokalypse. In: Günter Grass: Ein europäischer Autor? Hg. v. GERD LABROISSE u. DICK VAN STEKELENBURG. Amsterdam/Atlanta, GA: Rodopi 1992 (= Amsterdamer Beiträge zur neueren Germanistik 35). S. 123 – 139.
NEUMANN, FRITZ WILHELM: Der englische historische Roman im 20. Jahrhundert. Gattungsgeschichte als Diskurskritik. Heidelberg: Winter 1993 (= Forum Anglistik Neue Folge 13).
NEUMANN, THOMAS: ›Mythenspur des Nationalsozialismus‹. Der Morgenthauplan und die deutsche Literaturkritik. In: Die Erfindung der Welt. Zum Werk von Christoph Ransmayr. Hg. v. UWE WITTSTOCK. Frankfurt a. M.: Fischer Taschenbuch Verlag 1997. S. 188 – 193.
NIEKERK, CARL: Vom Kreislauf der Geschichte. Moderne – Postmoderne – Prämoderne. Ransmayrs *Morbus Kitahara*. In: Die Erfindung der Welt. Zum Werk von Christoph Ransmayr. Hg. v. UWE WITTSTOCK. Frankfurt a. M.: Fischer Taschenbuch Verlag 1997. S. 158 – 180.
NIETHAMMER, LUTZ: Die postmoderne Herausforderung. Geschichte als Gedächtnis im Zeitalter der Wissenschaft. In: Geschichtsdiskurs. Band 1: Grundlagen und Methoden der Historiographie. Hg. v. WOLFGANG KÜTTLER, JÖRN RÜSEN u. ERNST SCHULIN. Frankfurt a. M.: Fischer 1993. S. 31 – 49.
– Posthistoire. Ist die Geschichte zu Ende? Reinbek: Rowohlt 1989.
NORTH, JONATHAN: Introduction. In: The Napoleon Options. Alternate Decisions of the Napoleonic Wars. Hg. v. JONATHAN NORTH. London: Greenhill Books 2000. S. 9 – 12.
NÜNNING, ANSGAR: ›Beyond the Great Story‹. Der postmoderne historische Roman als Medium revisionistischer Geschichtsdarstellung, kultureller Erinnerung und metahistoriographischer Reflexion. In: Anglia 117 (1999) H. 1. S. 15 – 48.
– Von der fiktionalisierten Historie zur metahistoriographischen Fiktion: Bausteine für eine narratologische und funktionsgeschichtliche Theorie, Typologie und Geschichte des postmodernen historischen Romans. In: Literatur und Geschichte. Ein Kompendium zu ihrem Verhältnis von der Aufklärung bis zur Gegenwart. Hg. v. DANIEL FULDA u. SILVIA TSCHOPP. New York: De Gruyter 2002. S. 541 – 569.
– Von historischer Fiktion zu historiographischer Metafiktion. Band 1: Theorie, Typologie und Poetik des historischen Romans. Trier: Wissenschaftlicher Verlag Trier 1995 (= LIR Anglistische, germanistische, romanistische Studien 11).
OAKESHOTT, MICHAEL: History is a Fable. [1923]. In: MICHAEL OAKESHOTT: What is History? and Other Essays. Hg. v. LUKE O'SULLIVAN. Charlottesville: Imprint Academic 2004. S. 31 – 44.
OERGEL, MAIKE: ›Wie es wirklich wurde‹: The Modern Need for Historical Fiction, or the Inevitability of the Historical Novel. In: Travellers in Time and Space. Reisende durch Zeit und Raum. The German Historical Novel. Der deutschsprachige historische Roman.

Hg. v. OSMAN DURRANI u. JULIAN PREECE. Amsterdam/New York: Rodopi 2001 (= Amsterdamer Beiträge zur neueren Germanistik 51). S. 435 – 450.
ORLOWSKI, HUBERT: Regressives Kastalien. Zu Christoph Ransmayrs Roman *Morbus Kitahara*. In: ›Moderne‹, ›Spätmoderne‹ und ›Postmoderne‹ in der österreichischen Literatur. Beiträge des 12. Österreichisch-Polnischen Germanistiksymposions. Graz 1996. Hg. v. DIETMAR GOLTSCHNIGG u.a. Wien: Zirkular 1998. S. 233 – 245.
PARKER, GEOFFREY: What if... Philip II Had Gone to the Netherlands? In: History Today 54 (2004) H. 8. S. 40 – 46.
PARKER ROYAL, DEREK: Texts, Lives, and Bellybuttons: Philip Roth's *Operation Shylock* and the Renegotiation of Subjectivity. In: Turning up the Flame. Philip Roth's Later Novels. Hg. v. JAY L. HALIO u. BEN SIEGEL. Newark: University of Delaware Press 2005. S. 68 – 91.
PETERSEN, CHRISTER: Der postmoderne Text. Rekonstruktion einer zeitgenössischen Ästhetik am Beispiel von Thomas Pynchon, Peter Greenaway und Paul Wühr. Kiel: Verlag Ludwig 2003.
PETERSEN, JÜRGEN H.: Erzählsysteme. Eine Poetik epischer Texte. Stuttgart: Metzler 1994.
PICKAR, GERTRUD BAUER: The Prismatic Narrator: Postulate and Practice. In: The Fisherman and His Wife. Günter Grass's *The Flounder* in Critical Perspective. Hg. v. SIEGFRIED MEWS. New York: AMS Press Inc. 1983. S. 55 – 74.
PIETERS, JURGEN: New Historicism: Postmodern Historiography between Narrativism and Heterology. In: History and Theory 39 (2000) H. 1. S. 21 – 38.
PLENER, PETER: Wider das Nichts des Spießerglücks. Zu Begriffen, Theorien und Kennzeichen (nicht nur) literarischer Utopien. In: Vom Zweck des Systems. Beiträge zur Geschichte literarischer Utopien. Hg. v. ÁRPÁD BERNÁTH u.a. Tübingen: Francke Verlag, 2006. S. 191 – 214.
Poetik und Geschichte. Viktor Zmegac zum 60. Geburtstag. Hg. v. DIETER BORCHMEYER. Tübingen: Niemeyer 1989.
Postmoderne. Eine Bilanz. Hg. v. KARL-HEINZ BOHRER u. KURT SCHEEL. Sonderheft Merkur 52 (1998).
PREECE, JULIAN: The Life and Work of Günter Grass. Literature, History, Politics. Basingstoke: Palgrave 2001.
PUGLIATTI, PAOLA: Readers' Stories Revisited. An Introduction. In: VERSUS. Quaderni di studi semiotici (1989) H. 52/53. S. 3 – 19.
RANKE, LEOPOLD VON: Geschichten der romanischen und germanischen Völker von 1494 bis 1514. Vorrede zur ersten Auflage. [1824]. In: LEOPOLD VON RANKE: Sämmtliche Werke. Dritte Gesammtausgabe. Bd. 33/34. Leipzig: Verlag von Duncker & Humblot 1885.
REDDICK, JOHN: The ›Danzig Trilogy‹ of Günter Grass. A Study of *The Tin Drum, Cat and Mouse* and *Dog Years*. London: Secker & Warburg 1975.
RENNER, ROLF GÜNTER: Die postmoderne Konstellation. Theorie, Text und Kunst im Ausgang der Moderne. Freiburg: Rombach Verlag 1988.
RICŒUR, PAUL: Das Rätsel der Vergangenheit. Erinnern – Vergessen – Verzeihen. [1998]. Übers. aus d. Franz. v. ANDRIS BREITLING u. RICHARD LESAAR. Göttingen: Wallstein 2000 (= Essener Kulturwissenschaftliche Vorträge 2).
– Geschichte und Wahrheit. [1955]. Übers. aus d. Franz v. ROMAN LEICK. München: List Verlag 1974.

RITTER, HERMANN: Kontrafaktische Geschichte. Unterhaltung versus Erkenntnis. In: Was wäre wenn. Alternativ- und Parallelgeschichte: Brücken zwischen Phantasie und Wirklichkeit. Hg. v. MICHAEL SALEWSKI. Stuttgart: Franz Steiner Verlag 1999 (= Historische Mitteilungen im Auftrage der Ranke-Gesellschaft. Beiheft 36). S. 13 – 42.

ROBERTS, DAVID: Aufklärung und Angst. Überlegungen zum deutschen historischen Roman nach 1945. In: Literatur und Geschichte: 1788 – 1988. Hg. v. GERHARD SCHULZ u. TIM MEHIGAN. Frankfurt a.M: Lang 1990 (= Australisch-neuseeländische Studien zur deutschen Sprache und Literatur 15).

– ›Gesinnungsästhetik‹? Günter Grass, *Schreiben nach Auschwitz* (1990). In: Poetik der Autoren. Beiträge zur deutschsprachigen Gegenwartsliteratur. Hg. v. PAUL MICHAEL LÜTZELER. Frankfurt a. M.: Fischer Taschenbuch Verlag 1994. S. 235 – 261.

RODGERS JR., BERNARD F.: Philip Roth. Boston: Twayne Publishers 1978 (= Twayne's United States Authors 318).

RODIEK, CHRISTOPH: Erfundene Vergangenheit. Kontrafaktische Gechichtsdarstellung (Uchronie) in der Literatur. Frankfurt a. M.: Vittorio Klostermann 1997 (= Analecta Romanica 57).

– »Las cosas que pudieron ser y no fueron«: Spielarten des Kontrafaktischen in Erzähltexten des 20. Jahrhunderts. In: De orbis Hispani linguis litteris historia moribus. Festschrift für Dietrich Briesemeister zum 60. Geburtstag. Hg. v. AXEL SCHÖNBERGER u. KLAUS ZIMMERMANN. Bd. 2. Frankfurt a. M.: Domus Editoria Europaea 1994. S. 1628 – 1651.

– Potentielle Historie (Uchronie). Literarische Darstellungsformen alternativer Geschichtsverläufe. In: Arcadia 22 (1987) H. 1. S. 39 – 54.

– Prolegomena zu einer Poetik des Kontrafaktischen. In: Poetica 25 (1993) H. 3/4. S. 262 – 281.

Roman oder Leben. Postmoderne in der Deutschen Literatur. Hg. v. UWE WITTSTOCK. Leipzig: Reclam Verlag 1994.

ROSENFELD, GAVRIEL D.: The World Hitler Never Made. Alternate History and the Memory of Nazism. Cambridge: Cambridge University Press 2005.

RÜSEN, JÖRN: History. Narration, Interpretation, Orientation. New York: Berghahn Books 2005.

– ›Moderne‹ und ›Postmoderne‹ als Gesichtspunkte einer Geschichte der modernen Geschichtswissenschaft. In: Geschichtsdiskurs. Band 1: Grundlagen und Methoden der Historiographie. Hg. v. WOLFGANG KÜTTLER, JÖRN RÜSEN u. ERNST SCHULIN. Frankfurt a. M.: Fischer 1993. S. 17 – 30.

– Rhetorik und Ästhetik der Geschichtsschreibung: Leopold von Ranke. In: Geschichte als Literatur. Formen und Grenzen der Repräsentation von Vergangenheit. Hg. v. HARTMUT EGGERT, ULRICH PROFITLICH u. KLAUS R. SCHERPE. Stuttgart: Metzler 1990. S. 1 – 11.

RUSSELL, PETER: Floundering in feminism: The meaning of Günter Grass's *Der Butt*. In: German Life and Letters 33 (1980) H. 3. S. 245–256.

RYAN, JUDITH: ›Into the Orwell Decade‹: Günter Grass's Dystopian Trilogy. In: Critical Essays on Günter Grass. Hg. v. Patrick O'Neill. Boston, Mass.: G.K. Hall & Co 1987, S. 189 – 196.

SAFER, ELAINE B.: Mocking the Age. The Later Novels of Philip Roth. New York: State University of New York Press 2006.

SANDERS, SCOTT: Pynchon's Paranoid History. In: Mindful Pleasures. Essays on Thomas Pynchon. Hg. v. GEORGE LEVINE u. DAVID LEVERENZ. Boston/Toronto: Little, Brown and Company 1976. S. 139 – 159.

SCHABERT, INA: Der historische Roman in England und Amerika. Darmstadt: Wissenschaftliche Buchgesellschaft 1981 (= Erträge der Forschung 156).

SCHALLER-FORNOFF, BRANKA: Novelle und Erregung. Zur Neuperspektivierung der Gattung am Beispiel von Michael Kleebergs ›Barfuß‹. Hildesheim u. a.: Georg Olms Verlag 2008 (= Germanistische Texte und Studien 79).

SCHAUB, THOMAS H.: Pynchon: The Voice of Ambiguity. Urbana: University of Illinois Press 1981.

SCHERPE, KLAUS R.: Geschichten aus dem Posthistoire. Christoph Ransmayrs Nachkriegsroman der Zweiten Generation. In: KLAUS SCHERPE: Stadt Krieg Fremde. Literatur und Kultur nach den Katastrophen. Tübingen/Basel: Francke Verlag 2002. S. 159 – 173.

SCHEUER, HELMUT: N – Dieter Kühn und die Geschichte. In: Dieter Kühn. Hg. v. WERNER KLIPPELHOLZ u. HELMUT SCHEUER. Frankfurt a. M.: Suhrkamp 1992 (= st 2113). S. 21 – 38.

SCHIFFELS, WALTER: Geschichte(n) Erzählen. Über Geschichte, Funktionen und Formen des historischen Erzählens. Kronberg/Ts: Scriptor Verlag 1975 (= Theorie – Kritik – Geschichte 7).

SCHILLING, KLAUS VON: Christoph Ransmayrs *Morbus Kitahara*. Die Überwindung des Aporetischen im artistischen Roman. Vaasa/Germersheim 1999 (= SAXA Reihe A: Germanistische Forschungen zum literarischen Text 21/22).

SCHMIDT, BURGHART: Utopie ist keine Literaturgattung. In: Literatur ist Utopie. Hg. v. GERT UEDING. Frankfurt a. M. Suhrkamp 1978 (= edition suhrkamp 935). S. 17 – 44.

SCHMIDT, SIEGFRIED J.: Fictionality in Literary and Non-Literary Discourse. In: Poetics 9 (1980) H. 5/6. S. 525 – 546.

– Fiktionalität als texttheoretische Kategorie. In: Positionen der Negativität. Hg. v. HARALD WEINRICH. München: Fink 1975, S. 526 – 528.

– Ist ›Fiktionalität‹ eine linguistische oder texttheoretische Kategorie. In: Textsorten. Hg. v. ELISABETH GÜLICH u. WOLFGANG RAIBLE. Frankfurt a. M.: Athenäum Verlag 1972 (= Athenäum-Skripten Linguistik 5). S. 59 – 71.

– The Fiction is that Reality Exists: A Constructivist Model of Reality, Fiction and Literature. In: Poetics Today 5 (1984) H. 2. S. 253 – 274.

SCHNÄDELBACH, HERBERT: Georg Wilhelm Friedrich Hegel zur Einführung. 3., verb. Aufl.: Hamburg: Junius Verlag 2007.

SCHNELL, RALF: Zwischen Geschichtsphilosophie und ›Posthistoire‹. Geschichte im deutschen Gegenwartsroman. In: Weimarer Beiträge 37 (1991). S. 342 – 355.

SCHOLZ WILLIAMS, GERHILD: Es war einmal und wird wieder sein: Geschichte und Geschichten in Günter Grass' *Der Butt*. In: Deutsche Literatur in der Bundesrepublik seit 1965. Untersuchungen und Berichte. Hg. v. PAUL MICHAEL LÜTZELER u. EGON SCHWARZ. Königstein/Ts.: Athenäum 1980. S. 182 – 194.

– Geschichte und die literarische Dimension. Narrativik und Historiographie in der angloamerikanischen Forschung der letzten Jahrzehnte. Ein Bericht. In: Deutsche Vierteljahrsschrift für Literaturwissenschaft und Geistesgeschichte 63 (1989) H. 2. S. 315 – 392.

SCHÜTZ, ERHARD: Der kontaminierte Tagtraum. Alternativgeschichte und Geschichtsalternative. In: Keiner kommt davon. Zeitgeschichte in der Literatur nach 1945. Hg. v.

ERHARD SCHÜTZ u. WOLFGANG HARDTWIG. Göttingen: Vandenhoeck & Ruprecht 2008. S. 47 – 73.

SCHULIN, ERNST: Nach der Postmoderne. In: Geschichtsdiskurs. Band 1: Grundlagen und Methoden der Historiographie. Hg. v. WOLFGANG KÜTTLER, JÖRN RÜSEN u. ERNST SCHULIN. Frankfurt a. M.: Fischer 1993. S. 365 – 369.

SCHULTZ, UWE: »Die Wirklichkeit des Hauptwegs und die Möglichkeiten der Nebenwege«. Ein Gespräch zwischen Dieter Kühn und Uwe Schultz. In: Dieter Kühn. Hg. v. WERNER KLÜPPELHOLZ u. HELMUT SCHEUER. Frankfurt a. M.: Suhrkamp 1992 (= st 2113). S. 327 – 337.

SCHWEBER, MATTHEW S.: Philip Roth's Populist Nightmare. In: Cross Currents 54 (2005) H. 4. S. 125 – 137.

SELMECI, ANDREAS: Das Schwarzkommando: Thomas Pynchon und die Geschichte der Herero. Bielefeld: Aisthesis Verlag 1995 (= Aisthesis Essay 6).

SIEGEL, BEN: Introduction: Reading Philip Roth: Facts and Fancy, Fiction and Autobiography – A Brief Overview. In: Turning Up the Flame. Philip Roth's Later Novels. Hg. v. JAY L. HALIO u. BEN SIEGEL. Newark: University of Delaware Press 2005. S. 17 – 30.

SIEGEL, MARK R.: Creative Paranoia: Understanding the System of *Gravity's Rainbow*. In: Critique 18 (1977) H. 3. S. 39 – 54.

– Pynchon. Creative Paranoia in *Gravity's Rainbow*. Port Washington, N.Y.: Kennikat Press 1978.

SIMANOWSKI, ROBERTO: Die DDR als Dauerwitz? In: Neue Deutsche Literatur 44 (1996) H. 2. S. 156 – 163.

SIMMON, SCOTT: Beyond the Theater of War: Gravity's Rainbow as Film. In: Critical Essays on Thomas Pynchon. Hg. v. RICHARD PEACE. Boston, Mass.: G.K. Hall & Co. 1981. S. 124 – 139.

SLOTERDIJK, PETER: Nach der Geschichte. [1989]. In: Wege aus der Moderne. Schlüsseltexte der Postmoderne-Diskussion. Hg. v. WOLFGANG WELSCH. 2. durchges. Auflage. Berlin: Akademie Verlag 1994. S. 262 – 273.

SMITH, MARGARET: Autobiography: False Confession? In: Turning Up the Flame. Philip Roth's Later Novels. Hg. v. JAY L. HALIO u. BEN SIEGEL. Newark: University of Delaware Press 2005. S. 99 – 114.

SMITH, SHAWN: Pynchon and History. Metahistorical Rhetoric and Postmodern Narrative Form in the Novels of Thomas Pynchon. New York/London: Routledge 2005.

SONTAG, SUSAN: Photography: A Little Summa. In: SUSAN SONTAG: At the Same Time. Essays and Speeches. Hg. v. PAOLO DILONARDO u. ANNE JUMP. London: Hamish Hamilton 2007. S. 124 – 127.

SPITZ, MARKUS OLIVER: Erfundene Welten – Modelle der Wirklichkeit: Zum Werk von Christoph Ransmayr. Würzburg: Königshausen & Neumann 2004 (= Epistemata: Reihe Literaturwissenschaft 524).

STAHL, THOMAS: Österreich am blinden Ufer: Geschichte und Erinnerung in Christoph Ransmayrs spätem Nachkriegsroman *Morbus Kitahara*. Regensburg: Lehrstuhl für neuere deutsche Literaturwissenschaft I der Universität 2003 (= Regensburger Skripten zur Literaturwissenschaft 27).

STARK, GARY D.: Vom Nutzen und Nachteil der Literatur für die Geschichtswissenschaft: A Historian's View. In: The German Quarterly 63 (1990) H. 1. S. 19 – 31.

STARK, JOHN O.: Pynchon's Fictions: Thomas Pynchon and the Literature of Information. Athens, OH: Ohio University Press 1980.

STEINIG, SWENTA: Postmoderne Phantasien über Macht und Ohnmacht der Kunst: Vergleichende Betrachtung von Süskinds *Parfüm* und Ransmayrs *Letzte Welt*. In: Literatur für Leser 20 (1997) H. 1. S. 37 – 51.

STEINIG, VALESKA: Abschied von der DDR. Autobiografisches Schreiben nach dem Ende der politischen Alternative. Frankfurt a. M.: Peter Lang 2007 (= Studien zur Deutschen und Europäischen Literatur des 19. und 20. Jahrhunderts. 61).

STEINMÜLLER, KARLHEINZ: Zukünfte, die nicht Geschichte wurden. Zum Gedankenexperiment in Zukunftsforschung und Geschichtswissenschaft. In: Was wäre wenn. Alternativ- und Parallelgeschichte: Brücken zwischen Phantasie und Wirklichkeit. Hg. v. MICHAEL SALEWSKI. Stuttgart: Franz Steiner Verlag 1999 (= Historische Mitteilungen im Auftrage der Ranke-Gesellschaft. Beiheft 36). S. 43 – 53.

STERN, GUY: Der Butt as an Experiment in the Structure of the Novel. In: Adventures of a Flounder: Critical Essays on Günter Grass' *Der Butt*. Hg. v. GERTRUD BAUER PICKAR. München: Fink 1982 (= Houston German Studies 3). S. 51 – 55.

STOEHR, INGO R.: German Literature of the Twentieth Century. From Aestheticism to Postmodernism. Woodbridge: Camden House 2001 (= Camden House History of German Literature 10).

STROUT, CUSHING: The Antihistorical Novel. In: CUSHING STROUT: The Veracious Imagination. Essays on American History, Literature and Biography. Middletown, Conn.: Wesleyan University Press 1983. S. 183 – 196.

– The Fortunes of Telling. In: CUSHING STROUT: The Veracious Imagination. Essays on American History, Literature and Biography. Middletown, Conn.: Wesleyan University Press 1983. S. 3 – 28.

SUERBAUM, ULRICH/ULRICH BROICH/RAIMUND BORGMEIER: Science Fiction. Theorie und Geschichte, Themen und Typen, Form und Weltbild. Stuttgart: Reclam 1981.

SUVIN, DARKO: Victorian Science Fiction, 1871 – 85: The Rise of the Alternative History Sub-Genre. In: Science Fiction Studies 10 (1983). S. 148 – 169.

SWARTZLANDER, SUSAN: The Tests of Reality: The Use of History in *Ulysses* and *Gravity's Rainbow*. In: Critique 29 (1988) H. 2. S. 133 – 143.

SYMMANK, MARKUS: Muttersprache. Zu Thomas Brussigs Roman ›Helden wie wir‹. In: Bestandsaufnahmen. Deutschsprachige Literatur der neunziger Jahre aus interkultureller Sicht. Hg. v. MATTHIAS HARDER. Würzburg: Königshausen und Neumann 2001. S. 177 – 194.

SZONDI, PETER: Für eine nicht mehr narrative Historie. In: Geschichte – Ereignis – Erzählung. Hg. v. REINHART KOSELLECK u. WOLF DIETER STEMPEL. München: Fink 1973. S. 540 – 542.

SZUMOWSKA, HENRYKA: Die geschichtlichen Faszinationen des Schriftstellers Günter Grass. In: Studia Germanica Posnaniensia 12 (1983). S. 17 – 34.

TANNER, TONY: Caries and Cabals. In: TONY TANNER: City of Words: American Fiction 1950 – 1970. New York: Harper and Row 1971. S. 153 – 180.

– Everything Running Down. In: TONY TANNER: City of Words: American Fiction 1950 – 1970. New York: Harper and Row 1971. S. 141 – 152.

– Thomas Pynchon. London: Methuen 1982.

– V. and V-2. In: Thomas Pynchon. Criticism and Interpretation. Hg. v. EDWARD MENDELSON. Englewood Cliffs, N.J.: Prentice Hall 1978. S. 16 – 55.

TELLENBACH, GERD: ›Ungeschehene Geschichte‹ und ihre heuristische Funktion. In: Historische Zeitschrift 258 (1994). S. 297 – 316.

THOMAS, NOEL L.: Günter Grass's *Der Butt*: History and the Significance of the Eigth Chapter (›Vatertag‹). In: German Life and Letters 33 (1979) H. 1. S. 75 – 85.
THOMSON, PHILIP: History-Writing as Hybrid Form: Günther [sic] Grass's *From the Diary of a Snail*. In: The Modern German Historical Novel: Paradigms, Problems and Perspectives. Hg. v. DAVID ROBERTS u. PHILIP THOMSON. New York/Oxford: Berg 1991. S. 181 - 190.
TIGHE, CARL: Pax Germanica in the future-historical. In: Travellers in Time and Space. Reisende durch Zeit und Raum. The German Historical Novel. Der deutschsprachige historische Roman. Hg. v. OSMAN DURRANI u. JULIAN PREECE. Amsterdam/New York: Rodopi 2001 (= Amsterdamer Beiträge zur neueren Germanistik 51). S. 451 – 467.
TODOROV, TZVETAN: Einführung in die fantastische Literatur. [1970]. Übers. aus d. Franz. v. KARIN KERSTEN, SENTA METZ u. CAROLINE NEUBAUR. München: Hanser 1972.
TODTENHAUPT, MARTIN: Perspektiven auf Zeit-Geschichte. Über *Flughunde* und *Morbus Kitahara*. In: Erinnerte und erfundene Erfahrung. Zur Darstellung von Zeitgeschichte in deutschsprachiger Gegenwartsliteratur. Hg. v. EDGAR PLATEN. München: Iudicium 2000. S. 162 – 183.
TOLOLYAN, KHACHIG: War as Background in *Gravity's Rainbow*. In : Approaches to *Gravity's Rainbow*. Hg. v. CHARLES CLERC. Columbus: Ohio State University Press 1983. S. 31 – 68.
TREVELYAN, GEORGE MACAULAY: If Napoleon Had Won the Battle of Waterloo. [1907]. In: GEORGE MACAULAY TREVELYAN: Clio, a Muse and Other Essays. London u. a.: Longmans, Green and Co. 1949. S. 124 – 135.
TREVOR-ROPER, HUGH: History and Imagination. In: History & Imagination. Essays in Honour of H. R. Trevor-Roper. Hg. v. HUGH LLOYD-JONES, VALERIE PEARL u. BLAIR WORDEN. New York: Holmes & Meier Publishers Inc. 1981. S. 356 – 369.
– The Lost Moments of History. In: The New York Review of Books 35 (1988) H. 16. S. 61 – 67.
TURNER, JOSEPH W.: The Kinds of Historical Fiction. An Essay in Definition and Methodology. In: Genre 12 (1979) H. 3. S. 333 – 355.
ULFERS, FRIEDRICH: Myth and History in Günter Grass' *Der Butt*. In: Adventures of a Flounder: Critical Essays on Günter Grass' *Der Butt*. Hg. v. GERTRUD BAUER PICKAR. München: Fink 1982 (= Houston German Studies 3). S. 32 – 42.
VANN, RICHARD T.: The Reception of Hayden White. In: History and Theory 37 (1998) H. 2. S. 143 – 161.
VATTIMO, GIANNI: The End of (Hi)story. In: Zeitgeist in Babel. The Postmodernist Controversy. Hg. v. INGEBORG HOESTEREY. Indiana: Indiana University Press 1991. S. 132 – 141.
Vergangenheit vergegenwärtigen. Der historische Roman im 20. Jahrhundert. Hg. v. MATTHIAS FLOTHOW u. FRANK-LOTHAR KROLL. Leipzig: Evangelische Verlagsanstalt 1998.
VESTER, HEINZ-GÜNTER: Konjunktur der Konjekturen. Postmodernität bei Pynchon, Eco, Strauß. In: L 80 (1985) H. 4. S. 11 – 28.
Virtuelle Antike. Wendepunkte der Alten Geschichte. Hg. v. KAI BRODERSEN. Darmstadt: Primus Verlag 2000.
Virtuelle Geschichte. Historische Alternativen im 20. Jahrhundert. [1997]. Hg. v. NIALL FERGUSON. Übers. aus d. Engl. v. RAUL NIEMANN. Darmstadt: Wissenschaftliche Buchgesellschaft 1999.

VONDUNG, KLAUS: Die Apokalypse in Deutschland. München: DTV 1988.
WACHHOLZ, MICHAEL: Entgrenzung der Geschichte. Eine Untersuchung zum historischen Denken der amerikanischen Postmoderne. Heidelberg: Universitätsverlag Winter 2005 (= American Studies A Monograph Series 122).
WEBER, MAX: Kritische Studien auf dem Gebiet der kulturwissenschaftlichen Logik. [1906]. In: MAX WEBER: Gesammelte Aufsätze zur Wissenschaftslehre. 4., erneut durchges. Aufl. Hg. v. JOHANNES WINCKELMANN. Tübingen: J. C. B. Mohr 1973. S. 215 – 289.
WEBER, GREGOR: Vom Sinn kontrafaktischer Geschichte. In: Virtuelle Antike. Wendepunkte der Alten Geschichte. Hg. v. KAI BRODERSEN. Darmstadt: Primus Verlag 2000. S. 11 – 23.
WEIDERMANN, VOLKER: Lichtjahre. Eine kurze Geschichte der deutschen Literatur von 1945 bis heute. Köln: Kiepenheuer & Witsch 2006.
WEISENBURGER, STEVEN: The End of History? Thomas Pynchon and the Uses of the Past. In: Critical Essays on Thomas Pynchon. Hg. v. RICHARD PEARCE. Boston (Mass.): G.K. Hall & Co 1981. S. 140 – 156.
WEISSBERG, LILIANE: Paternal Lines: Philip Roth Writes His Autobiography. In: Zeitgenössische Jüdische Autobiographie. Hg. v CHRISTOPH MIETHING. Tübingen: Niemeyer 2003 (= Romania Judaica. Studien zur jüdischen Kultur in den romanischen Ländern 7). S. 179 – 195.
WELLERSHOFF, DIETER: Im Sog der Entropie. Thomas Pynchons *Die Enden der Parabel*. In: Merkur 42 (1988) H. 6. S. 471 – 488.
WELSCH, WOLFGANG: ›Postmoderne‹. Genealogie und Bedeutung eines umstrittenen Begriffs. In: ›Postmoderne‹ oder Der Kampf um die Zukunft. Die Kontroverse in Wissenschaft, Kunst und Gesellschaft. Hg. v. PETER KEMPER. Frankfurt a. M.: Fischer Taschenbuch Verlag 1988. S. 9 – 36.
WENZLHUEMER, ROLAND: Editorial: Unpredictability, Contingency and Counterfactuals. In: Historical Social Research 34 (2009) H. 2. S. 9 – 15.
WESSELING, ELISABETH: Writing History as a Prophet. Postmodernist Innovations of the Historical Novel. Amsterdam/Philadelphia: John Benjamins Publishing Company 1991.
WESTENFELDER, FRANK: Genese, Problematik und Wirkung nationalsozialistischer Literatur am Beispiel des historischen Romans zwischen 1890 und 1945. Frankfurt a. M.: Peter Lang 1989 (= Reihe I Deutsche Sprache und Literatur 1101).
What If? America: Eminent Historians Imagine What Might Have Been. Hg. v. ROBERT COWLEY. London: Macmillan 2003.
WHITE, HAYDEN: Der historische Text als literarisches Kunstwerk. [1978]. Übers. aus d. Amerik. v. BRIGITTE BRINKMANN-SIEPMANN u. THOMAS SIEPMANN. In: HAYDEN WHITE: Auch Klio dichtet oder Die Fiktion des Faktischen. Studien zur Tropologie des historischen Diskurses. Stuttgart: Klett-Cotta 1991 (= Sprache und Geschichte 10). S. 101 – 122.
– Die Fiktionen der Darstellung des Faktischen. [1978]. Übers. aus d. Amerik. v. Brigitte Brinkmann-Siepmann u. Thomas Siepmann. In: HAYDEN WHITE: Auch Klio dichtet oder Die Fiktion des Faktischen. Studien zur Tropologie des historischen Diskurses. Stuttgart: Klett-Cotta 1991 (= Sprache und Geschichte 10). S. 145 – 160.
– Literaturtheorie und Geschichtsschreibung. Übers. aus d. Amerik. v. Christiana Goldmann. In: Der Sinn des Historischen: Geschichtsphilosophische Debatten. Hg. v. HERTA NAGL-DOCEKAL. Frankfurt a. M.: Fischer Taschenbuch Verlag 1996. S. 67 – 106.

- Metahistory: The Historical Imagination in Nineteenth-Century Europe. Baltimore/London: Johns Hopkins University Press 1973.
- The Question of Narrative in Contemporary Historical Theory. In: History and Theory 23 (1984) H. 1. S. 1 – 35.
- The Value of Narrativity in the Representation of Reality. In: HAYDEN WHITE: The Content of the Form: Narrative Discourse and Historical Representation. Baltimore/London: Johns Hopkins University Press 1987. S. 1 – 25.

WIDMANN, ANDREAS MARTIN: Garten Eden in einem anderen Deutschland: Kontrafaktische Geschichte als Utopie in Michael Kleebergs *Ein Garten im Norden*. In: Focus on German Studies. A Journal on and beyond German-language Literature 14 (2007). S. 3 – 18.

- »Und wann war Geschichte je so fotogen wie beim Mauerfall?« Zur Relevanz und Funktion von Fotografien und Bildaufzeichnungen in Thomas Brussigs *Wie es leuchtet* und *Helden wie wir*. In: Textprofile intermedial. Hg. v. DAGMAR VON HOFF u. BERNHARD SPIES. München: Martin Meidenbauer 2008. (= Kontext Beiträge zur Geschichte der deutschsprachigen Literatur 6). S. 339 – 352.

WINTHROP-YOUNG, GEOFFREY: Am Rand der Uchronie: Oswald Levetts *Verirrt in den Zeiten* und die Frühphase der *alternate history*. In: Modern Austrian Literature 34 (2001) H. 3/4. S. 21 – 44.

- Fallacies and Thresholds: Notes on the Early Evolution of Alternate History. In: Historical Social Research 34 (2009) H. 2. S. 99 – 117.

WIRTH-NESHER, HANA: Roth's Autobiographical Writings. In: The Cambridge Companion to Philip Roth. Hg. v. TIMOTHY PARRISH. Cambridge: Cambridge University Press 2007. S. 158 – 172.

WITTSTOCK, UWE: Über das Schreiben ohne Gewißheit. Postmoderne in der deutschen Literatur. In: UWE WITTSTOCK: Leselust. Wie unterhaltsam ist die deutsche Literatur? Ein Essay. München: Luchterhand Literaturverlag 1995. S. 37 – 65.

ZACHAU, REINHARD K.: »Das Volk jedenfalls war's nicht!« Thomas Brussigs Abrechnung mit der DDR. In: Colloquia Germanica 30 (1997) H. 4. S. 387 – 395.

ZAGORIN, PEREZ: Historiography and Postmodernism. Reconsiderations. In: History and Theory 29 (1990) H. 3. S. 263 – 274.

ZIMA, PETER V.: Moderne- Postmoderne. Gesellschaft, Philosophie, Literatur. Tübingen/Basel: Francke 1997 (= UTB 1967).

ZIMMERMANN, HANS DIETER: Der Butt und der Weltgeist. Zu dem Roman ›Der Butt‹ von Günter Grass. In: Diskussion Deutsch 13 (1982). S. 460 – 469.

ZIMMERMANN, HARRO: Günter Grass unter den Deutschen. Chronik eines Verhältnisses. Göttingen: Steidl 2006.

Index

Aichinger, Ilse 330
Albig, Jörg-Uwe 219
Amis, Kingsley 11, 15, 81, 89, 93, 256, 259, 260, 262, 278, 318, 349
Amis, Martin 330
Alexis, Willibald 66
Appelfeld, Aharon 283
Assmann, Jan 29f., 112, 113, 338

Barnes, Julian 202
Barth, John 76
Barthes, Roland 118, 137f., 357
Bloch, Ernst 170, 269f.
Borges, Jorge Luis 60, 324
Brussig, Thomas 19, 21, 213ff., 282, 352, 356, 357, 359, 360, 363, 365, 366
Burdin, Francesco 12f., 349

Chabon, Michael 13, 349
Coover, Robert 83

Dahn, Felix 313
Dante Alighieri 178
Danto, Arthur C. 29, 115f., 118, 133ff., 351, 352
Derrida, Jaques 108, 118, 121
Dick, Philip K. 13, 15, 85, 87, 89
Doctorow, E. L. 55, 83
Eco, Umberto 37, 48, 55, 84, 98f., 345, 347f., 351

Fontane, Theodor 71, 313
Forster, E. M. 135f., 139, 193, 233, 348
Foucault, Michel 103, 108

Fowles, John 76
Freud, Sigmund 215, 267ff.
Fry, Stephen 58
Fuentes, Carlos 11, 178
Fukuyama, Francis 103, 106, 227

Gehlen, Arnold 69, 103, 105f., 342
Genette, Gérard 90, 292
Goethe, Johann Wolfgang 178, 248
Grass, Günter 17, 19, 21, 145ff., 180, 205, 208, 214, 218, 223, 227, 235, 237, 241, 312, 322, 352, 356, 357, 359, 360, 362, 363, 365, 366
Greenblatt, Stephen 111

Habermas, Jürgen 98, 99, 100, 140
Halbwachs, Maurice 29, 113, 245
Händler, Ernst Wilhelm 318
Harris, Robert 13, 14, 17, 349, 365
Härtling, Peter 46f.
Hauff, Wilhelm 66
Hegel G. W. F. 28, 104ff., 141, 154, 155, 164, 170, 250, 350
Heine, Heinrich 45, 47, 48
Herodot 27, 28, 123, 138
Homer 179

Joyce, James 178, 307

Kafka, Franz 195f., 286f., 305
Kehlmann, Daniel 46
Kleeberg, Michael 19, 21, 241ff., 288, 300, 349, 356, 357, 358, 359, 361, 364

Kracht, Christian 14f., 349
Kühn, Dieter 60f.
Kundera, Milan 47ff.

Lewis, Sinclair 273f., 289, 304
Lukács, Georg 64, 66, 69ff., 75, 76, 181
Lyotard, Jean-Francois 99f., 103, 107f. 229

Mann, Thomas 163, 164, 260f., 324
Melville, Hermann 178
Meyrink, Gustav 244, 246
Montrose, Louis 111
Moore, Ward 58, 85, 89
Mulisch, Harry 11, 50f., 59, 258f.
Musil, Robert 50, 157f., 178

Nietzsche, Friedrich 54, 108, 127
Nooteboom, Cees 226f., 311

Orwell, George 301, 304

Paz, Octavio 352
Pynchon, Thomas 17, 19, 21, 76, 177ff., 214, 235, 237, 307, 312, 320, 349, 352, 356, 357, 359, 360, 363, 366

Rabelais, Francois 178
Ranke, Leopold von 28, 104, 110, 120, 126
Ransmayr, Christoph 19, 22, 59, 309ff., 356, 357, 358, 364
Reed, Ishmael 59
Ricœur, Paul 29, 112, 113, 134, 245, 361
Rilke, Rainer Maria 71
Roth, Joseph 38
Roth, Philip 19, 22, 215, 222, 274ff., 345, 356, 357, 360, 364, 366
Rushdie, Salman 17, 41ff., 47, 48, 147, 180, 204, 215, 216, 235, 349

Sartre, Jean Paul 36, 256
Schiller, Friedrich 44f., 252
Scott, Walter 45, 64ff., 69, 70, 71, 75, 292, 313
Semprún, Jorge 12, 349
Smith, Zadie 217f.
Sterne, Laurence 178
Stifter, Adalbert 313
Swift, Jonathan 178

Tarantino, Quentin 366
Timm, Uwe 155
Tolstoy, Leo 33, 34, 178
Twain, Mark 58

Weber, Max 124, 134, 140
Wells, H.G. 58, 86
White, Hayden 29, 104, 117ff., 133, 167, 192, 350f.
Winter, Leon de 345f.
Woolf, Virginia 76